W9-CHS-341

« Si ça vous amuse… »

Chronique de mes faits et méfaits

Du même auteur

Le PSU et l'avenir socialiste de la France, Seuil, 1969
Le Marché commun contre l'Europe, Seuil, 1973
L'Inflation au cœur (avec Jacques Gallus), Gallimard, 1975
Parler vrai, textes politiques (1966-1979), Seuil-Points, 1979
À l'épreuve des faits, textes politiques (1979-1985), Seuil-Points, 1986
Un pays comme le nôtre, textes politiques (1986-1989), Seuil-Points, 1989
Le Cœur à l'ouvrage, Odile Jacob/Seuil, Paris, 1987
Un contrat entre les générations, Gallimard, 1991
La Nation, l'Europe, le monde (avec Aline Archimbaud et Félix Damette),
    Éditions de l'atelier/Éditions ouvrières, 1995
Éthique et démocratie, Éditions Labor et Fides, 1996
L'Art de la paix/l'Édit de Nantes (avec Janine Garrison), Atlantica, 1997
Les Moyens d'en sortir, Seuil, 1998
Mutualité et droit communautaire, 1999, Documentation française
Mes idées pour demain, Odile Jacob, 2000
Entretien avec Judith Waintraub, coll. « Mémoire vivante », Flammarion, 2001
Pour une autre Afrique, Flammarion, 2001
Si la gauche savait, Entretiens avec Georges-Marc Benamou, Robert Laffont, 2005
La Deuxième Gauche, une histoire inachevée, entretien avec Michel Rocard, *Esprit*,
    février 2006
Peut-on réformer la France ?, entretiens avec Frits Bolkestein, Autrement, 2006.
République 2.0 – Vers une société de la connaissance ouverte, 15 avril 2007, texte
    intégral en ligne sur desirsdavenir.org (site Internet de campagne présidentielle
    de Ségolène Royal)
Oui à la Turquie (avec Ariane Bonzon), Hachette Littératures, 2008
Notre Europe (avec Nicole Gnesotto), Robert Laffont, septembre 2008

Michel Rocard

« Si ça vous amuse… »
Chronique de mes faits et méfaits

Flammarion

© Flammarion, 2010
ISBN : 978-2-0812-3790-2

À Sylvie

Avant-propos

Je n'aime guère les Mémoires

Si ça vous amuse...

Cette phrase me revient souvent en tête, d'une manière quelque peu lancinante.

La scène se passe en 1989, un mercredi matin de printemps vers 9 h 30, par une de ces journées magnifiques où la beauté du ciel enjolive toute l'agitation des vivants.

Dans le grand bureau lumineux ouvert sur le beau parc de l'Élysée, nous sommes deux. François Mitterrand, président de la République Française réélu un an plus tôt, reçoit comme il est habituel les mercredis et les vendredis matin son Premier ministre Michel Rocard, l'auteur de ces lignes et votre serviteur. Le Conseil des ministres va commencer ses travaux dans trente minutes.

L'objet de l'entretien est de vérifier que tout est bien prêt, qu'il n'y a plus ni doute ni réserve sur les projets de lois et de décrets qui doivent être approuvés, que les acceptations explicites nécessaires ont bien été recueillies sur toutes les nominations à prononcer et que la liste des ministres ou secrétaires d'État chargés de faire une communication au Conseil est formellement admise. Pour être plus exact, il faut dire que la conversation porte plus sur tous ces aspects pour les prochains Conseils des ministres à venir que sur celui du jour, pour lequel la vérification a déjà été faite. Mais nous avons fini. Chose rare, il reste un moment de libre.

Alors j'ose. « Monsieur le président de la République, puisqu'il nous reste un instant, je voudrais aborder un autre sujet. Ce faisant, je quitte résolument les plates-bandes qui sont les miennes pour pénétrer explicitement sur les vôtres. Je vous en demande pardon, mais je crois que c'est important. Il y a un domaine où je trouve notre activité nationale mal conduite et l'efficacité de nos services bien insuffisante. C'est le renseignement. »

Le président cesse de parsemer de sa signature les pages du gros parapheur qu'il feuilletait, tient le stylo en l'air, m'interrompt vite, un peu comme si j'en avais déjà trop dit, et profère : « Ah… mon grand échec ! » Je me permets : « Monsieur le Président, je n'ai rien voulu dire d'aussi grave, je pense seulement qu'une amélioration est nécessaire et possible… » « Si, si, ça marche très mal. J'ai tout essayé, j'ai beaucoup changé les hommes, rien n'y a fait. » « Justement, Monsieur le Président, je voudrais vous suggérer qu'il s'agit beaucoup moins d'une affaire d'hommes que de structures et de procédures. De Gaulle en 1972 avait transformé le système, il ne s'est rien passé depuis… »

Nous devisons. Un petit quart d'heure peut-être. À l'évidence, le président est agacé que je me mêle de ce qui ne me regarde pas à ses yeux, c'est-à-dire dans une interprétation exigeante de ce que sous Charles de Gaulle on appelait déjà le « domaine réservé ».

La dénonciation théorique de ce concept que je professe depuis bien des années ne m'est naturellement d'aucune aide dans cette conversation aux éléments de prestige rigoureusement étalonnés et hiérarchisés. Ma force vient d'ailleurs : ça marche en effet très mal dans le renseignement français.

Le président le sait, il découvre que je l'ai découvert aussi, il a tenté des changements, et n'a guère réussi.

Il n'est pas bien placé pour prétendre m'empêcher, au nom d'une délimitation « territoriale » de nos compétences, de tenter de réformer ce nouveau domaine de nos responsabilités si j'ai quelques idées à son sujet.

La conversation s'étire, elle ne lui est pas agréable. Il finit par lâcher, me regardant bien dans les yeux : « Si ça vous amuse… »

La phrase est claire, mais il faut quand même, comme d'habitude, décoder.

Je comprends : « Je ne tiens guère à ce que vous vous occupiez de cela. Très clairement, la Constitution me rend directement responsable de la politique étrangère de la France et de ses moyens (art. 52 : Le président de la République négocie et ratifie les traités) et le renseignement en fait partie. Mais il est vrai que ça ne fonctionne pas bien. Je n'ai pas de projet en cours. Si vous avez des idées occupez-vous- en donc. Mais si vous vous plantez, je me souviendrai que ce n'est pas moi qui vous l'ai demandé ! »

Je conterai plus loin dans ce volume les raisons et les modalites de cette réforme importante et réussie dans laquelle je me suis ainsi engagé, qui m'a valu je crois un vrai respect des professionnels concernés, mais qui restera naturellement, vu son objet, hélas, totalement inconnue de l'opinion publique.

Le président fut loyal et raconta fort exactement cette conversation sans témoin au secrétaire général de l'Élysée. Ainsi fus-je fait explicitement titulaire d'un mandat clair pour engager conversations, négociations et rédaction de projets de lois ou de décrets nécessaires au traitement de la chose.

J'adore cette anecdote, en ce qu'elle est joliment révélatrice de la nature de l'espace de liberté qui fut bien souvent le mien lorsqu'il s'est agi pour moi, Premier ministre, d'apporter quelques changements – il arrive dans certaines conditions qu'on appelle cela des réformes – aux règles ou aux formes habituelles de la marche de l'État. Je n'ai jamais formellement désobéi au président de la République, et il le savait bien. C'est d'ailleurs pour cette raison que j'ai tenu trois ans et cinq jours dans cette fonction. Mais s'agissant de refonder la grille des salaires de la fonction publique, de la loi sur le financement des partis politiques et des campagnes électorales, ou encore d'Air France, de Renault, de la Poste ou des Télécommunications, j'ai parfaitement conscience d'avoir quelque peu forcé son consentement et largement étendu le sens relativement délimité d'un accord initial donné à l'ouverture d'un chantier.

Chaque fois qu'il m'arrive – c'est bien sûr relativement fréquent – d'évoquer en compagnie quelque épisode de ma vie de réformateur, je m'attire invariablement cette réplique : « Vous devriez écrire vos Mémoires. »

Cette idée, en vérité, m'agace un peu. Je me fais certes une assez noble idée de ma trajectoire et de ce que j'y ai fait, mais je ne suis ni de Gaulle, ni Chateaubriand, ni Saint-Simon : chacun ses talents, je ne saurais mélanger les genres en osant me frotter à de tels prédécesseurs par des souvenirs classiques, voire académiques.

La nature m'a en outre doté de neurones un peu particuliers. Ils sont d'une assez belle agilité dès qu'il s'agit d'œuvrer pour l'avenir. Étant aujourd'hui intellectuellement aux prises avec le réchauffement climatique, la taxe carbone, la gouvernance des zones polaires s'ouvrant à l'activité humaine, les mécanismes économiques et financiers de la sortie de crise, et le désarmement nucléaire, je ne suis donc pas vraiment porté à m'occuper du passé. C'est structurel, ou, si l'on veut, congénital chez moi.

Il y a autre chose. A-t-on toujours besoin d'écrire des Mémoires au sens habituel dans ce monde hyper-médiatisé ? Avec le récit minutieux de chaque scène, le C.V. dévidé sans rien oublier, les moindres faits et gestes évoqués par le menu ? Non. A contrario, apporter des éclairages nouveaux est selon moi nécessaire. Ainsi, de cet étonnant personnage que fut mon père et de mes relations denses et explosives avec lui, certains savent tout… mais il me fallait quand même en dire plus. L'étrangeté de ma relation de plus de vingt-cinq ans avec François Mitterrand a fait l'objet d'au moins cinq ou six livres, sans parler de deux des miens, et tout est globalement dit. Néanmoins, d'autres angles d'observation peuvent être apportés. Et si je ne souhaite guère y revenir largement, c'est qu'à l'occasion de ces combats, tantôt côte à côte et tantôt face à face, il est bien des rappels ou des souvenirs qui peuvent blesser nombre d'hommes et de femmes dont l'enthousiasme et la sympathie nous ont portés, lui et moi, lui ou moi. Pourquoi raviverais-je ces blessures ?, me dis-je. Pour autant, l'Histoire ne doit-elle pas savoir certaines vérités.

Cette sorte d'indifférence à un passé résumé au culte de la petite phrase a fait en outre de moi un mauvais archiviste, ce qui est détestable pour des Mémoires traditionnels.

Enfin, il y a derrière cette question – Mémoires à l'ancienne ou pas ? – un autre problème, infiniment plus délicat. Il s'agit de la substance même de ce qu'on appelle la politique.

Le grand métier que j'ai choisi, que j'ai fait, et que j'ai aimé, est par nécessité comme par structure un métier double. Le même individu sur la même trajectoire doit à chaque instant ajuster ses observations, ses analyses et ses actes aux deux univers distincts dans lesquels il situe son action. Le gouvernant, car ce que je dis là ne concerne que les détenteurs de mandats exécutifs – maires, présidents de départements ou de régions, ministres – mais pas les membres d'assemblées délibérantes, conseils territoriaux ou Parlement, le gouvernant donc a charge de gérer une collectivité. Quelles que soient ses intentions réformatrices, il doit veiller à ce que l'ordre règne, les ordures soient enlevées, les trains arrivent à l'heure, les établissements scolaires fonctionnent ainsi que la police et la justice, etc. Le souci d'améliorer les choses, de réformer, ne peut venir qu'en plus : c'est un mandat en soi, c'est un métier. L'étrangeté vient de ce qu'il s'agit du seul genre de métier au monde où le collège d'individus qui vous nomme est exactement celui sur lequel s'exerce votre propre autorité. Le second aspect du métier politique est donc la compétition absolument permanente entre les forces et individus souhaitant prétendre aux mêmes fonctions, et remplacer le titulaire momentané.

L'élection se fait tous les cinq ou six ans, mais la préservation de la confiance, qui légitime l'autorité, et la recherche de son augmentation demeurent une préoccupation d'absolument tous les instants. Le débat politique est aussi bien une réforme fiscale, hospitalière ou judiciaire qu'une campagne électorale.

Or, depuis que la télévision a atteint 95 % des foyers français et est devenue le média prescripteur dominant, soit depuis bientôt un demi-siècle, une dérive s'est emparée du système médiatique. Conséquence des servitudes de l'image, accentuée par la radio, non combattue ni limitée par la presse écrite qui se laisse déborder, cette dérive tend au remplacement progressif de l'information par le spectacle.

L'image ne fait pas fonctionner les mêmes neurones que le texte écrit. Sur un écrit, on peut ralentir la lecture, revenir en arrière, consulter un dictionnaire ou un atlas, bref on réfléchit. L'image au contraire passe à toute allure, interdit la fixation de l'attention, et ne laisse comme souvenir que celui de l'émotion qu'elle a provoquée.

Devant ces particularités de la communication, les deux aspects du métier politique ne sont pas semblables. La présentation de tout projet de réforme exige celle d'un contexte, demande des explications parfois complexes, appelle la présentation d'avis contradictoires pas toujours simples. L'image supporte mal ces contraintes dont les directeurs d'antennes, rédacteurs en chef et surtout les annonceurs publicitaires cherchent à se débarrasser autant qu'il est possible. L'univers de la gestion est mal perçu par ces médias, qui le réduisent à la portion congrue.

Le monde de la compétition politique, la politique vue comme champ de bataille, en revanche, c'est à l'évidence « du gâteau », comme on dit familièrement. La manifeste prédisposition du petit écran à présenter mieux des visages que des foules ou des réunions de travail, le caractère uninominal de nos principaux scrutins, la facilité qu'il y a à effacer les rigidités ennuyeuses, les références à des partis, des groupes ou des assemblées pour centrer le projecteur exclusivement sur des individus quand le débat, la controverse ou la campagne prennent assez de vigueur pour le permettre, tout se conjugue pour encourager la partie « compétition permanente » de la vie politique en pays démocratique à se transformer en jeux du cirque, en spectacle national préférentiel. Les grands moments de ces joutes deviennent les temps forts du système, les commentaires vous informent de la préparation des athlètes comme pour Roland Garros, les sondages, eux aussi omniprésents, dopent la visibilité du spectacle presque aussi bien que le font les paris sportifs, et finalement même les moments de détente dans ce système asphyxiant de communication-divertissement, les émissions humoristiques du type « Guignols de l'info », ou autrefois « Bébête-show », choisissent aussi la politique comme support préférentiel de la rigolade nationale.

Sur la tendance longue, cette évolution rend de plus en plus impossible la gestion à peu près sérieuse des activités collectives, qui est la responsabilité directe des élus politiques. Cette ambiance ne peut que pousser à la dégradation de la qualité du politique dont tout pays a besoin, puisqu'à l'évidence pour triompher dans ces parties de pancrace-là[1] les acteurs du jeu politique n'ont nul

---

1. Le pancrace (en grec : παγκράτιον/pankrátion) est un sport de combat grec permettant au temps des Jeux olympiques antiques quasiment tous les coups, y compris mortels.

besoin d'avoir une connaissance précise des conditions de l'équilibre macroéconomique et de son rapport avec le chômage... Il y a là un processus que je trouve analogue à celui du déclin de l'Empire romain, notamment parce qu'on ne voit guère comment les choses pourraient éviter de s'aggraver.

Mais à court terme, au jour le jour, la dérive que je décris emporte une conséquence beaucoup plus immédiatement visible à l'œil nu : la moitié du métier politique disparaît. La gestion s'efface au profit de la compétition.

Tous les grands médias, les journaux écrits d'abord mais aussi les chaînes de radio et de télévision ont organisé leurs services d'information par grands thèmes . économie, international, sports, environnement, régions, etc. Le secteur financier, parfois le secteur social sont à l'occasion autonomes. Le domaine dit politique est également distingué comme tel. De ce fait, ce dernier service couvre la compétition permanente, c'est-à-dire la vie politique, mais il est déchargé de tout ce qui concerne la marche générale du pays, la gestion. Les services compétents s'en chargent, ce qui d'une certaine façon la technicise.

C'est donc dans tous les médias que le service politique a le monopole de présentation de tout ce qui concerne la vie politique, ses débats, ses contradictions et ses désaccords. Dans ces conditions, même le budget de l'État n'apparaît plus que comme une somme de choix de combat faits entre les projets de différents ministères ou de différentes forces politiques et entre les cibles fiscales distinctes que veulent protéger les différents partis politiques. Son sens principal d'accélérateur ou de ralentisseur de la conjoncture, et d'instrument de choix entre des politiques sectorielles variées est en général traité sérieusement par le seul secteur économique, et n'a de ce fait aucun accès à la priorité de l'information, disparaissant pratiquement de la radio et de la télé, et se limitant aux pages intérieures de quelques rares journaux. Il devient presque exclu que le grand public puisse y comprendre quoi que ce soit.

La conclusion évidente de tout cela s'adresse à vous, cher lecteur Je maintiens absolument qu'en ce qui concerne mes origines, ma trajectoire, mes affrontements avec les plus célèbres de mes partenaires, vous savez déjà pas mal ce que des Mémoires élaborés selon les règles de l'art seraient censés évoquer

Mais de ce que j'ai réellement fait vous ne savez sans doute à peu près rien, puisque pour l'essentiel cela n'a pas été raconté.

Bien sûr, c'est un peu moins affriolant que les belles bagarres d'individus ou la bataille des phrases choc dont beaucoup se repaissent. Mais cela pourrait bien être plus important.

J'ai deux raisons de m'attacher à cet aspect des choses.

La première est que la longueur de ma vie publique m'a permis de suivre certaines évolutions ou certains problèmes pendant une longue période. Ce qui donne assurément un angle de vue plus riche, et m'a souvent permis d'intervenir de nouveau après quelques années sur certains sujets, pour confirmer ou parachever des évolutions commencées. On le verra notamment à propos de l'économie sociale, de la voie d'eau, du problème de l'enseignement privé ou des possibilités des départements et territoires d'outre-mer de maîtriser un peu plus leur développement.

La seconde est que ce sujet est celui de savoir si la France est réformable et comment elle se réforme.

L'image de notre pays à cet égard est redoutable.

La France serait rigide, figée, incapable de se réformer autrement que par grands à-coups suivis de longues périodes d'immobilisme . Front populaire, Libération, avènement de la cinquième République..

Or, si la France a une vraie infirmité, qui est la quasi-inexistence du dialogue social et donc une vraie difficulté à se réformer, elle change tout de même beaucoup, et souvent en mieux. Mais elle ne regarde d'elle-même que ce qui se voit et fait du bruit, elle ne regarde pas – et du coup méconnaît – ce qui change lentement, ce qui se modifie discrètement. Avoir compris cela aide à pratiquer l'art de la réforme.

Au-delà de mes tribulations visibles, c'est cela que j'ai envie de conter. Je ressens un peu là un devoir de transmission du témoin, car il y a un art de la réforme particulier à la France, en raison des duretés de son histoire. Partager cet art est une manière de contribuer à sa pérennité.

Voici donc cher lecteur, non pas mes Mémoires – je m'en suis expliqué – ni même tout à fait les «Mémoires d'un réformateur», mais simplement le récit d'une action multiple et continue.

Les éléments de biographie ou d'analyses politiques de situation qu'il m'a semblé nécessaire d'évoquer de nouveau ne sont là que pour éclairer les conditions dans lesquelles sont nés et se sont développés les principes et les convictions qui m'ont fait agir. J'ai cru devoir reprendre ici ou là, pour ce faire, quelques textes déjà publiés dans des articles ou des revues spécialisés.

Débats et controverses ne laissent pas de traces.

Je n'ai repris ici que, dans ma longue trajectoire, ce qui en reste.

Prologue

Vive le mille mètres

« Rocard, vous vous moquez de moi. » « Non monsieur, je n'avais jamais couru le mille mètres, je ne savais pas que c'était si facile. »

Pour entrer à l'ENA, il y avait cinq épreuves sportives : le cent mètres, le saut en hauteur, le grimper à la corde, le cinquante mètres en nage libre et la course de demi-fond de mille mètres.

Ce mille mètres me terrorisait tout particulièrement. J'avais toujours été dernier à toutes les compétitions de gymnastique au lycée pendant six ans. À l'épreuve de l'ENA, je me suis à peine soulevé à la corde, j'ai fait un mètre dix au saut en hauteur, là où tout le monde fait un mètre trente, j'obtiens au total trois ou quatre points. J'avais terriblement peur du mille mètres, aussi je vais trouver l'examinateur et lui dis : « Regardez-moi, je ne suis pas bien vaillant, je suis gringalet, je ne vais jamais pouvoir courir mille mètres. » Il se moque et réplique : « Comme vous voulez, Rocard, si vous ne pouvez pas, vous ne pouvez pas, qu'est-ce que vous voulez que cela me fasse, vous ne prenez pas le départ, je vous mets zéro, vous faites cent mètres, vous avez un, trois cents mètres, vous avez deux... »

Je prends le départ, je trottine en queue du peloton. Il fallait faire trois fois le tour du stade. Au premier tour, je suis toujours en queue, mais je vois deux ou trois de mes camarades qui s'effondrent... Je continue au même rythme. Deuxième tour de piste, d'autres copains abandonnent. À cinquante mètres de l'arrivée, nous ne sommes plus que trois, je me sens frais, en pleine forme, j'accélère sans pour autant forcer. Je termine premier à mon grand étonnement.

C'est ainsi que j'ai découvert la lenteur de mon rythme cardiaque et, par là, mon endurance et ma capacité de résistance qui ont été des atouts fort utiles tout au long de ma vie.

Première partie

ENTRE FAMILLE DE SANG
ET FAMILLE DE CŒUR

Un père de tempérament scientifique et un peu absent ; une enfance marquée par quatorze ans de scoutisme – véritable école des relations humaines – ainsi que par la Seconde Guerre mondiale et les atrocités nazies ; des premiers pas dans l'action poussés par l'actualité et la guerre d'Algérie… ont créé en moi l'absolue nécessité de m'engager dans les combats de mon époque.

Chapitre I

MES ORIGINES

J'ai été toute mon enfance un garçon malingre, maigrichon, ayant grandi tard – pas beaucoup d'ailleurs – et malhabile. Cela pourrait s'expliquer génétiquement. Mon père, qui aurait servi de modèle à Hergé pour dessiner le professeur Tournesol, se montrait très maladroit. En outre, je ne l'ai jamais vu courir. Durant toute ma scolarité, j'étais dès lors nul en gymnastique. Et quand, lors des matchs de foot, les capitaines, de robustes gaillards, choisissaient, après avoir mis un pied devant l'autre, leurs joueurs, j'étais toujours le dernier et j'en éprouvais une grande honte. Mon père a toujours été ma référence, mais, en matière de rythme cardiaque, c'est à ma mère que je dois ce résultat. Celle-ci, d'origine savoyarde, était venue faire ses études d'institutrice à Paris où elle a passé un diplôme de gymnastique. Et elle était génétiquement montagnarde. Sans doute l'endurance évoquée plus haut vient-elle de là.

D'autre part, en tant que boy-scout, j'ai parcouru pendant quatorze ans toutes les forêts de l'Île-de-France et une marche de quarante kilomètres ne me faisait pas peur. En tout cas, ça entraîne.

Ayant découvert mon endurance à l'occasion du concours d'entrée à l'ENA, j'ai, lors de mes études, puisqu'il était obligatoire de pratiquer une discipline sportive, choisi le cross. Ce qui n'a fait que renforcer cet atout. Lequel m'a bien servi.

Les années de guerre

Pendant la guerre, entre 1941 et 1945, je vécus durant le week-end et les vacances à Sucy-en-Brie à proximité de la porte de Bercy.

Le reste du temps, nous demeurions rue d'Assas, dans un appartement un peu triste situé à deux pas de l'école alsacienne, du lycée Montaigne et du temple de la rue Madame.

Je n'avais pas encore douze ans quand *Le Silence de la mer* de Vercors parvint sous enveloppe à mon père. Résistant de la première heure, il s'était bien gardé de me révéler ses activités secrètes. Cependant, il n'a pas hésité à me faire lire la première œuvre de littérature française publiée sans être soumise à la censure. C'est donc avec passion que je dévorais ce petit livre de quatre-vingt-seize pages, ignorant que cette première édition se bornait à trois cent quarante exemplaires pliés et brochés dans la cuisine d'Yvonne Paraf[1], ce qui aurait encore accru mon émotion d'avoir le privilège d'en tenir un entre mes mains. Averti que sa lecture était interdite, j'étais attentif, dans ma chambre fermée, au bruit de l'ascenseur et au coup de sonnette. Cette littérature clandestine se présentait en tout cas jusque dans son apparence, comme un démenti de l'écrasement de mon pays.

Mon père s'était engagé dès octobre 1940 dans la Résistance, ce qui était rarissime. Si bien que nous l'avons très peu vu pendant toute la période de la guerre. C'est une des très grandes pages de sa vie. Il y confirme son attachement viscéral à notre pays, un patriotisme chaleureux qu'il tenait pour partie de son propre père, héros de la guerre de 14-18 et dernier aviateur français abattu en vol. Il y manifeste aussi une grande intelligence géopolitique, ayant calculé dès 1940 que l'Allemagne allait perdre la guerre, si on y contribuait. Il aura fait preuve en permanence de cette extrême audace dans un mélange équilibré de courage intellectuel et de courage physique. Et son existence entière a été placée sous le signe de l'éthique de la connaissance.

Un jour d'août 1944, je découvre, sur le perron de notre maison de Sucy-en-Brie, un homme en tenue d'officier – mon père – que je n'avais pas vu depuis plus de deux ans. Sans guère de préambules,

---

1. Lors de la création par Jean Bruller (Vercors) et Pierre de Lescure des Éditions de Minuit, Yvonne Paraf accepte que son appartement soit le lieu de centralisation des ouvrages publiés, mais elle se met aussi au service de cette maison d'éditions clandestine en apprenant le brochage avec plusieurs compagnes, dont sa propre sœur Suzanne. Elle devient ainsi la fidèle « cheville ouvrière » des Éditions de Minuit.

alors que j'espérais plus de signes affectueux de sa part, il m'annonce que les langues étrangères sont indispensables et qu'il faut que je parte dès l'été suivant en Angleterre. Ce que je fis plusieurs années de suite. Grâce à quoi j'ai la possibilité de m'exprimer dans un anglais correct, compréhensible par tous. Je conserve donc, encore aujourd'hui, de l'image paternelle, sa rigueur dans toute démarche. Une rigueur et une exigence quasiment scientifiques que je me suis efforcé d'appliquer au domaine qui est le mien : la politique.

Durant mon adolescence, mon milieu familial se résume à une mère envahissante, à un père absent – ou qui s'enferme régulièrement dans son laboratoire pour ne pas être en contact avec sa femme – et à une sœur à moitié infirme.

L'atmosphère familiale étant souvent pesante, je m'investis alors dans une multitude d'activités, et principalement le scoutisme avec pour totem « Hamster érudit » : deux ans louveteau, six ans éclaireur, trois ans chef de troupe adjoint et autant en chef de troupe. C'est donc peut-être à ces conditions que je dois mon investissement précoce en politique. Grâce au scoutisme, j'ai lié des amitiés durables. Elles m'ont permis tout au long de mes engagements politiques de bénéficier d'un soutien et surtout d'une possibilité d'échanges aidant à rompre avec la solitude dans l'exercice de mes responsabilités. Si le scoutisme m'a offert une solide formation de meneur d'hommes, mon engagement dans ce domaine en a exaspéré plus d'un, et principalement François Mitterrand.

Construire l'Europe : déjà une évidence

Mes années en tant qu'éclaireur ont été particulièrement formatrices. En 1945, alors que j'avais à peine quinze ans, nous avons été appelés pour accueillir, à l'hôtel Lutétia, les déportés et les survivants des camps de la mort.

Réquisitionné en 1940, lorsque l'armée allemande rentra dans Paris, l'hôtel avait servi de quartier général à l'Abwehr. C'est sans doute afin d'expier ce lourd passé qu'il a été une nouvelle fois réquisitionné à la Libération comme centre de triage pour prendre en charge ceux qui revenaient des camps. L'état de notre armée ne lui permettant pas de les accueillir à leur arrivée en gare, ils se voyaient mis dans des cars, toujours en tenue de déportés. Nombreux étaient ceux qui avaient du mal à marcher. Notre rôle consistait à les aider à descendre des bus, puis à les accompagner jusqu'à une chambre où ils étaient pris en charge, lavés, épouillés, soignés, nourris et rhabillés. Devenir ainsi témoin des horreurs de la guerre est un choc inouï, et c'est à cette époque que j'ai décidé de m'engager dans une action militante.

Si, très tôt, j'ai été un Européen fervent, c'est précisément pour empêcher qu'une telle abomination ne se reproduise. Faire l'Europe est une garantie pour la paix entre les peuples. Même si elle n'est pas aujourd'hui telle que je l'aurais souhaitée, sur ce point capital, elle a réussi et a rendu la guerre impossible.

Lors de l'immédiat après-guerre, j'ai vu mon pays, au moment où l'on commençait à essayer de comprendre ce qu'avait représenté Vichy, s'engager dans des guerres de reconquête de son ancien empire colonial, d'abord en Indochine, avec une légitimité nulle, une brutalité déshonorante et une probabilité de succès visiblement très faible. Et l'idée que la France n'est pas infaillible colore toutes mes réflexions civiques d'adolescent. Très vite, cette idée s'accompagne d'une autre ; à savoir que la politique est très importante parce qu'elle peut beaucoup vous nuire. Hitler, après tout, a été élu au suffrage universel.

C'est à partir de ce moment que, selon moi, le sommet de l'honneur civique consiste à s'engager en politique et à y défendre une éthique inattaquable.

Mon père n'aime pas les politiques

En 1947[1], trois semaines d'hypotaupe (maths sup) m'ayant rapidement convaincu que la transmission génétique n'assurait pas à coup sûr celle des aptitudes scientifiques, j'ai prévenu mon père, après coup, que j'étais allé m'inscrire comme étudiant à l'Institut d'études politiques de Paris. Un constat d'impuissance qui a largement été aggravé par la redoutable omniprésence de la réputation paternelle. Je reste toujours — et cela a été décisif dans ma vie —

---

1. Discours à l'Académie des sciences.

marqué par les trois réactions qu'il est parvenu à exprimer à ce sujet dans une conversation qui n'a pas dû dépasser deux minutes trente, et qui fut la dernière entre nous pour plusieurs années :

« Au lieu de créer par toi-même, tu vas apprendre à bavarder, à coordonner les autres, c'est-à-dire à les paralyser. » Cette mise en garde n'a jamais quitté mon esprit, elle m'a été bénéfique en politique.

« L'Humanité progresse essentiellement par la science et par la connaissance. En te déclarant inapte à participer à ce mouvement, tu t'installes dans la position de pouvoir seulement le parasiter. » Ça rend humble.

« Dans ces conditions, je cesse de t'entretenir. Il faudra que tu gagnes ta vie. Mais il faudra aussi que tu apprennes à traiter des choses qui te résistent. Puisque ça ne peut pas être les sciences exactes, ce ne pourra être que la matière. Je t'embauche comme tourneur fraiseur dans le laboratoire de l'École normale. » C'est ainsi, pendant que certains suivaient à l'étage les cours de l'éminent professeur, que j'ai pendant deux ans, au sous-sol, participé humblement à la fabrication des prototypes expérimentaux, souvent bizarres, nécessaires à d'innombrables expériences. Apprendre qu'on ne triche pas avec la matière est utile pour tout un chacun. Je dois cette découverte à mon père.

Plus significatif est l'effet de l'énorme culpabilité que cette réaction a suscitée en moi concernant la démarche scientifique. C'est sans doute à cela que je dois de m'être attaché à une approche qui ne s'éloigne pas trop de celle de la science, aussi bien dans mon métier politique que dans mon activité professionnelle.

La science économique est, aux yeux des scientifiques, une science molle. Mais elle est au cœur des grandes inquiétudes sociales d'aujourd'hui. C'est la raison pour laquelle, dans ce domaine plus encore que dans bien d'autres, il est essentiel de s'en tenir aux faits prouvés, de se débarrasser de tout élément subjectif, si tant est que cela soit possible. Dans la conjoncture présente, le retour à plus de rigueur scientifique dans le discours politique sur l'économie me paraît essentiel.

Je dirais la même chose du champ politique. On attend des responsables politiques que la société fonctionne harmonieusement, c'est-à-dire qu'elle soit gérée avec rigueur, et qu'ils répondent à une mystérieuse demande d'identification.

Le respect de l'esprit scientifique, que mon père m'a insufflé, m'a conduit à établir et à défendre publiquement une coupure nette entre la gestion, qui doit relever d'une approche aussi scientifique, ou disons, plus modestement, technique, que possible, et la démesure symbolique de certaines réformes. Le mélange fréquent de ces registres est une des causes, parmi bien d'autres, du doute profond de nos contemporains sur l'activité de leurs responsables.

Chapitre II

YVES ROCARD, MON PÈRE

Malgré son peu d'engouement – pour ne pas dire son mépris – pour mes engagements d'étudiant, la démarche scientifique de mon père a toujours forcé mon respect par la modestie intellectuelle qu'il savait préserver. Son humour était d'ailleurs l'expression la plus forte de cette capacité décapante à récuser toute sûreté de soi qui ne fut pas fondée sur une indiscutable compétence.

De fait, rien, aux yeux d'Yves Rocard, n'était hors du champ d'investigation de la science. Il avait, de ce long combat contre l'inconnu, un respect profond qu'il exprimait à travers sa grande connaissance de l'histoire de la physique. Néanmoins, le passé a occupé peu de place dans ses réflexions, lui qui était de manière absolument constante toujours sur le front de la conquête de nouveaux pans de savoir. Comment ne pas admirer un homme qui réussit à publier deux livres dans sa quatre-vingt-cinquième année : *Mémoires sans concession* et *La Science et les sourciers* ? De cette permanente orientation de son esprit vers la découverte, je veux ici donner un savoureux exemple familial et dire son dernier combat.

Une expédition clandestine

Je ne saurais dater exactement l'exemple familial. Ce devait être pendant l'été 1983 ou 1984. Mon père est en retraite depuis plus de dix ans, il approche de quatre-vingts ans, je suis ministre en exercice, donc à l'emploi du temps chargé. Nous convenons néanmoins que j'irai avec femme et enfants passer deux jours en sa compagnie dans une résidence qu'il possédait aux Arcs en Provence et que je ne connaissais pas encore. Comme il y avait fort longtemps que je ne l'avais vu pour plus d'un repas, je me réjouissais de ces retrouvailles.

Nous arrivons en voiture et entrons. Il commence par nous faire attendre un long moment, ce qui était tout à fait inhabituel chez lui. Puis il entre dans la grande pièce, très affairé, et m'explique que je n'ai qu'à m'installer, prendre mes aises, mais qu'on se verra peu parce qu'il a beaucoup de travail.

Je découvre avec une stupeur amusée qu'une campagne de tirs est en cours à Mururoa et que mon père est lancé dans des travaux importants sur la détermination de la composition du noyau terrestre à partir des perturbations et surtout des inflexions de trajectoire que subissent les ondes qui le traversent, que, dans ces conditions, il est essentiel de faire des mesures précises aux antipodes exacts du tir et dans un cercle relativement large.

Ayant réussi à mobiliser trois ou quatre chercheurs pour l'aider à effectuer ces mesures, la maison bruit de l'activité de cette équipe vérifiant un matériel sophistiqué dans des conditions administratives peu claires.

La zone la plus intéressante se trouvait dans le nord de l'Italie. Or le gouvernement italien, saisi dans les délais utiles, s'était montré incapable, « sans doute pour cause de coordination », disait mon père, de donner à temps les autorisations nécessaires. Et voilà ce noble vieillard, entouré de quelques jeunes admirateurs, en train de monter une expédition clandestine, franchissant les frontières sans autorisation et emportant avec elle du matériel ultrasensible.

J'ai hésité entre les grandes manœuvres de boy-scouts et les entreprises ténébreuses de nos services spéciaux, mais me suis laissé dire, ensuite, que le coup avait été réussi et que les mesures étaient parfaites. En tout cas, à l'époque je n'ai rien raconté au ministre en charge de la Douane, ni à celui de la Recherche scientifique. Il va de soi que la publication ultérieure de ces travaux fut parfaitement jubilatoire : rien n'y laissait soupçonner l'infernal bricolage qui présida auxdits calculs.

À la source de la science

Constantes absolues chez Yves Rocard, l'esprit positif expérimental, le refus de toute déduction qui ne réponde pas aux critères les plus exigeants de la rationalité scientifique. Il avait ainsi tout spécialement en horreur les charlatans qui gravitent aux frontières de la physique.

Or, un beau jour des années 1950, il acheta dans le centre de la France une petite maison éloignée de tout, sur un beau terrain granitique, afin d'y installer un sismographe. L'agent technique attaché à la gestion de l'engin allait avoir besoin d'eau. Trois ou quatre kilomètres de canalisations, pour se relier au réseau le plus proche, étaient une dépense impossible.

Le maçon qui retapait la bâtisse conseilla un sourcier. Mon père m'avoua s'être permis d'épaisses moqueries. Mais l'hilarité enlevant son acuité à la controverse, le sourcier vint. Et il trouva de l'eau. Mon père décida ce jour-là qu'il comprendrait pourquoi. Ainsi commença cette longue quête de la sensibilité des corps vivants au magnétisme ou, pour être précis, à de petites variations de champs magnétiques. Il pensait tenir sérieusement sa découverte.

Une dizaine d'années plus tard, l'opportunité s'offrit à lui de présenter sa candidature à l'Académie des sciences. Il me fit part de cette idée, à quoi je répondis par un éclat de rire. Il s'affligea de mon insolence, et me dit en gros : « Qu'est-ce que tu veux que je fasse d'autre à mon âge ? Le véritable problème, c'est que sur une quarantaine d'électeurs il doit y en avoir trois capables de lire mes travaux. Il faut que je fasse quelque chose pour faire plaisir aux autres. Mais j'ai une idée. J'ai fait une petite découverte, il y a un certain temps, concernant les raisons pour lesquelles les sourciers trouvent les ruptures géologiques dans le sol, avec souvent de l'eau dedans. » Ce fut la publication du *Signal du sourcier*.

Qu'avait-il commis là ? Rien de moins qu'un crime de lèse-majesté de la science. Une pathétique indignation s'empara d'une partie de la communauté scientifique, l'Union rationaliste entama une violente campagne, pamphlets et dénonciations circulèrent. Ce fut torrentiel. Mon père fut voué au pilori pour insulte à la dignité de la science et pratiquement pour sorcellerie. Francis Perrin le dénonça comme hérétique devant les chercheurs. Et mon père fut battu à l'Académie des sciences. De trois voix, mais battu. Il affecta d'en rire, mais en conçut une vraie amertume.

Je me souviens encore de l'avoir entendu commenter les résultats en ces termes : « C'est tous des cons, je ne me représenterai pas. » Il tint parole. Mais l'essentiel à ses yeux n'était pas là. L'essentiel était que cette incroyable bourrasque d'irrationalité jetait un doute majeur sur la découverte elle-même. Une idée inacceptable pour lui. Il lui fallait remonter la pente et convaincre. Aucun visiteur de mon père n'échappa donc ensuite au maniement de la baguette. C'était émouvant de constater la ténacité avec laquelle ce chercheur refusait de s'avouer battu.

Puis le destin vint dire son mot dans l'affaire, avec une fois de plus la nuance d'humour qui convient si bien à son caractère. S'il était d'un anticommunisme viscéral, organisé et combatif, c'est pourtant l'Académie des sciences de l'Union soviétique qui le sauva. Les coûts des efforts déployés afin de trouver de l'eau en Sibérie, et la minceur des résultats, convainquirent cette puissante institution de faire traduire en russe le *Signal du sourcier*, et de mettre ce qu'il fallait de chercheurs, d'années et de roubles pour établir de manière indiscutable si « l'effet Rocard » existait ou non. Le résultat fut positif, jetant sur le sujet la clarté définitive d'une victoire théorique.

Cela ne rendit que lentement les choses plus faciles en France. D'autant que papa aggrava son cas en passant de la baguette de sourcier au pendule. Mais, enfin, je crois que la communauté scientifique admet aujourd'hui que la sensibilité sourcière répond à un signal magnétique, et qu'il y a donc une sensibilité des corps vivants au magnétisme. Mon père n'a vraiment eu la certitude d'avoir pleinement remporté cette victoire que passer ses quatre-vingts ans, mais ladite certitude a comblé ses vieux jours.

Chercheur considérable, savant respecté, résistant courageux, Yves Rocard s'est illustré dans des domaines aussi divers que le radar, la stabilité des routes, les locomotives, l'énergie nucléaire et la bombe, la résistance des ponts à la force du vent ou encore la sensibilité magnétique des corps vivants. Nous lui devons beaucoup. Quant à moi, je lui dois un attachement viscéral au respect des faits, des données et les rigueurs de la raison. C'est parfaitement essentiel, en politique plus qu'ailleurs

Chapitre III

NON-COMMUNISTE, PAS ANTI-COMMUNISTE

En 1947, je rentre donc, en dépit de l'opposition de mon père, à l'Institut d'études politiques de Paris. Malgré mon intérêt pour l'action politique, je n'ai jamais pu adhérer à la section communiste des étudiants de l'IEP tant leur attitude me paraissait sectaire et dogmatique. L'Union soviétique avait payé un très lourd tribut en hommes pour permettre la victoire en 1945 ; nombre d'intellectuels, chanteurs, réalisateurs, romanciers se réclament alors ouvertement de l'idéologie communiste ; mais comme les dérives du communisme commencent à être connues, impossible à mes yeux d'entrer dans ce camp. D'autant que l'ouvrage de Victor Kravchenko, *J'ai choisi la liberté*, publié en 1947 et que je dévore en deux jours, est parfaitement éclairant sur ce qu'est une société contrôlée totalement et dans le détail par sa police !

Le mouvement communiste réussit à créer autour de ce livre de très intenses controverses, accusant l'auteur de mensonge et d'invention pure et simple. J'ai au contraire, à la lecture, été très frappé de la stupéfiante impression d'authenticité que donnait le récit, totalement nouveau à l'époque, de cette ambiance de délation générale, de ce détournement de l'autocritique en flagellation collective et de cette manipulation de la foule en instrument de persécution des insoumis ou des déviants. Le livre puait la vérité, car il décrivait une vérité nauséabonde. La preuve que tout cela était vrai découlait de cette évidence qu'aucun auteur de fiction n'aurait pu inventer une horreur sociale pareille.

À partir de cette lecture, je me suis défini comme non communiste sans être anti-communiste. Aussi l'idée de rejoindre soit le

Parti communiste, comme le font la plupart des étudiants politisés, soit un groupuscule, me paraît inconcevable, dans un cas comme dans l'autre. Je réussis à convaincre Jacques Bugnicourt, un catholique fervent, alors mon condisciple en première année de Sciences-Po, d'adhérer à la Fédération nationale des étudiants socialistes (Fnes). Il s'agissait d'une association étudiante forte seulement de quelques centaines de membres à travers la France, et qui relevait du Parti socialiste, à l'époque connu sous son sous-titre Section française de l'internationale ouvrière (SFIO). Il était permis d'adhérer à l'association étudiante sans adhérer au parti lui-même, alors que l'adhésion à la SFIO, à ce moment, était interdite aux membres des mouvements de jeunesse catholiques. Jacques Bugnicourt poussera la provocation jusqu'à devenir en 1956, après moi, son secrétaire national, c'est-à-dire numéro un de la Fnes. C'est avec lui que commença la réconciliation des catholiques et de la gauche.

Nous adhérons donc à la Fédération nationale des étudiants socialistes en pleine période où s'enregistre le déclin sociologique irrémédiable de la SFIO, mouvement où il n'y a plus une tête pensante présentable, du moins dans les fonctions officielles. De fait, la SFIO, y compris sa Fédération des étudiants socialistes, défend alors l'Unef (Union nationale des étudiants de France) républicaine contre le péril rouge et contre le péril clérical. Cela veut tout simplement dire que les étudiants SFIO soutiennent une majorité extrêmement à droite et largement appuyée par Jean-Marie Le Pen, inusable président de la corporation des étudiants en droit, contre les communistes bien sûr, mais aussi contre les jécistes, c'est-à-dire les membres de la « Jeunesse étudiante chrétienne » : les catholiques de gauche. Un incroyable paradoxe

La découverte de la social-démocratie

Les étudiants catholiques, eux, étaient les seuls à s'opposer à certaines dérives, notamment en matière de guerres coloniales, et à prendre en charge la dureté de la condition d'étudiant de l'époque. Je fais donc amorcer par les étudiants socialistes un virage rompant avec leur ligne scandaleuse au profit d'une véritable action de gauche, tant sur le plan syndical international que sur le plan de la convergence d'action, même avec les communistes. Et je découvre que le milieu de la JEC (Jeunesse étudiante chrétienne) est porteur, dans notre monde étudiant, de l'invention d'une vraie gauche, notamment d'un syndicalisme étudiant qui se bat sur le prix des polycopiés, des restaurants universitaires, en faveur de plus de logements dans les cités et même d'un présalaire étudiant devenu pour nous « la rémunération du jeune travailleur intellectuel ». Ils réinventent à notre échelle ce que, dans les livres, je découvre comme le comportement des social-démocraties scandinave, anglaise, allemande.

Les extraits du texte que je vais citer datent de 2006. Tirés de ma préface au livre de Mogens Lykketoft[1] *Le Modèle danois*, je les crois éclairants puisqu'ils sont la formulation de mon analyse finale de la social-démocratie. J'aurai mis trente ans à l'articuler, mais si je la place ici, c'est pour faire sentir à quel point j'ai été fasciné par ce remarquable modèle d'organisation sociale.

« Ce qui saute immédiatement aux yeux est le profond antagonisme apparent des éléments qui coexistent.

Priorité à l'économie : pour l'embauche et le licenciement, les entreprises font ce qu'elles veulent sans entraves ni contrôles. En ce qui concerne les personnes peu ou moyennement qualifiées, le délai de préavis pour le licenciement est de cinq jours.

Tout salarié, homme ou femme qui a été affilié pendant au moins un an à une caisse d'assurance chômage agréée et qui a travaillé au moins cinquante-deux semaines pendant les trois années précédentes, a droit à l'allocation chômage dès son licenciement.

---

1. Mogens Lykketoft n'est pas un universitaire, un journaliste ou un observateur. C'est un militant politique social-démocrate. Patron quelques années des étudiants sociaux-démocrates, il est ensuite pendant près de dix ans leader du groupe des experts qui conseille la centrale syndicale nationale LO, devient parlementaire et négociateur de la politique sociale avec le gouvernement conservateur, puis ministre des Impôts, ministre des Finances pour le plus long mandat connu au Danemark dans ce poste, ensuite deux ans ministre des Affaires étrangères et, de 2002 à 2005, chef du Parti social-démocrate, dont il est toujours le porte-parole pour la politique étrangère. Bref, le contraire d'un bureaucrate : un combattant qui a dû affronter et gagner beaucoup d'élections ; le contraire aussi d'un intellectuel éthéré : un homme de terrain avec quelques décennies de syndicalisme dans la peau. C'est le genre de destin qu'on aimerait voir plus fréquen dans la gauche française. En tout cas, pour notre propos, il est indiscutablemer l'un des architectes majeurs du système.

L'allocation est versée quatre ans, la première année sans aucune condition.

La durée du travail est exclusivement fixée par la négociation. C'est une des plus faibles d'Europe. Elle est pour les salariés à plein-temps fixée contractuellement à 37 heures.

À peu près rien de tout cela ne découle de la loi. Il n'y a pas de loi générale sur le contrat de travail, le licenciement, les droits des salariés, le droit de grève, le salaire minimum, le temps de travail ou même l'emploi des handicapés.

La détermination de tout ce dispositif est donc exclusivement contractuelle, à l'exception du financement des allocations chômage, assuré essentiellement par l'impôt. Cela est possible parce qu'une centrale syndicale unique, LO, est reconnue comme représentante exclusive de tous les salariés qu'elle rassemble à plus de 80 %.

Enfin, et c'est sans doute l'essentiel, tous les acteurs, syndicat, patronat, État, accordent une importance essentielle à la formation. Dès la fin de sa première année de chômage, tout chômeur est impérieusement tenu de reprendre sa formation. Vigoureusement indemnisé et le plus souvent de durée brève, le chômage ne fait plus peur, et c'est aussi une des clés du système.

On l'a compris, tout tient ensemble, parce que tout est consensuel, et très largement consensuel parce que contractuel.

Un dernier petit secret du modèle ; l'action syndicale de LO est largement relayée au Parlement et auprès de l'opinion publique par celle du Parti social-démocrate, car les deux structures sont en étroite symbiose, ayant un nombre considérable de militants communs.

La continuité historique est la grande clé de cette construction. Elle-même fut possible parce que les structures représentatives des travailleurs danois n'ont jamais, au long d'un siècle, ni ignoré ou récusé les contraintes économiques, ni non plus promis la rupture avec le capitalisme. Mais eux l'ont transformé et rendu plus humain chez eux, nous pas. »

J'ose espérer que le lecteur, au vu de cette découverte, comprendra mon attachement à « la social-démocratie ». Et si je me suis permis de placer ici, en illustration de découverte de tout jeune homme, un texte de 2006, c'est que, dès 1950, les traits généraux de la social-démocratie scandinave étaient déjà assurés.

Réconcilier la gauche et les catholiques

Je participe, en 1948, à l'Assemblée des peuples d'Europe à Strasbourg grâce au père d'un de mes amis, le sénateur de Félice. Six cents personnes enthousiastes assistent à cette assemblée convoquée par des associations sur le thème : « Si on veut que l'Europe se fasse, il faut faire pression sur nos gouvernements ». Or je découvre une pagaille totale dans l'organisation de ces journées. Quand on appelle un orateur à la tribune, soixante se présentent. C'est joyeux, mais pas efficace. Je comprends d'emblée qu'il faut, dans le respect de chacun, une organisation rigoureuse pour que les travaux puissent aboutir utilement. Et cela me sert de leçon : il n'y a pas de démocratie sans partis politiques puissants, organisés, capables de canaliser et d'ordonner les impulsions personnelles.

En 1950, à la tête des étudiants socialistes de Paris, j'organise une école d'été. Je convie donc une vingtaine de camarades à passer dix jours ensemble pour approfondir notre réflexion. Jacques Bugnicourt prépare un programme encyclopédique, titanesque. Plus prudent, et connaissant bien les participants, je réserve un stage à l'école de voile des Glénans, en Bretagne du Sud. Trois heures de travail et de discussions par jour en début de matinée et en fin d'après-midi me semblent correspondre à la capacité maximale d'absorption de nos jeunes adhérents. Quand il l'apprend, Jacques entre dans une grande colère, et me somme de renoncer à cette idée de voile. Je tiens bon. Je crois ne m'être jamais engueulé aussi violemment avec quiconque dans ma vie et ce doit être le seul cas où j'ai vu Jacques céder. Il n'est pas devenu pour autant un bon barreur.

En fait, mon rêve est, à l'intérieur de l'Internationale socialiste et de ses écoles d'été, de retraduire en France un comportement de social-démocratie que nous ne connaissons guère et que, dans le milieu étudiant, les jeunes catholiques avaient réinventé presque tout seuls.

Je pense avoir été le premier à ouvrir les portes à une réconciliation entre les forces authentiquement de gauche sortant d'une culture et d'une éducation catholique et la gauche politique officielle, encore puissante mais déjà affaiblie et embourbée dans son archaïsme anticlérical stupide. La SFIO est à l'époque gravement déclinante, marquée par l'échec du tripartisme, le scandale des vins et le commencement de la guerre coloniale d'Indochine.

La JEC comptait cinq ou six mille adhérents, alors que l'organisation des étudiants socialistes atteint à cette période de trois cents à trois cent cinquante personnes. C'est cela qui a permis le changement de majorité dans l'Unef, à temps pour faire prendre par cette organisation, en 1956, les positions honorables et décisives qu'on a connues par la suite sur la guerre d'Algérie. Chaque fois que les militants catholiques, dans telle ou telle assemblée générale, se battaient pour un meilleur budget de l'Éducation nationale, toutes les revendications que je viens d'évoquer et celles qui concernaient la politique étrangère, on leur disait : « Mais vous jouez le jeu des communistes. » Le jour où ils ont pu rétorquer : « Mais non, les hommes de Guy Mollet sont avec nous », l'équilibre des forces électorales a pu se modifier. En trois ans, ville par ville, l'Unef a progressivement basculé, ce qui a permis de sauver l'honneur de la gauche, restant de longs mois l'unique organisation française qui dénonçait la guerre d'Algérie dans son principe comme dans son cortège d'horreurs...

Ce sont probablement une ou deux centaines de cadres du futur PS, catholiques ou pas, qui se sont formés ensemble à cette dure école du syndicalisme étudiant et des premiers engagements politiques.

Cette cause – le rétablissement de relations normales entre la gauche et le catholicisme – est tellement essentielle à mes yeux qu'elle fut un critère majeur de décisions tout le temps du PSU. Et j'ai pensé la servir encore, lorsque, bien plus tard, et comme ministre, j'ai pu régler le conflit entre privé et public dans l'enseignement technique agricole, ce qui a largement servi de modèle, peu après, aux accords Lang-Cloupet, mettant fin à quatrevingts ans de guerre scolaire. Mais j'anticipe.

Et puis, un jour, Jacques entre à l'Enfom (École nationale de France d'outre-mer) et moi au service militaire.

Chapitre IV

SERVICE(S) MILITAIRE(S)

Je rêve de faire mon service militaire dans la marine. Mais au moment de partir, j'apprends que je suis admissible à l'ENA. Je demande donc une prolongation de sursis et, du coup, je me retrouve dans l'Armée de l'air. Où je suis la formation du peloton d'élèves officiers d'état-major. Comme je sors major, cela me donne le droit de choisir mon affectation. Je décide de rester à Paris parce que je suis marié et déjà père de deux enfants. Je commence donc mon service militaire en civil dans la « section administrative » du cabinet du ministre de l'Air, puisqu'à l'époque il y avait encore un secrétaire d'État à l'Air.

C'est une section pas du tout politique, ne comprenant pratiquement que des officiers travaillant sur les problèmes d'exportation de matériel militaire aéronautique. Ma tâche : être le sous-lieutenant qui ouvre la porte aux visiteurs du commandant et prépare les entretiens. C'est d'ailleurs dans cette situation que j'accueille un visiteur régulier, le tout jeune chef acheteur du ministère de la Défense d'Israël, Shimon Perez. Il se souvient encore de nos premières rencontres.

Cette affectation dure pendant deux ou trois mois, lorsqu'un jour un colonel, en grand uniforme avec ses cinq galons, demande rendez-vous à ma grande surprise au sous-lieutenant Rocard. L'entrée en matière est tout à fait protocolaire : « Monsieur Rocard, j'ai une mauvaise nouvelle à vous annoncer. Vous êtes major du peloton d'officiers, mais, vous savez l'administration, c'est bizarre, ça marche quand ça peut, il y a eu une erreur administrative. Il n'y a pas de place budgétaire pour vous dans ce service, on ne peut donc pas vous garder ici. Comme vous êtes major, vous pouvez choisir où vous voulez aller. » Tout cela étant très élégamment dit, je décide, pour terminer tranquillement mon service militaire, de partir au bureau des écoles de l'Armée de l'air.

Plus tard j'ai appris qu'il s'agissait en fait d'une mise à l'écart due à mes activités politiques. La police m'avait repéré comme militant socialiste, ayant autrefois passé une nuit au poste pour avoir distribué des affiches et des tracts non autorisés, et m'être violemment opposé à la guerre d'Algérie.

Un réserviste jamais rappelé

Je poursuis donc mon service militaire tranquillement au bureau des Écoles. Dont je sors officier de réserve.

Curieusement je n'ai jamais été rappelé pour faire ce que l'on appelait « des périodes », c'est-à-dire, pour les réservistes, de courts moments de retour à l'activité destinés à préserver les connaissances acquises du temps du service actif. Théoriquement tous les deux ans, les réservistes doivent trois jours pour rester mobilisables. Un oubli que j'ai trouvé bizarre.

Quelque vingt-cinq ans après, je me retrouve ministre du Plan et de l'Aménagement du territoire. Lors d'une réception diplomatique, toute la haute fonction publique civile ou militaire est là. On me présente le général Bernard Capillon, commandant en chef de l'Armée de l'air. Comme je lui raconte que je suis ancien officier de réserve de l'Armée de l'air et même capitaine honoraire à l'ancienneté, sans jamais avoir été rappelé, je lui fais remarquer que l'Armée de l'air traite bien mal ses réservistes. Il s'indigne. Je lui raconte tout, y compris la suspicion de socialiste, en ajoutant qu'aujourd'hui nous devenions fréquentables puisque nous étions au gouvernement. Il me rétorque : « Monsieur le Ministre, c'est complètement désolant, on va compenser ça, je vais vous inviter solennellement au titre de l'Armée de l'air et vous présenter tout ce qui vole... »

Six mois se passent, rien... Je rencontre à nouveau le général Capillon, alors que je suis ministre de l'Agriculture, et lui rappelle son invitation. Dans les quinze jours qui suivent, je suis invité sur la base d'Orange. Le général a bien fait venir tout ce qui vole, y compris les Mirage IV de la force nucléaire.

C'était l'hiver 1983, il faisait un froid épouvantable : – 20 °C. *France-Soir* titrait même à la une sur toute la largeur de la page : BRRRR... C'est donc par un froid polaire – on tenait mal au garde-à-vous dehors – que les honneurs ont été rendus et que j'ai passé les troupes en revue. J'ai ensuite volé sur un Mirage, un moment vraiment fascinant, voyant de près les Fouga-Magister avec la queue en V de la Patrouille de France.

Le virus du vol à voile

Mais revenons à mon service à Paris en 1955.

Je suis donc en train de m'ennuyer au bureau des écoles quand passe une circulaire proposant de s'inscrire pour un stage de vol à voile. Je m'inscris. Nous nous retrouvons une quinzaine. Pendant tout un été, toutes les semaines, nous allons en car à La Ferté-Alais, un petit terrain dans le sud-est de Paris, pour une initiation. Je suis le seul à être lâché – c'est-à-dire à pouvoir piloter sans instructeur – et j'aime vraiment beaucoup. Sur ce triomphe, je quitte l'Armée de l'air et j'arrête le vol à voile.

Sauf que, trente ans plus tard, pour prendre de la hauteur au sens propre comme au figuré, je recommence pendant une dizaine d'années à voler en planeur. J'en garde des souvenirs particulièrement émerveillés.

Notamment parce qu'il m'est arrivé d'être accompagné en plein ciel, durant de nombreuses minutes, une fois par un busard de plus d'un mètre cinquante d'envergure, une autre fois par un couple d'aigles. Mais le souvenir le plus marquant fait suite à l'incapacité où je me suis trouvé un jour de rejoindre l'aéroport et donc obligé de me poser dans un pré. Les vélivoles appellent cela se « vacher », argument tiré du fait que dans les prés il y a souvent des vaches. Me voilà donc au plein milieu d'un champ, sans agglomération à proximité pour me permettre de téléphoner et demander que l'on vienne me récupérer. Je vois au loin un bâtiment. En m'approchant, je découvre qu'il s'agit d'une ferme à moitié en ruine. Je m'avance et, par le carreau, j'aperçois un vieux couple assis à table. Je

demande si je peux téléphoner, le vieux m'accueille par un borbo-
rygme, me montre de la tête l'appareil. J'appelle. Mais comme je
suis loin de ma base, il faut que j'attende environ une heure et
demie avant que l'on vienne me chercher.

Pour passer le temps, j'essaie d'entamer la conversation et pose
quelques questions sur le travail d'agriculteur. J'apprends que lui
est chef de culture chez un hobereau local pour compléter les revenus de son exploitation de moins de dix hectares. Sur ses terres, il
cultive un peu de blé qui, à l'en croire, ne rapporte guère et élève
quelques vaches laitières. Je l'interroge sur le lait et, à mon grand
étonnement, alors que depuis mon arrivée rien ne laissait penser
qu'il m'avait reconnu, il me dit : « Ben, le lait heureusement que
vous étiez là, vous nous avez sauvés avec les quotas laitiers. »

Je suis sorti de ce repère sombre avec du soleil plein la tête, et
mon paysan bougon s'est fait une joie de nous aider, l'équipe de
dépannage et moi, à démonter le planeur pour le placer sur la
remorque automobile [1]

Chapitre V

L'Algérie a changé toute ma vie

La guerre d'Algérie commence le 1er novembre 1957, au début de mon service militaire. Mais déjà, le 3 avril 1955, la loi sur l'état d'urgence en Algérie a été promulguée. Et, le 31 janvier 1956, Guy Mollet a été investi après la victoire du Front républicain.

À l'époque, François Mitterrand est chargé par le Conseil des ministres de défendre le projet de loi remettant les pouvoirs spéciaux à l'armée. Comme garde des Sceaux, il refuse d'instruire les demandes de grâce présidentielle faisant suite aux nombreuses sentences de mort prononcées par les tribunaux militaires d'Alger contre des militants de la lutte pour l'indépendance. Notre inimitié débuta à ce moment-là. Je le traite en effet d'« assassin », car il envoie au peloton d'exécution une vingtaine d'Algériens qui, somme toute, sont des résistants, même s'il est question de sabotage ou de terrorisme.

Le 17 mars 1956, un décret adopté grâce aux pouvoirs spéciaux par le gouvernement de Guy Mollet autorise le ministre résidant en Algérie, Robert Lacoste, à instituer des zones où le séjour des personnes est réglementé ou interdit, avec la possibilité de déléguer son pouvoir aux préfets et aux autorités militaires. La pratique des zones interdites trouve ainsi une couverture légale.

Ce que je ne peux accepter.

Et qui va se savoir...

Un rapport salué mais enterré

Fin 1956, avant de partir en stage de préfecture pour l'ENA, je suis démobilisé par anticipation afin d'entrer au cabinet d'Alain Savary, secrétaire d'État aux Affaires marocaines et tunisiennes, à qui nous devons la fin élégante et sans violence de ces décolonisations réussies.

En 1957, en deuxième année à l'ENA – période de pure scolarité –, nous nous recyclons sur les grands problèmes en cours de traitement dans l'administration française et sur les manières de les aborder. Or, dès janvier, se crée le Comité socialiste d'études et d'action pour la paix en Algérie, qui regroupe les minoritaires de la SFIO. Et je fais partie de cette minorité.

Or je rédige même un rapport sous le contrôle et la signature d'Henry Fresnay [1] qui sera présenté par lui en avril 1957 sur le drame algérien à la section du sixième arrondissement en vue de la préparation du Congrès de la SFIO. Je ne présente pas moi-même, car je risque d'être rayé de la liste d'aptitude à présenter le concours de l'ENA pour opposition au gouvernement concernant l'Algérie. Ce que j'écris est, il est vrai, implacable : « L'égalité de tous les citoyens devant la loi, qui est le principe de base de notre Constitution, n'a jamais été pratiquée en Algérie. L'égalité des devoirs existe, et notamment l'impôt du sang, mais point d'égalité des droits [...]. Sévit durement une mentalité proche de la ségrégation raciale qui interdit aux musulmans, sauf exception, l'accès aux fonctions de responsabilités, même mineures, dans leur propre pays. »

Pour l'historien, Benjamin Stora, spécialiste de l'Algérie, ce rapport est pour l'époque, étonnant par la densité et la richesse d'informations, aptes à éclairer le drame inconnu du grand public qui est

---

1. Henri Frenay fut le créateur du réseau de résistance « Combat ». Il fut l'un des plus grands fondateurs de la Résistance française. Juste après la Libération, il tenta de faire entrer les jeunes résistants des réseaux qui le souhaitaient au parti socialiste, lequel refusa. Devant cette situation, qu'il ne crut pas définitive, Henri Frenay créa un parti politique – structure d'attente, l'Union démocratique et socialiste de la Résistance (UDSR). Au premier congrès de cette formation, en 1946, le secrétaire d'État aux Anciens Combattants, Prisonniers et Déportés, qui contrôlait des réseaux puissants dans ce milieu, s'empara de l'organisation. Son nom : François Mitterrand. Le soir de ce résultat, Henri Frenay démissionna de l'UDSR, adhéra à la SFIO, où nous nous sommes retrouvés dans la même

en train de se jouer. Mais la direction du Parti l'enterre lors du Congrès de Toulouse de juin 1957. Ce n'est pas une surprise, je sais que Guy Mollet ne fait pas de cadeau.

Afin de lui assurer un peu de diffusion, nous en ronéotons trois ou quatre cents exemplaires, dont quelques-uns partent en province. Grâce à ce texte, une opposition argumentée à la guerre d'Algérie commence à se structurer et à s'exprimer dans la fédération de la Seine du parti dès l'automne 1957. Son constat ? La voie politique est totalement fermée. Au final, ce document rencontre un écho de sympathie dans un milieu limité des structures parisiennes de la SFIO puisqu'il n'est pas conforme à ce que Guy Mollet et ses sbires souhaitent.

L'inspection des finances

J'opte à la sortie de l'ENA, après quelques hésitations, pour l'Inspection des finances. Contrairement à mes camarades qui vont en Algérie faire leur stage de fin d'études, ayant charge de famille je reste en France et effectue un stage dans l'entreprise Péchiney, une chance pour commencer à me familiariser avec le monde de l'industrie.

Je rédige en janvier 1958, pour un mensuel de l'Église réformée de France, un papier disant qu'à mon sens le retour du général de Gaulle est inévitable. Comme, à ce moment, le mouvement gaulliste obtient 3 % dans les sondages, cette hypothèse paraît vraiment improbable. Et le papier fait un vrai scandale. Ce qui me surprend beaucoup. Car je suis simplement parti de ma colère liée à une analyse de la faiblesse des institutions de la quatrième République : les gouvernements durent huit ou dix mois à peine, entraînant une incapacité à entreprendre des actions longues par l'absence de réelles majorités parlementaires. Je devine donc, sans surprise, l'effondrement de la quatrième République.

Le 13 mai suivant, plusieurs régiments s'insurgent à Alger, créant un embryon de pouvoir local nommé Comité de salut public, présidé par des généraux et clairement orienté vers l'idée de provoquer

---

section. Il ne fera plus jamais une seule déclaration politique, à l'exception du rapport que j'évoque ici.

un changement de pouvoir en France. Ces événements risquant d'entraîner une guerre civile en Algérie, le président Coty fait appel au général de Gaulle comme président du Conseil dans des conditions peu démocratiques, avec ce que l'on croit savoir d'inquiétant sur les propensions autoritaires de ce dernier. C'est notamment la raison pour laquelle d'anciens résistants et quelques hauts fonctionnaires créent le Club Jean-Moulin, avec l'idée que le retour aux armes pourrait se révéler nécessaire afin de sauver la démocratie menacée. Une crainte qui résiste huit jours, puisqu'en moins de deux semaines les fondateurs du Club comprennent que de Gaulle n'est pas venu pour faire un coup d'État. Il dit d'ailleurs : « Ce n'est pas à mon âge que je vais commencer une carrière de dictateur. » Très vite on se rend compte qu'il a pour vocation de défendre la République plutôt que de l'assassiner. Le Club se reconvertit alors vers une attitude réformatrice et une réflexion civique.

L'ineffable Guy Mollet avait décidé que le problème algérien n'était pas une affaire d'indépendance, mais de sous-administration. Aussi, en septembre 1958, de Gaulle confirmant cette appréciation, toute ma promotion de l'ENA part pour l'Algérie assurer ses premières fonctions. De Gaulle, à l'époque en période d'inventaire et de recherche, n'avait pas encore défini sa nouvelle politique algérienne, aussi continue-t-il d'appliquer la politique précédente afin de ne pas délivrer de nouveaux signes contradictoires.

Mon départ pour l'Algerie

Je prends le bateau pour avoir ma voiture sur place. Arrivé à quai, le 4 septembre 1958, un superbe officier de l'armée française m'attend, en uniforme. C'est Jacques Bugnicourt. Je ne l'ai jamais vu aussi élégant. L'apercevant, j'imagine immédiatement quelque gueuleton dans un restaurant fin, car Jacques est bon mangeur. Ses premiers mots refrènent mes ardeurs : « Salut, Michel, je suis content de te voir. Mais on n'est pas là pour s'amuser. J'ai beaucoup de choses graves à te dire tout de suite. » Nous voilà dévorant une grillade dans un petit restaurant de pêcheurs du port, et il m'apprend, ce que tout le monde ou presque ignore : l'armée a entrepris de déplacer les populations rurales par centaines de milliers pour pouvoir tirer plus à l'aise au napalm dans les zones de maquis et surtout empêcher les « fellagahs » du FLN de retrouver le couvert et l'abri accordés par les populations. « Tu arrives, tu es au cœur de toute une promotion de l'ENA, vous allez avoir des copains qui seront chefs de cabinet chez tous les généraux-préfets, il y en aura d'autres dans l'administration centrale, c'est un système de renseignements comme il n'y en a pas deux et il faut absolument alerter les pouvoirs publics et le général de Gaulle », me dit-il.

Bugnicourt, qui est militant comme moi, me requiert à ce titre et me demande de me servir de ma casquette d'énarque pour faire un travail politique. En même temps, on ne peut plus tout à fait utiliser à ce moment ces mots de « militant » et de « politique ». Nous voyons notre pays, pas très longtemps après la Libération et la fin des camps de concentration, tuer, et, par inadvertance peut-être, laisser mourir des populations par centaines de milliers. On n'est donc pas dans la politique politicienne du tout, mais dans l'urgence humanitaire et morale. En outre, il ne s'agit que d'en appeler au chef de l'État et de dénoncer des choses effroyables après en avoir établi la véracité et l'ampleur. Nous sommes fonctionnaires et en tant que tel nous ne visons pas à lancer une campagne de presse, mais à acquérir une information certaine, sans connotation politicienne aucune. Il faut obtenir qu'il soit mis fin à ces camps et à ces regroupements.

Nous allons passer trois mois à enquêter et à rédiger un rapport à destination des autorités civiles et du général de Gaulle. Un rapport dont voici un extrait édifiant : « Parfois, on donne un préavis de huit jours aux villageois, puis on leur envoie des camions et on les conduit loin de chez eux dans des baraquements construits à la va-vite. Parfois, on les emmène au milieu de nulle part. Ils laissent derrière eux leurs poulets, leurs lapins. Ils n'emportent rien, on leur refile des tentes où ils croupissent avec femmes et enfants dans le plus grand dénuement. Il faut faire quelque chose. »

L'enquête sur les camps de regroupement

Ce travail sur les camps de regroupement n'a été publié in extenso que beaucoup plus tard aux éditions des Mille et une nuits[1], accompagné du cadre historique dans lequel il s'inscrit. Cependant, en mai 1959, l'essentiel en a été publié sans signature, à la suite d'une fuite dans *Le Monde* et *France Observateur*. Comme cela provoqua un immense scandale, je crois utile de rappeler brièvement le contexte de cette affaire.

Pendant ces trois mois – septembre, octobre, novembre 1958 –, nous sommes vraiment tout seuls à essayer d'en voir le plus possible dans les nombreuses régions concernées par les camps. On part très tôt le matin, en se levant à quatre heures, quatre heures et demie, pour être à pied d'œuvre dès la levée du couvre-feu à cinq heures. On s'approche le plus possible des camps, chose assez facile puisque souvent il n'y a pas de barbelés : les gens crèvent de faim, mais ils ne savent plus où aller. Le problème le plus dramatique de ces regroupements, c'est que l'armée a oublié les troupeaux, les poulets, les récoltes. Les militaires qui surveillent ces populations se montrent plutôt débonnaires et navrés. Le touriste de passage, surtout habillé en haut fonctionnaire et accompagné d'un officier en uniforme, n'inspire de fait pas de méfiance. En cas de problème, nous avons une tactique toute simple, celle de demander notre chemin. Nous pouvons ainsi découvrir un certain nombre d'horreurs. Pour y mettre un terme, il faut commencer par en mesurer l'ampleur, puis les décrire, et enfin les faire connaître. Notre première tâche, avant même la description des camps, est l'évaluation numérique. En comprenant vite qu'il ne faut pas rester trop longtemps, juste celui de compter baraques et maisons lorsqu'il y en a. Nous notons des lieux, gardons les traces de ces dénombrements et, pendant les deux premiers mois, réalisons ces repérages sans nous présenter à personne, et dans la plus grande incertitude sur ce que nous allons faire de ces informations.

Le 12 décembre 1958, Paul Delouvrier, inspecteur général des Finances, devient officiellement le délégué général du gouvernement en Algérie. Il se voit confier les pouvoirs civils jusque-là détenus par le général Salan. Il arrive à Alger le 18 décembre accompagné notamment, en qualité de secrétaire particulier, d'Éric Westphal, un de mes amis d'enfance. Grâce à lui, je peux informer Paul Delouvrier de l'existence des camps de regroupement et de la

---

1. *Rapport sur les camps de regroupements et autres textes sur la guerre d'Algérie*, Mille et une nuits, juin 2003

tragédie qui s'y déroule. Il me charge alors, oralement, d'une enquête et d'un rapport. J'obtiens de mon supérieur à l'Inspection des finances, René Lenoir, une couverture sous la forme d'une mission d'inspection relative aux transformations de la propriété foncière en Algérie, mission dérivée d'une enquête sur les services du cadastre menée par une équipe de six enquêteurs dont je fais aussi partie.

De décembre 1958 à février 1959, je mène donc une seconde série de visites des camps de regroupement. Et c'est à ce moment que j'abandonne la prétention de devenir un jour gouverneur de la Banque de France, préférant m'engager en politique de façon permanente tant je comprends à quel point celle-ci peut être nocive lorsqu'elle est placée dans n'importe quelles mains.

L'Algérie a changé toute ma vie

Je me déplaçais seul ou avec Bugnicourt, mais je pouvais appeler les préfets et demander une voiture officielle, voire une escorte. Quand nous allons à Tiaret, à 80 kilomètres d'Orléanville – trois heures de voiture, dans une 403 noire, accompagné par un civil, chef de cabinet du préfet, et un chauffeur militaire –, nous sommes précédés par un gros camion avec banquettes longitudinales sur le plateau contenant 24 militaires, mitraillettes sur les genoux, et l'équivalent derrière.

Nous travaillons essentiellement dans les arrondissements et départements d'Orléanville, de Tiaret, de Blida, parce que Jacques Bugnicourt se trouve sur place, et qu'il est difficile d'aller plus loin. Je peux certes présenter des ordres de mission, mais ne peux pas arracher des financements pour cette mission. Je ne retourne pas dans les camps déjà évalués avec Bugnicourt lors de nos visites des trois premiers mois avant l'intervention de Paul Delouvrier et celle de René Lenoir. Ce qui fait que le rapport sur les camps reste, d'une certaine manière, rudimentaire par rapport aux canons du rapport de mission de la haute fonction publique. S'il avait fallu penser la prise en charge administrative de ces populations, c'est un travail d'une tout autre ampleur qu'il aurait convenu de faire.

Au moins, déjà, je peux connaître, informer, dénoncer. Il y a aussi une urgence : avec Paul Delouvrier, nous nous sommes mis d'accord sur la réalisation rapide de l'enquête. Les gens meurent de faim, je suis comptable de toutes ces vies aussi longtemps que je ne n'ai pas fini. Heureusement surviennent des moments de grande convivialité avec les officiers des camps, ceux qui permettent à l'information de circuler beaucoup plus facilement.

Une fois l'enquête suffisamment avancée pour établir des faits objectivement irréfutables, je rédige mon rapport et son annexe statistique destinée à donner les clefs du dénombrement. On frise le million, alors que personne n'en a entendu parler. Un million de personnes dans des mouroirs ! Je suis parfaitement conscient du poids que cela prend. Mais mon problème est de faire avertir de Gaulle, que nous imaginons comme un humaniste, ce qu'il est d'ailleurs. J'apporte finalement le texte à Paul Delouvrier le 17 février 1959. Ce n'est pas un tendre ni un sensible, et il est en outre, comme on peut l'imaginer, submergé par les problèmes et les difficultés. Il ne s'émeut pas des données que je lui révèle, même si la dimension du problème le surprend.

Le tout est tapé en neuf exemplaires par sa secrétaire personnelle. J'en conserve un par-devers moi. Mais se pose tout de suite le problème du devenir des autres. Paul Delouvrier m'en confie deux, à charge pour moi de les transmettre aux meilleurs interlocuteurs, ceux qui seraient les plus proches du général de Gaulle au cas où lui-même ne parviendrait pas à le joindre directement. Je découvre qu'en dehors de ses visites à Paris le délégué général du gouvernement en Algérie n'a pas de filières sûres pour prévenir en direct le chef de l'État. C'est monstrueux, mais il en est parfaitement conscient : « Je ne peux rien garantir, tout est ouvert, je me méfie de tout, vous ferez comme vous pourrez pour joindre le général de Gaulle. »

Je reviens alors à Paris avec mes trois exemplaires. Et il n'est naturellement pas question d'expédier cela par la poste !

À mon arrivée, début avril, rien ne s'est passé. Comme si l'appareil de l'État n'était pas informé. Selon moi, le chef de l'État doit être averti, quoi qu'il arrive. Un camarade de promotion, qui est aussi un ami, Jean Maheu, se trouve être membre de son cabinet à titre officieux. Je lui indique donc au téléphone que, revenant d'Algérie un peu après lui, j'y ai découvert des choses graves, puis le rencontre afin de lui confier un exemplaire du texte, qu'il fait passer immédiatement au général de Gaulle. Je destine l'autre exemplaire au ministre phare de la rectitude, de la droiture et des droits de l'homme qui s'appelle Edmond Michelet, en charge de la Justice. Et, en moins de trois jours, je parviens à remettre ce deuxième exemplaire à un membre du cabinet Michelet, Joseph Rovan si je me souviens bien. Il convient d'aller vite, non seulement parce que, comme je l'ai dit, je me sens redevable de vies là-bas, mais aussi parce que, une fois ce travail fait et ce texte rédigé, il faut qu'il serve. De son côté, pensais-je, Delouvrier doit aussi le faire circuler ; il n'est pas sans importance pour moi de me protéger en prévenant les plus hautes autorités de l'État de l'existence du rapport.

Je ne me doute pas une seconde de ce qui va suivre, à savoir sa publication dans la presse. Voilà comment cela s'est passé : au ministère de la Justice, Gaston Gosselin l'a transmis au *Monde* et à *France Observateur* pour être sûr de toucher l'opinion. À la suite de cet ébruitement, en Conseil des ministres, où la question de ma révocation est évoquée sur la demande de Michel Debré, Edmond Michelet s'y oppose en l'absence de renseignements plus précis. La semaine suivante, il réévoque la question dans la même enceinte en déclarant : « J'ai fait mon enquête. Michel Rocard ne doit pas être révoqué. Il a fait le métier d'un fonctionnaire qui est d'informer le gouvernement. La fuite vient de chez moi. »

Mais qu'est-ce qu'une carrière de fonctionnaire quand la vie de centaines de milliers de personnes est en jeu ? Il fallait que l'opinion publique soit informée.

Conséquences des fuites, les choses sont allées très vite. La séance de l'Assemblée nationale où s'exprimait Michel Debré fit forte impression. De plus, la France fut vivement prise à partie lors de l'assemblée générale de l'ONU. La presse se mobilisa. Les milieux ecclésiastiques, déjà intervenus par la voix de Mgr Rodhain, manifestèrent leur émotion. Le résultat, c'est qu'on décida de changer très profondément ce système. Le gouvernement débloqua cent millions de nouveaux francs pour nourrir ces gens, et l'armée reçut interdiction de continuer à créer des regroupements sans en avoir l'autorisation expresse du délégué général.

Si, avant la fuite, Delouvrier avait émis cette interdiction et mis sur pied des commissions itinérantes restreintes chargées de visiter les camps, la publication donna du poids à ces mesures. Une Inspection générale des regroupements fut d'ailleurs créée en novembre 1959 et confiée au général Parlange, qui s'est conduit de manière remarquable.

Pour tout dire, j'ai été surpris de la fuite. Moins de ce qui s'est passé après. Je ne suis pas naïf, je savais pertinemment et naturellement à quoi je jouais. Mais le fait de respecter la déontologie du haut fonctionnaire était à la fois une précaution nécessaire – je n'avais aucune envie de me faire révoquer – et un choix de morale professionnelle. Étant légaliste, je n'étais pas prêt à aller jusqu'à la fuite. Que d'autres l'aient voulue et réalisée, tant mieux d'une certaine manière. Pour moi, le faire aurait eu pour effet de lier de manière trop indistincte les deux engagements, celui du militant socialiste et celui du serviteur de l'État. Ce qui n'est pas mon tempérament. D'ailleurs, une partie de l'estime que je crois avoir gagnée au long de ma carrière ultérieure est due au fait que tout le monde sait que je n'organise pas et n'ai jamais organisé de fuites sur des affaires d'État.

Évidemment, j'assume intégralement cette histoire, mais prétendre que je n'ai pas eu peur, à plusieurs reprises, tout au long de cette affaire relèverait de la forfanterie. Il y a les choix individuels – les convictions, les filiations, dont je parlais au début – et puis les circonstances. Je n'aurais moi-même rien su si j'avais travaillé tranquillement dans un bureau à Alger, si mon ami Bugnicourt n'avait pas été un officier SAS ayant suffisamment de conscience politique pour ne pas tolérer l'intolérable, et s'il n'y avait pas eu Éric Westphal pour arracher l'ordre verbal de Delouvrier, destiné à me couvrir un peu. Je ne doutais pas qu'il y aurait des incidents, mais je croyais beaucoup aux institutions et aux hommes d'honneur : Delouvrier ne m'aurait jamais laissé tomber. Je savais tout cela et, pour tout dire, je suis content d'évoquer cette question aujourd'hui. Aimer son pays, pour un fonctionnaire, c'est parfois oser un pas de côté. Cette affaire étant devenue maintenant une page d'histoire : aux historiens, désormais, de la commenter.

Mouton noir

Que se passe-t-il ensuite ?

Quand Jacques Bugnicourt négocie avec le FLN local les attributions de lots de la réforme agraire, il est muté d'urgence dans une unité combattante en Kabylie. La balle dans le dos menace. C'est Paul Delouvrier, sur mon insistance, et celle de quelques autres, qui le sort de là à temps.

Quant à moi, pour certains je fais figure de mouton noir. Au premier pot après mon retour d'Algérie, lors d'une réception annuelle des services de l'Inspection des finances, un grand nombre de vieux inspecteurs généraux refusent ainsi de me saluer. Je suis un peu ostracisé par la majorité de mes collègues. Mais, face à l'ampleur du drame que j'avais contribué à limiter, cela n'avait guère d'importance. Et puis, surtout, cinq ou six inspecteurs des Finances m'ont, eux, encouragé et félicité : René Lenoir, Roger Fauroux, Jean Saint Geours, Michel Albert, René Thomas et quelques autres, sans parler de mes propres camarades de promotion, parmi lesquels notamment Jacques de Larosière.

Chapitre VI

Le PSU à la croisée des contestations

Menant une activité politique intense, mais aussi désireux de devenir un serviteur de l'État, j'utilise, à partir de 1953, pour mes activités liées à mon engagement socialiste, différents pseudonymes dont celui de Georges Servet. Je le choisis pour montrer mon attachement à la liberté de conscience défendue âprement par Michel Servet, clerc réformateur, brûlé vif en 1553 pour hérésie, très exactement quatre siècles plus tôt. On écrit partout que c'est Jean Calvin qui l'a fait brûler à Genève, mais j'ai appris beaucoup plus tard que la réalité est moins simple. C'est le Conseil de la Ville qui l'a condamné au bûcher. Calvin n'en était pas membre, mais en tant que président du Conseil des pasteurs, il en était le principal inspirateur. Il a donc au moins laissé faire. Ses biographes racontent qu'il avait énormément prié à cette occasion...

En rupture avec Guy Mollet à propos de la politique algérienne, depuis 1956, j'ai activement participé à la constitution de la minorité interne du Parti, principalement conduite par Édouard Depreux, Robert Verdier et Alain Savary et suis même devenu secrétaire administratif de cette coalition politique. Malheureusement, juste avant l'ouverture du Congrès annuel du Parti en septembre 1958, je me vois obligé de partir pour l'Algérie où se trouve, par décision gouvernementale on l'a vu, toute ma promotion de jeunes fonctionnaires, tout juste sortis de l'ENA. C'est donc par la presse que j'apprends, peu après mon arrivée à Alger, la création du Parti socialiste autonome (PSA) par Édouard Depreux et Alain Savary. Avec Jacques Bugnicourt, nous adhérons immédiatement.

L'aube du PSU

En 1960, je participe à la fondation du Parti socialiste unifié, fusion du PSA et de l'UGS, avec en son sein beaucoup de chrétiens de gauche et aussi d'anciens communistes. Pierre Mendès France, ayant adhéré dès 1959 au PSA (Parti socialiste autonome), se retrouve donc membre du PSU (Parti socialiste unifié). C'est là que je rencontre pour la première fois des hommes et des femmes qui deviendront des compagnons tout au long de ma route politique. Je pense en particulier à Jean-Paul Huchon qui sera à mes côtés lors de mes différentes campagnes électorales et aussi comme directeur de cabinet dans tous mes postes ministériels.

La création du PSU s'inscrit dans une somme de refus. Le refus de l'impuissance du Parti socialiste : nous naissons au moment où des ministres socialistes participent au gouvernement du général de Gaulle ; le refus aussi du stalinisme, le refus de l'impuissance du trotskisme et du mouvement révolutionnaire. Il faut faire de tous ces refus une volonté positive.

Il n'est pas question de conter ici l'histoire du PSU. D'autres ouvrages y pourvoient et, je l'ai déjà dit, le présent texte ne constitue pas des Mémoires, mais un rappel de ce que j'ai personnellement fait, des actes que j'ai accomplis. Les éléments de biographie n'y figurent que pour permettre au lecteur de comprendre les situations dans lesquelles je me suis trouvé pour agir.

Donc, pas d'histoire du PSU, seulement les rappels strictement nécessaires pour comprendre les opérations dans lesquelles je me suis trouvé engagé et les décisions que j'ai pu prendre.

Héritier conjoint du PSA et de l'UGS (Union de la gauche socialiste), le PSU naît donc au printemps 1960. La guerre d'Algérie, à ce moment, continue de faire rage. En tout, 500 000 jeunes hommes y auront participé, dont probablement 200 000 simultanément. La France y a déjà vu mourir une République et a usé une énergie politique énorme sans grand résultat manifeste. L'armée s'est adaptée à la contre-guérilla et commence à remporter des succès notables, mais la guerre continue. Le général de Gaulle a mis en œuvre le « plan de Constantine » pour apporter un peu de progrès économique et social à la population, avec des résultats techniques minces et politiques à peu près nuls. La France lutte chaque année à l'Assemblée générale des Nations unies pour tenter d'éviter une condamnation formelle et grave. Mais elle est de plus en plus isolée sur la scène internationale où personne ne la défend.

La lutte contre cette guerre d'Algérie est la cause initiale de la naissance du PSU. Elle demeure sa préoccupation dominante et son activité concrète essentielle. Au Parlement, la SFIO, passée à l'opposition, est paralysée du fait de sa politique antérieure. Quant au PC, il est empêtré et impuissant. Le Parti n'avait-il pas voté les pouvoirs spéciaux à Guy Mollet ? Le PSU se rue vers l'action civique de base : tracts, meeting, conférences, séminaires internationaux, articles de presse sont innombrables. L'UNEF est la seule organisation de quelque importance à prendre position aussi fermement que lui : les étudiants font comme les autres un service militaire de trois ans. Les grandes centrales syndicales sont hostiles plus nettement que le PC mais restent timides. Quant à l'interdiction et à la répression brutale par le pouvoir d'un grand meeting pour la paix en Algérie, organisé le 27 octobre 1960 par le PSU, l'Unef et quelques petites organisations, elle brise le dynamisme de cette action.

Le 1er novembre 1961, date anniversaire du début de l'insurrection algérienne, le PSU organise seul une petite manifestation publique place de Clichy pour rappeler son opposition toujours déterminée. J'en suis l'un des organisateurs. Devant la constance de la guerre et la constance de leur apathie, ce rappel met mal à l'aise les grandes organisations syndicales. L'UNEF contribue à rallier la CFDT et la CGT. Clairement, cette dernière bouscule le PC. Les manifestations se font fréquentes. De mois en mois, le nombre des organisations participantes comme des manifestants augmente rapidement. En janvier-février, nous sommes quelques dizaines de milliers. La police charge souvent. Au tout début de 1962, une dizaine de personnes meurent, étouffées dans l'entrée de la station de métro Charonne où elles ont été acculées par la police. Leurs obsèques sont suivies par un demi-million de personnes.

On ne saura guère si de Gaulle aurait négocié les accords d'Évian sans cette pression. Je pense pour ma part qu'elle a joué un rôle, mais qu'il y était déterminé. Quoi qu'il en soit, la guerre d'Algérie prend fin avec ces accords le 18 mars 1962.

Un congrès écartelé

Une des conséquences inattendues de la fin de la guerre d'Algérie est de faire disparaître d'un coup le facteur unifiant essentiel, et presque unique, qui tenait le PSU rassemblé. Il faut maintenant définir un programme politique effectif pour un grand pays démocratique développé qui a enfin retrouvé la paix. Un congrès se prépare pour le printemps 1963.

Et là, c'est l'explosion. Nos anciens de la SFIO veulent refaire un parti socialiste parlementaire, mais moralement irréprochable. Nos militants catholiques nombreux veulent, eux, donner un sens nouveau à la politique par les solidarités de proximité et la démocratie locale. Nos anciens communistes rêvent clairement, de leur côté, d'un communisme moins cynique lié solidairement aux mouvements du monde et notamment du tiers-monde. Nos trotskistes – nous en avions déjà – réaffichent le thème de la IVᵉ Internationale dans l'espoir d'une révolution mondiale non stalinienne. Nos anciens radicaux osent trouver là l'occasion de réaffirmer leur vieille ambition d'en finir définitivement avec le cléricalisme et l'influence de l'Église catholique.

Ce genre d'éparpillement – d'aucuns diraient éclatement – est ravageur. Car aucun observateur ou commentateur ne se donne la peine d'identifier culturellement chacune des différentes tendances du PSU. Personne ne repère cet étonnant flamboiement de chacun des multiples courants de pensée de la gauche française depuis un demi-siècle en recherche de sa pureté originelle en décrivant les finalités et les pratiques d'une politique non cynique. Chacun exprime, à sa manière, les symboles qui ont conditionné son engagement politique initial. Reste qu'il faut, avec toutes ces générosités rassemblées, trouver une majorité pour gouverner le jeune parti. Or si l'on peut toujours, et partout, transiger sur des intérêts, impossible de s'y résoudre sur des symboles. Pas de majorité, pas de direction claire. Conséquence, la presse se moque beaucoup du petit parti aux tendances multiples.

Comme nous n'avions, aux élections législatives de 1962, sauvé qu'un seul siège de député – celui de François Tanguy-Prigent dans le pays de Léon, Nord-Finistère – après le drame du congrès, les militants désabusés s'éloignent pour beaucoup. Des douze ou treize mille que nous étions à la fondation et pendant la fin de la guerre d'Algérie, nous tombons vite à cinq ou six mille. L'essor du jeune PSU est brisé en plein envol.

Pourtant, l'installation en force, en France, d'un gaullisme démocratisé n'en appelait que plus puissamment au réveil et à la renaissance d'une gauche modernisée et capable de comprendre le nouveau capitalisme mondial de plein-emploi en train d'émerger dans le monde entier.

Un foisonnement d'idées

Que restait-il au PSU ? Une grande force intellectuelle. Économistes, sociologues, philosophes, historiens, hauts fonctionnaires demeuraient par centaines dans nos rangs. Cette décennie 1960 connut un florilège de publications de toute nature, essais de toutes sortes sur le monde en devenir, dont les membres du PSU assurèrent l'essentiel.

C'est dans cette atmosphère étrange, et pour préparer le congrès de 1963, qu'à l'initiative de Gilles Martinet un petit groupe d'hommes venus de tous les bords se rassemble pour tenter de décrire une voie de sortie, de construire un courant collectif qui fasse en quelque sorte la synthèse de toutes ces recherches et de toutes ces anticipations. C'est la quête d'une authenticité sociale-démocrate. Mais si la social-démocratie internationale nous a bien compris et parfois soutenus – elle est d'ailleurs très largement représentée lors de notre congrès de fusion en avril 1960 –, le souvenir de Guy Mollet, de Robert Lacoste et de Max Lejeune ainsi que les tragiques responsabilités du parti socialiste qu'ils dirigeaient pendant la guerre d'Algérie nous rendent impossible d'en reprendre même le nom. De congrès en congrès, nous sommes appelés courant B, courant 1, etc. pendant que la presse nous confond avec les restes de la SFIO sous le nom peu évocateur de gauche non communiste. Mais le courant si modestement construit devient petit à petit majoritaire dans le parti, lui redonnant à la fois stabilité et cohésion en même temps qu'une perspective sociale-démocrate de gauche, pour faire simple.

Les années 1962-1968, marquées par sa disparition du jeu des partis politiques officiels, sont, pour le PSU, des années d'étonnante créativité politique. La période est sans précédent historique.

Toute l'Afrique est devenue indépendante en 1960, l'Algérie en 1962 Il n'y a plus de colonies. La France est en plein-emploi. Même les pieds-noirs fuyant l'Algérie (plus de 500 000 personnes) trouvent rapidement du travail. La croissance est très rapide et régulière autour de 5 % par an. On parle d'ailleurs d'un miracle français. Même l'indice annonciateur des écarts dans la distribution des revenus amorce un léger resserrement.

Que dire, contre quoi protester ? La fougue militante du jeune PSU ne s'est pas apaisée, même si elle a perdu son champ de contestation principal, l'Algérie. Elle déferle alors sur tout ce qui, dans la vie sociale, appelle critique et peut servir de support à une amélioration de la démocratie.

Elle s'attaque aux choix budgétaires du gouvernement devant le constat que le pays répond mal aux besoins créés par le baby-boom en matière de logement comme de scolarité et surtout d'accueil à l'université. Elle dénonce la société de consommation et son anonymat mercantile. Elle lutte contre l'extension du marché dans les domaines de la santé et de la culture. Elle multiplie les expériences de démocratie participative, notamment au niveau municipal, et appuie le lancement du réseau des « groupes d'action municipale », allant même jusqu'à la création et l'animation de multiples coopératives de voisinage telle celles de machines à laver...

Les militants du PSU s'essaient à tout, un peu partout, dans l'esprit très explicitement formulé d'apporter par l'action collective bénévole de base un supplément de démocratie et de qualité de vie dans la quotidienneté des Français.

Le contre-plan

La guerre d'Algérie enfin terminée, de Gaulle multiplie les initiatives pour redonner à la France sa place dans le monde et une forte vision d'avenir destinée à pallier l'effet délétère de la reconnaissance de l'indépendance de l'Algérie qui ressemble fort à une défaite. Au cœur de cette multiplicité, le choix est le cinquième plan, dont le chef de l'État fait une « ardente obligation ». La France a construit la tradition d'« une planification », d'une programmation indicative, quadriennale, où la confrontation des tendances économiques sous-jacentes internes et internationales avec les mouvements décidés des finances publiques permet de décrire un « avenir probable » qui cadre utilement les anticipations du secteur privé. C'est un travail de l'exécutif qu'accompagnent des discussions longues et détaillées avec le patronat et les organisations syndicales. Le plan est une manière de substitut au dialogue social, manquant en France, en même temps qu'un élément de mise en cohérence de toutes les décisions des agents économiques. Le Parlement n'a, dans le passé, jamais manifesté le moindre intérêt – sauf à voter une loi tous les cinq ans – pour cet exercice, mais de Gaulle veut lui donner du panache, tandis que la gauche parlementaire – radicaux, SFIO et PC – n'accorde pas le moindre intérêt à l'affaire.

Le PSU, lui, se rue sur le sujet et se lance dans un exercice de démocratie vraie qui consiste à établir et à proposer un contre-plan.

Une petite dizaine d'économistes, dont je suis, élabore une gamme d'options alternatives, puis les calculs de comptabilité nationale y afférents, pour proposer à la représentation nationale une autre vision de notre avenir, plus sociale, plus culturelle, un peu moins militaire, plus active en recherche scientifique, etc. Un petit livre sous pseudonyme collectif, *Le Contre-plan*, illustre la chose pour le grand public. Notre unique député François Tanguy-Prigent, malgré son état de santé déjà profondément délabré à l'époque, donne un aperçu de ce travail dans le débat parlementaire. Le *Contre-plan* tout entier se voit même publié par le *Journal officiel* de la République en annexe, série des débats parlementaires. Même le Premier ministre, Georges Pompidou, concède alors que seul le PSU a fait son travail de parti politique. Ce fut plus qu'un succès d'estime, car beaucoup purent y voir l'esquisse d'un changement de méthode dans la conduite du débat politique et parlementaire en France. Mais nous n'avions qu'un unique député.

La démocratie en Assises

La période est paisible et de Gaulle tout-puissant. La France socialement calme, grâce au plein-emploi. Mais le silence à peu près total, la rigidification des deux partis de la gauche officielle dans un discours répétitif, dogmatique et inopérant parce qu'étranger aux problèmes nouveaux de l'époque, donnent de la vie publique une allure de bavardage inutile dans un « politiquement correct » écrasant.

Hors Parlement et largement hors presse, un bouillonnement associatif intense exprime l'insatisfaction et l'inquiétude civique de nombre de citoyens éclairés. Des clubs surgissent partout et conduisent des débats d'une grande inventivité. Le Club Jean-Moulin, le premier et le plus connu, reste le plus gros et a fait beaucoup d'émules ; le Cercle Alexis de Tocqueville à Lyon, le club Démocratie nouvelle à Marseille, le vaste mouvement national « citoyens 60 », un temps animé par Jacques Delors... composent une population qui a beaucoup de soucis et d'intérêts communs.

Une sorte de regroupement des clubs se met à fonctionner. Aussi émerge l'idée d'une première rencontre : les assises de la démocratie à Vichy en 1964. Le succès convainc qu'il est possible d'organiser des rencontres à contenu politique plus vigoureux. L'on accepte que le PSU se joigne à ce mouvement. Naît alors en 1965 la « rencontre socialiste de Grenoble », de nombreux clubs ayant accepté cette référence. Cette première pose fortement le problème de la modernisation de la France dans ses institutions, dans sa politique étrangère et dans divers aspects de sa politique économique. L'idée est aussi de redonner une tribune et un espace politique à Pierre Mendès France, qui est depuis plusieurs années absent du Parlement et totalement isolé.

Si le résultat politicien fut nul – sauf à préparer une candidature ultérieure de Pierre Mendès France à l'Assemblée nationale dans la circonscription de Grenoble –, l'écho de cette rencontre austère, sérieuse, compétente et largement suivie, fut, lui, considérable. Au point que le conseil d'initiative de la rencontre socialiste de Grenoble décida d'une deuxième manifestation nationale sur les thèmes de la décentralisation. Je fus chargé du rapport initial et le titrais « Décoloniser la province ».

En conclusion, j'écrivais ceci : « La ligne directrice peut se résumer de manière simple : l'avenir de la démocratie comme celui de l'équilibre économique en France sont menacés par la dévitalisation relative de la province. Les expériences de décentralisation n'y ont rien changé. Elles ont échoué parce qu'elles ne concernaient pas les conditions qui régissent la décision. Le problème consiste donc à sortir celle-ci de Paris pour tout ce qui n'est pas d'importance nationale. Pour décentraliser les décisions en France, il faut créer des institutions régionales et locales de taille utile. Il faut remembrer celles qui existent, et les doter d'une masse budgétaire totale égale à peu près au double de ce qu'elle est actuellement par rapport au produit national. Dans un tel contexte, il sera à nouveau possible de créer des emplois en province, et de permettre que les centres de décision régionaux eux-mêmes animent le développement régional, sous la pression et le contrôle des forces sociales de chaque région, représentées dans des assemblées compétentes.

Pour être banales aux yeux des Américains, des Anglais, des Suisses et des Allemands, ces idées sont en France parfaitement explosives. Le pouvoir central et la quasi-totalité des fonctionnaires qui forment son armature ne voient d'avenir pour la France – et par là, pour toutes ses régions derrière Paris – que par l'animation de plus en plus active et de plus en plus différenciée d'une puissance publique centrale au pouvoir croissant.

On propose ici notamment de redonner plus d'autonomie à des collectivités locales dotées de ressources financières beaucoup plus larges qu'actuellement, alors que personne ne peut faire avec sérieux le pronostic que les deniers publics, dans leur totalité, seront de la sorte gérés avec autant de rigueur que s'ils l'étaient sur un plan purement national, car cela suppose un long apprentissage.

Il est bien clair que, pour toutes ces raisons, la ligne proposée rencontrera des ennemis de tous bords. Les technocrates la déclareront absurde, de nombreux élus y verront une menace pour leurs mandats. Certains hérauts du régionalisme seront pris de frayeur devant l'idée d'unités régionales assez grandes et assez urbanisées pour prendre en mains l'animation de leur développement économique. La quasi-totalité des forces politiques organisées de ce pays a en fait manifesté souvent des positions et toujours des attitudes centralisatrices plutôt que décentralisatrices.

Mais on ne peut s'abriter derrière ces constatations.

Le problème des déséquilibres régionaux est en effet de gravité croissante : plus on attendra pour lui donner une solution satisfaisante, et plus on court le risque de devoir le faire de manière brutale. Il est peut-être encore temps de rendre aux Français l'habitude de s'occuper de leurs affaires en utilisant deux leviers : une profonde réforme institutionnelle et une action pédagogique soutenue.

L'appui profond de l'opinion dans son ensemble est, en effet, la condition du succès d'une politique de réanimation régionale. À nos yeux, c'est même à cette seule condition que la belle mécanique centralisatrice et stérilisatrice que représente l'État en France conserve une chance de s'adapter à un avenir où le changement sera toujours plus rapide.

L'avenir économique des Français exige un certain nombre de décisions qui correspondent à la recherche d'une plus grande démocratie : c'est à quoi l'on reconnaît que la politique proposée est bien dans la tradition permanente du socialisme. »

Ce court texte – une brochure qui ne fait pas trente pages, anonyme et signée de la seule « Rencontre socialiste de Grenoble » –, a eu un immense avenir. Lors de sa publication, en fin d'hiver ou au printemps 1966, nous avons imaginé de le faire débattre par le même public que celui de la rencontre de Grenoble l'année précédente – le PSU, les clubs, des syndicalistes, des cadres du secteur privé, des fonctionnaires – mais dans plusieurs villes de province puisqu'il parlait de décentralisation et de régionalisation. Il y eut aussi, dans les deux tiers de l'année 1966, six réunions, à Lille, Metz, Saint-Brieuc, Lacq, Lyon et Marseille.

Ce fut assez extraordinaire : les salles débordaient, cinq ou six cents personnes chacune pour deux cent cinquante espérées, des débats interminables et fort nourris. Surprise : à peu près jamais aucun élu présent, local ou national, d'aucun des partis représentés au Parlement à l'époque. En revanche, un nombre considérable de syndicalistes de toutes les confédérations, beaucoup de journalistes de la presse locale qui ont donné régionalement un énorme écho à ce rapport et à ces débats. Et surtout, ce qui était totalement inattendu pour nous, un très grand nombre de jeunes chefs d'entreprises et de syndicalistes agricoles. Un grand débat était né. Nous y avons, j'y ai appris, que l'analyse de l'étouffement du développement par les excès du centralisme oubliait complètement un immense aspect culturel refoulé ou rejeté : le souvenir des patois et langues régionales, toujours parlés ici ou là, l'ampleur du corpus des chansons et coutumes, souvent qualifiées de « folklore », appellation méprisante. Il y avait une conscience régionale à réveiller.

Le débat a même quelque peu pénétré dans la presse nationale, au grand agacement de notre personnel politique. Mais l'élection législative de 1967 redonna bien sûr la maîtrise du débat aux partis politiques classiques et l'idée de décentralisation fut oubliée... jusqu'en mai 1968. De l'étonnante période de Mai 68, la France se souvient d'une immense grève générale, et un peu de ce qui se disait ou se faisait à Paris, comme d'habitude. Or, à Paris, on a parlé d'énormément de choses, de liberté de mœurs, de liberté de parole, de mise en cause des hiérarchies, etc. On n'a pas reparlé de décentralisation. Alors que toute la province a bougé aussi beaucoup. Et en province, on a parlé de décentralisation, partout, de manière insistante, détaillée. Les préfets ont fait leurs rapports. Cela n'a pas échappé à Charles de Gaulle. Aussi, quand il voulut restaurer sa légitimité, c'est la décentralisation et la régionalisation qu'il a choisies comme thèmes rénovateurs pour le référendum. Ainsi l'idée de décentralisation est-elle enfin entrée dans l'histoire de France.

L'échec du référendum en 1969 – mais pourquoi de Gaulle y avait-il ajouté une réforme du Sénat qui était de nature à briser les espérances de carrière de 500 000 conseillers municipaux ? – a convaincu trop vite une droite irréfléchie que l'idée était mauvaise. Devenue orpheline, cette idée redevenait disponible pour la gauche, celles des partis classiques, cette fois. Or elle était à la fois raisonnable, efficace et populaire. C'est François Mitterrand qui la reprendra, on verra plus loin comment.

Comment pourrais-je cacher quelque fierté d'être largement à l'origine d'une grande aventure institutionnelle française, engagée quelque peu maladroitement, non terminée, non équilibrée, mais cependant déjà porteuse de résultats considérables ?

Un régime vieillissant

C'est ainsi que petit à petit le PSU, qui a failli éclater en 1963 quand a disparu le ciment unificateur de la lutte contre la guerre d'Algérie, retrouve sens et cohésion autour de son rôle de créateur de formes nouvelles de démocratie.

Il le fait par lui-même, autour du contre-plan, en soutenant activement et en intervenant dans les mouvements sociaux sous leurs multiples formes, ouvrière, agricole, étudiante... et en menant des actions de solidarité de proximité, qui déboucheront sur les « groupes d'action municipale » et sur la démocratie participative.

Il le fait aussi par le travail conjoint avec les clubs dont je viens d'évoquer quelques aspects, mais cela ne touche guère la structure politique du pays.

La victoire de la droite, en réalité du Général et du gaullisme en 1963, a conforté un régime vieillissant. La puissance d'un PC resté très stalinien, combinée avec la faiblesse profonde de la SFIO, interdit toute perspective réelle d'alternance. En même temps, un pouvoir essoufflé, pourtant débarrassé de l'Algérie, peine à faire face à l'extraordinaire explosion de la concentration urbaine, du développement de la consommation et n'arrive pas à maîtriser les conséquences du baby-boom de la fin de la guerre pour permettre à toute cette jeune génération d'accéder dans de bonnes conditions au logement et aux universités. Pour une société française en croissance rapide et en plein-emploi, l'État semble peu capable de la piloter dans cette aventure très nouvelle : un pays sans guerre en cours depuis vingt ans, en proie à la société de consommation à l'excès et engagé dans une aventure européenne à laquelle on ne voit guère de sens que marchand.

Mitterrand s'impose

La substance politique n'est alors traitée que par des livres, des clubs et le PSU, en rien par les partis de la gauche classique.

Cette situation permet à François Mitterrand, à l'époque isolé et mal remis de la ténébreuse affaire de l'Observatoire [1], donc jugé peu dangereux, et en l'absence volontaire de Pierre Mendès France, de faire accepter sa candidature à l'élection de 1965 à la présidence de la République par la SFIO, le PC et les radicaux de gauche, tout juste séparés de la Rue de Valois. Comme les centristes ont aussi présenté la candidature de Jean Lecanuet, de Gaulle est mis en ballottage, ce qui en soi représente un beau succès. Battu mais

---

1. Il s'agit d'un attentat dans les jardins de l'Observatoire dirigé contre lui en 1959. Certains l'ont soupçonné de l'avoir lui-même organisé pour gagner les faveurs de l'opinion publique. Ce point n'a jamais été éclairci et l'affaire s'est terminée par un non-lieu.

honorablement au deuxième tour, François Mitterrand prend du coup sur la gauche un leadership qu'il va garder trente ans.

Après ce beau démarrage, il entreprend de consolider sa position en créant la Fédération de la gauche démocratique et socialiste, rassemblement de la SFIO, des radicaux de gauche et de quelques clubs marqués de laïcité agressive et d'anticléricalisme. C'est une confédération à peine structurée dans laquelle chacune des forces constitutives garde son identité et sa représentation interne : 80 % pour la SFIO ou à peu près. La FGDS met en place, sur le modèle anglais, un « shadow Cabinet », un contre-gouvernement qui rassemble – tragiquement – les personnages les plus usés, les plus déconsidérés du paysage politique français. Tout cela n'est guère convaincant, et notre énorme travail militant semble n'avoir aucun débouché politique

L'offre est aussi faite au PSU d'adhérer à la FGDS. Une grosse majorité de la direction du Parti, sauf le secrétaire national Édouard Depreux, Marc Heurgon et moi-même, décide de s'y rallier. S'il ne semble guère y avoir de destin politique possible à l'extérieur, mon avis, et celui des minoritaires, est que le PSU encore convalescent ne peut en rien espérer préserver son unité, et surtout ses pratiques modernisantes, dans un tel ensemble.

Les espoirs électoraux vont néanmoins amener les uns à rallier la SFIO, d'autres les radicaux de gauche. Il ne reste du PSU qu'un gros club. Nous nous sommes donc opposés à cette opération, faisant en cela un pari sociologique à terme plutôt qu'un pari politique. Et je devins secrétaire national, c'est-à-dire numéro un du PSU, en juin 1967.

Le PSU m'a permis de vivre une existence extraordinaire mais purement intellectuelle, intègre et désintéressée, et pourtant marquée au sceau d'un constat d'échec enregistré électoralement : nous n'avons eu, au mieux, que quatre députés à la fois.

Jusque-là, le PSU se voulait clairement un laboratoire au service de l'Union de la gauche, un fabricant d'idées nouvelles capable de permettre des rapprochements PC et SFIO, indépendamment des points durs, que sont notamment les nationalisations et les relations avec l'URSS. De cette fonction de laboratoire d'idées naîtront le mouvement féminin, la préoccupation pour l'environnement, l'économie sociale coopérative appuyée par un socialisme municipal soucieux de démocratie participative, la décentralisation et les réflexions sur « la société d'abondance » alors que l'époque était florissante. Un bilan loin d'être négligeable.

Les prémices de mai 1968

« Quand tout commence, le vrai patron opérationnel du PSU n'est pas son secrétaire national, moi-même, mais bel et bien Marc Heurgon, chargé des étudiants au sein du Bureau national. Je relevais en effet d'une jaunisse à rechute qui m'avait éloigné de l'action, ce qu'il ne faut pas oublier, car cela marque toute la suite.

Le second point, c'est que le PSU tient un Conseil national sur "les luttes sociales" en mars 1968. Le Bureau national, riche de personnalités à haute culture sociologique : Serge Mallet, Pierre Naville, Pierre Belleville, avait lancé pour la préparation de ce Conseil l'élaboration d'un bilan de la situation sociale du moment. Ce rapport écrit au tout début de 1968 se livre à un examen attentif des nouvelles formes de grève.

Ce que l'on a observé d'abord, c'est que des grèves se déclenchaient hors des consignes syndicales et sans qu'on sache pourquoi. Elles étaient relativement dures et n'avaient pas de plates-formes revendicatives. La contestation ne concernait pas les salaires mais toujours les conditions de travail et de dignité, le refus des petits chefs. Les grèves étaient animées en général par des non-syndiqués, souvent très jeunes et avec une participation féminine importante, ce qui était nouveau.

Il y avait même dans ce rapport une analyse des séquestrations de patrons puisque celles-ci étaient une forme nouvelle de la contestation dite ouvrière et là c'est Serge Mallet qui avait apporté l'éclairage suivant : "Il ne s'agit pas de séquestration de patrons, il s'agit d'une différence de culture énorme entre les cols-bleus et les cols blancs."

Chez les cols-bleus, il y a une vraie tradition de discipline ouvrière, une admiration internationale pour les combats réussis de la classe ouvrière. Il y a un respect du chef et de sa représentation quand il va négocier, et jamais dans le monde ouvrier on n'a observé la moindre difficulté à désigner des délégations pour aller négocier : le chef s'entoure d'un, deux ou trois conseillers importants, pas plus.

Quand on passe dans le monde des employés, les cols-blancs, la population féminine est beaucoup plus présente. On est chez les petits-bourgeois : la paye est ouvrière, mais pas le comportement de vie. L'aspiration d'ascension sociale recopie celle des cadres. La traduction sociologique est un égalitarisme absolument forcené. Il devient impossible aux responsables syndicaux de faire une délégation pour aller voir le patron : on y va à quarante surveiller le patron et parce qu'on n'a aucune raison d'en évincer quiconque.

Lorsque l'on est quarante dans le bureau d'un patron, on ne peut plus en sortir, et la presse va appeler cela une "séquestration de patron". L'intention n'est pas une séquestration, l'intention n'est même pas violente. Mais il y a violence du fait qu'on est quarante ou cinquante... et tout cela s'observe dans toutes les grèves.

Loin de moi l'idée de dire que l'on a prévu mai 1968, d'autant que le mouvement commence chez les étudiants et que le PSU s'intéressait principalement à la classe ouvrière.

Mais, du côté étudiant, il y avait aussi de l'énervement. La contestation montait un peu partout dans les facultés lors de rencontres avec la hiérarchie universitaire sur le thème : "Mais qu'est-ce que le savoir que vous nous inculquez ? Qu'est-ce que c'est que ces cours magistraux ennuyeux et adjudantesques ?"

"Savoir bourgeois", cette accusation va plutôt se formuler en mai 1968. Mais déjà une inadaptation du contenu de l'enseignement par rapport aux besoins ressentis et au marché du travail ainsi qu'une colère anti-hiérarchique fondent la révolte des étudiants. C'est la raison pour laquelle, le 2 mai, le Bureau national, qui en avait délibéré au moins quinze jours auparavant, adresse aux étudiants socialistes unifiés, pour attirer leur attention sur la profondeur politique de l'enjeu, un texte intitulé : "Contenus du savoir et contenus de démocratie dans l'appareil universitaire".

Le social-démocrate que je suis est de plain-pied dans la démarche de ces deux approches, mais je commence à me faire dominer politiquement au Bureau national, phrase à phrase, sur le vocabulaire pour les décrire. En fait, le reste du parti m'a fait parler un patois marxiste, alors que nous découvrions des situations qui échappaient à tous les canons d'analyse marxiste. C'est pour cela qu'ils ne tombaient pas si mal dans ma propre sensibilité. J'étais un supporter et un rédacteur enthousiaste de ces textes, alors pourquoi ne pas utiliser le mot "révolution" si ça faisait plaisir. On n'allait pas faire du débat sémantique à propos de ces mouvements. Il était évident que ces contestations se passaient dans une société de consommation où le capitalisme avait gagné.

Quant à l'idée que cela débouche sur un rapport de force appelant une déflagration générale, moi, je n'y ai jamais pensé l'ombre d'un instant. Mais comme c'était dans les rêves projetés de cette culture marxisée, le vocabulaire allait de pair !

J'étais quand même coincé dans un vocabulaire qui changeait l'ordre de vision, mais c'était pour prendre en charge une situation sociale qui n'a jamais été autre chose que le terrain d'action du mouvement socialiste... [1] »

---

1. Extraits d'un entretien accordé à Bernard Ravenel, Michel Mousel, Roger Barralis, Gérard Andrieux, Guy Philippon le 5 décembre 2006. Propos retranscrits par Jean-Claude Gillet.

Chapitre VII

MAI 68, UNE RÉVOLUTION POLITIQUE

De Gaulle est au pouvoir depuis dix ans. Le Parti communiste, le parti politique d'opposition le plus important du pays, domine. Le Parti socialiste est paralysé, sclérosé, impuissant. L'opposition ne peut gagner. Rien ne bouge, ni ne semble devoir bouger, dans ce pays calme où l'argent règne en maître.

Partout le capitalisme triomphe. L'économie paraît stabilisée sur une pente ascendante. La réussite se mesure à l'argent que l'on gagne. Des philosophes, notamment Herbert Marcuse, dénoncent ce mode de vie purement marchand. On trouve immoral un monde dans lequel l'argent devient la référence principale. On s'ennuie. Les étudiants critiquent, parfois avec les syndicats, la « société de consommation ».

De tels débats animent beaucoup de campus américains et français. Début mai, des incidents surviennent à l'université de Nanterre. Les étudiants de la Sorbonne se déclarent solidaires et occupent leur vieille université.

On manifeste aussi sur les campus américains. En juin, l'université de Stockholm est occupée. À l'automne, il y aura des incidents dans des universités allemandes et italiennes. Mai 1968 se généralise sur le globe, alimenté par un doute général de la jeunesse universitaire sur le monde qui se construit.

À Paris, un recteur fatigué et maladroit demande à la police de faire évacuer la Sorbonne. Lors de sa création par le roi de France au XIIIe siècle, la Sorbonne avait bénéficié de privilèges, l'un d'eux étant qu'elle assurait elle-même l'ordre public en son sein et que la police n'y avait pas accès. Seule la Gestapo y avait pénétré pendant l'Occupation.

L'écho de la décision du recteur est énorme. Tous les étudiants à Paris et en province (il y en a plus d'un million à l'époque) se sentent insultés. Quelques chefs de Nanterre sont emprisonnés. Les universités de France se mettent en grève pour obtenir leur libération. L'opinion ne comprend pas comment le gouvernement a pu faire cette bévue. La colère étudiante est populaire.

Le Quartier latin, quartier universitaire de Paris, devient le théâtre de nombreuses manifestations. Et il y a des heurts avec la police. Mais rien n'empêche la propagation du mouvement. Un énorme défilé, le 13 mai, témoigne du soutien des syndicats au mouvement étudiant, à l'exclusion de tout parti politique autre que le PSU.

La manifestation de tous les dangers

À partir du tout début mai, pendant au moins huit jours, je m'entends très bien avec Heurgon en charge des étudiants au Bureau national du mouvement. Nous avons une vraie complicité. Je n'ai cependant compris qu'après – vers le 15 ou 20 mai – qu'il ne jouait pas à la manif, mais qu'il voulait renverser le pouvoir. C'était un peu grotesque. Toute cette agitation, en effet, se termine par une prise de conscience, sans intervention des partis politiques. Ni le PC qui insulte, ne dit que des choses hors propos, ni la SFIO/FGDS inexistante ne traitent la question de fond. Quant à la droite, naturellement, elle est contre et terrorisée. En revanche, les syndicats sont plus sérieux et l'on arrive au lundi 13 mai, à l'immense défilé, République-Denfert Rochereau, bras dessus, bras dessous avec Jacques Duclos, à côté de lui Roland Leroy et de l'autre côté Daniel Cohn-Bendit.

Nous apprenons par la suite que le 14 à Renault (Cléon, Seine-Maritime) et à Sud-Aviation (Bouguenais, Loire-Atlantique), quelques jeunes syndicalistes, sans ordre confédéral, principalement membres de FO, ont lancé une grève avec occupation d'usines. Voilà qui change tout. Cette grève avec occupation d'usines se passe à la façon des 14 ou 15 grèves analysées dans le rapport cité plus haut. Nous étions vraiment à l'écoute. Il faut rappeler que le PSU de l'époque a une force ouvrière tout à fait considérable, principalement composée d'ouvriers catholiques venus du Mouvement de libération du peuple (MLP).

La manifestation de la gare de Lyon du 24 mai, un vendredi, aurait pu très mal tourner. J'ai négocié avec la préfecture de police un trajet avec dissolution à La Bastille, mais cet accord n'est pas respecté par les forces de l'ordre, la manifestation est bloquée, les rues adjacentes sont barrées et nous sommes dans l'impossibilité de reculer. Or la queue de cortège en est encore au point de départ. Finalement, la police charge et fait, à coups de matraque, une cinquantaine de blessés.

Jacques Sauvageot, vice-président de l'UNEF, dénonce publiquement sur Europe n° 1, vers 20 h 30, l'attitude de la police et appelle à une manifestation le lendemain samedi après-midi devant le siège de l'Unef, rue Soufflot. Personnellement, je m'y oppose, considérant cette escalade peu souhaitable et dangereuse.

J'obtiens d'Heurgon que le Bureau national se réunisse... La réunion, à minuit au siège, est de la dernière violence. On doit être à peu près au complet, et je gagne contre Heurgon, à une voix, le fait d'annuler l'ordre de manifestation du lendemain, d'exiger de Sauvageot, présent, qu'il l'annule et de renvoyer ça à une manifestation en lieu fixe le lundi...

Je commence à me douter qu'Heurgon devient un homme dangereux. Je n'ai pas peur mais suis inquiet pour l'avenir de mon pays. On est aux limites des débordements. Avec Maurice Papon préfet de police, tout cela aurait pu faire un millier de morts, mais Paul Grimaud, le préfet de police en charge, grand seigneur, ayant en plus deux enfants sur une barricade étudiante, comprend, lui, beaucoup de choses. Mai 1968, c'est une étonnante tranche de l'histoire de France !

Le samedi matin, nous cherchons partout un lieu pour la manifestation. On multiplie les coups de téléphone, personne ne veut nous recevoir. On appelle en dernier le stade Charléty, tant celui-ci n'est pas le plus commode et de loin ! La direction du stade ayant été remplacée il n'y a pas longtemps, les dirigeants sont jeunes. Ils acceptent de rendre ce service aux manifestants : après tout, nous n'avons tué personne et c'est quand même un événement. Notamment parce que nous disons que c'est pour donner la parole à Mendès France et faire ainsi passer toute l'affaire dans le champ politique. Charléty répond « Oui » vers 23 h 30 le samedi. Il est absolument temps, pour une manifestation qui doit se tenir le lundi, sinon on sera déconsidéré, on ne tiendra plus le mouvement étudiant, et Sauvageot dénoncera l'impuissance de la décision.

Une nouvelle réunion du Bureau national se déroule le dimanche soir pour préparer Charléty. Le Bureau national invite des personnalités extérieures : deux syndicalistes CFDT (Edmond Maire et Marcel Gonin), un CGT qui venait de démissionner la veille, André Barjonet, un FO qui devait être Robert Cottave. Mais aussi Gilles Martinet, Pierre Mendès France, puisqu'il s'agissait de le faire parler à Charléty, et Sauvageot pour représenter le mouvement étudiant…

La séance est orageuse. Les irréductibles, Sauvageot et Maury, veulent que cette réunion, prévue le lendemain 27 mai au stade Charléty soutienne la prolongation des grèves et leur extension. Ils sont seuls. Les syndicalistes nous rappellent que les négociations de Grenelle sont en cours, cette même nuit, que vraisemblablement elles seront concluantes et donc mettront fin au mouvement. Les politiques sentent tous que le mouvement n'a plus de rebondissement possible et va s'étouffer.

J'adjure Pierre Mendès France de prendre la parole. Il refuse, disant qu'il ne « sent pas » le mouvement ni l'occasion. Il interdit, ce faisant, la recherche d'une solution politique à cette situation étrange. Le lendemain, nous rendant à Charléty, nous savons que nous allons à un enterrement.

Seuls les syndicalistes prennent la parole : avec Barjonet, Krumnov, Labi, Sauvageot, Geismar. Charléty prend la forme d'une manifestation commémorative puisque pratiquement tout s'arrête…

Cela n'empêche pas les ouvriers de Renault, au même moment, de voter en Assemblée Générale le refus de l'accord de Grenelle et la prolongation de la grève. Elle durera encore trois semaines, pour l'honneur… Mais le 31 mai, sur les Champs-Élysées, dans une énorme manifestation, le mouvement gaulliste enregistre l'arrêt du mouvement en le prenant pour sa propre victoire !

Avec le recul, je suis très sensible au fait que Mai 1968 était d'abord une remise en cause du système hiérarchique existant ; le slogan affiché par le PSU « pouvoir ouvrier – pouvoir étudiant – pouvoir paysan » en était un peu l'expression. Dans le bilan de mai, il y a aussi l'acte de naissance du mouvement féministe ; et, si l'on va au-delà de l'histoire médiatique de mai 1968, il y a eu encore, partout en France sauf à Paris, la montée des thèmes régionaux (affichés par le PSU avant mai) comme demande d'expression d'un pouvoir de proximité…

Mai 1968 s'éteint

Le Premier ministre, Georges Pompidou, persuade Charles de Gaulle, dont le premier discours le 24 mai n'avait produit aucun effet, de dissoudre l'Assemblée. Le chef de l'État annonce la dissolution, ce qui immédiatement renvoie dans leurs circonscriptions les députés communistes et les syndicalistes CGT qui se considèrent comme de la main-d'œuvre gratuite pour le PCF. Tous pensent, SFIO en tête, qu'il faut s'occuper de la campagne électorale tout de suite. De fait, elle intéresse les Français. Et, fin juin, c'est un triomphe électoral pour la droite.

Avec Mai 1968, nous sommes confrontés à la montée de ceux de nos militants qui sont devenus maoïstes et trotskistes, avec des discussions du type de celles qui ont préparé les Brigades rouges en Italie et la Rote Armee Fraktion en Allemagne. Le thème est souvent : « Si mai 68 a échoué, c'est parce que nous ne sommes pas allés jusqu'au bout de la violence ouvrière. » Or, justement, le large soutien de l'opinion au mouvement tient à sa non-violence. Quant à ce qui se serait passé si la violence avait vraiment déferlé, j'aime mieux ne pas y penser !

Pour enrayer ce mouvement, cette dérive, je décide que notre congrès, qui se tient à Dijon au printemps 1969, aura pour thème la violence dans l'histoire. Je mets tout le parti en ateliers durant six mois. Alors que les étudiants veulent tout casser, nos bases ouvrières, notamment celles qui ont fait la grève en mai précédent, calment le jeu en constatant que si la violence défensive est légitime puisque tout système social est oppressif, chaque fois que l'on passe à l'offensive, cette légitimité est perdue moralement dans l'opinion. À moins, pour gagner, de recourir à la force, aux canons, aux chars et, enfin, à la dictature. Non sans mal, je gagne ce congrès. Le PSU restera un parti démocratique.

Chapitre VIII

Au PSU, un bouillonnement d'idées

Je me présente à l'élection présidentielle de 1969, à la suite du départ du général de Gaulle. Je recueille 3,61 % des suffrages exprimés. Le marginalisme devient un peu plus significatif : c'est le meilleur score obtenu par le PSU dans un scrutin national depuis sa création. Le candidat socialiste Gaston Defferre, allié à Pierre Mendès France, n'obtient que 5 %.

Il se trouve qu'une élection législative partielle se déroule dans la quatrième circonscription des Yvelines en novembre de la même année, où je bats le Premier ministre sortant Maurice Couve de Murville qui, si son suppléant avait accepté de lui rendre sa place, se serait présenté dans le VIIIᵉ arrondissement de Paris. Comme le suppléant refuse, le pauvre Couve de Murville se retrouve à devoir serrer des mains à ce qu'il considère comme le petit peuple de banlieue. N'ayant aucun sens du contact, incapable d'aller au-devant des électeurs, il reste retranché dans son costume de Premier ministre, pensant certainement que cela lui suffira pour gagner. Quant à moi, ma campagne présidentielle m'a permis d'être largement connu et d'avoir avec moi une belle équipe. Je perds quand même six kilos en six semaines en faisant huit réunions par jour sur le thème un peu pompeux, mais efficace « Vérité, justice, responsabilité ».

J'ai droit aussi à un soutien inattendu, celui des rapatriés d'Algérie. Un jour, le patron national de l'Association des rapatriés d'Algérie me demande audience. En période de campagne électorale, impossible de refuser de recevoir qui que ce soit… J'accepte. Débarquent dans mon bureau quatre grands gaillards. J'entame la conversation :

— Messieurs, je suis très sensible au fait que vous ayez demandé à me voir. Que puis-je pour vous ?

La réponse me plonge dans l'étonnement :

— Monsieur Rocard, on vous connaît bien, vous avez sévi pendant la guerre d'Algérie. Nous n'étions pas d'accord du tout, mais au moins vous ne nous avez pas menti. Couve de Murville est le chef de ceux qui nous ont trompés. Il y en a même qui, parmi nous, disent qu'au fond c'est peut-être vous qui aviez raison. Il n'est pas exclu que si on vous avait suivi on aurait sauvé plus d'exploitations et de présence des Français en Algérie. Enfin trop tard. On vous considère comme un homme loyal et courageux ; on a donc décidé de vous apporter nos voix.

Je ne sais si ce soutien a été décisif, mais j'ai gagné. Au prix d'une dure bataille de niveau national et, de plus, entre deux inspecteurs des Finances protestants. Élu député en 1969, je perdrai ma circonscription en 1973, mais serai à nouveau élu dans la circonscription d'à-côté en 1978, 1981, 1986 et 1988.

Les idées que je défends font en somme leur chemin. Ma participation aux élections comme *Le Manifeste du Parti socialiste unifié*, publié en 1973, y contribuent. En voici quelques extraits selon moi importants.

Contrôler aujourd'hui pour décider demain

« … Le capitalisme international a de moins en moins besoin de l'État pour réaliser ses desseins. La France s'industrialise, certes, mais en même temps que le monde capitaliste tout entier, comme le montre la croissance démesurée des firmes multinationales de plus en plus apatrides.

[…] Le choix politique de l'industrialisation à outrance, exprimé à l'occasion du VIᵉ plan, s'avère incohérent. Il se traduit tout à la fois par l'accélération des cadences, l'aggravation des conditions de travail dans tous les domaines, l'appétit de lucre généralisé et la dégradation de la vie urbaine. La morosité se répand, l'insatisfaction gagne des couches sociales nombreuses.

Incapable de maîtriser l'industrialisation ni les prix, impuissant à assurer des conditions de vie, de logement ou de transport correctes, le pouvoir ne sait plus comment faire face à la contestation sociale rampante. Sa toute-puissance politique apparente ne lui sert à rien. Il essaie, sans y parvenir, d'endiguer le mécontentement par la répression et le contrôle accru des moyens d'information.

Rarement le socialisme est apparu autant qu'aujourd'hui comme la réponse actuelle aux contradictions et aux crises qui traversent notre société, et cependant le socialisme semble ne guère progresser dans les pays développés.

[...] Cette faiblesse de la social-démocratie est d'autant plus grave que le capitalisme a des capacités considérables de résistance et de riposte.

Le capital a su prendre un contrôle politique total sur les sociétés développées. Maître de la production, des circuits financiers, du pouvoir politique, de l'éducation, de l'information, de la culture, il a de très grandes capacités de circonvenir et de saboter l'action d'un gouvernement qui lui serait défavorable aussi longtemps du moins que ce dernier respecte les règles de la légalité capitaliste.

[...] Chaque homme, chaque femme doit cesser d'être un sujet soumis dans chacun des aspects de sa vie, comme travailleur. consommateur, habitant, usager des transports publics et parents d'élèves aussi bien que dans ses activités de culture et de loisirs. Réconcilier travail et création, donner à chacun la chance de la responsabilité partagée, préserver les différences enrichissantes entre les individus, les groupes et les peuples plutôt que de se laisser aller à une société de robots, tel est le sens du projet autogestionnaire et la raison pour laquelle il doit fonder non seulement l'organisation de la production mais celle de la société tout entière. »

Deux piliers soutiennent mes convictions politiques de social-démocrate : l'économie sociale et l'autogestion. Concernant l'économie sociale, j'ai formulé dans la préface de l'ouvrage éponyme de Thierry Jeantet l'essentiel de mes réflexions sur ce sujet.

L'économie sociale [1]

« Je me suis très tôt intéressé au secteur de l'économie sociale. Sachant qu'il était la matrice initiale du mouvement syndical et du

---

1. *Économie sociale*, Thierry Jeantet, préface de Michel Rocard, La Documentation française, juillet 2009.

mouvement socialiste, j'ai constaté très vite que la disparition, fort ancienne puisqu'il faut sans doute la dater de l'entre-deux-guerres, de tout lien personnel ou collectif, institutionnel ou informel entre coopératives et mutuelles, d'une part, syndicalisme et parti socialiste, de l'autre, traduisait un affaiblissement marqué de chacune de ces structures.

Cette distance prise, ce repliement de chaque structure sur elle-même s'aggravaient d'un élément supplémentaire : coopératives et mutuelles s'ignoraient complètement, n'avaient ni structure, ni lieu de réflexion, ni intérêt communs. Quant aux fondations et aux associations, elles représentaient encore deux mondes différents, sans relation avec les précédents.

Le terme d'économie sociale, en outre, avait disparu de l'usage courant. Nul n'imaginait, dans les années 1960, 1970, que coopératives et mutuelles puissent avoir quoi que ce soit en commun et, moins encore, que ces mouvements puissent avoir du sens dans une perspective de transformation de la société.

Or, coopératives et mutuelles, comme bien plus tard les syndicats puis les partis ouvriers, ou du travail, ou socialistes, sont nés de la volonté de tempérer la cruauté sociale du capitalisme, d'humaniser une société dans laquelle la propriété privée des entreprises et la recherche permanente du profit assuraient une grande efficacité en matière de croissance, mais au prix d'une violence très grande dans les rapports sociaux. Parmi les premières mutuelles sont nées celles qui avaient pour but de donner des funérailles décentes aux ouvriers, et parmi les premières coopératives figuraient les bourses du travail, coopératives d'embauche destinées à éviter les pratiques sociales quasi esclavagistes et les tarifs prohibitifs des loueurs d'hommes [...].

Coopératives et mutuelles sont des entreprises travaillant en économie de marché, offrant leurs produits ou leurs services sur le marché, mais où la démocratie règne, où les dirigeants sont élus sur la base du principe "un homme – une voix" et où le profit tiré de l'activité est partagé entre tous et non pas attribué aux seuls dirigeants ou aux seuls propriétaires du capital. Nous ne sommes plus dans le capitalisme au sens strict mais dans une économie de marché tempérée. Le résultat est manifeste : coopératives et mutuelles sont plus soucieuses de leurs propres travailleurs, de leurs conditions de travail, que leurs concurrents capitalistes classiques sur les mêmes marchés. »

Soutenant cette vision dans une campagne électorale de 1969, j'étais à la fois très solitaire et anticipateur de trop longtemps. Mais c'est douze ans après, comme ministre, que j'aurai l'occasion de donner, par voie réglementaire, un puissant coup d'accélérateur à l'économie sociale. J'y reviendrai, par respect pour la suite dans les idées, ailleurs dans cet ouvrage mais il me faut dire dès maintenant comment on y est parvenu.

Une idée trop en avance

Lorsque, en 1975, François Mitterrand, à l'époque premier secré-taire du Parti socialiste de France, me confiera la charge de secré-taire national chargé du secteur public, je découvrirai avec stupéfaction et amusement que, dans le « Programme commun de la gauche », un document élaboré et signé en 1972 qui liera encore le Parti communiste, le Parti socialiste et le Mouvement des radi-caux de gauche, coopératives et mutuelles étaient classées dans le secteur public, donc dans mon champ de compétences. Je pensais alors organiser divers groupes de travail, faire se rencontrer les membres des mouvements et contribuer à faire émerger quelques idées communes.

La première sera évidemment qu'il y avait quelque chose de com-mun, un lien au moins intellectuel entre toutes les entreprises mar-chandes dont le résultat de l'activité n'était pas attribué à leurs seuls actionnaires ou dirigeants. Cela concernait bien sûr les coopératives et les mutuelles, mais aussi à l'évidence les fondations, petit secteur trop oublié. Et, évidence nouvelle, jamais prise en compte jusque-là, pourtant criante, l'immense monde associatif était concerné lui aussi. Il comporte bien sûr quantité d'associations qui n'intéressent que leurs propres membres et ne rendent de services qu'à eux, dont les clubs locaux de joueurs de boules sont l'archétype. Mais dans cette même catégorie des associations figure aussi un nombre immense de groupements dont les dirigeants sont bénévoles et qui poursuivent des tâches intéressant beaucoup plus que leurs membres. Les associations sportives organisent des compétitions qui sont un spectacle pour tous, les associations d'aide médicale proposent leurs soins à tous, etc. Il s'agit là d'activités marchandes

81

et d'organismes offrant des produits ou des services rémunérés soit à l'unité ou à l'acte, soit par un tiers : nous sommes bien dans l'économie marchande à but non lucratif, c'est-à-dire clairement dans le même secteur que coopératives, mutuelles et fondations. Mais ces découvertes d'appartenance à une catégorie commune pourraient-elles avoir des conséquences pratiques ? Il apparaît assez vite que la solidarité ainsi affirmée induirait sans doute des conséquences, mais que celles-ci seraient d'autant plus amples qu'elle s'appuieraient sur une vraie coopération. Il importait donc de nommer cet ensemble.

Personne ne se souvenait qu'au tournant du siècle Charles Gide avait parlé d'économie sociale.. Il nous faudra une bonne année pour réaliser l'accord autour de cette dénomination, tout cela pour produire seulement une résolution de bureau national du Parti socialiste, dont nul évidemment ne savait si elle pourrait un jour servir à quoi que ce soit. Telle fut néanmoins la deuxième idée : donner à cet ensemble composite une appellation commune. La consultation des mouvements et structures concernées et deux ou trois réunions au siège du Parti socialiste permettront de réaliser l'accord autour du terme d'« économie sociale ».

Conséquence immédiate de cette reconnaissance, il convenait de créer et de développer des procédures et même des instruments communs à tout ce secteur. Un conseil représentatif était nécessaire : on en proposa la création sous le nom de Conseil supérieur de l'économie sociale. À l'évidence, il fallait en outre créer un outil administratif pour permettre au gouvernement de donner les impulsions nécessaires au développement du secteur. Enfin, un instrument financier devait pouvoir aider à mettre en œuvre pratiquement les solidarités du secteur.

Ainsi naîtra un projet de « déclarations du parti socialiste sur l'économie sociale ». Je serai en état de le soumettre à la délibération du bureau exécutif du parti à l'automne 1977. À ma stupéfaction, il sera rejeté à deux reprises : tout cela innovait, surprenait, changeait trop les habitudes. Mais je suis tenace : à la troisième présentation, le projet fut accepté – en décembre 1977 –, mais avec interdiction de publication pour ne pas effrayer les petits commerçants avant les élections législatives de mars 1978 ! Tout cela n'empêchera pas que, quatre ans plus tard, devenu ministre, j'arracherai compétence sur ce sujet et parviendrai à traduire tout cela dans la vie collective du pays. J'y reviendrai plus loin.

L'autogestion

Mais revenons à mon action politique au sein du PSU, seul parti en France à avoir fait le choix déterminant du socialisme autogestionnaire.

Dans la préface de l'ouvrage de Milojko Drulovic, *L'Autogestion à l'épreuve, le modèle yougoslave*[1], j'évoque ainsi les difficultés à surmonter pour permettre à l'autogestion de s'épanouir dans un contexte favorable.

« [...] Qui dit autogestion dit expérimentation, dit variété des solutions, dit aussi nécessité d'innover jusque sur le plan juridique et institutionnel. L'autogestion ne prend tout son sens qu'à condition de ne pas se limiter seulement à la production industrielle, mais de s'élargir à l'ensemble des activités du pays. L'autogestion ne consiste pas à remplacer la hiérarchie dans les entreprises et les fonctions de direction par un parlementarisme permanent.

Qui dit autogestion ne dit pas dilution des responsabilités, mais responsables qui rendent compte, responsables soumis au jugement de ceux qui les ont élus et sur qui s'exercera leur autorité. Chaque entreprise aura donc au niveau central un conseil de direction, ou conseil d'administration, ou conseil de travailleurs ou encore conseil ouvrier. Dans le mot "ouvrier", à l'origine, il y a ouvrage, œuvre, bref travail et le mot en lui-même ne comporte aucune distinction entre le travail manuel et le travail intellectuel. Mais il faut élire ces conseils, et il faut aussi que l'ensemble des travailleurs se voit associé directement au choix les plus fondamentaux de l'entreprise : extension des activités à de nouveaux produits, changement du siège central, rachat d'une autre entreprise, investissements massifs ou dissociation d'un secteur de l'entreprise s'étant développé plus vite que les autres, pour lui donner son indépendance. Enfin, l'autogestion n'aurait pas grand sens si l'autorité décentralisée des travailleurs sur chaque niveau de décision de leur

---

1. *L'autogestion à l'épreuve*, édition revue et augmentée, Fayard, 1977.

entreprise n'avait sa correspondance dans le système institutionnel central de l'ensemble du pays.

Chacun de nous est travailleur, père ou mère de famille, consommateur, parent d'élèves, usager des transports publics, assuré social, etc. Sous chacun de ces aspects se posent des problèmes, des difficultés sont rencontrées : un recours doit être possible devant le mauvais fonctionnement, l'inadaptation des décisions, il doit être possible de se faire entendre par le canal d'une organisation constituée à la base et représentée au sommet de l'appareil législatif.

Mais de nombreux dangers guettent cette démarche.

– Le risque technocratique

C'est le risque de voir les organes d'autogestion manipulés par les cadres les plus qualifiés, la démocratie dans l'entreprise restant alors purement formelle et le monde ouvrier étranger au système de décision, et il n'y aurait plus de véritable débat démocratique. L'accent doit être mis à la fois sur la diffusion d'informations et sur la capacité pour tous de participer à la prise et à l'exercice des décisions.

– L'autogestion décidée d'en haut

La revendication d'autonomie qui vise à permettre aux gens de s'occuper eux-mêmes de leurs affaires est de plus en plus pressante bien qu'elle soit encore diffuse et ne se traduise que par des luttes ponctuelles. Il faut faire remonter la volonté d'autogestion depuis la base vers le sommet en commençant par imposer la production, le contrôle des travailleurs et, hors de la production, le contrôle populaire.

– L'autogestion en dehors de la production

Pour recréer des comportements démocratiques, il faut viser la totalité des systèmes de décision, et prendre l'habitude dans tous les secteurs de ne plus accepter comme un fait accompli la décision bureaucratique centrale dont on ne peut pas discuter. Cela donne une égale importance au développement des comités de quartier, des associations de consommateurs, à l'autogestion des équipements collectifs, tels que les maisons de la culture, les foyers de jeunes ou les hôpitaux, concurremment à l'autogestion dans la production. Une économiste américaine, Mme Elinor Ostrom, professeur à l'université d'Indiana, fut la première femme à recevoir le prix Nobel d'Économie, en 2009, pour avoir démontré qu'en matière de gestion des équipements et services collectifs la gestion par les usagers se révèle un peu partout dans le monde plutôt plus performante que celle par l'État ou que par le marché ! Voilà qui ouvre d'énormes perspectives surprenantes pour beaucoup de gens mais pas pour moi qui l'avais depuis longtemps compris !

– La planification

La planification incitative – pour être plus exact, la programmation – doit rester compatible avec le fait que les entreprises sont maîtresses de leurs décisions et adaptent elles-mêmes leur production à leurs débouchés. Dans cet esprit, la fermeté des intentions du plan, la multiplicité des dispositifs d'incitations et de pénalisation par le canal du crédit, de l'impôt, de l'encouragement au commerce extérieur, du permis de construire industriel, l'assurance contre les risques économiques sont autant de moyens puissants de canaliser les décisions économiques décentralisées vers des choix collectifs. Les gains de productivité par rapport aux normes planifiées devront être répartis entre l'augmentation du revenu des travailleurs, la satisfaction des consommateurs, par le canal de la baisse des prix, l'autofinancement de l'entreprise pour ses investissements et la rémunération du capital.

La raison d'être du plan est d'abord d'affirmer la volonté politique de la collectivité et de lui permettre de contrôler son propre développement. Les choix fondamentaux comme celui de la durée du travail ou celui du partage de la richesse nationale entre l'investissement productif, les équipements collectifs nécessaires à la vie quotidienne, la redistribution sociale et la consommation privée, la détermination du modèle de consommation lui-même, de tels choix relèvent d'abord d'une décision politique prise au niveau global.

Il est de toute évidence nécessaire qu'ensuite, mais dans le cadre de ces orientations centrales, l'élaboration d'un plan soit décentralisée aussi bien en matière régionale qu'en ce qui concerne les branches professionnelles.

Si l'on s'abstient d'affirmer cette priorité des choix de nature politique, le plan ne peut que reconduire de période en période les habitudes acquises, les comportements légués, bref le modèle de consommation acquisitif et marchand qui nous est imposé par la société capitaliste. »

Je n'aurais sans doute pas osé rappeler ce texte vieux de trente ans (hors l'additif consacré à Mme Ostrom) si la gravité de la crise économique et financière que nous vivons actuellement, après le flamboiement du capitalisme financier, ne contribuait à en souligner la pertinence et l'actualité.

Dans ce document, j'évoquai aussi la nécessité d'un enseignement en éducation permanente en écrivant :

« Le développement du système d'autogestion paraît conditionné par l'élévation rapide du niveau culturel moyen de l'ensemble de la population. Il faudrait examiner le lien de cause à effet qui s'établit entre une amélioration du niveau culturel des travailleurs à la base et leur participation effective à la décision dans le cadre d'un système autogestionnaire. »

Et encore, sujet majeur : le rôle du parti.

« C'est un vaste sujet auquel il nous faut réfléchir pour tenter de définir quel rôle doivent jouer les partis politiques afin de faciliter la mise en place dans de multiples domaines de l'autogestion. L'avantage de l'autogestion est que l'homme, citoyen et producteur, se voit attribuer enfin l'attention qu'il mérite. Pour le socialisme, l'homme ne doit pas être rouage infime du monde où il vit, mais le but suprême auquel tend tout le système. Les institutions de la société n'acquièrent pleinement leur sens que si elles créent les conditions dans lesquelles l'homme, au lieu de revendiquer, se conférera lui-même les droits qui lui sont nécessaires. »

Lorsqu'on passe du rêve à la réalité, on s'aperçoit que l'autogestion annonce une organisation fort complexe de nos sociétés : c'est sa grandeur, car elle répond ainsi aux impératifs des sociétés développées.

La biologie nous apprend aujourd'hui que le cerveau humain fonctionne à partir d'une prodigieuse complexité dans laquelle des milliards de neurones sont associés de manière aléatoire aux décisions que chacun de nous prend au jour le jour, sans qu'il y ait de hiérarchie très déterminée à l'avance entre les cellules nerveuses. L'autogestion, c'est probablement la recherche d'une société dont le niveau de complexité se rapproche un peu plus de la richesse de la vie elle-même.

Le mot d'autogestion fut, assez vite, après ces années du PSU, condamné par la référence constante qu'il impliquait à l'expérience yougoslave. Or Tito avait conservé le parti unique, ce qui a tué l'aventure commencée là-bas. J'ai tenté de remplacer dans l'écriture du projet le mot d'autogestion par celui d'autonomie, mais j'ai échoué.

Dans la ligne de cette intuition, ce qui est pour moi extraordinairement frappant c'est la multiplicité des aspects sous lesquels nos sociétés du XXIe siècle vivent des tensions qui rappellent très fidèlement diverses caractéristiques de ce projet d'organisation sociale pourtant parfois ridiculisée à l'époque. Nécessité de décentralisation, besoin d'une information large et transparente, consultation géographique et professionnelle des intéressés sur tout grand projet d'équipement ou de réalisation publique, multiplication dans le monde des conseils économiques, sociaux et environnementaux nationaux et même régionaux, interactivité permise par internet. Plus nettement encore, deux enseignements de la crise financière et économique dans laquelle nous sommes entrés confirment profondément cette orientation.

Le premier est l'évidente nécessité de réguler l'orientation nationale des grands flux afin de préserver notamment la part des salaires et des revenus de la protection sociale dans le partage du produit brut. C'est parce qu'elle a perdu près de 10 % en trente ans, passant d'environ 70 % à environ 60 % aujourd'hui, qu'il y a tant de chômage, de travail précaire et de pauvres ; et surtout que la consommation – puisque 25 % de nos concitoyens voient la leur limitée – n'augmente plus assez pour soutenir la croissance.

L'autre enseignement de la crise qui conduit à renouer avec la revendication de l'autogestion est encore plus visible s'il se peut. La grande victime de la financiarisation du capitalisme est, en effet, l'entreprise. Bien loin d'être restée une communauté d'hommes et de femmes vivant du même projet économique, elle n'est plus qu'une somme indistincte d'actifs financiers. Découpable en multiples morceaux, selon les opportunités, objet de conquête par enchères permanentes – dites OPA –, indéfiniment restructurée, changeant de nom en toute occasion, elle ne peut plus être l'objet d'une fierté d'entreprise ni mériter qu'on lui témoigne de la conscience professionnelle. Ses vrais propriétaires sont une collectivité dont on change le chef sur la moindre rumeur boursière. Il n'y a pas d'autre remède à cela que d'en revenir à l'entreprise propriété de ceux qui y travaillent. Cela commencera bien entendu de manière partielle, et c'est d'ailleurs déjà le cas dans quelques très grandes entreprises. Mais en parlant d'autogestion, nous voulions bien dire quelque chose qui ressemble à cela.

DEUXIÈME PARTIE

AU CŒUR DU POUVOIR : AGIR AUTREMENT

Ayant été élu maire en 1977, la gestion de la ville de Conflans-Sainte-Honorine m'a fourni un terrain d'expérimentation de première — mais petite — grandeur pour inventer puis mettre en œuvre, aux ministères du Plan, de l'Agriculture et même à Matignon, cette fameuse « méthode Rocard » qui en agaçait plus d'un !

Chapitre IX

Conflans-Sainte-Honorine, terre d'expérimentation

François Mitterrand affirmant que l'autogestion était la perspective autour de laquelle s'organisait le projet de société du Parti socialiste, je soutiens sa campagne présidentielle d'avril-mai 1974. Puisqu'au cours de celle-ci il cite le courant autogestionnaire comme l'un de ceux dont il se sent le représentant dans cette bataille, en octobre, je propose au PSU de rejoindre le PS. Mais je suis mis en minorité (40 %). Et nous sommes deux mille à quitter un mouvement détruit par une dérive trotzko-maoïste que je n'ai pu endiguer. Ce qui, au passage, me donne une vision claire de la nécessité, pour un parti, d'avoir de l'ancienneté et une importante structure d'encadrement.

Je participe, en octobre 1974, aux Assises pour le socialisme qui préparent l'arrivée au PS des minoritaires du PSU et de certains militants proches de la CFDT. Puis j'entre au Parti socialiste en décembre 1974. Deux mois plus tard, je deviens membre du bureau exécutif puis, en septembre 1975, secrétaire national chargé du secteur public.

S'engager sur le terrain

Lors de cette entrée au PS, je travaille toujours à l'Inspection des finances. C'est à ce moment-là que je rédige un rapport très technique sur les modalités de gestion de la dette publique et un autre concernant les Agences de bassin, qui me permettra par la suite de travailler à la politique de l'eau. Reste que je regrette d'être sans mandat politique.

En 1973, j'ai été battu aux élections législatives et, les prochaines n'auront lieu qu'en 1978. Entre-temps il y a les élections municipales en 1977. À l'époque, une belle équipe de militants contribue déjà, avec moi, à la bataille intellectuelle que nous menons au sein du PS pour le Congrès de Nantes et qui culminera lors du Congrès historique de Metz, en avril 1979, avec l'affrontement des deux cultures qui traversent le Parti ; celle de l'héritage, à la coloration largement commune avec celle du PC, et complètement assumée par François Mitterrand, jacobine et centralisatrice, celle de Pierre Mauroy et moi-même, sociale-démocrate et décentralisatrice. Nous nous battons pour une rénovation, Mitterrand, lui, reste traditionnel afin d'asseoir sa majorité et s'assurer de sa désignation pour les échéances électorales à venir. N'ayant pas la majorité, il fait le grand écart en ralliant, sur sa droite, les mandats de Gaston Defferre et, sur sa gauche, le Ceres, le tout avec un discours axé sur « la rupture avec le capitalisme », « le front de classe » et la remise en cause du droit de propriété, ce qui nous vaudra notamment – soit dit en passant – plusieurs dévaluations entre 1981 et 1983.

Je dis donc à mon équipe : « J'aimerais bien être maire. » Les réponses ne se font pas attendre : « Tu n'as pas besoin de ça », « Tu vas perdre ton temps », « Tu as déjà une stature nationale », « Les combats à l'intérieur du Parti sont plus importants pour l'avenir, tu ne dois pas t'éloigner de la grande bataille nationale »… J'insiste, car j'y tiens beaucoup. Je sens avoir besoin de cette expérience de base ; je veux savoir comme cela se passe. Pour moi, la fonction de maire est une fonction majeure : tous les grands politiques ont tous été maires, Une ville est un champ fertile pour de multiples expériences qui, ensuite, peuvent être traduites à plus grande échelle. Mais il faut trouver une ville possible.

Nous commençons nos analyses à partir d'un certain nombre de critères que j'ai préalablement définis :

– une municipalité pas à plus de cent kilomètres de Paris, car je ne veux pas vivre en province ;

– prenable sur la droite mais pas sur la gauche, même face à un communiste ;

– qui se trouve dans une circonscription législative également prenable sur la droite.

L'équipe et moi cherchons dans un rayon de cent kilomètres autour de Paris.

Deux villes paraissent répondre à ces critères. D'abord Pont-Sainte-Maxence dans l'Oise. Mais l'Oise est un département très soumis à la famille Dassault qui a une emprise sur toutes les structures politiques ; la bataille risque donc d'être rude et les moyens utilisés par les adversaires particulièrement dangereux. De plus la Fédération départementale du PS, ne comportant aucun ancien du PSU, est totalement mitterrandienne. Elle est en outre bien faible en nombre. Le parachutage s'avérerait difficile.

L'autre cité possible, c'est Conflans-Sainte-Honorine qui se trouve à quatre kilomètres de la circonscription où j'ai gagné en 1969 les élections législatives face à Maurice Couve de Murville. J'ai encore là-bas une formidable équipe, pour l'essentiel des anciens du PSU, tous prêts à m'aider dans cette bataille. De plus Gaston Rousset, à la tête du Groupe d'action socialiste de Conflans, me demande très officiellement de me présenter. Pour moi, l'hésitation n'est plus possible. Électoralement, la droite est bien implantée, mais Eugène Berrurier, le maire sortant, dirige la ville depuis plus de vingt-cinq ans avec des méthodes d'un autre âge. Ses slogans « Entre nous, chez nous », « Votez Conflans », tentent de souligner ma condition de parachuté tout en permettant à mon équipe de campagne de faire un jeu de mots mauvais mais efficace en barrant sur les affiches de mon adversaire « flan ».

Le résultat n'est donc pas évident. Or je ne peux me permettre d'être battu. Au sein même de mon équipe, les avis continuent à être très partagés. Je finis par prendre la décision : « On y va. »

La campagne pour l'élection est particulièrement dynamique. Je suis tous les jours sur le terrain. De plus, nous avons organisé une grande soirée à laquelle assistent plus de huit cents personnes sur le thème « Connaissez-vous votre ville ? » Nous avons récupéré et exposé de nombreuses cartes postales anciennes pour mieux faire apparaître par contraste un véritable programme de rénovation et d'animation culturelle. Pour beaucoup, nous connaissons mieux la ville que ceux qui la gèrent, nos concurrents. C'est un triomphe. Avec l'aide de Gérard Depardieu, nous organisons aussi, en avant-première et en sa présence, la projection du film *1900* de Bernardo Bertolucci, ce qui donne du crédit à notre volonté de développer une politique culturelle de bon niveau.

Résultat, je suis élu... au premier tour. J'avais pressenti comme premier adjoint Gaston Rousset, qui a animé la campagne avec un dévouement exemplaire. Il décède malheureusement trois jours après la victoire. C'est Jean-Paul Huchon qui prend alors cette fonction et l'assurera jusqu'à ma démission en 1994 pour devenir maire à son tour. Nous ferons équipe jusqu'à cette date. En plus de son travail en mairie, il assurera en outre avec maestria la direction de tous mes cabinets ministériels.

Une ville où tout est à faire

Lorsque nous entreprenons l'état des lieux, le constat est particulièrement désolant : pas de lycée, pas d'installations sportives de bon niveau, pas de vie culturelle. C'est une ville de plus de trente mille habitants avec des équipements d'une agglomération de quinze mille. Conflans ressemble à la Belle au bois dormant. Tout est à faire. Avec l'équipe, nous nous mettons au travail. Les chantiers sont nombreux. Par chance, l'ancien maire conservateur, agriculteur céréalier, qui a peut-être servi de modèle à Frédéric Dard pour son personnage second de San-Antonio, Eugène Berrurier, n'ayant pas entrepris grand-chose ni vu sa ville grandir, laisse les caisses de la ville pleines, ce qui permet d'entreprendre.

Il s'agit pour moi d'avoir un terrain d'expérience privilégié pour mettre en œuvre les idées défendues dans le cadre du PSU et de faire de Conflans le premier laboratoire de démocratie participative. Nous avons créé des Comités de quartier dotés d'un budget voté par la municipalité et dynamisé le tissu associatif en confiant en partie aux usagers la gestion des équipements de la ville, comme les piscine, patinoire, stade, maison des jeunes...

N'ayant pas renoncé à une carrière nationale, j'initie une réforme des services à partir de commissions de travail organisées par le personnel lui-même pour mettre en place une organisation performante avec des réunions régulières permettant une circulation transversale des informations, me réservant le rôle de décideur final. On a mis un an et demi à instaurer le nouveau système qui a permis à tout le personnel de se sentir chaleureusement pris en considération. Il en a résulté un bouillonnement d'idées incroyablement créatif et efficace. Cette organisation me permettra par la suite de connaître dans le détail les attentes de la population et de gérer efficacement sans être forcément présent au quotidien. Une expérience reproduite en devenant Premier ministre qui donnera, là encore, des résultats très positifs.

Nous avons aussi créé des commissions extra-municipales attachées à la voirie, à la circulation, à l'école et aux établissements scolaires, à la formation professionnelle, à la batellerie et au « Pardon » de la batellerie, aux sports... qui n'avaient en aucun cas un rôle de figuration comme c'est trop souvent le cas. Friands de leur diagnostic, nous avons toujours, dans la mesure du possible, répondu à leur attente ou, si ce n'était pas faisable dans l'immédiat, en répondant par un calendrier. J'ai eu ainsi la confirmation de ce que je savais déjà : la France profonde est maligne, il suffit de lui donner les moyens d'être écoutée.

Mon premier mandat me permet de dresser un état des lieux et d'amorcer la mise en place des chantiers indispensables au renouveau de la ville. Les études, les projets, la recherche de financements croisés et des autorisations administratives prennent du temps. Comme j'ai eu la chance d'être régulièrement réélu, nous avons pu mener à bien la rénovation : nouveau stade, piscine revue, salle de spectacle, création d'un lycée et de deux collèges, réhabilitation du centre, animation culturelle avec création d'un festival du café-théâtre qui, au fil des ans, a eu tellement de succès qu'il est devenu permanent, création d'une zone industrielle et d'une zone commerciale...

Une de nos plus belles réalisations, dans le domaine paysager, est d'avoir créé trois kilomètres de voirie en bord de Seine. L'opposition, trouvant que l'on dépensait trop d'argent, appela cette promenade le « Saint-Tropez du bord de Seine ». Ce « Saint-Tropez » est aujourd'hui un lieu charmant pour venir passer un moment à une terrasse de café au bord de l'eau dans un paysage arrangé et arboré.

Mes préoccupations pour l'écologie ont trouvé là un terrain d'expérience. Nous avons, avec l'aide de l'Agence française pour la maîtrise de l'énergie [1], réalisé un diagnostic des pertes thermiques de tous les bâtiments et habitations de la ville. Par une belle nuit sans lune et sans faux éclairages, un pilote expérimenté a survolé toute la ville en prenant des photos aux infrarouges permettant de

---

1. Aujourd'hui absorbée dans l'Ademe (Agence de l'environnement et de la maîtrise de l'énergie).

visualiser les zones chaudes indiquant les pertes de chaleur dans l'atmosphère. À la suite de quoi, nous avons organisé des expositions dans les quartiers afin que la population prenne conscience des déperditions de chaleur liées à la mauvaise isolation des habitations. Nous sommes allés plus loin en passant avec les artisans de la ville une convention définissant les tarifs applicables à tous ceux qui souhaiteraient entreprendre des travaux de double vitrage ou d'installation de laine de verre dans les toitures, travaux financés pour plus de deux millions et demi de francs... Nous avons fait de même pour tous les bâtiments municipaux avec la mise en place d'un système de régulation sophistiqué, ce qui a réduit de près de 40 % les factures de chauffage et de climatisation. La ville a obtenu, pour ces réalisations, un prix national de bonne conduite écologique.

Dans un autre domaine j'ai été amené à concevoir un dispositif particulier aidant les handicapés à vivre de façon aussi normale que possible. Un jour, je reçois une lettre d'un monsieur m'expliquant qu'il est handicapé moteur, souffre d'une myopathie grave, ne peut se déplacer qu'en fauteuil roulant et que la seule partie de son corps intacte est son cerveau, qu'il aimerait pouvoir utiliser de façon optimale. Ils sont plusieurs dans le même cas regroupés pour créer une entreprise d'informatique. Leur drame, c'est qu'ils ne savent pas où s'installer pour vivre et travailler ensemble. Ils logent à l'hôpital et ne bénéficient d'aucun service permettant de faire fonctionner une entreprise. Leur lettre, ils l'ont transmise à trois cent cinquante maires, mais je suis le seul à leur répondre et à accepter d'étudier leur cas. Nous allons mettre deux ans à intégrer, dans un rez-de-chaussée, toutes leurs contraintes : relier trois appartements HLM ensemble pour en faire un lieu de vie collectif à cinq personnes, capable d'abriter leurs aides-soignants et pourvu du matériel domotique adapté à leur handicap ainsi que des outils nécessaires à leurs activités professionnelles. Il aura fallu, pour en arriver là, des mois de tractations tenaces pour décrocher des dérogations au droit des HLM et de la Sécurité sociale.

Les sujets d'intervention et d'action ne manquent pas à Conflans. Est ainsi implantée depuis 1921 sur la commune une usine de fabrication de câbles téléphoniques en cuivre, Lignes télégraphiques et téléphoniques. Un site choisi par ses dirigeants parce qu'à l'époque la ville n'était qu'un village de quatre mille habitants au milieu des champs qui bénéficiait d'une desserte par rail, route et voie d'eau – ce qui explique aussi le développement du port de Conflans. Cette activité, essentiellement familiale jusque dans les années 1970, a connu un bel essor. Aussi, de nombreuses maisons d'ouvriers ont été construites tout autour de la ville, malheureusement sans véritable plan d'urbanisme. Seul avantage, Conflans étant très pavillonnaire, nous n'avons eu que trois « cités », l'habitat vertical de cités avec les problèmes qui s'y rattachent aujourd'hui. Notre développement démographique est donc essentiellement dû à cette activité industrielle, qui touche près de six mille employés au moment où j'arrive à la mairie. Le problème, c'est que, entre rachat, fusion, changement de direction, l'entreprise se vide peu à peu pour fermer définitivement en 1988. Heureusement, nous avons anticipé ce déclin en allant chercher, auprès de tous nos amis chefs d'entreprise, des activités de remplacement aidant à éviter un chômage massif.

Les voies navigables de France

Évoquer mon activité de maire de Conflans sans aborder le récit de la création des Voies navigables de France, vaste chantier politico-administratif que j'ai mené comme maire, puis comme ministre du Plan et enfin comme Premier ministre, ne serait pas juste tant il s'agit, à mes yeux, d'une action d'envergure.

Lorsque je jette mon dévolu sur Conflans-Sainte-Honorine, sa qualité de port fluvial n'ajoute, à ce moment, qu'une note de pittoresque à mon choix. Avec le temps, j'y ai vu un bel atout.

Conflans-Sainte-Honorine est un port fluvial situé au confluent de l'Oise et de la Seine, contribuant largement au charme de la bourgade. Le port est intégré au « Port autonome de Paris » qui le gère. Et occupe, à l'époque, entre le troisième et le cinquième rang des ports fluviaux français. Il lui est même arrivé deux fois dans l'histoire d'atteindre le premier rang par les volumes chargés. Si la ville de Conflans est elle-même étrangère à l'activité professionnelle de la navigation fluviale, elle accueille sept ou huit cents habitants sédentaires, des mariniers retraités.

Dès mon élection, les responsables compétents prennent l'habitude de me saisir de leurs inquiétudes et de leurs préoccupations quant à leur avenir, me demandant de faire pression auprès des députés socialistes pour qu'ils attirent l'attention du gouvernement sur leur cas. Mais comme nous ne sommes pas encore au pouvoir, c'est peine perdue.

Or je suis sidéré de ce que je découvre en arrivant. La voie d'eau était (et est toujours) le moyen de transport de matériaux lourds, le moins coûteux et le moins polluant, de très loin : quatre fois moins que le rail et dix ou quinze fois moins que la route. C'est énorme, mais la France n'en sait rien. Si je n'entends pas traiter ce sujet au fond, sur les plans économique ou technologique, mon intention est, ici, de conter une histoire, celle de la naissance de « Voies navigables de France » et peut être aussi celle du canal Seine-Nord, née de la prise en compte d'une réalité de terrain découverte grâce à mon mandat municipal. Une création fort utile. Qu'on en juge.

Histoire d'eaux

Depuis la fin de la construction du réseau « Freycinet » vers 1900-1910, plus rien n'a jamais été fait pour l'entretien ou le développement de nos canaux. Le réseau irrigue à peu près la France entière, en contournant le Massif central, mais seulement pour laisser passer au maximum des bateaux chargés à trois cent cinquante tonnes, les fameuses péniches de trente-huit mètres cinquante de long, alors que la navigation moderne se fait, elle, en convois de barges poussées regroupant jusqu'à cinq mille tonnes et plus. À ce gabarit, la France dispose alors seulement de cinq impasses ne communiquant pas entre elles : Dunkerque-Valenciennes, la Seine jusqu'à Nemours ou Compiègne par l'Oise, la Meuse, le Rhin, et le Rhône en aval de Lyon.

En Belgique, aux Pays-Bas, en Allemagne, des politiques actives permettent partout à la voie d'eau d'augmenter ses parts de marché dans les volumes totaux de marchandises transportées. En France, rien de tout cela. La baisse de part de trafic est même absolument continue – on en est à 4 ou 5 % je crois en 1975 – et la SNCF se venge sur la voie d'eau par un dumping antiéconomique de ses déboires dans la concurrence rail-route que lui vaut la soumission de l'autorité politique à la route.

Dans ce déclin général, qui paraît absurde en ces temps de recherche de productivité, d'économies, et d'inquiétudes environnementales commençantes, la batellerie artisanale souffre plus particulièrement. Rongées par les sociétés modernes d'affrètement, ses parts de marché diminuent régulièrement, aussi bien dans le secteur des céréales que dans celui des matériaux de construction ou des chargements divers. Dépassant la moitié du trafic total de la voie d'eau dans les années 1960, elle n'en transporte guère qu'un peu plus de 40 % quand je découvre le problème, et doit en être réduite à quelque 20 % aujourd'hui. Or la batellerie artisanale a comme capitale nationale Conflans : monument national aux morts de la profession dans les deux guerres mondiales, chapelle, aumônier national, le plus grand des internats scolaires pour ces enfants de nomades, le siège social de ses structures professionnelles et même un musée. Elle est, en outre, fort mal organisée. Une « bourse d'affrètement » procède bi-hebdomadairement à l'allocation des chargements par un mécanisme fort archaïque de tour de rôle, et personne ne se soucie de faciliter la vie des clients en complétant le service de quai à quai par un service de porte à porte comme le font de plus en plus la route et le rail.

Les perspectives sont donc des plus sombres. Or cela concerne un bon millier de mes électeurs, dans l'indifférence à peu près générale du reste de la France.

Je finis par me dire que cette cause relève de l'intérêt général. Mon équipe et moi saisissons donc toutes les occasions d'organiser les débats, de pousser des recherches, d'aiguillonner les organisations nationales de transport et le ministère de l'Équipement.

Sur ces entrefaites, en 1981, François Mitterrand devient président de la République. Se retrouvent dans son gouvernement – celui de Pierre Mauroy – Charles Fiterman, ministre des Transports, et moi-même, ministre du Plan. Très vite, Fiterman décide et annonce, dans la perspective des travaux de planification, l'élaboration d'un schéma directeur des transports.

Charles Fiterman est un homme d'une exquise courtoisie, d'une vive intelligence et d'une grande capacité d'écoute. Mais il est cheminot, tuteur de la SNCF, très limitativement attaché au secteur public, et n'a de sa vie jamais entendu parler de la voie d'eau. Dans l'indifférence complète du reste du gouvernement et du président, je réussis cependant à lui arracher l'idée de mettre en chantier un schéma directeur des voies navigables dans le cadre du schéma général.

Pour le grand public, qui ignore tout des problèmes d'entretien de nos canaux et de l'étranglement économique où leur étroitesse maintient le transport fluvial dans la France entière, le seul élément symbolique important de toute cette affaire demeure le projet de canal Rhin-Rhône à grand gabarit. Il semble d'autant plus s'imposer que l'Allemagne met les bouchées doubles pour terminer la liaison à grand gabarit Rhin-Main-Danube. Une grande liaison structurante Amsterdam-mer Noire va déplacer de deux cents kilomètres vers l'est tous les effets induits de dynamisme économique liés à une infrastructure de cette puissance.

Je comprends vite cependant, et n'ai guère de mal à convaincre les autres parties prenantes, que le fait de donner à Rhin-Rhône une priorité absolue équivaudrait à offrir aux batelleries belge, néerlandaise et allemande, voire suisse, un boulevard navigable sans réelle activité induite pour la France, puisque notre batellerie, tant artisanale que de compagnies, se révèle hors d'état de l'utiliser. De plus, transporter un million de tonnes sur cette nouvelle liaison représente un doublement du volume de ce qui passait à l'époque sur le Rhône entre Lyon et Marseille, proportion énorme, alors que le même million de tonnes ne représentait que 10 % de plus que ce qui se transportait déjà, par bateaux de trois cent cinquante tonnes, entre la région parisienne et celle du Nord par les deux canaux du réseau Freycinet. L'un d'eux, d'ailleurs, avait été lentement élargi à sept cents tonnes, ce qui ne résolvait rien.

L'évidence s'impose : il faut commencer par mettre au grand gabarit les liaisons les plus économiquement porteuses : d'abord Seine-Nord pour tous trafics, puis Seine-Est via la Champagne pour les céréales. Et ensuite monter les mécanismes de financement de nouvelles flottes et les moyens de former les équipages à la navigation de nuit au radar. S'ajoutent à cela la nécessité d'arrêter la dégradation du réseau existant par une politique d'entretien beaucoup plus active et celle de promouvoir de nouveaux trafics, parmi lesquels le transport de containers et la plaisance fluviale. Le problème de Rhin-Rhône ne se posera hélas, qu'après. À son horizon, au demeurant, le problème de savoir si la voie d'eau garde sa pertinence économique devant les nouveaux trafics prévisibles est sans solution évidente. Ainsi fut établi le schéma directeur des voies navigables. Qui fut, pour la profession, un vrai succès symbolique et une réelle bouffée d'oxygène.

EDF taxée

Comme je passe ensuite deux ans à m'occuper d'agriculture puis trois hors du gouvernement, lorsque je suis nommé Premier ministre, il s'écoule à peine quelques semaines avant que les professionnels de la batellerie ne reviennent me saisir de leurs doléances. Ne suis-je pas toujours maire de Conflans-Sainte-Honorine ?

Que me disent-ils ? Que les crédits budgétaires d'entretien des canaux restent dérisoirement insuffisants, que les études préparatoires pour la liaison Seine-Nord n'avancent pas, que le gouvernement Chirac n'a, en deux ans, émis aucun signe d'intérêt pour la voie d'eau. Le schéma directeur demeure donc une référence sympathique, mais reste quasi lettre morte. Les parts de marché sont toujours en baisse, alors que la colère commence à se faire entendre contre la pollution et les accidents provoqués par les poids lourds routiers.

Que faire ? Il est clair, dans le monde entier, que la restructuration financière générale en cours se fait au profit des entreprises, dont l'autofinancement va croissant, et aux dépens des États, tous endettés, incapables de faire croître leurs dépenses plus vite que le PNB national alors que la productivité des services publics ne saurait, évidemment, égaler celle du privé. Les budgets ne pourraient suivre. Il faut donc enlever le financement des voies navigables au budget général de l'État et créer une institution vivant de manière indépendante d'un financement assuré par l'activité économique concernée.

Je n'ai pas le souvenir d'avoir eu du mal à convaincre mon ministre de l'Équipement et des Transports, Michel Delebarre (après le départ de Maurice Faure en février 1989). Au contraire, ses services et lui-même ont beaucoup aidé à la mise au point du projet.

C'est beaucoup plus difficile avec les Finances, tenues par Pierre Bérégovoy, quadruplement hostile à toute occasion de dépenses publiques supplémentaires, à tout démembrement de la puissance publique, à toute amputation de leur autorité, et naturellement à tout financement d'activité par des redevances risquant de peser sur l'indice des prix. Or c'est bien de cela qu'il s'agissait.

Il me faut alors batailler dur. Mais je dispose d'une carte maîtresse en mains : le Premier ministre est l'architecte final du budget avant sa présentation au Parlement ! Je menace donc d'inscrire directement les crédits nécessaires aux voies navigables, en forte augmentation, dans le budget de l'Frat. La manœuvre n'aurait tenu qu'un an, mais vu le besoin où nous étions de réduire le déficit et la difficulté à le faire, cette menace et la constance de ma pression se révèlent efficaces.

Vient un jour, en 1990 je crois, où le principe de la création d'un établissement public industriel et commercial dénommé « Voies navigables de France », chargé de l'entretien de notre patrimoine navigable, maître d'œuvre des nouveaux chantiers prévisibles, responsable de la gestion et de la police de la navigation fluviale, est accepté. Le ministère de l'Environnement a lui aussi poussé sérieusement cette idée. L'établissement sera financé par une redevance payée par tous les utilisateurs d'eau, fort nombreux étant les industriels et transporteurs concernés. Mais les différentes manières possibles de calculer l'assiette et le montant de cette taxe conduisent à la conclusion que l'EDF en paiera un gros tiers. Ce qui me pose un souci.

Car cette superbe entreprise, un des premiers et des meilleurs électriciens mondiaux, nous fournit une électricité moins chère que partout ailleurs en Europe, largement, mais pas seulement, grâce au nucléaire. Or elle est pénalisée par les Finances depuis trente ans sinon plus, la politique de l'indice des prix conduisant à une pression largement excessive sur ses tarifs. Notre superbe infrastructure a été financée par l'emprunt, et la dette d'EDF équivaut à son chiffre d'affaires. C'est la politique des contrats de plan pluriannuels négociés, dont j'ai été l'inventeur au ministère du Plan, qui a permis de commencer à desserrer l'étau. Mais là, que faire ? Or il n'y a pas le choix : VNF (Voies navigables de France) va représenter une charge inférieure à 1 % de la dette d'EDF.

Jusque-là, toutes les conversations sur ce sujet ont été discrètes, internes à l'administration. Aucun journaliste n'ayant été prévenu, nous avons pu travailler en paix. Et personne ne se doute de ce qui se trame, pas même EDF. Je me souviendrai donc longtemps de mon coup de téléphone à mon ami Pierre Delaporte, grand président d'EDF, et qui, en plus, me faisait alors confiance. Je lui annonce en effet abruptement : « Président, je viens vous taxer de quatre cents millions de francs. » Je ne me rappelle pas précisément de sa réponse, mais elle est du style : « Monsieur le Premier ministre, ne vous moquez pas de moi : je n'ai pas mérité ça. » J'en convins, et lui expliquai longuement le processus.

Comme Pierre Delaporte ajoutait à son éthique de grand serviteur de l'État une très forte connaissance des dossiers publics, il savait les productivités comparées de nos différents modes de transport. Et fut rapidement convaincu de l'opportunité de cette création. N'essayant en rien de m'en détourner, il termina : « Au total, vous savez, je n'en suis pas à cela près ! » Il ne restait plus qu'à boucler le projet de loi, qui fut adopté sans difficultés majeures.

Ainsi naquit « Voies navigables de France ». Il faudra bien des années pour corriger quatre-vingts ans d'impéritie dans ce domaine, mais au moins l'outil et le mécanisme financier existent-ils. Déjà, l'entretien du réseau existant se fait mieux. La plaisance fluviale, objectif spécifique du schéma directeur, connaît un développement superbe. Pour autant, plus de trente ans furent nécessaires pour en arriver là ! Le grand projet du Canal Seine-Nord, lui, a été repris et mis au point par « Voies navigables de France ». Sa maturation se termine actuellement, il est indiscutablement mon fils administratif !

Chapitre X

Le placard que j'ai su décorer

Vu ma popularité dans les sondages, François Mitterrand, élu à la présidence de la République face à Valéry Giscard d'Estaing le 10 mai 1981, se voit obligé de me proposer un poste ministériel. Il me nomme ministre d'État, chargé du Plan et de l'Aménagement du Territoire, autrement dit un placard, même pas doré, dans le gouvernement Mauroy du 25 mai. J'ai, en plus, demandé et obtenu d'être chargé de l'économie sociale mais le Conseil d'État, dans sa sagesse, annule mon décret d'attribution avec une remarque imparable : « L'économie sociale, cela n'existe pas. Il convient de la créer d'abord. Puis trouver un ministre ne pourra se faire qu'après ! » En désespoir de cause, je sollicite, au moins, d'être chargé du Plan, de l'Aménagement du Territoire et de la tutelle du Conseil supérieur de la coopération, organisme vénérable en charge du mouvement coopératif. On me l'accorde. Le placard ne manque pas d'activités intéressantes même si moins en première ligne que mes amis et moi l'aurions souhaité. Ainsi va la vie politique.

Mettre en œuvre l'économie sociale

C'est ainsi que tout commence, avec l'indéfectible soutien de Pierre Mauroy et de son cabinet, et notamment de Pierre Roussel, militant actif de la Mutuelle générale de l'Éducation nationale. Nous avons pu, en deux ans, créer le Conseil supérieur de l'économie sociale, la Délégation interministérielle à l'économie sociale placée sous mon autorité, l'Institut de développement de l'économie sociale, qui serait la banque du secteur, et définir enfin le concept juridique de « groupement d'économie sociale ». Ce devait être pour le non-lucratif ce qu'est le groupement d'intérêt économique pour l'entreprise capitaliste, le support juridique des opérations conjointes, fusions, création de filiales communes, etc.

Le vocable d'économie sociale se voit très vite accepté, reconnu et employé. Au point que, quelques années plus tard, Jacques Delors, très complice de ce projet et qui m'a soutenu depuis son ministère des Finances, créera, une fois devenu président de la Commission européenne, à Bruxelles, au sein d'une des directions économiques, un bureau de l'économie sociale. Concepts et vocables se répandront en Europe, les mouvements multiplieront les rencontres communes, et il existera à Bruxelles un « comité de liaison des coopératives, mutuelles, associations et fondations ». L'une des préoccupations majeures de cette mouvance au niveau européen sera bien sûr de provoquer la naissance d'un statut européen de la coopérative, pour permettre ensuite la mise au point de celui des mutuelles. Il fallait, dans ce domaine, pouvoir se raccrocher au statut européen de l'entreprise. Or, ce dernier est resté bloqué trente ans... Et n'est sorti qu'il y a quelques années. Le chantier européen du statut de coopérative est rouvert : il faut du travail et du consensus mais d'abord une volonté politique, aujourd'hui largement absente. C'est en tout cas ainsi que s'esquissa la revigoration de l'économie sociale en France et en Europe. Les mouvements l'ont tout à fait acceptée, se sont inscrits dans ses perspectives, mais l'ont insuffisamment relayée.

Pour autant, le secteur de l'économie sociale en France se porte plutôt bien : occupant largement plus d'un million de salariés, constamment créateur d'emplois sur longue période, il est leader ou de première importance dans quelques domaines significatifs, tels la commercialisation agricole, la santé ou l'assurance, et, dans une moindre mesure, le bâtiment ou le commerce de détail. Il a vocation à progresser beaucoup plus.

Un modèle paralysant

Mes activités de ministre du Plan bénéficient de mes différentes expériences en tant qu'inspecteur des Finances, lesquelles m'ont permis d'analyser le fonctionnement de notre État jacobin. La caractéristique majeure du droit public français (constitutionnel et administratif) est, bien entendu, le centralisme, qu'on peut dire jacobin. C'est ce que l'on appelle le modèle vertical (j'aime bien cette expression), très corrélé à l'identité nationale de notre pays. S'il fait partie de notre gloire, il est tout de même très encombrant et parfaitement... paralysant.

Pourquoi sommes-nous affublés de ce modèle vertical, nous, pays le plus centralisé de toutes les grandes démocraties au monde ? Les causes en sont multiples, à la fois historiques, géographiques, écoᴏomiques et politiques. Les collectivités territoriales sont tenues en tutelle et sans autonomie. Le contractualisme est pratiquement interdit. Du coup, toutes nos collectivités territoriales, d'abord les villes mais aussi les départements, se voient transformées en mendiants, et l'histoire de l'équipement de la France peut se résumer à celle d'une mendicité auprès des ministères parisiens, avec plusieurs conséquences.

Ma découverte des méfaits économiques du centralisme remonte à l'automne 1961. À l'époque, chargé de vérifier la dépense publique de la trésorerie générale de l'Yonne, je découvre que l'État et le département paient tout trop cher, significativement plus que les marchés privés. Je cherche à comprendre pourquoi et dépouille d'innombrables dossiers. La clé m'apparaît dans le fait que tous les dossiers non minuscules doivent passer par Paris. Ce qui prend des mois, et souvent des années, si la décision fait doute. De plus, la décision est prise par des fonctionnaires anonymes qui ne connaissent ni le terrain ni les dossiers ni les promoteurs. Je calcule le coût de ce temps au taux d'intérêt de l'argent au jour le jour. Le résultat est confondant. Mon rapport administratif est corrosif, il s'honorera d'au moins une dizaine de lecteurs. En tout cas, cet épisode est pour moi, dans le domaine de l'organisation territoriale des sociétés civilisées, ce que fut, pour d'autres, la découverte que dans une baignoire l'eau résiste à ce que l'on s'y enfonce, l'équivalent d'un coup de soleil sur le chemin de Damas ou d'une pomme inopportune qui vous atterrit sur le crâne.

Lorsqu'en 1966 j'ai publié « Décoloniser la province », mon analyse était parfaitement technocratique[1]. Elle démontrait dans le

---

1. Voir ci-dessus, 1ère partie, chapitre VI, page 62-64.

détail – mais se bornait à cela – que l'excès de centralisation constitue une entrave, asphyxiante pour le développement de tous nos territoires en dehors de l'agglomération parisienne elle-même. Je cassais le mythe. Le succès des Rencontres socialistes de Grenoble nous a permis dans la foulée d'organiser d'autres débats dans les différentes régions avec des élus locaux, des universitaires, des syndicalistes, des journalistes. Un triomphe partout avec des salles pleines. C'est là que j'ai découvert, à mon grand étonnement, que des langues et cultures régionales souffraient de se savoir en voie d'extinction. Qu'il existait un énorme potentiel d'épanouissement, de responsabilisation et même de dynamisme entrepreneurial disponible si l'on sortait ces populations de leur hibernation et de leur dépendance. Au cœur du système, à Paris, le débat fait rage. Dans la gauche, toujours jacobine et oubliant Jaurès, tout le monde me rejeta... en même temps que ma thèse. À droite, les esprits étaient plus partagés et le débat plus feutré. J'ai compris un peu plus tard que j'ai eu un lecteur très attentif en la personne de Charles de Gaulle. Mai 1968 lui a fait comprendre en effet que le thème de la décentralisation était politiquement porteur parce que répondant à une grande attente. C'est ainsi qu'il inclut un projet de décentralisation forte dans sa proposition de référendum du printemps 1969. Mais il alla trop vite et trop fort. Cinq cent mille écharpes de conseillers municipaux s'émurent : on brisait la principale perspective de leur carrière politique, le Sénat. De Gaulle perdit son référendum. La droite abandonna la décentralisation. L'idée devint libre pour la gauche. Mitterrand la reprit à son compte après m'avoir réprouvé puissamment, au nom et au cri de la défense du jacobinisme et du modèle central. Gagnant, entré à l'Élysée, il chargea Gaston Defferre de l'appliquer, plutôt que moi. La manière eût été différente...

Le mouvement de décentralisation mis en œuvre en 1981 est combattu par la droite, mais Gaston Defferre a l'habileté d'accepter trois mois de débats parlementaires et l'examen de quelque trois mille cinq cents amendements, dont il doit concéder un millier. Si bien que la loi est finalement votée avec une majorité infiniment plus forte que celle, arithmétique, du gouvernement. Conséquence : nous sommes aujourd'hui en décentralisation, et personne ne songe plus à v toucher. Tout le monde sait que la gauche a la paternité de cette décentralisation et, dans la gauche, que je suis aussi, un peu, l'agent déclencheur de cette loi.

Reste que c'est Gaston Defferre qui la fait, et moi, décentralisateur largement plus convaincu que lui, je suis ministre du Plan, mais aussi de l'Aménagement du Territoire. Dans son principe, cette attribution doit me pousser à tenter de corriger les déséquilibres spatiaux graves que connaît la France. Mais les outils publics des décisions concernant cet ordre de choses ont été détruits. Finis les prêts bonifiés, finies les autorisations de la Datar (Délégation à l'Aménagement du Territoire et à l'Action régionale) pour l'implantation de nouvelles unités industrielles, affaiblie la Datar qui n'est plus que l'ombre d'elle-même… Le seul outil qui subsiste, c'est l'investissement public, celui de l'État comme celui des collectivités territoriales. Le besoin se fait sentir de donner à cette fonction économique une efficacité plus grande en améliorant la pertinence et la cohérence des choix d'investissements.

La réforme en cours va renforcer l'autonomie des communes, des départements, beaucoup plus largement, et surtout fera de la région une collectivité territoriale élue dont la fonction essentielle concernera justement l'investissement. La tutelle préfectorale n'est plus que juridique, elle ne peut plus exciper de l'opportunité.

Or on ne saurait tout faire à la fois : l'entreprise décentralisatrice décidée par la gauche et conduite avec courage par Gaston Defferre n'entreprend pas de toucher à la fiscalité. C'est un immense dommage, mais qui se comprend.

Toujours est-il qu'on va, en matière de financement des investissements publics, en rester au système en cours selon lequel les collectivités locales décident de plus des trois quarts des opérations d'investissements publics, mais ne peuvent en financer qu'un gros tiers, donc que ce sont les subventions de l'État qui en assureront l'essentiel. Or il faut, pour cela, aller les mendier. Maires et présidents de conseils généraux passent dès lors un temps considérable à convaincre les préfets de l'opportunité de leurs opérations mais surtout à hanter les bureaux des administrations centrales compétentes et à harceler les anonymes décideurs bureaucratiques. Cela se fait à longueur de temps, opération par opération, les avals des administrateurs compétents puis des ministres, enfin des contrôleurs financiers, tombant ou ne tombant pas, de manière aléatoire, et sans aucun rapport avec un calendrier territorial de présentation

puis d'approbation du projet et d'insertion de la nouvelle réalisation dans une politique d'ensemble espérée aussi cohérente par sa
nature que par son calendrier. L'arbitraire parisien négligeait ces
nécessités et, dans sa superbe, égrenait ses décisions comme bon lui
semblait. Tout ce processus était attentatoire à la dignité des élus,
intolérable, beaucoup trop long et ne permettait aucune recherche
de cohérence dans les effets territoriaux provoqués. La décentralisation en tant que réforme appelait en quelque sorte, implicitement,
la refonte d'un tel système.

Mais il y avait plus urgent encore, selon moi, ministre du Plan
bien placé pour mesurer le surcroît de risques économiques imputés
à notre pays. Pour tenir le coup devant les tempêtes à venir, il est
au moins essentiel que l'appareil public industriel de l'État résiste
quoi qu'il arrive. Or nos grands patrons publics, ceux qui assurent
la vie quotidienne du pays en faisant marcher notamment l'électricité, les chemins de fer, le téléphone ou le transport aérien, mènent
une vie tout à fait impossible. Défendable en période de calme, elle
ne serait ni tenable ni supportable si survenait un gros temps exigeant de très fortes décisions dans des délais rapides. S'il est normal
que les entreprises publiques soient soumises à la tutelle de la puissance publique, c'est-à-dire du gouvernement – on est dans l'évidence, chère à M. de La Palice –, l'ennui, c'est qu'il n'y a pas
« une tutelle », mais une demi-douzaine. Aucun ministre technique
n'accepte en effet alors de se soumettre au ministère des Finances,
exigeant de donner lui-même expressément son aval aux décisions
majeures de chaque entreprise. Quant au ministère des Finances,
lui-même n'a jamais, dans l'histoire, été capable de faire fonctionner
un mécanisme provoquant la recherche d'accords entre la direction
du Budget, responsable des augmentations de capital – et qui naturellement n'en veut jamais –, et celle du Trésor, responsable des
emprunts notamment pour compenser l'insuffisance des dotations
en capital et qui, symétriquement, n'en veut jamais non plus. Sans
oublier la direction des Prix, toujours hostile à la moindre augmentation des tarifs perceptible dans l'indice de l'inflation. Or mettre
un système de décision aussi primitif et inefficace dans la tornade
d'une conjoncture secouée et à haut risque, comme nous sommes
alors tentés de le faire trop vite dans l'espoir d'une amélioration
sociale vigoureuse, va transformer le cauchemar usuel et familier de
nos chefs d'entreprises publiques en un véritable enfer.

L'idée me vient, puisqu'on veut réintroduire un peu de planification incitative en France, d'accompagner chaque procédure quinquennale d'élaboration d'un programme intégré appelé Plan d'une démarche connexe et simultanée de détermination des objectifs pour cinq ans et des performances attendues de tous les établissements publics concernés. Cela signifie décider en une fois, et pour cinq ans, d'enveloppes de dotations en capital, de l'ampleur de la politique tarifaire et bien sûr d'un volume approximatif d'emprunts à émettre. L'accord, négocié durement sans doute mais en une fois, entre l'entreprise et l'État, emporterait acquiescement automatique des tutelles aussi longtemps qu'on resterait dans les enveloppes prévues. Les services du Commissariat général du plan pourraient utilement servir de médiateur entre les diverses tutelles en conflit avec les entreprises.

Mais je suis confronté à une difficulté juridique inhérente au contrat de plan : l'État souverain ne négocie pas avec ses sujets. Il me faut donc enfreindre la formalisation juridique de l'expression de ce modèle vertical. Je m'en tire en écrivant dans la loi que les dispositions négociées dans un contrat de plan entre l'État et les régions administratives doivent être considérées comme des clauses contractuelles de droit privé, c'est-à-dire qu'il y a un acte de souveraineté à un moment donné qui est la signature du contrat où l'État dit mettre sa souveraineté dans l'exécution de tel ou tel projet (une décision unique). On module ensuite cette décision dans le temps (clause contractuelle de droit privé). C'était écrit dans la loi. Et c'est le succès du contrat de plan.

Tout fier de ma trouvaille, je fais « la tournée » des présidents et directeurs généraux des grandes entreprises publiques. Tous, sans exception, me disent : « Bravo, très bonne idée, c'est cela qui nous faudrait, une procédure intégrée, rapide et unique. Bonne chance à vous. » Mais tous, sans exception, ajoutent très fermement : « Monsieur le ministre du Plan, s'il vous plaît, ne faites pas état de mon accord là-dessus auprès des ministres techniques ou de celui des Finances. C'est vrai que j'aimerais court-circuiter leurs services, mais je ne peux tout de même pas le leur dire. Au mieux, vous mettrez deux ans à la faire adopter, cette procédure maligne. Mais moi pendant ces deux ans, c'est avec eux qu'il faut que je négocie, que je tienne ! »

Je me retrouve Gros-Jean comme devant avec ma procédure impossible à placer. De fait, j'ai eu l'idée des contrats de plan en pensant prioritairement aux grandes entreprises nationales. C'est seulement lorsque, de leur propre fait, elle devient impossible que je m'avise de la création toute prochaine, car en train de réussir au Parlement, des Régions en tant que collectivités territoriales de plein exercice avec conseillers et président élus au suffrage universel.

Je joins donc quelques présidents de région, mais en me montrant d'une énorme prudence puisqu'il s'agit d'élus politiques. La majorité étant à droite, eux-mêmes n'ayant aucune raison de faire cadeau d'un accord au gouvernement, mon astuce ne prendra que s'ils y découvrent leur intérêt. Les sept minoritaires – pas pour autant de mes amis sauf deux – sont socialistes bien sûr, mais dirigés par Pierre Joxe, président de Bourgogne et ministre comme moi, mais acolyte zélé de François Mitterrand. Va-t-il tolérer que, moi, je remporte un succès majeur ?

J'organise au ministère du Plan, hôtel particulier assez confiné situé rue de Varenne, un déjeuner des vingt-deux présidents de régions de métropole tout juste élus, que je préside, accompagné seulement de mon directeur de cabinet Jean-Paul Huchon. Tout le monde est là : bon signe. Les socialistes sont plutôt prêts à me soutenir mais attendent la réaction de Pierre Joxe. À droite, ils sont quinze, dominant le territoire et le sachant. Leur président est Olivier Guichard, mégalithe gaullien bougon mais généreux. On s'assied par rangs d'âge. Je présente mon idée de procédure, un peu améliorée et détaillée.

Elle apporte pour eux des avantages énormes jamais vus dans le passé :

– pour toutes les activités civiles de la nation dans la Région, les projets d'origine locale seront regroupés et présentés tous à la fois à l'État ;

– encore plus nouveau, tous les projets propres de l'État concernant le même territoire devront être présentés à la Région ;

– les financements nationaux et régionaux seront inventoriés et conjugués. Les projets locaux verront leurs programmes de subventions approuvés pour cinq ans en une fois. Les projets d'État peuvent recevoir des crédits locaux ;

– c'est une négociation à égale dignité, qui se déroule pour une large part en région.

Les présidents voient la perspective d'un énorme soulagement dans le déroulement de leurs tâches. Les deux chefs, pour autant, se taisent. Mettre fin à l'impérialisme arbitraire de l'État dans ses relations avec les élus territoriaux est une révolution qui n'a rien de modeste, donc avec un coût politique majeur. Peut-on la laisser faire par (ou la faire avec) un ministre marginal qui, à l'évidence, sent le soufre aux yeux du chef suprême ? Vingt présidents présents n'assument pas, eux, le commandement de leur groupe et se moquent de ces considérations politiciennes. Ce qu'ils voient, c'est que l'idée est énorme et changera complètement leur vie. La conversation s'étend, simple, joviale, précise, technique même.

Le plus intelligemment investigateur sans doute, parce qu'il est le meilleur connaisseur de la machine de l'État, est indiscutablement le président de la Région Bretagne, Raymond Marcellin. Il ne me lâche pas, va plus vite que les autres vers les détails administratif, financier ou juridictionnel auxquels il faut bien avoir pensé. Comme il est compétent et pertinent, ses homologues écoutent tandis que tous deux nous monopolisons la conversation en forçant la voix.

Raymond Marcellin, un conservateur breton, non gaulliste, incarnation de la vieille droite française, un implacable et brutal ministre de l'Intérieur de l'après-mai 68, soit la pire identité politique avec qui passer contrat. Mais, flairant une bonne piste, il se montre charmeur et charmant. Comme il a du poids, je me concentre sur lui.

Et puis, à l'occasion d'un passage de plats, je croise le regard de Pierre Joxe. Noir, furibard. Un clash, à l'évidence, se prépare… SOS… Je fais une pause, force de la voix, et lâche à peu près ceci :

— Cette conversation de hautes techniques administratives, Messieurs les présidents, est pour moi à la fois sympathique et essentielle. Il se trouve qu'elle se concentre quelque peu sur le président Marcellin. Alors je voudrais, Messieurs, vous apporter un détail de plus pour que vous mesuriez bien toute la richesse de la situation. Monsieur Raymond Marcellin ici présent est quand même le ministre de l'Intérieur qui m'a mis, moi, secrétaire général du PSU à l'époque, sous écoutes téléphoniques permanentes pendant près de trois ans…

Grand froid, silence. Je viens de recréer de la distance. Joxe sourit. Puis Marcellin, après un moment, lance d'une voix douce :

— Vous tirez court, Monsieur le ministre !

L'explosion de rire est gargantuesque.

Le succès des contrats de plan

L'unanimité des présidents de Région soutint largement – et le fit savoir – cet élément clé des projets de loi réformant les méthodes de planification que je préparais à l'époque. De fait, l'idée était effectivement bonne et marcha très bien.

J'avais rêvé au départ que tous les présidents socialistes appliqueraient la réforme par discipline et qu'à droite deux ou trois régions essaieraient au moins, pour voir. Pensez-vous, tout le monde voulut son contrat de plan régional, même la Corse, l'éternelle région sans majorité. Même par la suite, les départements, les villes, les pays ruraux, excès que je désapprouve, cohérence et lisibilité supportant mal la multiplication à tous les niveaux.

Mais ce que personne, et notamment pas moi, n'avait su prévoir, c'est qui bénéficierait le plus de cette innovation procédurale. Ce furent ceux à qui on n'avait pas pensé en le faisant, les départements d'outre-mer, qui tous les quatre avaient statut de région. Ils s'y sont rués. Cette nouvelle affirmation d'autonomie leur a même créé une légitimité internationale dans la région. L'outil procédural a été, là-bas, un accélérateur du développement de première importance.

Voilà comment les contrats de plan se sont installés dans le pays. Cela changeait l'équilibre des négociations, il n'y avait plus mendicité, mais négociation. Avec une Région tout aussi souveraine dans ses propres compétences que l'État. Soit un changement complètement majeur dans les attitudes. La Région est moins puissante, elle est moins riche, mais elle a égale dignité, égale autonomie de négociation et de signature, et je crois qu'il s'agit d'un changement majeur dans le modèle vertical qu'il fallait rendre plus fonctionnel.

Je ne pense pas qu'il y ait eu un changement de notre identité nationale dans cette affaire, nous compensions simplement une anomalie. Et, moi, j'ai fait mon travail. Un premier plan intérimaire a été bouclé assez vite pour dix-huit mois. C'était un plan médiocre car, en matière macroéconomique, le gouvernement, dans cette période, faisait absolument n'importe quoi. Un vrai plan, qui, si ma mémoire est exacte, a porté dans l'histoire de la planification le numéro 10, assez long à faire, s'ensuivit, si bien qu'il ne me restait plus comme tâche possible dans ce ministère que celle de gardien de la loi – le texte du Plan – c'est-à-dire celle qui consiste à empoisonner la vie du chef de l'État, du Premier ministre et des autres ministres s'ils ne le respectaient pas. Ce fut une grande affaire parce que cela réintroduisit un peu de dignité et de souveraineté interne dans les relations entre l'État et les Régions. Jusque-là, on ne connaissait que la politique du saupoudrage de subventions sur décision unilatérale de l'État.

Le peu de décentralisation que nous avons fait – car nous ne sommes pas allés bien loin – donne à nos Régions des pouvoirs qui ne sont pas le quart ou le cinquième de ceux des Länder allemands, pas la moitié de ceux des régions italiennes, et pas le dixième de ceux des autonomies espagnoles ou de l'Autriche qui est aussi un pays fédéral. Il y a eu une avancée mais ne nous racontons pas d'histoires : nous sommes semi-décentralisés, comme la Grande-Bretagne.

Chapitre XI

LES DEUX PLUS BELLES ANNÉES DE MA VIE PROFESSIONNELLE : MINISTRE DE L'AGRICULTURE

François Mitterrand me demande, en janvier ou février 1983, si j'ai envie de changer d'air. Comme ministre du Plan, je n'ai ni personnel conséquent – seulement quatre cents personnes au total pour cette fonction – ni budget, ni surtout contreseing sur rien. Il faut donc que je consolide l'hypothèse de ma sortie du placard vers un ministère de pleine puissance.

J'ose évoquer alors le ministère de la Défense, ce qui le scandalise presque. C'est un ministère non seulement régalien – l'Agriculture, on va le voir, l'est aussi dans un sens – mais auquel, en outre, le président tient plus qu'à tous les autres en raison de son intérêt personnel et de ses attributions constitutionnelles. On ne parle plus de rien jusqu'en juillet. Où il me désigne comme ministre de l'Agriculture. C'est un changement majeur pour moi car, à l'Agriculture, il y a une administration de trente mille fonctionnaires et un contreseing obligatoire sur à peu près tout ce que fait le gouvernement.

Une nomination piège

Pour raconter ce que furent les deux plus belles années de ma vie, je tiens à reproduire ici le récit que j'en ai fait, circonstancié, pour la revue *Parlement[s]*, assez précis et limpide.

« En juillet 1983, la présence de Mme Cresson au ministère de l'Agriculture devient intenable [1]. Elle est rejetée par le milieu agricole. Elle a même dû être hélitreuillée d'une manifestation de paysans. Un changement paraît urgent. Les rapports avec la paysannerie sont extrêmement détériorés. L'agriculture française était puissamment syndiquée avec un syndicat dominant (80-90 % des forces), la FNSEA, largement orientée à droite et dont le patron était un militant RPR, François Guillaume. Ayant eu la peau de la première femme ministre de l'Agriculture, il a bien l'intention d'obtenir également assez vite celle d'un second, même si c'est un homme. Je suis donc nommé dans ces conditions à l'Agriculture.

Pourquoi ? D'abord, on ne sait plus quoi faire de moi au Plan, je deviens encombrant. Cependant, je suis trop populaire pour qu'on se débarrasse de moi comme ça.

L'idée de me nommer à l'Agriculture a tous les avantages puisqu'il y a de grandes chances d'y échouer, ce qui débarrasserait la scène politique française de mon modeste personnage. Si je réussis, ce qui va être le cas, c'est pour le compte du gouvernement tout entier et du président de la République qui, dans sa sagesse, m'aura mis là. Donc, tout le monde y gagne.

L'agriculture est un domaine singulier, dans la situation politique après les bévues économiques de la période 1981-1983. Lorsque je suis nommé, les salaires sont toujours bloqués. Nous sommes après la troisième dévaluation. L'inflation continue de menacer. Et, surtout, les finances publiques vont à vau-l'eau.

Je ne connais pas grand-chose à la vie rurale. Cependant, certains aspects de ma formation que les gens ne connaissent pas m'aident beaucoup. D'abord, jeune fonctionnaire, j'avais donné de nombreuses conférences pour le Centre national des jeunes agriculteurs (CNJA). J'avais ainsi été reçu en Lorraine par François Guillaume, alors président régional des jeunes agriculteurs de cette région. Cette rencontre s'était bien passée. D'une manière générale, ayant rencontré beaucoup d'agriculteurs à cette époque, je suis un peu connu au moment de ma nomination.

---

1. Récit tiré du n° 5 – 2006 – *Parlement[s]*. Un témoignage exclusif : Michel Rocard au ministère de l'Agriculture. Propos recueillis par Christophe Bellon, les 23 et 27 janvier 2006.

Les caractéristiques du ministère

La France de 1983 s'est urbanisée. La droite, parti des propriétaires fonciers, avait dû s'y adapter, et le parti gaulliste, peut-être pas dans son intégralité tout de même, avait intégré la mutation urbaine. Cette évolution avait diminué largement son emprise sur le monde rural. Le monde paysan est souvent ignoré et assez méprisé par la classe politique. Elle comporte de moins en moins de professions libérales, de plus en plus d'enseignants, de fonctionnaires, et même un peu de cadres du privé urbain industriel.

À gauche notamment, le gouvernement est composé principalement de salariés urbains. Le seul vrai rural qui connaît bien ce monde est le président de la République. Ce sera utile. Le ministère de l'Agriculture est donc un ministère assez isolé qui a du mal à être pris en considération et écouté de ses partenaires et notamment du ministère des Finances.

Ses attributions

Le ministère de l'Agriculture, l'un des derniers-nés, est issu du ministère de l'Industrie.

Au moment où il est découpé, on lui laisse un certain nombre de responsabilités. Il est non seulement le ministère de la réglementation de l'art de cultiver des végétaux et d'élever des animaux, mais également le tuteur des industries agroalimentaires. À ce titre, il est son propre ministère de l'Industrie pour la plus belle branche exportatrice de nos industries, parce que l'agroalimentaire, y compris les denrées agricoles brutes, avec soixante-dix milliards de francs d'excédents, est le premier fleuron de notre force exportatrice. C'est un élément de puissance et de force.

Le deuxième élément, c'est que le ministère de l'Agriculture est à lui-même son propre ministère du Travail. En effet, l'Inspection des lois sociales en agriculture relève de lui.

Il est son propre ministère de la Santé, puisque la lutte contre les épidémies végétales ou animales relève pleinement de lui. Il s'intéresse donc aussi à la santé humaine et à la santé animale ou vétérinaire.

Il est son propre ministère de la Sécurité sociale, en ce sens qu'il est le tuteur de la Mutualité sociale agricole. La Mutualité sociale agricole représente quatre millions cinq cent mille ayants droit, pour sept cent mille à huit cent mille cotisants. Aucune décision prise par le gouvernement français concernant la Sécurité sociale en général, et principalement l'assurance-maladie, ne peut être prise sans l'implication du ministère de l'Agriculture.

Il est son propre ministère de l'Éducation. Il n'y a pas d'enseignement primaire agricole. En revanche, tout ce qui est enseignement technique, secondaire et supérieur agricole relève du ministère de l'Agriculture, public comme privé.

Le ministère de l'Agriculture a aussi la tutelle d'un établissement public national connu sous le nom de Caisse nationale de crédit agricole.

On l'a privatisé depuis : c'est la perte d'un outil considérable. La Caisse nationale de crédit agricole est déjà l'un des plus puissants établissements bancaires français.

Le ministre de l'Agriculture est le seul ministre du gouvernement à pouvoir se retourner vers des systèmes de crédits qui lui sont propres, pour poursuivre un projet auquel le ministère des Finances se serait opposé sur le plan budgétaire.

Deux autres activités dépendent du ministère de l'Agriculture.

L'une, c'est les courses de chevaux. Le cheval étant un animal, le tout relève du ministère de l'Agriculture. Le ministre est donc le tuteur du PMU.

On a fait un certain nombre de réformes qui ont assaini les finances du PMU pour une quinzaine d'années.

La seconde concerne le service cinématographique du ministère de l'Agriculture, qui est extraordinaire. Il a, sur une cinquantaine d'années, maintenu une tradition éblouissante. Jean-Luc Godard avait été l'un de ses jeunes cinéastes en début de carrière. Les réalisateurs Éric Rohmer, Jacques Doniol-Valcroze et Jacques Demy y ont été associés, et surtout l'inoubliable Georges Rouquier avec *Farrebique* (1945), qui avait sidéré la France entière par ses vues de croissance de plantes, vient aussi de cette cellule.

On s'amuse beaucoup, même si j'ai rarement autant travaillé de ma vie. Il y a aussi en matière de foncier les tribunaux paritaires des baux ruraux et voilà le ministère de l'Agriculture, qui, pour un petit morceau, est tuteur d'une administration qui fait partie de la justice française. La seule chose qui manque, c'est la diplomatie. Tout ce qui concerne l'Europe et la politique agricole commune est traité par les Affaires étrangères.

Le ministère de l'Agriculture gère des budgets considérables. Le total atteint environ une centaine de milliards de francs.

Trois paquets, inégaux, se répartissent ainsi :

– le premier, le budget de l'État, chapitre agricole (infrastructures, etc.),

– le second, consacré au budget des prestations sociales agricoles (budget autonome, dont le tuteur est le ministère de l'Agriculture, et le chiffre d'affaires n'est pas loin d'être l'équivalent du budget de l'Agriculture),

– le troisième, c'est la totalité du budget agricole de la France en Europe.

Autonome ou pas ?

Aucun ministre n'est autonome. Toute grande politique engage tout le gouvernement. Dans aucun département ministériel, il ne se décide une grande politique sans qu'elle ait été proposée au Conseil des ministres : on ne peut prendre des engagements financiers qu'à condition d'avoir l'accord des Finances.

Je suis exceptionnellement servi par une administration admirable, pour deux raisons. J'ai, dès le premier jour, maintenu en fonction un directeur dont il est public qu'une certaine gauche vindicative demandait la peau. Cela a conforté les confiances. Et puis, surtout, j'ai sauvé le rattachement de la Forêt à l'Agriculture au sein du même ministère. Mme Cresson était ministre de l'Agriculture et de la Forêt. À ce titre, elle avait un secrétaire d'État directement sous son autorité.

Quand on me propose d'être nommé à l'Agriculture, je dis "oui" à tous les coups, car je veux sortir du placard du Plan. J'ai cependant une exigence, celle d'avoir un secrétaire d'État, n'importe lequel, car ce ministère est éreintant.

Pierre Mauroy me dit "oui" un peu vite et, le soir de la nomination du gouvernement, j'entends le secrétaire général de l'Élysée, Jean-Louis Bianco, lire la liste et prononcer : "M. René Souchon, secrétaire d'État auprès du Premier ministre, chargé de la Montagne et de la Forêt." Toute la France l'entend, ainsi que tous les fonctionnaires du ministère de l'Agriculture. J'appelle Mauroy et je lui dis que j'ai accepté volontiers l'Agriculture, à la condition d'avoir un secrétaire d'État qui me soit rattaché. Non seulement je n'en ai pas et, en plus, mon ministère est cassé en deux. La bipartition du ministère de l'Agriculture et de celui de la Forêt était une vieille histoire, une vieille bagarre. Tout le milieu agricole considérait comme un gros succès d'avoir obtenu cette jonction, avant l'élection de François Mitterrand. Alors, je dis à Mauroy : "Si, au prétexte que j'arrive, vous cassez le ministère, j'en tire toutes les conclusions sur l'influence que j'aurai et, malgré la nomination du gouvernement ce soir, tu n'auras pas de ministre de l'Agriculture à la table des ministres demain matin. Je démissionne."

Je rentre chez moi et, dans la nuit, on me dit : "Allez, c'est réglé. Tu auras ton secrétaire d'État qui sera René Souchon." Petit épisode un peu drolatique, sauf que trente mille fonctionnaires de l'Agriculture avaient entendu Jean-Louis Bianco. Quand ils apprennent le changement de rattachement du secrétaire d'État le lendemain, ils comprennent qu'ils ont un ministre avec qui ils pourront travailler.

La diversité des services rattachés

Ce ministère a des protubérances dans tous les autres ministères, ce qui le rend très intéressant. C'est un Meccano complexe qui rend très difficile la prise d'une décision commune touchant à tous ces services, avec des aspects divers concernant l'enseignement, la formation, l'inspection des lois sociales en agriculture, etc.

Edgar Pisani [1] avait réussi la fusion des corps d'ingénieurs.

Moi, je me suis attaqué à la fusion des services. Personne ne me l'avait demandé. Nous mettons plus d'un an parce que, d'abord, il y a une hétérogénéité territoriale. D'autre part, un certain nombre de services refusent totalement d'être placés sous la tutelle d'un chef désigné par le ministre de l'Agriculture qui soit le représentant

---

1. Edgar Pisani, ministre de l'Agriculture de 1961 à 1966.

d'une hiérarchie soumise au gouvernement, à cause de leurs attributions mêmes. C'est le cas des services vétérinaires qui, par les décisions d'abattage par exemple en matière de lutte contre les épizooties, ne veulent pas être soumis à un contrôle technique. Leurs attributions étaient définies pour des raisons déontologiques. D'une manière analogue, les inspecteurs des lois sociales en agriculture avaient autorité pour établir des procès-verbaux. Ils n'admettaient pas que cette autorité-là, qui reposait sur la déontologie, soit soumise à une autorité opérationnelle politique. Ce fut dur.

Depuis, le ministère de l'Agriculture a une situation à peu près normale. Désormais, la décision de lancer une nouvelle politique se met en œuvre au travers d'une information très générale, les patrons étant les directeurs des services agricoles. Cette réforme des services représente de quatorze à quinze mois de négociations.

L'enseignement technique agricole public et privé

À ma nomination, je trouve sur ma table le dossier de l'enseignement technique agricole, public et privé, et il faut bien commencer. Je comprends que c'est le même problème que celui de l'enseignement général. Ses grands items sont les programmes, la collation des grades, la nomination des maîtres, les concours, leur formation, le montant des subventions associées à la définition du caractère public des missions et des programmes et les contrôles qui y sont associés. Le calcul des subventions est chose complexe, car il y a celles qui touchent le fonctionnement du système d'enseignement et celles qui touchent les internats d'accueil.

Le tiers de la population scolaire administrée est dans le privé, contre 10 % dans l'enseignement général. Il n'y a pas d'enseignement primaire agricole. La population est alors de l'ordre de cent cinquante à cent quatre-vingt mille élèves et étudiants, dont 80 % environ dans le secondaire, et le reste dans le supérieur avec de très gros établissements.

J'ai les mêmes partenaires dans les négociations que le ministre de l'Éducation nationale qui est, à ce moment-là, mon vieux copain et complice Alain Savary.

Ma méthode est un peu différente de celle de Savary.

C'est ainsi que nous approchons du printemps 1984, et mon affaire mûrit doucement. Nous sommes déjà à une grosse dizaine de versions successives d'un texte qui passe très bien, alors que quelque chose coince du côté de l'enseignement général.

La méthode de Savary est un peu moins pointue que la mienne et un peu plus voyante. Moi, je suis dans l'ombre et caché. En mars ou avril 1984, premier épisode, la FEN me demande audience et vient me dire : "Michel, c'est formidable ce que tu fais, tu travailles bien. On a dit 'oui' à tout, on te le confirme, par contre on ne peut pas traiter cette question de l'enseignement privé agricole sans une solution sur l'enseignement général. La symbolique publique n'est pas la même. En plus ça grippe chez Alain Savary. Bref, il ne faut pas faire une loi, mais deux lois. On commencerait par une loi sur l'enseignement agricole public. Celle sur l'enseignement agricole privé arriverait après."

Je suis consterné. Je commence à leur dire que l'enseignement agricole public marche très bien et n'a pas besoin de loi. C'est un enseignement absolument admirable. C'est ce qui marche le mieux en France.

Donc, la mort dans l'âme, j'accepte, parce que je n'ai pas le choix, le dédoublement de la loi sur l'enseignement agricole. La première (la loi sur l'enseignement agricole public) vient donc au vote huit jours après la manifestation d'un million de personnes dans les rues de Versailles pour la défense d'une école qui s'appelle "libre", mais qui n'est que "privée". Ce million de personnes provoque un drame épouvantable, puisque, petit à petit, Savary va recevoir des propositions d'amendements inacceptables. Il démissionne, ainsi que Mauroy. Sur ce coup dur, François Mitterrand est conduit à changer de gouvernement.

C'est dans cette atmosphère que passe la loi au Parlement sur l'enseignement agricole public qui, à la stupéfaction générale, est votée à l'unanimité à l'Assemblée nationale, ce qui est une grande première. Depuis 1875 et la naissance de la troisième République, jamais une loi touchant à l'enseignement n'avait été votée à l'unanimité. Il existe une quasi-exception : c'est la loi d'Edgar Faure sur l'enseignement supérieur, après mai 1968, où il y eut deux ou trois abstentions et un seul vote contre. Donc, c'est la première loi qui est adoptée totalement à l'unanimité. Pourtant un député de la droite me dit à peu près ceci : "Monsieur le ministre de l'Agriculture, on se fiche éperdument de la loi sur l'enseignement agricole public qui n'a aucun intérêt et qui n'apporte rien de nouveau. Nous ne la votons que parce que nous vous faisons crédit de vos intentions sur l'enseignement agricole privé." Alors, je rase un peu les murs, content quand même. Cependant, il faut attendre que quelque chose se développe sur l'enseignement général pour que je puisse reprendre. Je ne bouge pas tout de suite. C'est alors que le gouvernement Mauroy III tombe. C'est Laurent Fabius qui devient Premier ministre en juillet 1984.

Les propositions de Laurent Fabius

Laurent Fabius me téléphone :

— Michel, tu restes dans le gouvernement, bien entendu, je te propose l'Éducation nationale.

Je lui dis :

— Tu n'y penses pas.

Le dossier est sur la table du président. Après ce qui vient de se passer, il faut mettre à l'Éducation nationale quelqu'un qui soit en bons termes avec le président. Tout le monde sait bien que ce n'est pas mon cas, même si cela ne m'empêche pas de travailler. Laurent Fabius est embêté, car il est pressé et veut tout régler par téléphone. Je bataille beaucoup pour qu'il accepte de me recevoir un quart d'heure, ce qu'il accepte, et il me lâche vite fait :

— Alors prends l'Industrie.

Je lui réponds :

— Tu te fous de moi. J'ai géré la moitié du budget européen de la France comme ministre plein et tu me proposes de gérer l'autre moitié comme ministre délégué aux Finances, ce qui équivaut à un ministère des PME, plus la subvention aux Charbonnages de France.

Il me propose aussi les Affaires européennes que je refuse également et un peu pour la même raison : un ministère délégué.

Il insiste pour m'enlever de l'Agriculture et me mettre à l'Éducation nationale. Je lui répète que ce n'est pas possible et que, s'il y a déblocage du système d'enseignement à l'Éducation, cela viendra de l'Agriculture. Je veux continuer ici. J'ajoute :

— Écoute, je ne suis pas indispensable. Si je ne suis pas dans ce gouvernement, je survivrai.

Comme je suis populaire, mon éviction serait incomprise par l'opinion. Il me laisse à l'Agriculture, ce qui me permet de reprendre les négociations sur l'enseignement agricole privé dans une atmosphère apaisée, car on ne parle plus de la réforme de l'enseignement général. Tout a été retiré. La loi sur l'enseignement agricole privé est discutée en novembre et décembre 1984 et votée à l'unanimité. J'en suis quand même assez fier. D'autant plus que, huit ans après, elle servira de référence à la négociation des accords Lang-Cloupet (pour laquelle j'ai servi d'intermédiaire) qui, pour l'essentiel, mettent fin à la guerre scolaire en France.

Les crises européennes de 1984

C'est alors que s'annonce la grande crise européenne de 1984. Elle a cinq aspects. Il y a une crise du budget agricole européen inéquilibrable.

Viennent ensuite les deux crises des excédents. Nous avons, en effet, un million de tonnes de poudre de lait en surplus dont on ne sait que faire et un million de tonnes de beurre qui rancissent dans les entrepôts publics un peu partout en Europe. On n'arrive même pas à vendre à la Russie, grande acheteuse, qui n'accepte que des prix au rabais, ce qui est désastreux du point de vue du fonctionnement général.

Quatrième crise, la crise britannique, dans le cadre de celle du budget européen et qui concerne tout le monde. Mme Tchatcher disait : "I want my money back."

Pour couronner le tout, il y a une crise des procédures, puisque nous n'avons pas de lieu où tous ces problèmes peuvent être tranchés. Alors, dans cette situation, nous nous préparons un peu, d'autant que mes services m'annoncent un problème supplémentaire, celui d'un autre produit dont personne ne parle alors, le vin. Il représente 3 % du budget européen donc peu de chose, mais la dépense viticole augmente de 8 % par an, ce qui devient explosif. Ce n'est pas à l'ordre du jour de la grande négociation du Conseil agricole à venir, puisqu'avec 3 % du budget on peut faire comme si la question n'existe pas. C'est quand même inquiétant. Il faut régler ce problème cette année-là aussi.

Les négociations de Bruxelles

C'est à ce moment-là que la France devient présidente du Conseil européen, pour le premier semestre 1984, puisque la présidence tourne. Je deviens donc président du Conseil agricole. Nous devons, pour régler la crise, procéder aux négociations habituelles du Conseil agricole, et tout d'abord le "paquet prix", pour le soutien aux produits.

Deux drames collatéraux grèvent la question du "paquet prix" :

Le premier, c'est le lait. Tout le monde est d'accord pour que l'on mette en place des quotas laitiers même si François Guillaume, président de la FNSEA, déclare : "Les quotas laitiers, jamais." Guillaume récuse toute collaboration avec l'État pour mettre en place d'éventuels quotas laitiers.

Le deuxième problème à traiter est celui des montants compensatoires monétaires (MCM). C'est une espèce de droits de douane particuliers sur des produits agricoles spécifiques, destinés à compenser momentanément l'effet d'une éventuelle dévaluation (ou réévaluation). Quand il y a dévaluation, tous les prix baissent et deviennent hypercompétitifs chez les autres. Quand il y a une réévaluation, tous les prix augmentent, et l'agriculture locale est asphyxiée. Donc, pour éviter ces drames, on a inventé un système de taxes et de restitution aux passages aux frontières pour préserver l'ancien niveau des prix malgré la dévaluation. Le problème est de s'en débarrasser après. On appelle montants compensatoires négatifs ceux qui ont été créés pour protéger des effets d'une dévaluation et montants compensatoires positifs ceux qui interviennent pour protéger l'ancien niveau de prix par rapport à une réévaluation. Cela signifie que la résorption des montants compensatoires monétaires appelle une augmentation des prix pour les MCM négatifs (la France) et une baisse des prix pour les MCM positifs (l'Allemagne). À ce moment-là, la France et l'Allemagne connaissent un fort antagonisme. Il y a au moins neuf points de différences : moins cinq en France ; plus quatre en Allemagne. C'est grave. Il faut en sortir, et de plus inventer un mécanisme pour qu'il n'y en ait plus à l'avenir.

Les propositions de la Commission avaient été publiées et connues deux mois avant le grand Conseil agricole qui doit avoir lieu en février 1984 pour préparer les Conseils des chefs d'État et de gouvernement du mois d'après, et elles ne sont acceptables ni sur les montants compensatoires monétaires, ni sur les quotas laitiers, ni sur les "paquets prix" pour de nombreux États. La procédure veut que l'accord sur la proposition de la Commission soit acquis à la majorité. Si on la rejette, on ne peut travailler que sur la base d'une proposition du président du Conseil agricole, dite proposition présidentielle, sous la condition de l'unanimité. En raison des oppositions majoritaires à la proposition de la Commission, il me faut donc travailler à une proposition présidentielle, dont j'esquisse le projet pour me rendre à la rencontre des ministres concernés, convoqués quelques jours auparavant, par Pierre Mauroy, à Matignon, avec sept ou huit ministres. Au cri de : "N'y touchez pas, c'est trop compliqué, politiquement, vous ne pouvez pas", je me fais finalement interdire de formuler une proposition présidentielle. "Si vous [les ministres de l'Agriculture de la Communauté] touchez à ces sujets [les montants compensatoires annuels et les quotas laitiers], vous ne pourrez pas vous mettre d'accord, c'est évident. Comme vous en avez parlé et que vous avez enregistré des désaccords, cela va les durcir et donc compliquer le travail des ministres des Affaires étrangères ou des chefs de gouvernement", me disent certains de mes collègues.

J'avais convoqué le Conseil agricole pour le dimanche suivant, mi-février 1984. La réunion de Matignon que je viens d'évoquer se passe le mardi. J'annonce donc, à la suite de cette interdiction, que je dois annuler ce Conseil agricole, car nous n'avons pas besoin des trois jours pour négocier le seul "paquet prix". Claude Cheysson s'opposa à l'annulation et Mauroy, gentil comme il l'est toujours, convaincu qu'un maintien du Conseil agricole sans proposition présidentielle me ridiculiserait, me donna raison sur l'annulation. Je sors et m'apprête à annuler cette grande réunion européenne, par télégramme, lorsque je suis alors retenu par Henri Nallet, conseiller pour les affaires agricoles auprès du président de la République. Nallet me dit en riant :

— Tu t'es bien amusé, Michel.

Je lui réponds :

— Oui, peut-être, mais l'interdiction qui m'a été faite est scandaleuse, et un Conseil agricole ne peut pas être tenu dans ces conditions.

Nallet approuve et dit quand même :

— N'annule pas, je fais une note au président.

Je lui réponds, connaissant là encore mes relations avec le président et la réaction qu'il aurait, que si nous annulons la courtoisie veut que nous le fassions ce soir. Je dis à Nallet :

— Je te donne jusqu'à trois heures de l'après-midi.

À trois heures, je reçois une petite note d'Henri Nallet de sept à huit lignes, annotée par le président : "Monsieur Rocard a raison. Il n'est pas question d'annuler le Conseil agricole. Donc, il doit faire une proposition présidentielle." Je me mets au travail et le vendredi vers dix-sept heures, le secrétaire général de l'Élysée Jean-Louis Bianco me téléphone pour me proposer la chose suivante :

— Écoute Michel, tu as gagné. Le président a fait cet arbitrage. Ce n'est pas pour autant que tu peux faire la proposition sans consulter le reste du gouvernement.

J'accepte tout de même de rencontrer Claude Cheysson, ministre des Relations extérieures, un vieux copain que j'avais rencontré au cabinet de Savary, à condition que la réunion se fasse à l'Élysée, face à face. Bianco acquiesce. Le samedi matin, à onze heures, nous nous y retrouvons. J'y amène ma proposition présidentielle sur les montants compensatoires monétaires et sur les quotas laitiers. On aborde deux ou trois points de détail, et je reçois l'accord sur les quotas laitiers. Mais, sur les montants compensatoires monétaires, je trouve un Cheysson terrorisé. "Ce n'est pas possible que vous y arriviez. C'est une question franco-allemande », me dit-il. Ce que je récuse.

Même avec des montants compensatoires moins élevés, d'autres pays ont des montants positifs ou négatifs. Finalement, je reçois une nouvelle interdiction de faire quoi que ce soit, parce que nous ne trouvons pas d'accord entre nous sur les montants compensatoires monétaires. À ce moment, il est trop tard pour faire appel à nouveau au président de la République. Nallet n'a pas assisté à la scène. Il ne me reste plus qu'à me rendre au Conseil agricole.

Bataille sur les montants compensatoires

Je téléphone au commissaire européen en charge de l'Agriculture, formidablement secondé par le directeur général, Claude Villain. Je l'informe donc que je n'ai pas le droit de faire de proposition présidentielle sur les MCM. On ne peut pourtant pas éviter d'en parler. Je lui demande la chose suivante : "Je vais faire un exposé historique détaillé en début de séance. Je ne ferai pas de propositions, je soumettrai simplement un document historique qui sera utile à tout le monde pour réfléchir. Je vous demande de prendre des dispositions pour qu'il soit pris immédiatement en sténo dans les différentes langues exprimées par les interprètes verbaux, dactylographié et remis immédiatement à tous les collègues." Le commissaire accepta. Puis j'appelle mon collègue néerlandais, le démocrate chrétien Gerrit Braks, en lui demandant de le voir le lendemain dimanche à huit heures au bureau à Bruxelles, avant le début du Conseil agricole. "Il faut sauver le Conseil et ça dépend de toi." Il est stupéfait. Je lui présente la situation d'interdiction. "Le Conseil agricole ne peut éviter d'en parler", lui dis-je, et, si possible, il faut trouver une solution. La proposition de la commission est inacceptable pour au moins la moitié des pays. On sait à peu près jusqu'où l'on peut aller. Je lui demande alors ce service : "Quand j'aurai fait cette présentation historique que j'ai déjà annoncée au commissaire, tu demandes la parole et tu me traînes dans la boue pour indignité de la France incapable et tu ajoutes que tu déposes la proposition néerlandaise comme proposition présidentielle. Je l'accepterai." Comme il nous faut l'unanimité, on abordera tout. Mais il faut débloquer la procédure. Il rit et me dit que les consignes que son gouvernement lui a données sont les suivantes : "Toi, Gerrit Braks, ministre de l'Agriculture des Pays-Bas, tu te tais, tu colles à l'Allemagne, tu rases les murs, on ne te voit pas, on ne t'entend pas." À ces mots, je m'écrie : "Catastrophe !" J'objecte que sur le maïs, le porc, les oléagineux, il y a bien un dixième de point de montants compensatoires monétaires où il n'est pas d'accord avec les Allemands. Après avoir acquiescé, il ajoute cette phrase extraordinaire : "Je vais faire ça pour toi."

Il faut bien voir que la France est perçue souvent comme arrogante, sûre d'elle. Or, si j'obtiens cette aide, c'est parce que j'adopte une méthode différente de celle de mes prédécesseurs. Je cherche à prendre des repas en tête à tête avec mes collègues, séparément, pour les écouter. C'est dans ces conditions-là qu'ils peuvent se débrider et sont contents d'avoir en face d'eux un ministre français qui les écoute.

Avec l'accord de Braks, le scénario magnifique devient réalité. Je fais mon exposé détaillé en une demi-heure, suivi d'une pause d'une heure et quart en attendant que ce document soit tapé dans toutes les langues. Puis, la séance est ouverte et le Néerlandais prend la parole. "Je ne comprends pas la France. Écoutez, Monsieur Rocard, vous ne nous avez pas habitués à des comportements pareils. Je comprends ; ce n'est pas votre faute. Toujours est-il que c'est parfaitement indigne et que je veux dénoncer là le comportement de la France. Mes chers collègues, on ne va pas se laisser faire par la France. Nous avons besoin de travailler. Je dépose la proposition néerlandaise." Je l'accepte au nom de la présidence. On prend alors cette proposition comme point de départ. Ce Conseil agricole de trois jours, c'est soixante-douze heures de travail dont cinq de sommeil, sans quitter la salle pour des raisons de secret. Donc, c'est sandwichs, bières. Nous arrivons le lundi matin à deux heures, au bouclage sur les montants compensatoires monétaires, avec cinq crochets[1]. En fait, il n'y a que deux problèmes non réglés.

L'un est cité trois fois, l'autre deux fois. Le premier concerne le délai pendant lequel sont valables les mesures exceptionnelles permettant à un pays – en l'occurrence l'Allemagne – de compenser les pertes de revenus de ses paysans, découlant de la baisse de ses prix agricoles, à la suite de l'effacement de ses montants compensatoires monétaires positifs. Ces mesures d'aides ne sont pas éternelles, car la concurrence pourrait être faussée. Quel délai faut-il fixer (un an, quatre ans) ? L'autre aspect a trait à un détail de technique monétaire qui relève exclusivement du Conseil des ministres des Finances et sur lequel, nous, ministres de l'Agriculture de l'Union, nous ne voulons pas nous prononcer.

Les quotas laitiers

Le lendemain, nous attaquons la négociation les concernant, après une heure de sommeil et un rasage rapide. Sur cette question, c'est aussi très dur. La proposition passe la rampe. On négocie. On se bat. Je verrai même sur les quotas laitiers le ministre italien, Filippo Pandolfi, pleurer dans cette salle immense, où nous sommes

---

1. Ce qui reste en discussion, par manque d'accords.

une centaine : soixante autour de la table, un ou deux collaborateurs par ministre, des interprètes derrière, les officiels des services. Je suis venu avec une délégation française de sept ou huit personnes dont un envoyé du ministère des Finances. Au cours de cette discussion, à un moment un peu dur ce fameux lundi, en fin d'après midi, je suis appelé par un huissier, car le président de la Commission, Gaston Thorn, me demande. Je laisse mon fauteuil de président à mon secrétaire d'État, René Souchon, au nom du partage des tâches. Il arrive parfois à la France de voter contre la présidence et je veux un accord, qui ne peut pas se faire exclusivement à notre profit. Je rencontre Thorn qui me tient alors informé de la réception de notre accord déjà acquis (les montants compensatoires monétaires) auprès des collègues diplomates. Il m'explique que le Conseil des ministres des Affaires étrangères a fait beaucoup de commentaires élogieux et chaleureux sur mon travail, mais trois pays ont immédiatement émis quelques réserves. Ils n'ont pas levé les crochets, et la question de la période de transition reste en l'état pour le mois d'après, c'est-à-dire la conférence des chefs d'État. Je me dis : "Panique !" En effet, s'agissant de montants compensatoires monétaires, il importe de mettre fin à des transferts financiers indus ou antiéconomiques de deux cents ou trois cents millions de dollars par jour. Les ministres de l'Agriculture le savent très bien. En revanche, les ministres des Affaires étrangères s'en moquent. Il n'est pas bon de laisser cette question entre leurs mains. En outre, les réserves annoncées peuvent faire éclater le tout au Conseil européen. Mon sang ne fait qu'un tour. Enfin, l'Europe ne s'est-elle pas faite à partir de l'Agriculture ? Je dis au président Thorn qu'en droit européen il n'y a qu'un Conseil des ministres. Quand siège n'importe quel groupe de ministres en Europe et à partir du moment où il se réunit dans les formes, c'est le Conseil des ministres de l'Europe. Il confirme. J'en déduis donc que moi, ministre de l'Agriculture de la France, je préside toujours le Conseil des ministres de l'Europe le lendemain. Je propose donc de faire revenir ce problème des délais. Thorn ouvre de grands yeux incrédules et me dit : "Vous feriez cela ?" Je l'ai fait.

Avant, il faut terminer les quotas laitiers. Nous bataillons cinq heures sur le cas de l'Irlande qui n'exporte que du lait et du mouton pratiquement. L'Irlande vit de son lait et nous ne pouvons pas l'affaiblir. Tout le monde est d'accord. Il lui faut un statut spécial, difficile à élaborer. Or, l'Angleterre n'accepte pas que l'Irlande soit privilégiée. Vers trois heures trente du matin, j'apostrophe le ministre de sa Majesté britannique en lui disant que je ne comprends pas son raisonnement et qu'en tout état de cause le Conseil n'a pas à arbitrer les conflits postcoloniaux de la Grande-Bretagne avec l'Irlande, ce qui provoque l'hilarité générale des présents, même chez les interprètes. Quand les interprètes rient, c'est bon signe. Je n'entends plus ce ministre pendant quatre heures. On boucle vers six heures du matin. Bref, on va se raser, se laver et l'on reprend.

La levée des crochets

Nous sommes le Conseil agricole. Nous siégerons jusqu'à la fin. Je leur propose ainsi de lever les crochets. Pour le délai extraordinaire relatif à l'Allemagne, nous nous sommes mis d'accord pour un an et demi. Dans la foulée, la question du paquet de prix est acceptée, j'aurai les félicitations de Claude Cheysson et même du président Mitterrand en Conseil des ministres. Nous obtenons donc un accord sur les trois questions : montants compensatoires monétaires, quotas laitiers et "paquet prix". Quelques semaines plus tôt, on m'interdisait toute négociation dans ces domaines. C'est donc une double réussite qui va dégager l'ordre du jour du Conseil des chefs d'État et de gouvernement d'un problème très difficile.

La négociation pour la vigne

Quant au problème du vin, il est potentiellement grave, mais ne relève pas du grand Conseil agricole de trois jours que je viens de conter. Il se complique un peu du fait de l'Espagne qui souhaite adhérer à l'Union européenne. Les paysans français craignent la concurrence pour les fruits et légumes et le vin. La question des fruits et légumes n'est pas le problème dominant, mais celui de la vigne. Les vins espagnols n'ont jamais vraiment fait peur aux vins français, même en vins de cave. La quantité produite est relativement modeste, parce que leur rendement est le tiers des nôtres, sur une surface supérieure de 40 %. Mais l'hypothèse que l'Espagne se mette à densifier sa production viticole provoque la terreur. Pendant ce temps-là, je commence à être coincé par la terrible crise de 1984 – déjà évoquée – et par la préparation de la présidence française du premier semestre de la même année. La Commission, avant ma nomination, préparait un projet de directive sur ce sujet. Alors, quelle est la politique en matière de vin ? Nous avions exporté à Bruxelles notre technique, qui était la distillation des excédents. Elle fut inventée en 1907 après les émeutes viticoles de Narbonne.

Nous attendons donc avec impatience le projet de directive de la Commission, discrètement rédigé, sans bruit, au milieu de la préparation du Conseil agricole qui n'a pas le vin à son ordre du jour. À la lecture de la directive, je découvre que l'on formalise des critères extrêmement restrictifs, sans changer les principes. On décide donc que la distillation ne se fera que pour des quantités invariantes et pas susceptibles d'augmenter d'année en année, relativement réduites par rapport aux besoins et à prix relativement bas. Quand la profession l'apprend, les comités d'action viticole s'exclament : "Ils veulent la guerre !" Il faut savoir aussi que l'agriculture n'est pas un secteur très calme. Les agriculteurs français sont durement manifestants, très bien organisés. Parmi eux, les mieux organisés et les plus forts sont les éleveurs bretons, à cause de la puissance, parfois de la violence des deux fédérations du porc et du mouton. Ils cognent avec des fourches, utilisent des tracteurs pour effrayer les automobilistes. Ils n'utilisent jamais les fusils, à l'inverse des viticulteurs. Aléria [1], le drame corse, est un drame viticole. C'est donc la panique une fois de plus. Je commence à prévenir mes collègues au moment des sommets informels en leur disant que le projet de directive est très difficile à mettre en application. Oui, mais alors que faire d'autre ? Certains pays, à l'instar de l'Italie, sont dans une situation plus difficile que la nôtre.

De la distillation obligatoire

Je passe quatre ou cinq mois sur le dossier à chercher une solution qui ne vient pas. Je dispose cependant d'un atout : le temps

---

1. Août 1975.

134

Un beau jour, en me rasant le matin (c'est vrai, ce n'est pas une blague, je le promets), j'ai une idée qui se rapproche de l'œuf de Christophe Colomb.

Il s'agit de rendre obligatoire la distillation qui n'est que facultative. Jusque-là, les viticulteurs apportaient sur leur seule décision et quand ils le voulaient les volumes qu'ils souhaitaient faire distiller. Le prix auquel on leur payait ce vin porté à la distillation facultative faisait l'objet chaque année d'une fixation par la Commission après des négociations en général rudes.

Si l'on rendait cette distillation obligatoire, payée très modestement mais pour des volumes suffisamment massifs, on pourrait sans doute arriver à ce que le total de la production restante tombe en dessous du niveau de la demande, pour relancer le marché. La condition en est qu'il faut distiller beaucoup en payant très mal. Avec cette idée, mes interlocuteurs allaient-ils comprendre et accepter ? D'autant que toute l'idée est de faire des économies. Il y a donc une audace intellectuelle. Comment aller vendre une idée pareille chez les non-producteurs payeurs en Europe ? Nous sommes dix à ce moment-là, car l'Espagne ne nous a pas encore rejoints. Aussi je suis relativement pressé, parce que l'idée doit être appliquée avant que l'Espagne n'arrive, pour ne pas avoir à en discuter avec elle.

L'homme puissant est le président de la Fédération des caves coopératives viticoles. Il s'appelle Antoine Verdale, il est de l'Aude. Je me dis alors que seul Verdale peut ou non décider d'avaler ça. S'il n'accepte pas, on fera ce qu'on pourra, mais on ira à la « guerre civile », en tout cas à la violence. Avec son accord, c'est presque assuré. C'est un potentat. Il terrorise un peu. Un ancien de la SFIO que j'ai le souvenir d'avoir rencontré dans quelques congrès. Donc, on se connaît un peu. En qualité de vieux militants socialistes, nous nous tutoyions. Depuis que je suis ministre, c'est complètement banni. Bref, je le convie. Il arrive dans mon bureau. Il mesure un mètre cinquante-cinq et garde toujours sur la tête un large béret basque. Il l'enlève cependant pour me saluer et me dit avec un bel accent du Sud-Ouest :

— Comment allez-vous, Monsieur le ministre. Quel plaisir de vous voir.

Je ne comprends pas de loin tout ce qu'il me dit tant son accent est prononcé.

— Ça va, Monsieur le président. On réussit des choses.

On venait de passer le Conseil européen de février 1984, j'avais déjà quelques succès à afficher. C'est alors que je lui explique l'idée de la distillation obligatoire. Un long silence s'ensuit et il me répond à peu près ceci :

— Monsieur le ministre, je vous demande pardon. Je n'ai pas fait les écoles, moi. Je ne suis pas énarque. Vous pouvez me réexpliquer ?

Je prends un crayon et un papier, et je lui fais un schéma. Il s'ensuit un long, très long silence. Un silence de deux minutes, c'est l'éternité Il cogite. Puis, tout à coup, il explose, se lève d'un seul mouvement et me lâche :

— Écoute, petit – oh, pardon ! – Monsieur le ministre, je crois que je comprends ton truc – oh, pardon ! – votre truc, Monsieur le ministre. C'est pas tout à fait impossible.

Le tour est joué. La qualité des relations personnelles est l'une des clefs des grands dossiers. On passe du temps, il réfléchit bien. J'attends qu'il fasse accepter l'idée par son conseil, ce qu'il fait. Personne n'en sait rien. Rien n'est public. Puis, il a fallu que j'aille la vendre aux autres. Le vin, ce n'est pas un produit. C'est une civilisation.

Vers un accord sur la distillation

Antoine Verdale fait valider ce que je lui avais proposé par le conseil d'administration de la Fédération des caves viticoles et je sais que c'est une proposition secrète. À ce moment-là, il faut l'accord du ministre italien de l'Agriculture. Il y a cinq pays qui distillent : la France, l'Italie, l'Allemagne avec les vins de la Meuse et du Rhin, le Luxembourg et la Grèce. Pour ma chance, le ministre italien est tout nouveau, Filippo Pandolfi, un bonhomme admirable qui essaie de moraliser la démocratie chrétienne dont il fait partie. C'est un ami proche. Nous passions des week-ends ensemble.

J'explique le tout à Pandolfi. J'obtiens son accord. "Écoute, c'est risqué, mais on peut tenter", me dit-il. La première proposition ("On va faire une distillation obligatoire et massive") semble éveiller l'attention. En tout cas, les syndicalistes pensent que c'est intéressant. Le marché va peut-être aider. Ensuite, il faut un accord des non-producteurs payeurs nets sur le vin. Ça, c'est plus coriace. Il ne peut pas être question de nos partenaires allemands. Le ministre est un paysan bavarois, Ignaz Kiechle. J'ai de bons rapports avec lui, mais qui se sont vite tendus, si bien qu'il n'y a que le Néerlandais pour tout comprendre. Me voilà donc avec Gerrit Braks, qui m'a aidé déjà au Conseil européen de février 1984. Il y a vraiment une complicité entre nous qui crée une ambiance inouïe. Le Conseil agricole était devenu glorieux dans cette affaire. Je le lui explique et il me dit, après un moment de réflexion, que c'est peut-être la seule solution et qu'il faut essayer. Il reste quand même à tout expliquer à la Commission.

L'acceptation du projet

Si le commissaire est un ivrogne, le directeur général, Claude Villain, est lui d'une intelligence supérieure. Il comprend tout de suite. La Commission n'ose pas faire de ce projet sa propre proposition. Il doit revenir devant un Conseil agricole spécial vin, avec une proposition de la Commission – baisser tous les prix, ce qui revient à déclarer la guerre civile – que tout le monde est décidé à rejeter. On aborde la discussion, la distillation obligatoire massive et à bas prix devient une proposition présidentielle... et l'on gagne. Quand les négociants découvrent le texte, parce qu'il n'y a pas eu d'annonce, c'est la panique. "Ce con va nous faire monter les prix", s'exclament-ils tous ; par conséquent, ils se ruent sur les achats de précaution. Une semaine après l'adoption de la décision de la Commission, le prix du degré hecto à Béziers a augmenté d'un franc cinquante. J'ai gagné mon pari. Je suis devenu le héros de la viticulture. D'ailleurs, depuis cette histoire, il n'y a plus eu d'incidents meurtriers dans la vigne pendant les vingt ans qui ont suivi. Plus cette distillation est massive, plus les conditions de rendements doivent être strictes. On a mis la barre assez bas : 85 hectos/hectare. Les Italiens approchent les 200 hectos/hectare. En vins d'Alsace, nous sommes entre 160 et 170 hectos/hectare. Tout a été absolument passionnant. Voilà mon succès. Il aura tenu longtemps, même si la Commission n'a pas toujours été capable de fixer des volumes de distillation obligatoire suffisants pour assurer que le marché reste rémunérateur.

La fin d'une belle histoire

Le ministère de l'Agriculture avec la variété des sujets à aborder, des problèmes à résoudre, des moyens disponibles, est pour moi l'un des ministères parmi les plus enrichissants.

Tout a une fin. Farouchement opposé à l'instauration du mode de scrutin proportionnel pour les élections législatives qui vont ouvrir la porte à l'extrême droite et à Le Pen, je démissionne immédiatement de mon poste le 4 avril 1985. »

Revenu dans l'opposition

Dès mon départ du ministère de l'Agriculture, je rejoins l'Inspection des finances. Ma première enquête porte sur les modalités d'administration de la dette publique, un travail très technique et compliqué. Il s'agit de la traduction dans la réalité du Grand Livre de la dette publique de la connexion entre les banques. De la pure technique administrative mais qui me permet d'acquérir une compétence utile pour mener, en 2009, les travaux d'étude de l'Emprunt national pour l'avenir.

Les élections législatives du 16 mars 1986 donnent la majorité à l'Assemblée nationale au RPR et à l'UDF, ce qui entraîne la cohabitation du président Mitterrand avec Jacques Chirac, une grande première sous la Vᵉ République. Je suis cependant élu député d'opposition. Nous travaillons au PS à la préparation des nouveaux programmes pour l'élection présidentielle de 1988. C'est dans cette période que s'inventent, dans mon courant, « les Clubs convaincre », ainsi que le revenu minimum d'insertion qui devient un instrument du programme du PS, repris par François Mitterrand dans sa « Lettre à tous les Français ». On gère aussi ma seconde candidature pour la présidentielle avec comme directeur de campagne Jean-Paul Huchon, au cas où Mitterrand ne se représenterait pas. Je suis donc à nouveau candidat mais, cette fois, avec plus de prudence. De quoi gérer beaucoup mieux l'atterrissage en douceur lorsque le chef de l'État se déclare officiellement.

Comme député, je siège à la commission de la Défense. J'ai réussi à obtenir l'accord de mon groupe pour que les socialistes votent le budget de la Défense alors que l'on rejetait tous les autres. Mitterrand avait accepté. Puisque nous étions toujours en période de guerre froide, qu'il fallait poursuivre la dissuasion nucléaire, et que Chirac suivait en gros la même politique – mise en œuvre par Mitterrand et Hernu – il devait y avoir une continuité. Pour convaincre les socialistes de voter « pour », j'ai fait un discours sur le thème : « On peut être dans l'opposition et avoir le sens de l'État. »

Quand François Mitterrand se déclare à nouveau candidat, il est malade et fatigué. Aussi je persiste à penser qu'une de ses motivations est de m'empêcher de me présenter. Mais en aurai-je fait plus comme président que comme Premier ministre ? Je n'en suis pas sûr. Toujours est-il que François Mitterrand est donc, le 8 mai 1988, élu à la présidence de la République au second tour avec 54 % des voix contre 46 % à Jacques Chirac. Et que Matignon m'échoit.

Chapitre XII

MIEUX QUE PRÉSIDENT, PREMIER MINISTRE

Le mardi 10 mai 1988, à ma grande surprise, le président François Mitterrand me nomme Premier ministre. Passation des pouvoirs entre Jacques Chirac et moi à dix-sept heures, le même jour. C'est le lendemain vers dix heures que je prends réellement possession de mon bureau. Il n'y a plus une feuille de papier blanc, ni un crayon, et naturellement pas un dossier. Je ne suis accompagné que d'un unique collaborateur, mon directeur de cabinet, Jean Paul Huchon, les autres viendront plus tard. Je n'ai pas de secrétaire et ne sais pas me servir du téléphone. Pourtant, j'ai déjà un gouvernement à constituer, le feu en Nouvelle-Calédonie et quatre grandes grèves en cours.

Beaucoup se sont étonnés que j'accepte de devenir Premier ministre de François Mitterrand alors que nos relations sont exécrables depuis plus de vingt ans.

La raison première est qu'avec une certaine immodestie je me considère comme porteur d'une vision un peu rénovée du socialisme démocratique, plus adaptée au marché, plus innovante sur le plan social. Un second élément entre en jeu : ma religion est faite sur les attitudes politiques et financières, non seulement du président lui-même mais aussi de l'essentiel de son entourage proche. En acceptant d'être nommé à Matignon, je sais que la tâche ne sera pas facile, mais que j'aurai aussi une fonction de protection de mon pays devant certaines orientations aux dérives possibles.

Enfin, même s'il est partiel, voilà un formidable poste d'autorité. On y fait des choses et j'en ferai beaucoup : certaines avec le président et son accord, quelques-unes dans le silence et sans son approbation, parce que relevant d'une compétence primo-ministérielle. D'autres carrément contre lui à force de ténacité. Quelquefois, nous allons jusqu'au conflit. J'en gagne beaucoup, mais il m'arrive aussi d'en perdre – comme l'espoir de changer le mode de scrutin des élections régionales. Au milieu de ces tensions permanentes, je peux néanmoins discuter ou chercher à infléchir ses ordres tout en tenant, par loyauté comme par prudence, à ne jamais lui désobéir formellement. Vouloir réformer le mode de scrutin des conseils régionaux au suffrage universel est l'une de mes grandes bagarres avec le chef de l'État. En tant que Premier ministre, je suis ainsi remonté quatre fois à la charge pour faire changer ce mode de scrutin. Il me l'a interdit et m'a d'ailleurs « licencié » dans la semaine même, la dernière avant l'échéance des régionales prévues en 1992 où il était encore possible de procéder par voie parlementaire. Sans doute parce que, pour une fois, j'avais l'accord de la majorité du groupe parlementaire socialiste. J'avais même prévu que le groupe voterait une proposition de loi, ce qui permettait de ne pas passer par l'étape du Conseil des ministres, et donc par l'accord du président. Mais ce dernier a dû l'apprendre en douce et j'ai été « congédié » sous le prétexte officiel du déficit de la Sécurité sociale

La composition du gouvernement

Ma relation avec Mitterrand, comme probablement en temps de vraie cohabitation politique, fait partie des plus mauvais rapports président/Premier ministre de l'histoire. Il faut le savoir. La composition de mon gouvernement l'a d'emblée bien illustré.

Le président s'est en effet amusé à jouer le jeu de la Constitution. Je suis chargé de lui faire des propositions, mais lui me donne des consignes verbales : faire un gouvernement court, ce à quoi je crois beaucoup. Compte tenu des résultats de l'élection, je suis plus acceptable pour la gauche non socialiste que tout autre. Or, il faut constituer un gouvernement dans lequel il ne doit pas y avoir plus de la moitié de socialistes. Je prends l'exercice au sérieux tout en sachant que l'on va sûrement déraper de beaucoup. De fait, au final, je n'ai personnellement choisi que sept ministres.

Je veux entrer dans le sujet avec noblesse en confirmant qu'à la Défense il nous faut Jean-Pierre Chevènement – je sais qu'il y tient –, Pierre Joxe à l'Intérieur et, naturellement, Pierre Bérégovoy aux Finances. Ce dernier s'impose absolument puisque, lors de la désignation du Premier ministre, Mitterrand avait le choix entre lui, Jean-Louis Bianco et moi. J'étais l'homme que le chef de l'État apprécie le moins, mais je représente un plus politique.

Je risque ensuite une phrase du genre : « Êtes-vous sûr, Monsieur le Président, qu'aux Affaires étrangères on ait besoin de quelqu'un d'aussi discuté que Roland Dumas ? » Je me fais rapidement renvoyer dans mes vingt-deux mètres. Ça a duré dix secondes. À la Justice, j'entame une tirade en disant : « Président, les rapports avec la justice vont très mal. » Et, pour cause, c'est le début des affaires qui éclaboussent à l'époque uniquement la gauche... Or, en général, il ne faut surtout pas de médecin à la Santé, d'avocat ou de magistrat à la Justice – l'exception étant Robert Badinter. Pour une fois, je souhaite une dérogation et propose Simone Rosès, premier président de la Cour de Cassation, ignorant qu'elle a obtenu autrefois une condamnation de François Mitterrand. Il me répond : « Vous n'y pensez pas. Une adversaire ! Non, ce sera Pierre Arpaillange. » Je ne le connais pas. Sur ma propre proposition, pour plus de la moitié, toute sa garde noire entre donc au gouvernement. Si bien que je ne peux nommer à mon gré qu'à des postes de moindre importance, sauf aux Affaires sociales Claude Évin, déjà l'un de mes proches collaborateurs, ou Roger Fauroux à l'Industrie, ministère sans grand pouvoir.

Mieux, nous devons faire de l'inflation de postes pour rééquilibrer le nombre de socialistes. Car je veux tout de même avoir à peu près la moitié des membres du gouvernement de mon côté. Si bien que nous battons presque tous les records de l'histoire en matière de composition ministérielle : le gouvernement accueille quarante-huit membres !

Parallèlement, je refuse naturellement d'avoir des espions de l'Élysée à Matignon. Mitterrand l'a compris. Et ne tente même pas de passer en force, alors que du temps de Pierre Mauroy il téléguidait tout. Si François Mitterrand est un bon historien et un bon juriste, en revanche cet homme m'apparaît peu moderne dans sa culture, comme dans son approche du monde autour de nous. Deux ou trois fois, il lui est arrivé de me faire suffisamment attendre pour que je regarde un peu sa bibliothèque : elle est immense en matière littéraire, bien entendu, ainsi qu'en matière juridique et historique, mais ne possède pas un seul livre d'économie, ni de sociologie ou de démographie. Des lacunes significatives : il aborde les rapports entre les hommes par la ruse et la violence. Une vision tardive et limitée de l'éveil de la société civile qui est, quand même, le drame français. De fait, il considère qu'il y a danger politique à créer trop d'éléments pouvant devenir des contre-pouvoirs. Une réticence que je ne partage évidemment pas.

Mes attentes

Dix jours après ma prise de fonction, le 25 mai 1988, je rédige une circulaire à destination des membres du gouvernement, ayant très envie d'afficher par écrit que, en ce qui concerne les méthodes, il faut autre chose.

En voici quelques extraits :

« *Respect de l'État de droit*

Il convient de tout faire pour déceler et éliminer les risques d'inconstitutionnalité susceptibles d'entacher les projets de loi, les amendements et les propositions de loi inscrites à l'ordre du jour. Cette préoccupation doit être la nôtre même dans les hypothèses où une saisine du Conseil constitutionnel est peu vraisemblable. [...]

Respect du législateur

Le vote de la loi est l'acte fondamental de la vie de la démocratie.

Présenter un projet de loi au Parlement constitue en effet, pour un membre du gouvernement, un honneur beaucoup plus qu'une charge.

En outre, l'expérience montre que le débat parlementaire, contrairement à une idée encore trop répandue, contribue de façon décisive à la maturation d'un texte.

Je vous demande en particulier de ne vous écarter d'une position que j'aurai arrêtée au cours des travaux interministériels préparatoires que si une raison le justifie et après avoir recueilli mon accord.

La durée de vie des lois est en constant raccourcissement, soit qu'adoptées dans des conditions inutilement conflictuelles elles sont remises en cause politiquement, soit que débattues avec une hâte excessive, les malfaçons dont elles sont porteuses imposent des rectifications. Vous vous efforcerez donc, ce point est capital et je me permets d'y insister, de laisser au Parlement le temps de débattre et de faire adopter les textes par la majorité la plus large. [...]

Respect de la société civile

Si la finalité de notre action est l'amélioration des conditions de vie de nos concitoyens, elle n'est certainement pas de leur façonner un mode de vie dont ils ne voudraient pas. Aussi nous devons être constamment à l'écoute des aspirations et contribuer, si faire se peut, à leur réalisation.

[...] Il conviendra, en outre, de tirer parti, dans la formation de vos projets, des initiatives, des bonnes volontés et des idées dont est riche la société civile. Au fur et à mesure que les acteurs sociaux, économiques et culturels se révèlent aptes à se saisir de tâches d'intérêt général, l'action de l'État doit passer de la gestion directe au "faire faire", du "faire faire" à l'incitation et de l'incitation à la définition des règles du jeu.

Je combattrai, dans son principe même, l'excès de législation ou de réglementation, tout particulièrement lorsqu'il apparaîtra qu'un allégement des contraintes de droit écrit permettrait, grâce à la négociation sociale et à la responsabilité individuelle, d'obtenir des résultats au total plus satisfaisants pour la collectivité.

Respect de la cohérence de l'action gouvernementale

L'unité de l'action gouvernementale est une exigence constitutionnelle. [...]

La Constitution dispose que le Premier ministre "dirige l'action du gouvernement", lequel "détermine et conduit la politique de la nation".

Il en résulte que, dans l'exercice de mes fonctions constitutionnelles, je serai amené non pas, comme le donne à penser une expression usitée mais impropre, à "rendre des arbitrages", mais bien à prendre des décisions.

L'histoire a bâti notre administration selon un axe vertical. Mais la majeure partie des problèmes à régler se pose de manière horizontale et appelle des concertations interministérielles et souvent la coopération de services relevant de plusieurs ministères. Aussi vous demanderai-je de veiller à éviter les querelles de bureaux ou de départements par une véritable collaboration à l'intérieur même de l'administration. Les batailles de territoire n'ont pas toujours un vainqueur administratif, mais elles trouvent toujours un vaincu en la personne de l'usager.

[...]

Pour reprendre les termes de l'article 6 de la Déclaration des droits de l'homme et du citoyen de 1789 (laquelle, comme vous le savez, a pleine valeur constitutionnelle), la désignation des titulaires des emplois publics doit se faire "sans autre distinction que celle de leurs vertus et de leurs talents".

La prise en compte d'autres considérations, et en particulier le remplacement, contre la volonté des intéressés, d'agents loyaux et compétents, relève donc de "mauvaises mœurs" qu'à la suite du président de la République, dans sa « Lettre à tous les Français », je vous demande d'éliminer. »

Moraliser la vie publique

Dans l'esprit de ce qui précède, je souhaite très rapidement entreprendre une réflexion sur la moralisation de la vie publique : une préoccupation constante durant mon passage à Matignon.

Plusieurs chantiers doivent être en effet, sur ce point, menés de front. Il me paraît essentiel d'encadrer ainsi, par la loi, le financement des partis politiques, d'assurer la transparence de passation des marchés publics locaux, de renforcer les pouvoirs de la Commission des opérations de Bourse (COB), d'introduire plus de clarté dans l'élaboration et l'utilisation des fichiers des renseignements généraux et de la gendarmerie, d'assurer un cadre légal aux écoutes téléphoniques.

Tout cela constitue différents sujets et enjeux majeurs sur lesquels, ici, je dois revenir et insister.

La moralisation du financement des campagnes électorales et des partis politiques.

Dès les débuts de la cohabitation avec Jacques Chirac comme Premier ministre, et devant la multiplication des « affaires financières » allant en justice, le président Mitterrand a demandé au patron du RPR de faire un projet de loi dans ce domaine. La loi a été votée le 11 mars 1988 dans les dernières semaines de la cohabitation. Si elle institue le principe du financement public des partis politiques, réservé aux seules formations représentées à l'Assemblée nationale et au Sénat, elle ne concerne que les élections législative et présidentielle. Elle est en outre timide sur les plafonds et les contrôles. Néanmoins, c'est la première loi depuis l'instauration du suffrage universel en France en 1869 qui traite des partis politiques et des campagnes électorales. Pour autant, à mes yeux, elle est insuffisante.

Patron du PSU de 1967 à 1973, j'ai été confronté à la difficulté du financement des campagnes électorales comme de la vie d'un parti politique, ce qui m'a permis de devenir compétent en la matière. La loi de Jacques Chirac n'est pas assez audacieuse et permet encore de nombreuses dérives, mais, de l'avis unanime, il faudrait environ dix ou quinze ans pour que l'opinion publique se rende compte de ses insuffisances. Je m'en entretiens avec le président et lui fais valoir que les ambiguïtés qui subsistent seront beaucoup plus utiles à nos adversaires politiques, aux carnets d'adresses plus fournis que les nôtres en ce qui concerne les contacts sociaux et les personnalités aptes à leur apporter des concours financiers. Je me mets donc au travail pour élaborer un deuxième texte avec l'accord de François Mitterrand ainsi que celui, plus réticent, de Pierre Joxe, alors ministre de l'Intérieur. Cette loi me tenant particulièrement à cœur, je décide d'y travailler avec mon cabinet à Matignon.

Première chose, nous l'étendons à l'ensemble des élections, qu'elles soient nationales, régionales, départementales ou locales, et aux référendums, aux dépenses de campagne tout comme aux dons et contributions. L'usage des espèces est interdit. Il y aura obligation de produire des comptes qui seront soumis à une Commission nationale des comptes de campagne et des financements politiques (CNCCFP) ouvrant des bureaux régionaux. Nous mettons donc sur pied une administration importante. Cette loi introduit aussi un système des sanctions, principalement l'inéligibilité, pour tout dépassement des plafonds et apporte en contrepartie une légalité des dons à partir du moment où ils sont nominatifs. Du fait qu'ils sont nominatifs et par là légaux, la nouvelle loi les rend déductibles des impôts. Le fisc en a connaissance et peut vérifier s'il n'y a pas des dons excessifs par rapport à des avantages contractuels dans l'équilibre des sociétés.

Je commence le travail en juillet 1989. Toutes les semaines, nous avons une réunion avec l'état-major du Parti socialiste où se retrouvent ceux que l'on surnomme « les éléphants ». Qui me disent la nécessité d'intégrer à la loi une amnistie dans la mesure où nous avons un certain nombre d'élus concernés mais, où, aussi, on ne peut pas laisser condamner Gérard Monate, ex-PDG d'Urba-conseil, qui était d'une droiture totale puisqu'il aurait pu « puiser dans la caisse mais n'en a jamais rien fait ». Je rétorque que c'est dangereux. Mauroy insiste beaucoup. Avec sa grande loyauté, il est clair : en tant que secrétaire du Parti, il parle pour le compte du Parti, ne s'en cache pas et défend ceux qui se sont compromis pour financer le Parti. De l'Élysée me revient par des voies souterraines que le président exige une amnistie. Mais dans ses déclarations publiques, et même en tête-à-tête, il me la déconseille. Comme je sens que je suis éjectable, j'en viens à envisager finalement de retirer le projet initial parce que je ne veux pas y inclure cette fameuse amnistie. L'amnistie pouvait concerner trois catégories de personnes : les chefs d'entreprise rackettés – ils étaient plutôt victimes mais c'est eux qui payaient… –, les politiques demandeurs et donneurs d'ordre, et le personnel d'exécution qui enregistrait les chèques comme Gérard Monate.

Durant l'été émerge au sein de mon cabinet l'idée qu'après tout on n'amnistie pas des personnes mais des faits. Il n'était donc pas impossible d'écrire « tels faits étaient amnistiés sauf s'ils avaient été commis par un ministre ou un député ». Il faut se souvenir, d'autre part, que les fausses factures constituent des délits mais que, en revanche, le faux en écriture est un crime. Dès lors, il convient d'être précis sur les mots car toute la suite en découle. Les délits s'opposent aux crimes. Or, dans mon projet, je veux amnistier les délits et pas les crimes. Nous reprenons donc en ce sens la rédaction du projet de loi. Cependant, je ne veux pas que l'idée d'amnistie incombe à Matignon. Je fais donc savoir aux députés de la majorité parlementaire socialiste que, s'ils souhaitent une amnistie, elle devra venir d'un amendement parlementaire.

L'amendement est proposé et accepté par tous, gauche et droite confondues. Avant le vote, le projet part dans la machine administrative et au Conseil d'État.

Deux modifications y sont apportées que je ne vois, hélas, pas passer. L'Élysée remplace ainsi le mot « délits » par « infractions » : « Article 19 : Sauf en cas d'enrichissement personnel de leurs auteurs, sont amnistiées toutes infractions commises avant le 15 juin 1989 en relation avec le financement direct ou indirect de campagnes électorales ou de partis et de groupements politiques. » Comme je l'ai dit, d'un point de vue juridique le mot « infraction » couvre les délits comme les crimes. Ce que je ne voulais pas. De plus, je souhaitais que la loi s'applique tant aux anciens ministres ou députés qu'à ceux en exercice. Le Conseil d'État supprime la référence aux « anciens » ministres ou députés. La loi est donc validée en ces termes, différente de mes ambitions, et votée par une majorité élargie au Parlement.

Le texte est plutôt bien accueilli. La presse ne dit rien, nous sommes tranquilles pendant quinze jours. À ce moment-là, l'affaire Nucci – liée au « Carrefour du développement » et portant sur le détournement de plusieurs millions de francs à des fins personnelles – est à l'instruction. Or Christian Nucci bénéficie d'un non-lieu sur l'enrichissement personnel, qui est le crime. Je suis scandalisé. En fait, depuis Louis XIV, et la Révolution n'y a rien changé, la justice française a toujours refusé de reconstituer la comptabilité privée des gens sur une longue période et, par conséquent, il est admis tacitement que le concept d'enrichissement personnel ne supporte de preuves que notariées, autrement dit des achats de biens en capital. Or Christian Nucci a tout dilapidé, sans rien acquérir en capital, uniquement pour ses dépenses personnelles fastueuses et celles de ses proches. Jugé aussi à la suite de l'émission de fausses factures, il est condamné sur ce point. Le jugement enregistre en même temps que c'est immédiatement amnistiable, puisqu'il est ancien ministre et pas ministre en exercice. Merci le Conseil d'État.

Après le jugement, un magistrat fait une conférence de presse – ce qui est assez inhabituel – et lâche cette phrase : « les politiques se sont autoamnistiés », Nucci ayant été ministre de la Coopération et du Développement des gouvernements de Pierre Mauroy et de Laurent Fabius de décembre 1982 à mars 1986. La presse alors se réveille, puis se déchaîne pendant trois semaines. Les « unes » ne parlent que de cette affaire. Se déverse un véritable torrent médiatique que nous ne savons pas endiguer, perdant quinze points dans les sondages. La catastrophe électorale de 1993 s'annonce. L'opinion publique conclut : « Les politiques, tous pourris ! » Cette affaire ternit beaucoup l'idée de départ de la loi.

Mais ce qui importe aujourd'hui, c'est que ce texte demeure et permet d'interdire toutes les dérives possibles liées à l'absence d'encadrement des financements des partis politiques. Elle installe le plus strict et le plus novateur des dispositifs de transparence dans les démocraties modernes.

Réformer les marchés publics locaux

Pour la même raison − assainir financièrement et moralement la vie publique française −, il est très important selon moi de réformer le mode de passation des marchés publics locaux. Soumis à une transparence très limitée, beaucoup trop souvent passés de gré à gré, ils constituent une source inépuisable de financements peu vertueux. Comme il n'est pas là nécessaire de passer par la loi, c'est un décret du 14 juillet 1990 qui accroît les règles de visibilité dans la passation des marchés publics en abaissant le plafond au-dessus duquel le gré à gré est interdit et tout marché doit être conclu par adjudication.

La droite française a, par la suite, respecté mes initiatives en matière de moralité publique de manière complète, notamment sur les fichiers de police et les écoutes téléphoniques. Elle a en revanche durci inutilement et dangereusement le texte sur le financement des partis politiques et des campagnes électorales. Au moment où j'écris, alors qu'on parle beaucoup de l'affaire Bettencourt, un doute s'est même installé sur certaines contributions au financement de la dernière campagne électorale présidentielle de Nicolas Sarkozy. Si la chose se confirme − ce que je ne peux croire −, chacun comprendra que le besoin où se sont trouvés les responsables financiers de cette campagne découle des décisions irresponsables d'Édouard Balladur lorsque, Premier ministre de la seconde cohabitation, il a changé les règles. Sur les marchés publics locaux, la droite a osé revenir en arrière et rehausser fortement le plafond, favorisant le retour à un gré à gré de mauvais aloi.

Sur le financement des partis politiques et des campagnes, la droite a purement et simplement supprimé la possibilité pour les personnes morales, c'est-à-dire les entreprises, de faire des dons à cette fin. C'était détruire près de 80 % du financement. Cela renvoie la politique à la fraude ou à la misère... La France n'a pas encore ici accepté l'équilibre nécessaire, que pourtant je crois lui avoir proposé.

Le renforcement du pouvoir de la Commission des opérations de Bourse

L'ampleur des opérations de Bourse allant sans cesse croissant, donner plus de pouvoir à la COB m'a paru par ailleurs indispensable. Différents délits d'initiés font alors la une de la presse, signifiant la spoliation des petits comme des gros investisseurs, faits à mes yeux insupportables. Le président m'a donné carte blanche sans s'occuper des détails. Aussi, par décrets du 25 octobre 1990, je renforce les pouvoirs de la COB, notamment sa capacité à infliger des sanctions administratives, pour éviter que ne soient dépouillés les épargnants.

Donner un cadre légal aux écoutes téléphoniques

Dans un autre ordre, l'atmosphère publique est alors souvent empoisonnée par les dérives liées aux écoutes téléphoniques qui n'obéissent à aucune règle légalement définie. L'on se trouve, dans ce domaine, devant des pratiques aux bases juridiques incertaines, non conformes aux engagements internationaux de la France et exposant le gouvernement à une condamnation de la Cour européenne des Droits de l'homme. D'où une prise de conscience. J'explique au président qu'il convient d'assainir le circuit des écoutes téléphoniques et plus particulièrement celui des écoutes privées. Il me donne son accord. À vrai dire, il n'a pas le choix : toute réticence de sa part serait mal interprétée.

Ce chantier prend une ampleur que je n'ai pas prévue au départ. Il n'est pas question de supprimer les écoutes judiciaires. Les juges peuvent mettre un truand, un maffieux ou un terroriste suspectés sous écoute, nécessité absolue pour la sécurité publique. Non, le problème délicat touche les écoutes administratives des services de police qui jugent nécessaire d'intercepter des conversations pour vérifier des intuitions, rechercher des terroristes, lutter contre le blanchiment d'argent comme l'espionnage technique ou économique... et ce avant que l'on ait la matière suffisante pour saisir un juge. Pour ces autorisations, il existe un contingent par ministère ou par service. Quelques ministres ont la possibilité de demander aux services spécialisés de disposer d'écoutes, une centaine pour les ministères de l'Intérieur et de la Défense, une dizaine pour d'autres dont l'objet n'est pas prioritairement la sécurité du territoire. C'est le cabinet du Premier ministre qui authentifie les demandes d'écoutes des services administratifs et les achemine vers le service des écoutes. Toutes les demandes sont donc signées par mon directeur de cabinet, Jean-Paul Huchon.

Légiférer sur ce sujet signifie plusieurs choses. Notamment donner une consistance non officieuse aux contingents d'écoutes de chaque ministère en charge de l'ordre et de la force publics. Les Finances, qui ne sont pas un ministère d'ordre public, se plaignent de ne pas en avoir assez. La Douane en demande beaucoup. Or il existe dans les services administratifs une réticence à élargir l'accès aux écoutes à des structures où ne se trouve même pas d'officier de police judiciaire. En ouvrant une négociation sur les contingents, on entame donc une discussion sur le droit des différents ministères à en bénéficier. Ce qui implique une longue négociation. Je reçois ainsi le colonel responsable du GIC, Groupement interministériel de contrôle, principal service chargé des écoutes, situé dans le sous-sol des Invalides. Il me met en garde : « Monsieur le Premier ministre, vous jouez un jeu bien dangereux, les affaires d'État ne sont pas propres depuis la nuit des temps. Aucun État ne peut se passer de ce genre de service. Quand il s'agit d'écouter des délinquants, des truands, des terroristes des ennemis, c'est-à-dire des gens qui ne respectent pas nos lois, on ne peut pas nous imposer de respecter une loi qui nous empêche de surveiller leurs agissements. Je vous déconseille d'y toucher et surtout de mettre le service sous l'égide de la Commission nationale de contrôle des interceptions de sécurité. » La finalité de mon projet est en effet de soumettre chaque année un rapport détaillé de l'ensemble des opérations effectuées à la Cour européenne des Droits de l'homme. Je dois donc marcher sur des œufs.

Tout est donc à inventer concernant les écoutes administratives. Néanmoins, l'accord se fait assez rapidement sur les points suivants.

Concernant le statut de l'autorisation, seul le Premier ministre, ou une des deux personnes spécialement déléguées par lui, peut autoriser une interception de sécurité, nom donné par la loi aux écoutes administratives. Cette autorisation est accordée sur proposition écrite et motivée. Qui ne peut émaner que de trois ministres : Intérieur, Défense et le ministre chargé des Douanes, ou de la personne que chacun d'eux aura spécialement déléguée. En outre, le Premier ministre fixe le nombre maximal des interceptions susceptibles d'être pratiquées simultanément et répartit ce contingent entre les ministres précités.

La centralisation de la décision s'accompagne de celle de l'exécution des interceptions autorisées. L'autorisation est donnée pour quatre mois au plus. Elle est renouvelable.

Les interceptions doivent avoir par ailleurs pour objet de rechercher les renseignements concernant les domaines suivants : « la sécurité nationale, la sauvegarde des éléments essentiels du potentiel scientifique et économique de la France, la prévention du terrorisme, de la criminalité et de la délinquance organisées et de la reconstitution ou du maintien de groupements dissous en application de la loi du 10 janvier 1936 sur les groupes de combat et les milices privées ».

En revanche, concernant la composition de la Commission nationale de contrôle, le débat est plus houleux quant aux personnalités en ayant la charge.

Je suis cependant arrivé au terme du projet avec, en plus, les remerciements des agents du GIC, heureux que leurs activités aient enfin une reconnaissance légale, tant jusque-là ils étaient tenus de ne parler à personne, même pas à leur femme, de la nature de leur travail.

Ma dernière décision sur ce texte, quand il est achevé, a consisté à vouloir le présenter moi-même – ce qui ne s'est jamais fait – au Conseil d'État qui juge de la validité juridique des projets de lois instruits par l'exécutif avant leur départ au législatif. Le président du Conseil d'État est le Premier ministre, l'institution n'ayant comme chef opérationnel qu'un vice-président. Mes prédécesseurs ont estimé que cela disqualifiait un Premier ministre d'aller lui-même plaider pour un de ses textes, mais je tiens à cette première. Ma séance de présentation, prévue pour le jeudi 16 mai 1991, n'aura hélas pas lieu. La veille, le président de la République me demande ma démission. Ce qui explique que la loi porte le nom de son signataire ultime, Édith Cresson, qui m'a remplacé.

L'encadrement des fichiers de police

Poursuivant mon projet de moralisation de la puissance publique, je m'intéresse en outre aux fichiers de police. Les grands flics ne sont pas contre, car une réforme va les aider à limiter les bavures. La Commission nationale de l'informatique et des libertés (Cnil), créée sous Valéry Giscard d'Estaing par la loi du 6 janvier 1978, a fait un beau travail, essentiellement sur les fichiers privés et parapublics, ceux des forces de police étant restés en dehors. Or ils comportent des mentions ethniques, linguistiques, religieuses… Nous entreprenons donc des réunions d'informations avec les responsables de police leur indiquant que l'on ne peut travailler hors d'un contrôle légal dans une démocratie, qu'il va falloir limiter le champ pour chaque fichier, interdire certaines transmissions… On commence par la Direction de la sécurité du territoire (DST). Un décret suffit pour soumettre les comportements d'un organe public à des règles nouvelles, en accord avec les principes de la Cnil. Cela se passe bien. Ensuite, on s'attaque aux fichiers des renseignements généraux – longue négociation – mais finalisation obtenue. Et puis, un jour, alors que j'étais en train d'inaugurer une foire dans ma circonscription des Yvelines, un de mes collaborateurs s'approche de moi dans un cortège et me glisse :

— C'est la catastrophe. Le décret qui vise à rendre la gestion des fichiers des renseignements généraux compatible avec les exigences de la Cnil est sorti ce matin. La colère de toutes les organisations de défense des Droits de l'homme gronde, des manifestations se préparent. Que convient-il de faire ?

— Toutes affaires cessantes, immédiatement, vous faites savoir aux agences de presse que le gouvernement fait annuler le décret, on verra bien après.

L'annonce passe, plus de protestations, la tempête se calme, mais il a été indispensable que je multiplie les rendez-vous avec les responsables du monde associatif en charge du respect des Droits de l'homme en leur expliquant : « Alors, vous préférez que les flics travaillent dans le noir… » Comme la réponse est évidemment : « Mais non, mais non… », il faut leur faire admettre que la police a des besoins particuliers un peu plus larges que ceux de la Sécurité sociale, d'une banque ou d'une société de téléphonie. J'ai fini par gagner et on a repris le décret six mois plus tard.

Le drame de la Nouvelle-Calédonie

Si ces chantiers importants m'ont occupé durant mes trois années à Matignon, à peine arrivé je dois affronter le drame de la Nouvelle-Calédonie. Je suis en effet nommé Premier ministre cinq jours après un épouvantable massacre à Ouvéa en Nouvelle-Calédonie, territoire lointain du Pacifique une fois de plus ensanglanté par l'enchaînement des incompréhensions et des violences.

L'essentiel des autorités françaises – en tout cas toutes les autorités militaires et une bonne partie des autorités civiles, et pas seulement à droite – pense en termes de répression. Et il y a longtemps que cela dure. Au tout début du XXᵉ siècle, une jeune femme a été ainsi abattue par des soldats français lui tirant dans le dos alors qu'elle fuyait son village avec son garçon de quatre ans sur les épaules. Au nom de la conquête de villages de colonisation. Or l'enfant sera le père de Jean-Marie Tjibaou.

Après le massacre d'Ouvéa, en Nouvelle-Calédonie, on ne se parle plus. La brousse, quasi tout le pays sauf les gros bourgs et Nouméa, est sous le contrôle du FLNKS, Front de libération nationale kanak et socialiste, qui dresse des barrages partout. Les Blancs n'y vont plus. Et pour beaucoup, pas question de négocier. Aux yeux de la communauté d'origine européenne dite Caldoche, organisée autour du RPR local – Rassemblement pour la Calédonie dans la République – le président Mitterrand à peine réélu étant de gauche, c'est-à-dire potentiellement un traître, est prêt à abandonner complètement la Calédonie et les Caldoches en raison d'un anticolonialisme primaire et inintelligent. Pour les Kanaks, gauche ou droite « ça ne nous regarde pas, on ne distingue pas : les gouvernements français sont des menteurs, ils ne tiennent pas parole ». De fait, en 1963, par l'abrogation sans préavis du statut de la Nouvelle-Calédonie issue de la loi Defferre de 1956 alors que le gouvernement s'était engagé à le conserver, et en 1988 par la violation explicite de la parole du ministre Bernard Pons qui avait promis que le référendum local nécessaire à l'adoption de son projet de statut ne serait pas soumis au vote un jour d'élection nationale alors que, finalement, Jacques Chirac choisit le premier tour de la présidentielle, d'où la prise d'otages d'Ouvéa, la France a souvent provoqué de violents incidents en Calédonie à cause de purs mensonges.

Comme on ne se parle plus, l'enjeu est de solliciter indirectement – et en dehors de l'État lui-même – l'avis des deux grandes communautés sur les conditions à remplir pour pouvoir se reparler officiellement.

Ma première démarche, qui reçoit l'accord du président de la République, est d'envoyer sur place une mission de dialogue. Les personnalités qui la composent, à l'exception des préfets Blanc et Steinmetz, ne représentent pas l'État puisqu'il s'agit de Mgr Guiberteau, de Roger Leray, ancien grand maître du Grand-Orient, de Jean-Claude Périer, conseiller d'État, et du pasteur Jacques Stewart, président de la fédération protestante de France. Ces figures engagent l'autorité personnelle et morale qui est la leur pour rétablir la paix des cœurs, des esprits et des âmes avant toute recherche de solutions juridiques ou administratives. Voilà des hommes très divers, parfois opposés naguère, qui ont su s'enrichir de leurs différences et atteindre un rayonnement collectif n'étant pas étranger au résultat de leur mission. Renouant les fils d'un dialogue qu'on pouvait craindre rompu à jamais, ils font en sorte que des dirigeants courageux et responsables acceptent d'entrer dans cette démarche nouvelle. Oui, il est des cas où il faut du courage pour faire preuve de raison [1]

La moindre agitation médiatique sur des thèmes aussi sensibles que l'amnistie ou le partage de la souveraineté aurait à l'évidence rendu impossible toute solution. Aussi, lorsque les deux délégations kanak et caldoche, de sept et huit personnes, arrivent le samedi 25 juin à dix-neuf heures par la petite porte à l'Hôtel Matignon pour ce dialogue renoué, je leur annonce que nous nous enfermons, moi compris, pour une durée indéterminée. Nourriture, boissons et matelas sont prévus en suffisance. Mais nul n'informera ni ne consultera personne. Mise à part ma relation directe avec le président de la République. Après un moment de lourde hésitation, cette procédure inhabituelle est acceptée. Du coup, une longue nuit blanche se révèle suffisante, la prénégociation menée par la mission du dialogue ayant été de qualité.

De ces heures intenses de discussion, j'ai retenu deux phrases. La première est prononcée par Jacques Lafleur : « Il est temps d'apprendre à donner, il est temps d'apprendre à pardonner. » La seconde est de Jean-Marie Tjibaou : « La souveraineté, c'est la capacité de négocier les interdépendances. » Elles expriment à mes yeux, l'une comme l'autre, la volonté de paix et de reconnaissance mutuelle de communautés dont le destin est bien de vivre ensemble, et non de mourir l'une par l'autre.

Pour nommer le résultat de cet accord, on utilise les termes : « Accords de Matignon ». Il serait plus juste de dire « Nouveaux accords de Matignon », les premiers ayant été négociés par Léon Blum et ayant permis une amélioration durable de la condition ouvrière. Toujours est-il que les « accords de Matignon » concernant la Nouvelle-Calédonie sont conclus à l'Hôtel Matignon le 26 juin 1988 par Jean-Marie Tjibaou et Jacques Lafleur. S'est ouverte alors une nouvelle page de l'histoire de la Nouvelle-Calédonie, où les armes ont cédé la place au dialogue, au travail, à la volonté.

Ces accords prévoient une période de développement de dix ans, avec des garanties économiques et institutionnelles pour la communauté kanak, avant que les Néo-Calédoniens n'aient à se prononcer eux-mêmes sur leur indépendance. Ils proposent aussi que le Parlement vote une amnistie des auteurs des massacres d'Ouvéa, interdisant tout procès sur la mort de deux militaires français et de dix-neuf indépendantistes kanaks.

Les accords de Matignon sont en outre validés par les Français grâce au référendum du 6 novembre 1988. La question posée est : « Approuvez-vous le projet de loi soumis au peuple français par le président de la République et portant dispositions statutaires et préparatoires à l'autodétermination de la Nouvelle-Calédonie en 1998 ? » La mesure se voit acceptée à 80 % des suffrages exprimés, mais avec, hélas, plus de 60 % d'abstentions.

La révolution du RMI

Immédiatement après je m'attaque à un projet sur lequel nous avons déjà travaillé en vue de la campagne électorale de 1988 : le RMI (Revenu minimum d'insertion). Permettre aux plus durement frappés, à ceux que notre société laisse partir à la dérive, que la marginalité guette, d'avoir droit à une deuxième chance, tel est le sens profond du revenu minimum d'insertion. Pour la première fois dans son histoire, la France met en place une allocation de secours pour des adultes valides. Et je ne pense pas qu'il existe beaucoup de précédents mondiaux.

Instaurer un droit au revenu minimum est une innovation d'une portée considérable. Après la création de la Sécurité sociale, puis sa généralisation, après l'instauration du minimum vieillesse et des allocations chômage, c'est construire le dernier étage, franchir la dernière étape.

Pour autant, la solidarité n'est pas la bonne conscience de la modernisation, elle est la condition de sa réussite. Parce qu'elle donne tout son sens au respect de l'autre, au respect de la dignité humaine. C'est pourquoi le revenu minimum doit être étroitement lié à un effort d'insertion.

À ce jour, en 2010, plus d'un million de titulaires du RMI ont été sauvés sinon de la mort de faim, du moins de la grande misère et de l'exclusion sociale totale. Soit, depuis qu'il fonctionne, près de trois millions de personnes dont un petit tiers s'en est sorti par le haut, grâce à l'insertion. Le RMI fut une révolution pour le droit de l'assistance, le droit de la Sécurité sociale et le droit du travail, puisqu'il s'agit d'un contrat de travail sans travail mais ouvrant le droit à la Sécurité sociale, né d'un concept majeur n'étant pas celui d'allocation. Depuis Saint Louis et la création de l'Hôtel-Dieu, l'État sait en effet verser de l'argent aux pauvres, mais cette fois le concept est de mettre, en plus de l'argent, des fonctionnaires publics au service d'une conduite de réinsertion. La création du RMI, c'est la découverte de ce que la politique sociale de demain doit être un accompagnement personnalisé vers une démarche de socialisation qui pourrait s'étendre aux personnes âgées dépendantes, aux malades du sida, aux longs convalescents, aux handicapés, aux enfants orphelins, etc. La France est la première au monde à avoir inventé cela.

Il y a eu, dans ce débat et dans cette loi, plusieurs caractéristiques. Premièrement, la mesure était populaire. Deuxièmement, nous avons constaté une unanimité au Parlement. Troisièmement, à ma connaissance, c'est la première loi en France qui comportait son propre dispositif d'évaluation. Enfin, elle avait une autre caractéristique importante : elle a battu tous les records de rapidité de sortie de ses décrets d'application. Et pour cause, je les ai fait écrire en même temps que la loi elle-même ! En un mois et demi, tout a été fait et l'on a commencé à payer des allocations en janvier pour un texte voté au début de l'été. Du jamais-vu, dont je demeure fier.

Nous avons conçu le RMI comme devant être transitoire. L'espoir en est alors très fort, en partie fondé sur la reprise de la croissance internationale qui aurait des conséquences bénéfiques sur l'économie, et sur l'intensification de notre politique de lutte contre le chômage. Nous avons donc imaginé le RMI comme une aide temporaire destinée à aider ceux qui sont à la recherche d'emploi en pensant qu'ils en trouveraient très vite. Mais l'espoir du retour à la croissance fut loin d'être comblé et, de ce fait, au lieu de gérer un flux constamment changeant et d'ampleur limitée de chômeurs temporaires, le RMI a été confronté à un stock de chômeurs de longue durée en progression constante. Si la première année, l'allocation s'est adressée à un demi-million de chômeurs, au bout de trois ans elle concernait déjà plus d'un million de bénéficiaires, nombre qui n'a cessé d'augmenter. Aussi les procédures prévues pour gérer le RMI et les contrats d'insertion ont-elles vite été engorgées. Initialement, la nature de cette prestation la rend non cumulable avec un revenu tiré du travail, disposition destinée être une incitation à la recherche d'emploi, l'hypothèse étant que les bénéficiaires ne séjourneraient pas trop longtemps dans la situation d'inactifs sans ressource. Le RMI interdit même la recherche de petits boulots, de travail intérimaire. Or ce problème, que nous n'avons pas en tête lors de cette création, est devenu rapidement très pressant.

Quand Lionel Jospin a été nommé Premier ministre en 1997, l'équipe ayant créé le RMI a repris ses travaux de réflexion et d'étude avec Roger Godino notamment, pour qu'il ne soit pas incompatible avec des revenus temporaires. Un travail qui a abouti à l'allocation complémentaire de revenus (ACR), à laquelle Jospin a donné son accord et Dominique Strauss-Khan, alors ministre de

Finances, aussi. Par malchance, ce dernier démissionne du fait de sa mise en examen dans le cadre de l'affaire de la Mnef – qui s'est d'ailleurs terminée par un non-lieu – et il se voit remplacé par Laurent Fabius. Celui-ci freine des quatre fers sur ce texte parce que, selon lui, il finance des gens qui ne sont pas des électeurs pour la gauche. Encore une démarche politicienne partisane dommageable. Il préfère remplacer l'ACR par la prime pour l'emploi, mesure passée dans les faits mais qui n'a pas réglé la compatibilité du RMI avec des petits boulots. Faute de solution, le problème a traîné. Parmi ceux qui y ont réfléchi se trouvait alors Martin Hirsch, ancien président d'Emmaüs France – devenu plus tard haut commissaire aux Solidarités actives – car nous avons associé à nos travaux des responsables associatifs. Martin Hirsch a donc défendu le revenu de solidarité active, entré dans les faits le 1er décembre 2008 sous la présidence de Nicolas Sarkozy et qui permet de cumuler l'allocation avec des revenus issus du travail selon un barème précis. Et ce dans une parfaite continuité avec le RMI. Il me plaît qu'une idée belle, généreuse et au service des plus faibles, traverse les décennies et les clivages ou majorités politiques.

L'ISF n'est pas une revanche contre les riches

Tandis qu'on discute aujourd'hui encore, chez certains, de la pertinence du RSA et aussi de la suppression de l'impôt de solidarité sur la fortune, il est important et intéressant de rappeler que le financement du revenu minimum d'insertion en 1988 a été assuré en partie par le rétablissement d'un ISF.

Dans les créations du premier mandat de François Mitterrand figurait l'impôt de solidarité sur les grandes fortunes (ISGF). Un impôt, non plafonné, qui avait soulevé des controverses considérables bien que répondant à une évidence : puisque le travail était taxé, il n'y avait pas de raison de ne pas taxer le capital. Mais le capital, c'est le nerf de la guerre de la croissance et la clef de tous les investissements. Il fallait donc une grande prudence que n'affichait pas l'ISGF. De fait, avec un taux de 1 % et pas de plafond, il se révélait relativement prédateur pour notre économie. Pour cette raison, Jacques Chirac, en devenant Premier ministre durant la première cohabitation, l'avait fait supprimer par le Parlement. Une suppression complète qui releva de la maladresse politique.

Pour des raisons d'image d'abord, il est difficile de faire comprendre aux personnes imposées sur le travail que les gains du capital ne le soient pas eux aussi. En outre, l'impôt sur le revenu, instauré en France depuis 1917, reste difficilement toléré pour au moins deux raisons qui se cumulent. La première, c'est son taux. Mais il faut bien faire tourner la machine de l'État, et ce taux est largement inférieur à ceux de bien d'autres pays d'Europe. La deuxième, c'est l'inquisition fiscale, l'ensemble des procédures par lequel le fisc cherche à vérifier et à connaître dans le détail et avec précision les revenus de chaque individu, contrôles perçus comme des violations de la vie privée. L'instauration d'un ISF avait, sur ce point, l'énorme avantage de créer une circulation de documents attestant de la nature des fortunes et permettant de recouper les informations nécessaires à l'impôt sur le revenu – recoupements diminuant les besoins d'inquisition domiciliaire de moitié. Il aurait donc été sage de la part de Jacques Chirac d'abaisser le taux, le faisant passer de 1 % à 0,1 % ou 0,2 % afin de lui laisser une valeur purement statistique de manière à conserver une procédure créatrice d'informations, plutôt que de tout jeter.

Fort de ces enseignements, je considère nécessaire, à mon arrivée à Matignon, de rétablir cet impôt, même si son taux pose bien des problèmes. En charge de recréation d'ISGF, je consacre ma première démarche à changer son nom de baptême en l'appelant impôt de solidarité sur la fortune (ISF), puisqu'il est loin de ne concerner que les grandes fortunes, dont, de plus, la définition n'a jamais été formulée.

Il faut d'emblée, ici, lever toute équivoque : l'impôt sur la fortune est une contribution de solidarité, pas une revanche contre les riches. Le principal problème posé, mais il est très épineux, concerne non le principe de l'impôt, mais la définition du meilleur équilibre entre la solidarité nécessaire et la pertinence économique. C'est une simple question de bon sens : une imposition trop forte, à l'heure où s'ouvrent les frontières, inciterait à la fuite des capitaux, conduirait à ce que le potentiel d'investissement aille irriguer les entreprises de nos concurrents de préférence aux nôtres, en même temps que cela pourrait décourager les activités qu'il faut stimuler.

En sens inverse, une taxation symbolique – qui, elle, serait purement idéologique – ne produirait pas les sommes nécessaires à la solidarité voulue par tous.

Je réussis donc, malgré l'opposition de la majorité du gouvernement et même du président de la République, à obtenir que l'ISF soit plafonné, c'est-à-dire que la somme de l'impôt sur le revenu cumulé à celui sur la fortune ne dépasse pas 75 % du total des revenus du contribuable chaque année afin d'éviter tout exode fiscal. Et je suis très attaché au plafonnement.

Quand, en 1993, les élections législatives produisent une nouvelle majorité, le gouvernement d'Édouard Balladur, avec Alain Juppé comme ministre de l'Économie et des Finances, supprime le plafonnement. Une démarche à mes yeux clairement de démagogie populiste et, pire, dangereuse pour notre économie. Car l'impôt redevient prédateur et pousse les fortunes françaises à l'exil, amputant de ce fait une partie du financement que nous attendons des capitaux français. Personne n'aura ensuite le courage de revenir sur ces dispositions, pas même la gauche, à qui il ne faut pas demander de faire le métier de la droite dans ces circonstances.

Aujourd'hui, le bouclier fiscal instauré par Nicolas Sarkozy et François Fillon a mis fin à cette situation, mais dans des conditions que je désapprouve profondément, tant il est d'une grande injustice. Il représente en effet une réduction d'impôt pour les foyers les plus riches de France, mais laisse subsister, en dessous du plafond du bouclier fiscal, l'ISF avec une capacité d'imposition plus importante que la somme des revenus du contribuable. Ce qui ne résout en rien le problème !

L'hypothèque Rocard

En me nommant, François Mitterrand espère à l'évidence bien commencer son second mandat. Mais il trouve ma manière politique trop négociatrice et pas assez conflictuelle. Aussi ne cache-t-il pas à plusieurs de ses amis, qui le font savoir, que si, d'aventure, je m'effondrais, il n'en aurait que peu de regret. Le problème Rocard serait dès lors réglé !

Le poste de Premier ministre est le plus dur de la République française en ce qui concerne la fragilité politique et le stress, parce qu'à Matignon on est à la fois le chef du gouvernement, le chef de la majorité parlementaire et le chef de l'administration. Qu'il y ait une difficulté quelconque, ce n'est pas le président que l'on prévient, mais le Premier ministre parce qu'il fait marcher la machine. Simplement, il ne peut répondre à une urgence grave sans demander l'accord de l'Élysée. Ce qui est absolument terrifiant. En termes d'équilibre nerveux, voici un poste extrêmement difficile.

Mitterrand dit volontiers à ses conseillers : « On lève l'hypothèque Rocard. » « L'hypothèque Rocard » vient du fait que j'ai été, en diverses périodes, mieux coté que lui dans les sondages. Un crime de lèse-majesté. Or « l'hypothèque » ne se lève pas aussi vite qu'il le veut. Persuadé, compte tenu de sa grille de lecture, qu'un type aussi naïf que moi finirait par s'effondrer, il peaufine déjà son écurie. Mais comme je ne m'effondre pas, ma présence devient tout à fait déplaisante. Dans le courant 1990, je sens déjà que je risque d'être démissionné. Celui qui me sauve, c'est Saddam Hussein, car il est un peu difficile de mettre à la porte un Premier ministre sans raison pendant que l'on est en guerre. Le sursis tient neuf mois. Mon vrai problème, c'est qu'il arrive aussi que Mitterrand fasse preuve de quelque perversité et que je doive défendre la France contre beaucoup de choses.

Notre difficulté principale concerne d'abord les nominations. Il y en a à chaque Conseil des ministres. Sur ce sujet, j'ai beaucoup réfléchi, je sais que je serai souvent battu. Je me suis donc fait mon propre système théorique : protéger la dignité de la fonction publique et le professionnalisme contre le clientélisme et surtout le copinage. J'ai élaboré un ordre de priorités pour éviter toute interférence de ce genre : d'abord les endroits où la France fabrique sa valeur ajoutée, les entreprises publiques, puis en deuxième lieu les établissements de finances et assurances, puis la haute fonction publique, ensuite le militaire et enfin l'audiovisuel, ces deux dernières catégories, honorées du souci particulier du président d'y effectuer lui-même les choix majeurs.

Des nominations surviennent toutes les semaines, souvent deux ou trois dizaines. Plus de la moitié concerne des généraux et des amiraux. Je ne m'occupe d'aucun.

Pour le reste, nous nous disputons parfois, le président et moi. Et à une ou deux reprises assez sérieusement. Mais je pense avoir tenu mon engagement, sans arriver à la rupture. C'est ainsi que j'obtiens la reconduction – la renomination – de plusieurs chefs d'entreprises publiques, remarquables et efficaces, mais venus d'horizons de droite et que l'entourage du chef de l'État aurait volontiers vus déguerpir au profit d'amis plus sûrs. Il s'agit de Jean Gandois et de Jean-René Fourtou, pour Péchiney et, si je me souviens bien, Saint-Gobain. La plus difficile (cela prit près de six mois) reste celle de Serge Tchuruk à la tête de Total.

Ayant eu le bonheur de savoir très précocement que la direction de cette superbe entreprise, le plus grand geyser à profits de tout l'univers français, va se libérer, je demande secrètement au ministre de l'Industrie, mon ami Roger Fauroux, de chercher à savoir, tout aussi secrètement, s'il existait un consensus interne et commun au milieu pétrolier sur un homme capable et intègre. La réponse arrive huit jours après : un net et vigoureux consensus interne se dégage sur un homme de la maison, presque inconnu à l'extérieur, Serge Tchuruk. Je ne le connais pas, ne l'ai jamais vu et ne cherche pas à le voir. Très vite, la vacance devient publique. Des dizaines de noms circulent, dont quelques grands professionnels venus d'autres horizons, beaucoup appuyés par les sympathies du sérail proche du président, ou liés à une gauche mondaine et parisienne, voire à la franc-maçonnerie. Je pense avoir usé une bonne vingtaine de candidats avant de trouver l'espace suffisant pour faire état d'une candidature interne consensuelle...

Rude aussi – on a mis six mois – est la bataille que je gagne, finalement, pour arracher la nomination d'André Larquié[1] à la tête de Radio France internationale (RFI). Je l'aide beaucoup budgétairement, nous doublons ses émetteurs. Il aura le talent de conduire cette antenne à quadrupler ses auditeurs. La bataille est rude parce que double. Elle concerne le nom d'un président et le statut de RFI, logiquement sous la tutelle du Quai d'Orsay. Lequel tient à la transformer en « voix officielle de la France à l'extérieur ». Ce qui est incompatible, selon moi, avec l'idée d'en faire une grande radio. Imposer un « rocardien » et enlever RFI à la tutelle

1. Président-directeur général de Radio France Internationale de 1989 à 1995.

de Roland Dumas, quelle audace ! Mais je tiens bon, et gagne. Et, à ce jour encore, je dois bien avouer que je ne sais pas comment.

Il m'est difficile de ne pas rappeler, après de telles anecdotes, que le principal reproche fait chez mes amis « rocardiens », c'est d'oublier les hommes, de ne pas « renvoyer l'ascenseur », de ne guère pousser les carrières de mes proches... Or ce n'est pas ma philosophie du pouvoir. Pour la bonne compréhension du lecteur, il faut rappeler que j'ai vu beaucoup de mes propositions de nomination rejetées et j'ajoute que j'ai vu une bonne vingtaine de mes propres candidats à la Légion d'honneur purement et simplement refusés, dont celle de mon propre père au grade de grand croix. Mais, lui, c'était lorsque j'étais à l'Agriculture, et il fut récupéré trois ans après, quand je suis devenu Premier ministre.

Ces mœurs et réticences viennent s'ajouter au souvenir cuisant que je garde de la période 1981-1982, quand il fallut nommer très vite une ou deux centaines de chefs d'entreprises industrielles et bancaires, des entreprises tout juste nationalisées et où, « pour élargir les soutiens du régime », les giscardiens furent très largement préférés aux rocardiens.

Je sais l'indélicatesse qu'il y a à évoquer, ici, ces éléments très personnels et qui n'intéressent guère la marche générale du pays. Je m'en excuse mais je l'assume, ayant beaucoup souffert de cette critique venue de mes amis. Aussi, je saisis la première occasion qui m'est donnée pour en parler publiquement et franchement.

La déclaration de La Haye

Cette affaire commence deux ou trois mois après ma nomination comme Premier ministre. Un jour, le téléphone sonne. Jacques Attali me demande.

Pour moi, c'est une surprise. Conseiller spécial du président, il a autorité sur presque tous les dossiers et est redouté à cause de ses décisions prises à l'emporte-pièce. Habituellement, il convoque ceux dont il a besoin et ne se déplace pas. J'entretiens cependant de bonnes relations amicales très anciennes avec lui, remontant au début des années 1970 quand il m'a fait venir comme professeur à l'École nationale du génie rural et des eaux et forêts pour enseigner la comptabilité nationale et un peu l'économie. Ensuite, en 1974, il m'a appelé auprès de lui au cabinet du candidat François Mitterrand afin de mener sa deuxième campagne présidentielle.

Donc, il me téléphone et me dit :

— Michel, je veux venir te voir.

Je lui lâche :

— Ah, Monsieur le Conseiller spécial auprès du Président, vous allez vous faire repérer... Je suis tout prêt à aller te voir en fait.

Attali me répond :

— Non, c'est une démarche officielle, il s'agit du 200ᵉ anniversaire de la Déclaration des Droits de l'homme et du citoyen. Les décisions se prennent à l'Élysée, mais il y aura des réceptions, du service d'ordre et, bien évidemment, besoin de financements. Le gouvernement devra se mobiliser, on aura besoin de ton accord. Je viens donc à ton bureau.

Nous prenons date.

Quand Jacques Attali vient à Matignon, il me raconte tout ce qui est décidé pour le 200ᵉ anniversaire de la Révolution française ou, plus exactement et plus limitativement, de la Déclaration des Droits de l'homme et du citoyen. Le défilé de Jean-Paul Goude n'est pas encore prévu, aussi me présente-t-il des choses d'une envergure relativement modeste. J'écoute avec attention et prends des notes parce qu'il va falloir budgéter. Il y aura des invitations de chefs d'État d'un peu partout pour le 14 Juillet. Il faudra un service d'ordre important. Je comprends aussi qu'il s'agit d'une injonction.

Quand Attali s'en va, je suis en fait consterné. Je constate que, dans ce qu'il m'a présenté, tout est rétrospectif et historique ; nous convions un grand nombre de chefs d'État à s'intéresser uniquement à l'histoire de France. À mes yeux, c'est impossible. Je tourne en rond dans mon bureau, comme à chaque fois que j'ai besoin de réfléchir. Il faut absolument ajouter du prospectif, aussi je cherche des solutions. J'en viens à me dire que le seul ajout prospectif jouable consisterait à chercher une solidarité internationale afin, à cette occasion, de proclamer de nouveaux droits universels. Mes cogitations me conduisent à deux pistes. La première, que la France suggère aux chefs d'État invités (une vingtaine dont l'Américain et le Russe) d'extraire du projet du Code pénal français en cours d'écriture l'imprescriptibilité permanente des crimes contre l'humanité, jurisprudence de Nuremberg ayant toujours été respectée mais que personne n'a encore introduite dans son droit interne. Seconde idée, un appel écologique. Je suis en effet tracassé par la lecture des chroniques scientifiques qui évoquent le réchauffement climatique et les enjeux liés au gaz carbonique. Comme ces questions ne concernent pas grand monde et ne font pas bouger les politiques, je pense le moment venu de proposer un droit nouveau de l'humanité à bénéficier d'un environnement salubre.

Je profite de ma rencontre hebdomadaire avec le président pour lui soumettre ces deux projets. Je m'attendais à ce qu'il adopte le premier parce qu'il est un fin juriste, a du panache, tout en laissant tomber le second parce que n'y croyant pas. À ma grande surprise, il fait l'inverse. Il m'explique ainsi que le nouveau Code pénal est un monument magnifique qui travaille à la gloire de la France – et un peu à la sienne – donc qu'il ne faut pas y toucher, surtout dans une intention internationale. En revanche, un droit nouveau à l'environnement lui paraît une très bonne option.

— Chargez-vous-en, faites ce que vous voulez, conclut-il.

Ce qui signifie qu'il ne reprend pas l'idée, ne la commente d'ailleurs pas sans s'y opposer formellement pour autant. Je sais que, dans sa tête, demeure un doute quant à la justesse de la clameur écologique qu'il méprise au fond et juge peu sérieuse. Il ne me donne pas non plus de coup de main. Or son « Chargez-vous-en » me pose problème tant la tonalité de la conversation sous-entend : si vous vous plantez, je ne l'oublierai pas. Notre solidarité étant plus que faible, ma belle idée devient une sorte de « patate chaude » que le président me laisse dans les mains.

Je tourne à nouveau dans mon bureau en tentant de trouver une solution. Quand on a un problème, tout naturellement, on appelle un ami. C'est ce que je fais. Une longue amitié me lie à Felipe Gonzalez, alors Premier ministre de l'Espagne et véritable décideur, puisque le roi est sans pouvoir. Je lui présente mon projet, et son enthousiasme est immédiat. Comme cela ne me dit pas comment m'y prendre, nous discutons. Et arrivons à la conclusion qu'il faut rédiger un texte mais surtout obtenir l'adhésion d'Helmut Kohl ; s'il donne son accord, les autres suivront. Bien que n'entretenant pas de relations privilégiées avec Helmut Kohl, je me décide à l'appeler. Une conversation pas facile parce qu'il parle mal anglais et pas du tout français. Cependant, il m'aime bien et me trouve reposant par rapport à Mitterrand. Sa réaction me ravit : « Très bonne idée, magnifique, bravo, je vous soutiens absolument. » Quel encouragement ! Rien à voir avec l'attitude de Mitterrand. Je commence donc à rédiger un bout de texte, conscient toutefois qu'il me faut d'autres alliés.

Fort du soutien de Felipe Gonzalez et d'Helmut Kohl, qui m'autorisent à les citer, je prends des contacts. Concernant la méthode, il m'apparaît évident qu'il faut m'adresser directement aux chefs de gouvernement indépendamment de leurs ministres ou de leurs conseillers diplomatiques, lesquels verraient dans ce projet de nouvelles contraintes internationales auxquelles ils n'auraient pas forcément envie de se plier. Tout conseiller de ministre ou de Premier ministre a pour rôle majeur de protéger son patron en lui évitant de prendre le moindre risque. Fort de cette analyse, j'entame mon tour d'Europe téléphonique des chefs d'État. J'obtiens rapidement l'accord de la Belgique, de l'Italie et des Pays-Bas. Comme, pour que ce projet ait du poids, il doit être intercontinental, j'appelle les chefs d'États africains, parmi lesquels quelques-uns me sollicitaient régulièrement pour assurer leurs fins de mois. J'obtiens là encore des réponses positives ; de Félix Houphouët-Boigny pour la Côte d'Ivoire, Hosni Moubarak pour l'Égypte, Abdou Diouf pour le Sénégal, Daniel Arap Moi pour le Kenya, Hédi Baccouche, Premier ministre de Tunisie, Robert Gabriel Mugabe pour le Zimbabwe.

Je continue à travailler mon texte et cherche à sortir de l'Afrique. Je souhaite ainsi adjoindre au projet le Brésil, pays que j'ai découvert en 1984 dans ma fonction de ministre de l'Agriculture, et qui me fascine par la qualité de la transition pacifique qu'il vit entre la dictature militaire et la démocratie. Mon ami Fernando Enrique Cardoso, connu à Paris durant son exil et devenu sénateur, a mis au point une mécanique extrêmement subtile pour faciliter le passage du pouvoir militaire au pouvoir civil. Le gouvernement militaire du Brésil ayant conscience d'être à bout de course, les militaires désirent rendre le pouvoir aux civils sans pour autant perdre la face. Un premier président civil choisi d'un commun accord – Tancredo Neves – est élu mais décède avant d'avoir pu prêter serment. C'est donc le vice-président, José Sarney, qui le remplace. Je sais par mon ami Jean-Luc Lagardère, dont l'épouse est brésilienne, que Sarney a une passion : écrire des contes pour enfants. Il vient souvent en France, quasi clandestinement, dîner chez les Lagardère avec son éditeur et suivre la publication de ses contes en français. C'est ainsi que je suis invité chez les Lagardère avec le président Sarney, qui me dit à son tour « oui » très vite.

Ensuite, j'obtiens l'accord du Chili. Je cherche en outre à avoir celui d'Oscar Arias Sánchez, président du Costa Rica, Prix Nobel de la Paix pour avoir mis fin, à partir de son pays, à trois guerres civiles : celles au Honduras, au Salvador et au Guatemala. Le Costa Rica est un État à part dans la mesure où sa Constitution interdit au gouvernement de développer des forces armées. Ainsi n'y a-t-il jamais de coup d'État. J'apprends qu'une grande organisation écologique internationale World Wildlife tiendra congrès à Paris et qu'Oscar Arias Sánchez, par ailleurs l'un des vice-présidents de l'Internationale sociale-démocrate, est invité. Aussi, en tant que Premier ministre, je vais faire un discours de bienvenue. Malheureusement, lorsque j'arrive, j'apprends qu'il ne viendra pas. En revanche, je découvre à la tribune une femme superbe, en cours de harangue. Elle tient un discours écologique rigoureux, compétent, courageux, argumenté. Très applaudie, elle descend de la tribune et on l'assoit à côté de moi. C'est la reine Noor de Jordanie. Je lui souffle donc à l'oreille : « Je souhaiterais que Sa Majesté, le roi de Jordanie, votre mari, signe l'appel que je prépare. » Nous en parlons plus en détail. Et le lendemain je reçois, par télégramme, l'accord du roi de Jordanie. J'attaque ensuite le Japon ; mais, là-bas, l'habitude n'est pas que le patron décide seul. Heureusement, sa bureaucratie accepte le projet, et Masahisa Aoki, ministre d'État paraphera l'accord.

À ce point de mes contacts, je souhaite que tous les continents soient représentés. J'appelle donc le président de l'Indonésie, M. Habibie, qui a introduit un peu de démocratie dans son pays. Je désire aussi toucher l'Australie et la Nouvelle-Zélande, mais depuis l'affaire du *Rainbow Warrior* nous n'avons plus d'ambassadeur dans ce dernier pays. Comme mon succès en Nouvelle-Calédonie m'a permis d'acquérir la sympathie de Bob Hawke, Premier ministre d'Australie, je lui demande d'intercéder pour moi auprès des Néo-Zélandais. Il obtient leur accord, mais me fait savoir qu'ils ne veulent pas que cette signature se fasse à Paris. J'en réfère à Kohl, qui propose alors La Haye.

Au total, nous convions à La Haye, le 11 mars 1989, vingt-quatre nations. Je n'ai pas essayé de convaincre ni l'Angleterre, ni les États-Unis, ni la Russie. Arrivés aux Pays-Bas, nous participons une réunion, le matin, destinée à valider le texte non entièrement finalisé. Les trois Premiers ministres en exercice président la séance : Ruud Lubbers pour les Pays-Bas, Mme Gro Harlem Brundtland, ancien ministre de l'Environnement et Premier ministre de Norvège, et moi-même. Il faut trois heures de négociations et d'arbitrage, le Japon et le Brésil souhaitant appauvrir le texte. On finit par aboutir à un accord. Vingt-quatre nations signent un appel à toutes les autres nations afin que l'on renforce les mécanismes de l'ONU, pour arriver à un système contraignant de lutte contre l'effet de serre. François Mitterrand est très content : il se trouve au premier rang sur la photo et moi au quatrième… La France est pratiquement la seule à avoir deux officiels sur cette image historique.

La conséquence majeure de cette Déclaration de La Haye, c'est la naissance du « Secrétariat permanent climat » de l'ONU. À l'issue de quinze mois de négociations, la Convention-cadre des Nations unies sur les changements climatiques (CCNUCC) sera définitivement mise au point en mai 1992, et ouverte à la signature lors de la Conférence des Nations unies sur l'environnement et le développement (CNUED) appelée également « Sommet de la Terre » à Rio de Janeiro, au Brésil, le 4 juin 1992. À la suite de cet appel, j'ai créé une « Mission effet de serre », composée de hauts fonctionnaires, scientifiques et ingénieurs de mines pour faire des propositions concrètes. Toujours en activité, elle a dès ses premières années de travail mis au point le concept de « taxe carbone ».

La réussite de la Déclaration de La Haye n'occulte ni ne retarde les grands chantiers que j'ai en cours en tant que Premier ministre et qui concernent notamment le sauvetage d'entreprises publiques, – Air France, Air Afrique, Renault – la réorganisation des Postes et Télécommunications ainsi que la création de Voies navigables de France déjà évoquée. Et, là encore, il a fallu batailler.

Sauver Air France

À mon entrée à Matignon, Air France est martyrisée de plusieurs façons. Et dans une situation bien différente – et beaucoup plus dangereuse – que Lufthansa, British Airways, Iberia…, compagnies qui réalisent leurs bénéfices sur leur marché intérieur où elles sont dominantes. Fortes de leur position quasi monopolistique sur le marché intérieur, à l'international, elles écrasent les prix quand la concurrence l'exige. À cause d'Air Inter, Air France est de son côté coupée du marché intérieur. On lui a, de plus, retiré, dans les années 1950, ses lignes les plus rentables vers le Sud-Est lointain – l'Afrique du Sud, Madagascar, l'Australie, la Nouvelle-Zélande, Singapour et la Nouvelle-Calédonie –, au profit d'une compagnie privée, l'Union des transports aériens, alias UTA, histoire de faire plaisir à quelques amis. De plus, UTA est représentée au conseil d'administration d'Air Inter. Dès lors, il ne reste à Air France que les lignes internationales difficiles. Et, à partir de 1980, la compagnie est étranglée. La perspective de faillite se profile.

J'ai à l'époque pour ami Antoine Riboud, fondateur de Danone, dont les commentaires sur l'actualité comme sa connaissance du monde patronal me sont particulièrement précieux. Comme je lui fais part de mes inquiétudes concernant Air France, il me conseille de rencontrer Jérôme Seydoux, grand industriel travaillant principalement dans le textile, qui s'est lancé dans le transport aérien en devenant propriétaire d'UTA et président des Chargeurs reunis. L'homme a la réputation d'être rude et d'être irréductiblement hostile aux nationalisations, donc aux socialistes. Je ne le connais pas. Pourtant, un jour, sur la suggestion d'Antoine Riboud, il m'appelle. Pour éviter toute fuite dans la presse, je lui demande de bien vouloir entrer par la porte du jardin de Matignon qui me sert chaque fois que je mène des négociations secrètes. Je commence notre entretien en lui expliquant simplement que je souhaite vivement entendre un avis patronal et non administratif sur les activités de son secteur. Dans un premier temps, nos conversations se limitent à des questions d'ordre général concernant la vie économique vue sous l'angle patronal. Il me parle ainsi de l'activité textile et je prends des notes. Et puis, au moment de le raccompagner, je lui pose innocemment cette question : « Qu'en est-il du transport aérien ? » Et il me répond : « Tout va très mal. » Je lui propose alors de revenir pour en parler.

Nous nous rencontrons à nouveau quelque temps plus tard. À ce moment-là, Delta Airlines possède 550 avions, United Airlines à peu près 540 et British Airways, 260 ou 270 appareils. Margaret Thatcher a réussi, de son côté, à regrouper British Overseas Airways et British European Airways – jusque-là séparées – et à créer une compagnie de transport unique bénéficiant des marchés intérieur et extérieur. Puis, avec une mauvaise foi devenue légendaire, elle veut empêcher le même genre de rapprochements dans d'autres pays, au nom du droit européen de la concurrence.

En France, Air France compte 145 avions, Air Inter 47 ou 48 et UTA 11. Pour Jérôme Seydoux, cet éparpillement est une catastrophe, comme la faiblesse de sa compagnie, qui a pourtant très bonne réputation. Trois rencontres se tiennent avec lui dans le plus grand secret. Lors de la quatrième réunion, après cinq mois de conversations, il m'annonce être contraint de vendre. Ma crainte ? Qu'il le fasse à la British Airways. Quand je lui demande ses intentions, sa réponse me rassure : « Je ne vais pas trahir ; je suis citoyen français, je ne peux vendre qu'à vous… »

Le moment est donc venu d'informer les directeurs de nos compagnies aériennes respectives, jusque-là non prévenus, ainsi que nos banques conseils en leur recommandant le plus grand secret. Près de deux cent cinquante collaborateurs travaillent pendant une grande semaine sur le sujet sans la moindre fuite. Et puis, le vendredi soir, le président de la Commission des opérations de Bourse reçoit une délégation de l'administration lui demandant de cesser de coter, dès le lundi matin, Air Inter, UTA et les Chargeurs réunis sur les marchés boursiers. Une explication sera donnée durant le week-end.

Bien évidemment, tant que je n'ai pas terminé les négociations, le président de la République n'est pas tenu au courant. L'annonce lui procure un choc. Il est clair en effet que le succès éventuel de cette opération suppose une violation du fameux principe « ni-ni » auquel il tient tant. Pendant la campagne pour sa réélection il a promis qu'il n'y aurait plus de nationalisations et en échange pas non plus de privatisations. Et puis bien sûr, un nouveau succès éloigne encore la perspective de mon effondrement qu'il a sans doute de temps en temps caressé ! Reste que le 12 janvier 1990, l'État achète au groupe Chargeurs SA de Jérôme Seydoux la quasi-totalité du capital de la compagnie privée UTA, qui se trouve, de fait, nationalisée. Les actions d'Air Inter détenues par UTA viennent donner la majorité à Air France au sein d'Air Inter. Et les compagnies aériennes appartenant au gouvernement français, autrement dit Air France, Air Inter, Air Charter et UTA, sont réunies au sein du Groupe Air France. Grâce à sa nouvelle dimension et surtout aux multiples synergies entre ses composantes qui permettront d'énormes économies, Air France retrouve la santé. Bernard Attali, président, gère la fusion, et après lui deux grands présidents, Christian Blanc et Jean-Cyril Spinetta lui donnent toutes ses chances. Après l'absorption de KLM, elle est au premier rang mondial.

J'ai donc réussi à sauver Air France. Il s'agit à mes yeux d'une grande victoire, même si mon ego a un peu souffert de savoir que peu de personnes connaissent mon rôle dans cette histoire. J'ai payé le prix d'une réforme intelligente, c'est-à-dire pas annoncée... Elle n'était pas au programme et ne porta donc pas de bénéfice électoral.

Air Afrique évite le naufrage

Pour autant, je ne suis pas sorti des trous d'air aériens. Un jour, je reçois un coup de téléphone de Félix Houphouët-Boigny, premier président depuis 1960 de la Côte d'Ivoire. Il m'est parfois arrivé de recevoir des appels angoissés de quelques-uns des vingt-deux chefs d'États Africains me demandant de les aider, mais lui commence par ces mots :

— Vous me négligez, Monsieur le Premier ministre.

Je réponds :

— Vous ne pouvez pas dire ça, monsieur le Président. Vous savez parfaitement que je vous aime. Mais surtout votre interlocuteur à Paris est le président de la République et je ne saurais m'immiscer dans vos relations.

— Non, non, rétorque-t-il, j'ai besoin de déjeuner avec vous au plus vite. Venez me voir.

Impossible de refuser. Quelques jours plus tard, j'embarque à cinq heures du matin du Bourget pour Yamoussoukro, capitale politique et administrative de la Côte d'Ivoire, Abidjan étant la capitale économique. J'arrive à midi et entame le tour de la ville en voiture découverte pour aller jusqu'à la plus grande cathédrale du monde, trajet ponctué par les ovations de la foule massée sur le passage du cortège présidentiel. Vient ensuite le déjeuner de travail. Où Houphouët-Boigny m'explique qu'Air Afrique est au plus mal... Je lui expose :

— Je n'y peux rien, Monsieur le Président. Vos pays partenaires dans Air Afrique ne payent jamais les billets d'avions, ni ceux de leurs ministres, ni ceux de leurs fonctionnaires. Vous interdisez que l'on ferme les établissements qui ne servent plus à rien. Vous avez trois installations de réparation, alors qu'une seule suffirait, mais chaque chef d'État veut la garder pour y faire embaucher les neveux de la famille… Ce n'est pas possible. Air Afrique ne peut être sauvé

Il se fâche un peu, et ajoute un élément que j'ignorais :

— Il y a une grande pression de Saudi Arabian Airlines pour racheter Air Afrique.

Voilà qui change la donne. Nous passons alors de l'examen commercial d'une société en faillite à de la géostratégie. Les Saoudiens risquent de contrôler tout le transport interafricain, on ne peut les laisser s'emparer de la compagnie. Connaissant la situation d'Air Afrique, je lui dresse l'analyse de la situation. Pour la sauver, il faut remplir de multiples conditions : la première est de changer le système de décision, ensuite de fermer au moins une des installations de maintenance sinon deux, enfin de licencier la moitié des embauchés de faveur qui ne font rien et bénéficient de rentes de situation payées par la société. Et je précise que seuls les chefs d'État partenaires peuvent entreprendre une telle opération d'assainissement et que, bien évidemment, il sait qu'aucun n'y est prêt. Il me regarde et se met à rire :

— Aucun ne veut peut-être, mais ils ne souhaitent pas non plus que Saudi Arabian Airlines prenne le contrôle, car ce ne sera pas meilleur pour l'embauche des neveux !

Pour me confirmer sa volonté de sauver Air Afrique, Houphouët-Boigny me précise en avoir parlé avec Abdou Diouf, président du Sénégal, homme remarquable, intègre, doté d'un vrai sens de l'État, et m'explique qu'ils ont décidé de reprendre le commandement d'Air Afrique à eux deux, et de mettre en œuvre le nettoyage indispensable quoi que fassent les chefs d'État associés qui, de toute façon, savent qu'il n'existe aucune autre solution. Des vols ne sont-ils pas annulés en permanence dans cette compagnie qui n'arrive même pas à assurer ses correspondances parce qu'elle n'a plus assez d'avions en état de voler ?

Pour faire face à cette situation, je lui propose que soit nommé en premier lieu un directeur général non africain et que quelques pays africains remettent un peu d'argent dans la société afin que l'État français ne soit pas seul à apporter les quelque cent soixante millions de francs nécessaires. De mon côté, j'ai réussi à extraire du

Trésor français à peu près cette somme en moins de six semaines ; ce qui est une grande première. Quant à la nomination d'un directeur français, nous en étions tombés d'accord et elle s'imposait d'autant plus que le Trésor demandait une surveillance d'exécution avant de verser sa contribution.

J'ai l'idée de faire appel à un ancien collègue inspecteur des Finances, Yves Roland-Billecart, pendant une dizaine d'années directeur général de la Caisse centrale de la France d'outre-mer. Quand je lui fais cette proposition, il est loin d'être enthousiaste, aspirant plutôt à une retraite paisible. Aussi décrète-t-il ne rien connaître au transport aérien. Ce qui est, pour moi, la meilleure des conditions de réussite. Comme je le sais en outre excellent gestionnaire, face à mon insistance, il finit par accepter. Il réussit un superbe redressement d'Air Afrique. Au bout de cinq ou six ans, après avoir fait valoir ses droits à la retraite, il a été remplacé par un Mauricien beaucoup moins rigoureux et Air Afrique est reparti dans une spirale descendante, même si différentes tentatives ont été entreprises pour assurer sa survie.

Permettre à Renault de survivre

La survie de Renault a été beaucoup plus difficile à assurer. À cause, entre autres, de l'attitude de François Mitterrand.

Le président de Renault, Raymond Lévy, m'avertit un jour que, pour lui, Renault est à l'agonie. Et que si rien n'était fait, la société sera morte dans cinq ans. Trop petite, elle ne peut espérer s'en sortir qu'en contractant des alliances. Il a de lui-même contacté Pehr Gustaf Gyllenhammar, patron de Volvo, et leurs conversations avancent bien. Volvo, qui connaît aussi un problème de taille, se déclare même prêt à un mariage. Mais Raymond Lévy, patron d'une entreprise publique, ne peut aller plus loin sans l'accord de son unique actionnaire, l'État. Nous travaillons donc à une fusion comprenant une société holding, une filiale automobile dans laquelle Renault serait majoritaire et Volvo minoritaire et une filiale Trucks dans laquelle Volvo – beaucoup plus gros que Renault véhicule industriel – serait majoritaire.

Lorsque je présente ce montage au président de la République, il m'oppose un « non » sans appel. J'en fais part à Raymond Lévy, décidant dans un premier temps de ne rien faire. Quelque temps après, sûr de l'importance de cette alliance, je tiens ce discours au chef de l'État : « Vous êtes élu pour encore six ans de mandat ; voulez-vous vraiment assister à la faillite de Renault pendant que vous êtes en fonction ? » L'argument porte. Il m'autorise alors à poursuivre les pourparlers à condition de le tenir régulièrement informé.

Il faut dans un premier temps modifier le statut de Renault. Je fais inscrire à l'ordre du jour du Conseil des ministres le projet de loi de changement de statut de Renault avec l'accord du président de la République. Mais deux heures avant le Conseil, celui-ci retire la proposition de l'ordre du jour au motif qu'il refuse que le nom de Renault disparaisse, voulant que la société mère soit la société des voitures, avec le nom de Renault.

Après avoir planché pendant plus de trois mois, nous établissons avec Raymond Lévy et Pehr Gyllenhammar un nouveau projet. Celui-ci consiste en une société fusionnée d'automobile à majorité Renault et minorité Volvo, qui servirait de holding pour d'autres filiales, les camions devenant ainsi filiales des voitures. Mitterrand, ayant obtenu satisfaction, donne de mauvais gré son accord. Ce jour-là, tout paraît prêt.

Une nouvelle fois, le projet est mis à l'ordre du jour du Conseil des ministres.

Pehr Gyllenhammar, sûr du résultat de celui-ci, décide alors de réunir un conseil d'administration extraordinaire de Volvo, en terrain neutre à Amsterdam, le jour même du Conseil des ministres français, pour que son conseil d'administration, dans les trois heures qui suivent le Conseil des ministres, donnât son approbation à la poursuite des négociations et à la finalisation du projet. Voilà plus d'un an et demi que nos équipes planchent sur le sujet.

Mais je ne suis pas au bout de mes peines. Le jour du Conseil arrive et, comme d'habitude, je rencontre le président à neuf heures. Il commence notre entretien hebdomadaire par ces mots :

— Avec Renault vous m'avez fait passer un très mauvais week-end…

Je réplique :

— Monsieur le Président, il n'y a pas d'autre solution, c'est ça ou la mort…

Sans plus d'explications, il décide quand même de retirer le projet de l'ordre du jour du Conseil.

Que faire ? Protocolairement, il m'est impossible de sortir du bureau… Mais alors comment prévenir Pehr Gyllenhammar, qui a organisé son Conseil à Amsterdam pour l'après-midi ?

On poursuit notre tête-à-tête en abordant les autres points à l'ordre du jour. Quelques minutes de battement entre mon entretien avec le président et le Conseil des ministres me permettent de faire passer à mon directeur de cabinet, par l'intermédiaire du secrétaire général du gouvernement, le message du retrait de l'ordre du jour du projet de loi pour que Pehr Gyllenhammar soit immédiatement prévenu. Il réussit à annuler in extremis son Conseil, prétextant une indisposition grave. Par chance, aucun journaliste économique ne s'en aperçoit.

Le feuilleton n'est pas encore terminé. Deux semaines plus tard, Raymond Lévy m'annonce qu'il abandonne… Je lui demande s'il a prévenu Gyllenhammar. Pas encore. Ils doivent se voir le week-end prochain. Je glisse à Lévy : « Je ne suis pas sûr que Gyllenhammar soit prêt à renoncer et, de plus, je serais disponible s'ils souhaitaient me joindre. » Cela n'a pas manqué… Coup de fil à 21 heures, le samedi… Mes deux comparses arrivent en pleine nuit à mon domicile privé. Aucun journaliste ne risque de nous voir. On travaille sur un troisième projet qui, enfin, est passé.

Je suis parvenu à transformer Renault, par l'adoption de la loi du 4 juillet 1990, en établissement public industriel et commercial, une société par actions, toutes les actions étant d'État mais une société par actions, sous entendu privatisable facilement, ce qui est complètement nouveau.

Cette histoire connut un nouveau rebondissement lorsqu'un an plus tard le conseil d'administration de Volvo fit tomber Gyllenhammar. Renault resta seul. Mais son nouveau statut permit ultérieurement l'alliance Renault-Nissan en 1999 ! Et, permise par le déblocage statutaire, la renaissance vint enfin.

La modernisation de La Poste et de France Télécom

La réussite dont je suis le plus fier, c'est d'avoir permis la modification du statut des Postes et Télécommunications, le ministère des

P et T, en deux sociétés distinctes : La Poste d'une part et France Télécom de l'autre. Cette mutation a touché quatre cent cinquante mille personnes, toutes fonctionnaires, beaucoup plus que Renault qui employait soixante mille salariés ou Air France qui n'en avait que quarante mille. Pour faire simple, il s'agissait de l'équivalent de deux SNCF !

Bien avant d'arriver à Matignon, j'avais conscience des formidables progrès qui ne manqueront pas de bouleverser la technique en Poste comme en Télécommunications. Je peux déjà imaginer que, d'ici à une dizaine d'années, nous pourrons assurer le même volume de travail avec moitié moins d'effectifs. Gérard Longuet, ministre délégué – secrétaire d'État – aux Postes et Télécommunications et à l'Espace du gouvernement de cohabitation de Jacques Chirac, a fait le même constat mais s'est cassé les dents sur le projet en voulant imposer la réforme par le haut, sans informations préalables, ni des personnels, ni des usagers.

Paul Quilès, polytechnicien d'une grande intelligence, bon pianiste, passablement cynique et aussi antirocardien, a été nommé par François Mitterrand, ministre des Postes, des Télécommunications et de l'Espace. Lorsqu'il me demande audience, trois mois après sa nomination, je sais qu'il a le sens de l'État et n'ignore pas que, en tant que Premier ministre, je détiens aussi le commandement sur le budget. Lors de l'entretien, il me fait part de son inquiétude concernant les P et T, expliquant en substance : « Il faut tout changer, sinon on est foutu. » Je suis content et souris même parce que d'accord avec son diagnostic. Je lui demande son analyse. Selon lui, il convient de séparer la Poste des Télécommunications et de créer deux établissements publics, industriels et commerciaux, leur permettant à la fois une activité commerciale et d'exporter leurs savoirs, les meilleurs au monde ! De mon côté, de cet avis, j'estime aussi que le plus important est d'étudier de quelle manière on pourra faire bouger cette énorme machine sans tomber dans les travers de Gérard Longuet. Cela exige un effort budgétaire très important, mais nous n'avons pas le choix…

La presse, ayant vent du projet, s'en empare. Le président me met alors en garde : « Vous ne pouvez pas faire ça, c'est complètement explosif ! » Je tente de le convaincre en argumentant avec les propositions de Paul Quilès. Après le chef de l'État, je suis confronté à la colère de Lionel Jospin, alors ministre de l'Éducation nationale et numéro deux du gouvernement. Nommer Jospin numéro deux du gouvernement est, pour moi, une erreur de Mitterrand tant, lorsque l'on est ministre de l'Éducation nationale, on a beaucoup trop de choses à gérer pour s'occuper efficacement du reste. J'ai quand même droit, de sa part, à une tirade enflammée : « Vous n'allez pas privatiser la Poste ou la rendre privatisable, je ne supporterais pas cet attentat, etc., etc. »

Du coup, Paul Quilès vient me voir et m'annonce :

— Nous avons contre nous le président, le numéro deux du gouvernement, la majorité du gouvernement et la majorité de notre groupe parlementaire… J'abandonne. »

Je lui réponds :

— Paul, nous serions sous la quatrième République, assurés de chuter dans moins de six mois, je te dirais : « Tu as raison. » Mais il n'y a pas d'impossibilité à ce qu'on soit là pour cinq ans. La débâcle de la « sidérurgie postale » – nom de code que nous donnions aux P et T, en souvenir de la catastrophe de toute l'industrie sidérurgique – viendra forcément et alors ce sera la ruée. L'opinion tout entière nous demandera : « Pourquoi n'avez-vous rien fait ? » Et là, vois-tu, je ne te raterai pas. Je raconterai tout, y compris cette conversation. Mais, moi, je n'accepte pas de ne rien essayer. Considérons que j'ai encore trois ans à tenir, voire cinq. Alors fais comme tu veux.

Quilès se rend compte que je mets en cause son sens de l'État puisqu'il préfère jouer le jeu des précautions politiciennes plutôt que d'assumer une réforme capitale pour l'avenir. Il quitte alors mon bureau, muet, furieux, mais positivement décidé.

Donc nous continuons. Et la réforme va prendre un an. Il faut d'abord donner le change. Nous annonçons la clôture des travaux préparatoires commencés au Cabinet de Quilès et dont la presse avait eu connaissance. Puis Paul Quilès propose discrètement, sans annonce au public, à la Commission administration centrale paritaire de son Ministère de créer simplement un groupe de réflexion interne sur ce sujet. L'accord est donné, et le groupe restera discret. Quelques grèves surgissent, qui concernent uniquement des revendications salariales, et je lâche une prime supplémentaire pour y mettre fin. Quant à Paul Quilès, il comprend qu'il faut expliquer, dialoguer encore et encore. Le travail d'information des usagers comme celui des salariés, est gigantesque. Pour mener cette grande concertation, il nomme Hubert Prévot. Ce qu'il ignore, c'est que je le connais de très longue date, qu'il est le parrain de ma fille, le copropriétaire de mon bateau. Nous avons eu de petites querelles dans le cadre du PSU et je ne l'ai pas revu depuis longtemps, mais je suis très heureux que ce soit lui qui soit choisi, car il partage mon approche méthodologique des problèmes. À savoir écouter, consulter la base, informer, négocier. Prévot organise, en un an, huit mille réunions de postiers ou de télécommunicants sur tout le territoire. Et ce autour d'un pot, avec pas plus de dix à quinze personnes. Objectif : écouter, consulter la base, expliquer qu'il faut entreprendre des changements lourds, que les fonctionnaires conserveront leur emploi garanti, que la modification du statut est nécessaire et que l'on conservera le cœur du métier. Surtout, il faut rassurer et apporter des réponses aux différentes objections.

La CGT met près d'un an pour comprendre ce que nous préparons et lancer une grève générale. Comme la campagne d'information a été bien faite, elle ne mobilise pas plus de 2,5 % de salariés.

C'est ainsi que nous avons réussi et permis le développement de La Poste et de France Télécom. Pour moi, il s'agit encore d'une belle victoire que je partage avec Paul Quilès et Hubert Prévot. Reste que si je n'avais pas mis toute ma conviction dans la bataille, nous n'aurions pas réussi cette grande réforme nécessaire dans des conditions acceptables par tous. Et si les différentes actions que j'ai entreprises pour réformer nos entreprises nationales n'ont eu strictement aucun impact d'un point de vue électoral, aujourd'hui encore elles ont des conséquences positives sur notre économie.

La rénovation du logement et des bâtiments scolaires

Même si les grands chantiers m'occupent beaucoup au quotidien, dès mon entrée à Matignon, je souhaite, avant même d'engager de grandes réformes, parer au plus pressé. En consacrant notamment plus d'un milliard de francs à des travaux d'urgence dans les quartiers dégradés, au réaménagement de la dette des organismes HLM, je désire que l'on s'occupe de près des citoyens les plus fragiles. Le but est d'assurer l'entretien des logements, de permettre les réparations des cages d'escalier, des ascenseurs, des halls d'entrées, de maintenir une modération de la hausse des loyers et d'entreprendre un effort particulier en faveur du logement des plus démunis.

Il ne s'agit pas d'une grande réforme du logement social, mais de procurer un nouvel espoir aux personnes dont la réalité quotidienne est faite d'ascenseurs en panne, de boîtes aux lettres cassées, de logements trop vétustes, de loyers trop chers.

Comme, selon moi, la délinquance est souvent le fruit d'une absence de perspective, la formation est – entre autres – une de mes grandes priorités. Pourtant, je n'ai pas engagé de refonte des programmes, de réforme du baccalauréat ou de négociation sur la revalorisation de la condition enseignante, non. J'ai préféré dégager plus d'un milliard quatre cent mille francs pour repeindre des salles de classe, éviter qu'il ne pleuve sur les livres dans certaines bibliothèques, donner des moyens supplémentaires aux collèges ayant entamé une rénovation pédagogique, mettre en œuvre le fonds d'aide à l'innovation en faveur de ceux qui se lancent dans une adaptation de leur métier aux exigences de l'avenir.

Il faut, à l'époque comme aujourd'hui, du courage et de l'obstination aux enseignants pour sortir de la routine et donner aux jeunes tout ce qu'ils attendent de l'école et de l'université. Trop souvent, ils ont le sentiment que l'État, leur employeur, ne leur en saura aucun gré dans leur rémunération ou leur carrière, et qu'en plus ils devront affronter d'innombrables obstacles matériels ou administratifs. J'ai voulu, par ces actions, leur témoigner du contraire.

La prolongation des stages de formation professionnelle, la reconduction des mesures d'exonération de cotisations sociales pour les employeurs embauchant un jeune en contrat de qualification – pour plus de deux cent mille jeunes dont la formation ou l'embauche risquaient d'être interrompues – constituèrent autant d'autres moyens de redonner espoir. Mais surtout, avec l'aide de Lionel Jospin, nous avons accompagné ces améliorations matérielles d'une revalorisation de leurs rémunérations par rapport au reste de la fonction publique. Ce fut long et difficile à négocier, il a fallu pour des raisons budgétaires étaler cette revalorisation sur sept ans, ce qui hélas l'a rendue moins visible et donc moins satisfaisante. Mais tout de même : une revalorisation de 15 %, c'est une affaire énorme. On n'avait jamais vu l'équivalent depuis plusieurs dizaines d'années.

Le printemps du Renseignement [1]

Le succès des réformes égrenées au fil de ces pages tient pour beaucoup à la prudence de ne pas les avoir annoncées et, surtout, de ne pas s'être donné de date pour obtenir des résultats. Dans toute négociation, inscrire une date butoir oblige parfois à une ultime concession. Or, les concessions de la puissance publique sont plus visibles que celles de ses partenaires. Ce qui signifie que les vraies réformes ne sont pas susceptibles d'être inscrites dans un programme électoral daté. La réforme que j'ai entreprise des services spéciaux en fait partie. Je ne dispose d'aucune compétence en matière de renseignement. Et dans le contexte du budget infernal à équilibrer, du déficit commençant de la Sécurité sociale, des grèves, je ne me plains vraiment pas d'un manque d'activité. Pour autant, chaque matin en arrivant à mon bureau, je le trouve vierge de tout document. À l'exception, placées au petit matin, des notes des services secrets, rédigées par chacun d'eux et jamais faites en commun, purement factuelles et évitant au maximum l'analyse, se limitant à des données brutes.

Un homme politique a assez peu de moyens de les juger si on ne lui livre pas en plus une analyse. Or le hasard fait que, au bout de six mois, je change – à sa demande – de conseiller sur les affaires de sécurité. Le nouveau est un grand préfet, Rémy Pautrat, qui a la particularité d'avoir été pendant une petite année patron de la DST. Ce dernier ne met pas une semaine avant de me houspiller en soulignant, les yeux révulsés, que la production déposée sur ma table n'a pas grand sens, fournie dans des conditions qui ne facilitent pas son usage par la puissance publique et qui l'interdit même, d'une certaine façon. De plus, la rumeur couve d'une guerre des polices – le mot revient souvent dans l'histoire de France – à l'œuvre aussi bien dans les rapports entre police et gendarmerie qu'entre nos trois ou quatre services spéciaux, dont j'assume la demi-responsabilité.

Il faut donc, selon lui, alerter le président de la République. Mais celui-ci est parfaitement sourcilleux quant à la définition de son territoire. Et évoquer la question, c'est empiéter dessus. Alors,

---

1. Termes empruntés au général Mermet, ancien directeur général de la Sécurité extérieure.

j'hésite puis n'en parle pas. Vient le moment où je considère que je manque de courage. Or, il faut rester fier devant ses propres collaborateurs. Rémy Pautrat me convainc finalement que je manque à une responsabilité nationale de puissance publique en me taisant.

Aussi un beau jour, huit ou neuf mois après ma nomination, alors que nous éclusons avec le président l'ordre du jour du Conseil des ministres en trente minutes – c'est-à-dire qu'il en reste trente autres avant la tenue du Conseil –, je me lance :

— Monsieur le président de la République, lui dis-je, comme nous avons un peu de temps, je voudrais parler d'autre chose, mais là je sais que je quitte mes plates-bandes et que j'entre résolument sur les vôtres. C'est d'ailleurs vous qui déciderez. Vous me laisserez le temps de faire une remarque. Du côté de nos services spéciaux, ça marche vraiment très mal.

Le Président me coupe tout de suite :

— Ah, mon grand échec.

Et monologue sur le sujet, ajoutant :

— J'ai tout essayé, j'ai beaucoup changé les hommes, rien n'y a fait.

Moi, modestement, avec la discrétion qui convient – je crois à la révérence nécessaire, le président de la République est tout de même notre élu à tous –, j'ose :

— Monsieur le Président, je voudrais respectueusement vous proposer l'idée qu'il s'agit moins d'un problème d'hommes que d'un problème de procédures.

J'essaie alors de lui faire un peu l'analyse sociologique du fonctionnement des institutions. Son regard devient assez vite vague. J'insiste. Et, après un silence, je l'entends me donner le blanc-seing :

— Si ça vous amuse.

Cette phrase, que j'ai commentée dans l'avant-propos du présent livre, signe l'ouverture de mon droit d'agir dans le domaine réservé du chef de l'État en matière de services de renseignement. « Si ça vous amuse » est une décision.

Donc Rémy Pautrat et moi-même commençons à travailler. L'outil premier, c'est le décret. Il s'agit de réactiver le Comité interministériel du renseignement créé par le général de Gaulle en 1959, CIR tombé en désuétude et qui ne s'est pas réuni depuis une bonne dizaine d'années, voire davantage. Or sa composition n'est plus adaptée à la structuration actuelle des services. Je souhaite donc qu'on y associe immédiatement les chefs de service, à savoir les chefs de la Direction de la surveillance du territoire (DST), de la Direction générale de la sûreté extérieure (DGSE), de la Sûreté militaire, devenue Direction de la protection du secret défense (DPSD), et surtout du Secrétariat général de la Défense nationale (SGDN).

De plus, il faut organiser l'ensemble en lien avec les ministres compétents. Si je suis entouré d'hommes dont le calibre intellectuel n'est pas le problème, leurs relations avec moi peuvent, en revanche, en être un. Pierre Joxe, ministre de l'Intérieur, et le ministre de la Défense, Jean-Pierre Chevènement, sont des personnages absolument délicieux, charmants, agréables à vivre en privé, mais nous n'avons pas des intellects constitués de la même façon et nos rapports ne sont pas commodes car non fondés sur la confiance.

Je commence par soumettre l'idée à Pierre Joxe, qui s'esclaffe :

— Jamais !

— Jamais quoi ?

— Jamais je n'accepterai que s'organisent des délibérations d'ordre politique en présence des fonctionnaires à qui nous donnerons les ordres ; ils n'ont pas à être parties prenantes aux états d'âme, aux désaccords. Il peut même y avoir des discussions graves qui doivent rester secrètes.

Tout ça n'est pas simple et Joxe a largement raison. En plus, c'est lui qui dispose de l'amitié, donc de la confiance du président et pas moi ! Aussi le Comité interministériel du renseignement sera-t-il composé exclusivement de membres du gouvernement. Il va de soi que la première décision de ce comité – constitué, comme il est, on ne peut le réunir qu'une fois l'an – sera de fonder un comité secondaire, visant à appliquer les décisions, composé, cette fois, des grands chefs de services, lesquels ont vu là l'occasion de se rencontrer fréquemment. Je fais en plus sentir fermement que je trouve insupportable, disqualifiant même pour la France, d'entendre l'écho du fait que la communauté internationale du renseignement se plaint de ne pouvoir travailler avec nous. Et ce à cause de la guerre entre services largement due à la structure du dispositif et non à la malignité des hommes. Du coup, j'exige que le comité des hauts fonctionnaires, qui, lui, se réunit mensuellement, soit capable de régler en son propre sein ces problèmes de relations. La question fondamentale est : à quoi sert un tel comité du renseignement ? Rémy Pautrat m'apprend que le général de Gaulle avait fait établir un plan de renseignement de la République française. Pour le vieux social-démocrate que je suis, séduit par les idées planificatrices dans sa jeunesse, faire un plan va plutôt de soi. L'enjeu est de savoir ce que l'on protège, et ce que l'on n'ira pas chercher afin de concentrer le tir sur les moyens de formation, de recrutement, etc.

Nous entamons donc au sommet de l'État une délibération qui prend plusieurs mois et permet l'élaboration d'un plan de renseignement de la République française, le premier depuis 1959. Plusieurs décisions lourdes sont à valider dans ce contexte. La première : faut-il que toutes les priorités soient géographiques ou convient-il d'en mixer de nature différente ? C'est là que nous choisissons d'équilibrer le plan en établissant quatre priorités géographiques et quatre autres priorités thématiques. Dans les premières, on omet l'Amérique du Sud et la moitié de l'Afrique, mais il reste le monde arabe, une partie de l'Afrique, la Chine. Nous érigeons comme autre enjeu l'intelligence économique et la recherche scientifique. Comme nous voulons donner un coup d'envoi à une initiative susceptible d'être durable, je ne me contente pas d'écrire des textes, des consignes, et nous nous intéressons à la manière dont ces directives devront être appliquées par la suite. Mon cabinet me suggère une décision tout à fait majeure : chaque priorité, géographique ou thématique, sera gérée par un comité *ad hoc* interservices qui sera présidé par le ministère le plus intéressé à ses résultats. Il s'agit d'arriver, en matière de renseignement, à ce que les services ne soient plus seuls à déterminer ce qu'ils cherchent, mais qu'ils suivent les pistes et les orientations décidées par les Ministères concernés, chacun dans son champ. C'est radicalement nouveau.

Aux yeux des grands spécialistes de nos services, accueillir le ministère de la Recherche dans ces sujets apparaît comme une incongruité. Un chercheur, pour eux, est un individu assez chevelu, loin du respect des horaires et des procédures habituels dans la fonction publique, aux pulsions un peu disparates et pas toujours contrôlables. Mais nous avons la joie de découvrir que le ministère de la Recherche, enfin honoré d'un complément à sa propre responsabilité, possède une énergie, un talent et un sens de l'analyse fabuleux, qui surprennent jusqu'aux services eux-mêmes. Bien entendu, en matière d'espionnage industriel, le ministère de l'Industrie est un donneur d'ordre, un pilote de procédures autrement compétent que tous les services de police, même très efficaces. Il en va également ainsi avec la grande bastille française qu'est le ministère des Finances, structure très arrogante dont le surdimensionnement pèse à la France et qui souffre de n'être pas partout. Voilà que, dans la logique du dispositif institutionnel que nous inventons, le ministère des Finances reçoit la présidence d'un comité chargé de la délinquance financière. L'enfant de tout cela est « Tracfin », cellule française de lutte anti-blanchiment.

Le président de la République m'a donné un mandat, il est parfait dans son exécution.

Six mois plus tard, un matin vers huit heures trente, je reçois un seul document, une note. Le chef de l'État a décidé, avec l'accord général, notamment le mien, d'envoyer le porte-avions *Clemenceau* au large du Liban pour manifester à la Syrie que nous ne laisserons pas faire n'importe quoi dans ce pays ami. Pour moi, c'est tout à fait normal. Mais les autorités militaires appellent cela une « gesticulation » et estiment qu'on ne déplace pas des bateaux sans fournir des explications. Nous recevons donc un papier en ce sens : « Le *Clemenceau* au large du Liban, appréciation de situation ». Je ne regarde pas l'en-tête du document, je commence à lire : c'est remarquable ! Une analyse stratégique intelligente. Avec l'examen de toutes les populations qui peuvent en subir les conséquences : les citoyens français servant notre diplomatie, les citoyens binationaux de ces différents pays, les agents de nos services, les militaires sous le drapeau français et ceux qui servent sous celui de l'ONU – il y en a à la frontière d'Israël – ainsi que l'ensemble des risques personnels et géopolitiques sont étudiés. En plus, des recommandations sont avancées relatives aux conditions de sécurité pour nos ambassades. Voici un de ces papiers que l'on a plaisir à lire et qui vous donne l'impression de prendre les politiques comme il faut, c'est-à-dire en les incitant à dire oui ou non, rien d'autre. À nous de nous occuper de l'opinion, d'être à la tête et de serrer des mains ! Après lecture de ce document totalement inhabituel, voire révolutionnaire dans la qualité de la production de nos services, je le retourne et regarde son en-tête : SGDN, DPSD, DGSE et DST. Il y a les quatre. Je pense : « Ça y est, on a gagné. » J'ai des raisons de penser que ce produit d'une collaboration générale interservices est le premier depuis plusieurs dizaines d'années.

Pour terminer cette belle histoire, je me dois de préciser que l'année suivante, sans que ce soit concerté, je reçois les visites des patrons du BND allemand, du MI6 anglais, du Mossad et un obscur n° 4 de la hiérarchie de la CIA en Europe. Tous venant me dire : « Monsieur le Premier ministre, la communauté du renseignement en France a changé. Nous commençons à être efficaces en travaillant avec elle et nous y prenons plaisir. D'abord, on n'a pas compris pourquoi, puis on s'est fait expliquer, je viens simplement vous dire merci. » Inutile d'ajouter que j'en suis personnellement hautement gratifié. Même si, naturellement et une fois encore, ce beau succès est à peu près totalement secret ! Bénéfice politique et électoral nul. Mais, dans ce domaine aussi la France s'en porte mieux.

Reste que cette avancée et cette entente entre les services sont bien fragiles et que je tiens à dire à tout politique de passage, de droite comme de gauche, qu'il lui faut écouter ses services. Que le meilleur usage à en faire est de leur faire savoir combien leurs avis et informations nous servent. Il dépend aussi de la responsabilité des hommes politiques que de savoir organiser ce qu'on appelle la mutualisation des services. J'ai eu d'ailleurs un vif plaisir à rendre visite deux fois à la DGSE dans ses locaux – la célèbre piscine –, ce qu'aucun Premier ministre n'avait fait avant moi.

Une histoire illustre ce propos. Quatre ou cinq ans avant ma nomination à Matignon, la Marine française a reçu de nouveaux sonars, appareils d'écoute et d'identification ayant quelques rapports avec le radar mais destinés à travailler sous l'eau. On en équipe trois frégates pour aller faire des essais dans l'Atlantique et leurs commandants reviennent ivres de joie : « Quel outil magnifique ! On n'a jamais vu ça. On détecte absolument tout, du moindre sous-marin à moins de deux cent cinquante mètres de profondeur ou des bancs de poissons, rien ne nous échappe. » Ces services sont au service de la République bien entendu, et la Marine décide que cette information doit être transmise aux pêcheurs français. L'État donne son accord. Durant quatre ou cinq mois, l'information remonte selon laquelle chaque fois que la Marine française fournit l'information qu'un banc de poissons est repérable à telle distance et tel lieu, les chalutiers poussent les feux pour arriver à temps. Puis, au bout de peu de semaines ils ont la surprise, quand ils arrivent vers le banc de poissons annoncé, de trouver toujours, systématiquement arrivés avant eux des bateaux japonais. La Marine française, régionalisée assez fortement, décide de répliquer en donnant la consigne que les messages contenant des informations de pêche destinées aux chalutiers seront désormais transmis en breton. Entre parenthèses, par conviction intrinsèque, je suis un vieux décentralisateur, et j'ai été créateur du deug de corse et du deug de breton sur la demande du ministre Le Pensec en 1989. Bref, que croit-on qu'il arrivât ? À la rentrée scolaire suivante, trois étudiants japonais s'inscrivent à l'université de Rennes… en deug de breton. L'anecdote démontre l'enjeu de la relation entre la puissance publique et ses services secrets. Pour que trois étudiants nippons, sur suggestion de leur recteur ou de leur directeur de thèse, aient décidé d'aller apprendre le breton traduit que les armateurs japonais ont expliqué notre manœuvre à leur marine nationale, que cette dernière a vérifié, que leurs services de renseignement s'y soient impliqués en somme, que toute une communauté ait pensé intérêt national. Voilà à mon sens une très belle histoire parce qu'elle décrit ce que la France ne sait pas faire. Or j'aimerais contribuer à ce qu'elle sache mieux le faire demain.

Le droit d'accès et aux victimes

Lors de la composition du gouvernement, j'insiste beaucoup auprès de François Mitterrand pour y faire entrer mon vieil ami Bernard Kouchner, ancien complice des batailles contre la guerre d'Algérie, ancien cofondateur de « Médecins sans frontières » puis, après une crise, de « Médecins du monde ». Le président, au début, se montre fort réticent. Je propose Bernard Kouchner comme ministre de la Santé, et j'essuie un refus. L'accord final se fait sur sa nomination comme secrétaire d'État auprès du ministre des Affaires sociales et de l'Emploi (en l'occurrence Michel Delebarre), chargé plus précisément de l'insertion sociale.

Ce portefeuille un peu mince, et sous l'autorité d'un ministre puissant, ne touchait guère à ce qu'il sait faire au mieux. Aussi reposé-je la question au président à l'occasion de la composition de mon deuxième gouvernement, le 29 juin 1988. Bernard Kouchner y devient alors secrétaire d'État auprès du Premier ministre chargé de l'Action humanitaire, une mission qui lui procure plus de liberté et de place dans son champ favori. Mais il existe une difficulté : Roland Dumas, ministre des Affaires étrangères, refuse de l'avoir à ses côtés. Soit, il n'existe aucun inconvénient à ce qu'il se trouve placé directement auprès de moi, Premier ministre. À ceci près qu'il lui faut un budget pour financer ses opérations. Or cette position administrative empêche, de fait, un financement issu des Affaires étrangères. Résultat : c'est moi qui vais financer ses opérations humanitaires sur les fonds spéciaux de la République.

Bernard Kouchner réalise un travail admirable en Afghanistan, en mer de Chine, au Tchad… Avec en tête une idée fixe, forgée bien avant à propos du Biafra : il trouve scandaleux que, lors de grands drames, naturels ou humains, tremblements de terres comme guerres civiles, des pouvoirs d'États locaux puissent se permettre d'interdire aux ONG ou à la presse l'accès aux victimes. Un beau jour, en 1988, de retour de Somalie, et imaginant déjà devoir intervenir dans un avenir proche au Kurdistan massacré par l'Irak, donc en territoire irakien, il débarque dans mon bureau et me déclare tout de go : « Michel, il faut absolument que la France présente un projet de résolution devant le Conseil de sécurité. » Et de m'en expliquer la raison. Je lui donne mon accord. Il rédige un texte et, sur la base de ce celui-ci, je consulte François Mitterrand, qui l'accepte rapidement. Aussitôt, la France saisit le Conseil de sécurité de l'ONU – je crois même, sans en être tout à fait sûr, que nous avons demandé et obtenu l'urgence ! Il s'ensuit une brève mais superbe corrida. Les États-Unis soutiennent vite le projet : il y a trop de presse et d'ONG impliquées chez eux pour qu'ils puissent refuser. En pleine *glasnost*, ce qui va dans le bon sens, et très soucieux de conserver de bonnes relations économiques et financières, voire le soutien de l'Occident, Mikhael Gorbatchev dit « oui » à son tour. Une position qui provoque l'abstention discrète de la Chine. Avec l'accord anglais, le problème des membres permanents – et donc d'un éventuel veto – est réglé.

Reste le cas des membres non permanents du Conseil de sécurité. Il s'agit, certes, d'une résolution positive et sympathique à la plupart des opinions publiques. Notre rédaction est en outre prudente,

puisqu'elle établit le « droit d'accès aux victimes », et ne parle évidemment pas d'« ingérence ». Mais, en fait, elle comporte sa petite
part d'ingérence et apporte incontestablement une première limite,
petite mais indéniable, au caractère absolu des souverainetés nationales des États en cause.

On discute dans la Maison de verre à New York. Je me tiens au
courant par téléphone, fréquemment. Nous apprenons que beaucoup d'États approuvent, mais que l'ambassadeur du Brésil, grand
diplomate respecté et prestigieux, rejette absolument cette innovation qu'il estime dangereuse. Il éructe littéralement et dénonce les
Occidentaux coupables, à ses yeux, de vouloir aller s'occuper des
massacres d'Indiens dans la forêt amazonienne. Divers contacts
menés par nos ambassadeurs aux Nations unies et quelques-uns de
leurs conseillers se révèlent infructueux. Je me résous finalement à
appeler au téléphone le président Sarney, dont j'ai fait la connaissance à Paris, très peu de temps auparavant, pour l'Appel de
La Haye. La conversation, difficile, dure une bonne vingtaine de
minutes. Je plaide auprès de lui que, avant de s'occuper des grands
propriétaires fonciers meurtriers du Brésil, le monde aura un lot de
souffrances humaines d'une autre ampleur à traiter, qu'il n'a pas le
droit, lui, président d'un pays redevenu démocratique et où l'on
peut faire confiance à la justice, d'empêcher les humanitaires de
tenter de soulager les souffrances infligées par des gouvernements
abominables… Et je gagne. Il accepte. On vote le lendemain ou le
surlendemain à New York. L'ambassadeur du Brésil, raide et renfro-
gné, occupe son siège, n'ouvre pas la bouche et laisse voter. C'est
un triomphe. Il dira peu après : « Je ne m'en mêle pas, j'ai reçu des
instructions de mon gouvernement. »

Ainsi fut validée, le 8 décembre 1988, la résolution des Nations
unies n° 43-131 portant sur « l'assistance humanitaire aux victimes
des catastrophes naturelles et situations d'urgence du même ordre ».
Complétée deux ans après par la résolution 45-100 prévoyant, dans
les mêmes cas, la création éventuelle de corridors humanitaires,
cette résolution a servi de base juridique à plus d'une centaine
d'interventions humanitaires de l'ONU. Même si le mot « ingérence » n'est pas prononcé, elle est le premier pas vers l'interdiction
à tout dictateur de massacrer son propre peuple sous couvert de
« souveraineté » nationale.

J'ai quelque fierté à avoir mené, aussi, ce combat-là.

Le tollé de la réforme de l'orthographe

L'un des charmes de l'activité de Premier ministre est d'avoir à traiter de tout : des grandes réformes de nos industries nationales, de la promotion du droit d'ingérence, de la qualité et de la salubrité des logements, du bon fonctionnement des bibliothèques scolaires... Mais curieusement, parmi tous les combats d'ampleur que j'ai menés, celui qui aurait dû se dérouler le plus en douceur atteignit avec virulence toutes les couches de la société : la réforme de l'orthographe. Pourquoi diantre ai-je éprouvé le besoin de m'occuper de ce sujet ? J'avais toutes les raisons de ne pas le faire. N'étais-je pas, en plus d'avoir une masse de travail importante et un plan de charge lourd, le premier collaborateur d'un président de la République écrivain très attaché à cette qualité et à tout ce qui en découle ?

Mais je gouverne un pays à la balance des paiements fragiles et aux exportations constamment menacées, un pays très fier de sa langue nationale mais qui découvre avec horreur que l'influence de celle-ci dans le monde décline lentement. Il n'est donc pas sûr qu'il n'y ait aucun rapport entre les deux.

D'autres problèmes se posent. Dont le manque croissant et grave de professeurs de français à l'étranger, recrutement rendu difficile à cause notamment des bizarreries d'une orthographe inassimilable : trois mille mots aux orthographes différentes selon les dictionnaires, accentuation comprise, aucune règle fixe pour déterminer l'orthographe des termes nouveaux alors qu'il s'en fabrique plusieurs milliers par an, incertitudes sur les pluriels des mots composés ou certains accords de participe passé, etc. Cette dernière difficulté entraîne, dans l'usage de la langue sur ordinateur, un surcoût de près du double pour la traduction automatique des sommaires et résumés d'ouvrages en français, ce qui empêche ces derniers d'être intégrés aux six ou sept institutions mondiales (quatre aux États-Unis, une en Grande-Bretagne, une au Japon) qui stockent à présent l'intégralité de la production culturelle et du savoir humain. Si les éditeurs ne veulent plus payer ce coût, le français s'exclut lui-même de la culture et du savoir mondiaux.

Bref, mon ami Pierre Encrevé, linguiste et membre de mon cabinet, finit par me convaincre qu'il faut, sans toucher à la langue, œuvrer à une simplification orthographique, ou, plus modestement encore, à quelques menues rectifications. Or il faut savoir – et je ne sais pas alors qu'orthographe et politique sont étroitement liées par volonté royale depuis longtemps – que lorsque le français a été déclaré langue royale les clercs se sont empressés d'en compliquer la graphie en usant de références à des étymologies parfois discutables. L'ancien français était en effet essentiellement phonétique, assez proche de la graphie utilisée dans les SMS aujourd'hui. C'est, par exemple, l'Académie française qui, au XVIIᵉ siècle, remplaça dans d'innombrables mots le « f » par des « ph », histoire de souligner leur origine grecque mais sans aucune demande sociale en ce sens.

En octobre 1989, décède un militant socialiste de longue ancienneté et que je connaissais bien : Roger Fajardie. François Mitterrand l'avait nommé président du Haut Conseil de la langue française. Il faut donc le remplacer. À cette occasion, je propose au président de débaptiser le Haut Conseil de la langue française, d'en modifier les statuts et de le transformer simplement en Conseil supérieur de la langue française, lequel regrouperait des linguistes, des représentants de l'Académie française, de grands fabricants de dictionnaires et des représentants des correcteurs de journaux mais aussi des industriels, des poètes, des chanteurs… Il s'agit d'envisager des uniformisations sur différents points : le trait d'union, le pluriel des mots composés, l'accent circonflexe, le participe passé, et d'étudier quelques anomalies.

Ces rectifications et harmonisations sont publiées au *Journal officiel* en décembre 1990. Avant, on n'a eu de cesse de parler de « querelle » et même de « guerre » de l'orthographe… Qu'en tant que Premier ministre je m'occupe de ce dossier est en outre aux yeux de certains la preuve que je ne fais pas grand-chose à Matignon. De plus, que les avis recueillis aillent de Bernard Pivot et Pierre Perret à Maurice Druon et Alain Decaux n'en paraît que plus suspect puisque tout les oppose a priori. Le débat se révèle fracassant. Pourtant, je me plais à rappeler qu'un enfant peut se voir compter une faute uniquement parce que ses parents n'ont pas le même dictionnaire que son professeur…

Les rectifications suggérées par le comité spécialisé du Conseil supérieur de la langue française sont des recommandations. Seule l'Académie française a le pouvoir d'en faire des décisions. Un premier vote est unanime mais passe inaperçu. Puis la controverse prend une dimension énorme. La décision, faussement appelée réforme, et moi-même, sommes dorénavant attaquées dans la presse. La plupart de nos critiques n'ont pas analysé dans le détail la rectification. Sans aucun rapport avec ce qui est fait, on nous accuse de détruire la culture française, de vouloir en revenir à l'orthographe phonétique ! L'agitation est forte. Deux compagnies de CRS sont à peine suffisantes pour endiguer les manifestants devant la Coupole. L'Académie n'a jamais vu ça… La majorité y est courte. Il faut trois mois d'apaisement et de conversation pour que la décision se voie enfin validée. Je dois au lecteur l'information que nous avons quand même beaucoup ri pendant cette étrange bataille si française, dont la victoire finale tient largement au rôle prépondérant de Maurice Druon.

CSG mode d'emploi

Je pense être, sur trois ans, le Premier ministre à avoir eu le nombre le plus faible de saisines du Conseil constitutionnel par ses adversaires, et surtout de défaites. Un seul texte fut rejeté, qui plus est soumis par moi à cause d'un doute sur un amendement parlementaire !

C'est donc parce que j'ai pris la précaution de faire étudier en détail la constitutionnalité de la contribution sociale généralisée (CSG) pour éviter toute saisine conflictuelle que ce qui fut la seule réforme fiscale de quelque ampleur élaborée en France depuis la TVA, soit tout juste un demi-siècle, est passée entre les gouttes. Il s'agit d'un impôt de justice qui consiste principalement à assainir économiquement le financement de la Sécurité sociale en ne le faisant pas peser sur les seuls salaires, donc aux dépens de l'emploi. Voilà donc un impôt sur le revenu, brutal, juste, proportionnel au premier franc, donc un peu terrible car il ne faut pas trop l'augmenter, mais véritable œuvre de justice. M'adressant en novembre 1990 aux députés d'opposition qui s'efforcent de me censurer sur ce texte, je les interpelle ainsi : « Vous pouvez faire tomber le gouvernement, mais vous ne pouvez pas diminuer ses exigences, celles de la durée et de la continuité dans l'effort. C'est justement parce que cette tâche est ample et ambitieuse, parce qu'elle requiert autant d'humilité que de persévérance, que j'aspire à la poursuivre. » Je dois être convaincant puisque le texte sur la CSG passe à cinq voix de majorité alors que la somme des voix des groupes soutenant la motion de censure aurait dû me faire tomber. En fait, il y a eu quelques indisciplinés : un au PC, un au RPR, et quatre ou cinq à l'UDF. Aucun gouvernement ensuite, de droite comme de gauche, n'a remis en cause cette CSG n'appelant pas de financement particulier. C'est aussi le seul impôt créé en France depuis 1945 pour lequel la décision de création s'accompagne de la suppression, pour le même montant, d'un autre élément des prélèvements obligatoires, à savoir une grosse partie des cotisations salariales pour l'assurance maladie à la Sécurité sociale. Ainsi plus de 75 % des Français touchant moins de douze mille francs en salaires mensuels y ont gagné, les 25 % restants étant amenés à payer plus. Seuls les retraités auxquels il était demandé de participer au financement de l'assurance maladie ont posé problème. Mais ce fut, au total, une grande réforme.

Tenter de réformer la Sécurité sociale

La question des retraites est l'une des plus grosses bombes à retardement cachées de la société française, tant le nombre d'actifs contribuant à les financer décroît lentement mais régulièrement. Les enfants du baby-boom arrivant aujourd'hui à l'âge du départ, il n'y a que trois solutions : augmenter le montant des cotisations retraite, allonger la durée de la période pendant laquelle on cotise, ou baisser les retraites. Aussi inévitable qu'explosif. La seule piste complémentaire consiste à rechercher des compensations partielles acceptables pour le monde du travail. Je pense depuis longtemps – mais très solitairement – que la meilleure compensation devrait se trouver dans la réduction de la durée hebdomadaire du travail.

En prévision de cette échéance à terme rapproché – moins de vingt ans –, j'engage depuis Matignon une vaste information auprès du patronat, des centrales syndicales et des associations de retraités. J'obtiens leur accord pour la publication d'un « Livre blanc sur les retraites » établissant à la fois le diagnostic et les perspectives à court et moyen termes. Une fois le projet de texte établi par l'Insee, je décroche de nouveau leur aval sur le texte lui-même, au prix de quelques modifications de forme, et sur ma préface. Le jour de la publication, j'annonce la création d'une mission du dialogue sur les retraites composées de quatre hauts fonctionnaires conduits par un dirigeant syndical avec pour tâche de visiter toute la France afin d'y multiplier les séances d'information et les débats sur le sujet. Mon objectif est d'obtenir un consensus sur le diagnostic avant de faire l'examen des solutions acceptables. Cela ne peut pas se boucler en huit jours, il me faut au minimum deux ans pour arriver au terme de la consultation. Ensuite de quoi, après la recherche de consensus sur le diagnostic, je prévois une troisième étape, celle de la négociation tripartite, État, patronat, syndicats aux fins d'aboutir à un accord négocié, un vrai contrat. La quatrième étape devra être celle de la loi pour confirmer la légitimité de l'accord et l'étendre à tous.

Mais, je suis conduit à démissionner le 15 mai 1991. Et Édith Cresson, qui me succède, interrompt les travaux de cette mission de dialogue au bout de sept mois sans que j'en comprenne les raisons... Pourtant, dans cette courte période, la « mission du dialogue sur les retraites » a multiplié débats et présentations publics au point que le pays est en train de comprendre les enjeux, mieux, qu'un consensus semble se faire. Édouard Balladur le sent à son tour puisqu'une fois à Matignon, en août 1995, par décret, il prend quelques mesures dont la principale est le prolongement de la durée des cotisations de trente-sept ans et demi à quarante ans, et ce pour combler temporairement le déficit du régime. Mais l'ennui est que, ce faisant, il écarte toute idée de négociation et réaffirme l'État comme seul et exclusif décideur.

Dès le début de ma réflexion sur les retraites, j'ai contre moi le président Mitterrand et Pierre Bérégovoy, plus quelques autres qui réclament du médiatique, du spectaculaire là où je prône au contraire du progressif, du négocié discrètement... Cette méthode ayant toujours donné des résultats intéressants, concernant un sujet aussi délicat elle me paraît indispensable. Le déficit naissant de la Sécurité sociale – alors qu'il s'élève seulement à 10 % du déficit budgétaire de l'État (quatorze milliards de francs en 1990) – sert de prétexte à Mitterrand pour me demander ma démission. Le Livre blanc aura cependant été utile en permettant à Balladur d'assainir le régime général. Aujourd'hui, le chantier est à nouveau ouvert et la négociation difficile à mener quel que soit le gouvernement. Mais je maintiens fermement que, pour les régimes spéciaux notamment, une véritable négociation avec les partenaires sociaux s'avère un instrument bien meilleur que la loi. Les compensations aux charges nouvelles ou aux allongements de durée, tout particulièrement, ont vocation à être spécifiques pour chaque régime. On les trouvera mieux et elles seront mieux acceptées par la négociation que par une loi imposée.

Quant à la réforme de l'assurance maladie, il m'aurait fallu une dizaine d'années de mandat pour la mener à bien. Claude Évin, ministre de la Solidarité, de la Santé et de la Protection sociale, a mis en œuvre une démarche pour assurer l'encadrement des honoraires médicaux et les tarifs hospitaliers comme des cliniques privées, branche par branche. Plus de soixante-dix professions médicales et paramédicales sont répertoriées. Malheureusement jamais aucune structure, ni l'Ordre des médecins, ni la Confédération des syndicats médicaux français (CSMF), n'a réussi, ni même voulu établir, dans ce magma, une discipline collective, et encore moins bénéficié d'une capacité à trancher les conflits secondaires pour rendre possible une négociation collective avec l'État. Dans ces conditions, et faute d'autre choix pertinent, nous nous sommes résolus à négocier profession par profession en indiquant que les tarifs pratiqués ne pourraient être augmentés par la puissance publique qu'en fonction des concessions acceptées par chacune des professions afin de maîtriser le volume total de dépenses de son secteur, et en affirmant que l'assurance maladie n'aurait pas les moyens de payer plus. De même pour les médicaments, il fallait convaincre de l'intérêt d'utiliser les génériques, moins chers, aussi efficaces et aux principes actifs identiques. Dans cet esprit, Claude Évin, avec mon approbation et mon appui, a entamé des négociations avec quelques professions médicales et paramédicales dans le but de chercher un accord sur le montant maximal autorisé des dépenses dans leur secteur. Ce fut une réussite avec les cliniques privées, puis, si je me souviens bien, avec les radiologues et les masseurs kinésithérapeutes. Avec les généralistes, catégorie beaucoup plus nombreuse et agitée, nous n'avons pu signer qu'un accord de principe sans valeur générale, qui plus est avec un seul syndicat.

Il faut continuer et il y en aura pour des années, mais, le 15 mai, le président me demande ma démission sous prétexte que je n'ai rien su faire pour réduire le déficit de la Sécurité sociale. Le gouvernement qui succède au mien ne se préoccupera pas plus de ce dossier, épée de Damoclès qui reste toujours au-dessus de nos têtes, enjeu majeur sur lequel butent tous les gouvernements.

Enfin, je ne peux passer sous silence la réforme la plus médiatisée que nous ayons réalisée, baptisée « loi Évin », qui interdit l'affichage de publicité pour l'alcool et le tabac, la vente de ces produits aux moins de seize ans ainsi que le fait de fumer dans la plupart des lieux publics. Elle est entrée dans les mœurs et tout le monde s'en porte mieux.

Un bilan de Matignon ?

Quel bilan tirer de mon activité de Premier ministre ? Si j'ai fréquemment eu droit à des critiques médiatisées de la part de l'Élysée concernant mon éventuel immobilisme, je ne pense pas que le récit de ce qui a été entrepris prouve leur justesse. Mais il est vrai que je n'ai jamais cherché à faire du spectaculaire. Et s'il a eu lieu, comme lors de la réforme de l'orthographe, c'est bien malgré moi. Je me suis toujours abstenu de répondre à ces attaques pour préserver le temps et éviter d'arriver à une situation qui m'aurait contraint à partir. J'ai réussi à tenir, malgré l'attitude du président à mon égard, plus de trois ans et cinq jours… ce qui n'est pas si mal.

En vérité, je me considère en politique comme un arboriculteur. Lorsque l'on plante une graine ou une jeune pousse, il convient d'avoir la patience et le courage de la laisser grandir en paix. Ma méthode, c'est la négociation, une approche technique et détaillée – et j'oserais même dire scientifique – des problèmes à résoudre.

C'est pourquoi, d'un point de vue général, j'ai eu à cœur, et cela relevait de ma seule décision, de légiférer aussi peu que possible. Parce que la loi est trop symbolique. Dès que l'on passe par elle, la navette parlementaire prend au moins six mois, ensuite survient de la « symbolique » et, au nom de cette « symbolique », un risque énorme de décisions à mes yeux excessives.

La France, pour moi, est une nation composite qui adore se déchirer au nom de la « symbolique ». Or, tout combat symbolique est infernalement long. Il faut l'autorité du général de Gaulle pour livrer de telles batailles. Mais de Gaulle avait une légitimité issue de la guerre, ne s'étant pas construite dans la paix. Or, une guerre est moralement simple : on sait où se trouve le bien et où se cache le mal. En revanche, les légitimités politiques construites en temps de paix ne peuvent devenir réalité qu'à travers des successions de compromis. Il n'y a jamais de grandeur là-dedans. Par définition. Il faut donc voir ce que l'on demande à des dirigeants en temps de paix. Une chose est sûre, plus on exige d'eux du sacré et de la symbolique, plus on les met en déphasage.

Mon activité à Matignon fut un long combat pour imposer les réformes à mes yeux indispensables. Et je suis fier, aujourd'hui, de constater que, vingt ans après, même si peu s'en souviennent, beaucoup de mes travaux se sont inscrits dans la durée. Curieuse condition pourtant que celle de Premier ministre. Du jour au lendemain, vous n'êtes plus rien, n'avez plus de bureau, plus de secrétaires, plus de collaborateurs, plus de rencontres avec le président ou les autres gouvernants. Et vous vous retrouvez désespérément seul après avoir connu les ors et honneurs de la République. C'est ce qui m'est arrivé alors.

Chapitre XIII

IL Y A UNE VIE APRÈS MATIGNON

À peine mes adieux faits à Matignon, je retrouve mon bureau de maire à Conflans-Sainte-Honorine. Un peu sonné peut-être, bien que sachant depuis longtemps que je me trouvais sur un siège éjectable, j'atterris sans trop de secousses. Comme un ami propose de me prêter son bateau, je pars pendant trois semaines faire le tour de la Méditerranée de l'Ouest par les îles. Rien de tel pour revenir en pleine forme. D'autant que les batailles qui s'annoncent ne seront pas faciles, ni pour moi, ni pour la gauche en général.

De retour, je poursuis mes activités de maire et de membre du bureau du Parti socialiste. En prévision des élections législatives de mars 1993, qui me semblent devoir être gravement défavorables à la gauche, je tente, dans un discours prononcé le 13 février, de donner une cohésion au Parti. En voici quelques extraits :

« En 1905, Jaurès créait le premier Parti dans lequel se sont réunis les socialistes. En 1920, ici même, à Tours, naissait sous les auspices de Blum un nouveau parti pour le socialisme démocratique. Celui-ci s'est effondré en juin 1940. La Résistance allait ébaucher une troisième formation qui prendrait sa forme durable après la Libération et sous Guy Mollet. Entré en léthargie dans les années 1960, ce parti-là laissait la place d'abord à l'esquisse tentée par Alain Savary puis, finalement, au Parti socialiste créé par François Mitterrand.

Que s'est-il passé à chacun de ces changements ? Ce fut la rencontre entre trois éléments : le monde avait changé, ce changement entraînait des ruptures, ces ruptures se faisaient dans la fidélité à certaines valeurs. Le monde n'était plus le même après la Première

Guerre mondiale et la révolution d'Octobre. Le monde n'était plus le même après la Seconde Guerre mondiale. Le monde avait encore changé, moins violemment, après la fin des guerres coloniales puis de la grande croissance.

Alors, et vous voyez parfaitement où je veux en venir : le monde d'aujourd'hui n'est plus le même que celui de l'époque d'Épinay. 1905, 1920, 1946, 1971, c'est dans cette lignée que devra figurer 1993. Avec le même courage que nos prédécesseurs, avec la même fidélité, je vous invite aussi à une rupture pour, comme eux, accomplir une renaissance.

La représentation spontanée que chaque individu a de la société a changé. La perception même d'un intérêt général se dilue jusqu'à disparaître, les revendications s'accumulent et deviennent souvent indéchiffrables. Elles se résument dans une sorte de désir vaguement désespéré de reconnaissance : "On ne nous écoute pas, on ne nous comprend pas."

C'est cela qui explique, partout en Europe, la remise en cause des partis et formations traditionnelles. C'est cela qui explique, en France, le succès d'opinion des écologistes. Ne nous y trompons pas, et qu'eux-mêmes ne s'y trompent pas non plus : s'ils rencontrent un large écho chez les Français, ce n'est pas seulement parce que ceux-ci ont pris conscience du respect nécessaire de la nature, c'est, je crois, pour une raison plus profonde encore. Quand les Français ne peuvent plus trouver les ressorts de leur identité dans une classe sociale, ni dans une religion, ni dans une catégorie professionnelle, ni dans une génération, ni même dans un niveau de revenu, que leur reste-t-il pour s'identifier ? Il leur reste ce qui les entoure immédiatement : leur environnement.

Leur environnement concret, qu'il soit celui d'une banlieue ou d'une campagne, d'un village ou d'une agglomération. C'est cela qui leur reste car ils peuvent s'y identifier, en bien ou en mal, tantôt pour le changer, tantôt pour le conserver à tout prix. L'environnement n'est donc pas seulement la nature et sa charge de chlorophylle, c'est avant tout une histoire sociale avec sa charge de problèmes.

Socialiste, je suis depuis toujours et socialiste je mourrai. C'est ainsi que je définis ce à quoi je crois. Mais ce qui est un élément d'identification sur le plan individuel est devenu un élément de confusion sur le plan collectif.

Dans Parti socialiste, il y a parti et socialiste, or chacun de ces termes doit aujourd'hui être reconstruit.

Le nom même du socialisme s'est forgé dans une conception du monde fondée tout entière sur des rapports de production, sur des rapports de classe qui ont cessé d'être les seuls fondements de l'action politique. Être fidèle aujourd'hui, c'est prendre acte de ce fait.

Mais que dire du parti lui-même ? Qui peut croire qu'il pourra demeurer une société close attachée à ses rites, pratiquant les querelles de chapelles ou les luttes de courant et prétendant offrir à l'extérieur un discours monolithique par rapport auquel tout désaccord est un drame, toute déviation un sacrilège et n'acceptant d'alliés que dans la soumission ?

Ce dont nous avons besoin, ce à quoi je vous appelle, c'est un vaste mouvement ouvert et moderne, extraverti, riche de sa diversité et même l'encourageant. Un mouvement qui fédère tous ceux qui partagent les mêmes valeurs de solidarité, le même objectif de transformation. Il s'étendra à tout ce que l'écologie compte de réformateur, tout ce que le centrisme compte de fidèle à une tradition sociale, tout ce que le communisme compte de véritablement rénovateur, et à tout ce que les droits de l'homme comptent aujourd'hui de militants actifs et généreux. »

Pour moi, ce discours reste toujours d'actualité. Se battre contre le sectarisme, éviter les querelles de personnes, choisir en fonction de la qualité des projets proposés et non de leur appartenance à tel ou tel courant me paraît fondateur d'une vision rénovée et ouverte de la politique.

Bernard Tapie dans les pattes

Les élections législatives de 1993 sont une catastrophe. Le Parti socialiste obtient cinquante-sept députés, son score le plus bas depuis 1905, lesquels font face à deux cent quinze UDF et deux cent cinquante-sept RPR. L'Assemblée élue est la plus à droite depuis un siècle. Moi-même, je suis battu par Yves Cardo, un RPR, maire de Chanteloup-les-Vignes. Hélas, le marasme ne va pas cesser pour autant.

Le bilan de cette catastrophe est examiné dans un Conseil national huit jours après le second tour. Le premier secrétaire Laurent Fabius irrite les responsables présents par la manière dont il esquive les responsabilités. Il est conduit à la démission. Comme seul un congrès, mais pas le Conseil national, peut le faire, je suis désigné Président de la Direction du Parti socialiste. C'est seulement au Congrès suivant que je deviens le premier secrétaire du PS élu par les délégués au Congrès national. Il me semble alors important de remanier profondément les institutions dirigeantes du Parti et de donner son autonomie au Mouvement des jeunes socialistes.

Pour les élections européennes de juin 1994, je choisis comme tous mes prédécesseurs premiers secrétaires – François Mitterrand, Pierre Mauroy, Lionel Jospin et Laurent Fabius – d'être tête de liste. Mais je dois subir la concurrence de la liste radicale menée par Bernard Tapie, lui-même soutenu par François Mitterrand. L'union UDF-RPR fait 25,5 %, moi 14,50 % et Tapie 12 % derrière la liste de Philippe de Villiers. Il est évident que, sans ce parasitage, j'aurais été à égalité avec la liste UDF-RPR. Les élections européennes suivantes confirmeront d'ailleurs cette hypothèse puisqu'en 1999, comme en 2004, j'arrive largement en tête avec 28,9 % des voix. Laurent Fabius et Henri Emmanuelli profitent de mon mauvais score de 1994 pour me mettre en minorité au sein du Conseil national du PS et me contraindre à démissionner. C'est le second qui me succède. Pour eux, l'« hypothèque Rocard » est levée.

En 1995, je suis élu sénateur des Yvelines, poste que je quitterai rapidement, car je souhaite anticiper sur une décision à venir, l'interdiction du cumul des mandats, et quitte à choisir, je préfère conserver un mandat de député européen correspondant mieux à la dimension internationale de l'action que je souhaite entreprendre à partir de cette date.

Une action que la partie de cet ouvrage, consacrée à mes activités au Parlement européen – dont je démissionne en janvier 2009 –, rendra compte. Mais, avant d'aborder ce travail majeur à mes yeux, je tiens à terminer ce récit relatif à mes activités sur le sol français en évoquant les missions qui m'ont été confiées à partir de 2009 par le président Nicolas Sarkozy. Certaines personnes n'ayant pas compris ma participation à ces instances, il me semble nécessaire d'être précis.

Chapitre XIV

Servir son pays sans trahir ses idées

Nombreux sont ceux, en effet, qui me reprochent ma participation aux travaux de l'administration française sous le gouvernement de Nicolas Sarkozy. À moi de lever toute ambiguïté ou incompréhension.

On l'a compris depuis le début de cet ouvrage, je suis social-démocrate. Et mon combat de très longue date pour les valeurs liées à la social-démocratie ne saurait être remis en cause. La France est l'un des rares pays où le repliement identitaire des partis politiques interdit toute participation à des travaux regroupant des compétences issues de divers courants de pensée politique sous peine d'être considéré comme traître par sa propre formation politique. Je le déplore. Et il est dommage que le Parti socialiste ne comprenne pas que, dans toutes les démocraties parlementaires de la planète, il existe, partout et tout le temps, des commissions où gauche et droite travaillant de concert sur les options ne font pas contradiction entre elles. Le Parti socialiste français ne sait plus, aujourd'hui, sur quelles certitudes s'appuyer, se croit fort en bloquant toute réflexion transversale. Il a tort. Il serait au contraire bon que mes amis socialistes se rendent compte que plus on est assuré de ses valeurs et convictions, plus il est simple d'être tolérant et disponible à autrui.

Nicolas Sarkozy est le président de mon pays. Je ne l'ai pas choisi, je n'ai pas voté pour lui, mais je suis citoyen français, depuis toujours serviteur de mon pays. Aussi, lorsque j'estime que ma contribution à la réflexion peut être utile, je ne me dérobe pas.

Nicolas Sarkozy n'est pas un néoconservateur

La politique économique défendue par le candidat Nicolas Sarkozy en 2007 est d'origine intellectuelle américaine, d'orientation monétariste. En une trentaine d'années, elle a conduit l'économie mondiale au désastre. Comme candidat il est même allé jusqu'à soutenir l'idée que dans cet esprit il fallait permettre à tout le monde de devenir propriétaire, et donc de généraliser en France le crédit hypothécaire, comme le faisaient les Américains ! Devenu président, il a su reconnaître l'échec de la théorie ultralibérale de Milton Friedman qui prône la réduction du rôle de l'État dans une économie de marché comme seul moyen d'atteindre la liberté politique et économique. Pour ce penseur, le marché se découvre auto-équilibrant et surtout tout équilibre de marché est optimal. Mais rarement les faits économiques se sont chargés de trancher aussi nettement dans les controverses des hommes en démontrant l'inanité de telles hypothèses.

Nicolas Sarkozy a remporté l'élection présidentielle de mai 2007, notamment parce qu'il a réussi à attirer sous sa bannière conservatrice une bonne part de l'électorat d'extrême droite. Le Front national est ramené de 15 à 10 % des voix environ, un recul énorme qui se traduit par un renforcement de la droite traditionnelle. Sarkozy a réussi cette opération en jouant sur les thèmes de l'identité nationale et de l'immigration. Il en est résulté une campagne considérée comme très à droite, et l'on s'attendait en France, comme en Europe, à un gouvernement farouchement conservateur, en communauté de conviction avec celui du président américain George W. Bush.

Il s'agissait d'une erreur d'appréciation. La thèse de Sarkozy selon laquelle l'identité nationale est menacée et le lien qu'il en tire entre identité nationale et immigration est lourde de dangers, mais ne suffit pas à faire de lui un néoconservateur. C'est en politique étrangère qu'il a choisi de le montrer le plus nettement. Prenant acte de ce que les grandes orientations de la politique étrangère française sont consensuelles depuis longtemps, il en a confié la mise en œuvre à des personnalités de gauche. Bernard Kouchner, un socialiste, est ministre des Affaires étrangères après avoir été ministre des Affaires humanitaires et secrétaire d'État à la Santé sous les gouvernements socialistes. Un haut fonctionnaire de gauche, Jean-Pierre Jouyet, fut secrétaire d'État aux Affaires européennes. Jean-Marie Bockel, député et maire socialiste de Mulhouse, fut secrétaire d'État à la Coopération et à la Francophonie. D'autres esprits de gauche ont également été intégrés au gouvernement. Fadela Amara, animatrice d'une ONG de défense des droits des femmes, est secrétaire d'État à la Politique de la ville, tandis que Martin Hirsch est haut commissaire aux Solidarités actives contre la pauvreté et à la jeunesse… tout du moins à l'heure où j'écris ces lignes.

Sarkozy a pris une autre initiative importante : la relance européenne. Après le rejet du projet de Constitution européenne en 2005, il n'était pas évident que la relance des négociations visant à améliorer les mécanismes de décision au sein de l'Union européenne soit la voie à suivre. Il n'y avait pas d'urgence immédiate, et chacun aurait compris que le nouveau président français se donne deux ou trois ans avant de prendre un risque pareil. Pourtant, il a pris ce risque. Il a réussi à convaincre les autres dirigeants européens d'adopter le « traité simplifié » conclu à Lisbonne. J'ai aussi trouvé intéressant que Nicolas Sarkozy donne des signes forts de changement de cap, en envoyant un social-démocrate, Dominique Strauss-Khan, comme directeur du Fonds monétaire international (FMI), et en utilisant rapidement la puissance publique pour lutter contre les effets dévastateurs de la crise, ce qui permet à la France avec l'Allemagne de s'en sortir un peu moins mal que les autres pays européens.

J'ai donc accepté les missions confiées par le président parce qu'elles sont dans le prolongement de mes préoccupations de longue date. Et je suis fier de pouvoir dire que, même s'il faut vingt ou trente ans pour mener à bien des projets qui me paraissent essentiels, je saisis chaque occasion qui m'est donnée pour avancer.

J'ai été nommé ambassadeur de France chargé des négociations internationales relatives aux pôles Arctique et Antarctique.

Le champ que je vais couvrir avec ces missions officielles ne recoupe pas le cheminement général de la politique française. Cela m'arrange : je suis dans l'opposition et j'y reste.

Fin 2008, j'ai expliqué au Parlement européen qu'un traité serait nécessaire pour l'Arctique afin d'assurer la sécurité de la navigation et préserver sinon l'équilibre thermique de la calotte glaciaire – cela ne peut dépendre que de changements d'habitudes énergétiques du monde entier –, du moins une certaine diversité biologique et le strict respect de l'environnement boréal. Mais mon engagement pour les pôles se révèle beaucoup plus ancien. Nommé Premier ministre en 1988, je considérais les pôles comme des lieux lointains, exclusivement connus des spécialistes. Ils ne m'atteignaient que par l'émerveillement éprouvé devant des photographies somptueuses, puis par l'inquiétude lorsque des scientifiques se mirent à parler de manière récurrente de réchauffement climatique et de fonte des glaces.

Dans un rare sursaut d'intelligence politique collective, et pour prévenir tout risque de conflit international pour l'appropriation de ces territoires, un consensus international avait permis, en 1959, que soit signé à Washington un traité sur l'Antarctique. Ledit traité vouait la zone à des fins exclusivement pacifiques et visait à interdire qu'elle ne devienne ni le théâtre ni l'enjeu de différends internationaux. Le texte enregistrait les revendications territoriales proclamées, les déclarait « gelées » et en interdisait la manifestation sur le terrain. Ce traité a été validé par vingt-sept nations actives, déclarées « consultatives », et dix-neuf autres signataires. Il est de nature et de contenu purement diplomatiques. Or, assez vite après sa signature, se manifestent des soucis écologiques. Dès lors sont ajoutés au traité, en 1972, un protocole sur la protection des phoques, puis en 1980 un protocole sur la conservation de la faune et de la flore marine de l'Antarctique.

J'en étais là de mon information lorsque, en juin 1989, j'ai reçu mon ami Robert Hawke, Premier ministre d'Australie. La France l'avait invité à nous faire une « visite d'État ». J'avais fait sa connaissance au cours d'un voyage chez lui quatre ans auparavant, et la réussite de la négociation sur la Nouvelle-Calédonie m'en avait fait un ami. Nous commençons par des réunions de travail à Matignon suivies d'un déjeuner. Tous ces temps de rencontre étant balisés par nos conseillers, l'unique moment de tête-à-tête solitaire et tranquille entre « Bob » et moi est le café, que nous prenons seuls autour d'une petite table ronde dans le superbe parc de l'Hôtel Matignon. Là, Robert Hawke me surprend.

— Michel, je suis ennuyé à propos de l'Antarctique, me dit-il. Le traité de Washington de 1959 ne s'occupe pas des activités économiques en Antarctique, or la structure du continent est fragile. Mes voisins et amis néo-zélandais s'en sont inquiétés, et ont conduit pendant quinze ans de rudes négociations qui ont abouti au projet de protocole de Wellington sur les conditions d'exercice des activités économiques en Antarctique qui a remplacé le « non-droit » par un droit plus ferme. C'est bien, mais on permet déjà trop. Rien qu'avec ce titre je n'ai aucun espoir que mon Parlement ratifie ce texte. Qu'est-ce que la France pense de ça ?

L'attaque est vigoureuse. J'avoue mon ignorance complète, mais en même temps mon ralliement immédiat à ses vues, c'est-à-dire à l'ouverture de nouvelles négociations à l'objectif beaucoup plus ambitieux : protéger l'Antarctique de toute activité productrice de calories. Le plus étonnant de l'histoire, c'est qu'un communiqué franco-australien suffit à enclencher le processus. Il nous fallut piloter de près l'ouverture des nouvelles négociations, mais elles réussirent en deux ans et, en décembre 1991, le traité de Madrid, en fait troisième protocole au traité de l'Antarctique, détermina l'Antarctique comme « réserve naturelle consacrée à la paix et à la science, interdite à toute activité humaine autre que la recherche scientifique et le tourisme et donc interdite notamment à toute activité pétrolière ». Un très beau succès loin d'être facile à gagner. Il a été nécessaire de rejeter une convention négociée et déjà signée sur l'exploitation des ressources minérales et de prendre le risque de rouvrir des négociations bien incertaines. Une sorte de coup de bluff qui a réussi.

Entré en vigueur le 14 janvier 1998, ce protocole interdit toute activité minière pour cinquante ans, cette interdiction – tacitement reconductible – ne pouvant être levée qu'à l'unanimité des parties. Cette superbe négociation m'a en outre énormément appris ! L'environnement antarctique est aujourd'hui jalousement et efficacement protégé par la communauté internationale, qui est, de fait, la propriétaire de ce territoire nationalement indifférencié. Un cas unique au monde, au point que les juristes qui préparent actuellement un statut juridique de l'espace (qui sera propriétaire de la Lune ? Quel sera le statut des matériaux qu'éventuellement on en extraira un jour ?) se sont informés sur le « système du traité de l'Antarctique » pour y trouver des références ou des précédents. Mais il faut reconnaître qu'au milieu de bien des difficultés l'Antarctique offre une grande facilité : on n'y trouve que des manchots, mais aucun électeur. Et notamment pas d'électeurs de nations différentes !

Il n'en va pas de même avec l'Arctique. Si l'Antarctique est un immense archipel continental de vingt-quatre millions de kilomètres carrés recouvert de quatre à cinq kilomètres d'épaisseur de glace, qui plus est fort éloigné de tout continent habité, l'Arctique n'est que de l'eau. Un océan très refermé, enserré entre l'extrême Nord européen, la Sibérie, l'Alaska, les îles canadiennes et le Groenland. Il n'y a que cinq nations vraiment riveraines : la Norvège, la Russie, le Canada, les États-Unis par l'Alaska et le Danemark par le Groenland, lequel va finir de conquérir son indépendance dans les années qui viennent. Pendant toute l'histoire humaine connue, la glace a pratiquement interdit toute navigation. L'Arctique dormait donc dans un silence indifférent.

Mais, depuis dix ans, tout a changé. Le Groupe international d'études sur le climat (Giec), créé par les Nations unies en 1988, a établi que le réchauffement climatique n'est pas homogène sur la planète et que, s'il a provoqué en moyenne au XXe siècle un réchauffement planétaire de 0,6 °C, dans la zone arctique c'est plutôt 2 °C.

On évalue d'autre part à près de 20 % du total mondial les réserves pétrolières repérées sous l'Arctique, et à 30 % celles de gaz. L'année 2008 est la première de l'histoire où les deux chenaux de navigation, contournant la banquise polaire par l'est le long de la Sibérie et par l'ouest entre les îles canadiennes, ont été ouverts à la navigation en même temps pendant plusieurs mois, permettant ainsi de passer d'Europe au Japon, en Chine, ou en Californie par le détroit de Béring plutôt que par le canal de Panama ou par celui de Suez, économisant ainsi quatre à cinq mille kilomètres. On est fondé à penser, vu le réchauffement, que ce sera désormais le cas tous les ans. Bien sûr, il reste des icebergs partout, la nécessité de renforcer puissamment toutes les coques des navires, une absence totale de phares, de balises et de moyens de secours. Et cette route ne sera pas navigable très vite. Mais tout de même, à terme, cela signifie des milliers de navires, du dégazage, des marées noires, des pollutions de toutes sortes. Autant de dangers menaçant gravement la vie des populations autochtones, au premier rang desquels les Inuits, en même temps d'ailleurs que celle des ours blancs.

Pour couronner le tout, la Convention internationale sur le droit de la mer (Montego Bay, 1982) prévoit que tout État exerce sa souveraineté absolue sur les douze milles marins (vingt kilomètres environ) de mer bordant ses côtes, et une souveraineté limitée par quelques obligations, notamment celle d'assurer le droit de passage, mais tout de même préservant l'autorité de l'État riverain pour la sécurité, les secours et la propriété du sous-sol, sur les deux cents milles marins (trois cent soixante kilomètres) bordant ses côtes. Elle établit en outre que toute nation qui peut prouver qu'au-delà de ces deux cents milles les fonds marins sont le prolongement géologique indiscutable du plateau continental sur lequel elle exerce sa souveraineté, elle peut demander l'élargissement des limites de cette souveraineté. La Russie, qui a réussi voilà trois ans à déposer par sous-marin, exactement au pôle Nord, à quatre mille deux cents mètres sous l'eau, un exemplaire en titane de son drapeau national, revendique ainsi l'élargissement de sa souveraineté sur 32 % de la surface de l'océan Arctique, en deux zones dont la plus grande inclut le pôle Nord et la plus petite une immense réserve gazière…

Si l'on exploite ce pétrole, les risques de pollution sont infiniment plus grands que n'importe où ailleurs. La Russie, en plein réarmement, n'aurait-elle pas l'intention d'installer des bases de lancement de missiles sous l'océan ? On le voit, il y aurait lieu de négocier un traité assurant la paix et la protection environnementale de la zone arctique. Ce sera sûrement très difficile, mais il s'agit aujourd'hui d'une grande cause de l'humanité. Les obstacles politiques sont tels qu'il faudra séparer les problèmes, commencer avec la réglementation de la pêche, continuer avec la sécurité maritime, puis l'environnement et enfin la démilitarisation.

Même si le réchauffement climatique commence à avoir un écho large auprès du public, ses conséquences – plus particulièrement sur l'Arctique – sont encore mal connues : fonte de la glace polaire flottante et de la calotte glaciaire du Groenland, dégel du pergélisol, hausse du niveau de la mer, inondations. Et si aujourd'hui la période des constats est terminée, il convient de passer à l'action. C'est pourquoi il est urgent d'aborder les questions suivantes : la situation actuelle du changement climatique dans la région et les adaptations à prévoir, les options politiques qui respectent les populations autochtones (les conditions de vie des Inuits sont menacées), ainsi que leurs moyens de subsistance ; la nécessité de coopérer avec nos voisins de l'Arctique sur les questions internationales communes, en particulier la sécurité maritime internationale ; l'étude d'une structure internationale, politique ou juridique, qui pourrait pourvoir à la protection de l'environnement et au développement durable ordonné de la région, ou faire office d'intermédiaire dans la confrontation politique à propos des ressources et des voies maritimes navigables dans le Grand Nord. De plus, tout projet capable de produire de la chaleur, donc de porter atteinte à l'équilibre thermique de la région et surtout de la calotte glaciaire du Groenland, devrait être soumis à des autorisations draconiennes

Parlementaire européen, j'avais proposé que cette zone soit une zone démilitarisée et dénucléarisée, ce qui a été refusé par la droite du Parlement. En acceptant de devenir ambassadeur de France chargé de ces négociations internationales, je m'estime donc dans mon rôle.

Le combat continue et je suis fier d'y participer.

Mon rôle dans la CCE

Les travaux concernant la Contribution climat énergie (CCE) relèvent, à mes yeux, des mêmes préoccupations. La question posée en France à ce sujet découle des décisions internationales prises au préalable.

C'est en 1988 que l'ONU décide de traiter les alarmes – lancées par des scientifiques de plus en plus nombreux mais isolés – sur un éventuel réchauffement climatique en conviant deux de ses agences, l'Organisation météorologique mondiale et le Programme Nations unies pour l'environnement, à créer ensemble le Giec, Groupe international d'étude du climat, sous la forme d'un collège de plusieurs centaines de scientifiques représentant toutes les nations importantes. Le Giec fait un rapport tous les quatre ou cinq ans et a visiblement gagné dans les controverses initiales ouvertes contre ses méthodes et ses résultats. Il est écouté quand il confirme une menace grave.

En mars 1989, à La Haye, sur mon initiative et mon projet de rédaction, vingt-quatre nations représentées par leurs roi ou président, leur Premier ministre ou leur ministre des Affaires étrangères, signent un appel demandant qu'il soit mis en place par l'ONU un mécanisme permettant de prendre, pour lutter contre l'effet de serre, des mesures s'appliquant à toute la planète.

En 1992, à Rio de Janeiro, se tient le « Sommet de la Terre » qui signe la Convention cadre des Nations unies sur le changement climatique (CCNUCC). En vertu de cette convention, il y aura réunion annuelle des parties signataires (Convention Of Parties – COP) pour avancer le travail, le plus souvent au niveau des ambassadeurs, quelquefois à celui des ministres quand une décision semble mûre. C'est ainsi que la COP6 fut celle de Kyoto et la COP15 celle de Copenhague.

L'Union européenne a beaucoup discuté de l'adoption d'un « signal prix » prenant la forme d'une taxe sur les émissions de gaz carbonique. Ce qui était la proposition initiale de la mission Effet de serre que j'avais créée en France à la suite de l'appel de La Haye. Le principe en était quasiment acquis, mais l'accord ne s'est pas fait entre les Français qui voulaient en exempter le nucléaire parce qu'il ne produit pas de gaz carbonique et les Allemands qui souhaitaient le taxer pour ne pas laisser à la France un avantage concurrentiel énorme.

À la COP6 de Kyoto, en 1997, l'Europe arrive donc désunie et les États-Unis n'ont guère de mal à faire adopter un autre système ayant leur préférence. Les émissions de gaz carbonique des grosses unités industrielles seraient plafonnées et couvertes par des permis d'émission appelés quotas et susceptibles d'être achetés ou vendus sur un marché spécialisé. L'achat de tels quotas serait nécessaire pour toute entreprise désireuse de dépasser son volume permis.

La COP6 de Kyoto recommande ce système, mais les États-Unis ne ratifient pas l'accord, ce qui nuit gravement à son efficacité. Néanmoins, la plupart des pays du monde respectent un système de limitation des émissions à un niveau de volume sur lequel ils se sont engagés. Entre États, quelques-uns se sont même acheté ou vendu ce genre de volumes permis. Seule l'Union européenne a créé chez elle avec ses vingt-sept États membres, en 2005, un marché effectif des quotas. Le système ne marche pas encore très bien parce qu'il est trop ouvert à la spéculation, parce que, pour le faire mieux accepter, la première distribution de quotas fut gratuite et, surtout, parce que le prix du pétrole en forte baisse à cause de la crise a tiré le prix des quotas vers le bas au point qu'à dix euros la tonne de gaz carbonique non émis le système n'est absolument pas incitatif.

Mais il existe. Il concerne les producteurs d'électricité à partir de sources fossiles et les producteurs de matériaux. Soit mille dix-huit unités de production en France et environ onze mille dans l'Union européenne.

Il résulte cependant de ce système que l'essentiel de l'industrie, de l'agriculture, des services, des transports collectifs et individuels et la vie privée (chauffage) ne sont pas couverts. Introduire dans ces secteurs une dissuasion à l'encontre des émissions de gaz carbonique est donc une absolue nécessité. La Suède l'a fait voilà une dizaine d'années avec efficacité : la taxe y atteint maintenant un peu plus de cent euros la tonne. Ce qui est aux yeux des experts le niveau à partir duquel la taxe devient vraiment dissuasive.

Poussé par la même nécessité, le gouvernement français a ébauché un projet analogue – baptisé « Contribution climat énergie » – pour réserver l'appellation taxe carbone à la disposition du système international qu'il faudra négocier avec l'OMC afin de protéger les économies qui se donnent cette charge de la concurrence abusive de celles qui ne se la donnent pas. Mais le fond des choses est bien celui-là.

Cette contribution, plus connue sous l'appellation « taxe carbone », ne devrait s'appliquer qu'aux seules énergies fossiles – pétrole, gaz, charbon – dès l'année 2010. Le but est de taxer les comportements utilisant des énergies d'origine fossile émettrices de gaz à effet de serre responsables du réchauffement climatique, pour les dissuader et les orienter vers d'autres pratiques, et cela aussi bien chez les entreprises agricoles, industrielles ou de services que chez les particuliers.

La « taxe carbone » est prévue à « prélèvements obligatoires constants », parce que l'essentiel de son produit sera utilisé pour compenser les entreprises qui se retrouveraient en difficulté en raison de la compétition internationale, et chez les ménages, pour compenser les pertes de pouvoir d'achat chez les classes moyennes ou défavorisées. Pour les professionnels les plus exposés (agriculteurs, pêcheurs, routiers...), l'avis propose des compensations à étudier au cas par cas en tenant compte notamment de l'élasticité des prix de la demande. La taxe n'est pas une charge destinée à améliorer les finances de l'État puisqu'il est largement prévu de la compenser Une compensation qui se fera en termes de pouvoir d'achat, de manière à inciter les gens à se déplacer moins, à avoir petit à petit des voitures électriques, à installer des doubles vitrages ou à faire des économies sur le chauffage. L'objet n'est pas de martyriser les populations dans leur pouvoir d'achat : les ruraux utilisant plus leur voiture qu'un Parisien, il faut contre-balancer cette charge, ou contre-balancer le fait de se chauffer au gaz qui devrait, lui, subir un surcoût de 15 %.

Ce rapport a été remis en juillet 2009 à Jean-Louis Borloo, ministre de l'Écologie, de l'Énergie, du Développement durable et de la Mer. Et, en décembre de la même année, le Conseil constitutionnel a rejeté la proposition de loi aux motifs suivants :

« Considérant que 93 % des émissions de dioxyde de carbone d'origine industrielle, hors carburant, seront totalement exonérées de contribution carbone ;

– que les activités assujetties à la contribution carbone représenteront moins de la moitié de la totalité des émissions de gaz à effet de serre ;

– que la contribution carbone portera essentiellement sur les carburants et les produits de chauffage qui ne sont que l'une des sources d'émission de dioxyde de carbone ;

– par leur importance, les régimes d'exemption totale institués sont contraires à l'objectif de lutte contre le réchauffement climatique et créent une rupture caractérisée de l'égalité devant les charges publiques. »

L'avis du Conseil constitutionnel laisse entendre qu'à ses yeux les entreprises soumises aux quotas ne paient rien de vraiment significatif et que, de ce fait, la charge devient scandaleusement inégale. Je ne saurais cacher ici mon regret d'avoir vu les services administratifs ne pas tenir compte d'un sérieux avertissement de notre rapport qui soulignait la probabilité de difficultés constitutionnelles… En outre, l'échec massif de la COP15 à Copenhague, qui n'a même pas réussi à reconfirmer la suggestion du système des quotas, a démobilisé tout le monde. De fait, le président de la République a décidé de repousser la présentation d'un nouveau texte au Parlement. Je crois qu'il y a là une faute.

On peut regretter ces atermoiements. Pour moi, la publicité faite autour de « la taxe carbone » permet que la prise de conscience de la nécessité de modifier nos comportements gagne du terrain auprès d'une population de plus en plus vaste.

Un grand emprunt qui porte mal son surnom

Ce qui m'amène au troisième sujet proposé à ma réflexion par le président : « l'emprunt national pour l'avenir » communément appelé – mais à tort – « le grand emprunt ». Si j'ai accepté de coprésider avec Alain Juppé cette commission, c'est que l'objectif de cet emprunt national est de favoriser la recherche, entre autres dans les domaines liés à la préservation de l'environnement. C'est ainsi que sur les trente-cinq milliards d'euros prévus, seize vont aller à l'enseignement supérieur, suivi par le développement des villes de demain (aménagement urbain, réseaux intelligents…) pour quatre milliards cinq cent mille, le numérique (quatre milliards dont deux pour le passage au très haut débit). Les autres axes concernent les PME innovantes, les sciences du vivant, les énergies décarbonées et la mobilité du futur. Or, il y avait urgence à rattraper nos retards dans ces domaines puisque, depuis plus de quinze ans, on n'a pas servi l'enseignement supérieur ni la recherche. Une étude de l'université de Shanghai de 2007, classant les universités de tous les pays, ne donne-t-elle pas la trente-neuvième position à Paris-VI, première université française citée ?

La difficulté du projet réside dans la nécessité de financer, avec un budget en déficit, les réalisations dont on a besoin. Il a donc fallu choisir celles qui seront le plus efficacement productrices de richesse pour diminuer la dette et le fardeau total. Il convient de les choisir avec pertinence, sans confrontation de philosophie(s). Il faut faire des calculs. Nicolas Sarkozy a voulu que soient représentées droite et gauche pour être sûr que le champ intellectuel du problème serait tout entier couvert.

Car s'il est clair qu'il faut réduire de beaucoup les dépenses pour améliorer l'équilibre budgétaire tout en payant notre dette, il est tout aussi clair que cela ne doit pas aller jusqu'à provoquer une récession en France, ni amputer les efforts de recherche scientifique indispensables à l'avenir.

TROISIÈME PARTIE

L'UNION EUROPÉENNE, UNE CONQUÊTE À PROTÉGER

Pour moi, la construction européenne a toujours été une nécessité autant qu'une évidence. Y contribuer comme député et président de commissions m'a aidé à mettre en pratique la plupart des projets de dimension internationale que je portais en moi. Si j'ai, hélas, essuyé quelques revers, beaucoup de progrès ont été faits. Qu'on en juge.

Chapitre XV

UN ACCOUCHEMENT DIFFICILE

L'Europe a été – et demeure – l'un de mes combats comme l'une de mes passions, mieux : un de mes centres d'intérêt et d'engagement constant. Consacrer une longue partie – faite de récit mais aussi de reproductions, d'allocutions, écrits ou discours que j'ai élaborés à ce propos – aux enjeux qu'elle implique comme à mon action en sa faveur est donc à mes yeux essentiel. Mais avant d'entrer dans le détail de mes activités au sein du Parlement européen, il me semble important de retracer le cadre de la construction européenne dans lequel s'exerce ce mandat. Pour cela, quoi de plus logique que de citer de larges passages d'un texte sur le sujet que j'ai publié voilà deux ans et toujours autant d'actualité[1].

Une Europe fragile

L'Europe ne va pas bien, citais-je dans cet ouvrage écrit avec Nicole Gnesotto. Chacun le sait. Mais le plus grave et le plus dangereux, c'est surtout qu'elle n'est plus l'objet d'un enthousiasme populaire. Enjeu de débats entre des positions antagonistes, porteuse d'une image floue et contradictoire, l'Europe semble surtout devenue un objet de perplexité.

Entre les dénonciateurs fanatiques de l'Europe – cheval de Troie du capitalisme financier international –, les rêveurs impénitents

---

1. Extraits du Prologue de *Notre Europe*, Michel Rocard, Nicole Gnesotto, Éditions Robert Laffont, 2008.

d'une Europe politique à la forte présence internationale qui croient le combat recommençable après chaque défaite, et les tâcherons trop silencieux d'une harmonisation quotidienne dont la fin, telle l'horizon, s'éloigne après chaque avancée, personne ne sait plus qui croire ni qui suivre.

Je voudrais dire ici mes propres espérances, engagements, ambitions, perplexités, et éventuellement mes rares certitudes.

Une chose est claire et reste acquise, l'édification d'une institution commune aux pays d'Europe a eu pour finalité principale et a comme résultat majeur la réconciliation et la paix. [...]

La guerre est de toute façon et quelles que soient les formes qu'elle prend une horreur épouvantable. Je m'excuse de commencer par une telle banalité, mais je suis effrayé par le total oubli dans lequel vivent les jeunes générations. Pour tous ceux qui sont nés après la dernière guerre, la paix semble éternellement acquise, elle serait un état naturel de l'humanité. Or la guerre, au contraire, est une composante permanente de l'histoire humaine, sa recherche et sa conduite semblent être des éléments constitutifs de notre espèce. Pour les temps qui viennent, les relations entre la Russie, la Chine, l'Inde, la communauté musulmane, les États-Unis et l'Europe n'ont rien de simple ni d'évident. L'édification européenne est loin d'être irréversible. Même l'euro est encore fragile devant la crise financière mondiale.

En outre, la Seconde Guerre mondiale connut l'horreur toute particulière de la Shoah. En aucun cas on ne doit permettre que les différences de toutes sortes entre êtres humains ne conduisent au rejet.

En moins d'un an, entre 1945 et 1946, je suis passé du stade d'enfant à celui de militant pacifique – sinon pacifiste – de militant politique et de militant européen.

J'ai donc vécu dans l'enthousiasme les premiers balbutiements de l'idée européenne. Cela commença par le formidable discours de Winston Churchill à l'université de Zurich le 10 septembre 1946. Énorme coup de cymbales. Tout y est : l'encouragement aux Européens à faire "quelque chose comme les États-Unis d'Europe", l'insistance sur la réconciliation franco-allemande comme clé de ce processus, et la remarque essentielle selon laquelle "la Grande-Bretagne, le Commonwealth des nations britanniques, la puissante Amérique, et, je l'espère, la Russie soviétique – car tout serait alors résolu – doivent être les amis et les protecteurs de la nouvelle Europe". Winston Churchill ne dit pas "de l'extérieur", mais sa phrase ne laisse pas place à l'ambiguïté. [...]

Ensuite tout s'enchaîne, et ces soixante ans appartiennent à l'histoire générale.

Lorsque Jean Monnet suggère à Robert Schuman, ce qu'il fait le 9 mai 1950, de lancer publiquement la proposition d'une Communauté européenne du charbon et de l'acier (Ceca), c'est l'enthousiasme immédiat. Très vite Konrad Adenauer pour l'Allemagne, Alcide de Gasperi pour l'Italie et Paul-Henri Spaak pour la Belgique soutiennent le projet et expliquent tous qu'il s'agit bien d'une première étape vers "quelque chose comme les États-Unis d'Europe". D'innombrables clubs, forums, séminaires et conférences de toute nature diffusent massivement et font accepter l'idée que cette proposition de fusion des industries allemande et française du charbon et de l'acier vise le double but de rendre la guerre impossible entre les deux pays et de former par là l'embryon d'une future fédération des États-Unis d'Europe. Italie, Belgique, Luxembourg et Pays-Bas décident de rejoindre le mouvement, le traité est vite négocié, signé à Paris le 18 avril 1951 et très vite ratifié.

Les institutions de cette communauté limitée sont surdimensionnées, et leur dénomination ne cèle aucune ambiguïté sur le projet d'avenir. L'organe de décision est un "Conseil des ministres", l'organe de gestion, seul compétent en outre pour proposer de nouvelles décisions, porte le nom symbolique de "Haute Autorité". Il pourra se faire représenter dans le monde entier par des ambassadeurs, et accueillera auprès d'elle d'autres ambassadeurs dûment accrédités par les nations concernées.

On ne saura, dans l'opinion tout entière, que beaucoup plus tard qu'en vérité l'adhésion du Benelux et de l'Italie à cette communauté ne doit pas grand-chose à l'enthousiasme fédéraliste européen, et beaucoup plus à la crainte de ces quatre pays de voir s'édifier à leurs frontières un puissant monopole du charbon et de l'acier dont ils seraient exclus, alors que tous – même l'Italie qui ne possède pas les minerais correspondants – disposent d'industries importantes dans ces domaines...

La Grande-Bretagne, méfiante, reste à l'écart sans faire, cette fois-là, trop de bruit à ce sujet.

Mais néanmoins cela marche, la Ceca est un succès. Elle est à peine en place que, savourant ce beau premier résultat, ses fondateurs la jugent utile, mais insuffisante à répondre à leurs vœux. Le comité d'action pour les États-Unis d'Europe, que préside toujours Jean Monnet, propose alors d'unifier, après les industries du charbon et de l'acier, les armées. L'idée a de la force. La guerre froide commence, et nous sommes désarmés. Les États-Unis eux-mêmes, – qui avaient rapidement et complètement désarmé après 1945, commençaient à se réarmer mais se trouvaient bien en retard par rapport à l'Union soviétique menaçante –, bondissent sur cette idée qu'ils appuient de toutes leurs forces[1]. Très vite rédigé lui aussi, le projet de traité est publié en 1953.

C'est bien tôt. Le souvenir de la guerre est encore vif. Redonner des uniformes et des armes à des Allemands inquiète beaucoup de monde. En France, les deux grands courants nationalistes, le Parti communiste d'une part et les gaullistes de l'autre, tonitruent. Une crise s'ouvre chez les socialistes, dont la majorité du groupe parlementaire refuse de réarmer des Allemands sous quelque forme que ce soit. Pierre Mendès France, président du Conseil en 1954, tente d'obtenir de nos cinq partenaires un accord sur trois amendements majeurs. La pression américaine joue très fortement contre, et l'intégrisme européen excessif de nos cinq interlocuteurs fait échouer l'affaire. Très largement pour cette raison, le traité de CED est rejeté par l'Assemblée nationale française en 1954. La France avait eu l'idée, mais l'a tuée.

J'ai mené activement, dans la SFIO, la bataille contre la CED. Je ne sais toujours pas si j'ai eu raison ou tort. D'une part, il est clair que, intégrée dans un dispositif et placée sous un commandement européen, l'armée française n'aurait pas pu, un peu plus tard, être utilisée comme elle l'a été en Algérie. Il est clair aussi que si une armée européenne avait existé, les choses se seraient passées bien différemment dans l'ex-Yougoslavie au moment où elle a implosé. Mais, d'autre part, faire dépendre la poursuite de l'effort d'intégration européenne d'une mise en commun des armées jugée insupportable par une bonne partie des peuples qui venaient d'être occupés par les nazis aurait sûrement entraîné une vive méfiance à l'endroit de la construction européenne elle-même, et comment

---

1. *Cf.* chapitre sur le nucléaire militaire.

commander une armée unique à partir de six diplomaties aux orientations différentes et parfois antagoniques ? Bref, c'est fait. On n'y reviendra plus.

Cet échec conduit immédiatement les défenseurs d'une Europe intégrée, large masse majoritaire dans les pays fondateurs et faite de multiples courants dont les principaux sont les socialistes et les démocrates chrétiens, à chercher de nouvelles idées pour la relance du processus. C'est presque étonnant maintenant, absolument personne ne songe à s'attaquer directement aux souverainetés politiques et à proposer une intégration politique directe, aux niveaux parlementaire ou gouvernemental. La Ceca ayant été au fond un succès facile, on cherche de nouvelles idées un peu de même nature : comment contourner le blocage de l'instance politique en créant sans y toucher des interdépendances techniques suffisamment importantes pour avoir la chance d'être irréversibles, pour donner du corps à la rencontre des énergies européennes, et pour appeler l'émergence d'un pouvoir, nécessaire à leur régulation et amorce d'un pouvoir européen futur.

La première idée qui se présente est de nouveau celle d'un Français, Louis Armand, à l'époque président de la SNCF. On a mis en commun le charbon, c'est-à-dire "l'énergie du passé". Pourquoi ne pas mettre en commun l'énergie de l'avenir, l'électricité nucléaire ?

L'idée est bonne. Nette de toute connotation militaire, profondément européenne, technologiquement liée à l'extrême innovation, elle est convaincante, elle rallie les suffrages. Un traité est rapidement rédigé et négocié dans les années 1956 et 1957. Pour n'avoir plus à y revenir, disons vite qu'il sera signé et ratifié en même temps que le traité de Rome créant le Marché commun, et d'application en 1959. Mais l'encre étant à peine sèche, la France entreprend de vider le traité de son contenu et se lance dans l'énorme aventure purement nationale de se doter d'un très puissant instrument de production d'électricité nucléaire. Il reste cependant de "l'Euratom" un important centre de recherches commun, le Cern, sis à Genève.

Mais cela ne suffisait à l'évidence pas. On cherche toujours d'autres idées. Un Français, un obscur fonctionnaire dont l'histoire n'a pas retenu le nom, propose de mettre en commun la douane. C'est aussi une bonne idée. Elle touche un peu aux souverainetés mais pas trop. Au cours de l'histoire, des millions d'hommes ont accepté de se battre et de se faire tuer pour leur foi, pour leur patrie, pour leur langue, et surtout pour la liberté. Qui se ferait tuer pour la douane ? Pourtant Jean Monnet, tôt saisi de l'idée, la trouve d'abord insuffisamment noble, peu digne de l'Europe. Mais faute d'autre chose il finit par s'y rallier.

Les discussions permettent d'affiner le projet. Plus qu'une simple union douanière, on fera un marché commun, c'est-à-dire qu'on y ajoutera la suppression des barrières tarifaires et non tarifaires internes, on mettra en place un tarif extérieur unique, et on se donnera pour mission d'unifier normes et standards, puis d'harmoniser quelque peu la protection sociale et les charges fiscales et sociales qui pèsent sur les entreprises. Déjà, cependant, les souverainetés se réveillent : il n'y aura plus de Haute Autorité, mais simplement une Commission, elle n'aura plus d'ambassadeurs, mais simplement des délégués, les matières essentielles, fiscalité, droit du travail, représentation des travailleurs, éléments majeurs du droit social resteront soumises au régime de la décision à l'unanimité. Et puis l'imagination se tarit un peu : pour faire marcher un tel système, pourtant bien différent et autrement plus ambitieux, on recopie purement et simplement le dispositif institutionnel de la Ceca : une Commission chargée de la gestion et heureusement exclusivement dotée du droit de proposition, un Conseil des ministres qui seul décide, une Cour de justice pour les conflits internes, et pour faire démocratique, mais c'est plus décoratif qu'autre chose, une Assemblée parlementaire consultative rassemblant des députés élus par leurs parlements nationaux.

Déjà à l'époque, et en fonction des ambitions affichées, il y aurait eu beaucoup à dire. Mais on est si heureux d'avoir trouvé les instruments d'une relance européenne, de sentir que le projet ne rencontre pas de résistance majeure et de refaire l'union des pays fondateurs autour d'un projet porteur d'avenir que l'on n'y regarde pas de si près. En plus, le traité est bien rédigé. C'est le plus long et le plus compliqué de l'histoire, mais il est bien structuré et bien écrit. Il n'y a pas de mystère : on a enfermé une trentaine de politiques et autant d'experts sur une île de Méditerranée avec interdiction d'en sortir tant qu'ils n'auraient pas produit un texte convaincant. Bref, un conclave. Jamais l'Europe n'a osé depuis réutiliser cette technique, et du coup elle ne sait plus écrire ses traités qui, après celui de Rome, sont tous illisibles.

Rédigé à Messine, il est signé à Rome en même temps que le traité Euratom, le 25 mars 1957. Les deux sont très vite ratifiés et entrent en application – la CEE le 1er janvier 1958 et Euratom le 1er janvier 1959.

Un mystère reste à éclaircir : les auteurs du traité se doutaient-ils de la gigantesque puissance de l'instrument qu'ils forgeaient ?

Avant d'observer le résultat, il faut se souvenir que dans l'Angleterre amie et voisine cette idée ne plaît pas. Elle suscite même rejet et colère.

La Grande-Bretagne tout entière – ou plus exactement l'Angleterre, parce qu'on découvrira beaucoup plus tard que l'opinion écossaise est beaucoup plus pro-européenne que l'anglaise – se mobilise dans une campagne frénétiquement hostile à l'entreprise européenne que concrétise le Marché commun. Cela va jusqu'au lancement, en 1957, d'une improbable zone européenne de libre-échange, ZELE, qui associe dans une perspective limitée à l'Union douanière la Grande-Bretagne, la Norvège, la Suède, l'Autriche, le Danemark, le Portugal, la Suisse auxquels se joindront peu après l'Islande et le Lichtenstein lorsque cet ensemble deviendra l'Association européenne de libre-échange en 1960, c'est-à-dire un ensemble de pays disparates, non contigus, aux intérêts extrêmement divers. L'idée est de pousser ensuite la Communauté économique européenne – à laquelle est faite l'offre de participer – à se diluer dans cet ensemble plus vaste et d'ambition plus limitée. Les six pays fondateurs, qui viennent de signer le traité de Marché commun, hésitent, notamment en Allemagne et aux Pays-Bas. Mais finalement la peur d'une Union douanière aux tarifs extérieurs disparates, donc appelant à une concurrence frénétique, puis le retour du général de Gaulle au pouvoir en France font capoter cette initiative anglaise. Il n'en reste qu'une moribonde association européenne de libre-échange regroupant l'Islande, le Lichtenstein, la Norvège et la Suisse.

Le coup d'éclat ayant avorté, la Grande-Bretagne comprend que la Communauté économique européenne va se mettre en place et se développer. Elle comprend aussi que son isolement commercial pourrait, dans ces conditions, lui être préjudiciable, et devine enfin que, comme le Marché commun ne lui disconvient pas, elle sera plus efficace pour empêcher sa transformation en une entité politique de l'intérieur que de l'extérieur. Elle fait ce mouvement très vite, et dépose sa demande d'adhésion à la CEE en 1962. Très vite aussi, de Gaulle s'y oppose, décrivant la grande proximité de la Grande-Bretagne avec les États-Unis comme contradictoire avec l'intention européenne. Le veto français bloque l'affaire.

C'est dans cette période que la Communauté économique européenne fait son démarrage.

Le traité avait été largement et bien ratifié, même en France, malgré l'opposition du général de Gaulle et de ses députés. Revenu au pouvoir juste après, de Gaulle déclare que la signature de la France est engagée, et qu'après tout "il s'agit d'un traité de commerce comme un autre…" Ce mensonge historique permet la mise en œuvre. Le démarrage a quelque chose de foudroyant. Les droits de douane internes sont très vite supprimés purement et simplement. L'énergie avec laquelle la Commission s'attaque aux barrières non tarifaires fait merveille aussi. Les grandes raretés liées à la guerre ont disparu, et les dommages qu'elle a causés sont largement réparés. Il n'y a plus d'entraves. Le commerce interne entre les six se met à croître à une vitesse dépassant toutes les prévisions, en fait deux fois plus vite que le commerce mondial et ce pendant près de quinze ans. L'effet d'entraînement est tel que même le commerce de chacun des six avec le reste du monde, hors les cinq autres, croît lui-même une fois et demie plus vite que le commerce mondial. C'est vers 1970 que l'Europe des six atteint approximativement le revenu moyen par tête des États-Unis, qu'elle ne pensait guère atteindre avant dix ans de plus. Nous avons depuis, bien après, recreusé l'écart et perdu près d'un cinquième par rapport au revenu américain actuel. Mais cela se passe beaucoup plus tard. Dans les décennies 1960 et 1970, l'effet est énorme, il impressionne le monde entier, et notamment tous nos voisins.

Et pourtant l'affaire n'est ni simple ni facile. Les conflits d'intérêts sont constants, et le mécanisme de décision n'est guère suffisant : il faut l'unanimité pour la quasi-totalité des décisions importantes. L'Europe n'avance que de crise en crise, et les Conseils des ministres sont des enceintes de négociation permanente.

La crise la plus violente éclate à propos de l'agriculture. Le traité de Rome évoque bien l'agriculture comme une activité relevant de la Communauté mais ne dit rien du "comment faire". Or le problème est beaucoup plus difficile que pour l'industrie. Dans le cas de l'industrie, en principe rien n'est subventionné, le commerce ne rencontre comme obstacles que des droits de douane ou des règlements techniques ou sanitaires. La suppression est simple, l'harmonisation pas beaucoup plus difficile. Dans l'agriculture, tous les États membres compensent chez eux l'insuffisance de la productivité agricole par des aides et des subventions multiples, souvent de grande ampleur, et aux modes de calcul infiniment variés. Pour les Français, et d'abord pour Charles de Gaulle, il était évident que l'ouverture d'un marché unique de l'industrie était avantageuse pour tous, mais d'abord et largement pour le plus gros producteur, l'Allemagne. La France, qui se savait le plus gros producteur agricole, exigeait en compensation que la mise en place d'une politique agricole commune lui donne un avantage équivalent. De Gaulle fait dans ce sens une pression très forte, et va jusqu'à décider que la France ne siégera plus dans les instances européennes aussi longtemps que le problème ne sera pas résolu. C'est la politique "de la chaise vide".

Mais la difficulté était énorme, le cadre national beaucoup plus prégnant, les conflits d'intérêts d'une extraordinaire vigueur. C'est le néerlandais Sicco Mansholt qui va s'atteler à la tâche et réussir.

Après moult débats, Sicco Mansholt fait adopter le principe des organisations communes de marché pour les produits principaux – blé, maïs, lait, bœuf, porc, mouton – et pour chacune le principe d'un prix unique intérieur garanti par des achats publics en cas de baisse des cours, et de subventions à l'export, appelées restitutions, pour permettre de vendre à l'export aux prix mondiaux plutôt qu'aux prix protégés du marché intérieur. On ne s'attaque au vin que plus tard, par l'aide sous forme de distillation publique facultative, et les petites productions, notamment les fruits et légumes, font l'objet d'aides au calibrage, au stockage, à la formation des opérateurs.

Le système va se révéler d'une formidable efficacité. En moins de vingt ans, la Communauté passe d'une situation d'importateur net à celle de deuxième exportateur mondial. Nous n'avons pas su ralentir ou freiner cette mécanique au moment où nous devenions autosuffisants, et le monde entier proteste aujourd'hui contre cette position commerciale extraordinaire construite à coups de deniers publics et aux dépens des exportateurs de pays développés mais aussi du Sud, qui ont perdu de larges marchés de ce fait. La PAC a beaucoup changé depuis, il n'y a pratiquement plus de subventions à l'export ni d'aides calculées en fonction des volumes produits, elle a perdu l'essentiel de sa force, mais le procès perdure. Quoi qu'il en soit, ce résultat agricole est un deuxième et considérable succès de l'Europe.

Chacun oublie les difficultés de la vie interne, les crises multiples, la violence des affrontements, on ne regarde que l'impressionnant succès macroéconomique et le spectaculaire résultat agricole et, si l'on sait bien que l'Europe vit de crise en crise, on observe qu'elle finit par les résoudre toutes.

Un autre élément complète la surprise du monde : cette énorme machine fonctionne à l'unanimité de six nations, mais elle est à pilotage principalement franco-allemand. Après s'être mutuellement massacrés – pour la dernière période, trois guerres en moins d'un siècle –, ces deux pays, dont la méfiance mutuelle quasi structurelle expliquait encore le rejet de la Communauté de défense, gèrent ensemble et gèrent bien. Ce mystère a des causes multiples. La première tient à la volonté politique. Trois fois de suite en cinquante ans, ce qui est une chance unique dans l'histoire, les dirigeants majeurs des deux pays ont formé un couple, élaboré et imposé une vision largement commune de l'avenir, et su la faire respecter par leurs ministres, leurs entourages et finalement leurs nations. Si de Gaulle n'est pour rien dans le Marché commun, c'est dès son retour au pouvoir qu'il a souligné le caractère essentiel de la relation franco-allemande, l'a confirmée et solennisée dans un traité en 1963 et a joué en binôme complice avec Konrad Adenauer pour réussir l'aventure de la Communauté économique européenne. Tout aussi complices, Valéry Giscard d'Estaing et Helmut Schmidt l'ont consolidée, notamment en mettant en place le système monétaire européen. Puis François Mitterrand et Helmut Kohl ont parachevé l'œuvre, transformant la Communauté en Union, entrouvrant son domaine aux champs politique et judiciaire et en créant la monnaie unique, l'euro.

Deuxième raison, tout au long de cette aventure, l'Allemagne et la France ont été conduites à constater qu'elles avaient beaucoup d'intérêts communs. Dès que les égoïsmes nationaux cessent d'être le prisme déformant à travers lequel on regarde toutes les réalités, la convergence d'intérêts apparaît souvent comme une évidence. Cette réconciliation franco-allemande est l'un des éléments majeurs qui contribuent à donner de l'Europe, à l'extérieur, une image largement favorable au point de gommer les difficultés et les dysfonctionnements internes.

Dans cette ambiance, en fait perceptible dès les années 1960, beaucoup de voisins commencent à se poser la question de rejoindre la Communauté. L'Angleterre digère mal l'affront de 1962. Elle présente à nouveau sa demande d'adhésion, cette fois accompagnée du Danemark et de l'Irlande, vers la fin 1967. De Gaulle pourtant, toujours président, la bloque à nouveau, mais sans décision formelle. Si bien que lorsqu'il perd le référendum de 1969, qu'il démissionne et que Georges Pompidou est élu, ce dernier retrouve le problème pendant. Il n'a ni la stature, ni la vision, ni l'autorité nécessaire pour maintenir la position de De Gaulle. Il cède. La négociation est bouclée à toute allure, six mois seulement, un référendum approuve ce résultat en France. La Grande-Bretagne, le Danemark et l'Irlande adhèrent formellement en 1972.

Très vite après, la Grèce, libérée de la dictature de ses colonels fascistes, demande aussi son adhésion. D'une certaine façon, c'est surprenant : la Communauté économique européenne est d'abord un Marché commun, elle ne traite que d'économie. La Grèce, à l'évidence, n'a aucun intérêt à soumettre sa faible économie industrielle à la concurrence des mastodontes français ou allemand. Mais son problème n'est pas là. Elle recherche une reconnaissance démocratique, souhaite appartenir à un ensemble dont la nature et le poids empêcheraient tout nouveau coup d'État militaire. Et la Communauté dit oui, à juste titre : même si l'entreprise commune traite presque exclusivement d'économie, sa signification ne saurait s'y limiter. La Grèce adhère le 1er janvier 1981.

On retrouve un problème assez analogue avec l'Espagne et le Portugal. L'Espagne avait déposé une première demande d'adhésion du vivant de Franco ; il lui avait été répondu sèchement que, l'Espagne n'étant pas une démocratie, il ne pouvait être question d'adhésion. L'histoire a voulu que l'Espagne et le Portugal se débarrassent de leurs régimes fascistes à peu près en même temps (1974-1975), ce qui leur permit de déposer de manière quasi simultanée leurs demandes d'adhésion. Économiquement, c'est encore une fois tout sauf évident : les industries portugaise et espagnole sont faibles, et durement menacées par les grands européens. Mais ce n'est pas le problème. Ces deux pays veulent un label démocratique, et un arrimage à un ensemble assez solide pour rendre impossibles chez eux de nouvelles atteintes aux droits de l'homme, de nouvelles aventures militaires. Et l'on dit oui. Heureusement cette négociation-là est sérieuse, précise. Elle dure trois ans. Ils entrent en 1986. C'est probablement l'élargissement le mieux réussi par la Communauté.

C'est à peine achevé que le mur de Berlin tombe, abattu dans la joie. L'Union soviétique implose, le pacte de Varsovie est dissout. Cela donne une liberté toute nouvelle à la diplomatie de trois pays neutres qui jusque-là prenaient bien garde à ne pas irriter frontalement l'Union soviétique : la Suède, la Finlande et l'Autriche, auxquels la Norvège décide de se joindre.

Pendant la négociation ibérique avait commencé à émerger le souci de renforcer la construction européenne. Une charpente faite pour six semblait ne pouvoir tenir que très difficilement à douze, et il fallait bien sûr imaginer qu'on n'en resterait pas là… Élargissement des compétences, restriction du champ de l'unanimité, changement d'équilibre des pouvoirs aux dépens du Conseil et au profit de la Commission et du Parlement, tout est sur la table, on discute de tout, rien ne se fait. La controverse "élargissement mais renforcement" n'a jamais pris la forme d'"élargissement contre renforcement", en fait elle ne se noue pas. Les nouveaux traités qui s'élaborent – l'Acte unique en 1986, Maastricht en 1992, Amsterdam en 1997, Nice en 2001, dont je dirai quelques mots – ne changent pas grand-chose à l'équilibre institutionnel de la Communauté, devenue Union en 1992. Une mécanique infernale est en place : personne n'ose dire à quiconque qu'il est un mauvais Européen et qu'il n'est pas digne d'entrer. De ce fait, tous ceux qui veulent à l'occasion d'un élargissement renforcer l'Europe, sachant qu'ils demandent une négociation difficile, apparaissent comme d'affreux retardateurs. Pour l'affaire en cours, le peuple norvégien finit par dire non dans un référendum. Clairement, la Norvège ne rejoindra l'Union que lorsqu'elle n'aura plus de pétrole ! Mais la Suède, la Finlande et l'Autriche entrent dans l'enthousiasme le 1er janvier 1995. Le processus d'adhésion est à ce moment déjà lancé pour l'étape suivante. On a eu raison. Ce sont de vrais Européens. Simplement l'Europe, faute de se renforcer, perd aussi bien en dynamisme qu'en cohésion.

De la même façon, lorsque la disparition de l'Union soviétique redonna leur complète liberté diplomatique aux Républiques anciennement communistes d'Europe centrale, elles vinrent toutes les neuf (Estonie, Lettonie, Lituanie, Pologne, République tchèque, Hongrie, Slovaquie, Roumanie et Bulgarie) déposer leurs demandes d'adhésion de la fin 1989 à 1995, donc beaucoup avant même que l'élargissement précédent soit bouclé. Chypre, Malte et la première rescapée du drame yougoslave, la Slovénie, décident de se joindre. À l'évidence, personne ne peut dire non. Cette perspective de redécouverte par l'Europe de son unité a quelque chose d'émouvant et d'enthousiasmant. Le besoin d'améliorations institutionnelles n'en grandit pas moins, mais on n'ose plus le relier aux élargissements. Ainsi s'alourdit l'agenda des négociations pour ce qui va devenir le traité de Nice, qui est l'un des grands ratages de l'histoire européenne. C'est devant ce ratage que les opinions publiques dans un peu toute l'Europe demandent un changement de méthode. Le Conseil européen de Laeken en décembre 2001 convoque une Convention chargée de préparer la réforme institutionnelle à soumettre à la prochaine Conférence intergouvernementale. Ainsi naîtra le projet de Constitution que les votes négatifs des Néerlandais et des Français à leurs référendums respectifs renvoient à la corbeille à papiers. Mais les cinquième et sixième élargissements se font, avec respectivement dix, puis deux nations. Nous voici vingt-sept, mais en panne institutionnelle réelle. Pendant ce temps, la Turquie fut confirmée dans son statut de candidat et les négociations officielles furent ouvertes avec elle, bien que retardées et bloquées sur certains chapitres notamment par la France. La candidature de la Croatie, en revanche, ne rencontre aucune opposition et chemine doucement. Ce sera la prochaine adhésion.

Il n'y a pas d'autre candidature officielle. Mais l'idée de demander un jour l'adhésion est discutée et commence à faire débat en Bosnie, Serbie, Albanie, Macédoine (la Fyrom [1]), Kosovo, Moldavie et même en Ukraine. L'histoire que je viens de rappeler ne laisse pas penser que l'Union européenne s'opposera à l'une de ces adhésions. Le cas difficile est celui de la Turquie, parce qu'elle est la plus grande, la plus puissante, et que musulmane elle effraye

---

1. Ancienne République yougoslave de Macédoine (Arym) ou en anglais, Former Yougoslavian Republic of Macedonia (Fyrom).

quelque peu les opinions de certains pays. Il y a encore bien des années de négociations, mais les rebuffades que subit la Turquie pourraient bien altérer le processus. La Turquie n'est pas à l'abri d'un rejet. Si d'aventure il se produit, il ne pourra que faire l'objet d'une décision hypocritement rédigée : on n'osera pas dire à la Turquie[1] qu'on la rejette parce qu'elle est musulmane. Ce problème de forme aggravera le fond. Cette nation fière, qui se considère comme humiliée par l'histoire, prendra un refus comme une gifle, les conséquences géostratégiques pourraient en être dramatiques, et en tout cas dangereuses pour les Européens.

L'histoire que je viens de rappeler comptera bientôt 60 ans. Par certains côtés elle est grandiose, et même quelque peu miraculeuse. Pourquoi ne pas l'avouer : le jour où, en séance à Strasbourg dans le magnifique hémicycle du Parlement européen, nous avons reçu solennellement, pour siéger désormais avec nous, des députés polonais, tchèques, hongrois, etc. j'avais la larme à l'œil. Assurément, c'est une affaire d'enfant de la guerre, donc de vieux Monsieur maintenant. Reste que... qui l'eût dit ? Reste aussi que tant que les frontières sont étanches et gardées, que les rancunes historiques sont commentées, nourries, et célébrées, la guerre reste possible. Or l'adhésion à la Communauté européenne a, en cette matière, de multiples effets. Le premier est de rendre inutile la matérialisation de la frontière en ce qui concerne les marchandises. Le second est, pour les pays qui adhèrent, l'incitation de rejoindre en plus, car l'Europe est un peu à la carte, l'accord de Schengen, qui tend à rendre ladite frontière inutile également en ce qui concerne les personnes. Le troisième effet est d'obliger des représentants de toutes ces personnes entre lesquelles les frontières baissent si j'ose dire d'intensité à gérer ensemble la zone considérée. Le quatrième effet n'est officiellement ni recherché ni formulé. Il est le produit spontané, et presque immanquable, des trois autres. On se réconcilie.

J'ai évoqué un peu plus haut les débuts de la réconciliation franco-allemande, et la puissance de la volonté politique qui l'a entreprise. Quarante-cinq ans après la volonté politique est beaucoup moins évidente. Elle a au demeurant moins de raisons de se faire sentir. Mais il y a du capital français représenté dans la quasi-totalité des grandes entreprises allemandes, et réciproquement. Les

_____

1. *Cf.* chapitre « Plaidoyer pour la Turquie ».

jumelages de villes sont une des formes les plus répandues de coopération internationale extérieure aux services d'État. L'Allemagne et la France battent de loin le record de densité pour de telles relations. Et même en matière de mariage, si l'on continue surtout à se marier dans sa communauté nationale (95 %), c'est entre la France et l'Allemagne qu'il y a le plus de mariages mixtes. Ce resserrement profond des liens entre les deux nations entraîne ce résultat que, dans la politique quotidienne, la découverte d'une convergence ou même d'une communauté d'intérêts a moins besoin que par le passé d'une complicité personnelle des dirigeants.

La réconciliation franco-allemande est d'ailleurs devenue, dans le monde entier, la référence majeure en matière de réconciliation historique. Mais ce n'est pas la seule.

Même les anticipations vont dans ce sens : la Grèce soutient l'adhésion turque à l'Union européenne. Dans le cas de la Turquie, d'ailleurs, la vertu pacificatrice de l'Europe est manifeste à tous égards. C'est le tropisme européen qui pèse le plus pour la réconciliation avec l'Arménie grâce à la reconnaissance du génocide, pour un traitement démocratique et négocié du problème kurde, et bien sûr pour une réconciliation entre les deux communautés de Chypre. Rejeter la Turquie, c'est la renvoyer à ses démons guerriers. Or dans ce cas unique et sans doute parce qu'elle est musulmane, c'est ce que nous sommes en train de faire.

Un bilan contrasté

En ce printemps 2010, époque où je reprends ce texte, les résultats de l'attitude européenne envers la Turquie sont déjà parfaitement visibles et dangereux. Humilié, ce pays a compris et ne cherche même plus à se faire ouvrir la porte d'une Europe dont il sent qu'on la lui a fermée. Dès lors, la Turquie se « réorientalise » à toute allure, intensifie ses relations économiques et politiques avec la Syrie et l'Irak, et surtout l'Iran. L'alliance irano-turque amorce un condominium stratégique des non-Arabes au grand Moyen-Orient, qui sera à l'évidence renforcé du soutien de l'Irak et de la Syrie, les deux se vengeant ainsi de leur vieille dépendance vis-à-vis de l'Égypte et de l'Arabie saoudite, elles-mêmes en crise. La puissance pétrolière et militaire de cet ensemble sera énorme. La Turquie saisit en outre chacune des maladresses ou des provocations de l'État d'Israël pour amorcer sa rupture avec lui. Et des Français sont largement à l'origine de ce suicidaire mouvement antiturc. J'espère seulement qu'ils mesurent aujourd'hui la gravité stratégique de cette faute. Mais j'ai trop anticipé, nous en sommes au bilan de l'Europe au tournant du millénaire.

Cette première décennie du XXIe siècle enregistre le colossal succès remporté par l'édification européenne en quasiment soixante ans : aucune guerre ne menace plus, l'Europe morcelée en plusieurs dizaines d'États souverains qui ont passé bien des siècles à défendre militairement leur identité et leur territoire contre leurs voisins est aujourd'hui rassemblée. Les pères fondateurs avaient voulu l'Europe réunifiée pour assurer la paix. Il est clair que leur vœu est exaucé. Et l'on est fondé à considérer que cette issue, toute formulée qu'elle fut comme le vœu initial, avait quelque chose d'un peu miraculeux.

Mais là ne s'arrête point le bilan. Cet effort de rassemblement et de réunification européens a fondé trois communautés (Ceca, Euratom puis CEE ou Marché commun), ensuite une Union, mais le projet explicite des pères fondateurs allait plus loin encore. Et il est vain de penser que la vie des habitants de notre continent puisse se limiter à célébrer la cicatrisation des plaies du passé et la joie de vivre dans un cadre institutionnel pacifié. À travers l'histoire de ces communautés devenant Union se jouait en vérité tout autre chose. Or c'est là que le bât blesse, car on ne peut guère dire aujourd'hui que le processus d'unification européenne en soit arrivé à créer une situation dans laquelle tous les Européens choisissent ensemble leur destin. Or, il s'agissait bien de l'enjeu.

Dès les années 1947-1950, lorsque la Ceca est en gésine, et tout au long de la décennie 1950, le discours des politiques à propos de l'Europe est général, très rarement sectoriel. Lorsqu'est rendu public le projet de la Ceca, l'idée d'administrer ensemble le charbon et l'acier s'estompe derrière celle de rendre la guerre impossible et de préparer par là un avenir de prospérité et de paix. Le conseil fondateur donné par Churchill à Zurich en 1946 est au demeurant parfaitement clair : il faut créer une puissance publique.

L'espoir que caressent les six pays fondateurs est encore plus lisible dans les documents moins solennels de l'époque. Il n'y a ni inhibition, ni ambiguïté, ni faux-semblant. Tous les habitants de l'Europe d'après-guerre ont compris que le monde s'est unifié, qu'il n'y a plus d'isolement stratégique particulier du petit promontoire de l'Asie, que l'avenir appartient aux nations géantes, et que les grands pays d'Europe – Angleterre, Allemagne, France, Italie – sont devenus bien petits à l'échelle du monde contemporain et des problèmes qui s'y posent. Faire l'Europe, c'est corriger cette situation, construire un outil tel que, rassemblées en son sein, ces puissances retrouvent ensemble une capacité d'influence évocatrice de celle que, séparément, elles ont, dans un passé plus ou moins lointain, déjà exercée sur le monde. Plus explicitement encore, devant la domination absolue des États-Unis et de l'Union soviétique sur la planète, le projet européen consistait bel et bien à tenter de créer un ensemble de taille et de poids comparables à ces deux colosses, et à ceux qui s'annoncent – la Chine, l'Inde et le Brésil –, ensemble capables, comme eux, d'affirmer une identité puissante, aussi bien dans les ordres économique, financier, technologique que culturel, stratégique et militaire.

Le discours justificatif du projet Ceca est d'une totale clarté. Si l'on commence par jumeler les industries du charbon et de l'acier c'est assurément pour rendre la guerre impossible, mais aussi afin de créer un lieu qui appelle l'émergence d'un pouvoir régulateur tout en ne provoquant pas directement le refus des souverainetés nationales.

À l'évidence, c'est par rapport à ces intentions explicites qu'il faut aujourd'hui arrêter le bilan, faire le point et déterminer les orientations à suivre pour l'avenir proche.

Quelles ambitions ?

Les préambules des traités Ceca et CEE évoquaient clairement l'intention longue. Mais c'est encore le traité sur l'Union européenne (dit de Maastricht et signé bien tard en 1992) qui l'esquissait le plus nettement. Qu'on en juge :

(Les Chefs d'État…)

« résolus à établir une citoyenneté commune aux ressortissants de leur pays »,

« résolus à mettre en œuvre une politique étrangère et de sécurité commune, y compris la définition à terme d'une politique de défense commune qui pourrait conduire, le moment venu, à une défense commune, renforçant ainsi l'identité de l'Europe et son indépendance afin de promouvoir la paix, la sécurité et le progrès en Europe et dans le monde, ont décidé d'instituer une Union européenne... »

Or les traités suivants ne comportent plus d'évocations aussi ambitieuses de notre avenir commun, si ce n'est l'allusion réitérée à un espace de croissance économique harmonieuse et de plein-emploi.

À partir de ces textes, l'observation de la réalité d'aujourd'hui appelle donc quelques constats.

Premier constat. Soixante ans après le lancement initial de l'idée, cinquante ans après le traité CEE, quinze ans après le traité de Maastricht, il n'y a toujours pas d'existence internationale reconnue de l'Europe au niveau où l'acuité des problèmes l'exigerait. Il vaut donc la peine de rappeler les champs essentiels dans lesquels pèse cette absence de l'Europe.

L'Europe n'est qu'observatrice à l'ONU, et absente au Conseil de Sécurité.

Elle n'a rien pu faire pour empêcher, à ses frontières, l'implosion de l'ex-Yougoslavie et sa dérive vers la guerre et le crime collectif.

Malgré quelques efforts, elle n'a pas pu empêcher non plus la dérive de l'Afrique vers la pauvreté et la mal-gouvernance.

Elle n'a pas cherché à empêcher ni même pensé à éviter le retour de la politique occidentale sous animation américaine, orientation privilégiant la méfiance vis-à-vis de la Russie et continuant son encerclement militaire. Il faut ici se souvenir de ce qu'une des premières conséquences de la destruction du mur de Berlin et de l'implosion de l'Union soviétique fut la dissolution du pacte de Varsovie, fondement de l'alliance militaire entre l'Union soviétique et les Républiques communistes d'Europe centrale. Sa disparition posait le problème de savoir si le pacte de l'Atlantique Nord restait utile. Or personne n'en a discuté. Les Américains décidèrent qu'il fallait non seulement le maintenir mais l'étendre à des voisins de la Russie. C'était le moment où la Fédération de Russie s'essayait à un début de démocratie balbutiante. Au lieu d'aider cet effort en

créant autour de la Russie démocratique une atmosphère de bienvenue et de confiance, l'Otan agressait en somme la jeune démocratie
russe en lui exprimant sa méfiance permanente, en la coupant de
ses alliés traditionnels, en ne lui offrant pas d'autre choix que la
crispation nationaliste et, par là, autoritaire.

Le vieux George Kennan, l'un des plus brillants diplomates américains de l'après-guerre, sortit de sa retraite – il avait largement
passé quatre-vingts ans – pour écrire que l'Occident venait de commettre là sa plus grande erreur diplomatique depuis un demi-
siècle... Je partage ce jugement. Mais le plus frappant dans cette
histoire, c'est que personne n'en a même seulement discuté !
L'Europe était dans cette affaire absente car inexistante, et chacun
de ses pays membres pris isolément n'avait pas la taille nécessaire
pour penser le problème autrement. Le durcissement autoritaire et
le puissant effort de réarmement de la Russie sont largement les
conséquences de ce choix dramatique. Nous vivrons fort longtemps
avec elles. L'Europe non seulement n'a pas ouvert la voie, mais s'est
à peine rendu compte qu'il y avait un problème !

Pourquoi certaines paralysies ?

De la même façon, le monde des démocraties développées prépare très mal les énormes conséquences du bouleversement créé par
le ralliement de la Chine et de l'Inde à l'économie de marché et au
capitalisme. Dans moins de trente ans – demain matin ! –, ces deux
pays entraînant le reste de l'Asie fourniront la moitié du produit
brut mondial et contrôleront la moitié du commerce international
des biens et services. Il n'y a probablement pas de problème planétaire plus important que d'assurer le caractère pacifique de ce mouvement et cela n'a évidemment rien de simple, mais il est clair que
le discours public américain, qui le plus souvent ne cite le nom de
la Chine qu'associé au mot de menace, va dans un sens extrêmement dangereux. La seule trace publique de l'émergence de la
Chine dans la politique des États-Unis se découvre en effet dans le
budget militaire. Sur les plans commercial, intellectuel, culturel et
même diplomatique, il n'y a pas grand-chose qui annonce la
volonté d'assurer pacifiquement cette énorme et difficile transition,

alors que les Chinois ne demandent que cela. Devant cet immense problème, l'Europe se tait ; pire, elle n'existe pas.

Plus près de chez nous, depuis plus longtemps, et plus nettement encore s'il se peut, elle est paralysée devant le conflit entre Israël et la Palestine. La seule chose qu'elle sache faire, et fasse, c'est, avec l'accord d'Israël et du « Quartet » (diplomatie conjointe des États-Unis, de la Russie, de l'ONU et de l'Union européenne), de contribuer financièrement à la survie de la Communauté palestinienne. Paralysés par l'importance aux États-Unis d'un électorat juif marginal mais extrémiste pesant sur le Sénat, les États-Unis sont incapables d'afficher durablement, sur ce problème, à la fois la neutralité nécessaire et le poids de leur pression, afin d'exiger des deux communautés qu'elles acceptent les sacrifices symboliques nécessaires à la paix. Il s'avère évident pour tout le monde, Palestine, Israël et États-Unis compris, que le conflit est d'une telle gravité et d'une telle complexité qu'il n'est pas soluble sans une forte pression et intervention de la communauté internationale. On attendrait là l'Europe. Mais son inexistence politique et son manque de forces militaires lui interdisent de jouer ce rôle.

La révolution intra-capitaliste acceptée

Enfin plus gravement, et là dans l'ordre économique et financier, l'Europe a assisté silencieusement – et même largement accompagné – la révolution intra-capitaliste qui s'est faite en trente ans et dans laquelle nous vivons aujourd'hui.

Que l'on se souvienne. De 1945 à 1970-1975, le capitalisme d'après-guerre, en Amérique du Nord, en Europe et déjà au Japon, s'était reconstitué dans des conditions superbes : croissance rapide et régulière de près de 5 % par an, absence totale de toute crise financière internationale, et plein-emploi dans toutes ces zones. Jean Fourastié appelait ces années les « Trente Glorieuses ». En fait, il s'agissait du redémarrage à pleine puissance du capitalisme classique. Mais la crise de 1929 avait produit Hitler, l'instabilité du capitalisme était reconnue dangereuse et cet état d'esprit d'après-guerre s'était orienté vers la recherche d'éléments régulateurs ou stabilisateurs, permettant de faire fructifier l'efficacité du capitalisme en limitant grandement les risques politiques et sociaux liés à son instabilité naturelle. Dans l'ordre social, l'Anglais William Beveridge réussit à convaincre nos élites qu'en pratiquant une protection sociale de grande ampleur, non seulement on humanise ce système cruel par nature, mais également on le stabilise. Dans l'ordre financier, un autre Anglais, John Maynard Keynes, avait produit avant la guerre, et justement à la lumière de la crise de 1929, une réflexion financière et monétaire[1] dont les gouvernements pouvaient tirer des orientations de politiques budgétaire et monétaire réduisant très sérieusement les oscillations, donc l'instabilité du système. Enfin, dans l'ordre économique, la constatation s'imposa que le meilleur régulateur avait été inventé par Henry Ford quand il avait proclamé : « Je paie mes salariés pour qu'ils m'achètent mes voitures. » Le capitalisme est un système génial de production de masse. À l'évidence, il ne peut fonctionner que s'il y a consommation de masse. Une politique de hautes rémunérations, c'est-à-dire techniquement une quasi totale indexation des rémunérations salariales sur les gains de productivité, assure la plus importante consommation possible. Dans la triade, on se rallia largement à cette vision des choses, qui naturellement appelait de constantes négociations salariales, un relatif renforcement du mouvement syndical, et, de ce fait, une cohésion sociale satisfaisante. En France, la division et la faiblesse structurelle des organisations syndicales ne permettaient pas d'appuyer sur des négociations sociales régulières une telle vision. C'est le Commissariat général du Plan, lieu de concertation sinon de négociations, qui leur servit de substitut. Ces trente ans sont la plus belle période de l'histoire mondiale du capitalisme. Et c'est au milieu de cette période, dans ce climat très porteur, que prend naissance la construction européenne. L'ambiance du plein-emploi, de la croissance rapide et de la disparition des crises financières enveloppe et aiguille largement l'orientation des traités.

En ce début du XXIe siècle, l'ambiance est évidemment radicalement autre. La croissance du produit brut en moyenne dans les pays développés est à peine égale à 2 %. Les crises financières régionales ou mondiales ont réapparu, au rythme d'une tous les cinq ou

---

1. *Théorie générale de l'emploi de l'intérêt et de la monnaie*, 1936.

six ans depuis 1990. Et, surtout, nous sommes passés en trente ans d'un quasi plein-emploi partout dans les pays développés à une situation dominée par le travail précaire. Entre 15 et 20 % des travailleurs d'Europe, d'Amérique du Nord ou du Japon sont en situation précaire par la minceur de la paie, le temps partiel non choisi, ou l'extrême brièveté de l'engagement contractuel, voire les trois. Si l'on y ajoute les chômeurs et les pauvres – adultes valides exclus du marché du travail et disposant d'un revenu inférieur à la moitié du salaire moyen national –, ce sont 25 % des habitants des pays développés qui sont, désormais, en situation de marginalité et d'incertitude.

Cette mutation dramatique s'est faite en trois décennies. Elle est largement le produit du mouvement par lequel les actionnaires, isolés et marginalisés dans les fameuses « Trente Glorieuses », se sont organisés en fonds de pensions puis en fonds d'investissement et enfin d'arbitrage *(hedge funds)* et ont pris, grâce à cela, des positions de pouvoir extrêmement significatives dans toutes les entreprises multinationales du monde développé. Leur pression forte et constante a entraîné l'externalisation de la plus grande part de main-d'œuvre possible, la stagnation du salaire réel moyen aux États-Unis depuis près de vingt ans, et dans tous les pays une baisse importante de la part des revenus salariaux et de protection sociale dans le PIB.

Nous vivons au milieu des conséquences de cette mutation. Exaspérés, les peuples néerlandais et français ont rejeté le projet européen de Constitution pour des raisons multiples et entremêlées mais dont la principale était de dire non à l'instabilité, non à la précarisation croissante de tous les rapports sociaux. En outre, personne ne doute que si le peuple allemand avait eu à se prononcer sur cette ratification par référendum, il l'eût aussi rejetée. Le gouvernement britannique, lui, n'a même pas osé poser le problème à son opinion ou à son Parlement. Et nous savons enfin, maintenant, que la crise bancaire des *subprimes* dégénère en une vraie crise économique, une vaste récession.

Pourquoi mentionner cela ici, à propos de l'Europe ? Justement parce que le fait que l'Europe n'ait rien vu venir ni rien pu faire confirme son inexistence et fonde la critique croissante qui lui est adressée. Surtout, cette absence de l'Institution européenne dans la plus grande affaire de notre temps – la détérioration profonde de l'équilibre social en pays développés – rend compte de l'indifférence publique vis-à-vis de l'Europe. L'absence de l'Europe dans les affaires majeures du monde montre cruellement que l'espoir des pères fondateurs n'a pas été réalisé. Si cela ne doit pas conduire à oublier ou à négliger ce qui s'est fait, être lucide s'impose néanmoins.

Dans la main des États-Unis ?

Deuxième constat. D'un point de vue diplomatique et stratégique, les avancées limitées de l'Europe en font une réserve de capacité médiatrice et de puissance d'intervention humanitaire, mais guère davantage.

Les États européens, négociateurs et signataires des traités, n'ont jamais donné à la Communauté ni à l'Union la compétence majeure qui eût consisté à assurer la sécurité de leurs intérêts vitaux. Cette responsabilité demeure propre à chaque État qui l'assure comme il l'entend, soit par la neutralité (Irlande, Suède, Finlande, Autriche), soit par la participation à une alliance militaire, celle de l'Otan. Cette situation a emporté beaucoup de conséquences. La principale est que, pour la plupart des membres de l'Union, la sécurité stratégique demeure toujours assurée par l'Otan, donc par les États-Unis. Cela les conduit à refuser d'adopter, même dans des domaines secondaires, toute attitude qui pourrait heurter Washington et par là à distendre le lien de confiance sans lequel la sécurité stratégique assurée par le texte du traité d'Alliance (article 5) perd de son sens. Il faut voir là la cause du ralliement de plus de la moitié des gouvernements d'Europe de l'époque à la décision américaine d'envahir l'Irak, par exemple, et cela chez beaucoup d'entre eux malgré l'opposition nette de leurs opinions publiques. Sur la longue période, c'est cette orientation dominante au Conseil des ministres qui explique la marginalisation de « l'Union de l'Europe occidentale », premier traité de solidarité militaire établi contre l'Union soviétique, et signé au printemps 1949, à l'orée de la guerre froide, entre cinq pays d'Europe, Grande-Bretagne, France, Belgique, Luxembourg, Pays-Bas, avant même la signature du traité de l'Atlantique Nord. La signature de ce dernier, puis le fonctionnement effectif de l'organisation militaire permanente de temps de paix qu'il a prévue ont entraîné ensuite la désuétude de l'UEO, traité arrivé en fin de course et dont l'héritage a été transféré à l'Union européenne. L'Institut d'études stratégiques de l'UEO, créé sur mon initiative en 1990, a été incorporé à l'Union, dont il est le seul instrument intellectuel dans l'ordre diplomatique et stratégique.

C'est donc en dehors du champ proprement stratégique que la Communauté puis l'Union européenne ont développé quelques éléments d'une politique commune.

Les premiers découlent de l'aide publique au développement. Dès la rédaction du traité CEE, les États signataires décidèrent de gérer en commun les politiques d'aide qu'ils continuaient de pratiquer vis-à-vis de leurs anciennes colonies. Bien que le budget propre de ces opérations ne soit pas intégré à celui de l'Union et reste voté séparément au sein de chaque État membre pour la part qui le concerne et sur laquelle il garde à la fois un œil vigilant et une exigence de retour, l'effort de la Commission en quarante ans a permis de présenter une offre européenne d'aide, à laquelle ont aujourd'hui accès plus de soixante-dix États d'Afrique, des Caraïbes ou du Pacifique. À toutes les anciennes colonies françaises, belges, néerlandaises, espagnoles, anglaises et portugaises, se sont joints quelques États qui n'ont jamais été colonisés (Éthiopie, Haïti…). Hélas, cet instrument n'a pas été utilisé par l'Europe dans un sens assez audacieux pour transmettre réellement une faculté de décollage économique. L'aide ne s'avère pas beaucoup plus qu'un empêchement de l'effondrement – ce qui est déjà considérable – et a relativement baissé en volume dans la période récente.

Le fait d'être le plus gros distributeur d'aide publique au développement a conduit l'Europe à soutenir les efforts des ONG dans le même sens. Elle s'est donc trouvée concernée par les multiples crises et guerres civiles qui ont marqué les pays du Sud pendant le demi-siècle en cause. Longtemps traités par les diplomaties nationales, ces crises et ces événements ont fini par conduire les États membres, en 1992, à rédiger et à signer une déclaration dite de Petersberg qui prévoit qu'ils pourront accomplir des efforts communs, c'est-à-dire mettre en œuvre des forces militaires intégrées sous un commandement européen unique pour : évacuer et rapatrier tous ressortissants européens menacés où que ce soit dans le monde ; fournir un appui militaire si nécessaire aux opérations humanitaires, tant alimentaires que sanitaires ; fournir un contingent commun à l'Organisation des Nations unies pour les opérations de maintien de la paix ; fournir un contingent commun à l'ONU pour les opérations d'imposition de la paix.

C'est dans cette perspective et avec cette légitimité que s'est élargi l'effort européen en matière de coopération militaire, décrit comme PESD, Politique européenne de sécurité et de défense. Commencé voilà bientôt une vingtaine d'années par une brigade franco-allemande, il comporte aujourd'hui un « Eurocorps » composé de troupes venant de cinq nations : France, Belgique, Allemagne, Espagne, Luxembourg, mais chacun des vingt-deux autres États membres a faculté de s'y joindre. Certains s'y préparent. L'Eurocorps, qui entend être capable d'envoyer n'importe où dans le monde une force de 60 000 hommes, elle-même capable de tenir au moins un an sur place, a déjà servi en Bosnie et en Afrique. Entre l'Eurocorps lui-même et les multiples contingents nationaux qui servent dans de multiples missions de l'ONU, l'Europe est le premier fournisseur de troupes à l'ONU. Mais toutes ces missions sont à référence humanitaire ou pacificatrice et aucune n'a le sens d'une intervention stratégique.

Pourtant la Communauté économique européenne s'était trouvée confrontée depuis longtemps avec le fait que son énorme poids économique lui donnait une importance telle qu'inévitablement une dimension politique lui était attachée. Le président Giscard d'Estaing fut le premier à tenter d'extraire de cette situation l'expression d'une politique. C'est à propos du Moyen-Orient qu'il y parvint, sous présidence italienne, par la déclaration de Venise (1980). Cette affirmation d'une vision commune des neuf membres de la CEE, qui pouvait être l'amorce d'une politique permanente – et l'a d'ailleurs été dans une certaine mesure –, fit forte impression, un peu par son contenu, où n'étaient pas oubliés « les droits nationaux du peuple palestinien », et davantage encore par son existence même. Malheureusement, la déclaration ne fut guère suivie d'une activité et d'une expression permanentes. Une intention juste ne suffit pas à créer une politique étrangère. La preuve avec la mort du maréchal Tito, la même année, qui ouvrit en Yougoslavie une période d'incertitude et renforça ce besoin de politique étrangère de l'Europe. Sans grande concrétisation.

Des contradictions

Dans un tout autre domaine, celui de la justice, l'Europe a aussi rencontré la même contradiction entre, d'une part, sa taille et son importance et, d'autre part, les conditions toujours très interétatiques de son fonctionnement.

L'unification de l'espace européen, renforcée notamment par l'accord de Schengen, a beaucoup facilité la circulation des personnes comme « l'européisation des affaires ». Il était logique que le crime en profite. Mais on s'aperçut à l'occasion de diverses affaires, que le fonctionnement toujours national de la justice devenait une entrave à son bon fonctionnement. L'exemple le plus célèbre fut celui d'un voyou français qui assassina successivement trois jeunes femmes dans des trains, puis prit la fuite au Portugal, où il fut arrêté et d'où il apparut pratiquement impossible de l'extrader.

Il devenait donc urgent de créer un espace judiciaire européen. Certains avaient même dans la tête, mais c'était une anticipation à beaucoup plus long terme, que si le commerce devenait vraiment européen, il allait être nécessaire que les lois qui le régissent et le traitement des contentieux auxquels il donne lieu cessent d'être gérés sur une base purement nationale.

Le Conseil des ministres, devant l'ampleur de la tâche consistant à construire un véritable marché commun, avait sagement laissé de côté l'activité diplomatique entre 1957 – signature de la CEE – et 1986 – signature de « l'Acte unique ». Ces vingt-neuf ans sont l'époque effective de construction de la Communauté. L'Acte unique parachève la tâche en éliminant ce qui restait de frontières intérieures non tarifaires, en élargissant le champ des décisions prises à la majorité au sein du Conseil et en renforçant les pouvoirs du Parlement. Ce bel effort achevait de faire de l'Europe un ensemble économique majeur. Très vite, les États membres, et par conséquent le Conseil, furent sensibles au fait qu'une telle puissance collective ne pouvait se limiter à une régulation purement écono-mique ; sa taille même emportait des conséquences politiques et juridiques qu'il lui fallait bien prendre en charge.

Le consensus se fit assez vite au Conseil des ministres – l'encre de l'Acte unique étant à peine sèche – sur le fait qu'il devenait nécessaire d'élargir les activités communes des États membres à ces deux nouveaux champs, le politique et le juridique. L'éclatement du drame yougoslave, à nos portes, soulignait plus encore ce besoin.

La présidence luxembourgeoise au Conseil européen de 1991 prit l'initiative d'inviter le président de la Commission européenne, Jacques Delors à l'époque, pour lui demander son avis – son exper-tise – sur les méthodes à choisir afin d'aborder ces deux domaines. C'était une première puisque jamais le président de la Commission n'assistait aux réunions du Conseil des ministres. Jacques Delors déclara tout benoîtement qu'il n'y avait pas là de problème nouveau ni particulier, les procédures inventées pour intégrer nos économies pouvant parfaitement s'adapter aux domaines politique et juri-dique. Si l'on trouvait que ces mécanismes communautaires étaient trop intégrés et que l'on voulait préserver de plus grandes marges pour les souverainetés nationales, il restait possible de faire du tra-vail purement intergouvernemental, sans avoir besoin de la Com-mission pour cela, plaida-t-il.

Nous sommes douze au Conseil à l'époque, l'Espagne et le Por-tugal ayant adhéré en 1986. Le tour de table se déroule. Neuf nations demandent que l'on fasse le choix des procédures commu-nautaires. Comme prévisible, la Grande-Bretagne et le Danemark exigent que l'on en reste à l'intergouvernemental. La douzième nation, la France, s'abstient. Ni le président François Mitterrand, ni le Premier ministre de l'époque – Édith Cresson qui venait d'être nommée à ma succession – ni surtout le ministre des Affaires étran-gères Roland Dumas ne se sont expliqués sur les raisons de ce choix.

Or les conséquences en furent énormes. En l'absence de position française, la Grande-Bretagne n'eut guère à affronter une Allemagne surprise et indécise. Les « deux » gagnèrent contre les « neuf ». Et la Commission sortit du jeu. Elle n'eut même plus la charge de rédiger les projets de traité sur instruction du Conseil des ministres. Ce dernier s'en chargea lui-même, ce que – faute de services étoffés –

il fit par papier « coupé-collé ». Depuis ce temps, les traités européens ne sont plus écrits. Mais surtout on inventa les deuxième (politique étrangère et de sécurité) et troisième (espace judiciaire) piliers, espaces de négociation intergouvernementale où la Commission européenne n'a aucun accès, pas même pour donner ou recevoir de l'information. On ne ferait pas une « politique étrangère », mais des « actions communes de politique étrangère » qu'il convient de décider à l'unanimité.

Le traité comportant ces dispositions fut signé à Maastricht, le 7 février 1992. S'il porte le beau nom de traité de l'Union européenne, et ouvre la possibilité d'aborder la politique étrangère pour une Communauté limitée jusque-là à l'économique et au financier, si par ailleurs il annonce l'intention que l'Union se dote d'une monnaie unique, c'est lui aussi qui enterre toute idée que l'Europe puisse un jour mettre en œuvre ses propres politique étrangère, de défense et de sécurité. Les quatre tentatives suivantes – traité d'Amsterdam, traité de Nice, projet de traité constitutionnel et traité de Lisbonne – maintiendront toutes le principe de l'unanimité, et le rejet de la Commission hors du jeu.

Dans les quatorze ans qui nous séparent de la mise en œuvre du traité de Maastricht, l'Union européenne a effectué beaucoup « d'actions communes de politique étrangère ». On a dépassé les six cents, la plus grosse a été l'envoi de l'Eurocorps en Bosnie, la moitié du total sont des actions d'appui à l'organisation d'élections générales dans des pays qui n'en ont pas une grande habitude.

Tout cela est certes chaleureux et utile, mais fort loin d'approcher ce que serait une véritable politique étrangère du continent européen.

Les uns contre les autres

La situation est donc claire. L'Union européenne est symboliquement sortie de la limitation aux seuls champs économique et financier, s'est donné le droit de toucher au judiciaire, au stratégique et au diplomatique, mais ne s'est guère avancée dans cette voie. En matière judiciaire, l'expérience a petit à petit montré que l'amélioration de certaines procédures ou la création du mandat d'amener européen ne menaçaient guère les souverainetés nationales dans leur essence. C'est pourquoi le traité de Lisbonne décide la suppression du fameux troisième pilier, et donc la communautarisation des procédures concernant la part du domaine judiciaire que les États membres avaient concédé comme compétence à l'Union dans le traité de Maastricht.

En revanche dans l'ordre diplomatique et stratégique, si le Conseil des ministres n'a pas pu rester totalement sourd à l'évident désir de nos opinions publiques de voir l'Europe se manifester dans ces domaines aussi, ni au « besoin d'Europe » qui montait d'un peu partout, il est clair que de vigilants gardiens ont su pendant ces quinze ans depuis Maastricht – et en fait depuis l'origine – trouver de manière constante les majorités nécessaires pour empêcher toute émergence réelle d'une Europe politique agissant comme telle à la face du monde. Une grande victoire anglaise ! Qui n'a été possible que parce que la diplomatie britannique a trouvé, tout au long de cette période, beaucoup d'alliés sur le continent, pour des raisons différentes mais qui ont convergé.

La première est que l'évolution institutionnelle de l'Europe a vu progressivement les petits pays d'Europe s'unir pour réduire le pouvoir des grands. Cette majorité de fait entend bien limiter les budgets militaires en dessous de 2 % du PIB, c'est-à-dire laisser délibérément aux États-Unis – et accessoirement à la France et à la Grande-Bretagne – la charge de financer les forces nécessaires au maintien de l'équilibre stratégique du monde, quitte à s'interdire d'en discuter les modalités. Ces mêmes pays n'ont que très rarement accès au Conseil de sécurité des Nations unies et, bien sûr, ni la France ni la Grande-Bretagne n'ont cherché à nourrir leur mandat de membre permanent de la moindre investigation européenne. De fait, la majorité des États membres de l'Union européenne sont en état mental de démission devant les affaires mondiales. J'ai même entendu l'un de leurs représentants, au cours d'un débat sur ce sujet, dire très explicitement : « Ce que nous voulons, c'est faire une grande Suisse, et en aucun cas une succursale européenne du Conseil de sécurité. » Au moins, c'était clair.

La deuxième raison est carrément stratégique. Pour la plupart des États membres, et d'abord pour la Grande-Bretagne, mais aussi très largement pour ceux qui subirent la dictature communiste, la sécurité stratégique de l'Europe dépend exclusivement de l'Otan, et donc des États-Unis. Il est à leurs yeux essentiel de ne pas distendre ou éroder la confiance politique et l'amitié sur lesquelles repose cette solidarité. Dans ces conditions, mieux vaut ne pas faire de politique étrangère du tout que d'en conduire une au risque de la voir de temps en temps heurter les intérêts des États-Unis d'Amérique. C'est cette raison qui explique le choix de la majorité des gouvernements de l'Union de soutenir les États-Unis lors de l'invasion en Irak, et ce contre le sentiment profond de leurs propres peuples dans presque tous les cas. La Russie et la Chine étant toutes deux en plein mouvement de réarmement puissant, largement à cause, dans les deux cas, de la diplomatie « occidentale », c'est-à-dire américaine, je ne vois aucune raison que cette situation change. En somme, il n'y aura pas d'Europe politique, le rêve en est aujourd'hui mort.

Des résultats loin d'être négligeables

Mon premier constat etait donc l'absence de l'Europe dans les grandes affaires stratégiques du monde d'aujourd'hui. Le second, l'observation que les esquisses d'orientations ou d'outils lancés jusqu'à présent par l'Europe, vues de l'intérieur, expriment bien des choix positifs mais sont restés d'influence limitée, sinon embryonnaires.

La contradiction entre la faiblesse du résultat final en termes d'identité et de puissance politique et l'ampleur des espérances initiales mérite une analyse plus poussée

En premier lieu, bien que minces à l'échelle du monde, les résultats atteints sont loin d'être négligeables. Dans chaque domaine d'activité, il faut pouvoir évaluer s'ils sont suffisants pour provoquer le besoin collectif de prendre en charge désormais l'activité en cause au niveau de l'Union, ou s'ils demeurent des facilitations de voisinage.

En second lieu, il ne faut pas oublier que l'énorme construction européenne a pour ciment essentiel le libre-échange, et que le libre-échange n'a, à vrai dire, aucun besoin d'État, juste d'un peu de police commerciale. Il y avait donc une contradiction évidente entre l'espoir de voir émerger une puissante fédération, puissance publique de droit international, intervenant dans les affaires du monde au même titre que la Russie, les États-Unis, la Chine, etc. – et face à ces pays – et le souci de faire fonctionner le grand marché unique avec le moins possible d'administration, de réglementation publique et de subventions. Or, nous avons réussi notre marché unique. La contradiction que j'évoque est même de nature à affaiblir la monnaie unique dont l'essentiel de ce marché s'est doté. Si la Banque centrale européenne est puissante et qualifiée pour mener une politique monétaire de l'euro anti-inflationniste, l'absence d'un pilotage macroéconomique commun dans la zone euro maintient celle-ci dans une situation de fragilité. Et l'incertitude demeure totale sur le commandement de la politique de changes.

En troisième lieu, il convient de voir que les traités initiaux non seulement n'ont pas cherché à construire cette Europe politique intégrée, clairement renvoyée à plus tard, mais n'ont pas donné naissance non plus à des mécanismes cumulatifs engendrant une concentration du pouvoir dans l'objet européen. D'une part, les procédures de sélection des personnes et de dévolution du pouvoir sont restées purement nationales, aucun engrenage proprement européen n'a été créé. Résultat, tous nos gouvernements nationaux en sont venus très naturellement à se méfier de l'Europe, à en faire un alibi – à l'occasion – de leurs difficultés, et à lutter pied à pied au Conseil des ministres contre tout nouvel affaiblissement de leur souveraineté au profit de celle de l'Europe. D'autre part, les institutions et les compétences définies par les traités successifs n'ont jamais mis la Communauté ni l'Union en situation de faire fonctionner des instruments ayant une réelle puissance intégratrice. Ainsi, il n'y a pas d'impôt européen. Et le budget de l'Union atteint à peine 1 % du produit brut de ladite Union. On reste donc dans l'ordre du dérisoire, et le maniement de telles sommes ne saurait en aucun cas peser suffisamment pour provoquer un mouvement intégrateur cumulatif.

Dans ce XXIᵉ siècle menaçant, l'Europe ne jouera en outre aucun rôle militaire, donc guère de rôle diplomatique pour influer sur – et tenter d'améliorer – les relations entre les États-Unis, le monde musulman, la Russie, la Chine, l'Inde, le Brésil ou l'Afrique.

Une vision trop noire ?

Le diagnostic que je fais là m'est strictement personnel. Il est contesté par certains de mes amis, et notamment par ceux qui furent longtemps des fédéralistes européens comme je le fus moi-même. Il serait trop « noir » à leurs yeux.

Je le maintiens intégralement et considère même que nous vivons en France, depuis bien des années déjà, sous le règne d'un politiquement correct européen largement hypocrite, sinon mensonger. L'Europe politique serait toujours en gésine dans les multiples structures et activités qui, dans l'Union ou autour d'elle (Airbus, l'Agence spatiale européenne), traitent de sujets qui en relèvent plus ou moins. Chaque épisode institutionnel européen offre l'occasion de reformuler cette espérance et même de constater qu'un peu de matière supplémentaire est entrée dans les affaires courantes de l'Union et serait plus ou moins susceptible de relever du champ politique proprement dit. Je persiste à ne pas croire à la possibilité d'une « cristallisation politique » se faisant de cette manière.

La seule chose certaine est que nous avons besoin, pour l'avenir, aussi bien en France afin de redonner cohérence et vision à notre politique européenne, que dans l'Union tout entière, d'approfondir les éléments de ce diagnostic et de mesurer dans quelle mesure il est partagé.

Bien des questions se posent à cet égard.

D'abord, celle de l'évaluation de l'existence politique de l'Europe aujourd'hui

Ensuite, celle de savoir si, dans l'énorme et disparate chantier du travail de l'Union, il est quelques domaines où apparaît l'évidence que la carte européenne est à la bonne dimension et où la poursuite de l'effort collectif puisse fournir à l'Union – ou a déjà commencé à lui donner – la force d'une identité véritable et commune ainsi que des moyens de maîtriser son destin et de peser dans un sens de progrès et de paix sur celui du monde.

La troisième est plus subtile, et d'une certaine façon plus nouvelle. Sous sa vision espérée d'origine, l'Europe politique est morte. Faut-il le regretter ? Ce dont nous – les Français en tout cas, les pères fondateurs sans doute, les nouveaux arrivants certainement pas – avons rêvé, c'était bien de retrouver à l'échelle européenne et grâce à l'Europe, je l'ai dit déjà, la force et les moyens de peser sur l'aventure planétaire comme nous l'avions plus ou moins fait séparément, nation par nation, depuis cinq siècles au moins. Ce rêve supposait d'ajouter à l'unification – réalisée celle-ci – des marchés, des techniques, de la finance, celle de la force et des moyens permanents de son emploi, c'est-à-dire de la diplomatie. Là est le manque, là est l'échec.

Mais, au fond, de quoi s'agit-il, sinon de reproduire au niveau du monde la conception des relations internationales qui était celle de Metternich pour l'Europe ? Nous voulions faire sa place à l'Europe dans un courant mondial de géants disposant tous aussi bien des attributs du commerce que de la force. Les fédéralistes européens pleurent la disparition de la force dans ce processus. Entre la vérité de cette réalité et le conformisme intellectuel qui nous conduit à toujours associer l'instance politique à la mise en jeu de la force, quel est le partage réel ? À quoi sert Israël d'être tellement plus fort que ses voisins ? Quant à la plus grande armée du monde, et peut-être de tous les temps, celle des États-Unis, elle est totalement bloquée et pour fort longtemps parce qu'une bonne part de ses moyens sont affectés au maintien en service d'armes en fait interdites d'usage – les bombes nucléaires – et parce que l'essentiel de ses forces actives est gelé en Irak et en Afghanistan. Les États-Unis ne pourront plus traiter militairement une nouvelle crise mondiale avant bien des années.

Or, les plus urgents des problèmes mondiaux ne relèvent pas des armées. Le changement climatique, le terrorisme – qui est une affaire de police et non de guerre –, la régulation financière et le traitement de la crise, la place à faire commercialement et politiquement à la Chine comme à l'Inde, tout cela ne saurait relever de l'usage de la force. C'est dans tous les cas affaires de négociations et de bonne administration internationale de la règle et de la police. La clé en est le « *soft power* », le pouvoir doux, la concertation, la négociation où se trouve la meilleure expertise européenne. De fait, nous avons connu depuis 1945 une dizaine de guerres interétatiques dont aucune n'a résolu de problème. Toutes se sont terminées par le retour des combattants sur leurs bases de départ ou presque (Corée, Irak-Iran, Inde-Pakistan avec trois guerres, Israël-pays arabes avec cinq guerres, Équateur Pérou, Chine-Vietnam etc.). Et la guerre froide s'est terminée sans guerre chaude. N'est-il donc pas temps de formuler l'hypothèse que, dans notre monde surencombré comme il l'est, l'usage de la force est devenu impossible car intolérable pour modifier des frontières ou des équilibres ? Que les surarmés se dissuadent mutuellement suffit à la paix ? Le reste est affaire de puissance économique et de négociations. L'Europe y est experte. Elle y pèserait beaucoup plus si elle était consciente que cela lui suffit largement.

Une question d'avenir

Car il faut répondre aussi à une question. Ne sommes-nous pas en train de vivre les débuts d'une nouvelle période où les problèmes essentiels de l'avenir de l'humanité, et même de sa survie, dépendent d'abord de notre capacité à réguler, endiguer, ralentir et infléchir l'immense flux de l'activité économique mondiale. Qu'est-ce que la question du changement climatique sinon celle de maîtriser la force énorme de ce capitalisme mondial poussant à produire toujours plus et n'importe comment ? Qu'est-ce que le problème du terrorisme sinon celui de la résistance folle et désespérée de quelques milliers d'individus à culture dominante musulmane à l'immense processus mondial d'uniformisation par le capitalisme des objets, des vêtements, des façons de vivre, des mœurs, des musiques et des cultures tendant à faire disparaître les identités culturelles encore plus vite que les identités nationales ? Et quel est le problème que nous pose la crise financière et économique actuelle sinon celui de parvenir à ce que l'humanité reprenne le contrôle de la sphère financière devenue aujourd'hui autonome, folle et totalement dérégulée, pour en limiter le champ à ce qui est seulement nécessaire à la production ?

Si tel est le cas, le plus probable sera, dans les décennies qui viennent, la marche vers une confrontation des modes d'organisation socio-économique et financière entre les deux zones majeures de la planète, les États-Unis et l'Europe. La force politico-militaire ne fera rien à l'affaire. Les outils seront l'économie, la règle et le droit. Dans cette aventure-là, l'Europe se situe déjà au premier rang. Elle n'a guère besoin d'outils nouveaux, mais d'abord d'un accord interne sur le diagnostic et d'une claire conscience du rôle que pourraient jouer dans ce sens les outils qu'elle a déjà façonnés. Défendant, comme l'écrit superbement l'Américain Jeremy Rifkin dans *Le Rêve européen* le modèle de civilisation le plus humain et le plus durable, l'Europe a la chance de jouer gagnant dans ce processus car elle est mieux à même de rallier l'alliance des autres continents.

Dans une telle perspective, la disparition du monde selon Metternich n'est plus le problème. Le contrôle des frontières et la domination des territoires deviennent peu à peu des archaïsmes. Il n'y a d'autre enjeu que l'organisation socio-économique de l'humanité, le respect des identités culturelles et nationales étant la clé de cette recherche d'harmonie. Sous la seule condition de donner plus de force au pilotage de son économie intégrée, l'Europe a la taille et les moyens de devenir en cette affaire l'acteur majeur. Elle trouvera dans ce parcours son identité et sa légitimité, elle y retrouvera même, si elle sait l'expliquer, l'adhésion de ses propres citoyens. Et on finira par appeler cela de la politique, aussi.

Chapitre XVI

COMMENT FAIRE DU NEUF AVEC DU VIEUX

Cette partie du présent ouvrage étant consacrée à mon activité de parlementaire européen, il me semble utile de compléter l'essai de bilan politique et stratégique que je viens de proposer par un rappel de la bataille institutionnelle qui se déroula durant la quasi-totalité de mes trois mandats. Je n'y fus guère qu'observateur, et si je puis dire « député combattant de base », mais ce long combat a profondément marqué la vie intérieure des institutions européennes et le climat dans lequel se déroulait notre travail.

Vingt-neuf ans de labeur

J'en ai fait la remarque plus haut, l'essentiel de la construction effective du Marché commun intégré, c'est-à-dire de la pièce maîtresse de l'effort européen d'unification, se fait entre 1957, signature du traité de Rome, et 1986, signature de l'Acte unique qui parachève l'édifice. Vingt-neuf ans de labeur, sans aucune activité diplomatique connexe autre que des élargissements. Depuis, une sorte de frénésie institutionnelle semble s'être emparée des diplomates et des gouvernements. Pour s'en tenir aux signatures et sans compter les traités d'adhésion, il faut en effet relever : le traité de Maastricht signé le 27 février 1992 ; celui d'Amsterdam signé le 2 octobre 1997 ; le traité de Nice signé le 26 février 2000. Sans oublier le projet de traité constitutionnel, remis le 18 juillet 2003, et le traité de Lisbonne signé le 13 décembre 2007.

Soit cinq signatures de traités en quinze ans – une tous les trois ans – à comparer avec la totale stabilité institutionnelle de vingt-neuf ans pendant laquelle s'est construite la réalité de ce qui est actuellement intégré en Europe.

Dans cet ensemble, il faut relever une seule décision majeure, à la hauteur de la vision originelle du projet européen : la création de l'euro, décidée à Maastricht. S'y ajoutent, certes, quelques avancées significatives, mais bien plus modestes tant à Maastricht qu'à Amsterdam, un vaste ratage diplomatique tout de même baptisé traité par la vertu de quelques dispositions cache-misère – ce fut Nice – et l'échec dévastateur du projet constitutionnel pourtant sorti d'une Convention et donc écrit dans de bien meilleures conditions d'ouverture et de consultation démocratique que tous les autres. Le traité de Lisbonne est le produit d'un effort commencé par l'Allemagne, puis efficacement soutenu par le président Sarkozy afin de sauver du désastre une partie du travail de négociations entrepris à l'occasion du traité constitutionnel mort-né. Ce dernier traité est actuellement d'exécution ayant été ratifié par les 27 nations membres de l'Union européenne, avec cependant une difficulté sérieuse en Irlande !

Autant de suractivité diplomatique est l'expression d'un malaise. Chaque fois qu'un traité est signé, l'on s'aperçoit vite qu'il n'est pas suffisant. Il n'est plus très sûr – en fait il l'est de moins en moins – que les opinions publiques demandent plus d'intégration. Si cela fut perceptible, chez les six pays fondateurs, en Espagne et au Portugal, jusqu'au tournant du millénaire ou à peu près, ce n'est plus vrai maintenant. Mais apparaît pleinement que le très inégal degré d'intégration européenne de la sphère économique d'une part et des mécanismes de décision politique de l'autre crée une situation de dysfonctionnement permanent et de crises fréquentes, et cela de deux façons. Dans l'ordre économique déjà, réputé complètement intégré depuis l'Acte unique, signé en 1986 mais d'exécution au 1er janvier 1993, seules les décisions de routine se prennent à la majorité. Elles sont innombrables et ce sont elles qui assurent l'intégration vraie, et probablement irréversible, de nos multiples économies nationales. Il y a là un rouleau compresseur silencieux qui ne fait plus guère parler de lui, mais affirme le caractère difficilement sécable du plus gros marché de consommation du monde, et par là l'unité de fait de l'entité européenne en matière économique, financière et commerciale.

Reste que la progression continue de cet ensemble pose fréquemment des problèmes d'harmonisation fiscale, d'harmonisation des charges de la protection sociale et, dans la même logique mais de manière moins insistante, d'harmonisation des droits commercial et social. Il y a en outre de temps en temps, à l'intérieur même du système, des décisions très lourdes à prendre comme celle du traitement de la dette grecque. Or, dans tous les domaines, l'unanimité demeure la règle, et la paralysie se révèle quasi totale. À la vérité, les textes laisseraient au Conseil des ministres une marge de manœuvre pour décider à une majorité un peu plus grande que celle utilisée, mais le Conseil, détestant brutaliser un ou plusieurs de ses membres, s'astreint au consensus bien plus largement qu'il ne le devrait. Ainsi deviennent insolubles bien des problèmes, dont on cherche la solution à travers un improbable changement des règles.

Pourquoi certaines absences ?

C'est surtout dans l'ordre proprement politique que l'absence de toute délégation de compétence des États membres de l'Union a fait surgir les contradictions les plus visibles. Il était par exemple devenu étrange et incompréhensible pour le monde extérieur que la Communauté économique européenne, premier partenaire commercial de tous les États du Moyen-Orient, Israël compris – à la seule réserve près des exportations de pétrole de certains d'entre eux – soit totalement absente du traitement du conflit israélo-palestinien. Le président Giscard d'Estaing arracha bien, en 1980, je l'ai dit plus haut, une unique déclaration du Conseil, dite de Venise, mais elle n'eut guère de suites et ne suffit pas à assurer une unité d'action de longue durée.

Pire encore fut le cas yougoslave. C'est au début de 1991, plus de dix ans après la mort du maréchal Tito, que devint ostensible le dangereux projet de Grande Serbie. Pour s'en protéger, Slovénie et Croatie proclamèrent leur indépendance en juin 1991, faisant ainsi éclater le cadre fédéral yougoslave, qui eût été la seule base juridique possible d'une intervention de l'ONU. La pression serbe s'aggravant en Bosnie-Herzégovine, celle-ci proclama son indépendance le 15 octobre 1991. Tout cela annonçait clairement une guerre civile, méthodiquement préparée, qui éclata en mars 1992 et fut d'une extraordinaire violence. Il s'agissait d'un pays frontalier de l'Europe par la République de Slovénie. L'Europe, pourtant, regarda sans rien faire. Pire encore, les reconnaissances internationales des indépendances de la Croatie et de la Slovénie furent objet de désaccords : Allemagne et Autriche y procédèrent tandis que la France et l'Espagne, entre autres, s'y refusaient. On se massacra sans mesure, avec deux cent mille morts rien qu'en Bosnie en 1992 et entre 1992 et 1995 plus de deux millions de personnes devenues réfugiées, mais l'Europe fut incapable de prendre position pendant longtemps. La première décision commune des pays membres de ce qui était en train de devenir l'Union européenne n'apparut qu'en 1994. Et elle consista à appeler les États-Unis à intervenir dans le conflit ! Ainsi naquirent les accords Dayton, du 2 novembre 1995, qui apaisèrent les tensions, laissant indépendante une Bosnie-Herzégovine fédérale et dévastée. L'Europe vécut là l'apogée de son impuissance, dans la honte et la culpabilité : il y avait clairement non-assistance à population en danger sur le continent européen, aux frontières mêmes de l'Union ! Et les incongruités de moindre ampleur furent légion et constantes.

Bref, à peine signé l'Acte unique (1986), l'évidence se fit jour qu'il devenait nécessaire d'étendre les compétences de la Communauté dans les domaines de la politique étrangère, de la défense et de la justice. D'où la négociation du traité de Maastricht, signé en 1992, que j'ai contée plus haut. Ce que j'entends maintenant expliquer, c'est la gestion des suites du semi-ratage qu'est Maastricht. Après la ratification, obtenue de justesse et après avoir demandé un second vote à l'Irlande au prix de quelques amendements la concernant ajoutés au traité, l'entrée, le 1er janvier 1995, de trois nouveaux membres rendit plus aiguës encore, s'il était possible, les difficultés du fonctionnement quotidien. Rassemblant désormais quinze États, l'Union élargie à la Suède, à la Finlande et à l'Autriche, comportait trois pays membres à la neutralité affirmée depuis longtemps et qui avaient moins l'habitude des forums occidentaux. On crut nécessaire de revenir sur les mécanismes de décision, mais les souverainetés nationales veillaient. Et il fut impossible de toucher aux principes de l'unanimité comme système exclusif de décision en matière de politique étrangère, de défense ou de justice. Du coup, le traité arrivant – celui d'Amsterdam signé le 2 octobre 1997 et d'application le 1ᵉʳ mai 1999 – n'est qu'une modeste contribution au développement de l'édifice. Communautarisation d'une petite partie du champ de la justice et des affaires intérieures, légère extension du vote à la majorité qualifiée, corollaire d'un accroissement limité des pouvoirs du Parlement, et création du concept de coopération renforcée, intéressant politiquement mais guère utilisé, sont ces quelques innovations. On a en outre laissé de côté les mécanismes de décision proprement dits et force fut d'y revenir lorsque de nouvelles adhésions – dix décidées en 2003 pour adhésion le 1ᵉʳ mai 2004 : Chypre, Estonie, Hongrie, Lettonie, Lituanie, Malte, Pologne, République tchèque, Slovaquie et Slovénie, puis deux en 2005 pour adhésion le 1ᵉʳ janvier 2007, Roumanie et Bulgarie – vinrent profondément changer la nature et l'équilibre de l'Union européenne.

C'est pour préparer ces adhésions que l'on négocia à Nice en décembre 2000, avec signature le 26 février 2001. La préparation se révéla très difficile, se limitant au partage des droits de vote et à la structure de la Commission, et constituant le plus grand ratage de toute la diplomatie européenne. La décision prise de supprimer le second commissaire de chacun des grands pays d'Europe acheva d'éloigner ces derniers de l'Union et de les conforter dans l'idée qu'il convenait mieux de conduire leur politique étrangère chacun pour soi. La décision, juste et nécessaire pourtant, de renoncer au principe que tout État membre avait de droit un commissaire au sein de la Commission, fut reportée trop loin dans l'avenir pour que son effet – la consécration d'un vrai pouvoir européen – ait pu se manifester en quoi que ce soit. L'image de cette négociation de marchands de tapis fut en outre exécrable, seule une déclaration « sur l'avenir de l'Union » jointe au traité laissant espérer quelque amélioration future.

C'est en vertu de cette Déclaration que fut créé au Conseil européen de Laeken, en décembre 2001, un vaste collège nommé « Convention pour l'avenir de l'Europe ». Présidée par l'ancien président de la République française Valéry Giscard d'Estaing, forte de 105 membres parmi lesquels deux commissaires européens, 28 membres des divers gouvernements de l'Union y compris le turc, 55 parlementaires de toute l'Europe et 16 députés européens, elle travailla un an et demi et remit son projet de Constitution le 15 juillet 2003. Les 25 États membres que l'Union comptait alors le signèrent le 29 octobre 2004.

L'ambition était énorme, le travail aussi. Chacun des membres de la Convention, tout au long de ces dix-huit mois, rapporta devant son groupe politique d'origine les débats en cours et les décisions en train de mûrir. Le Parlement européen vibra en permanence à l'écoute de ces messages, aux options lourdes. Car l'Union européenne y devient personne morale de droit public international, ce qu'elle n'était pas encore – seule la Communauté économique l'étant. Ses symboles, drapeaux, hymne et une devise sont définis ou confirmés. Les trois piliers sont supprimés, une bonne partie des compétences judiciaires évoquées par le traité de Maastricht communautarisées, mais l'unanimité demeure la règle pour décider en politique étrangère et en défense. Les procédures législatives sont largement simplifiées, les compétences du Parlement encore étendues, etc.

Le président Giscard d'Estaing fit en outre accepter une autre initiative, d'intention louable mais qui se révélera dangereuse : celle de codifier l'immense législation européenne, énorme fatras formé d'un maquis de textes divers et difficile d'accès faisant souvent double emploi et comportant même des contradictions. Ce travail de grande ampleur mais fort salubre ne comportait aucun élément nouveau puisqu'il se limitait à donner une charpente structurée et une visibilité complète à toute la législation européenne, mais il eut l'inconvénient de faire découvrir aux opinions publiques des États membres dans quel surprenant degré de détails la législation européenne avait pu descendre. Certaines mentions firent scandale. Et cette troisième partie, à l'utilité juridique nulle bien que son utilité pratique eût pu être grande, devint la cible principale des critiques durant la campagne électorale référendaire de ratification. Conséquence, deux États fondateurs, la France et les Pays-Bas, le 29 mai et le 1er juin 2005, rejetèrent le traité, élément supplémentaire de l'affaiblissement de l'Europe politique.

Institutionnellement, ces « non » furent un tremblement de terre. Techniquement le fonctionnement quotidien de l'Europe restait régi par le traité de Nice, le plus mal agencé de la série, mais, politiquement, la Commission se retrouva en état de choc et le

Conseil à la fois paralysé et vaincu. Le précédent irlandais (demander à un État membre de procéder à un second vote après avoir ajouté au traité en cause quelques amendements spécifiques audit pays) ne pouvait à l'évidence resservir. Deux États membres d'un coup, et deux fondateurs : c'était trop.

La codification est oubliée

L'Allemagne ratifia le traité constitutionnel par voie parlementaire, mais chacun savait que si elle avait choisi la voie référendaire, elle l'aurait rejeté aussi, les sondages ne laissant planer aucun doute. Elle fut la première et la plus continue à souhaiter la recherche d'un nouvel accord, vœu émis sur son initiative par le Conseil, à l'occasion du 50e anniversaire du traité de Rome.

Le président français Nicolas Sarkozy, élu au printemps 2007, surprit toute l'Europe en prenant le risque d'appuyer vigoureusement cet effort : une conférence intergouvernementale fut décidée le 23 juillet 2007, un accord trouvé et signé le 19 octobre 2007, à Lisbonne, endossé par les 27 gouvernements le 13 décembre. Cette signature provoqua un vif soulagement au point qu'elle se vit saluée de commentaires dithyrambiques assez largement excessifs.

Car les sacrifices sont significatifs : pour se faciliter la vie, on a purement et simplement abandonné toute la troisième partie ; le gros travail de codification est oublié.

On a oublié aussi les symboles, puisqu'ils faisaient controverse. Le jour de la signature, ce sont seulement seize membres de l'Union sur vingt-sept qui tiennent à rappeler que, pour eux, le drapeau bleu aux douze étoiles d'or, l'hymne tiré de l'*Ode à la joie*, la devise « Unie dans la diversité », la journée célébrée du 9 mai et l'euro en tant que monnaie restent le symbole de leur appartenance. La France elle-même n'a pas validé cette déclaration, pas plus que la Grande-Bretagne, le Danemark, la Pologne, ni sept autres pays…

Est aussi abandonnée l'idée d'un traité constitutionnel abrogeant tous les autres. Le traité de Lisbonne sera intégré dans les deux traités de base, celui de Rome pour la Communauté économique, et celui de Maastricht pour l'Union européenne.

En revanche, le traité de Lisbonne donne enfin à l'Union une personnalité « morale », c'est-à-dire juridique, ce qui lui permettra à l'avenir de signer tous traités et conventions internationales voulus.

Du traité constitutionnel enterré, celui de Lisbonne reprend le dispositif institutionnel proposé. Le Conseil européen aura désormais une présidence permanente pour une durée de deux ans et demi. Un haut représentant de l'Union pour la politique étrangère sera tout à la fois membre du Conseil et vice-président de la Commission. Il est créé en outre un service diplomatique européen au service conjoint du Conseil et de la Commission. À partir de 2014, le nombre de membres de la Commission sera ramené aux deux tiers de celui des États, soit 18. Le nouveau traité prévoit encore un renforcement du rôle des parlements nationaux, un contrôle accru du respect du principe de subsidiarité par la saisine des parlements nationaux, et une clarification de la répartition des compétences entre l'Union et les États membres en précisant la liste des domaines relevant des compétences exclusives, partagées ou d'appui. Les procédures législatives sont, enfin, simplifiées.

Quatre autres innovations méritent selon moi d'être mentionnées. Une initiative citoyenne est créée qui permet à un million de citoyens issus d'un nombre significatif d'États de saisir le Parlement ou la Commission d'une demande précise de décision. La Banque centrale européenne devient une institution de l'Union. En matière de coopération judiciaire et policière, la plupart des décisions seront désormais prises à la majorité et non plus à l'unanimité. Enfin, grande première jamais prévue jusque-là, un État membre a le droit de sortir de l'Union européenne.

Un pas en avant

Ce traité est maintenant d'application. Il représente indiscutablement un pas en avant un peu plus important que ceux d'Amsterdam ou de Nice. Ses dispositions les plus marquantes concernent la politique étrangère. Pourtant, les rédacteurs ont cru nécessaire de préciser que « les dispositions concernant la politique étrangère et de sécurité commune n'affecteront pas les responsabilités, ni les compétences de chaque État membre en ce qui concerne l'élaboration et la conduite de sa politique étrangère, son service diplomatique national, ses relations avec les pays tiers et sa participation à des organisations internationales » !

Bref, les États membres pourront continuer à faire ce qu'ils veulent. En matière de politique étrangère, l'Europe aura dès lors quatre visages ou quatre voix sinon quatre chefs : le président permanent du Conseil européen, le haut représentant pour la Politique étrangère, le président de la Commission et tout de même, aussi, bien sûr, le Premier ministre ou le président de l'État membre assurant pour six mois la présidence des Conseils des ministres autres que celui des Affaires étrangères.

Personne, à l'occasion de tous ces travaux ni des anniversaires et moins encore des ratifications, n'a en outre osé poser la question de savoir s'il demeurait pertinent, dans cette atmosphère de relance européenne, de maintenir le budget de l'Union sous le plafond ridicule et paralysant de 1 % du produit brut européen.

On ne peut donc pas dire que l'on ait retrouvé le souffle européen. D'autant que, sur ces entrefaites, survient la vaste crise bancaire, financière et économique dans laquelle nous nous débattons depuis bientôt quatre ans. Elle fut l'occasion de quelques constats supplémentaires en matière de solidarité et d'intégration européenne. Le premier État membre de l'Union à être touché le fut très gravement : l'Irlande. Elle était passée, de son adhésion en 1972 à 2007, soit trente-cinq ans, du rang d'État le plus pauvre de la Communauté – en termes de PIB par habitant – à celui d'État le deuxième plus riche, juste après le Luxembourg. Une performance certes favorisée par un dumping fiscal notable, due pour beaucoup à l'énorme flot de subventions communautaires destinées à redresser son grand retard initial en matière d'infrastructures, mais cette situation de plus gros bénéficiaire de l'Union n'a pas empêché l'Irlande, lorsque la tornade de la crise financière s'est abattue sur elle, de prendre de fortes décisions publiques qui nécessitaient l'accord de la Commission sans même la consulter. Ainsi, le soutien public à ses banques constituait une franche violation de la solidarité et des règles qui régissaient l'Europe financière, comme la garantie donnée par le Trésor public irlandais aux seuls déposants irlandais dans les établissements en difficulté.

Même – et surtout – l'Allemagne se résolut, en septembre 2008, à des mesures parfaitement contraires à l'esprit et à la lettre des règles européennes, tel le refus de s'associer à un effort collectif dans lequel les fonds publics seraient appelés à contribuer à la lutte contre la crise, et le choix de régler par des fonds privés et entre Allemands les difficultés des banques nationales afin de protéger les déposants allemands. La vérité oblige à rappeler que ces décisions restèrent valides une semaine et furent annulées la semaine suivante par l'adoption du premier programme européen de lutte contre la crise. Les dégâts furent donc techniquement limités, mais l'affirmation par l'Allemagne que la solidarité européenne n'était pour elle qu'une priorité de troisième ordre était faite.

L'Union européenne a participé aux trois G20, réunions mondiales d'examen de la crise, avec une efficacité hélas décroissante. Et sans que ses institutions fonctionnent. Il n'y a pas eu de diagnostic ni de propositions présentées par la Commission, comme cela aurait dû se faire. C'est le ralliement informel des chefs de gouvernement aux propositions franco-britanniques puis franco-allemandes qui a assuré une voix à peu près unique de l'Europe, mais pas la délibération du conseil Écofin et guère davantage celle du Conseil européen.

Enfin, ledit Conseil européen a procédé à la nomination du président permanent et du haut représentant pour la Politique étrangère mais, loin de choisir des poids lourds politiques à l'autorité confirmée, il a désigné deux inconnus, le tout nouveau Premier ministre belge Herman Van Rompuy comme président, et la baronne anglaise Catherine Ashton comme Haut représentant de l'Union pour la Politique étrangère et de Sécurité.

Certes, nous sommes en train de découvrir que ces deux personnalités sont de vigoureux talents, ce qui est une forte consolation, mais force est de constater qu'elles ont été choisies parce qu'elles n'avaient, sur le personnel politique en Europe, aucune autorité préconstituée, donc ne gênaient guère les trois chefs d'exécutif les plus acharnés à ne pas vouloir dépendre d'une autorité européenne consistante : Mme Angela Merkel, M. Gordon Brown pour le compte de son successeur et, bien entendu, M. Nicolas Sarkozy !

Trois générations de Rocard! On s'excuse,
mais la quatrième – qui compte quinze
membres – n'est pas présentc.

« L'illustre savant »,
comme il le disait
lui-même : mon père.

Collection personnelle Michel Rocard

Collection personnelle Michel Rocard

Pas de collectif
sans du cérémonial !
Je l'ai appris très tôt,
chez les scouts. Ici,
le plus petit c'est moi…
Juste par effet d'optique.

© Pierre Collombert

Mai 1968. Ici commence la marche
vers Charléty.

© Christophe Kuhn / Rapho

Votre « modeste serviteur »
à l'époque.

Une partie de l'état-major du PSU.

© Pierre Collombert

© Xavier Delcroix

Le conseil municipal de Conflans-Sainte-Honorine,
une brochette de talents.

Votre « modeste serviteur »
prend de l'âge.

© Richard Kalvar / Magnum Photos

La photo est trop belle :
c'est le tragique congrès de Rennes.

Collection personnelle Michel Rocard

Ministre de l'Agriculture, les plus belles années de ma vie professionnelle.

© Delta-photo / Collection personnelle Michel Rocard

14 Juillet. «Pas de collectif sans cérémonial» deuxième.

© Archives ECPAD

Mais oui… Quand même…

© Pascal Lebrun/lebrun-photo.com

© Bundesregierung / Lothar Schaack

Le grand Helmut Kohl m'honorait de son amitié.

Collection personnelle Michel Rocard

Est-ce seulement moi qui les ai réconciliés ? Jacques Lafleur, Jean-Marie Tjibaou avec, derrière, Louis Le Pensec et le maire de Nouméa, l'infatigable Jean Lèques.

© François Roboth / Collection personnelle Michel Rocard

Pierre Perret,
Bernard Pivot.
Je crois bien
que nous buvons
à la réforme
de l'orthographe
qui n'était qu'une
rectification.

© Lemire / Paris Match / SCOOP

Il arrive aussi que
passent à Matignon les
grands de l'Histoire :
Lech Walesa
et Andreï Sakharov.

Départ de Matignon ;
le jour où l'on fait
ses cartons.

© Daniel Simon / Gamma

Collection personnelle Michel Rocard

Avec Lady Diana, le pauvre
et bel oiseau perdu de la politique.

Trente ans de relation,
le combat continue.

Collection personnelle Michel Rocard

Contre l'évidence, un très ancien
complice : Daniel Cohn-Bendit.

Au colloque de Cerisy « le retour du sujet » (autour d'Alain Touraine), mai 1993 © Archives Pontigny-Cerisy

Ma plus constante
évasion, la mer.

Ma plus belle
découverte,
le vol à voile.

Le mur du son
passé ; merci
à l'armée de l'Air
qui m'a si souvent
accompagné.

© Daniel Simon / Gamma

© Daniel Simon / Gamma

© Photo Alain Ernoult-ernoult.com

Création Studio Flammarion

Des questions en suspens

Pendant tout ce temps, les députés européens, comme beaucoup de leurs concitoyens, ont fait campagne pour Maastricht, pour le traité constitutionnel, pour Lisbonne et pour l'Europe...

Mais qui pourra entreprendre l'amélioration des rapports avec une Russie humiliée par la dangereuse et provocante extension de l'Otan à ses frontières ? Qui préparera la place de la Chine dans un monde qu'elle domine presque déjà commercialement ? Qui arrivera à lancer une autre politique vis-à-vis d'un monde musulman en état de choc devant l'accusation trop collective de terrorisme, alors qu'il souhaite massivement la paix et la tranquillité ?

Telle est, en gros, l'atmosphère dans laquelle j'ai accompli trois mandats de député européen, pour m'occuper de choses moins essentielles mais qu'il me faut maintenant vous conter.

Chapitre XVII

LES PAYS DU SUD, UN ATOUT POUR L'EUROPE

À la suite de mon élection comme député européen – en 1994, j'ai été membre de deux commissions – Affaires sociales et Affaires étrangères. J'ai ensuite assuré la présidence de celle du Développement et de la Coopération entre 1997 et 1999, puis celle des Affaires sociales et de l'Emploi de 1999 à 2001 et enfin de celle de la Culture, de la Jeunesse, de l'Éducation, des Médias et des Sports entre 2002 et 2004. Durant ces différentes périodes, j'ai tenté d'apporter ma contribution sur des sujets fort divers. Dont la question du Rwanda, particulièrement complexe.

Un partenariat équilibré

En tant que président de la commission du Développement et de la Coopération, je suis allé au Rwanda et j'ai travaillé au renouvellement des conventions de Lomé – dont la quatrième arrivait à échéance en février 2000 – remplacées ensuite par l'accord de Cotonou du 23 juin 2000.

La commission comme les dirigeants européens ne souhaitaient pas renouveler le texte validé à Lomé dans les mêmes termes, trop préoccupés par d'autres sujets : l'euro, la réforme institutionnelle, l'extension, l'Europe de l'Est, l'Asie. Les libéraux, désirant que les aides aillent uniquement aux plus pauvres, redoutaient ainsi l'inefficacité de certaines d'entre elles en raison de la corruption endémique de certains régimes.

L'initiative prise courageusement par la commission – courageusement parce que sans mandat du Conseil des ministres – de publier sur la question un livre blanc – en fait vert – a ouvert un débat dans tous les pays de l'Union et conduit le Parlement à s'autosaisir du sujet. Élu président de la commission Développement à la suite du départ de Bernard Kouchner, je collabore donc avec M. Martens, chargé du rapport.

Remis le 22 septembre 1997, il propose un rééquilibrage du partenariat en faveur des pays ACP qui, notamment, se caractérise « par l'appropriation de la coopération par la population, une autonomie de gestion accrue des pays bénéficiaires pour renforcer leurs capacités et un remplacement des multiples conditionnalités par un contrat entre partenaires égaux ».

En mars 1998, pour ma part je souligne la nécessité d'aboutir à un partenariat équilibré grâce à l'instauration d'un dialogue politique plus effectif, permettant l'examen de problèmes communs immédiats, comme celui des migrations, et aidant à sortir de la relation donateur-receveur pour substituer à la logique de la conditionnalité celle du contrat.

L'ouverture de la coopération à de nouveaux acteurs a pour but de contribuer à favoriser la création de micro-entreprises artisanales, à appuyer l'évolution de relations d'échanges ou de troc à base solidaire ou associative vers des formes économiques plus efficaces, à promouvoir des instruments de terrain comme les microcrédits et l'économie populaire qui doit être distinguée de l'économie informelle délinquante, à encourager les technologies de première ligne permettant de passer de la mendicité à une vie décente par la création de revenus locaux. Mais aussi à assurer la promotion du développement durable, à permettre l'intégration des questions d'environnement dans l'ensemble des politiques sectorielles, enfin à reconnaître le rôle primordial des femmes dans le développement en plaçant l'égalité hommes-femmes dans tous les domaines comme un objectif absolument prioritaire.

Porté devant le Parlement européen, ce rapport recueille 454 voix pour, 24 contre et 30 abstentions. Il pose les bases d'un accord UE (Union européenne)-ACP (pays d'Afrique, des Caraïbes et du Pacifique) et – grande nouveauté – avance vers une coopération renouvelée, vigoureuse, décentralisée, régionalisée, politique, et non plus seulement commerciale et financière. Autant de travaux qui permettent une nouvelle coopération entre l'UE et les ACP.

Malheureusement, dans les négociations interétatiques qui s'engagent ensuite avec comme bagages tous ces avis officiellement formulés, la commission néglige une bonne partie de nos recommandations. La cinquième convention, qui sera signée à Cotonou et non plus à Lomé, reste donc plus traditionnelle qu'il n'eut été souhaitable.

Lors du sommet Union européenne-Afrique des 8 et 9 décembre 2007, de nombreuses propositions viennent renforcer les dispositions de l'accord de Cotonou, relatives à la paix et à la sécurité pour promouvoir un monde plus juste, à la gouvernance démocratique et au respect des droits de l'homme, à la sécurité énergétique et à l'accès à l'énergie comme à la régulation des migrations. Cependant, si l'intérêt d'une stratégie commune entre l'Union européenne et l'Union africaine ne saurait être remis en cause, si la volonté affichée de part et d'autre d'établir un dialogue d'égal à égal est salutaire, il serait illusoire de vouloir imposer au continent africain l'ensemble des règles qui régissent la société occidentale, principalement dans le domaine des échanges commerciaux ou du fonctionnement démocratique des institutions. Personnellement, j'estime que c'est en s'appuyant sur la société civile, en multipliant les échanges, en favorisant le développement de l'éducation et des médias que nous pourrons espérer, dans les années à venir, voir la société africaine évoluer vers plus de démocratie et lui permettre de lutter contre le sous-développement.

Ma mission au Rwanda

En octobre 1990, alors que j'étais Premier ministre, la France a envoyé des militaires au Rwanda dans le cadre de l'opération Noroît, mission conçue comme une aide au gouvernement en place, visant à lui permettre de faire face à des attaques rebelles venues de l'Ouganda, et ce en application d'un traité d'assistance militaire. Comme, sous la présidence de François Mitterrand, la politique étrangère était de son ressort pratiquement exclusif et que seul Roland Dumas pouvait exercer une certaine influence dans ce domaine, je ne fus guère impliqué. De fait, la Coopération faisant partie de ses attributions, c'est lui qui présenta l'opération en Conseil des ministres. Et personne ne l'a discutée.

L'information sur le sujet passait en dehors de mes champs de compétence, les Affaires étrangères étant le monopole de l'axe Mitterrand-Dumas. Aussi je n'en sus rien. Pour tout dire, gérer les affaires intérieures suffisait grandement à m'occuper et m'en contenter relevait de l'impératif de survie.

Lorsque le génocide commença en 1994, je n'étais plus Premier ministre ; revenu à l'Inspection des finances, pour moi tout s'est arrêté là.

Je commence à me rendre compte de l'ampleur du drame en 1997, lorsque j'arrive à la présidence de la commission du Développement du Parlement européen et que des informations embarrassantes se mettent à remonter. Si je conserve mes convictions profondes pour moi, tant en la matière toute parole ou accusation non étayée est dangereuse, mon sentiment lointain est que la France a poussé trop loin la solidarité avec un régime sous prétexte qu'il était francophone. Le rapport qui suit et que je présente à la commission du Parlement européen contient beaucoup d'informations qu'on m'a données et que je n'ai pas vérifiées, n'étant ni juge ni enquêteur. Mon problème alors n'est en rien de faire l'histoire, mais de recoller les morceaux.

En qualité de président de la commission du Développement et de la Coopération du Parlement européen, je me rends au Rwanda cinq jours, début septembre 1997, sur invitation écrite du président Pasteur Bizimungu, invitation suggérée – avec mon accord – par un de ses amis et conseillers officieux, le Français Jean Carbonare. Dès lors, le texte qui suit et qui retrace ce travail comme ce qui s'est passé, s'il ne prétend pas être exhaustif sur la situation du Rwanda actuel, a le mérite d'être une réflexion menée dans un cadre à un moment précis [1].

« […] Je suis parti avec une vision simplificatrice, écrivais-je : la victoire du Front patriotique rwandais avait mis fin à un génocide effroyable, et avec un seul objectif : dans la situation de toute cette région, Rwanda, Burundi, République démocratique du Congo, comment l'Europe pouvait-elle établir avec les nouvelles autorités une relation suffisamment efficace pour que notre coopération contribue au mieux à la reconstruction et au développement du Rwanda et de la région ?

---

1. Rapport de mission de Michel Rocard à la commission développement du parlement européen.

Mon voyage s'est limité au Rwanda uniquement par manque de temps. Naturellement, il n'a pas été question que mon passage se limite à la visite des chantiers de coopération soutenus par l'Union européenne et à l'examen de quelques projets.

Même trois ans et demi après, l'histoire récente est si violente et si prégnante, si pesante aussi sur les décisions et les événements quotidiens qu'on n'échappe pas à la nécessité d'essayer de comprendre et de se faire sa propre grille de jugement. Car, bien entendu, pour l'Europe comme pour la France, on ne saurait pratiquer une coopération exempte de tout jugement de valeur sur la politique des autorités locales avec qui on la fait. J'ai donc beaucoup écouté, et rencontré de l'ordre d'une cinquantaine de personnes, hutus et tutsis, du gouvernement, de ses services, de l'opposition récente et même de l'opposition ancienne. J'ai bien sûr écouté aussi les ambassadeurs présents de l'Union européenne, dont l'ambassadeur de France, M. Jacques Courbin, et son ministre conseiller M. Bonnot, le chargé d'affaires de la délégation européenne, le responsable de la mission de l'ONU pour les droits de l'homme, le procureur adjoint qui dirige l'antenne de Kigali du Tribunal pénal international, et diverses autorités religieuses. J'ai donc disposé d'une information orale et parfois écrite – il y a sur cette période noire beaucoup de livres fort documentés – souvent contradictoire. Mon jugement s'est donc progressivement construit à partir de la plausibilité et de la cohérence des informations que je rassemblais. Je n'ai entrepris d'en vérifier aucune. La seule personne que j'ai souhaité et n'ai pas pu rencontrer sur place a été le vice-président Kagame. Mon programme comportait un entretien avec le président Bizimungu. Le protocole m'a fait prévenir à mon arrivée que le président et le vice-président me recevraient ensemble. Au jour dit, le vice-président était alité avec une violente crise de paludisme.

Ma mission consistait à rassembler et à confronter les perceptions, les jugements de valeurs, les informations tenues pour vraies même sans preuves, de toutes les parties en présence, gouvernement rwandais, porte-parole importants de la société civile, Union européenne, République française pour essayer d'en faire émerger les lignes de force d'une politique d'avenir. Bien des questions importantes restent sans réponse. Quel a été le rôle exact des "conseillers" militaires français de l'opération Noroît ? Ce rôle s'est-il limité à leur mission officielle, qui consistait à évacuer les ressortissants occidentaux ? Ont-ils ou n'ont-ils pas servi au feu contre le Front patriotique rwandais (FPR) à l'automne 1990 ? Les autorités rwandaises considèrent comme acquis que le chef du FPR, le général Fred Rwigema, à leurs yeux le héros national constructeur de l'armée de libération, a été tué par un obus français tiré par des artilleurs français. Y a-t-il une certitude, une probabilité que ce soit vrai ? Quand ont pris fin les dernières livraisons d'armes françaises à Habyarimana ? Lorsqu'un des éléments de Turquoise en juin 1994, semble-t-il, s'installe dans une ancienne école près de Gikongoro à Murambi, à peine quinze jours après la fin des massacres, ses responsables savent-ils ou ne savent-ils pas que leur cantonnement est à trente mètres à peine de l'extrémité de la plus grande fosse commune du Rwanda, d'où l'on a retiré ensuite dix-sept mille cadavres, dont beaucoup restent exposés dans le bâtiment de cette école, donc dans l'ancien cantonnement de Turquoise ? Je n'ai de réponses sûres à aucune de ces questions. Pour la dernière, ma seule remarque consistera à dire que comme nous sommes arrivés à peine quinze jours après le massacre, même si nous ne savions pas, ce qui est fort probable, il restera difficile d'en convaincre le petit peuple environnant. Faire de la coopération, donc de la politique dans la région, consiste à rencontrer des dirigeants qui, eux, considèrent tous que les réponses sont connues, les tiennent pour sûres, et en concluent à une responsabilité lourde de la France.

Je me sens le devoir d'essayer d'en dire un peu plus sur le jugement auquel je me suis arrêté dans cette affaire.

Du point de vue de la légalité, même largement compris, les éléments essentiels sont connus. Les présidents Valéry Giscard d'Estaing et Juvénal Habyarimana signent à l'occasion d'un safari en 1975 un accord d'assistance militaire, fort modeste au demeurant. La France est à l'époque signataire d'une bonne dizaine d'autres accords avec divers pays d'Afrique. On est dans l'air du temps. Le régime Habyarimana affiche déjà [...] une référence raciste marquée, mais, s'il persécute, il tue encore peu. Son pays paraît un havre de paix à côté de l'Ouganda voisin où gouverne l'abominable Idi Amin Dada. Dans ce climat, les deux présidents ont les pouvoirs et sont fondés à signer ce premier accord d'où pourtant tout va découler. Déjà [...], divers militants d'ONG, divers experts, et quelques responsables politiques fermement anticolonialistes, catégorie à laquelle j'appartiens, mettaient résolument en cause cette politique africaine à base d'accords d'assistance militaire. Mais ce qui est en cause alors est l'opportunité, l'analyse sociopolitique, pas encore l'honneur. En tout cas, dans cet état des relations politiques et juridiques, le président Habyarimana est fondé, quand se produit l'offensive du Front patriotique rwandais au Nord-Est, venant de l'Ouganda, en octobre 1990, à appeler la France à l'aide en s'adressant directement au président de la République par l'intermédiaire de son conseiller spécial pour l'Afrique qui est son fils. Je ne sais rien des conditions précises d'élaboration de la réponse française. Car si l'appel d'Habyarimana est normal, la réponse, elle, ne va pas de soi. Je suis à l'époque Premier ministre en débat budgétaire, la guerre du Golfe se prépare ostensiblement, la bataille de la CSG fait rage. Du Rwanda, je n'entends pas parler. A-t-on exécuté mécaniquement un engagement international signé sans se poser d'autres questions ? A-t-on fait une évaluation complète de la situation, je ne sais. Qu'était devenu le régime d'Habyarimana ? Quelle était la réalité du Front patriotique rwandais ? S'est-on posé ces questions ? Tout cela est grave, toujours est-il que l'opération Noroît est décidée. Elle va concerner, ai-je lu dans la presse, plusieurs centaines de parachutistes chargés de la protection de l'aéroport et de l'ambassade de France, ansi que de l'évacuation de nos ressortissants. S'y ajoutaient des "conseillers militaires". Je suis fondé à douter qu'il ait suffi de leur expertise et de leurs avis pour atteindre l'objectif militaire fixé par le président Habyarimana, à savoir l'arrêt de l'offensive du FPR et le passage d'une guerre de mouvement à une guerre de position. Le créateur du FPR, le général Fred Rwigema, est tué à cette époque. Par qui, je ne sais pas. Notre aide militaire, en tout cas, continue en diminuant progressivement, jusqu'au départ des derniers éléments de Noroît en décembre 1993. Les autorités françaises en charge du dossier, cependant, commencent à sentir que la cause est d'une éthique incertaine. Nous nous associons donc à l'ONU, l'Organisation de l'unité africaine et diverses nations, dont les États-Unis, pour pousser à la tenue de la Conférence d'Arusha en Tanzanie et à la signature de l'accord du 4 août 1993. Cet accord prévoyait non seulement la paix mais la mise en place d'un gouvernement d'Union nationale. On sait que l'accord restera pratiquement lettre morte. Sur le déroulement de la conférence, j'ai entendu les deux versions, celle d'une France activement présente et poussant ardemment à la réconciliation, celle aussi d'une France distante et s'engageant peu dans les pourparlers.

En tout cas, il est avéré que le régime Habyarimana, quand se tient la Conférence d'Arusha, était déjà très engagé dans la voie de l'organisation sociale mono-ethnique persécutrice. C'est d'ailleurs dans cet esprit que Juvénal Habyarimana dira, peu après son retour à Kigali : "Les accords d'Arusha, c'est un chiffon de papier." On m'a mentionné ce propos à deux ou trois reprises, je n'avais naturellement aucun moyen de le vérifier ni même de remonter aux sources directes. Comme indication d'ambiance, j'ai ramené une copie du célèbre tract quadripage qui fut distribué par les services de police et de sécurité d'Habyarimana, à plusieurs centaines de milliers d'exemplaires sinon plus d'un million, à partir de décembre 1990 et qui portait en quatrième de couverture la photo de François Mitterrand avec ces mots : "Les vrais amis, on les rencontre dans les difficultés." Il m'a fallu répéter plusieurs fois fermement là-bas que naturellement aucun homme politique ne saurait être tenu pour responsable de l'usage que l'on fait de ses photos. En revanche, les 10 Commandements, publiés donc en décembre 1990, méritent méditation. La première page semble être une mise en cause des plus modérés des membres du gouvernement Habyarimana de l'époque, mais je ne saurais le certifier [1]. En tout

---

1. « Les 10 Commandements du Muhutu ».

1. Tout Muhutu doit savoir que Umututsikazi (femme tutsi), où qu'elle soit, travaille à la solde de son ethnie tutsi. Par conséquent est traître tout Muhutu :
– qui épouse une Mututsikazi ;
– qui fait d'une Umututsikazi sa concubine ;
– qui fait d'une Umututsikazi sa secrétaire ou sa protégée.
2. Tout Muhutu doit savoir que nos filles bahutukazi sont plus dignes et plus consciencieuses dans leur rôle de femme, d'épouse et de mère de famille. Ne sont-elles pas jolies, bonnes secrétaires et plus honnêtes !
3. Bahutukazi, soyez vigilantes et ramenez vos maris, vos frères et vos fils à la raison.
4. Tout Muhutu doit savoir que tout Mututsi est malhonnête dans les affaires. Il ne vise que la suprématie de son ethnie.
Par conséquent est traître tout Muhutu :
– qui fait alliance avec les Batutsi dans ses affaires ;
– qui investit son argent ou l'argent de l'État dans une entreprise d'un Mututsi ;
– qui prête ou emprunte de l'argent à un Mututsi ;
– qui accorde aux Batutsi des faveurs dans les affaires (l'octroi des licences d'importation, des prêts bancaires, des parcelles de construction, des marchés publics…).

cas à son retour d'Arusha, Habyarimana, contrairement à ce qu'il vient de signer, durcit son régime. L'écho m'est parvenu, comme sans doute à beaucoup d'autres, que c'est dès ce moment, fin août 1993, que commencerait la préparation méthodique du génocide : premières listes de chefs d'escouades de tueurs, premières listes de cibles à abattre. Mes informations se limitent ici à des rumeurs. La seule chose à peu près certaine est que le génocide qui éclate le 6 avril 1994 est d'une efficacité technique suffisamment remarquable pour qu'il soit impossible d'imaginer qu'il n'y avait pas, derrière, une préparation longue et méticuleuse. Qu'en est-il en réalité, qu'en savait-on à Paris, jusqu'à quel point les ambassadeurs présents à Kigali, notamment celui de France, ont-ils perçu ce qui se passait et ont-ils été prévenus ? C'est en tout cas dans une ambiance extrêmement tendue que survient l'attentat qui, le 6 avril 1994, abattit l'avion où se trouvaient ensemble les deux présidents du Burundi, Cyprien Ntaryamira et du Rwanda, Juvénal Habyarimana. Le *Dictionnaire encyclopédique d'histoire* du Nouveau Mourre retient la thèse d'un tir par des extrémistes hutu hostiles au traité d'Arusha et à toute politique de réconciliation. L'autre thèse, celle d'un tir du FPR, paraît mieux assurée aujourd'hui. En tout cas, cela

---

5. Les postes stratégiques tant politiques, administratifs, économiques, militaires et de sécurité doivent être confiés aux Bahutu.

6. Le secteur de l'Enseignement (élèves, étudiants, enseignants) doit être majoritairement hutu.

7. Les Forces armées rwandaises doivent être exclusivement hutu. L'expérience de la guerre d'octobre 1990 nous l'enseigne. Aucun militaire ne doit épouser une Mututsikazi.

8. Les Bahutu doivent cesser d'avoir pitié des Batutsi.

9. Les Bahutu, où qu'ils soient, doivent être unis, solidaires et préoccupés du sort de leurs frères bahutu.

– Les Bahutu de l'intérieur et de l'extérieur du Rwanda doivent rechercher constamment des amis et des alliés pour la Cause hutu, à commencer par leurs frères bantous.

– Ils doivent constamment contrecarrer la propagande tutsi.

– Les Bahutu doivent être fermes et vigilants contre leur ennemi commun tutsi.

10. La Révolution sociale de 1959, le référendum de 1961 et l'idéologie hutu doivent être enseignés à tout Muhutu et à tous les niveaux. Tout Muhutu doit diffuser largement la présente idéologie.

Est traître tout Muhutu qui persécutera son frère muhutu pour avoir lu, diffusé et enseigné cette idéologie.

est pris comme le signal de déclenchement du génocide. Lorsque le génocide déferle, en avril et mai 1994, l'ONU s'en saisit. Non sans peine, le Conseil de Sécurité élabore une résolution n° 929 autorisant la France à conduire au Rwanda une opération humanitaire visant à protéger les populations menacées dans une zone humanitaire sûre. Elle est votée le 24 juin 1994.

Lancée le 23 juin 1994, l'opération Turquoise[1] est incontestablement un grand succès de logistique militaire et d'obéissance parfaite aux ordres de l'autorité politique. Je crois nos officiers et nos troupes hors de tout reproche. Mais à quelles difficultés internationales doit-on qu'elle se soit déployée si tard ? Son objectif principal était-il de protéger là où on le pouvait les Tutsi en train de se faire massacrer, ou les Hutu que l'on croyait menacés d'un contre-massacre par le FPR, vainqueur à dominante tutsi ? Il a en effet pris Kigali, le 4 juillet 1994. Se doutait-on que, au-delà de l'arrêt de tout massacre dans la zone Turquoise, l'opération permettrait à des dizaines de milliers de tueurs des FAR (Forces armées rwandaises) et des milices d'Habyarimana de s'échapper vers le Zaïre voisin ? Dire le fait, dire le droit et dire la morale au milieu de tout cet enchevêtrement d'atrocités n'est pas facile.

Après cette évocation rapide et cependant non exhaustive des divers éléments sur lesquels l'action de la France appelle jugement en droit et en éthique indépendamment des résultats obtenus, je voudrais pour finir en revenir à la mission que je m'étais donnée pour le compte de la commission que je préside au Parlement européen, et bien entendu pour le compte de l'Union européenne elle-même, premier bailleur de fonds de coopération au Rwanda, bien avant le second, la France. Quelle politique faire à l'avenir, et quelles leçons tirer du passé pour que la politique d'avenir se

---

1. L'opération Turquoise est une opération militaire organisée par la France au Rwanda à la fin du génocide au Rwanda. Elle était dirigée par le général français Jean-Claude Lafourcade. C'est une opération de l'ONU décidée par la résolution n° 929 du Conseil de Sécurité qui précise : « … donne son accord à ce qu'une opération multinationale puisse être mise sur pied au Rwanda à des fins humanitaires jusqu'à ce que la Mission des Nations unies pour l'assistance au Rwanda soit dotée des effectifs nécessaires. » Elle doit être « une opération temporaire, placée sous commandement et contrôle nationaux, visant à contribuer, de manière impartiale, à la sécurité et à la protection des personnes déplacées, des réfugiés et des civils en danger au Rwanda ».

déroule sans entraves, blocages, ni rejets ? La matière première de toute politique, chacun le sait, est faite d'attitudes, de perceptions, de sensibilités beaucoup plus que de références à des faits exacts. Une indication d'ambiance d'abord. J'ai passé cinq jours au Rwanda. La radio locale a parlé du déroulement de ma visite dans tous ses bulletins du midi et du soir C'est beaucoup. Il a chaque fois été rappelé que j'étais député européen, président de la commission du Développement et de la Coopération, mais jamais il ne fut dit que j'étais citoyen français ni que j'avais été Premier ministre de mon pays. Cela découvre un climat. Une clé de lecture ensuite. Le Rwanda est tout petit. Six millions d'habitants sur sept cents millions d'Africains. La France peut vivre sans s'en occuper et laisser le passé dormir tranquille. L'Europe moins. Mais, de toute façon, ce serait dommage et assez stupide. Or un fait majeur s'est produit ces dernières années en Afrique de l'Est et en Afrique du Sud. On parle parfois de "nouvelle Afrique". Le terme est vague, son contenu incertain. Mais il n'est pas douteux que cette référence regroupe un certain nombre de dirigeants, en moyenne plutôt jeunes, qui entendent sérieusement ne plus dépendre de personne, et mettent en cause les formes d'organisation sociale que les différents pays ont héritées de la colonisation. Ces hommes se connaissent, se rencontrent souvent, se concertent, et pèsent ensemble sur les affaires du continent et du monde. En Afrique du Sud, en Tanzanie, en Ouganda et au Rwanda, il s'agit d'un bloc de près de 100 millions d'habitants, qui exerce un vrai leadership en Afrique. Depuis la mort d'Houphouët-Boigny, la zone francophone ne dispose plus vraiment de leaders alliant un poids démographique important, une gestion respectée de pays stabilisés et une reconnaissance indiscutée par leurs pairs. À bien des signes on repère que l'attitude globale de l'Ouganda, de la Tanzanie et du Rwanda et, dans une moindre mesure, de l'Afrique du Sud sur le plan géopolitique vis-à-vis de la France, de la Belgique et surtout de l'Union européenne seront largement fonction du type de relations que ces derniers auront établies avec le Rwanda. Et cela n'est pas sans influence sur la convergence ou l'absence de convergence des pressions que toutes ces nations peuvent exercer sur l'incontrôlable Kabila dans l'immense République démocratique du Congo. Il est donc de première importance géopolitique, pour l'Europe en tout cas, et sans doute aussi pour la France, d'établir avec les dirigeants de cette région des relations suffisamment denses et confiantes pour qu'à la fois le rythme de la reconstruction soit intensifié et que le maintien de la paix et le traitement des crises se fassent en bonne intelligence. C'est dès la "révolution de 1959", comme on l'appelle au Rwanda, que la majorité hutu et ses dirigeants commencent à persécuter gravement la minorité tutsi, au point que la famille Kagame fuit dès ce moment, le jeune Paul ayant trois ans.

D'où viennent tant de haines ? On sait que pendant trois siècles d'existence du Royaume du Rwanda, les deux ethnies, déjà distinctes, cohabitaient sans trop de drames. L'action des colonisateurs, allemands puis belges, va très sciemment aggraver cet antagonisme. Que l'on se souvienne des cartes d'identité à mention ethnique, distribuées au milieu des années 1930, et qui obligèrent à classer les quelque 30 % de la population locale qui, issus de mariages mixtes, ne savaient guère où se situer ni ne le voulaient. En tout cas, l'administration belge, appuyée par l'Église catholique, a ouvertement promu et soutenu les Tutsi (à peine 15 % de la population totale du Rwanda) pour s'appuyer sur eux, les scolariser, et en faire l'élite locale sur laquelle reposerait leur pouvoir. Or, vers 1958-1959, comme tout le monde en Afrique ou presque, les Tutsi demandent l'indépendance. L'administration coloniale songe alors à s'appuyer sur la majorité hutu et laisse faire – si elle ne l'inspire pas – la "révolution de 1959" qui abat la royauté, puis engendre le mouvement vers l'indépendance qui s'achève en 1961 et 1969. L'exil des Tutsi commence dans ces conditions. Il est progressif. Les départs se font vers un peu tous les pays voisins, mais surtout en Ouganda. Avec l'arrivée au pouvoir d'Habyarimana (1973), l'oppression intérieure se durcit, la liberté de la presse est mise en cause, les Hutu modérés eux-mêmes sont objets de méfiance. C'est dans la décennie 80 que certains Hutus, combattant le régime totalitaire d'Habyarimana, rejoignent l'exil et que certains d'entre eux participent au Front patriotique rwandais en voie de formation. À dominante tutsi pour des raisons évidentes, puisqu'il se crée en exil, ce Front affiche vite une identité rwandaise interethnique. Significativement nombreux, quoique toujours minoritaires dans l'organisation, des Hutu fuyant le régime de plus en plus totalitaire d'Habyarimana s'engagent dans le Front patriotique rwandais. Le plus connu est Pasteur Bizimungu, qui deviendra président de la République rwandaise en 1994. Du point de vue du droit international, on est donc en présence d'un régime devenant totalitaire mais légalement installé, attaqué de l'extérieur par une armée faite de citoyens rwandais exilés, armés et soutenus par leur pays d'accueil, l'Ouganda. Ce dernier pays, lui-même, s'était peu auparavant libéré de manière insurrectionnelle de la dictature de Milton Obote qui avait succédé à celle d'Idi Amin Dada. Le Rwanda est francophone et l'Ouganda anglophone, mais je doute profondément que cette différence ait joué un rôle majeur, sinon même un rôle quelconque, dans l'intérêt qu'avait l'Ouganda à voir disparaître le régime d'Habyarimana. C'est naturellement moins vrai des raisons qu'a eues la France d'agir, comme elle l'a fait. Car du point de vue de la légitimité, ou de la moralité internationale, on est en présence d'un régime oppresseur combattu par ceux qu'il persécute, les Tutsi, accompagnés d'un nombre significatif de membres de sa propre ethnie, les Hutu qui désapprouvent ses méthodes. Il n'est pas pour moi de politique digne qui ne repose d'abord sur des choix moraux. Dans cet enchevêtrement de violences, la cause la plus injuste me paraît être celle d'Habyarimana, de son régime et de son idéologie des 10 Commandements. La cause la moins injuste me paraît être celle du Front patriotique rwandais. Le régime Habyarimana va s'effondrer avec le génocide. Il faut noter qu'en se repliant les troupes des FAR vont beaucoup tuer et chercher à détruire jusqu'aux infrastructures du pays. C'est la politique de la terre brûlée. C'est ainsi que les six usines à thé que possédait le pays sont toutes dévastées. J'en ai visité une rapidement, superbement reconstruite par l'Union européenne et divers bailleurs dont la France. Le FPR vainqueur prend le pouvoir. Il a la sagesse de composer un gouvernement bi-ethnique selon la composition fixée par l'accord d'Arusha de 1993, à la seule exception bien sûr des deux partis génocidaires, celui d'Habyarimana et un petit parti vassal. Les cinq autres sont représentés. Sur le nombre des victimes du génocide, les évaluations varient de cinq cent mille à un million. Le nombre des Hutu refusant de participer au génocide et tués eux-mêmes de ce fait est lui aussi très incertain, entre un quart et un tiers du total peut-être. En tout cas, cela s'arrête avec la victoire du FPR et la débandade des FAR. Mais le pays est dévasté. Il y a eu des tueurs et des tués dans toutes les familles. Les envies et les tentations de vengeance sont partout. Dans son souci de maintenir l'ordre et de travailler à ce que justice soit rendue, le gouvernement a fait emprisonner un nombre considérable de suspects, beaucoup plus de cent mille sans doute. Mais dans ce pays dévasté, très pauvre, ravagé de haines, qui n'a aucune tradition démocratique, où ni l'armée, ni la police n'ont reçu de formation suffisante et ne peuvent être régulièrement payées, les conditions de détention sont terribles. Les autorités sont peu capables d'empêcher les excès. Il y en a beaucoup. En outre, quelques milliers de membres des ex-FAR, génocidaires pour la plupart, sont revenus au Rwanda clandestinement et continuent à massacrer dans le double dessein de "finir le travail", c'est-à-dire le génocide, et de déstabiliser le gouvernement qui les a vaincus. La riposte de ce gouvernement est sans pitié, et souvent excessive. Quelques-uns de ses ministres ont démissionné. Il est bien clair qu'on ne saurait attendre du Rwanda d'aujourd'hui un strict respect des droits de l'homme correspondant à nos critères. Nous sommes dans le relatif. Il y a même dans les pressions qu'exerce la communauté internationale sur le Rwanda d'aujourd'hui pour condamner ses excès, après tout ce qu'il a vécu, une arrogance moralisatrice qui me met quelque peu mal à l'aise. Le choix est franchement géopolitique. Je pense que nous avons eu tort de soutenir trop longtemps un régime indigne. Je pense qu'il faut desserrer les contraintes économiques et politiques qui pèsent encore sur le Rwanda. Je pense qu'une grande politique euro-africaine est possible, faite de partenariats économique et culturel, de complicité stratégique dans la gestion des crises et de coordination intelligente dans le traitement des affaires du monde. Une des conditions de cette politique est, de notre part, la reconnaissance que l'Afrique a vocation à s'unir, qu'il n'y faut plus cultiver les différences linguistiques et que, par conséquent, il nous faut arriver à dominer et à juger le passé pour établir avec toute l'Afrique de l'Est, et donc avec le Rwanda, des relations efficacement confiantes. »

D'ultimes conclusions toujours valables, me semble-t-il.

Chapitre XVIII

DU PLOMBIER POLONAIS AU MAÇON BRETON

Dès 1995, je présente une résolution demandant à la Commission européenne de conduire une étude approfondie concernant la réduction du temps de travail dans le cadre d'une résolution plus large consacrée, elle, au chômage. Cette résolution est adoptée par 234 voix pour, 88 contre et 31 abstentions.

À cette époque déjà, la déstabilisation du marché du travail inquiète beaucoup l'opinion publique, les syndicats, et naturellement les dirigeants politiques de toute l'Europe. Non seulement le niveau de chômage reste significatif – avec rarement moins de 5 % de la population active dans le meilleur des cas et des chiffres frisant les 10 % – mais il se révèle en augmentation lente et constante en Allemagne, en France, en Italie et en Espagne. Surtout, fléau nouveau, la précarité du travail s'est abattue sur l'ensemble des pays développés, donc l'Europe, depuis la décennie 1980, avec l'explosion du nombre de contrats à durée déterminée et courte, celle du temps partiel non choisi, l'apparition de salaires voisins, et parfois inférieurs, au seuil légal définissant la pauvreté, précarité affectant plus de 15 % de la main-d'œuvre salariée aux États-Unis et en Grande-Bretagne et largement plus de 10 % dans toute l'Europe continentale. Pis encore, s'il est possible, une nouvelle catégorie sociale inconnue jusqu'aux années 1980 émerge au-delà des chômeurs et des précaires : « les pauvres », autrement dit les adultes valides exclus du marché du travail. Au moment où j'écris, on en compte plus de 10 millions en Grande-Bretagne, plus de 5 millions en France et plus de 30 millions aux États-Unis. En 1995, lorsque je dépose mon projet de résolution, on est largement au-dessus de la moitié de ces chiffres et le coût du seul chômage représente quelque 4 % du PIB en moyenne en Europe.

« *Rien ne marche* », *pensent certains*

La nouveauté, c'est la prise de conscience que rien de ce que l'on essaie ne marche vraiment. Le traitement social du chômage aide à vivre, mais ne crée pas un emploi. Le traitement économique vise à favoriser par la formation notamment, mais aussi par le soutien financier à certains types d'emplois, la redécouverte d'un emploi par telle ou telle catégorie déterminée, tantôt les jeunes, tantôt les chômeurs de longue durée et tantôt les seniors. Au final, les résultats comptabilisés de ces différentes mesures se révèlent négligeables en soi, montrant assez clairement qu'elles ne réussissent qu'à modifier l'ordre dans la file d'attente des chômeurs tandis que le chômage global, lui, reste stable.

Or l'histoire montre très nettement que le capitalisme, de sa naissance au début du XIXe siècle jusque vers 1970-1975, fut un système permanent de plein-emploi en dehors de ses périodes de crise décennales. Qui plus est un plein-emploi constant durant les périodes d'accroissement rapide de la population, même si les rythmes et les phases en furent variables.

Le facteur variant, explication majeure de cette constance, fut la durée du travail. En termes annuels, et à peu près partout en Amérique du Nord comme en Europe, elle s'élève à 4 000 heures par an (17 heures par jour samedis compris sans congés ni retraites, une redécouverte de l'esclavage) entre 1830 et 1850, de 3 000 heures par an vers 1900, de 2 000 heures par an entre 1935 (la sortie de crise) et 1950, entre 1 550 et 1 700 heures vers 1970. Ensuite, elle cesse de baisser. La diminution globale de 60 % a suffi à faire face à la formidable augmentation de productivité qui caractérise ce siècle et demi. Le mouvement est général, tout le monde se trouvant à peu près au même rythme. Même le Japon, quand il décolle (entre les deux guerres), rejoint le rythme général qu'il suit ensuite à la baisse, avant de toutefois l'interrompre un peu avant les autres en s'arrêtant vers 1 800 heures dans les années 1970.

Le mouvement de baisse s'est partout produit spontanément, par le marché autant que la négociation, la pression syndicale étant constante et générale. L'unique exception est la France à cause d'un mouvement syndical trop révolutionnaire ou protestataire pour négocier, et surtout très faible et, sur la fin de la période, extrêmement divisé. De ce fait, le législateur s'en est mêlé : 1936, loi des 40 heures ; 1981, loi des 39 heures payées 40 ; et 1997, loi des 35 heures. Des textes qui furent brutaux, maladroits et peu opérants.

La baisse de la durée du travail

Il existe un doute, et pour certains spécialistes une controverse, quant à la raison de l'arrêt général du mouvement de baisse de la durée du travail dans les pays développés durant cette décennie 1970. Probablement une crispation s'est-elle faite autour de l'idée que le salaire est le revenu d'un chef de famille chargé d'enfants en bas âge et que, dès lors, une limite basse est implicitement ressentie face à toute diminution de la durée du travail... Or le chômage de masse, en même temps que la précarité, se développe nettement à la fin de cette décennie. Devant ces données historiques fortes et évidentes, bien que trop oubliées, mon analyse est alors fort simple : je considère tous les programmes envisagés comme insuffisants – ce que l'histoire a montré – et je pense qu'il n'est pas possible de réduire significativement la pauvreté, le chômage et la précarité sans remettre en mouvement la variable « durée du travail ».

Un point de doctrine doit ici être évoqué. Depuis une trentaine d'années, le monde anglo-saxon (dans la logique de Milton Friedman) essaie de nous faire avaler que la précarité n'a rien à voir avec le chômage, qu'elle est socialement bien moins dangereuse – tout ce que je conteste absolument –, ne relève pas des mêmes causes – ce qui n'est vrai que pour quelques détails secondaires de droit du travail mais sûrement pas si la raison principale est le ralentissement de la croissance entraînée par celui de la baisse du pouvoir d'achat. Cette posture qui m'insupporte est lourde de conséquences, notamment parce que la précarité est beaucoup moins observée et mesurée statistiquement que le chômage, et ce un peu partout et plus particulièrement dans les pays anglo-saxons. Résultat : on y est moins sensible, et les données de fait nécessaires à la compréhension de ma thèse manquent dans trop de cervelles.

Je pensais déjà de la sorte lorsque j'ai été Premier ministre et ne croyais qu'à la négociation pour faire avancer la question. Malheureusement, la CGT ne voulait en entendre parler à aucun prix, ce qui suffit à bloquer toute avancée en la matière. En outre, le mauvais souvenir laissé dans le patronat et les syndicats par la décision législative unilatérale de l'État d'appliquer les 35 heures payées 40 bloqua toute évolution sur le sujet.

La loi ne peut y intervenir

L'idée sur laquelle j'ai travaillé ensuite, et dont je soumets le principe au Parlement européen, n'est venue à mon petit groupe d'amis que plus tard, vers 1993 ou 1994. Elle consiste simplement à créer de puissantes incitations à la réduction de la durée hebdomadaire avec, comme levier, les charges sociales.

À peu près partout – sauf au Danemark et en Grande-Bretagne où l'essentiel est fiscalisé –, la protection sociale est financée par des cotisations, tant patronales que salariales, assises sur les salaires. Or le taux de prélèvement est un pourcentage unique et fixe, sans équivalent de ce que sont les tranches pour le calcul de l'impôt sur le revenu. Il s'agit d'un seuil comptable, interne à l'administration fiscale, non opposable au tiers et non susceptible d'applications autres que le calcul de l'impôt.

La difficulté tient au fait que la durée du travail est un problème beaucoup trop complexe pour pouvoir être traité par la loi. Seule la négociation peut y pourvoir, l'histoire l'ayant largement démontré. Toutefois, si les partenaires sociaux ont une réticence à négocier, il faut les y pousser par une incitation vigoureuse. Pourquoi, dès lors, ne pas indexer – à la baisse – les cotisations sociales sur la durée du travail, en calculant l'affaire de manière à ce que toute entreprise ne souhaitant pas modifier la sienne continue de payer des cotisations inchangées ? Après quelques tâtonnements, nous sommes arrivées au schéma suivant : fixer une tranche dans le calcul des cotisations à 32 heures par semaine, diviser par 4 les cotisations pour les 32 premières heures et les multiplier par 4 au-dessus. Avec un tel barème, il va de soi qu'une entreprise passant par exemple seulement de 39 heures à 37 heures ferait une économie d'argent considérable lui permettant d'embaucher de nouveaux salariés pour compenser la force de travail manquante, tant, naturellement, rien ne conduit à penser que le carnet de commandes baissera en même temps que la durée interne du travail ! Tout chômeur embauché représentant, pour la protection sociale, l'arrêt d'une dépense d'allocation et le début de rentrées de cotisations sociales nouvelles – ce qui compense la perte de ressources en cotisations élevées quand la durée diminue –, l'idée ne manque pas d'attraits. Il faut aussi calculer les décimales de taux pour que, au niveau moyen national observé, les entreprises non désireuses de changer leur durée interne paient des cotisations inchangées. Mais aussi, pour la bonne marche du système, faire prendre en charge par l'État la formation spécifique des personnels ainsi embauchés, et même, pourquoi pas, les frais de conseils en gestion aidant à réaliser l'opération.

Le système envisagé pouvait même fonctionner avec préservation des salaires, donc une augmentation corollaire du salaire horaire, une diminution acceptée de 1 %, voire 2 %, du salaire hebdomadaire aidant grandement à la chose. Devant une pareille proposition, c'est la demande salariale qui allait bousculer les entreprises et les pousser à négocier.

L'intérêt des personnels en l'occurrence n'est pas de grappiller un quart d'heure ou une demi-heure par jour ou pour chaque poste de travail, mais – avantage plus considérable – de gagner un jour par semaine. Cultiver un hobby, s'occuper mieux des enfants, bricoler, approfondir son sport ou sa culture devient possible. C'est la raison pour laquelle nous avons d'ailleurs symbolisé le système par la formule « la semaine de quatre jours » tout en sachant qu'il n'y a pas de limite aux gains de productivité, et donc pas de définition stable d'un horaire compatible avec le plein-emploi. Ce qui revient visiblement à ce que pensait Keynes quand il écrivit en 1930 : « Avant la fin du siècle [le XXe] il suffira de 3 heures par jour ou de 15 heures par semaine de travail salarié productif pour que l'humanité subvienne à ses besoins. »

Notre proposition, qui a soulevé l'intérêt de beaucoup d'économistes qualifiés, méritait à l'évidence une étude vaste et approfondie, modélisant les comportements et analysant plusieurs hypothèses. L'intérêt du système était en outre de n'appeler ni contrainte ni obligation et de ne pas créer de différence entre les très grandes entreprises et les petites. Il ne pouvait fonctionner que par la négociation directe interne à chaque unité de production. Naturellement la puissance publique, pour laquelle il n'y a ni marché, ni vente de service, ni mesure possible des gains de productivité, ne relevait en rien d'un tel système. Dans son cas l'accompagnement devait être autre.

La Commission ne suit pas

J'ai donc l'honneur en 1995 de faire au Parlement européen la proposition d'une résolution demandant à la Commission de procéder à l'étude détaillée, en vraie grandeur, du système. Et j'ai déjà donné le résultat : 234 pour, 88 contre et 11 abstentions. Un triomphe en somme. En fait, près de la moitié de la droite européenne – la démocratie chrétienne en l'espèce – a soutenu cette requête. La réflexion a été honnête, le débat loyal, et le sujet vaut la peine.

La Commission, hélas, ne daigne pas déférer à cette demande de 70 % du Parlement européen. Il faut le regretter profondément, et cela d'autant plus que le problème est toujours actuel, inchangé si l'on peut dire. La crise que nous traversons entraînant une stagnation qui aggrave profondément les perspectives d'emploi dans toute l'Europe, il faudra bien un jour y revenir.

Cette bataille de doctrine économique, je l'ai menée aussi, évidemment, en France. Malheureusement Martine Aubry, devenue ministre du Travail dans le gouvernement Jospin en 1997, a fait un choix inverse. Si elle partageait l'avis principal – la durée du travail est un facteur majeur du niveau de l'emploi –, elle affirmait « ne pas vouloir faire confiance au patronat pour qu'il embauche de nouveaux salariés grâce à l'argent gagné par l'éventuelle baisse des cotisations ». Or il ne s'agissait en rien de confiance mais de l'intérêt même du patronat. Elle ajouta en outre que la majorité parlementaire socialiste ne donnerait son accord à un tel projet que si l'État y mettait son autorité, ce qu'à mon avis il fallait précisément éviter si l'on souhaitait que les négociations se déroulent bien.

Quant à la CGT, soucieuse uniquement du salaire nominal plutôt que du chômage, elle bloqua la réflexion en créant un symbole énorme autour de l'adoption des 35 heures, point ultime à ses yeux. Naturellement, même si on retrouvait le plein-emploi à ce niveau, l'automatisation de la production persisterait, après l'adoption de cette durée rigide, à provoquer de nouveaux dégagements. À l'évidence, il ne fallait surtout pas un système rigide.

Néanmoins, nous eûmes deux lois dont la seconde mit une contrainte de durée et de date insupportable à beaucoup d'entreprises et qui entraînèrent un avantage patronal à l'affaire insuffisant. Une distinction fut établie entre les grandes entreprises et les PME, avec une situation souvent insoutenable pour ces dernières. Et fut torpillée l'idée de jouer sur le facteur durée du travail pour diminuer le chômage, la pauvreté et la précarité, en France comme en Europe.

Vu la position du Parlement, la Commission a pris là une lourde responsabilité. Car on y est toujours… Précarité, chômage et pauvreté ont été aggravés par la crise. C'est même parce qu'on y est toujours que je me suis permis d'infliger au lecteur cette longue réflexion sur la durée de travail.

Elle ne peut pas ne pas resservir.

Ne pas sélectionner les malades

J'ai rédigé ensuite, comme président de la commission des Affaires sociales, un rapport d'initiative consacré à l'assurance maladie complémentaire. Adopté à une très large majorité en première lecture le 16 novembre 2000 – par 128 voix pour, 23 contre et 33 abstentions –, il me tient particulièrement à cœur.

En ce début de nouveau millénaire, nous sommes dans une période où l'application systématique des théories monétaristes pousse à la financiarisation du capital et recherche, pour ce faire, une diminution de la protection sociale. Or, malgré l'assurance maladie de base, la diminution du champ couvert empêche un nombre croissant de gens de recourir aux soins médicaux indispensables. Dès lors, l'assurance complémentaire devient de plus en plus une condition d'accès aux soins. Encore faut-il qu'elle reste générale et ouverte à tous. Le rapport a donc pour objet de proposer un ensemble de mesures destinées à mettre en place un socle législatif minimal définissant les garanties nécessaires à la couverture des citoyens européens. Il s'agit ni plus ni moins d'éviter qu'un système d'assurances privées ne sélectionne des clientèles privilégiées et refuse les couches sociales les plus défavorisées comme les personnes fragiles.

Un désir d'Europe sociale

Une de mes priorités, en tant que président de la commission de l'Emploi et des Affaires sociales, est d'approfondir l'Europe sociale. À mes yeux, celle-ci doit devenir une réalité pour tous les citoyens européens, ce qui est loin d'être le cas. Aussi, la commission étudie et se détermine sur tous les sujets recouvrant largement les préoccupations quotidiennes des citoyens européens, et ses votes pèsent sur les décisions finales du Parlement. C'est ainsi que je participe activement à la définition des priorités qui ont engendré l'adoption de l'Agenda social au Conseil européen de Nice, véritable carnet de route des années à venir.

Ces priorités fixant les contours de notre Europe sociale en privilégiant la création d'emplois plus nombreux et de bonne qualité, le développement d'un meilleur équilibre entre flexibilité et sécurité dans un environnement de travail en pleine évolution, la lutte contre toutes les formes d'exclusion et de discrimination, la promotion de l'égalité entre les hommes et les femmes, et enfin la consolidation du volet social de l'élargissement.

Nous participons également, avec cette commission, à la mise au point des accords sur la stratégie européenne en faveur de l'emploi et confortons le rôle décisif des niveaux régionaux et locaux pour la création de postes, dans le cadre d'une économie en pleine transformation. Soucieux de la qualité des emplois et des relations au travail, nous tenons, en outre, à améliorer les droits des travailleurs en soutenant activement la négociation de la directive relative à leur participation au sein de la société européenne, ainsi qu'en appuyant la directive concernant leur information et leur consultation. Enfin, santé et sécurité sur les lieux de travail mais aussi promotion de la formation au long de la vie sont au cœur de nos préoccupations, tant il s'agit de donner à tous la possibilité d'occuper des emplois durables, de qualité et de s'adapter aux évolutions technologiques.

On le voit, lorsque j'ai eu le bonheur d'y participer, la commission de l'Emploi et des Affaires sociales a utilisé tous les instruments à sa disposition pour proposer, accompagner, évaluer les initiatives indispensables à la consolidation du modèle social européen. La plupart de ces dossiers élaborés en codécision avec le Conseil ont abouti grâce à des procédures de conciliation plutôt que par vote conclusif en assemblée, résultat d'autant plus important que tout non-aboutissement signifie la perte du texte législatif et, la plupart du temps, un recul.

Être député européen, c'est aussi cela : travailler d'arrache-pied sur des sujets devenant concrets, majeurs, avec modestie mais aussi une belle fierté lorsque des avancées deviennent réalité.

Chapitre XIX

La Culture comme trait d'union

Lorsque je suis nommé à la présidence de la commission « Culture, Éducation, Médias, Jeunesse et Sport » je m'adresse à mes collègues en ces termes :

« L'intervention que je commence devant vous est la première des nombreuses que j'aurai à prononcer en ma toute nouvelle qualité de président de la commission de la Culture du Parlement européen. À cette fonction prestigieuse et stratégique je n'étais préparé en rien : bien loin de l'avoir sollicitée, je me la suis vu attribuer par l'effet imprévisible de la brutalité de nos règles bureaucratiques. Aussi est-ce avec une manière de joie sardonique que je m'apprête à assumer la charge et la fonction. Qu'y a-t-il en effet de plus subversif que la culture ?

Rassurez-vous : je n'ai pas voulu dire par cette phrase qu'il n'y aurait à mes yeux de culture qu'engagée. Aucune faction ne saurait mettre à son seul service Dante, Shakespeare ou Goethe, non plus d'ailleurs qu'Averroès, Ibn Khaldoun ou Raschi. Mais j'ai voulu dire fermement que le mot de culture englobe toutes les activités de l'esprit, et qu'à celles-ci il ne saurait y avoir de limites. Une constitution est tout autant un produit culturel qu'une statue ancienne. »

Je me suis donc, dans ce cadre, particulièrement attaché à défendre la diversité culturelle et la place de la culture dans la construction européenne. Un chantier plus complexe et périlleux qu'on peut l'imaginer.

La jeunesse en avant

En 2001, la Commission européenne a lancé son Livre blanc sur la Jeunesse destiné à répondre aux besoins de cette dernière et appelant à sa participation citoyenne active. Objectif : proposer un cadre renouvelé de renforcement de la coopération entre États membres et une meilleure prise en compte de la dimension Jeunesse dans les politiques sectorielles.

La promotion des esprits d'initiative, d'entreprise et de créativité représente une véritable innovation en la matière. Aussi la Commission est-elle amenée à étudier et à se prononcer sur la définition des priorités de la coopération politique dans ce domaine, sur la promotion du programme Jeunesse ainsi que sur le lancement de nouveaux programmes comme E-learning – qui pousse au développement des technologies de l'information et de la communication (TIC) –, Erasmus Mundus – visant à améliorer la qualité de l'enseignement supérieur européen et à renforcer la compréhension interculturelle ; sans oublier l'amélioration de la participation des jeunes dans la vie publique et le dialogue interculturel entre eux.

L'Europe souhaitant promouvoir « l'économie de la connaissance la plus compétitive et la plus dynamique du monde » – enjeu majeur puisque les jeunes sont l'avenir de l'Europe –, force est de rappeler que, depuis sa création, elle a efficacement appuyé les mesures nationales, en particulier grâce à l'établissement de programmes d'action comme « Jeunesse pour l'Europe », le « Service volontaire européen pour les jeunes » et le programme « Jeunesse ».

Dans ce contexte d'anticipation, de préparation à l'avenir, la promotion de l'enseignement scientifique ressort comme une priorité, un constat inquiétant s'imposant en Europe comme en France : de nombreux jeunes se détournent de l'enseignement scientifique. Des secteurs comme la physique et la chimie sont particulièrement touchés : en dix ans, le nombre des étudiants de ces filières a régressé de 50 % en Allemagne et 40 % dans l'Hexagone. Dès lors, il nous semble essentiel de renforcer l'éducation scientifique à tous les niveaux.

Certes, des programmes européens existent déjà, tels « Scienceduc », « Pollen » ou « Nucleus ». Leurs buts, développer dès le plus jeune âge les qualités dont les enfants auront besoin pour être actifs dans une société fondée sur la connaissance : capacité à poser des questions, à formuler des hypothèses, à expérimenter et à manier l'information de façon raisonnée et structurée. Malheureusement, ces programmes sont alors très loin de suffire. Et la tendance au désintéressement envers ces matières continue, imperturbable. Que faire puisqu'elle est mondiale, frappe tous les pays développés, et commence à avoir des conséquences redoutables sur les perspectives d'avenir de nos États en matière scientifique et technologique, plus encore en Europe où la faiblesse de la natalité aggrave le déclin ? Baisser les bras, ne pas agir ? On ne le peut.

« *Ton Europe ne sert pas à grand-chose si…* »

Le physicien et Prix Nobel Georges Charpak, qui fut un ami de mon père et qu'un hasard me fait rencontrer à nouveau en 2006, saisit l'occasion d'un repas commun pour, un jour, me tancer durement sur la question :

— Tu ne connais pas le problème, c'est scandaleux. Peut-il y avoir sujet plus grave que l'affaissement progressif du potentiel scientifique et technologique de l'Europe dans le monde qui vient. Ton Europe ne sert pas à grand-chose, elle ferait mieux de s'occuper de ça !

Impressionné et convaincu, j'écris une lettre longue et pressante au commissaire européen chargé de la recherche, le Tchèque Janez Potocnik, homme remarquable, parfaitement compétent et lui aussi soucieux du problème. Il décide donc de monter, en novembre de la même année, un groupe d'experts que j'ai l'honneur de présider. Sa composition ? En sont membres Peter Csermely, de l'université Semmelweis de Budapest, lauréat du prix Descartes pour la Communication en 2005 ; Doris Jorde, de l'université d'Oslo, présidente de l'Association européenne de recherche pour l'enseignement des sciences ; Dieter Lenzen, president de l'université libre de Berlin, ancien président de l'Association allemande pour l'enseignement des sciences ; et Harriet Wallberg-Henriksson de l'institut Karolinska, ancienne membre des comités d'experts du gouvernement au ministère suédois de l'Éducation et de la Science.

Le groupe se voit chargé par la Commission européenne – et plus particulièrement par les commissaires Janez Potocnik pour la Recherche et Jan Figel, en charge de l'Éducation, de la Formation, de la Culture et de la Jeunesse – d'étudier les mesures à prendre aidant à la participation active des jeunes à une société et à une économie dont le moteur est la connaissance. Un rapport en découle, présenté par Valérie Hemmo, notre secrétaire générale, auteure de plusieurs études en la matière dans le cadre de « Science Education Activity of the Global Science Forum, OCDE ». Que j'ai pu présenter aux deux commissaires le 12 juin 2007.

Que suggère-t-il ? Eh bien, une approche radicalement nouvelle de l'enseignement scientifique pour enrayer le désintérêt des écoliers européens envers les sciences. La révolution, c'est un changement de méthode pédagogique en phase avec les premiers travaux de Charpak et de son association « La main à la pâte » afin de donner de la place à l'expérimentation et à l'observation, histoire de rendre l'écolier actif, donc passionné pour élaborer ses propres connaissances. Comme, actuellement, l'enseignement de ces matières se fait de façon « déductive » au travers de l'étude de concepts, de leurs implications logiques et des exemples d'application, il convient d'inverser – si je puis dire – la vapeur et de ne pas laisser penser que les sciences sont forcément théoriques, ennuyeuses, rébarbatives.

Cette approche revue impose une formation des enseignants à la méthode du questionnement (Inquiry-Based Science Education, IBSE), eux qui sont fréquemment recrutés selon leurs compétences plutôt que leurs capacités à enseigner.

De fait, la démarche scientifique liée au questionnement devrait devenir transversale, parcourir l'ensemble des disciplines, pour donner les moyens aux enfants et adolescents d'acquérir un mode de raisonnement personnel et un développement intellectuel utilisables quels que soient la matière ou le domaine auxquels ils sont appliqués.

Il conviendrait en outre de permettre une harmonisation des enseignements scientifiques locaux, régionaux et nationaux avec ceux qui sont financés par l'Union européenne. Un budget de soixante millions d'euros sur dix ans y serait consacré.

Pour le commissaire Jan Figel : « Attirer plus de jeunes dans les matières scientifiques et technologiques, et en particulier les filles qui sont sous-représentées dans la plupart des pays européens, est devenu un objectif partagé au niveau européen. Il reste cependant beaucoup de pain sur la planche. » Je ne peux que souscrire à ces deux remarques !

La télévision sans frontières en ligne de mire

J'ai eu deux autres rendez-vous majeurs durant mon mandat : celui qui concerne la procédure pour la révision de la directive « TéléVision Sans Frontières » – directive qui établit les normes minimales que doit garantir la réglementation des États membres en matière de contenu des émissions de télévision – et celui qui est consacré à l'examen des programmes Médias, via une politique de soutien au secteur audiovisuel européen.

Je me suis attaché à ce que la Commission soit constamment associée à la procédure de réexamen de la directive TVSF et que notre contribution porte sur tous les termes du débat, soit essentiellement la réglementation concernant les événements d'importance majeure, la protection des mineurs, les quotas visant à secourir les langues et culture nationales, les règles en matière de publicité. L'enjeu : définir les priorités pour l'avenir de la politique audiovisuelle – structure comme contenu – et trouver les moyens de promouvoir la créativité.

Politiquement, je me bats également pour relancer le débat sur la concentration des médias. Je demande ainsi à la Commission l'élaboration d'une directive visant à harmoniser les législations nationales relatives à la propriété des médias. Alors que ce sujet évolue considérablement et rapidement avec l'arrivée de l'Internet, des téléphones mobiles, de la télévision numérique…, alors que les médias ont un rôle croissant dans la politique, et que les conflits d'intérêts qui en résultent augmentent, la sauvegarde du pluralisme me paraît de plus en plus essentielle. Ce n'est pas toujours évident à faire passer dans les esprits.

Je dois aussi, dans ma délégation, m'occuper des sports ! C'est une compétence de ma commission, mais pas une compétence européenne selon les traités qui la laissent aux États. Une situation quelque peu ubuesque pouvant devenir dramatique puisque, parfois, des conflits intra-européens sportifs surviennent. Le football en a connu plusieurs, dont le recrutement et le financement des compétitions. Mais la Commission, pour trouver des solutions institutionnelles, ou la Cour de justice, pour trancher des litiges, n'ont le droit d'appréhender le sport qu'en tant qu'activité économique. Par conséquent, leur seule tactique de jeu est d'y faire triompher la concurrence, sans chercher à savoir s'il existe une éthique sportive ou si des règles particulières doivent s'appliquer au financement, à l'organisation des compétitions ou à la composition des équipes nationales.

Notre commission parlementaire, tout comme la Commission européenne elle-même, cherche donc à donner au sport une dimension européenne, sans avoir de vraie marge de manœuvre. C'est ainsi que, faute de pouvoir décider d'une année européenne du sport, comme l'éducation est de compétence partagée, 2004 fut sacrée Année européenne de l'éducation… par le sport. Une opération à laquelle notre commission a participé en élaborant des priorités destinées à offrir au sport un statut juridique dans les traités. Sur des terrains non évidents, chacun jongle comme il peut !

Sports d'abord

Nous menons également une réflexion sur le sport et les droits de diffusion des spectacles sportifs dans le cadre d'une audition publique rassemblant des experts de hauts niveaux.

Par ailleurs, je m'implique fortement dans un groupe de travail interinstitutionnel qui réunit des représentants du Parlement, de la Commission et du Conseil afin d'établir la stratégie de communication des institutions européennes et définir les priorités l'aidant à être plus proche des citoyens.

Au final, que dire de ce mandat que d'aucuns jugeront protéirorme ? Qu'il m'a conduit à m'occuper de sujets particulièrement divers, et, par là même, aussi excitants que complexes. Ainsi, en plus des multiples activités déjà décrites, je me suis encore attelé à la brevetabilité des logiciels, attaché aux dialogues interculturels impliqué dans l'Europe laïque, et concentré sur le retour du religieux. Être député européen, à coup sûr, permet de réfléchir, d'agir et d'être utile dans bien des domaines.

Chapitre XX

QUELLE DIFFÉRENCE ENTRE UNE MACHINE À LAVER ET UN JEU VIDÉO ?

« La brevetabilité des logiciels », une expression un peu rude, abs-conse diront quelques-uns, mais formulation familière sous laquelle est connu d'un certain public le problème qu'il me faut aborder maintenant. Et si j'en garde le terme, c'est pour que chacun sache de quoi je parle, bien qu'il soit inadéquat. Il s'agit en effet essentiel-lement de la brevetabilité des inventions mises en œuvre par ordina-teur. Mais n'anticipons pas.

De quoi s'agit-il ?

Pendant l'automne 2002 et l'hiver 2003, la Commission euro-péenne met au point, puis adresse au Conseil des ministres et au Parlement un projet de directive concernant cette fameuse « breve-tabilité des inventions mises en œuvre par ordinateur ». La matière ne relevant pas de l'unanimité, la procédure est celle de la codéci-sion, le Parlement étant colégislateur de plein droit avec le Conseil des ministres. La procédure veut en outre que le Parlement soit le premier à délibérer. Ce texte complexe, qu'au moment de son arri-vée devant un Parlement de 688 membres à l'époque à peine une quinzaine d'entre eux sont capables d'interpréter et d'analyser com-plètement, est confié à la Commission juridique, déclarée compé-tente au fond. Dans sa sagesse, le bureau du Parlement décide que seront également consultées pour avis les commissions de l'Indus-trie et de la Culture, celle que je préside à ce moment-là. La pre-mière parce que le projet répond à une demande industrielle, et la seconde parce que le droit d'auteur – protection reconnue de la propriété intellectuelle (mais ici mis en cause dans ses limites) – relève de son champ. À la commission de la Culture, personne ne se sent compétent sur ce sujet, notamment pas moi, et personne n'est candidat à la rédaction d'un projet d'avis. Dans de telles situations, l'usage veut que l'on demande aux services administratifs de la Commission de rédiger une note minimale de commentaire juridique, voire un bref « sans commentaire » que le président de l'instance, saisi pour avis, envoie par lettre à la commission saisie au fond. Même insignifiante, cette lettre d'avis, il faut la signer. Malheureusement, je suis trop connu et trop visible pour parapher un texte vide de sens ou d'intérêt. Aussi, je n'ai pas le choix : il me faut apprendre et maîtriser un sujet ardu que je vais découvrir essentiel.

Ainsi me suis-je trouvé embarqué dans une des plus longues et rudes batailles politiques de ma vie – elle a duré près de trois ans sur deux législatures –, qui plus est sur un sujet que je n'ai pas choisi et dont je ne connaissais rien avant, si j'ose dire, de tomber dedans.

Un peu d'histoire

Le projet de la Commission correspond à une nouvelle étape dans une très longue histoire entamée bien des dizaines d'années auparavant.

Longtemps, les créations de l'esprit humain n'ont été rémunérées que par la bienveillance de leurs commanditaires ou de leurs donneurs d'ordre. Peintres, sculpteurs et musiciens ont dépendu pendant des millénaires du mécénat des princes ou des autorités religieuses, chez nous évêques et cardinaux. Lorsque parut l'imprimerie, il n'y avait que les bonnes grâces des imprimeurs pour payer les auteurs. C'est le Français Pierre Augustin Caron de Beaumarchais, aventurier, espion et marchand d'armes, mais inoubliable auteur du *Barbier de Séville* et du *Mariage de Figaro*, qui fonde la Société des auteurs et compositeurs dramatiques, crée le concept de droit d'auteur et en obtient une première reconnaissance légale. Dans cette première moitié du XIXe siècle, il s'agit d'un immense triomphe juridique : le droit d'auteur s'étend à toute l'Europe et aux États-Unis. Le copyright en est la variante anglo-saxonne légèrement différente dans quelques points de détail, mais analogue sur l'essentiel.

Le droit d'auteur s'applique à toute production de l'esprit humain, que l'œuvre soit écrite, peinte, sculptée, qu'elle soit une partition musicale ou une formule mathématique. Il garantit le libre accès de tous à l'œuvre dès sa publication, institue le principe d'une rémunération d'auteur en pourcentage des ventes de l'œuvre, n'interdit pas l'usage de l'œuvre, mais en prohibe la copie pure et simple aux fins de revente, et confère à l'auteur, pour la durée de sa vie, un droit à faire interdire toute dénaturation de son œuvre. Ce système est peu coûteux, intelligent, efficace, qui plus est garanti par les législations publiques et souvent mis en œuvre par des associations d'auteurs ou de créateurs.

Le XIXe siècle voit apparaître, dès sa première moitié, des créations de l'esprit humain d'une autre nature : des objets fabriqués à la machine. Jusqu'à cette phase, ces produits de la créativité humaine dont on cherchait à protéger les auteurs n'avaient coûté de l'effort et du temps qu'à leur seul créateur. La matière première ne coûtait à peu près rien (une feuille de papier et un crayon) ou pas grand-chose (de l'argile, un bloc de pierre ou des tubes de peinture). Avec la fabrication de machines, puis d'objets par la machine, les choses changent : il faut un produit de base, une matière première, utiliser de l'énergie, le plus souvent pour produire de la chaleur, et recourir à un outillage, lui-même largement constitué de machines, et tout cela a des coûts considérables. Le droit d'auteur ne saurait les couvrir.

Le concept juridique qui répondit alors à ce besoin nouveau porte le nom de brevet d'invention, création, lui aussi, de la première moitié du XIXe siècle. Au contraire du droit d'auteur, il institue un monopole temporaire d'usage et de vente de l'objet en cause le temps d'en recouvrer les coûts. Tous tiers désireux d'utiliser, d'acheter ou de recopier l'objet doit, pendant la durée de validité du brevet, en acquérir l'autorisation grâce au paiement d'une redevance que, dans ce cas précis, on appelle parfois royalties.

Ces deux systèmes – le droit d'auteur et le brevet – se sont rapidement répandus dans le monde entier. Ils régissent, dans un partage des tâches stable et reconnue, la propriété intellectuelle des créations de l'esprit d'une part et des créations de la machine de l'autre, depuis deux siècles.

L'informatique change la donne

Mais à la fin du dernier, le XXe, l'invention et la diffusion extraordinairement rapide de l'informatique vient tout bouleverser. Un ordinateur est naturellement un objet matériel, fabriqué à la machine, et susceptible d'être protégé par un brevet, ou même par plusieurs, concernant chacun de ses multiples dispositifs.

L'ordinateur cependant est une machine inerte. Il faut lui donner des ordres et le faire dans le langage codé – en fait mathématique – dans lequel la machine a été construite pour travailler. Le guide d'enchaînement des opérations à accomplir pour réaliser un calcul d'un type déterminé s'appelle un logiciel. Et il est lui-même un ensemble de formules mathématiques articulées

Un logiciel est une création immatérielle, car le fait que le logiciel soit représenté physiquement sous forme de trous dans la surface d'un cédérom, d'orientations magnétiques à la surface d'un disque dur, de charges électriques dans la mémoire vive d'un ordinateur, ou d'ondes électromagnétiques lorsqu'il est transmis par liaison satellite. ne change rien à sa nature. Il en est de même des œuvres écrites, qui peuvent être représentées sous forme de taches d'encre sur des feuilles de papier ou bien de données numériques dans la mémoire d'un ordinateur.

L'analogie avec le livre est, dès lors, très forte. Tout comme pour le livre, le succès d'un logiciel dépendra du talent de son auteur, qui produira ou non une œuvre cohérente et agréable. Tout comme une œuvre écrite, un logiciel est la spécification d'idées, mais dans des langues particulières, non ambiguës à la différence des langues humaines. Ces textes de programmes pourront être interprétés par l'ordinateur qui exécutera les instructions qu'ils contiennent.

Einstein à la rescousse

Le mode de création de ces œuvres immatérielles étant analogue à celui des autres œuvres de l'esprit (du papier, un crayon, du temps, aucune consommation d'énergie, ni de matières premières, aucun recours à un outillage spécial, sinon une forte culture mathématique), les législateurs de tous les pays furent conduits à dire que les logiciels ne pouvaient relever du brevet mais seulement du droit d'auteur. Le grand Einstein lui-même tonitrua ainsi en 1932 : « une formule mathématique n'est pas brevetable », d'où il découlait à l'évidence qu'un ensemble de formules mathématiques, articulées entre elles, ne l'était pas non plus, or c'est ce qu'est un logiciel. La non-brevetabilité fut décidée par la plupart des législations nationales.

Les deux systèmes, droit d'auteur et brevet, furent donc régis chacun par les législations nationales de la plupart des États, de leur naissance au XIXe siècle jusqu'à aujourd'hui. Mais, après la Seconde Guerre mondiale et en raison de l'immense développement du commerce qui se produisit, les différences entre ces législations en matière de brevets, notamment en ce qui concerne l'inégalité des vérifications de pertinence demandées ou celle de la garantie juridique offerte, compliquaient grandement les échanges. C'est ainsi qu'en Europe, initialement sous les auspices du Conseil de l'Europe, se sont déroulées de longues négociations qui ont abouti à la signature, en 1973, de la Convention de Munich sur les brevets.

Signée de 35 nations aujourd'hui, elle n'a rien de supranational, est interétatique et ne relève pas de la Communauté économique européenne. Elle ne modifie pas les dispositions nationales concernant les brevets, qui restent d'application, mais crée une procédure intereuropéenne d'agrément et un système commun de défense juridique des brevets agréés en Europe. En son article 52, elle dispose sobrement que les logiciels ne sont pas brevetables. La convention institue en outre un Office européen des brevets, chargé de délivrer l'agrément au vu de toute demande présentée au titre de l'un des pays signataires dans l'une des trois langues de travail de l'office : anglais, français et allemand. Ce qui limite grandement le coût exorbitant de traductions multiples, et ne rend de traduction obligatoire qu'au moment de la délivrance et pour les seuls pays dans lesquels le déposant souhaite conserver la protection de l'office.

Cette convention, la simplification linguistique, l'office en lui-même et sa protection constituent un très gros succès. Et le nombre de brevets sous garantie européenne semble dépasser aujourd'hui largement le million.

Quid des machines à laver

Le développement foudroyant de l'informatique s'est étendu depuis vingt ans à toutes les branches de nos industries et de nos services. Au-delà des usages professionnels, il n'y a plus un objet de consommation courante qui ne comporte des ordinateurs inclus avec leurs propres logiciels intégrés : voitures, téléphones portables, télévisions, magnétoscopes, machines à laver, commandes d'ascenseur, etc.

Dans des cas de plus en plus nombreux, les industriels se sont mis à produire, selon un modèle déterminé, des gammes d'objets ne différant guère ou pas du tout par la carcasse mais beaucoup plus souvent, sinon parfois exclusivement, par les logiciels incorporés. Il en va ainsi – et c'est un des exemples les plus clairs – des chaînes de machines à laver qui ne diffèrent que par la complexité croissante des programmes, traduisant celle des logiciels. Les industriels se sont donc trouvés devant un problème classique de concurrence : comment préserver le secret de leur nouveau modèle et en éviter la copie immédiate ?

Or, dans le cas du logiciel, le régime des droits d'auteur protège le programme « quel que soit le mode ou la forme de son expression », selon l'article 4 du traité de l'Organisation mondiale de la propriété intellectuelle sur le copyright. Si le droit d'auteur protège l'auteur d'un logiciel contre tout piratage par copie servile, il n'empêche pas, en revanche, puisque la reconnaissance du droit rend le logiciel public, un nouvel auteur de réaliser un ouvrage s'inspirant d'une œuvre préexistante. Dans le monde du logiciel, l'incorporation de nouvelles idées s'est faite, depuis l'origine, par copie avec amélioration de l'existant et ajout cumulatif d'innovations. C'est ainsi que l'industrie du logiciel a été l'une des plus innovantes et réactives ces dernières décennies.

Afin de se protéger contre cet effet, les industriels ont cherché à étendre le champ couvert par leurs brevets. Le point de départ était clair : tout ce qui est « physique » est brevetable, tout ce qui est « immatériel » ne l'est pas. Pour effectuer le travail qui lui est demandé, le logiciel d'un ordinateur, même incorporé dans un système complet, a besoin de recevoir des informations : température de l'eau dans le cas d'une machine à laver, caractère glissant ou non du sol, voire rayon de braquage dans un système de freinage automobile. Des capteurs adaptés collectent et transmettent ces informations. De même, le résultat des calculs doit être transmis à la machine pour exécution. Des effecteurs transmettent le signal de l'ordinateur pour action à la machine (durée du brassage, modulation du freinage). Capteurs et effecteurs sont des dispositifs « physiques », donc brevetables. L'habitude s'est alors prise de reconnaître un brevet non plus à chaque capteur ou effecteur isolément mais à un système global (de freinage, de lavage ou tout autre…) comportant ses capteurs, ses effecteurs et le logiciel incorporé qui en permet l'usage. Les tribunaux internes de l'Office européen des brevets ont validé cette pratique, dite de la brevetabilité des inventions, étendue à celles mises en œuvre par ordinateur, pour ne pas laisser apparaître dans la terminologie que l'on en arrivait à breveter les logiciels eux-mêmes, ce qui restait interdit. Quelques tribunaux se sont donc trouvés saisis de la défense de brevets logiciels. Et surtout, l'Office européen a délivré, semble-t-il, plus d'une trentaine de milliers de brevets de cette nature. Les États-Unis plus de deux cent mille.

Or si le droit d'auteur empêche la copie servile d'un logiciel, il n'empêche pas son usage sous forme d'une modification ou amélioration même légère, alors que le brevet, en monopolisant les concepts présidant à l'écriture des programmes, peut bloquer l'accès au marché à tous logiciels concurrents empêchant un innovateur de prendre le relais d'un concurrent devenu moins innovant mais ayant verrouillé son marché aux moyens de brevets logiciels. Cette situation ambiguë frappait de fragilité juridique les dizaines de milliers de brevets en cause.

Un enjeu

L'enjeu est donc énorme quand nous prenons ce problème à bras-le-corps. La brevetabilité éventuelle de tous les logiciels validés représente pour l'Europe une masse de redevances que l'on évalue à plusieurs dizaines de milliards de dollars par an. On comprend que les gros industriels s'attachent à l'idée de cette manne qu'ils considèrent comme une rémunération légitime de leurs investissements. Cela n'est vrai qu'en partie, la rente de situation créée par l'entrave à la concurrence ayant un effet bien plus massif Il est bien difficile en tout cas de délimiter l'un de l'autre.

Devant cette pression de la grande industrie, le secrétariat de l'Office européen a convaincu les États signataires de la convention, qu'ils soient ou non membres de la Communauté économique européenne, de se réunir en conférence d'examen de la Convention de Munich afin de régler le problème, semble-t-il – car le texte de convocation n'est pas très clair –, par la reconnaissance de la brevetabilité des logiciels eux-mêmes sous certaines conditions, telle l'incorporation dans un système global. Cette conférence, tenue en 2000, fut un échec, de nombreux États tenant à préserver la non-brevetabilité absolue et permanente des logiciels. Les industriels de l'informatique, largement appuyés par les gros utilisateurs de logiciels incorporés, se sont alors retournés vers la Commission européenne en lui demandant de produire une directive réglant enfin ce problème.

La Commission a accepté et bâti le projet dont nous sommes saisis. Telle est la longue et complexe histoire qu'il nous a fallu découvrir et comprendre à l'occasion de l'examen du texte abstrait et difficile dont nous étions en charge.

Beaucoup et plus encore

En première lecture d'un projet de directive, le Parlement n'est contraint par aucun délai. Nous avons beaucoup travaillé – plus d'un an – beaucoup lu, beaucoup dépouillé de documents et beaucoup auditionné. Les intérêts sont immenses et les passions aussi. Nous nous retrouvons face à deux mondes qui ne se comprennent pas et ne s'écoutent même pas.

Aux yeux des grands cadres de l'industrie informatique mondiale, les opposants à la brevetabilité sont des prophètes archaïques qui n'ont rien compris au monde moderne. Pour certains défenseurs du « logiciel libre », les industriels breveteurs incarnent de monstrueux rapaces aussi indifférents à la liberté de créer qu'à l'énorme inégalité existant, entre d'une part des entités qui, a coups de dizaines de millions de dollars, empêchent de créer et d'acheter des logiciels et de l'autre l'immense multiplicité des inventeurs et opérateurs, le plus souvent de petite taille et incapables de défendre juridiquement les brevets logiciels. D'un côté, il y aurait quelques centaines d'entreprises multinationales, et de l'autre... tous les autres, intellectuels isolés, artisans, PME et la totalité des pays en développement.

Des insultes volent. Jamais le Parlement européen ne s'est vu soumis à une pression aussi harcelante des deux côtés. Il faut pourtant continuer l'examen. et là nous faisons des découvertes intéressantes.

Je suis, pour ma part, extrêmement gêné. Défenseur inconditionnel de la croissance et du développement – quitte à devoir les rendre écologiquement compatibles –, j'ai eu à cœur, comme Premier ministre, de défendre vigoureusement l'industrie de mon pays. Chacun le sait. Prendre une mesure pénalisant les industries les plus modernes me fait donc horreur. Mais s'agit-il vraiment d'une pénalisation ? Après tout, nous découvrons que la Silicon Valley, zone par excellence de l'industrie informatique, s'est développée pendant trente ans sous la seule protection du droit d'auteur pour ses logiciels. Et qu'elle ne s'est ralliée à la brevetabilité que récemment, utilisant un mode juridique qui l'arrange mais dont elle n'a pas besoin.

Nos investigations nous apprennent en fait beaucoup de choses.

Des découvertes étonnantes

La première est la plus mesquine, mais constitutive de notre indépendance de jugement. À l'origine, la Commission européenne, quand elle se charge du dossier, ne dispose d'aucun spécialiste capable d'en traiter. Pour écrire la directive, elle a recruté, à titre temporaire, deux experts, ce qui est bien normal. Mais il s'agit de deux employés de... Microsoft. La garantie d'impartialité dans le traitement en droit public de l'affaire nous est apparue quelque peu problématique.

Autre découverte, les effets du monopole que consacre temporairement un brevet. Un chirurgien doué en informatique a inventé aux États-Unis un logiciel permettant de guider dans l'appareil circulatoire d'un patient un petit câble très fin ayant, à son extrémité, de micro-instruments de chirurgie vasculaire ou cardiaque. Le logiciel, si l'accès en était libre, permettrait d'améliorer le traitement, voire de sauver des millions de malades dans le monde. Mais il est breveté, et les royalties hors de prix.

Un professeur de mathématiques, tout seul, sans l'appui de personne, a inventé de son côté un logiciel pouvant servir de guide à des professeurs débutants ou peu compétents pour enseigner lesdites mathématiques. Disponible gratuitement, il aiderait à sauver, par exemple, l'Afrique de son crucial manque d'enseignants qualifiés. Mais il est breveté, capté par une multinationale, donc hors de prix...

Plus grave encore, dans le monde entier, pays avancés compris, il se crée des dizaines de milliers de logiciels par an. Qui les invente ? Pour plus de 90 %, des chercheurs isolés, des étudiants en fin d'études, des PME, etc. Mais on « n'invente » pas un logiciel sans se servir d'une chaîne amont de logiciels ayant fait progresser les concepts. Si, dans cette chaîne amont, les propriétaires de logiciels brevetés exigent des redevances énormes, la création s'arrête.

Une étude conduite par le « United States Patent Office » établit cet effet, et constate d'ailleurs une diminution du foisonnement créatif caractéristique de l'industrie informatique depuis qu'elle a succombé à la brevetabilité.

D'autre part, le système américain n'est pas sans problème. Aucune loi ne régit cette matière ; elle est intégralement jurisprudentielle. Tout se passe comme si la justice américaine s'était laissé piéger sans tout comprendre. Des colères se lèvent, nourries par les petits créateurs, et appuyées sur d'innombrables exemples analogues à ceux du chirurgien et du professeur déjà cités. D'innombrables plaintes aussi, regroupées en sept principales, sont même déposées devant la Cour suprême des États-Unis pour atteinte à la liberté d'expression, ce qui, dans ce beau pays, est un délit pénal, une grave entorse à la Constitution et passible de prison. À l'époque de nos investigations, la Cour n'a pas encore tranché. Une rumeur amusante prétend même qu'elle attend la conclusion des travaux européens... Il faut imaginer Bill Gates condamné à vingt ans... Et, au jour où j'écris, je ne sais si la Cour suprême a, enfin, tranché.

C'est fort tard que le problème majeur nous apparaît. On ne saurait décider de la brevetabilité des logiciels sans analyser plus en détail la structure générale du système des brevets. D'entrée de jeu, un constat massif nous claque au visage. Tous brevets confondus, informatiques ou non, 97 % de ceux qui sont reconnus dans le monde à l'époque où nous faisons ces recherches sont propriétés de citoyens ou d'entreprises des pays développés. Décider que les logiciels sont brevetables revient en somme à fermer complètement une porte à peine entrouverte et à aggraver systématiquement et profondément la fracture numérique, c'est-à-dire l'interdiction de fait, à quiconque ne relevant pas d'une multinationale puissante, d'accéder au monde complexe des logiciels existants pour en créer de nouveaux. Finies les start-up, finies aussi les chances pour la plupart des pays en développement d'accéder pleinement à l'univers de l'informatique.

Je ne cache pas que l'accumulation de ces informations complexes, mais d'immense importance économique, a eu quelque chose d'absolument fascinant. Nous sommes alors, dans tous les groupes politiques, plusieurs dizaines de députés à nous déchaîner pour nous informer et comprendre

Poil à gratter

La thèse du refus de brevetabilité des logiciels est défendue de longue date par des groupes multiples. L'un d'entre eux a créé le principe du logiciel libre et en propose plusieurs sur le marché, instantanément utilisables pour modifications et perfectionnements, qui plus est vendus à prix coûtant donc très peu cher. Nous découvrons que certaines administrations françaises, quelques ministères et grandes villes en utilisent. Il existe ainsi des fédérations internationales du logiciel libre, largement constituées d'intellectuels de la profession. Gauchistes, harcelants, très souvent barbus, ces militants nous empoisonnent beaucoup la vie et contribuent largement à la violence du débat. Mais ils nous aident aussi énormément à décrypter les enjeux.

J'essaie à plusieurs reprises, pendant cette longue bataille, souvent discrètement et deux fois de manière parfaitement formelle, d'obtenir que le gouvernement français prenne une position claire, de façon à savoir quelle consigne de vote il va suggérer aux députés de droite le représentant au Parlement européen. Mais sans succès !

Et la France ne s'engage finalement que lors des votes terminaux au Conseil des ministres, qui plus est contre la thèse du logiciel libre et sans jamais argumenter. C'est, au moins, étonnant.

Au cours de cette année de recherches et de travaux, une position de refus de l'extension de la brevetabilité s'esquisse, puis s'affirme. Toute la gauche s'y rallie, y compris le groupe communiste pourtant au départ hostile à une réglementation nouvelle. Les libéraux se partagent par moitié ; la droite classique se divise aussi mais inégalement, le groupe PPE étant beaucoup plus sensible aux injonctions de la grande industrie. Nombreux pourtant sont ceux qui ont compris que le brevet, en tant que créateur d'un monopole, constitue une entrave à la concurrence. La spécialiste du sujet au groupe PPE, une Finlandaise qui, probablement, chez elle, a eu à combattre le monopole de Nokia, a pratiquement rejoint notre position, de même qu'un ancien Premier ministre conservateur polonais, Jerzy Buzek, devenu depuis l'actuel président du Parlement européen, qui sait fort bien que, sans le partage mondial de la propriété des brevets, son pays est à peu près totalement démuni. La droite, donc, se divise.

Lorsqu'on en vient enfin au débat sur les articles eux-mêmes, tout se cristallise autour de la délimitation entre ce qui est brevetable ou pas. Est brevetable tout ce qui est technique, non brevetable ce qui ne l'est pas. Mais qu'est-ce qui est technique ? Ce qui comporte des éléments techniques. Dans cette tautologie, aucune définition du mot technique n'apparaît. Les breveteurs veulent laisser aux tribunaux, sans revenir sur les principes du droit d'auteur, la possibilité d'étendre par la jurisprudence le champ de ce qui est réputé technique, et qui au total se définit seulement par la complexité.

Intervenant en tant que rapporteur pour avis de la commission de la Culture, je propose alors de définir ce qui est technique par le recours nécessaire à ce qui a été produit par les forces de la nature, énergie ou matière, reprenant là une formulation utilisée par une jurisprudence allemande. Dans ces conditions, l'immatériel – donc le logiciel –, dont la création n'a utilisé ni énergie, ni matière, est non technique, donc non brevetable. Cette clarification majeure, accompagnée de deux ou trois détails d'application de moindre intérêt, constitue le point focal du débat qui devient dès lors simple et brutal.

Je dois d'abord convaincre le groupe socialiste, car le rapporteur au fond de la Commission juridique est une socialiste anglaise qui a commencé par soutenir la position de la Commission. Il y faut trois votes en deux mois et le dernier est terrible. Je gagne par 47 contre 4. Nous arrivons en séance plénière, en novembre ou décembre 2003. Nous avons l'impression de pouvoir gagner, mais n'en sommes guère sûrs. Le vote final est étonnant : 361 voix en faveur de notre ensemble d'amendements, 157 contre et 28 abstentions. Le Parlement confirme le droit d'accès universel aux logiciels.

Un vote non suivi d'effet

Mais ce n'est qu'une première lecture. La Commission a donc charge de soumettre au Parlement, pour la deuxième, un projet révisé tenant compte des travaux de la première. Le temps ne presse pas, puisque le Parlement européen arrive en fin de mandat, et qu'une nouvelle élection doit avoir lieu en juin 2004. J'y suis réélu, comme tête de liste du Parti socialiste de France pour le grand Sud-Est (Rhône-Alpes, Provence-Alpes-Côte-d'Azur et Corse). Dès mon retour, et considérant que les suites de cette bataille des normes vont être absolument prioritaires, je m'inscris comme membre de la Commission juridique, bien que ma formation ne soit en rien celle d'un juriste. Je n'ai guère de mal à me faire élire très tôt, en souvenir de la victoire de l'automne, rapporteur au fond sur le sujet pour la deuxième lecture.

La Commission, sous l'impulsion du commissaire compétent, l'Irlandais Charlie McCreevy, bookmaker de son métier, est totalement acquise au principe de la brevetabilité. Et se bloque dans une attitude incroyable : le total mépris du vote du Parlement. En accord avec les industriels de l'informatique et avec les quelques États membres du conseil concerné soutenant au fond la brevetabilité (Irlande, Pays-Bas), elle rédige une deuxième version du texte encore plus engagée que la première. C'est une pure provocation. Les spécialistes du Parlement et les trois rapporteurs des commissions concernées ne sont même pas auditionnés. Une telle conduite ne serait plus admissible dans l'esprit du nouveau traité de Lisbonne qui a sérieusement élargi les droits du Parlement européen.

Le débat ne s'est en outre guère enrichi. Par rapport aux informations rassemblées pour la première lecture, peu de choses nouvelles émergent.

La première est la découverte que, dans les budgets de recherche et de développement des très grandes entreprises, la part consacrée à la mise au point de nouveaux logiciels change de nature. Les millions de dollars en question, longtemps consacrés exclusivement au travail mathématique sur les logiciels, sont maintenant de plus en plus consommés – on atteint souvent les 15 à 20 % – par les frais de contentieux liés à la défense des brevets. Le malthusianisme paralysant avance à grands pas.

Un argument chronologique jusque-là un peu oublié prend de l'importance.

Alors que la durée de vie commerciale d'un logiciel est très courte, de l'ordre de quelques semestres, la durée des brevets logiciels ne peut être inférieure à vingt ans du fait des accords Adpic (Aspects des droits de propriété intellectuelle qui touchent au commerce), ce qui correspond à un monopole sur une dizaine de générations technologiques, hautement anti-compétitif. Cela accroît la recherche de rentes, au détriment de l'innovation et de la réactivité. Le système des brevets, conçu pour les cycles de développement lents de l'industrie manufacturière, ne semble donc pas adapté à une économie de biens immatériels, et la majorité des acteurs concernés dans les industries d'application estime que le système des droits d'auteur, combiné au secret industriel garanti par l'interdiction de rétro-ingénierie (sauf dans le cas précis de l'interopérabilité) c'est-à-dire de la communicabilité entre systèmes informatiques différents, est plus adapté au secteur du logiciel.

Le Parlement n'a donc vraiment aucune raison de changer d'avis. Mais certains gouvernements très engagés dans le soutien aux grandes compagnies informatiques accroissent la pression sur leurs députés. Le français ne s'est, lui, toujours pas prononcé nettement. L'épisode final vient en séance plénière à la fin du printemps 2005. L'affrontement se durcit. Chacun des deux camps considère que le statu quo vaut mieux que le vote d'une directive clairement contraire à sa volonté.

Dans ces conditions, et la majorité n'étant absolument pas prévisible à 10 ou 15 voix près, un accord se fait – auquel je contribue fortement pour rejeter le projet de directive. Il l'est, dans l'amusement général, par 648 voix sur 680 !

Le statu quo est ainsi confirmé, l'ambiguïté demeure. Mais l'Office européen des brevets a été âprement observé et discuté. Il apparaît maintenant que si de nouvelles dérives s'observent contre la non-brevetabilité des logiciels prévus par l'article 52.2 de la Convention de Munich, un accord et une majorité politique finiront par se faire sur une vraie clarification.

Et si cette aventure m'a valu un statut de « héros » dans la joyeuse et nombreuse population des internautes défenseurs du logiciel libre, je n'en suis pas mécontent.

Chapitre XXI

UNE COURTOISIE DE VOISINAGE

Les dialogues interculturels, voici un thème qui a beaucoup occupé la commission de la Culture pendant que je la présidais. Mais, plutôt que d'évoquer une multiplicité d'intervention de détail, je ne peux mieux faire ici que de replonger dans un discours prononcé sur ce thème – et qui parle notamment de la question du langage – lors d'une rencontre euro-méditerranéenne de 2002. Parce qu'il résume toujours le fond de ma pensée et demeure à 100 % valable. En voici l'essentiel.

Un discours d'aujourd'hui

« L'idée de ces dialogues interculturels vient de la Commission européenne. Bravo, Monsieur le Président Prodi, c'est une grande idée. Vous respectez, là, l'intention de votre prédécesseur Jacques Delors, mais c'est à vous, avec l'appui de Mme Reding, que l'on doit de la vouloir pérenne. Or, les fruits immenses dont elle peut être porteuse ne viendront à maturité que si nous savons être persévérants. C'est à quoi vous pourvoyez. Soyez en remercié.

[...]

Je crois [...] qu'à cette aventure risquée et compromettante du dialogue interculturel on peut imaginer des étapes successives de superficialité décroissante, et qui, chacune, peuvent correspondre à une finalité explicite susceptible d'être poursuivie en commun.

C'est ainsi que si le motif premier de cette rencontre est tout bonnement une courtoisie de voisinage, ce serait une trahison de l'essentiel de ce qu'évoque le mot "culture" que d'en rester là. Un inventaire de compatibilité est dès lors une démarche qui s'impose. Il serait alors bien étonnant que chaque partie au dialogue ne se sente pas conduite à un effort d'autodéfinition. Car c'est cela seul qui peut fonder vraiment la recherche de convergences, qui est notre plus profond souci. Ce n'est qu'ensuite, la connaissance et l'estime mutuelles s'étant répandues, les raisons d'admirer s'étant entrecroisées et multipliées, que pourra s'engager la phase la plus haute, celle de l'ouverture du champ critique, celle de la complicité culturelle partagée.

Convenons-en pour commencer. L'idée de dialogue interculturel n'a guère besoin d'une très haute ambition pour s'énoncer. Même si son contenu, comme on va le voir, peut se révéler terriblement décapant et conduire chaque participant à la mise en cause ou tout au moins à l'ouverture du doute sur ses convictions les plus assurées, l'idée initiale n'a guère besoin pour être formulée d'une ambition plus haute qu'une simple courtoisie de voisinage.

"Nous, peuple ayant en commun un certain art de vivre, vous reconnaissons à la fois comme différent et comme voisin. Nous déclarons fermement n'avoir aucune intention belliqueuse à votre endroit et, par conséquent, souhaitons mieux vous connaître, pour faire tomber les suspicions qui peuvent découler des différences, et permettre aux membres de nos communautés ces mariages qui soudent les peuples et ce commerce qui encourage leur développement conjoint."

C'est ainsi que tout commence. À ce commencement il n'est guère de conditions autres que la certitude partagée que les dialoguants respectent tous un code de civilité internationale fait de non-agression, d'ouverture aux voyageurs, et d'échange de signes et de symboles permettant le dialogue institutionnel des communautés pour régler les problèmes de voisinage.

C'est peu, mais c'est pourtant déjà beaucoup pour deux raisons.

La première est que la non-ingérence, élément majeur de la civilité internationale, n'est pas naturelle aux communautés d'hommes trouvant de l'étrangeté à leurs voisins. Une dizaine de milliers de guerres en six mille ans d'histoire connue en témoignent suffisamment. La seconde raison est que la violence a pris tant de place dans les affaires des hommes que jamais nulle part une initiative de dialogue interculturel n'a pu être considérée comme un acquis initial et définitif à partir duquel les relations entre deux ou plusieurs communautés auraient pu ne connaître que l'histoire linéaire d'un approfondissement permanent dans une paix de mieux en mieux enracinée. L'Union européenne et, en tout cas, les relations entre la France et l'Allemagne sont peut-être le premier et unique exemple du contraire. Nous tenons cette deuxième rencontre six mois après les attentats du 11 septembre, dont le projet, si l'on en croit Ben Laden lui-même, était bien de conduire à un conflit de civilisations, donc de cultures. Notre rencontre n'est donc ni banale ni superflue, et moins encore routinière. Soyez les très bienvenus.

Une fois le principe d'une telle rencontre accepté et mis en œuvre, avec tout ce qu'il implique et que je viens de rappeler, l'objet est de se parler et de s'écouter. Dès lors par quoi commencer sinon, avant de s'engager sur l'essentiel, par un inventaire de compatibilité.

Nous sommes de vieilles connaissances, entre cultures européennes et méditerranéennes, et nous pourrions de ce fait aller directement aux sujets difficiles. Ce n'est pourtant pas une raison à mes yeux pour oublier des étapes nécessaires parce que déjà plus ou moins franchies entre nous, puisque nous avons en tête l'espoir discret de voir le dialogue interculturel s'étendre aussi dans l'avenir au Moyen-Orient, au sous-continent indien ou aux relations avec la Chine.

Dès lors, il faut rappeler que l'entrée en relations débute par la disponibilité à l'échange monétaire. La rapacité des hommes fait de la distribution de l'argent sur la planète l'exemple le plus achevé de l'injustice humaine et le symbole quantifiable d'inégalités inacceptables et croissantes. De ce fait, la colère des pauvres tend à porter contre l'argent lui-même. C'est une faute, car c'est bien les hommes eux-mêmes, et les nations, dont il faut canaliser et limiter les tentations accumulatrices. L'argent, lui, est d'abord libérateur. Il est pour l'acquisition de biens ou de services désirés et détenus par autrui l'unique alternative au vol et à la rapine. Il est l'élément qui, parce que permettant l'échange indifférencié, conduit à reconnaître l'autre comme personne semblable à soi et donc appelant respect plutôt que violence. Il est, de ce fait, un économiseur de violence. Permettant l'appropriation par l'échange, il permet aussi le compromis.

Tout cela est, entre cultures européennes et méditerranéennes, de découverte fort ancienne : nous commerçons depuis des siècles.

Et cependant je crois utile de rappeler ces données parce qu'il me semble qu'il y a deux domaines dans lesquels nous n'avons pas poussé les consequences qu'il est possible d'en déduire jusqu'au bout.

Le premier est la comparabilité du droit des transactions. Stabilité juridique, respect des contrats, pouvoir des créanciers pour récupérer leurs créances, statut et autorité des tribunaux compétents, reconnaissance de juridictions internationales, tout cela peut être approfondi, consolidé, étendu à un nombre croissant de pays. C'est affaire de négociations techniques, certes, c'est plus encore affaire de culture juridique et même de culture tout court. Un problème majeur, par exemple, se pose au monde aujourd'hui, c'est celui de la délimitation de ce qui peut être commercialisé et ce qui ne doit pas l'être. Faut-il breveter les logiciels, peut-on vendre des produits issus du corps humain ? Dans le premier cas, c'est le statut du savoir dans nos sociétés qui est en cause, dans le second, c'est l'idée que nous nous faisons de la vie humaine. Une éventuelle convergence sur ces points des cultures que nous portons ensemble ici serait d'une grande portée dans le monde.

Le second domaine est celui des conflits entre nations. Si l'argent est réducteur de violence entre les individus et les entreprises, il l'est moins entre les nations. Le culte des symboles non partageables, voire antagoniques, demeure trop souvent facteur de violence. C'est affaire de culture que d'en accepter la compensation financière. Je pense ici aux exilés palestiniens et à leur droit au retour. Chacun sait que la paix est impossible sans la reconnaissance de ce droit. Chacun sait que sa réalisation pratique est complètement impossible. Il n'y a pas d'autre issue que l'indemnisation. Il y faut la confiance mutuelle, la confiance dans la communauté internationale garante, et un ordre de valeurs donnant priorité à la paix. Les blocages sont autant culturels que pratiques. Et cela conduit à répondre à la question posée par le professeur Hartmut Kaelble. Les dialogues culturels et les dialogues politiques et économiques ont ceci de commun que leur soubassement et leur contexte sont tous culturels, mais ils sont différents parce qu'en matière d'intérêts on peut toujours transiger si on le veut, alors qu'en matière de symboles le compromis n'est pas possible

Le commerce, bien sûr, n'est que le commencement. Dès que l'on se fréquente, on ne se limite pas aux transactions. Immédiatement après vient l'alimentation, mieux la gastronomie. L'irruption sur nos tables d'Europe du Centre et du Nord d'abord de la pizza, puis du couscous, enfin des mezze turcs ou libanais est un signe fort de rapprochement entre les peuples. Je me souviendrai longtemps de l'étonnement réjoui d'un grand chef de cuisine français m'annonçant qu'au concours d'entrée d'une récente promotion, dans la meilleure école française de haute cuisine, la moitié des reçus étaient japonais. Lié au triomphe de ce même peuple dans la pratique du violon, je vois, là aussi, des barrières d'incompréhension tomber.

Échanger, manger ne sont que des préparatifs. On se parle. Et de quoi se parler? Le sujet central est immanquablement la confrontation de ce que les dialoguants respectent.

Des goûts et des couleurs on ne saurait discuter, dit l'adage. Il est pour partie erroné. S'il est vrai que la beauté est difficile à commenter, il est non moins vrai qu'elle procure des émotions comparables, même silencieuses. Mais il y faut des réducteurs de différences. L'apprentissage de la langue de l'autre est le plus puissant, mais il n'est pas à la portée de tous. Les contraintes de la matière jouent ce rôle, faisant de nos traditions architecturales des objets de comparaisons plus proches et plus parlants que ne le sont nos musiques. Les lois de la pesanteur et de la résistance des matériaux confinent les différences entre constructions à des éléments décoratifs : leur examen comparé nous laisse en pays de connaissance, l'étrangeté est délimitée. Il n'en va pas de même en musique : instruments, rythmes, mélodies, tout diffère. Il faut une ascèse et une connaissance vraie pour partager les émotions.

La question des langues

Intermédiaire est le cas de la littérature et de la poésie. Mais là, nous retrouvons le problème des langues. "Traduttore, traditore", traducteur traître, disent plus joliment que nous nos amis italiens.

Tout est traduisible. Mais rarissimes sont les cas où une traduction peut dépasser la simple transmission d'un message pour permettre au découvreur non locuteur de partager les émotions esthétiques que provoquent les œuvres majeures, ou même seulement les nuances infinies de l'humour. Il ne s'agit d'ailleurs pas tout à fait que de l'esthétique : en philosophie au moins, les grandes œuvres doivent s'aborder dans le texte. De toute façon, il n'est point de culture qui ne se sente menacée dans son existence même si sa langue est en déclin. Au Pays basque comme au Sri Lanka, on va jusqu'à tuer et se faire tuer pour cette seule raison.

Au Canada comme en Belgique, plus pacifiquement, les structures d'État craquent faute de bien tolérer cette réalité. La chose est claire, la préservation de nos langues est un triple enjeu de protection du patrimoine culturel de l'humanité, de défense de l'identité d'innombrables peuples, et largement d'ordre public international et parfois national. Pouvons-nous convenir ensemble que les langues et leurs supports ne peuvent être en aucun cas des objets marchands commercialisables comme les autres. Il faut conforter la légitimité politique internationale de l'exception culturelle.

Reste que la reconnaissance, aujourd'hui acquise, de l'exception culturelle est loin de suffire à assurer la défense de cet immense patrimoine. J'en donnerai une idée chiffrée.

D'une étude conduite sur les bases et en aval du dernier recensement français, qui est en voie de publication, il découle que 25 % des habitants de notre Hexagone n'ont pas eu le français comme langue maternelle, que 20 % déclarent avoir régulièrement recours à une langue étrangère, et que l'on parle dans la France d'aujourd'hui 400 langues, une fois assurée l'identification de celles d'entre elles qui portent des noms multiples. 400 langues, c'est une richesse, et non un fléau Je veux recommander à tous ici la lecture du beau livre de Claude Hagège[1], ce cri d'alarme intitulé *La Mort des langues*. On défend bien les espèces animales menacées. Or il s'agit ici de produits de l'activité culturelle de l'humanité.

L'Europe, sur ce sujet, est un peu moins frileuse que nos nations. Certes, elle a assuré le statut de nos langues nationales sans être capable de l'assortir d'un statut des langues de communication internationale, car il ne saurait bien sûr y en avoir qu'une seule. Or c'est ce qui adviendra si l'on n'y pourvoit pas bientôt. Mais l'Europe

---

1. Professeur titulaire de la chaire de théorie linguistique au Collège de France en 1982, Claude Hagège est polyglotte, ayant des connaissances éparses dans une cinquantaine de langues.

a entrepris depuis une timide défense des langues régionales et des langues minoritaires. La charte des langues fut à cet égard un progrès. Il faut maintenant souhaiter que nos divers programmes d'aide à la création culturelle s'en inspirent davantage.

Tout cela, qui est fort important, vise l'inventaire du patrimoine et sa préservation, mais en rien sa mise en commun ou son interpénétration. L'ouverture culturelle, l'imprégnation mutuelle mettent en cause l'enseignement des langues dans tous nos pays. Si nous restons pour l'essentiel monolingue à la maison, ce qui est en gros le cas des plus peuplés des pays d'Europe, nous finirons par nous complaire à ne parler bien que notre propre langue et à échanger entre nous dans un unique sabir international appauvri, dans lequel nos amis anglais auront une difficulté croissante à reconnaître leur propre langue. Éviter, cela exige qu'un nombre rapidement croissant d'Européens soient multilingues. Sur ce point, l'Union se doit de faire pression sur ses membres. L'enseignement de deux langues vivantes doit devenir obligatoire tout le long de la scolarité dans tous ceux de nos États membres où il ne l'est pas encore.

Mieux : chacun sait que la connaissance d'une langue est une grande facilitation pour en apprendre une autre qui lui est proche. L'Union devrait encourager chacun des États membres à édicter que non seulement l'apprentissage de deux langues vivantes est obligatoire, mais que l'une des deux doit appartenir à une famille linguistique différente de celle de la langue maternelle : il y a clairement un groupe de langues anglo-germano-scandinaves et un groupe de langues romanes.

Les vertus de la découverte

Il est temps, comme les mathématiciens adorent le faire, de supposer le problème résolu. Qu'il s'agisse de bonnes traductions – il y a d'ailleurs, incidemment, toutes les raisons de les encourager plus que nous ne le faisons – ou de la pratique de la langue, nous pénétrons de plus en plus les œuvres des autres, les œuvres dites étrangères : histoire, littérature, philosophie, poésie, sociologie et quelques autres registres ou disciplines auxquels on peut ajouter la chanson, l'art lyrique et, surtout, le cinéma nous font découvrir d'abord des formes de beauté, de musique des langues ou de grandeur auxquelles nous ne sommes pas habitués. S'y ajoutent bien sûr très vite des trésors de savoir ou d'intelligence pure qui nous enrichissent. Cela est surtout vrai lorsque le regard de l'œuvre étrangère porte sur nous-mêmes, ou sur des choses que nous regardons nous-mêmes. Mais chacun ici est bien placé pour comprendre que les joies et les enseignements de la découverte d'une culture différente ne se limitent pas à ces plaisirs purement intellectuels et non compromettants. C'est très vite que les confrontations de systèmes de valeurs, de codes sociaux s'imposent à nous Et les questions jaillissent immédiatement, et immédiatement compromettantes. Sur des questions aussi décisives que les statuts familiaux, l'équilibre entre la liberté personnelle et la cohésion sociale, l'importance donnée au respect de la vie, la propension à juger, à hiérarchiser, jaillit, forte et soudaine. Mais du même mouvement jaillit une autre question : au nom de quoi ? Qui suis-je pour juger de la sorte ? Ma culture a, à l'évidence, une histoire et des racines différentes. Est-elle pour autant meilleure, plus respectable que telle autre dans laquelle je pénètre ? Et d'ailleurs quelle est-elle, cette culture qui m'a donné les lunettes à travers lesquelles j'en regarde une autre ?

C'est pour moi une évidence : on n'échappe pas, dans le dialogue interculturel, à la nécessité d'approfondir la définition de soi-même, de la culture au nom de laquelle on parle.

Contrairement à l'apparence, ce troisième temps de la démarche n'est pas le plus facile. D'abord parce que, comme le dit fortement le professeur Bo Strath, l'image qu'en ont les autres est centrale pour nos identités. L'identité européenne contient nécessairement une délimitation par les autres. Il faut donc aussi recueillir, écouter. Ensuite parce que, si nous arrivons parfois, nous autres Européens de l'Ouest, à définir ensemble les principales valeurs qui nous unissent, nous sommes beaucoup plus loin d'être d'accord sur leurs origines historiques et la pondération de leurs différentes composantes.

Des convergences de valeurs

S'il est évident qu'au sens le plus complet du terme une culture ne saurait être définie sans référence à la langue qui la porte et l'exprime, il est tout aussi vrai que différentes cultures nationales peuvent avoir en commun de manière approfondie une hiérarchie de valeurs privées, des formes d'organisation publique et une morale sociale au point d'en déduire une volonté de rapprochement, une réelle communauté d'intérêts, et de plus en plus un art de vivre commun. L'aventure de l'Union européenne a été possible et a perduré parce que ces conditions étaient remplies.

Le Mercosur en Amérique latine, dans une moindre mesure l'Asean[1] en Asie-Pacifique sont des tentatives moins avancées de structuration régionale fondées sur le même constat de convergences.

Le corpus des droits de l'homme, la haine rétrospective, produite par l'histoire, du recours à la violence pour régler les conflits, la pratique de la démocratie parlementaire, le rapprochement progressif, corrigeant la diversité historique, du statut de la femme dans nos différents pays, et fondamentalement l'affirmation de valeurs éthiques comparables dans les grandes œuvres de nos littératures en quelque langue qu'elles soient écrites, tout cela constitue le substrat commun qui a permis l'édification européenne.

Même résumée à cela, qui est je crois peu contestable, cette approche de l'identité européenne pose dès l'abord de fortes questions.

La première est sans prétention philosophique. On pourrait la décrire comme contingente, ou même comme politique, bien qu'en l'espèce le mot soit encore plus réducteur qu'à l'ordinaire. Elle n'en est pas moins essentielle à l'équilibre du monde d'aujourd'hui. La culture européenne et la culture américaine sont-elles identiques, substituables ? Ont-elles ou non un large tronc commun ? Ceux qui, de l'intérieur et surtout de l'extérieur, les englobent sous la dénomination de culture judéo-chrétienne ont-ils raison ou tort de souligner ce qu'elles ont de commun en abolissant ce qui peut les différencier ?

---

1. Organisation économique et politique de l'Asie du Sud-Est, créée en 1967 par les Philippines, la Thaïlande, la Malaisie, l'Indonésie et Singapour. Réunissant à l'origine les alliés des États-Unis dans la région, l'association s'est élargie par la suite en accueillant successivement le sultanat de Brunei (1984) et le Vietnam (1995). Le Cambodge, le Laos et la Birmanie sont aujourd'hui candidats. L'Asean a pour objectif de favoriser la croissance économique, le progrès social et le développement culturel des pays membres, par le biais d'une coopération accrue dans tous les domaines.

Réfléchissant sur "culture et déplacement", dans une conférence prononcée en novembre 2000, le professeur Marc Augé remarquait en commençant que le concept de culture est polysémique, voire ambivalent et contradictoire. Il évoquait alors les trois grandes tensions qui le traversent : individu/collectivité, intérieur/extérieur, passé/présent. Pour élucider toutes ces interactions, il proposait de distinguer entre la culture anthropologique, l'ensemble des aspects géographiques, architecturaux, économiques, sociaux, politiques, religieux d'un même groupe humain, et un sens plus individualisé et plus spécialisé de la culture. Le premier sens appelle un inventaire, une description, à un moment donné, des attitudes et comportements collectifs d'un groupe humain déterminé. Le second interroge davantage les destins des individus les plus cultivés, des créateurs de culture, et dans ce cas la relation avec l'extérieur comme celle entre le présent et le passé sont beaucoup plus intenses et débordent largement les données de la culture anthropologique.

Dans une telle approche, on conviendra sans doute que la culture américaine au sens spécialisé est parente proche sinon co-existensive à la culture européenne. Les formes artistiques s'interpénètrent complètement, la pensée politique démocratique a les mêmes racines, et les fondements religieux, à quelques sectes près, sont communs.

C'est la culture anthropologique qui accuse des différences croissantes. Et ce sont là l'histoire, la géographie et l'économie qui parlent. Le mixage de populations aux racines diverses a appelé une homogénéisation locale en gommant la diversité des origines, ce qui a produit aussi bien le jazz que l'alimentation rapide ou le blue-jean, tous produits typiquement américains. Mais c'est surtout l'expérience historique et politique qui a façonné chez nos amis américains un nouveau rapport au monde que je ne saurais définir autrement que comme une culture. L'immensité du territoire, des ressources, et petit à petit de la population, l'absence de conflits internes majeurs depuis le règlement de celui de l'esclavage grâce au traitement génocidaire mais efficace et oublié de la population autochtone, l'absence de toute invasion pendant deux siècles, et pour finir l'autodestruction de l'Europe appelant en compensation un hyperdéveloppement de la puissance américaine, tout cela a produit une culture anthropologique que l'on peut qualifier d'impériale, même s'il est hors de doute que le projet n'en a été ni explicite ni conscient.

Marc Augé cite un écrit non daté de David Rothkopf, directeur du cabinet de consultants de Henry Kissinger : "Il y va de l'intérêt économique et politique des États-Unis de veiller à ce que, si le monde adopte une langue commune, ce soit l'anglais ; que, s'il s'oriente vers des normes communes en matière de communication, de sécurité et de qualité, les normes soient américaines ; que, si ses différentes parties sont reliées par la télévision, les programmes soient américains, et que si s'élaborent des valeurs communes, ce soient des valeurs dans lesquelles les Américains se reconnaissent."

On comprend à la fois que ce programme, qui est au demeurant en voie de réalisation, soit peu accessible au dialogue interculturel, qu'il suscite de sérieuses réactions de défense économique, politique et culturelle, et surtout qu'il soit parfaitement étranger à ce qu'est aujourd'hui devenue la culture anthropologique européenne. Le professeur Strath a raison : notre image chez les autres amène à conclure par différence qu'il y a bien une culture européenne.

Une culture européenne liée à la religion

Nous la sentons bien, nous la vivons comme telle, nous en découvrons la densité dans les débats internes à l'Union. Nous n'en maîtrisons pourtant pas tous les déterminants. Dès que nous nous confrontons comme ici à des cultures que ceux qui les portent acceptent de définir comme islamique ou hébraïque vient la question : "Et nous, sommes-nous porteurs d'une culture religieuse ?"

C'est encore une fois la distinction de Marc Augé qui va nous aider à clarifier ce point difficile. Du point de vue de la culture spécialisée ou individualisée ou si l'on préfère du point de vue de l'itinéraire des créateurs de culture, il est hors de doute que la culture européenne porte très fortement la trace de ses origines religieuses. Les premiers siècles de peinture et de musique européenne sont inassimilables à quiconque est étranger à l'histoire du christianisme. Mais plus encore les premiers textes fondateurs de ce qui deviendra progressivement les valeurs de l'humanisme sont les œuvres des Pères de l'Église, Augustin, puis bien plus tard Thomas d'Aquin. Les dures controverses qui libéreront l'économie corporatisée du Moyen Âge et de la Renaissance, puis légitimeront le prêt à intérêt et permettront par là le décollage capitaliste sont d'abord des controverses religieuses. Même le concept de laïcité, tout comme d'ailleurs celui de crimes de guerre, trouve son origine dans l'édit de Nantes (1598) qui est un traité de paix interreligieux. Il n'est pas un homme ou une femme de culture contemporaine en Europe qui, désireux d'en revenir aux fondements, puisse éviter ceux-là. [...]

Mais la culture anthropologique oublie la nuance et durcit le trait. Les valeurs que nous avons en commun, telles que décrites dans les traités constitutifs de l'Union européenne, ne font pas référence au fait religieux même si elles lui sont liées. Plus clairement, les concepts de liberté de pensée, de démocratie et de droits de l'homme ont été imposés à une Église catholique romaine qui, au début, n'en voulait point.

Ce qui nous relie aujourd'hui est un corps de valeurs séculières, on pourrait dire laïques si le mot était commodément traduisible en anglais ou en allemand, qui se sont largement construites contre l'hégémonie ecclésiale des temps anciens. Et même ceux de nos gouvernements dont la Constitution fait toujours référence au Dieu chrétien pratiquent sur leur territoire une authentique neutralité religieuse. Les disputes, car il y en a, ne portent plus sur l'essentiel, comme la tolérance ou les droits de l'homme, mais sur la manière d'évoquer ce passé et de mesurer le poids qu'il pèse encore : certaines réticences françaises devant la mention du fait religieux au titre des origines de la culture européenne, problèmes liés au divorce et à la contraception en Irlande et en Italie, présence de la croix dans les écoles publiques de Bavière.

Mais lorsque la Grèce supprime la mention de la religion sur ses cartes d'identité, ou lorsque l'Allemagne introduit une référence au droit du sol dans sa législation sur la nationalité, nous comprenons que le champ de ces valeurs séculières européennes s'élargit.

Des convergences

Cet effort de délimitation de ce que nous avons en commun, l'élucidation des différentes composantes historiques qui le fondent, est une condition préalable à l'exercice central de tout dialogue interculturel, la recherche de convergences. C'est bien cela qui nous intéresse et c'est pour cela que nous sommes ici.

Mais avant de passer aux convergences recherchées et réfléchies, on ne saurait oublier les convergences majeures qui se font jour sans grande intervention des créateurs de culture, et qui marquent profondément la culture anthropologique contemporaine.

C'est d'abord le cas des sciences et des techniques. La culture scientifique a toujours fait partie de la haute culture. Pic de la Mirandole, Léonard de Vinci et Pascal – pour ne citer qu'eux en exemple – étaient au faîte du savoir et de la pensée de leur temps dans tous les domaines. L'étendue des savoirs d'aujourd'hui ne permet plus à un seul esprit de les maîtriser tous. Mais le savoir scientifique collectif de l'humanité d'aujourd'hui déferle de manière torrentielle sur nos arts de vivre et par là, sans doute, sur nos valeurs.

Les techniques modernes de communication favorisent aussi une convergence étonnante dans les musiques et les rythmes comme dans le vêtement. Nous passons sans doute en ce moment un seuil de génération à cet égard.

À l'évidence, le mouvement est moins rapide dans la culture réfléchie.

Le président de la Convention européenne, lorsqu'il a travaillé à la refonte de nos institutions, a revendiqué pour la culture européenne le fait d'avoir apporté au monde la raison, l'humanisme et la liberté. J'ai aimé cette formule et je la crois vraie. Mais ce n'est pas à moi d'en juger, c'est plutôt à ceux qui ne se recommandent pas de la culture européenne. Reconnaissez-vous cet apport, le faites-vous vôtre ? Il n'y a de convergences que formellement reconnues par tous.

C'est à partir de tels apports que peut se développer, pour chaque culture, la tension interne-externe que décrivait Marc Augé et que j'évoquais plus haut. Toute culture qui se referme sur elle-même et cesse de dialoguer se voue au déclin, nous en sommes sans doute tous d'accord ici. Mais nous le sommes aussi probablement pour considérer que dès l'instant que nous dialoguons aucune culture n'est fondée à se proclamer supérieure à d'autres. Le respect mutuel et l'absence de jugements de valeur unilatéraux sont au demeurant des conditions d'existence même du dialogue, sans lesquelles l'inventaire d'éventuelles convergences est dépourvu de sens. Dès lors, c'est bien à partir de ce que nous acceptons et déclarons commun que nous nous autorisons mutuellement à nous questionner sur des retards, des incohérences ou des pratiques contraires aux valeurs reconnues ensemble.

Ainsi, la Déclaration universelle des droits de l'homme ayant été signée par la quasi-totalité des pays de la planète, et notamment par le Mali, une avocate française, Catherine Mabille, était fondée à s'exclamer dans un récent procès concernant l'excision de fillette maliennes : "À ceux qui disent que c'est leur culture, et qu'on donne des leçons, je réponds que le respect de l'intégrité physique est une valeur universelle et transculturelle." Ce concept de valeurs universelles et transculturelles correspond, me semble-t-il, à cet inventaire des convergences auquel j'appelle.

Pour être modeste et largement irréfutable, l'exemple que je viens de prendre laisse penser qu'on trouverait vite, et sans chercher beaucoup, une multitude d'exemples beaucoup plus délicats, et certainement moins évidents.

C'est alors que le questionnement mutuel peut toucher à des symboles et à des croyances très forts, provoquer des heurts qui peuvent dégénérer en conflits.

Savoir surmonter les conflits

Cette dernière phase de notre démarche, celle qui est seule de nature à lui donner son sens, et que j'appelais plus haut l'ouverture du champ critique ou la complicité culturelle partagée, n'est en fait ouverte qu'à des cultures longuement habituées à une cohabitation amicale et à des échanges multiples. Faute de cette condition, l'investigation critique dans les affaires de l'autre, tout comme entre individus, ne peut produire que rejet, haine et conflit. Ce risque est très réel dans les rapports entre le monde musulman et l'Occident.

Le tact, la réserve, la discrétion, mieux la compréhension sont autant de conditions nécessaires à la qualité de l'échange dans ce genre de cas. Nos amis grecs pourraient sans doute témoigner ici de la grande discrétion de l'Union à leur égard à propos des mentions religieuses sur leurs cartes d'identité. Tous les autres États de l'Union souhaitaient vivement cette suppression, mais chacun savait la chose trop lourde pour que des pressions extérieures soient admissibles. Autrement dit, il faut une grande proximité pour que les questions essentielles puissent être formulées et comprises de manière largement implicite autant qu'explicite.

La même discrétion, pour la même raison, a entouré le débat intérieur allemand sur le droit du sang comme seul fondement de la nationalité. La question se posait d'elle-même

Apprendre à dialoguer

Je voudrais pour terminer évoquer deux domaines plus essentiels de cette nécessaire ouverture du champ critique pour nous, Européens, sur lesquels je ne suis qu'à moitié sûr qu'existe la complicité culturelle partagée souhaitable pour que la démarche produise plus de compréhension et non plus de rancœur.

C'est la géopolitique qui nous les impose, plus que la maturation du dialogue interculturel. Le premier concerne le dialogue avec les États-Unis, le second le dialogue avec les cultures à dominante religieuse plus marquée, tels l'Islam, l'orthodoxie ou la judaïté.

S'agissant des États-Unis, nous sentons tous que la culture impériale est destructrice de dialogue et probablement dangereuse pour la paix du monde à terme. Mais comment questionner ? Qu'est-ce que l'Europe pour les Américains, sinon un ramassis de peuples immatures peu capables de maîtriser leurs affaires et qui, tous les trente ans à peu près, créent des situations dramatiques auxquelles il faut l'argent des contribuables américains et le sang de leurs boys pour mettre fin. Le scénario bosniaque reproduit ici, en beaucoup plus petit mais à l'identique, celui des deux guerres mondiales. Je ne vois ici d'autre issue que dans la réaffirmation de notre solidarité devant le terrorisme, la multiplication des réflexions croisées sur les conditions culturelles de la stabilité économique et politique du monde, ou sur les effets à long terme de la coercition dans les rapports entre les peuples.

Enfin, dans le dialogue avec les cultures plus individualisées comme religieuses, c'est la démarche proposée ici même par le professeur Rostane Mehdi qui me paraît la plus appropriée.

Nous respectons la liberté religieuse, et donc la dignité de chaque religion. Nous nous sommes réunis comme européens au nom de valeurs dont certaines, tels le respect de la vie humaine, l'égalité en droit de tous les êtres humains et le rejet de la violence, sont incontestablement d'origine religieuse et d'autres, tels la démocratie, les droits de l'homme et l'égalisation du statut de la femme avec celui de l'homme, se sont clairement développées contre la religion dominante. Nous n'en tirons pas de fierté particulière mais un constat. Comme tout ce qui relève de la vie, les religions ne sont pas immuables. Elles évoluent. Ces évolutions peuvent être l'objet d'études soumises aux critères scientifiques de l'histoire. Cela n'enlève rien à la révélation d'une transcendance.

Le progrès des sciences et des techniques est un facteur majeur de cette évolution. Elle a donc marqué davantage les Églises des pays dont le développement fut précoce, et davantage aussi celui des Églises qui ont été très liées au commandement politique, et ont subi à travers lui les contrecoups des changements de mœurs et de valeurs qui découlaient de ces changements techniques. Les autorités religieuses juives ont passé des millénaires à l'écart de tout pouvoir civil constitué et n'ont pu, de ce fait, que défendre l'intangibilité d'une tradition. Leur relation étroite avec un pouvoir d'État est toute récente, au point que l'influence qu'elles exercent sur lui n'a pas encore pris en compte certaines exigences des temps modernes, notamment dans l'ordre des relations internationales. Mais il n'est pas interdit d'espérer que, à travers la responsabilité, la modernité n'influe sur les commentaires du Talmud.

L'orthodoxie sort de plus d'un demi-siècle d'immersion dans une quasi-clandestinité qui n'a pas non plus été favorable à l'accomplissement religieux du progrès économique et technique.

Quant à l'Islam, dont la créativité, la splendeur et la tolérance ont marqué quelques grandes périodes de l'histoire humaine, il apparaît aujourd'hui assez largement immobile et figé, et traversé de redoutables courants archaïsants. Nous savons que c'est militairement que les courants modernisateurs ont été, à divers moments de l'histoire, vaincus par les courants traditionalistes. De cette malchance historique, ce sont les sociétés musulmanes elles-mêmes qui paient aujourd'hui le plus grand prix. Question mineure : Averroès n'est plus enseigné à l'université d'Al Azhar au Caire. Est-il pour autant devenu un impie aux yeux des croyants d'aujourd'hui ? Question majeure : la Déclaration universelle des droits de l'homme comporte-t-elle des dispositions théologiquement inacceptables pour l'Islam ? Si oui, lesquelles, et qui peut le dire ? Sinon, comme je le crois, les autorités civiles des pays d'Islam qui cherchent la tranquillité internationale et la paix sont-elles prêtes à encourager leurs élites à multiplier colloques, séminaires et recherches avec les représentants d'autres cultures pour approfondir cette tension interne-externe, cette mise en relation de la transcendance avec les exigences séculières d'une vie internationale de plus en plus intense.

Beaucoup de disciples du Prophète pensent que les droits de l'homme et la démocratie ne sont pas incompatibles avec le Coran.

Qu'ils sachent que nous les respectons, et que nous cherchons à les aider à approfondir leur argumentation pour la faire mieux partager autour d'eux.

Une démarche essentielle

Vous le voyez, mesdames et messieurs, nous ne sommes pas engagés dans une aventure insignifiante. Le dialogue interculturel, parce qu'il ouvre les horizons, met en déséquilibre beaucoup de certitudes acquises de chacun de nous.

Mais nous n'y échappons pas : le monde est très avancé sur le chemin de son unification, et nous n'y cohabiterons pas en paix sur une longue période sans nous connaître assez pour nous respecter et devenir capables de produire ensemble des règles communes.

Il y a plus. Les pouvoirs d'État sur la planète se sont tous constitués pour limiter la violence dans chaque société. Et, pour ce faire, comme pour assurer la cohésion de leurs sujets, ils ont reporté la violence contre l'extérieur. On se rassemble, on s'unit contre le barbare, l'étranger, l'ennemi.

Or, depuis la fin du communisme, aucun peuple n'a plus d'ennemis. C'est une situation inconnue, troublante et redoutable. L'humanité n'a plus d'autre ennemi que sa propre barbarie interne. Le champ de la culture est le seul décisif pour traiter ce problème auquel ni la force, ni la diplomatie, ni la politique n'ont de solution. Et les religions du livre, qui toutes proclament : "Tu ne tueras point", sont les premières à y avoir toute leur place. »

Chapitre XXII

Laïcité : problèmes et conflits

La laïcité est, au Parlement européen, un thème récurrent. On la rencontre et l'évoque à propos de la politique d'Israël ou de nos relations avec le monde musulman. On la retrouve dans les débats intérieurs de nombreux États membres : divorce en Irlande ou en Italie, résistance de l'Église espagnole aux mesures laïques du président Zapatero, multiples conflits polonais, polémique sur le voile à l'école en France, présence ou non de la croix chrétienne sur les murs des écoles de Bavière... La controverse a fait rage, aussi, lors de l'élaboration des projets de Constitution européenne quant aux origines culturelles historiques de l'Europe. Mais, plutôt que d'évoquer tous ces sujets, je préfère insister ici sur ce que ces multiples discussions m'ont fait découvrir et en quoi elles ont complété mon approche de la question. Car une autre interrogation d'envergure, majeure même, m'a taraudé durant cette période européenne : y a-t-il en Europe un « retour du religieux » ?

Avec le recul, je crois qu'on peut en douter. Ce qui se passe avec l'Islam, où un extrémisme politique ultra minoritaire prend prétexte de religion pour imposer sa violence et son pouvoir et semble, à cet égard, tirer un relatif avantage de cet habillage religieux – comme ce qui arrive aux États-Unis où l'extrême droite politique affiche une religiosité de secte – concerne assurément l'Europe de manière indirecte et grave, mais ne relève pas réellement de mon propos. Il s'agit là plus de conséquences, de répercussions que d'une véritable mutation interne de nos pays.

En Europe même, s'il est incontestable que les rencontres de la jeunesse inspirées par le pape ont rencontré un succès considérable

331

et imprévu, il ne semble pas en résulter que les églises recommencent à se remplir ni que la crise des vocations sacerdotales ait pris fin. Il n'y a pas non plus de renaissance visible de la pratique religieuse, ni chez les protestants, ni même de manière significative chez les juifs.

Ce qui en revanche est indiscutable, c'est le vigoureux renforcement, partout dans le monde, d'affirmations ou de revendications identitaires, à signification et intention évidemment politiques, mais à contenu fréquemment marqué de coloration religieuse. Le renouveau d'activisme musulman dans bien des États membres de l'Union relève largement de cette catégorie, tout comme l'extrême sensibilité européenne et méditerranéenne au conflit du Moyen-Orient.

L'approche du problème des Balkans tout comme le traitement du problème turc sont aussi de cet ordre, au moins en partie.

C'est devant les situations de ce genre que l'Europe a matière à questionner sa propre laïcité, et à s'interroger sur la profondeur de son enracinement dans nos différentes cultures.

Questionner sa laïcité

Or, il s'agit d'un concept difficile à définir, et largement polymorphe. Pour tout compliquer dès l'abord, le mot français laïcité n'a de traduction réellement et totalement équivalente dans, semble-t-il, aucune langue européenne.

En allemand et en anglais, il faut une périphrase complexe pour évoquer cette notion, que le mot de séculier n'effleure qu'à peine puisqu'il évoque seulement la non-appartenance à l'ordre religieux. Italiens, espagnols et portugais disposent de deux mots, équivalents dans leurs systèmes de phonèmes au français laïcité et laïcisme. Le premier définit une situation de droit et, pour l'essentiel, s'y limite : la séparation des Églises et de l'État. Le second, laïcisme, évoque le corps de doctrine, la façon de penser, l'ensemble des principes d'organisation sociale que suggère l'acception française du mot laïcité. Mais le consensus n'est pas complet partout même sur la seule terminologie : bien des catholiques espagnols considèrent que le mot de laïcisme n'exprime pas seulement une façon de penser a-religieuse, mais aussi, largement, une intention agressive à leur endroit.

En France, où le mot unique de laïcité décrit tout à la fois des éléments institutionnels relevant du droit public et un ensemble de références, d'attitudes et de principes régissant la façon de vivre collectivement en univers multireligieux, un vaste débat s'est ouvert et une loi fut votée à un moment au sujet des signes extérieurs d'appartenance religieuse, concernant notamment le voile islamique. J'ai tendance à penser que les décisions prises à ce moment ne suffiront pas à régler le problème, et que nous le verrons réapparaître de manière récurrente dans tous nos pays. L'histoire a voulu qu'en France il se pose dans des termes et avec des considérants relativement spécifiques et différents de ceux des autres nations européennes, mais il se pose en fait partout, même s'il a plus d'intensité ici qu'ailleurs.

La laïcité européenne

Considérée comme l'affirmation simultanée de la séparation juridique des Églises et de l'État, du respect de toutes les confessions religieuses et de leur pratique privée, de l'autolimitation des pratiques religieuses collectives publiques pour ne pas affecter les perceptions différentes, et de l'absolue neutralité de tous les services publics devant les différentes confessions, la laïcité a été adoptée par l'Europe. Les traités sont discrets, mais le mode de fonctionnement est bien celui-là, à l'évidence. Ces valeurs pèsent même, de manière très prégnante, sur tous les pays de l'Union. L'amorce d'un processus de paix entre catholiques et protestants en Irlande du Nord doit beaucoup à l'atmosphère créée par cette laïcité qui nous est commune. Lorsque la Grèce a, voilà quelques années, supprimé la mention de la religion sur les cartes d'identité de ses citoyens, comment ne pas y voir une extension des principes laïques dont la France était largement l'inspiratrice.

La même remarque pouvait légitimement commenter la décision allemande d'incorporer de substantiels éléments de droit du sol dans le droit de la nationalité, jusqu'alors exclusivement régi en Allemagne par le droit du sang.

La tentative faite par le Vatican, encouragée par quelques États membres de l'Union européenne, d'inclure dans le projet de Constitution une référence plus explicite à l'origine chrétienne de bon nombre de valeurs que l'Europe a en commun a finalement échoué parce qu'elle a été peu soutenue : la laïcité de l'Europe conforte ses dirigeants pour qui, d'une certaine manière, elle est une sécurité. Il faut convenir en outre que l'inventaire plus détaillé des diverses sources de nos valeurs communes, y compris le christianisme, serait bien difficile à écrire de manière consensuelle. Les valeurs dites laïques en effet : la souveraineté du peuple plutôt que celle d'une transcendance, la démocratie représentative et la sécularisation de nos États ont été largement imposées à l'Église catholique, à qui il serait de ce fait bien difficile de l'écrire. La laïcité me semble donc solidement installée en Europe.

Des évolutions

Cependant, le débat français évoqué plus haut est annonciateur de recherches et d'évolutions nouvelles.

Il y a en effet deux « lectures » possibles de la laïcité. L'une est la recherche d'une véritable égalité parmi les hommes grâce à l'occultation de tout ce qui les différencie : langue, couleur de peau et religion. « Vous êtes tous rigoureusement égaux parce que la collectivité dont vous faites partie ignore vos différences. » Telle est la signification d'un certain radicalisme laïc français. Mais, même en France, cette interprétation n'est pas la seule. Il y a une lecture possible de la laïcité qui, elle, ne découle pas de l'idée d'égalité, mais de celle de tolérance. C'est donc d'un autre « accès » à la personne de l'autre ou du différent qu'il s'agit. Dans cette seconde acception, présente en France également et naturellement dans toute l'Europe, ce que dit « l'autre » a vocation à être mieux écouté que dans le système de principes étanches qui caractérise la laïcité-égalité.

Or le message monte de partout : ce que demandent en tous lieux les communautés minoritaires, ce n'est pas seulement de bénéficier d'une égalité juridique en matière de droits civils personnels et sociaux, c'est aussi d'être acceptées jusque dans leurs différences.

Le problème ainsi posé est bien plus difficile, car entre les solutions à lui donner et la reconnaissance du communautarisme comme forme élémentaire de l'organisation sociale, la différence est ténue, et elle est surtout peu évidente. Les tenants du refus de la loi française sur le voile s'inspiraient à l'évidence de cette vision-là de la laïcité.

Seule une longue pratique, accompagnée sûrement de beaucoup de décisions de jurisprudence, permettra de définir le bon équilibre entre un communautarisme toujours dangereux – et accepté par bien peu de pays en Europe – et une pratique de la laïcité s'accommodant plus largement des différences de comportements et d'habitudes, notamment religieuses.

L'Europe restera une terre de séparation des Églises et de l'État et de vie publique totalement séculière. Mais on y verra inévitablement les traductions concrètes de la laïcité évoluer, devenant moins strictes en matière de laïcité-égalité, et plus ouvertes en matière de laïcité-tolérance. Il est cependant probable que cette évolution ne se fera pas sans de sérieuses batailles politiques.

Chapitre XXIII

MISSIONS À HAUTS RISQUES

Dans le cadre de mes activités au Parlement européen, sans doute parce qu'ancien Premier ministre et parce que considéré comme un homme de conviction mais sans parti pris ni goût de l'exclusion, j'ai aussi à suivre de nombreux thèmes diplomatiques – et à m'y investir –, sujets « chauds » comme on dit aujourd'hui dans certaines régions du globe. L'Europe ayant un rôle majeur à jouer – et à perdre – entre la surpuissance américaine et l'émergence d'autres pays, on fait en effet souvent appel à elle pour jouer un rôle d'intermédiaire, de M. Bons Offices, de moteur en cas de situation tendue ou bloquée. Le conflit israélo-palestinien en est à coup sûr l'exemple le plus emblématique. Or, durant mon mandat, est survenue l'élection présidentielle palestinienne dans laquelle j'ai été impliqué.

Une lettre à Ariel Sharon

Mais, avant d'évoquer cette mission, je souhaite reprendre quelques extraits d'une adresse à Ariel Sharon.

Depuis toujours fervent combattant de l'antisémitisme, mais inquiet des orientations du Premier ministre israélien, je me suis senti le devoir, en 2002, d'écrire à ce dernier une lettre ouverte publiée par *Le Figaro* lui faisant part des conséquences de ses choix stratégiques.

Si, élu Premier ministre le 7 mars 2001, Ariel Sharon a exercé pleinement ses fonctions jusqu'au 18 décembre 2006, date de sa première attaque cérébrale sérieuse et que, depuis, il est toujours plongé dans le coma au point que pour ses médecins son réveil est totalement improbable, si, aujourd'hui, Benyamin Netanyahou assure les fonctions de Premier ministre avec une majorité très relative et fortement ancrée à droite, ma lettre adressée au premier me paraît aujourd'hui pleinement d'actualité et valable pour son successeur. La voici.

« Monsieur le Premier ministre, mon Général,

Vous faites la guerre. La guerre fait rage autour de vous.

Vous recevez de toutes parts des invites à la modération. Vous n'en avez cure. Vous considérez qu'après les deux mille ans de persécutions qu'il a subies, terminées en apocalypse par la Shoah, le peuple juif est fondé à assurer en priorité absolue sa sécurité sur la terre d'Israël par rapport à quiconque la met en cause et quels qu'en soient les moyens. On peut comprendre vos motivations. Ce sont vos choix stratégiques qui font problème.

Vous n'êtes ni un humaniste, ni un poète. Au demeurant moi non plus, du moins au sens plein de ces deux mots. Je suis comme vous un gouvernant, j'ai moi aussi eu à confronter durement la générosité de mes rêves avec la dureté des temps et la méchanceté des hommes. Ce n'est donc pas d'abord au nom du sang qui coule et des souffrances infligées que je me permets aujourd'hui de vous adresser la parole, mais au nom de l'avenir que vous préparez, pour le peuple d'Israël notamment. [...]

Vous avez choisi la force. Vous auriez pu ne pas le faire : vous avez trouvé dans votre héritage, au moment de votre élection, une esquisse, un embryon d'accord de paix en même temps qu'une procédure qui aurait pu permettre la poursuite des négociations. Mieux, une partie de votre peuple, en plein accord avec ces perspectives, avait vigoureusement commencé avec une partie du peuple palestinien ces multiples coopérations sociales, médicales, associatives, universitaires, économiques qui sont la condition d'un voisinage paisible.

Mais il y avait des extrémistes dans les deux camps, comme il y en a dans absolument toutes les situations de crise.

Un fait particulier nouveau a joué un très grand rôle dans vos choix. C'est l'émergence de cette nouvelle forme de terrorisme par le suicide que l'on appelle "kamikazes". Nous sommes tous horrifiés de ces évolutions, tous solidaires des citoyens d'Israël menacés.

L'horreur progresse et c'est votre devoir de lutter contre elle. Mais comment ?

Il faut réfléchir un instant au cas de ces terroristes qui se suicident. [...] Il y a certes pour conduire des jeunes gens et des jeunes filles au suicide explosif un entourage et une logistique incitateurs sans lesquels cela n'arriverait pas, mais il y faut aussi un sentiment d'humiliation profond et la certitude désespérée qu'aucun avenir n'est possible qui reconnaisse et respecte la dignité de tout être humain, fût-il palestinien. Aucune technique militaire ou policière ne permet de traiter préventivement ce genre de cas. [...]

Le premier enseignement est que lorsque la disproportion des forces est trop grande, le faible ne peut que choisir des formes de combat que le club des forts réprouve. C'est une loi générale. [...] Il y a une légitimité palestinienne à un combat de *desperados*, si inacceptables les moyens utilisés soient-ils. La disproportion de votre réponse armée ne rencontre qu'une compréhension limitée et rapidement déclinante.

Les armes ne se taisent enfin que lorsque le dominant, parce qu'il est le dominant, s'oblige aux concessions les plus fortes, notamment dans les domaines des symboles. La France a quitté l'Algérie, les États-Unis le Vietnam, et l'Union soviétique l'Afghanistan. Le prix de ces guerres trop longues est d'ailleurs toujours d'avoir provoqué chez les sociétés dominées une militarisation intense et une méfiance généralisée vis-à-vis des étrangers qui les rend infréquentables pour longtemps. À l'inverse, en Nouvelle-Calédonie, la France accepte que l'indépendance soit un choix offert au suffrage.

Il ne peut y avoir de paix qui ne s'accompagne d'un processus de réconciliation et de reconstruction. Le chemin de la paix est montant, sablonneux, malaisé, comme dit un de nos poètes. On ne peut le parcourir qu'ensemble. La clé, là, après l'arrêt du feu, est d'avancer dans une confiance mutuelle, capable de résister aux provocations des extrémistes des deux bords. Pour ce faire, il est impératif des deux côtés mais surtout de la part du dominant, de ne demander à l'autre que ce qu'il peut réellement accomplir. Lorsque vous demandez [aux Palestiniens] de juguler les terroristes par fanatisme religieux [...], vous demandez ce que tout le monde sait être impossible. Il y a là deux lectures de votre analyse. Pour certains, nombreux dans la communauté internationale, vous vous moquez du monde. Pour d'autres, dont je ne demande qu'à être, vous faites d'abord une erreur d'analyse. Mais elle est dramatique, car elle bloque toute issue. [...]

Il est non pertinent de déclarer que la paix ne sera possible que lorsque la certitude sera acquise que dès la signature de la paix toute violence s'arrêtera instantanément, position à laquelle vous ne croyez pas vous-même mais que vous affichez. Le chemin de la paix, c'est la coopération de deux autorités voisines pour assurer à leurs peuples une dignité respectée et un développement économique conjoint suffisamment convaincant pour tarir le recrutement de nouveaux terroristes dans la jeunesse, la répression menée conjointement restant le seul moyen d'éradiquer la militance terroriste déjà constituée. Les exemples fourmillent par dizaines. Il n'y a pas d'autre chemin.

Dédaignant ces analyses, vous faites une guerre que vous ne pouvez gagner. Chaque action de Tsahal crée une dizaine de nouveaux terroristes, par réflexe à la fois de colère et d'humiliation. Or les Palestiniens sont deux millions. Et, monsieur le Premier ministre, sur les terres que vous réannexez et entendez contrôler, le peuple arabo-palestinien sera démographiquement majoritaire dans moins de vingt ans. Préserverez-vous le suffrage universel ?

Mais allons à l'essentiel. Votre armée n'a pas encore pu créer les conditions de sécurité nécessaires à vos yeux pour que vous acceptiez de négocier quoi que ce soit. Les opérations continuent donc. Elles produisent une sorte de course de vitesse entre votre recherche éperdue de la sécurité par éradication du terrorisme et la haine viscérale que produisent à l'encontre de vos soldats et, au-delà, de votre peuple, les opérations que vous leur commandez. Le pronostic général, vous en convenez vous-même, est que ce ne peut être que long. Il vous faut alors engranger dans vos calculs le bilan de ce temps qui passe.

Contesterez-vous, mon Général, l'inventaire qui suit :

– Arafat était très déconsidéré dans sa communauté : les dividendes de la paix tardaient à venir. Vous en avez déjà fait un héros, peut-être avant d'en faire un martyr.

– Les États arabes ont été, depuis un demi-siècle, au fond assez indifférents au sort du peuple palestinien. Vous le leur interdisez dorénavant et la cause palestinienne est redevenue emblématique pour tous. Vous avez des raisons de mépriser leurs divisions, leur sous-développement et leur impuissance. Méfiez-vous cependant : ils ont le nombre, l'espace et le temps – tous facteurs stratégiques qui vous manquent – et certains commencent à rattraper leur retard de modernité. Vous êtes en train de les rassembler, ce qui pour la première fois depuis bien longtemps fait réapparaître ce danger que l'on croyait disparu : celui de la précarité de la présence d'Israël en Palestine. [...] Dans le dur métier que vous faites, prenez-vous parfois le temps de réfléchir à un horizon de vingt ou trente ans, et pas seulement à la prochaine opération ?

Il me faut enfin vous parler de la communauté internationale. Je fais partie de ces enfants d'Europe qui ont grandi sous l'occupation nazie, qui ont vu mystérieusement disparaître l'un après l'autre leurs camarades de classe juifs, qui ont ensuite découvert et pris la mesure de ce que fut la Shoah. La honte ne nous a pas quittés, la culpabilité non plus. Nous nous sommes battus pour votre droit à réparation. La création de l'État d'Israël en est un signe. Vous disposez depuis, de la part de la majorité des États d'Europe, d'une manière de privilège diplomatique. Par tacite acceptation le monde, le Conseil de Sécurité – il ne s'agit pas là des Etats-Unis – tolère de la part d'Israël ce qu'il condamnerait chez tout autre État. Bien sûr, ces condamnations sont verbales pour le moment. Or, votre action n'a pas que des effets limités à votre région. Sur tous nos territoires, Amérique du Nord et du Sud, Europe, Asie, les communautés s'enflamment. Les incidents se multiplient, qui, malgré les dénégations paisibles des chefs religieux, juifs comme musulmans, trouvent leur origine dans la haine que vous semez. Vous êtes en train, monsieur le Premier ministre, de produire l'anti-israélisme dans le monde entier, et les gens de ma sorte, qui combattent l'anti-sémitisme depuis leur plus jeune âge, sont impuissants à endiguer le torrent de colère et de haine auquel vous avez ouvert les vannes.

Et puis le pétrole n'est pas loin de chez vous. La démesure de vos calculs sur l'emploi de la force a de quoi inquiéter une humanité qui a besoin de vivre en paix. Craignez le moment où l'inhibition post-Shoah aura disparu devant les dangers que l'extension de votre conflit vital mais local fait courir au monde. Vous ne pourrez pas toujours tout faire. Les sanctions finiront bien par arriver.

Peut-on, respectueusement, monsieur le Premier ministre, mon Général, vous demander de penser aux limites de la force dans l'art d'aider les gens à vivre ensemble ? »

Ce texte a suscité des réactions, voire un peu d'émoi chez certains, mais il me paraît prouver que j'avais – hélas – raison sur bien des points en le relisant aujourd'hui. Et l'élection présidentielle en Palestine n'a fait que renforcer ma crainte.

En mission en Palestine

Fin novembre 2004, je suis désigné par la Commission européenne, comme chef de la mission de l'Union européenne pour l'observation de l'élection présidentielle palestinienne du 9 janvier suivant. Une mission qui demeure cinq semaines et demie sur place, et moi-même l'essentiel de ce temps.

Je suis fier d'accomplir ce travail et je peux dire que nous sommes excellemment reçus des deux côtés. L'Europe est la bienvenue, même pour Israël – ce que je tiens à préciser.

Il s'agit en outre de la plus grosse mission d'observation jamais mise en œuvre par l'Union. Une quarantaine d'observateurs est en charge d'observer et d'évaluer « le long terme », c'est-à-dire tout le processus électoral : qualité de la loi électorale, élaboration du fichier des électeurs, déroulement de la campagne, respect de l'impartialité comme de l'égalité entre les candidats, rôle des médias, liberté de mouvement des candidats de leurs équipes et des électeurs. S'adjoignent à eux, pour des missions de plus court terme, cent quatre-vingts autres chargés, eux, du déroulement de l'élection, des opérations de dépouillement des bulletins et de comptage, ainsi que du traitement des réclamations. Sans oublier une mission propre du Parlement européen, forte de quelque 35 députés. En tout, il y a donc 260 observateurs, plus les personnels nécessaires pour l'interprétation, la conduite des véhicules, le secrétariat, la sécurité, le suivi des médias, etc. Bref, une considérable unité approchant les 400 personnes.

Au total, l'élection se déroule bien, sans grosse anicroche, avec une participation de l'ordre de 60 % – résultat remarquable dans une situation d'occupation militaire étrangère et avec un courant politique significatif recommandant l'abstention.

Il y a sept candidats en lice. Le premier est Mahmoud Abbas, crédité de 62 % des voix, et le second Mustapha Barghouti, avec environ 19 %. Incontestablement, le peuple palestinien a exprimé à une très large majorité, et sans pression ni contrainte, le choix de Mahmoud Abbas comme président de l'Autorité palestinienne. Ce dernier, compagnon de route de Yasser Arafat depuis plus de vingt ans, ami, confident, ministre puis Premier ministre du président défunt, est dès lors revêtu d'une légitimité démocratique incontestable et internationalement reconnue.

Le singulier dans cette affaire est qu'il s'agit d'élections démocratiques tenues dans une situation d'occupation militaire étrangère. Qu'Israël a permis, cas unique au monde puisque l'Indonésie ne l'a pas autorisé à Timor avant que cette région ne devienne indépendante, et que la France en Algérie ne s'y est jamais résolue non plus. Ne soyons donc pas trop rapides à donner des leçons !

Cela acté, toute situation d'occupation est inhumaine, celle-là l'est comme les autres. On ne circule plus librement à l'intérieur de la Cisjordanie, pas plus qu'à l'intérieur de la bande de Gaza. Quant à l'idée d'aller de l'un à l'autre ou à Jérusalem, innombrables sont les Palestiniens qui n'y peuvent même songer.

Un accord a été difficilement négocié entre autorités israéliennes et palestiniennes sur les libertés de circulation nécessaires des candidats et de leurs équipes proches durant la campagne. Mais il n'est intervenu qu'une semaine après le début de la campagne, ce qui a donné lieu à une demi-douzaine d'incidents pendant les premiers jours. Israël, en outre, s'est engagé à faciliter les déplacements des électeurs pour aller voter la veille, le jour et le lendemain du vote, engagement en grande partie tenu.

Autant d'éléments nous autorisant à confirmer qu'il s'agit incontestablement d'une élection démocratique que quelques incidents de fin de journée ne sauraient suffire à ternir.

À travers ce choix, le peuple palestinien a montré un grand attachement à la démocratie et, par là, à la perspective d'une paix négociée puisque la reconnaissance internationale de la légitimité démocratique de l'Autorité palestinienne est la condition préalable absolue à toute négociation.

Israël va-t-il saisir cette chance ? C'est loin d'être certain. Et les commentaires actuels sur une nouvelle ère me paraissent pour le moins optimistes. De fait, on le sait, les élections suivantes ont été beaucoup plus difficiles, aussi bien les municipales que les législatives. La Palestine étant sociologiquement sous occupation étrangère, impossible d'y éradiquer le terrorisme totalement : il y existe quelques aspects d'une résistance nationale.

Lorsque Ariel Sharon, en général expérimenté, a exigé, comme je le rappelais dans ma tribune du *Figaro*, que tout terrorisme cesse avant la reprise de la moindre négociation, il réclamait l'impossible afin d'être sûr de ne pas l'obtenir. Peut-être faudrait-il plutôt dire : le terrorisme sera éradiqué de Palestine quand, tout entier, le peuple palestinien pourra espérer une autre vie et cessera, de ce fait, d'héberger, nourrir et cacher des terroristes. Ce qui passe par l'économie, l'ouverture des frontières, le commerce, l'activité, la création et une perspective politique.

La communauté internationale doit se faire entendre sur ces points.

Une dernière remarque s'impose : je crois que ni en Israël ni en Palestine, une autorité politique n'aura de légitimité pour convaincre de la nécessité de sacrifier certains symboles à la paix – qu'il s'agisse de Jérusalem ou de la loi du retour – tant que les autorités religieuses ne prêcheront pas elles-mêmes la paix et le partage des symboles pour les rendre consensuels. Sans cela, nous n'arriverons à rien.

Chapitre XXIV

L'Union européenne s'endort, la Chine s'éveille

La Chine est surprenante : six mille ans d'histoire et de civilisation absolument continus (cela commence à peu près en même temps que les Égyptiens). Elle a découvert avant nous le papier, la boussole, le gouvernail des navires, la poudre à canon... et, du temps du roi portugais Henri le Navigateur, les explorateurs européens faisant le tour de l'Afrique rencontraient souvent des jonques chinoises. Ce pays était donc parti pour diriger le monde, absolument, et ce bien avant nous. Et puis, au XVe siècle, un empereur a déclaré barbares ces multiples Européens qui commençaient à fréquenter son pays, assoiffés d'argent et en guerre permanente les uns contre les autres. Redoutant que leur contact pollue l'état d'esprit et la culture de son peuple, il a édicté la condamnation et l'interdiction absolue, peine de mort à la clé, à quiconque de construire des navires et de prétendre naviguer au long cours. Conséquence, la Chine s'est endormie durant cinq siècles ! Et si une tentative de sortie survint au XIXe siècle, elle échoua.

Cinq siècles d'histoire humaine sans empire du Milieu ; le quart de la population mondiale, mais moins de 1 % de la production et moins de 0,5 % du commerce ; on avait oublié la Chine. Et si l'expression « péril jaune » traînait dans les livres d'histoire et les conversations, elle se destinait surtout aux Japonais. Notre réveil a été brutal.

Un éveil majeur

Je ne crois pas qu'il y ait d'événement plus important dans le monde actuel que le formidable sursaut de ce grand pays. En une petite trentaine d'années, soit depuis les réformes majeures introduites par le président Deng Xiaoping au début des années 1980, la Chine a retrouvé 8 à 9 % du produit brut mondial et à peu près autant de parts dans le commerce international. Sa croissance est trois ou quatre fois plus rapide que celles de l'Europe ou des États-Unis et elle représentera, dans moins de vingt ans, 20 à 25 % de la production et du commerce mondiaux.

Fait majeur, la Chine insiste énormément sur sa volonté de donner une forme pacifique à son réveil. Elle a raison. D'ailleurs, au long de sa longue histoire, elle n'a jamais envahi quiconque, réserve étant faite du Tibet et du Vietnam – des sortes d'Alsace-Lorraine pour elle –, alors qu'elle a été envahie de multiples fois. Cette vision historique fait partie des acquis, mais la Chine continue à faire peur. Et ce de bien des façons. Elle fait peur parce qu'elle est immense. Elle fait peur parce qu'elle est capable d'atteindre très rapidement les sommets absolus de la technologie. Elle fait peur parce que son retour à la croissance se concrétise dans des conditions qui pourraient, qui sont déjà en partie, destructrices d'emplois européens.

Personnellement, je souhaite que le retour à la normale de l'un des plus grands pays du monde, le plus grand par la taille, l'un des grands par la culture, se déroule dans la paix. Partout, sur n'importe quel sujet, sceller la paix ou entreprendre une négociation s'avère plus difficile que de déclencher un conflit ou une guerre. Les méfiances entre peuples ne relèvent pas seulement de la question destinée aux ministres et chefs d'État, ce sont souvent les peuples entiers qui les exhalent. Dès lors, que cette aventure chinoise avance dans la compréhension mutuelle, que nous sachions préparer la place qui revient à la Chine, qu'elle-même accepte des conditions ou des délais permettant sa progression, ne va pas du tout de soi. D'où l'importance des forums Chine-Union européenne, nés en 2005, à la création et au déroulement desquels j'ai eu l'honneur de participer.

Des forums d'initiative chinois

L'idée initiale vient, je crois, de l'association des professeurs chinois en Europe, qui a vite établi un contact avec la « Fondation pour le progrès de l'homme », organisme de droit suisse né en 1936 et géré depuis Paris. Trois universités chinoises se sont entendues pour monter, autour d'un choix de leurs professeurs et étudiants, une rencontre avec des Européens – intellectuels, parlementaires et agents de la société civile – recrutés selon des critères agréés en commun, dans le dessein de confronter les perspectives de vie et d'avenir.

Le premier forum Chine-Europe auquel je suis convié se tient à Nansha, près de Canton. Une expérience unique et mémorable puisqu'il est la première occasion de rencontre large entre des représentants de peuples européens et chinois, sans contrôle ou contrainte gouvernemental.

À travers leurs universités et leurs structures de recherche, c'était au fond des sociétés civiles qui se cherchaient. Les gouvernements respectifs sentant que le désir de laisser s'exprimer des intellectuels, des spécialistes, des professeurs, des universitaires, des chercheurs, des politologues de Chine et d'Europe correspond à un besoin absolu d'élargir les connaissances, compréhension et découverte mutuelles des problèmes de l'autre, n'ont pas cherché à entraver la démarche. En outre, la modestie extrême de nos partenaires chinois expliquant : « Ne surestimez pas le poids de la Chine. Nous ne sommes pas vraiment une puissance mondiale. Nous sommes une puissance régionale » se révéla une surprise. Nous, Européens, leur répondions : « Peut-être le prenez-vous ainsi, mais le réchauffement climatique n'attend pas, le caractère insoluble des déficits financiers américains non plus, et moins encore le combat pour la paix civile et contre le terrorisme. Nous avons besoin de vous. »

Mon premier constat durant ce forum est de voir combien, en vérité, nous nous connaissons mal. Aussi une telle découverte mutuelle a-t-elle quelque chose d'émouvant. La Chine porte l'affirmation que tout commence dans cette entreprise de dialogue sain par la découverte de sa propre force et de sa propre dignité par chaque peuple. Une vérité sage dont il est inouï de parler en commun, notamment parce que – autre message – la rencontre entre l'Europe et la Chine ne vise pas à exclure d'autres peuples. S'élaborent en fait les prémices d'une gouvernance mondiale qu'il faudra poursuivre avec les Américains, les Russes, les Indiens, les Brésiliens...

Secundo s'impose la découverte de problèmes que même de très grandes nations – la Chine et l'Europe, là où elle s'est donné les pouvoirs d'une nation, c'est-à-dire dans les champs économiques et financiers – ne sont pas aptes à régler. Un processus de connaissance s'amorce de concert, selon moi absolument essentiel.

Forum retour

Le deuxième forum a lieu en 2007, en Europe cette fois. Vingt villes – Dublin, Varsovie, Athènes, Lisbonne... – reçoivent trente-cinq ateliers constitués d'une vingtaine de personnes où Chinois et Européens s'informent mutuellement d'une grande variété de sujets, de la condition paysanne à la gouvernance mondiale en passant par le rôle des syndicats ou le fonctionnement des services publics. La séance de compte rendu final se déroule à Bruxelles. Le président Barroso, ayant reçu les délégués la veille, réunit près de deux mille personnes en présence de Jacques Delors, de plusieurs ministres et de nombreux ambassadeurs, pour lancer un immense appel à la poursuite de ces rencontres qui, visiblement, apprennent beaucoup à chacun.

Retardé d'un an pour des raisons sanitaires, le troisième forum se tient en Chine en 2010. Soixante et onze ateliers sont répartis dans une quarantaine de villes, suivis d'une séance finale énorme à Hong Kong, d'un séminaire spécial dit de haut niveau à Shanghai avec accueil dans l'université locale et examen des perspectives d'avenir du processus.

Le plus incroyable est de constater combien l'improbable brico-lage financier dans lequel tout est monté et l'appel surmultiplié au bénévolat se révèlent hors de proportion avec l'enjeu : un mouve-ment de cette nature peut-il créer, en quelques décennies, une écoute mutuelle et une connaissance doublée d'estime et de sympa-thie entre des sociétés civiles au point de peser sur des relations interétatiques vouées à connaître bien des difficultés, ne serait-ce que commercialement ?

Si cet effort a peu été commenté par les médias occidentaux, plus friands de tsunamis et de compétitions électorales, les médias chinois, eux, au contraire, ont beaucoup insisté sur sa portée. Soixante-quatorze millions d'internautes chinois se sont ainsi connectés au site du forum.

D'une certaine manière, nous avons planté un cèdre. Certes, cet arbre grandit lentement mais, au fil du temps, il devient très grand, très fort et dure à jamais

Chapitre XXV

Plaidoyer pour la Turquie

Si le rapprochement se déroule sous les meilleurs auspices avec la Chine, peut-on vraiment en dire autant entre l'Europe et la Turquie, tant la volonté légitime de celle-ci d'entrer dans l'Union suscite, et plus particulièrement en France, de remous, de passions, de déclarations fracassantes non exemptes d'arrière-pensées électoralistes qui crispent, voire exaspèrent les autorités d'Ankara et les éloignent de nous. Or, je milite pour que, a minima, on aborde cette question avec mesure, sincérité, sans parti pris ni crainte sous-jacente aussi malvenue qu'injuste. Ce plaidoyer pour la Turquie l'atteste.

Une volonté ancienne

On ne peut reprocher à la Turquie le moindre opportunisme ou de ne pas être tenace puisqu'elle a présenté sa première demande d'adhésion à la Communauté économique européenne en... 1959. Une requête renouvelée en 1987. Dès le début, j'ai lutté pour que s'ouvrent des négociations entre l'Union européenne et elle, dans le but de définir le calendrier de son processus potentiel d'adhésion. C'est fait depuis le 3 octobre 2005, même si les choses n'ont guère progressé et que les levées de bouclier n'ont jamais cessé. De fait, pour en arriver là, le parcours a été long... alors que pourtant l'ancrage européen de ce pays est évident.

Les relations des pays européens et de la Turquie remontent au début de notre ère lorsque nos ancêtres les Gaulois, mais aussi les

Romains, ont compris son intérêt stratégique. Quelque soixante ans après Jésus-Christ, Néron (un souverain de mauvaise réputation mais élève de Sénèque et au bel esprit politique) poussa les frontières de l'Empire jusqu'à l'Euphrate, ce qui constituait déjà une approche de ce que pourrait être la « civilisation occidentale » ainsi qu'une vision des limites possibles de sa sphère d'influence. Les Romains ont en tout cas perçu la position stratégique de ce qui n'était pas encore la Turquie, mais une assemblée de territoires plus ou moins autonomes. Les cartes n'existaient pas comme aujourd'hui, précises et photographiques, mais ils avaient perçu que ce qui fut le dernier royaume thracien, le royaume de Mithridate, représentait une espèce de « pont » entre l'Asie Mineure et l'Europe. D'un côté la Mésopotamie (Irak), la Syrie, la Géorgie, les Thraces de Bulgarie et, de l'autre côté, le sud de l'Europe avec la Grèce et la Macédoine. Le terme de « Pont-Euxin », synonyme de mer Noire, revient d'ailleurs sans cesse dans la bouche des empereurs expansionnistes : Trajan, Hadrien, Marc Aurèle pour les plus connus. Qui n'eurent de cesse de renforcer cette région du monde pour la transformer en zone tampon entre les incertitudes mystérieuses du Sud et ce qui devenait la *Pax Romana*.

La Turquie fut aussi – et surtout – la terre initiale des tournées évangéliques des apôtres, Paul y étant né, et Pierre faisant d'elle l'une des premières terres chrétiennes d'Europe.

Plus tard, la païenne Byzance, appelée Constantinople la Chrétienne, puis débaptisée au profit d'Istanbul la Musulmane, resta au centre des enjeux politiques. La capitale de l'Empire ottoman devint « la Sublime Porte », porte dont on peut penser qu'elle ouvrait d'une part sur les richesses du Sud et de l'autre sur les appétits du Nord… ou inversement ! La guerre de 1914-1918 vit se sceller l'alliance avec l'Allemagne contre les Alliés, ce qui fit dire à un éditorialiste anglais que l'Europe était vraiment coupée en deux ! Comme quoi, à l'époque, on la considérait bien en Europe ! Ataturk confirma plus tard le penchant de son pays vers l'Europe en instituant la laïcité, en proscrivant le voile féminin et en interdisant le port de la chéchia… au profit de la casquette.

Enfin, il est important de souligner que la culture ottomane, à partir du XVIIᵉ siècle, a fasciné nombre de nos écrivains et artistes. Il suffit de citer le Grand Mamamouchi de Molière, *Les Indes galantes*,

L'Enlèvement au sérail, Bajazet ou les céramiques en provenance d'Iznik pour s'en convaincre.

En ce qui concerne l'époque contemporaine, il n'est pas inutile non plus de rappeler que la Turquie est partenaire depuis 1949 de presque tous les grands traités européens. Le Conseil de l'Europe, gardien des valeurs et des principes européens, l'admet comme membre à part entière en août de cette année-là. Deux ans plus tard, elle rejoint l'Organisation du traité de l'Atlantique Nord (Otan) et renforce, en ces temps de guerre froide, le système de défense euro-atlantique. Elle accède de plus à l'Organisation européenne de coopération économique (OECE devenue OCDE), à la Conférence sur la Sécurité et la Coopération en Europe (CSCE devenu OSCE), à la Banque européenne pour la reconstruction et le développement (la Berd).

En juillet 1959, la Turquie demande donc à être associée à la Communauté économique européenne. Un coup d'État militaire en 1960 fait hésiter des deux côtés et ralentit le processus. Mais tout de même, en réponse, un accord d'association est signé le 12 septembre 1963. Son préambule stipule : « L'appui apporté par la CEE aux efforts du peuple turc pour améliorer son niveau de vie facilitera ultérieurement l'adhésion de la Turquie à la Communauté. » L'article 28 de ce même texte précise encore : « Lorsque le fonctionnement de l'accord aura permis d'envisager l'acceptation intégrale de la part de la Turquie des obligations découlant du traité instituant la Communauté, les parties contractantes examineront la possibilité d'une adhésion de la Turquie à la Communauté. » On lui a donc laissé espérer clairement une adhésion en bonne et due forme.

La mise en place progressive d'une Union douanière débute à partir de 1970. Elle ne sera réellement opérationnelle qu'en 1996 sur une large gamme de droits de douane et de quotas, n'entraînant pas cependant la libre circulation des personnes, des services et des capitaux.

C'est en avril 1987 que la Turquie présente sa deuxième demande d'adhésion. Et le sommet d'Helsinki en décembre 1999 la reconnaît comme pays candidat pour entrer dans l'Union européenne.

Ainsi, ce pays est, depuis près d'un demi-siècle, associé aux principales organisations européennes à l'exception de l'Union européenne. Il ne tient qu'à nous de ne pas le lui faire regretter.

Quels avantages ?

L'Union européenne a de multiples avantages à tirer de l'adhésion.

En matière de paix et de tranquillité internationales, nul ne saurait dire que le XXIe siècle se présente bien. Or, la position géostratégique de la Turquie donnerait une nouvelle dimension aux efforts de politique étrangère de l'Union à destination du Moyen-Orient, de la Méditerranée, de l'Asie centrale et du Sud-Caucase. En outre, cela permettrait de contrebalancer l'hégémonie que les États-Unis tentent d'imposer sur cette partie du monde.

Par ailleurs, cinq sur six des anciennes Républiques soviétiques d'Asie occidentale et centrale sont turcophones ou parlent des dialectes issus du turc : l'influence majeure qui y dispute celle de la Russie vient de la Turquie. Un camouflet y aggraverait un anti-occidentalisme déjà latent. Le même risque est encouru avec les pays musulmans. Une des tensions majeures dont l'Europe doit se soucier en priorité concerne précisément la relation générale entre l'Occident et eux. Le rejet ne serait pas ressenti comme une méfiance et une offense par la seule Turquie, mais dans toute cette immense zone.

Économiquement, au-delà du poids géostratégique que sa population (en tout, près de 200 millions d'habitants) et sa place sur la carte du monde lui confèrent, cette région caucasienne recèle la deuxième grande réserve pétrolière du monde après le Moyen-Orient. Saurait-on négliger une telle réalité ? À plus long terme, et si se confirme le pronostic somme toute raisonnable d'une croissance continue, l'humanité rencontrera des problèmes de ressources. Le seul grand réservoir de ressources naturelles encore à peu près inexploré – hors le cas du fond des océans – est la Sibérie. Eh bien, si rien ne change, il y a fort à parier qu'au milieu du siècle cet immense gisement sera principalement mis en valeur par un consortium sino-japonais. Il n'est évidemment pas exclu que nous puissions vivre en paix avec ces pays, mais si l'Europe tient à prendre sa part dans cette aventure et assurer la sécurité de ses approvisionnements, elle devra passer par la Russie et les Républiques turcophones d'Asie centrale. Il faut donc y regarder à deux fois avant de donner des signes de rejet.

Enfin, l'Europe étant trop souvent perçue comme « un club chrétien » fermé, une Europe multiethnique, multiculturelle, aux religions multiples porterait témoignage face à la prétendue incompatibilité entre Islam et démocratie.

Égoïstement parlant, l'Europe a donc un intérêt stratégique évident à intensifier au maximum ses liens avec la Turquie.

D'autres vertus

L'adhésion de la Turquie à l'Union européenne pourrait en outre servir à celle-ci de catalyseur pour mener à bien des réformes indispensables.

En tout premier point, le choix séculaire de la Turquie de se tourner vers l'Europe se trouverait intégralement justifié. De plus, comme 70 % de sa population était favorable à l'Europe à l'origine du processus, avec bien sûr des motivations non identiques pour tous, l'échec du processus d'adhésion ne manquerait pas d'entraîner une grave crise d'identité et de faire le lit d'une instabilité politique génératrice de troubles à nos portes.

Or, face aux polémiques nées de ces demandes d'adhésion chez nous, la proportion d'opinions favorables à l'intégration a beaucoup baissé en Turquie. On voit même le gouvernement turc actuel en recherche visible d'ouvertures diplomatiques vers l'Est, et notamment l'Iran. Et ce alors que des progrès importants ont été faits, au début des années 2000, semblant annoncer un rapprochement avec les pratiques européennes. Ainsi de l'abolition de la peine de mort, de la protection contre la torture et la maltraitance, de la réforme du système pénitentiaire, de la suppression de nombreuses lois muselant la liberté d'expression, d'association et de la presse, de la disparition des tribunaux de sécurité de l'État, responsables de maintes violations des droits de l'homme. Ont été encore instaurés dans cette Turquie désireuse de répondre aux desiderata européens avant toute adhésion la primauté de la législation internationale sur les lois nationales en matière de droits de l'homme, le renforcement du rôle du Parlement, l'élargissement des droits et des libertés religieuses, une plus grande égalité hommes-femmes. Même le mode de relation entre militaires et civils tend à se rapprocher des normes de l'Union européenne.

Face aux problèmes liés aux populations kurdes et aux Chypriotes, l'adhésion devrait en outre aider à trouver plus aisément des solutions. Enfin, un refus de l'Europe redonnerait du poids aux ultranationalistes et aux courants islamistes, ouvrirait la porte à un regain de violence dans les régions peuplées de Kurdes et permettrait aux militaires de jouer à nouveau un rôle prépondérant, et répressif.

Quels motifs de refus oserions-nous invoquer ?

Si nous devions, néanmoins, refuser l'adhésion, il faudrait des motifs assurément forts et incontestables.

Mais quels pourraient-ils être ?

Le fait que sa pauvreté rend la Turquie trop différente du reste de l'Union ? Si le revenu par habitant n'est qu'un gros quart de celui de la République grecque de Chypre ou les deux tiers de celui de la République tchèque, il est, à 10 % près, voisin de celui de la Pologne, des pays baltes ou de la Slovaquie, et presque triple de celui de la Roumanie et de la Bulgarie. L'argument serait donc inaudible.

Le fait que la Turquie a connu, en 2000-2001, une crise économique grave, alors qu'elle l'a maîtrisée ? Que cela inciterait trop de ses ressortissants à venir travailler chez nous ? À mon sens, la « pulsion d'émigration » serait moins forte en Turquie que chez nombre de membres de l'actuelle Union, puisque depuis sept ou huit ans sa croissance s'élève entre 6 et 8 % par an et que ses structures ont fait qu'elle a été peu touchée par la crise bancaire et économique mondiale. Bien au contraire, l'émigration turque, qui fut très forte dans les années de difficultés économiques, s'est ralentie jusqu'à quasi s'arrêter depuis la découverte de la croissance forte, au tournant du millénaire. Mais cette croissance fut largement soutenue par un gros flot d'investissements européens. Si on rejette la Turquie, ces investissements se tariront et la croissance avec. Du coup, l'émigration pourrrait bien redémarrer. Est-ce cela que nous voulons ?

Le fait qu'elle est musulmane ? Cet argument, que l'on n'ose guère formuler publiquement, est vraisemblablement le plus important, celui qui conditionne les réserves évidentes de nos opinions publiques. Il est tout à fait probable que personne n'osera recourir à cette raison de manière formelle dans des négociations publiques. Mais n'ayons aucun doute : si, finalement, la réponse européenne devait être négative, le monde entier, musulman comme non musulman, y verrait la raison ultime et véritable du refus. Par un effet naturel, l'Union européenne se verrait dès lors définie comme un club chrétien. Ce qu'elle n'est pas. S'il est hors de doute que, parmi les valeurs communes qui nous rassemblent, beaucoup sont d'origine chrétienne, il en est d'autres, tout aussi essentielles, construites et affirmées contre l'Église ou les Églises.

Je l'ai dit, l'Union européenne est un ensemble de nations liées entre elles par des traités et institutions parfaitement séculiers, laïques au sens français du mot. C'était, d'ailleurs, le seul moyen de concilier des communautés nationales à dominantes catholique, protestante ou orthodoxe et de garantir les droits d'importantes communautés juive et musulmane.

Aucun organe de l'Union n'a donc compétence pour tirer de ce qu'elle est, et des traités qui la fondent, un tel argument négatif à l'endroit d'une nation candidate à l'adhésion. Bouter un postulant en raison de sa religion dominante serait illégitime et nous conduirait à entrer dans des contradictions insoutenables. Car chacun sait bien que, dans une dizaine d'années, en ex-Yougoslavie, la Slovénie ayant montré le chemin, l'Albanie et la Bosnie musulmanes demanderont à leur tour leur adhésion, et qu'il faudra répondre oui pour conforter la paix, la stabilité et le développement de toute la zone.

Enfin, il serait d'une maladresse extrêmement grave à l'encontre des 20 millions de musulmans vivant en Europe, et plus encore de toute la communauté musulmane du monde, de recourir à ce type de motif pour dire non. Le problème clé des relations entre l'Occident et cette immense communauté d'un milliard d'hommes tient en une interrogation : peut-elle accepter des institutions séculières ? J'aimerais écrire laïques, mais il est essentiel d'utiliser ici un vocabulaire mondialement compréhensible. Rejeter la Turquie serait rejeter le plus important, et presque le seul, des pays musulmans s'étant dotés d'institutions séculières, qui plus est les ayant préservées depuis plus d'un demi-siècle.

Ne blessons pas ce pays

« La Turquie n'est pas européenne », entend-on encore. Un argument géographique tout aussi blessant que les autres. Byzance-Constantinople-Istanbul a joué, sur deux millénaires, un rôle majeur dans notre histoire. Le reste devrait s'ensuivre, puisque cette ville demeure la capitale économique et intellectuelle du pays. Le fait que la Turquie soit à cheval sur deux continents présente même un avantage indiscutable de clarification : son appartenance à l'un ou à l'autre faisant doute, elle ne peut être décidée que par choix délibéré tenant à d'autres raisons.

Voilà un autre point important : l'immigration clandestine et le terrorisme posent des problèmes de circulation libre à l'intérieur de l'Europe ; aussi comment surveiller le passage, dans ces milliers de kilomètres de frontières de désert en Asie mineure ?

Des efforts à faire

C'est donc aux membres de l'Union européenne, et à leurs opinions publiques, de décider s'ils souhaitent voir la Turquie nous rejoindre ou pas. Ni la géographie, ni la religion ne suffisant à trancher, le débat se nouera finalement sur l'image que ce pays donne de lui-même.

On ne peut nier que la Turquie ait encore bien des efforts à faire pour répondre pleinement aux critères politiques de l'Union européenne. Ainsi, elle doit progresser dans tous les domaines concernant le respect des droits de l'homme et multiplier les actions de formation et d'information afin que les réformes parlementaires s'inscrivent dans la réalité du fonctionnement de ses organisations. Force est d'admettre que la liberté d'expression — mise à mal entre autres par les poursuites engagées contre l'écrivain Orhan Pamuk, ayant exprimé une « opinion non violente » sur le massacre des Arméniens et différents journalistes — n'y est pas garantie ; que la liberté d'association, en particulier syndicale, doit faire des progrès. Comme la liberté de religion, qui n'a donné lieu qu'à des avancées « très limitées » au bénéfice des non-musulmans, les droits des femmes soumises à la violence domestique et aux crimes d'honneur.

Sans oublier l'obligation de lutter contre l'analphabétisme et la nécessité de respecter les droits de l'homme en général en éradiquant les tortures et mauvais traitements trop fréquents avec des coupables souvent impunis.

Pour autant, l'Union européenne ne saurait se contenter d'une application bureaucratique et sectaire de ses critères et règles. Elle doit faire de la politique pour créer son avenir. L'adhésion de la Turquie sera une confirmation de la nature séculière de l'Union européenne, un acte de paix dans une région fort instable, et, pour un futur plus lointain, une assurance vie. Si le processus d'adhésion est en marche, on peut s'attendre à ce qu'il soit long, la Turquie ayant encore du chemin à parcourir avant de répondre à l'ensemble des critères européens. Et l'Union européenne, elle-même, doit se consolider après l'intégration de ses nouveaux membres.

Si bien que le jour où interviendra la décision finale, l'Europe comme la Turquie auront profondément changé.

Un groupe de sages

Pour tenter de mieux comprendre les liens unissant les Européens, il m'est apparu important de participer au groupe des sages de Romano Prodi consacré à la dimension spirituelle et culturelle de l'Europe, réflexion d'autant plus importante que les élargissements de 2004 et de 2007 ont renforcé l'urgente nécessité de réfléchir à la fois sur l'unité de l'Europe – qui n'est qu'un des deux aspects fondamentaux du processus d'intégration – et sur la préservation de sa diversité.

Celle-ci s'exprime déjà par la multiplicité des langues parlées – l'Union européenne reconnaît d'ailleurs cette diversité en admettant toutes les langues nationales comme langues officielles à droit égal –, mais l'unité se fait autour de valeurs universelles : la liberté, la justice, l'égalité, la démocratie parlementaire, le respect des droits de l'homme et de la dignité humaine, le respect du droit international.

Dans son intitulé, Romano Prodi a eu raison d'utiliser le terme « spiritualité » et non celui de « religions ». Car on sait combien les religions, au cours des siècles et encore aujourd'hui, sont source de conflits, de violence et de guerres. Il existe, en revanche, une transversalité de la spiritualité qui peut être religieuse mais également laïque comme dans l'humanisme. La spiritualité laïque se veut non dogmatique, non sectaire, ouverte au débat et à l'élaboration progressive d'une société plus unie et partageant des valeurs communes.

C'est uniquement par l'éducation, la formation et l'information que l'on parviendra à faire progresser les valeurs spirituelles d'une Europe apte à surmonter ses clivages politiques, sociaux, culturels, religieux, linguistiques. Un chantier prometteur d'avenir et de tolérance, valable pour la Turquie comme pour tous les États membres.

Le processus se poursuit

On le constate à travers ce plaidoyer étayé, à mes yeux l'adhésion de la Turquie mérite une réflexion mesurée, intelligente, dépassionnée au sens de débarrassée de considérations politiciennes. Car l'enjeu est majeur.

De fait, les positions que j'ai prises au Parlement européen à ce propos m'ont valu d'être, dès sa naissance, nommé membre de la Commission indépendante sur la Turquie, fondée et animée par l'ancien président finlandais Martti Ahtisaari. Laquelle a produit deux rapports. L'un intitulé « La Turquie dans l'Europe, plus qu'une promesse » en septembre 2004, l'autre « La Turquie dans l'Europe, briser le cercle vicieux » en septembre 2009.

Cette commission n'est pas dissoute. J'en reste membre. Le travail se poursuit puisqu'Ankara frappe toujours à notre porte.

Quatrième partie

TRANSVERSALES

Dans mon parcours d'homme politique, ce ne sont pas les occasions d'intervenir sur de nombreux sujets qui ont manqué... et manquent encore. Si j'ai beaucoup agi comme élu, maire, ministre, membre du Parlement européen, je me suis souvent impliqué dans des débats de société et internationaux majeurs, chaque fois avec le souci de faire comprendre les choses autrement. Et ce notamment à travers des discours, des préfaces et des textes complets ayant apporté, à mes yeux, une pierre, voire plusieurs, à l'édifice de la réflexion. Autant d'approches, d'écrits et de thèmes « transversaux » essentiels comme l'Afrique, le nucléaire, la paix... que cette quatrième partie met à l'honneur.

Chapitre XXVI

MON ENGAGEMENT POUR L'AFRIQUE

L'Afrique est émouvante, belle, j'y ai vécu des moments intenses et y ai toujours des amis, mais elle souffre. Et je ne peux l'admettre.

La principale raison de mon engagement résulte d'un souci d'Occidental effrayé par les menaces qui pèsent sur l'équilibre et la paix dans le monde à cause de ce continent en déshérence. Il y a trente ans, l'Afrique représentait 6 % des échanges mondiaux ; en 2000, le chiffre était tombé à moins de 2 %. Son réveil actuel ne lui a fait rattraper qu'une petite partie de ce retard. Quant aux efforts de la communauté internationale, ils diminuent, tandis que le sida et le paludisme s'étendent. Combien d'années nos frontières sanitaires resteront-elles étanches ? Sans doute aussi longtemps que l'absence de développement assombrira les perspectives de ce beau territoire.

Des lueurs d'espoir

Heureusement, depuis une dizaine d'années, les perspectives changent beaucoup. Certes, pas au point de démentir ma phrase précédente, mais l'inversion de tendance est manifeste. Ainsi, cahin-caha, la démocratie progresse. À la fin du XXe siècle, huit conférences nationales ont ouvert la voie au multipartisme et à la possibilité d'une alternance politique. Huit autres nations francophones, anglophones, hispanophones et lusophones... ont adopté quant à elles le multipartisme depuis 1990. Ce qui fait, en incluant le Sénégal qui a consolidé sa structure parlementaire pluraliste depuis 1974, 27 nations sur 48 subsahariennes avançant sur la bonne voie. Autre changement majeur, en 1995 13 guerres civiles ou interétatiques déchiraient l'Afrique : il n'y en a plus que 3 en cours. Les libertés sont désormais globalement mieux respectées, les affaires publiques un peu mieux gérées. Surtout, les militants associatifs de la liberté et de la démocratie émergent, parfois en grand nombre et avec un grand courage comme au Zimbabwe.

Beaucoup plus nettement encore, la croissance économique de l'Afrique subsaharienne a changé de rythme. D'une moyenne de 2 % entre 1990 et 2000, elle est passée à environ 5 %. Un vigoureux réveil lié à des causes multiples. D'abord la mise en exploitation croissante des énormes réserves pétrolières et gazières – soit 10 % des quantités mondiales – avec maintien des prix correspondants – au milieu de variations extrêmement fortes – à un niveau très élevé sur une longue période.

Ensuite, comme l'Afrique détient en outre 30 % des réserves minérales mondiales et notamment 80 % du coltan (matériau clé des téléphones portables), 50 % du diamant, 90 % du platine, 40 % de l'or, 45 % du cobalt, 17 % du cuivre, etc., elle peut regarder l'avenir avec plus d'espoir.

Enfin, l'explosion fulgurante du téléphone mobile et de l'accès à Internet lui permet de disposer d'un système de communication complet et efficace tout en ayant court-circuité le recours aux systèmes câblés fixes. De 2000 à 2008, le nombre d'abonnés au téléphone mobile et à Internet a été multiplié par 24, passant de 10 à 246 millions. La vitesse de développement du marché des télécoms est, depuis 2002, de 49,3 % l'an, contre 28 % au Brésil, 27,4 % en Asie et 7,5 % en France. Entre 2000 et 2012, ce secteur aura généré 71 milliards de dollars de résultat sur l'ensemble du continent. L'un des effets majeurs de cette évolution est de permettre la mise en place d'un système ultramoderne de paiement par téléphone mobile, nécessaire complément d'un système bancaire local gravement insuffisant.

Un thème qui me passionne depuis longtemps

Je pourrais continuer longtemps cette description des progrès africains, mais ce n'est pas vraiment le lieu. Pour autant, il me paraissait inconcevable d'évoquer l'Afrique dans cet ouvrage sortant en 2010 sans mentionner ce réveil, encore fragile, mais riche en espérance. Or ma raison principale de mentionner ce continent ici tient au travail que j'ai eu à faire à son sujet. Si je ne m'y suis professionnellement intéressé que durant deux ans et demi (comme président de la commission du Développement et de la Coopération du Parlement européen de janvier 1997 à juin 1999), j'ai rencontré l'Afrique tôt et ne l'ai jamais perdue de vue. C'est la continuité de ce souci dont j'aimerais rendre compte.

Mon éveil à la politique se fait dans les années 1945 à 1950, je l'ai dit. Avec, bien sûr, la guerre, ses causes et les difficultés de l'après-conflit comme éléments dominants de cette prise de conscience. Mais il est clair que la guerre d'Indochine a joué, chez moi, un rôle majeur d'éveilleur de colère et de marqueur de principe. À cause d'elle, je suis devenu anticolonialiste et le resterai ma vie durant. Mais l'Indochine n'est pas l'Afrique, et si la condamnation de la guerre comme moyen de reconstituer un pouvoir colonial est certes une entrée indispensable au problème, elle s'appuie sur une vision assez élémentaire des choses.

En 1954, devenu responsable parisien des étudiants socialistes SFIO, je commence à avoir connaissance des activités nationales et internationales du mouvement. Lorsque je découvre que l'Internationale socialiste organise chaque année une école d'été pour ses jeunes cadres et ses étudiants, je m'y inscris. Nous passons huit jours fort sympathiques aux Pays-Bas, à une vingtaine. Je suis le seul Français. Le programme est centré sur l'émergence d'un nouveau capitalisme international et la montée en puissance des entreprises « multinationales ». Une journée est consacrée à l'Afrique À l'époque, si je ne connais rien au tiers-monde, je suis fasciné et inquiet face au redémarrage foudroyant du capitalisme : il n'y a plus de chômage nulle part en pays développés, et notamment en Europe ; la croissance est rapide, seules les inégalités et l'insuffisance des biens collectifs appellent des critiques fortes. Je souris donc des « tiers-mondistes » et demande que l'on se concentre plus sur ce nouveau capitalisme.

Et puis vient la journée africaine. Pour moi, le colonialisme est une domination usurpée, imposée par la violence, mais je ne vois pas pourquoi il serait incapable de transmettre des savoir-faire, des valeurs, un accès à la culture, et inapte à contribuer à un décollage qu'il resterait ensuite aux populations locales à s'approprier.

Un syndicaliste belge, André Genot, de la FGTB (Fédération générale du travail de Belgique), nous raconte sa toute récente découverte du Congo belge. L'homme, perspicace et courageux, décrit l'horreur ; celle des prisons et camps d'internement, celle du travail forcé dans les exploitations agricoles et les mines ; celle du désert scolaire et culturel ; celle de la misère dans un habitat précaire sans équipements suffisants, avec des transports surchargés, un manque total d'assainissement, une eau incertaine et rare... Un électrochoc pour notre petite assemblée. Du coup naît en moi l'idée d'aller vérifier si, du côté du colonialisme français, les choses seraient un peu meilleures, ou de même nature.

Les étudiants socialistes ont déjà commencé à travailler sur le Maghreb – notamment le Maroc et la Tunisie –, probablement parce que, dans ces deux pays, une opposition vigoureuse se fait déjà connaître. Nous incluons l'Algérie dans notre champ d'investigation. Un séminaire d'été nous fait découvrir des réalités menaçantes. Si bien que, seuls dans toute la SFIO, les étudiants ont approfondi le problème lorsque éclate la lutte armée pour l'indépendance le 1er novembre 1954. Et seuls, en connaissance de cause, ils désapprouvent et condamnent le choix d'une politique exclusivement répressive. C'est le début d'une très longue histoire, largement racontée ailleurs.

Un choc, une magie

Ma complicité avec l'Afrique débute donc par l'Afrique blanche, puisque je sais seulement que la subsaharienne, ou noire, se révèle un autre monde. Vient l'hiver 1962. Je sors de l'ENA dans l'Inspection des finances, intègre la direction du Trésor, au service des études économiques et financières et me vois momentanément détaché au Centre d'études de programme économique pour y apprendre, à un rythme accéléré, l'économie moderne, à laquelle je n'ai guère touché pendant mes études. Je suis aussi membre du PSU, où j'ai accédé au comité politique national. Mon vieux camarade Jacques Bugnicourt

– condisciple de Sciences-Po –, deuxième successeur à la tête des étudiants socialistes SFIO et mon complice dans l'enquête sur les regroupements en Algérie, débarque un jour chez moi.

— Michel, je suis maintenant détaché dans l'administration du Sénégal, comme chef du bureau des terroirs et villages, me dit-il. Tu te prépares à des responsabilités politiques et ce n'est pas sérieux de ne rien connaître de l'Afrique. J'ai décroché une mission pour toi : nous partons quinze jours pour préparer une réforme foncière au Sénégal, mission demandée par le ministre du Plan, cheikh Hamidou Kane, avec l'accord du directeur de cabinet du président de la République, Abdou Diouf.

Que répondre à une pareille tirade ? Le connaisseur des problèmes fonciers, c'est lui, je vais donc lui servir d'adjoint. Ces quinze jours se révèlent totalement fous. Trois puis quatre jours de travail dans les ministères compétents de 8 heures à 23 heures – avec des bâtiments totalement vides à partir de 18 heures –, une virée de trois jours en Land-Rover à Saint-Louis et Rosso pour découvrir le fleuve, la pêche, le riz et les puits forains destinés à abreuver les troupeaux, plus une virée de quatre jours à 900 kilomètres de Dakar au-delà de Tambacounda afin de ramener dans la tribu Bassari, où il enseignait, un instituteur wolof au tempérament syndical rigoureux, muté dans ces confins montagneux par sanction. Ce qui nous vaut d'être les deux premiers Blancs invités à assister à une cérémonie d'initiation pour six garçons d'une quinzaine d'années. La nuit africaine, le concert d'insectes, le bruit des tam-tams la nuit sur des kilomètres et des kilomètres, le passage de la Gambie en bac poussé à la gaffe dans le silence total ou, plutôt, le seul vacarme de la nature, la bière de mil bue les dents serrées pour ne pas laisser passer les brindilles, les lointains aboiements des chacals, l'étrangeté des danses initiatiques… l'Afrique noire me frappe de sa magie à pleine puissance dès ce premier contact.

Des actions concrètes

Depuis cette date, j'ai rarement passé une année sans visiter un pays d'Afrique. Congrès locaux, anniversaires d'indépendance, séminaires d'études, vacances, missions diverses, toutes les occasions ont eté bonnes. Chaque fois, j'ai tenté de rester fidèle aux consignes du premier voyage : sortir des grandes villes, ne jamais me limiter à rencontrer les seuls dirigeants officiels.

J'ai naturellement beaucoup milité pour l'Afrique et pour de bonnes relations avec ses représentants au sein du Parti socialiste unifié, puis du Parti socialiste. Ce qui, au-delà de l'action pédagogique, m'a valu de nombreuses amitiés. Mais le parti pris de ce livre étant de n'évoquer que des choses faites, il me semble important de m'attarder sur quelques actions précises.

La première découle de mes fonctions de ministre du Plan (1981-1983). Car on n'est pas en charge d'inventorier l'avenir de son pays sans s'intéresser à la fois aux questions de l'immigration et au gros enjeu qu'est la politique française d'aide au tiers-monde, et notamment aux anciennes colonies. Informé par hasard, mais très en détail, de l'intelligence politique des États-Unis – hélas abandonnée depuis près de vingt ans aujourd'hui –, vis-à-vis de Porto Rico, je songe alors fortement à l'imiter. À Porto Rico, dans les années 1970-1980, l'administration américaine organise auprès de la population la présentation d'offres d'emploi issues de grandes compagnies américaines pour des durées de quelques années déterminées à l'avance avec, pour l'employeur, une obligation de formation professionnelle sur le territoire américain, et, pour l'administration portoricaine, un engagement de soutien à chaque intéressé en vue de sa future réinsertion comme salarié ou créateur d'entreprise locale une fois de retour, et ce dans la spécialité acquise. C'est une politique de ce genre qu'il me semble nécessaire de mettre en œuvre avec les pays d'Afrique francophone devenus indépendants. Je suggère en outre une programmation pluriannuelle de nos échanges de population et commerciaux, appuyée sur les données des comptabilités nationales afin d'orienter la sélection des investissements. Cet ensemble peut être baptisé politique de co-développement, mais ces suggestions n'ont, hélas, guère d'effet.

Il aurait fallu une volonté politique et administrative beaucoup plus forte et, surtout, continue des deux côtés. Et si le terme de co-développement a continué à qualifier quelque temps une tentative limitée d'encadrer sectoriellement les politiques d'immigration, on y a ensuite renoncé. Personnellement, je continue à penser que c'est fort dommage. Parce que réside là un des fondements éventuels d'une humanisation des mouvements migratoires.

À l'aide !

Lorsqu'on n'est pas en période de cohabitation, un Premier ministre est normalement, si je puis dire, « soulagé » de l'Afrique. Au sens où l'intérêt personnel de tous les présidents, appuyés qu'ils sont par une puissante cellule africaine installée à l'Élysée et ayant pouvoir de décision, les conduit à inclure les échanges avec ce continent dans leur domaine dit réservé. Jusqu'au jour, pourtant, où mon téléphone sonne et qu'on m'annonce le président de la Côte d'Ivoire, Félix Houphouët-Boigny, lequel souhaite que je l'aide à sauver Air Afrique. Mais comme j'ai déjà conté dans le chapitre sur Matignon cet épisode, inutile de revenir dessus. Au moins prouve-t-il que Matignon a son rôle à jouer, parfois, dans ces questions.

Lorsque je quitte Matignon et deviens député européen, en 1994, membre des commissions des Affaires étrangères et des Affaires sociales, le sujet me préoccupe encore. À mi-mandat, en décembre 1996, on redistribue les appartenances de commissions et les fonctions. Le rouleau compresseur bureaucratique et proportionnel pousse une sociale-démocrate néerlandaise à la présidence de la commission du Développement et de la Coopération. Laquelle commission doit suivre la négociation d'une nouvelle convention avec les pays d'Afrique des Caraïbes et du Pacifique (ACP). Les quatre premières ont été signées à Lomé (Togo), et la quatrième arrive à son terme. Ces conventions servent de cadre à l'aide financière et budgétaire que l'Union européenne verse à ses anciennes colonies françaises, britanniques, belges, néerlandaises, espagnoles et portugaises et fixent les règles comme les objectifs de cette politique. Or, l'Afrique va mal, les résultats incertains de notre politique d'aide sont fort discutés. Le constat se fait vite que la sympathique jeune Néerlandaise n'a ni le charisme ni l'expérience nécessaire pour conduire pareille affaire. Violant les procédures et les quotas, sur une suggestion des socialistes néerlandais eux-mêmes, le bureau du Parlement me demande de présider la commission. Bien sûr, j'accepte, et me revoilà face à l'Afrique.

Le travail est énorme. Au-delà de la préparation d'une nouvelle convention, la commission est saisie d'innombrables problèmes, le plus souvent bilatéraux. Difficultés économiques, conflits, coups d'État, opérations électorales à suivre, tout y passe. Mais l'essentiel est bien le renouvellement de notre aide, de sa nature, de ses formes.

Au cours du demi-mandat précédent, la commission a désigné l'ancien Premier ministre belge, Wilfried Martens, comme rapporteur d'un premier travail exploratoire. Nous prenons contact, nous sommes en sympathie, il accepte nombre de mes amendements. Son rapport est adopté à une énorme majorité. Quelques mois après, la Commission européenne nous soumet sa première approche du projet. Elle a peu tenu compte de nos suggestions. Un nouveau rapport est à établir et j'en deviens rapporteur. Ce deuxième texte sera lui aussi adopté à une très forte majorité : la droite européenne accepte là nos perspectives, qui sont techniques dans la description mais sociales-démocrates dans l'intention. .

Le Togo étant devenu moins fréquentable à cause de l'insécurité et de l'évidente violation des droits de l'homme par le dictatorial président Gnassingbe Eyadema, c'est à Cotonou, au Bénin, que la nouvelle convention est finalement signée, en 1999 je crois. Ce qui est retenu de cet énorme travail concerne tant les procédures que le fond. Il faut absolument rechercher, pays par pays, la plus profonde appropriation possible par les populations des objectifs et des projets détaillés faisant l'objet de l'aide. L'accent doit être mis sur l'agriculture vivrière, le microcrédit, l'éducation. Le partage des fruits des gros investissements est à surveiller de près et la stabilité institutionnelle et juridique est recherchée et favorisée. Des comités de suivi doivent fonctionner de manière permanente et par pays. Il faut en outre que les objectifs nationaux des planifications locales soient pris en considération.

Je crois nécessaire, tant les problèmes sont toujours là, d'évoquer ici les suggestions du Parlement européen non retenues, dans la mesure où elles peuvent toujours servir. La première concerne le traitement de l'économie dite « informelle », qui fait vivre au moins 60 % des Africains. La fiscaliser serait souhaitable, mais ce ne peut qu'être lent et progressif, sous peine de la massacrer. Or le qualificatif « informelle », mot de colonisateur qui traduit la condescendance ou le mépris, est utilisé pareillement pour l'économie de petites unités non fiscalisées et les trafics de drogue, d'armes, de pierres précieuses, la prostitution, bref toute l'économie criminelle. La différence entre ce que l'on veut punir et supprimer et ce qu'il convient d'encourager, de développer ou d'infléchir est essentielle ici. En droit, on ne punit que ce que l'on nomme et décrit comme infraction. Il n'est donc pas question un instant de réprimer l'économie non fiscalisée mais, au contraire, de l'aider à se développer pour se transformer elle-même. Il faut donc laisser sous l'appellation « informel » ce que l'on entend sanctionner et nommer autrement l'économie élémentaire. Nous avons alors proposé tout simplement l'expression « économie populaire ». Mais les fonctionnaires, distingués et urbains, ayant bouclé la négociation ne l'ont pas entendu ainsi. Je persiste à penser que c'est dommage : il faut cesser de mépriser l'économie débutante pour, a contrario, la connaître, l'encourager et la faire évoluer intelligemment.

Deuxième préoccupation, l'émergence d'entreprises petites ou moyennes. Nos pays développés savent seulement créer des mastodontes, des unités immenses, à l'européenne ou à l'américaine, pour capter et transformer à l'intention du monde entier les ressources minérales et végétales de l'Afrique. Nous ne parvenons pas à encourager la création d'entreprises d'échelle plus mesurée dans les pays à bas niveau de vie. Quant au microcrédit, il n'y suffit pas, étant pour le moment − et c'est déjà beaucoup − principalement un secours à la solvabilisation de la consommation. Le système bancaire international est ici en obligation d'invention. Hélas, cette suggestion n'a pas eu plus de suite. Le problème demeure.

La troisième recommandation du Parlement européen restée sans suite tient à la sécurité et à la violence en Afrique. Treize guerres sont en cours à l'époque et le génocide du Rwanda est encore récent. Le suicide collectif du Liberia et de la Sierra Leone se déroule sous nos yeux. Or les premières et plus totales des entraves au développement sont, évidemment, la violence et la guerre. Une expression magique circule : « Prévenir plutôt que guérir ». Naturellement, c'est ce qu'il faudrait faire, mais comment ? Nous partons du constat que, bien souvent, des violences ont été anticipées par de rares et bons experts, en général non écoutés parce que ne représentant pas des institutions puissantes. Ce fut particulièrement net, dans la clarté du diagnostic, six mois avant l'explosion au Kosovo et au Rwanda.

Nous proposons que l'Europe finance et appuie la création en Afrique de quatre observatoires régionaux des tensions, un par grande région. Ils seraient chargés d'observer les relations interethniques, inter-religieuses ou interlinguistiques et d'analyser les cas où des tensions entraîneraient des inégalités croissantes dans l'accès à l'école, l'entrée dans la fonction publique ou l'armée, le droit de cultiver la terre (le drame de la Côte d'Ivoire a commencé à ce propos). Formés de vétérinaires, d'agronomes, d'enseignants et de sociologues, dirigés chacun par un Africain habitué à manier la puissance publique (anciens ministres, anciens ambassadeurs ou généraux), ces observatoires auraient vocation à recommander à l'Union africaine ou aux États toutes mesures conservatoires nécessaires. L'idée n'est pas non plus retenue. Trop complexe, sans doute… Pourtant, s'il y a moins de guerres, il en subsiste tout de même et les zones ou occasions de tension restent dramatiquement nombreuses.

Nous n'oublions pas l'Afrique

Notre commission, au milieu de tous ces travaux, s'est illustrée aussi par des missions ou des travaux plus ponctuels. Je lui dois notamment la mission au Rwanda, commentée plus haut, et une autre avec deux députés, voyage dans le malheureux archipel des Comores sinistré par l'effondrement de ses marchés agricoles (vanille, gingembre, et ylang-ylang), la mal-gouvernance et la division frisant la guerre civile. Un séjour qui amorce un processus de réconciliation, lequel finit par aboutir au bout de dix ans.

Coup d'éclat modeste par ailleurs : je réussis, en 1999, devant le drame de l'affaiblissement des financements internationaux, à réunir, à la tribune de notre seule commission (mais nous avions changé de salle et invité tout le Parlement !), le directeur général du FMI (Fonds monétaire international), Michel Camdessus, le président de la Banque mondiale, James D. Wolfensohn, et le président de la Banque africaine de développement, Omar Kabbaj, pour une conférence commune sur le thème : « Mais non, nous n'oublions pas l'Afrique ». Un triomphe. Il faut savoir que la commission du Développement est une des commissions mineures du Parlement européen. Négligée, sinon méprisée, elle traite de nos relations avec les pauvres. Or les commissions nobles – Affaires étrangères, économiques et monétaires – ne sont jamais parvenues à déplacer les hautes autorités internationales de ce rang. Je savoure encore la jalousie rentrée de quelques-uns de mes collègues « importants » du Parlement européen !

En tout cas, cette réflexion, sur et avec l'Afrique, se poursuit encore, bien après mon départ.

Chapitre XXVII

DE L'IMMIGRATION

Des questions africaines au problème de l'immigration, l'enchaînement, s'il peut paraître à certains audacieux, dispose au moins d'une certaine logique. De fait, comment avoir été maire en banlieue parisienne pendant dix-huit ans, Premier ministre durant trois ans, sans avoir dû se colleter à cette question majeure ? Ce recueil de souvenirs et d'action ne serait à coup sûr pas complet si je n'évoquais ce sujet qui m'a tant occupé. Mais le travail en la matière étant composé d'une multitude de réalisations ponctuelles dont le récit pourrait se révéler lassant, il me paraît préférable de me limiter à quelques souvenirs symboliques et à un texte qui, lui, ne l'est pas.

Souvenirs symboliques

Conflans-Sainte-Honorine, lors de mon élection à la mairie, recensait 31 000 habitants, dont 17 % d'étrangers. C'était une ville très ouvrière, sans sous-préfecture, tribunal, lycée – sauf à la fin de mon mandat – ni université, donc sans bourgeoisie intellectuelle, mais avec cinq usines de plus de 100 personnes. Eh bien, jamais nous n'avons connu d'incident grave. Un constat qui souligne le souci et l'attention constants accordés au problème de l'immigration ainsi que la valeur des solutions apportées.

À ce titre, j'ai le devoir d'amitié de saluer le beau souvenir que je garde de Mohammed Sahnoun, président de la Communauté algérienne de Conflans, vieil ouvrier du bâtiment, je crois, plein de noblesse et de dignité. Et de célébrer le nombre de problèmes réglés ensemble grâce au dialogue et à l'intelligence. Je veux aussi évoquer la mémoire de quelques commissaires de police – pas tous malheureusement –, et de beaucoup d'agents – pas tous non plus.

Mais entrons dans le vif du sujet et des quelques situations m'ayant permis de remettre les pendules à l'heure.

Ainsi, par une nuit noire de novembre, vers 23 heures, je sors seul de la mairie après une réunion trop longue et tombe par hasard, sans être vu, en me dissimulant même lorsque je comprends de quoi il s'agit, sur un contrôle d'identité. Un contrôle effectué par la police à la fois avec brutalité et « au faciès ». Comme on en entend beaucoup parler au commissariat, le lendemain matin, puisque je n'ai pas mâché mes mots ni ma colère, plus jamais ma cité n'a connu d'attitudes de ce genre. Parfois, il suffit d'avoir le courage de dire stop pour faire tenir les digues de l'honneur.

Un autre jour, nous apprenons trois cambriolages dans une cité pavillonnaire du nord de la ville. Le Front national sort, dès le lendemain matin, un tract furibard dénonçant l'incurie des pouvoirs publics en général et du maire en particulier. Une réunion de protestation et d'accusation est du reste organisée dans le quartier victime des exactions le soir même. Je décide d'y aller. En arrivant, je vois environ 60 personnes. Le « bureau de séance » est constitué de l'état-major local du Front national, mais les trois quarts des assistants sont noirs ou maghrébins. Avec une majorité de femmes et beaucoup d'enfants. Complaintes, récits des misères quotidiennes locales aggravées d'incivilités se font jour, puis on finit par me donner la parole, en dixième ou onzième intervenant, tout le monde m'ayant naturellement identifié. Je raconte alors les bonnes relations avec telle famille respectée mais aussi celles avec un de ses membres, un adolescent voyou, pour montrer que jamais rien n'est simple. Ainsi qu'une conversation avec le procureur de la République, une autre plus détaillée avec le commissaire de police présent et témoin des cambriolages, l'action du bureau d'aide sociale auprès des victimes, le déclenchement de l'enquête… Ma volonté ? Jouer franc jeu. On me questionne, et l'assemblée établit un cahier des charges en vue de l'entretien que je vais demander au juge pour enfants. Devant le Front national ébahi et furieux, l'assemblée se prononce donc clairement en défaveur de la répression mais pour un renforcement de la prévention.

L'important, dans ces deux anecdotes, ce sont les conclusions auxquelles je suis arrivé : aucune sécurité viable et durable n'est possible si la répression n'est pas ferme, efficace et juste. Cette condition remplie, l'essentiel demeure la prévention et le suivi continu des familles difficiles. Un tapage médiatique se révèle contre-performant parce qu'il attise les tensions, tandis que les opérations coup de poing n'obtiennent aucun résultat positif durable, nourrissant plutôt des envies de vengeance. Autre constat majeur, il n'y a guère de différences entre les délinquants d'origine française et ceux d'origine étrangère. 80 ou 90 % des immigrés auxquels on a affaire dans ces incivilités sont en France depuis très longtemps. Il n'existe donc à peu près aucun lien entre l'immigration nouvelle, la police des frontières et la délinquance. Tout le reste n'est qu'agitation médiatique. Hélas, le sujet étant sensible, l'immigration « paie » pour les vrais problèmes. En outre, beaucoup de journalistes adorent jouer les boutefeux sans comprendre les dégâts qu'ils peuvent engendrer.

Ne jamais glorifier la répression

Reste l'essentiel . le traitement des étrangers. Sur ce point, je garde un fort souvenir de deux de mes discours au Sénat, réponses de l'époque à Charles Pasqua, digne précurseur de Brice Hortefeux, dans la glorification de la répression. Mais la réflexion la plus synthétique que j'ai produite sur ce thème majeur reste un discours prononcé devant la Cimade à l'occasion de son 70e anniversaire.

« La France et l'Europe peuvent et doivent accueillir toute la part qui leur revient de la misère du monde !

Permettez-moi, dans l'espoir, cette fois-ci, d'être bien entendu, de le répéter : la France et l'Europe peuvent et doivent accueillir toute la part qui leur revient de la misère du monde, c'est-à-dire de ces migrants courageux qui, prenant tous les risques, y compris celui de leur vie, viennent frapper aux portes des pays les plus riches dans l'espoir d'échapper à une destinée misérable pour eux-mêmes et leurs enfants dans leur pays d'origine. Que nous ne puissions à nous seuls prendre en charge la totalité de la misère mondiale ne nous dispense nullement de devoir la soulager autant qu'il nous est possible.

Il y a vingt ans, venu participer en tant que Premier ministre au cinquantenaire de la Cimade, j'ai déjà voulu exprimer la même conviction. Mais une malheureuse inversion, qui m'a fait évoquer en tête de phrase les limites inévitables que les contraintes économiques et sociales imposent à toute politique d'immigration, m'a joué le pire des tours : séparée de son contexte, tronquée, mutilée, ma pensée a été sans cesse invoquée pour soutenir les conceptions les plus éloignées de la mienne. Malgré mes démentis publics répétés, j'ai dû entendre à satiété le début négatif de ma phrase, privé de sa contrepartie positive, cité perversement au service d'idéologies xénophobes et de pratiques répressives et parfois cruellement inhumaines que je n'ai cessé de réprouver, de dénoncer et de combattre. Je veux espérer qu'aujourd'hui, vingt ans après, pour le 70e anniversaire de la grande Cimade, placé sous ce titre magnifique : "Inventer une politique européenne d'hospitalité", on voudra bien retenir ma conviction que c'est bien là notre tâche aujourd'hui : non pas penser d'abord à dresser des frontières sécuritaires face aux migrants mais, au contraire, être capables d'assumer, dans une politique concertée responsable, notre devoir d'hospitalité – parce que la France et l'Europe peuvent et doivent accueillir toute leur part de la misère du monde !

Si, il y a vingt ans, mes intentions ont été mal comprises, c'est qu'à cette époque une très large partie de la classe politique et de l'opinion françaises, de droite à gauche, s'était laissé enfermer dans le paradoxe consistant à obéir aux injonctions xénophobes de l'extrême droite sous prétexte de limiter son influence. Paradoxe qu'hélas l'Europe politique tout entière s'est mise à partager. Le résultat en est que les vingt années écoulées ont été marquées par le développement d'une réglementation européenne sur l'entrée et le séjour des migrants fondée sur une vision purement sécuritaire. Comme si le seul rapport à l'étranger désirant la rejoindre que l'Europe puisse avoir devait être de méfiance et de rejet.

En matière d'entrée, de circulation, de protection ou d'éloignement des réfugiés, qu'il s'agisse des accords de Schengen et de Dublin, de la directive Retour, du "paquet asile" ou, actuellement, du programme de Stockholm, les Européens se sont accordés sur un ensemble toujours renforcé de mesures techniques administratives, juridiques, sécuritaires et diplomatiques qui ont pour conséquence d'élever sans cesse plus haut de nouveaux murs en Europe et à ses portes.

Les conséquences de cette politique d'inhospitalité sont tout simplement tragiques et souvent criminelles : des milliers de morts en Méditerranée, dans l'Atlantique, ou au milieu du désert et, pour les candidats à l'exil, jamais découragés, des trajets toujours plus longs et dangereux, nos pratiques de rejets encourageant les filières mafieuses à s'engouffrer dans cette nouvelle manne de la traite des êtres humains.

À l'intérieur de l'Union européenne, ces législations fragilisent partout le respect des droits et des libertés de tous en contribuant à renforcer une vision fantasmatique de l'immigration, un repli frileux sur soi et la peur de l'autre.

Au niveau international, c'est un gouffre d'incompréhension et de rancœurs qui se creuse avec les populations du Sud et leurs gouvernements, qui se voient souvent contraints de se plier à un marchandage humiliant entre l'aide au développement et la participation au contrôle policier des mouvements migratoires.

Ainsi, deux décennies de cette politique n'ont rien réglé du tout. Au prix de leur vie, des milliers de personnes continuent de fuir les conflits, la misère et de chercher ailleurs un avenir meilleur pour eux et leur famille. En Europe, la question des migrants, de leur place dans la société et de leurs droits reste entière, et n'est pas sans conséquences très sérieuses sur la reconnaissance de l'autre et donc sur l'établissement d'un vivre ensemble harmonieux qui ne se limiterait pas aux beaux quartiers de nos villes.

Dans le même temps, la prévision d'une croissance démographique soutenue, notamment pour l'Afrique dont la population devrait doubler d'ici à 2050, accompagnée des dérèglements climatiques et de leurs conséquences sur la vie des populations – n'annonce-t-on pas plus de 100 millions de "réfugiés climatiques" pour le milieu de ce siècle ? –, souligne encore, si besoin en était, que les migrations sont encore pour longtemps non pas derrière, mais devant nous. Rien ne laisse penser d'ailleurs qu'elles doivent s'interrompre un jour. Mais elles pourraient mieux s'équilibrer. À condition que nous sachions anticiper.

Ce n'est pas le lieu de développer ici ne serait-ce qu'une simple esquisse de traitement global du problème de l'émigration dite économique. Un mot quand même pour rappeler que la solution principale ne saurait être dans le hérissement de barrières aux frontières mais se trouve, à l'évidence, dans la croissance économique des pays d'origine, qui implique aussi, et tout autant, une démocratisation politique. Nous devrions nous souvenir, en France, de l'expérience récente des émigrations espagnole et portugaise : le processus d'adhésion réussi à la Communauté européenne, couplé à une croissance forte et à la mise en place de réformes politiques, a réduit et progressivement éliminé les pressions migratoires. Il y a aujourd'hui 4 millions d'immigrés turcs dans l'Union européenne : les adversaires à l'adhésion de la Turquie à l'Europe ont-ils bien conscience qu'une interruption du processus d'adhésion entraînerait un ralentissement de la croissance et une augmentation du chômage en Turquie, avec comme corollaire une reprise de l'immigration illégale ? Mais la croissance générale des pays pauvres prendra encore des décennies et, en attendant, des foules de migrants continueront logiquement à tenter leur chance en Europe.

Dans les conditions actuelles des moyens de communications, tout circule, tout se déplace sur la planète, à une vitesse sans cesse accélérée dans notre société mondialisée : par trains, avions, téléphone, télévision, Internet, les textes, les images et les sons et les biens matériels de toutes sortes parcourent en tous sens notre monde, et l'on voudrait que les hommes et les femmes demeurent dans leur lieu d'origine, se contentant de brefs voyages touristiques pour les plus riches d'entre eux ? Ça n'a pas de sens ! Les migrations de populations, discrètes ou massives selon les époques et les lieux, sont connues depuis aussi loin qu'on remonte dans l'histoire et déjà la préhistoire de l'humanité. Se déplacer sur la surface du globe à la recherche de meilleures conditions de vie est une constante depuis qu'est apparue l'espèce humaine, et c'est aussi ce qui nous lie tous les uns aux autres, et nous savons bien que c'est une formidable source d'enrichissement et d'évolution de nos cultures, une condition nécessaire de l'indispensable unification du monde, condition absolue de la survie à long terme de l'humanité. Chaque jour, des jeunes gens de nos familles font le choix de vivre à l'étranger et nous n'accepterions pas que d'autres choisissent de vivre parmi nous ? La liberté de déplacement est un droit de l'homme fondamental, qui implique la pratique de l'hospitalité. Il n'en reste pas moins, évidemment, que dans nos sociétés si complexes, si fragiles sur tant de points, les États ne peuvent pas laisser leurs portes grandes ouvertes, mais ils ne doivent surtout pas les fermer non plus : il faut en finir avec le tout ou rien ! Le droit à l'émigration et le devoir d'hospitalité doivent s'exercer selon des règles qui les rendent acceptables par tous.

La réglementation actuelle ne proposant aucune solution réelle au problème, il y a donc urgence pour l'Europe à inventer d'autres règles, se fondant sur le respect du droit international et les principes des droits humains dans le cadre d'une vision réaliste des conditions économiques et sociales de l'intégration des émigrés basée sur une nouvelle lecture du monde, des risques et des chances de son avenir prévisible. Des règles qui acceptent les migrations comme un fait incontournable et qui sachent les transformer en un vecteur d'évolution positive des relations sociales, économiques et culturelles entre les régions d'origine et les pays d'arrivée.

Des règles donc qui, premièrement, répondent aux défis des migrations par la volonté collective, lucide et réfléchie des États européens de s'attaquer autrement que par des discours, c'est-à-dire par des engagements concrets, des accords mais aussi parfois des sanctions, aux dramatiques inégalités économiques n'offrant aucune perspective à des centaines de millions d'hommes, de femmes et d'enfants, ainsi qu'à l'absence de paix, de justice et de démocratie qui les accompagnent le plus souvent et qui sont, ensemble, les causes premières des migrations, dernier espoir des sans-espoir.

Des règles, corollairement, qui lient les États de l'Union européenne, qui sont les pays parmi les plus riches du monde malgré la crise actuelle, dans l'engagement de prendre, comme je le disais d'entrée, toute leur part, dans l'accueil de ces migrants pour construire avec eux, en fidélité avec nos valeurs et notre histoire, un autre avenir.

Cette nécessité impérieuse de transformer les logiques à l'œuvre depuis vingt ans, j'aimerais qu'elle trouve en premier lieu sa concrétisation par un changement des pratiques politiques développées en France à l'égard de la question de l'émigration prise dans son ensemble. Je fais le rêve que la France ouvre là-dessus le chemin de l'avenir en osant poser les bases de cette politique d'hospitalité sans laquelle elle-même et l'Europe perdront inévitablement le sens des valeurs politiques et éthiques qui les fondent, et l'art de vivre en commun qu'elles peuvent seules garantir.

Le président Sarkozy, reprenant à son compte le concept d'Edgar Morin, a soutenu la nécessité de promouvoir une "politique de civilisation". Il me paraît clair qu'une politique de civilisation implique une vision tout à fait neuve du fait migratoire et de la façon de le penser et de le traiter en France et en Europe.

C'est un pas symboliquement fort que de renoncer au recours aux tests ADN voulu par la majorité parlementaire. Cette opportune marche arrière sur un aspect fondateur de la conception française de la filiation rend sur ce point son visage à la France. Mais il y a d'autres aspects où une semblable intervention s'impose si l'on veut que notre politique d'immigration renonce aux inhumanités qu'elle entraîne parfois et qui défigurent notre pays.

Je retiendrai trois points sur lesquels je crois indispensable une véritable évolution.

Le premier porte sur la fixation de quotas annuels d'expulsions du territoire. Pas besoin de longues phrases pour dire ce qu'il y a d'humainement inacceptable dans le fait de donner à la police un objectif chiffré de ce type. Je ne nie pas la nécessité de recourir dans certains cas à des expulsions. Mon gouvernement aussi l'a fait. Mais c'était dans le cadre des actions de police normales de maintien de l'ordre public. Les quotas entraînent, au contraire, les services policiers à mener une sorte de traque pour atteindre l'objectif fixé par les préfets, avec le risque permanent des drames que l'on déplore trop souvent.

Le deuxième, qui est directement lié au premier, porte sur les atteintes à la vie familiale qui se multiplient à l'encontre des engagements de la France. Aujourd'hui, la politique de rétention et d'expulsion des migrants, en effet, n'épargne pas les couples et les familles, enfants compris, et semble souvent bien éloignée du respect élémentaire des libertés individuelles, banalisant des législations d'exception. On ne saurait approuver les tentatives d'instrumentaliser et de contrôler l'action des associations de défense des droits des migrants, notamment par la généralisation des logiques de marchés publics, pour prévenir leurs critiques. J'ai moi-même, quand j'étais Premier ministre, fait l'objet de remarques dérangeantes sur les droits des migrants, comme le pasteur Jacques Maury, ancien président de la Cimade, a toutes les raisons de s'en souvenir. Je veux dire ici quel soulagement moral c'était pour moi que de savoir qu'une aussi vigilante intransigeance saurait garder mon gouvernement de franchir la ligne jaune des droits fondamentaux de la personne humaine ! C'est l'honneur et le devoir des gouvernants de la France que de veiller à ce que de tels avertissements puissent toujours leur être donnés, afin que leurs politiques soient appliquées dans le respect le plus strict des droits de l'homme, et des recours qu'offre la loi.

Pour en revenir à la présence d'enfants, cet été encore, dans les centres de rétention, j'ai entendu l'argument choquant qu'une telle mesure a été prévue pour permettre aux parents de ne pas être séparés de leurs enfants... Il y a pourtant une autre solution à ce problème, éthiquement incomparablement supérieure, qui est de renoncer purement et simplement à placer en centre de rétention les personnes vivant avec leurs enfants dans notre pays. Je l'appelle de mes vœux.

Le troisième point porte sur les permis de séjour. On estime qu'il y a en France entre cent mille et cent cinquante mille immigrés en situation irrégulière mais pourvus d'un travail, logés, pratiquant le français et donc pleinement intégrés à notre vie sociale et dont la grande majorité est originaire de nos anciennes colonies – et relèvent donc tout spécialement de "notre part". Ces situations de sans-papiers intégrés mais privés de statut légal se retrouvent partout en Europe, comme aussi d'ailleurs, pour des millions de personnes, aux États-Unis. Là encore, il faut avoir le courage politique d'évoluer. Je ne plaide pas pour une régularisation massive, comme on dit souvent, car je pense au contraire qu'une politique d'intégration implique l'examen cas par cas. Mais à condition que l'objectif soit de donner un permis de séjour à tous ceux dont l'intégration constatée établira la vocation à vivre parmi nous. L'éthique des droits humains nous l'impose, mais aussi bien une politique responsable, car quel sens y a-t-il à maintenir sans permis de séjour des hommes et des femmes dont le travail contribue à l'activité du pays, souvent dans des secteurs où les Français ne se bousculent guère, et dont les enfants sont scolarisés dans l'école de la République ? Une politique de civilisation qui ne reconnaîtrait pas leur droit à résider là où ils vivent et travaillent n'en serait pas une.

Regarder les réalités en face est toujours à mes yeux le premier temps de la résolution des problèmes. Ce nouveau regard sur ces travailleurs de l'ombre, qui de toute façon demeureront parmi nous, aura des effets multiples sur la prise de conscience de l'évolution du monde par nos concitoyens. Il contribuera décisivement, j'en suis persuadé, à restaurer un espoir chez les jeunes issus de l'immigration qui désespèrent de trouver leur place au sein de notre société.

Pour une politique d'hospitalité en Europe, il est temps de sortir de la logique folle qui voudrait protéger nos libertés et notre identité en sapant les fondements mêmes de notre humanisme. Il est urgent de redonner sens et contenu aux principes d'égalité et de fraternité en restaurant un droit stable et protecteur, permettant à celles et ceux qui ont vocation à rester sur le territoire européen d'accéder à une véritable citoyenneté de résidence.

Je ne peux ici que me borner à quelques pistes.

La première est que l'inévitable partition des candidats à l'immigration entre ceux que la France peut accueillir et ceux qu'elle choisit de ne pas accueillir soit fait, en amont, le plus humainement possible. Il faut humaniser les services de visas de nos ambassades comme les services responsables dans les ports, gares et aéroports. Cela veut dire aussi qu'il s'agit d'établir des règles claires et transparentes pour mettre fin à l'opacité, voire l'arbitraire qui règnent souvent en ce domaine.

La seconde vise à limiter la concentration de populations précaires de toutes sortes dans les mêmes zones. Il faut résoudre le problème de la relégation économique et sociale, qui est bien loin de ne toucher que les étrangers. Je suis heureux d'avoir pu faire adopter la loi qui oblige toutes les villes à construire au moins 20 % de logements sociaux dans toutes leurs constructions neuves. Il y a encore des réticences à son application. Il faut en chercher les raisons, et peut-être durcir les sanctions. Peut-être faut-il d'autres dispositions, touchant par exemple le monde rural.

La troisième piste concerne les facilités d'apprentissage de notre langue pour tous ceux qui résident en France, quel que soit leur statut, les adultes, les conjoints et les enfants. Il y a beaucoup à développer là, car la maîtrise de la langue est un facteur déterminant de la participation effective à la vie sociale.

La quatrième, politiquement plus complexe, touche le droit. Il faut d'abord débarrasser notre législation de toute disposition ou contradiction tendant à créer cette catégorie inadmissible d'étrangers non régularisables, non expulsables, qui, pour limitée qu'elle soit aujourd'hui, n'en reste pas moins aussi inacceptable. Il faut aussi que l'Europe invente rapidement un statut de droit pour les "réfugiés de fait" que sont notamment les Afghans qu'on a vus chassés [...] de leur pauvre refuge à Calais, mais qu'on ne peut moralement pas renvoyer dans un pays en guerre depuis trente ans, et pas davantage les condamner à l'errance.

La cinquième est sans doute la plus importante. Je veux parler ici des maires, ces officiers publics principalement responsables de la bonne marche du processus local d'intégration. Tout cela leur tombe sur le dos et ils n'ont guère de moyens d'y faire face. Le temps paraît venu d'ouvrir entre l'État et l'Association des maires de France la négociation d'un vaste contrat portant sur ce sujet. Analyse des difficultés, moyens de soutenir les mères à domicile, modalités d'un éventuel soutien scolaire, intensification de la lutte contre la discrimination à l'embauche, peut-être aussi campagnes publiques d'explications... le champ est immense. Il faudra bien l'explorer.

Au-delà de ces quelques pistes, le cadre nouveau dont la nécessité s'impose ne pourra être inventé qu'en sortant d'une vision européocentrée, et en établissant un nouveau dialogue avec les pays du Sud, en premier lieu l'Afrique. Il ne pourra se construire sans y associer les sociétés civiles, notamment les syndicats et les associations qui par leurs actions conjointes et leurs capacités d'innovation, sont un moteur essentiel de l'émergence d'un dialogue et de solutions pour l'avenir. »

Tristesse et indignation

Depuis le prononcé de ce discours, et ma décision de l'inclure dans le présent livre, les choses se sont beaucoup aggravées. À la menace verbale, énoncée par le président de la République lui-même, d'étendre le champ de la déchéance de nationalité pour de nouvelles formes de délinquance, ou de sanctionner des parents pour cause de délinquance de leurs enfants adolescents, s'ajoute la mise en accusation globale (une unique fois par écrit, d'innom-brables fois oralement) d'une catégorie ethnique tout entière, les Roms.

Je veux redire ici ma tristesse et mon indignation, qui vraisem-blablement ne surprendront guère, mais aussi mon étonnement, dont j'espère qu'il fournira davantage matière à réflexion.

La déchéance de nationalité, prévue par le Code pénal, sert moins d'une fois par an, pour des raisons d'espionnage ou de terro-risme. Ce n'est donc pas une catégorie nouvelle dans le droit. Je veux donc dire ma tristesse de la voir élargie à des formes graves, mais tout de même habituelles de délinquance, créant ainsi parmi les citoyens français deux catégories distinctes devant les mêmes actes de violence : ceux qui ne sauraient en aucun cas être déchus de leur nationalité et ceux qui le pourraient. Créer une population de suspects potentiels est bien dangereux.

Punir les parents d'adolescents délinquants ? La personnalité de la peine est un principe fondamental du droit pénal civilisé. Il fut, en France, acquis bien avant la Révolution. Y toucher relève à la fois de la faute juridique et du sacrilège. Ici, c'est mon indignation que je veux clamer, d'autant qu'il y a sur ce point de la punition pour compte d'autrui un unique précédent, celui de la législation de Vichy. Ce n'est tout de même pas ma faute.

La mise en cause généralisée des Roms en tant que Roms relève de la même faute, l'incrimination pour compte d'autrui. C'est une population fragile et difficile. J'ai ainsi négocié plusieurs années, dans ma mairie, avec une de leurs communautés pour leur aména-ger un terrain d'accueil. Leur chef de communauté était pasteur. Non sans mal, nous avons réussi. Conflans-Sainte-Honorine vivait en paix avec ses Roms.

Je veux ajouter à ces remarques mon étonnement. On peut bien sûr chercher à récupérer des voix perdues du Front national. Mais l'ennui est que, sur le terrain, cela ne marche pas. Le grand, l'inou-bliable rapport d'un Collège d'une trentaine de maires sur la sécu-rité le dit dès 1982 et le répète sans ambages. Or il était unanime : communistes, socialistes, radicaux, gaullistes, droite classique et indépendants, tous affirmaient : pas de sécurité sans une répression ferme, efficace et juste que tous nos textes permettent déjà. Mais pas non plus de sécurité sans un développement beaucoup plus ample de la prévention et de la réhabilitation. L'aggravation des sanctions n'y change rien ou pas grand-chose. C'est, entre autres, une bonne police de proximité qu'il nous faut. Les opérations « coups de poing » de la police n'ont aucun effet durable, sinon de créer de l'humiliation et un désir de vengeance dans la population incriminée. Est-il intelligent de rendre fous de peur et de colère tous les Roms habitant en France pour en expulser 5 % ? Bien sûr tout cela marcherait si l'on pouvait expulser tous les délinquants potentiels, y compris les citoyens français.

Chapitre XXVIII

Urgences écologiques : le climat, l'Arctique, l'eau

Les urgences, notre monde – hélas – en regorge. Après celles qui concernent l'Afrique, le grave sujet de l'immigration, c'est à la santé de notre planète qu'il importe de venir porter secours. Il convient d'alerter l'opinion des risques graves pesant sur le climat et l'eau, pour que chacun prenne conscience des risques encourus à court et à moyen termes.

Quand a-t-on ouvert les yeux ?

On peut dater exactement le jour où Edison fit briller la première lampe électrique, le jour où Louis Pasteur fit le premier essai d'un vaccin contre la rage. Mais il est des connaissances scientifiques pour lesquelles le nom de « découverte » est un peu moins approprié, et pour lesquelles la confirmation de véracité vient beaucoup moins d'une expérience ou d'une manipulation observable, irréfutable et reproductible, que du consensus de la communauté scientifique à des suggestions où hypothèses de quelques collègues difficilement vérifiables dans la pratique, et naturellement longtemps contestées. Or ce processus peut être long. Combien de siècles a-t-il fallu pour qu'il soit communément admis que la terre tourne autour du soleil et non l'inverse alors que, déjà, quelques Grecs avant Copernic et Galilée en avaient eu l'intuition ? Pourquoi ces évocations historiques ? Parce qu'il a fallu du temps pour prendre conscience de la fragilisation du climat.

Si le fait que la chaleur terrestre est protégée par un système qui joue en quelque sorte un rôle d'effet de serre est évoqué comme une possibilité dans la première moitié du XXᵉ siècle – celui que nous soyons dans une phase de réchauffement climatique également –, l'annonce de la possibilité que le gaz carbonique joue un rôle dans cette affaire remonte à peu près à la Seconde Guerre mondiale. Et le fait que le réchauffement climatique semble dépasser les variations naturelles, atteindre une ampleur inhabituelle pour des raisons anthropiques, c'est-à-dire ayant l'activité humaine pour origine au moins en partie, constitue un ensemble d'hypothèses globalement formulées par quelques chercheurs dès les décennies 1960 et 1970. Pour autant, la controverse scientifique fit rage longtemps. Conséquence, ce désaccord permit aux autorités de laisser les savants et leurs disputes de côté et de ne s'occuper de rien. Or les risques annoncés, si jamais ils sont réels, sont parfaitement redoutables.

Un coup de génie un peu technocratique, unique au monde comme procédure jusqu'à présent, permit de sortir de l'incertitude et d'aboutir enfin à une connaissance irrécusable et quantifiable du risque encouru. En 1988, en effet, deux modestes agences des Nations unies, aux compétences limitées, au pouvoir de décision nul, en dehors de la coordination des activités de leur ressort, l'Organisation météorologique mondiale et le Programme des Nations unies pour l'environnement, décident avec le seul accord du secrétaire général des Nations unies, à l'époque, Javier Perez de Cuellar, de créer une institution scientifique spécialisée, le Giec, Groupe d'études intergouvernemental sur l'évolution du climat, énorme machine gérant des procédures de relecture et de collecte d'accord ou de consensus parmi près d'un millier de chercheurs et d'experts de multiples disciplines et provenant d'une centaine de pays. Lequel Giec, au fonctionnement d'une lourdeur voulue, produit un rapport tous les quatre ou cinq ans. Les deux premiers, dans la décennie 1990, furent ardemment discutés. Puis le Giec est progressivement parvenu à convaincre la communauté scientifique de la rigueur de ses méthodes de travail, de la pertinence de ses hypothèses, plus encore de l'irréfutable qualité de ses observations et mesures. Naturellement, l'autorité de ses conclusions a grandi. Si l'on peut dire, la nature a aidé. Dans son champ de travail, quelques éléments sont apparus dont la mesure était éclatante et communicable telle quelle à l'opinion publique, qui s'est globalement ralliée à cette problématique. C'est notamment le cas de la disparition d'espèces vivantes, donc de la diminution de la biodiversité, et plus encore de la fonte des glaces en Arctique. Résultat, désormais on ne doute plus.

La prise de conscience

La prise en charge de cette inquiétude par l'instance politique se fait d'abord à travers l'appel de La Haye en mars 1989 – j'ai conté déjà comment j'ai été amené à prendre cette initiative et en quoi elle consistait –, puis à l'occasion d'une conférence mondiale organisée par les Nations unies à Rio de Janeiro trois ans plus tard. Double conférence en fait : d'un côté les Nations, représentées par leurs chefs d'État, leurs Premiers ministres, leurs ministres et ambassadeurs, et de l'autre les associations, les célèbres organisations non gouvernementales – ONG –, avec leur fougue, leurs capacités théâtrales et leurs innombrables militants bénévoles, plusieurs milliers sans doute, qui firent là non leur première mais certainement leur plus véhémente et voyante apparition parmi les acteurs de la scène mondiale. On a constaté alors comment la géopolitique du climat comporte, pour une part, l'observation de la manière dont l'instance politique, à l'échelle planétaire, tente de répondre au problème posé. Au demeurant, dès la publication de l'appel de La Haye, nombre des vingt-quatre nations signataires ont respecté leur engagement et commencé à prendre des mesures d'approche du sujet. Pour ma part, en France, j'ai créé dès 1990-1991 la « Mission interministérielle de l'effet de serre », confiée à l'ingénieur général des mines Yves Martin. C'est elle qui créa et mit au point le principe d'une taxe sur les émissions de gaz carbonique.

Rio a donné naissance à une séquence spécifique de la diplomatie mondiale, gérant les suites de cette première rencontre ayant abouti à la signature de la Convention cadre des Nations unies sur le changement climatique – CCNUCC – en 1992 et entrée en vigueur deux ans plus tard. Ainsi s'organise chaque année une rencontre des parties présentes à cette convention – on parle de

Conférence des parties, diminutif COP. Certaines, les plus nombreuses, s'avèrent purement techniques et fort discrètes quand d'autres se voient élargies en nombre et élevées en niveau afin de posséder un pouvoir décisionnel plus large. C'est ainsi que se tient, en décembre 2009 à Copenhague, la COP15.

On a fait du chemin pour arriver là. À Kyoto, en 1997 – COP n° 6 –, l'ensemble des intervenants sont arrivés avec le désir évident de quelque chose, ce qui n'était pas le cas à Rio. Beaucoup des délégations sont ainsi prêtes à admettre que, pour combattre l'émission de gaz à effet de serre, le plus pertinent des moyens reste la mise en place d'un signal prix stable mais progressif visant à dissuader l'émission de gaz carbonique afin de provoquer des changements de comportements. Il s'agit d'une taxe, même si l'intention n'est pas d'enrichir quelque trésor public. Mais la délégation américaine représente un gouvernement qui n'approuve pas les conclusions des rapports et un pays dont la culture reste fortement marquée par le rejet de l'État, la volonté de diminuer les prélèvements et taxes et la croyance forte que tout est possible avec les mécanismes de marché. Les États-Unis inventent donc un système, que les autres parties adoptent, consistant à encadrer ces émissions de gaz dans des permis, enveloppes globales délimitées en volume – nous appelons cela en français des quotas –, et à décider que ces quotas seraient cessibles sur un marché. Ainsi, on pourrait acquérir, selon un prix défini par le marché, les volumes de permis d'émettre nécessaires à l'activité prévue et vendre éventuellement les quotas non nécessaires. Le système a pour lui les avantages de pouvoir être facilement mondial, d'être à contrainte faible et de reproduire en plus grand un montage analogue ayant déjà marché aux États-Unis contre l'anhydride sulfureux SO_2, produit par certaines entreprises chimiques. De ce système de quotas on entrevoit peu les inconvénients, découverts plus tard, mais naît une évidence : le plus gros émetteur de gaz carbonique de l'époque – les États-Unis – doit faire partie du système, faute de quoi il sera inefficace. Toutes les délégations – et notamment celle de l'Union européenne – se rallient donc, avec l'espoir que les États-Unis, voyant leur système adopté, daigneront l'adopter aussi. Hélas, sous l'autorité du président G. W. Bush, Washington refuse le protocole de Kyoto, lui portant un coup très grave qu'à la lumière de la suite

– c'est-à-dire de Copenhague – on peut probablement considérer comme fatal.

La complexité des quotas

Kyoto a exprimé un vœu, qu'un seul groupe de pays décida d'appliquer : l'Union européenne engagea en son sein des négociations compliquées aboutissant à la mise en place, au 1er janvier 2005, d'un système interne de permis d'émission de gaz à effet de serre (GES), en l'espèce le dioxyde de carbone CO_2, avec création d'un marché où les permis – les quotas – pourraient être achetés et vendus.

Comme le permis d'émettre doit être évalué par entreprise, on ne saurait assujettir toute l'économie à ce système. Il se voit donc limité aux très grosses unités, c'est-à-dire aux unités de production d'électricité utilisant des combustibles d'origine fossile (charbon, gaz, pétrole) et à celles de fabrication de matériaux parce qu'on crée seulement de l'acier, de l'aluminium, du ciment, du béton, du verre ou du plastique dans des unités de très grande taille consommant beaucoup d'énergie fossile. Ainsi sont identifiées, pour être soumises aux quotas, 1 018 unités industrielles en France et à peu près 11 000 en Europe.

Subsistent dès lors hors du processus le reste de l'industrie, l'agriculture, les services et nos activités domestiques. Ce qui ne fait pas rien. Ainsi, pour le Danemark, qui produit son électricité à partir de charbon, ce système des quotas couvre 80 % des émissions de CO_2. En Allemagne, très charbonnière mais plus diversifiée, il couvre 60 % de ses émissions. Mais en France, où plus de 10 % de l'électricité produite est d'origine hydraulique et plus de 70 % nucléaire – sans production de CO_2 non plus –, on atteint seulement 40 % des émissions. Traduction : il faut bien traiter les émissions de CO_2 des autres acteurs. Oui, mais comment faire alors qu'il est impossible de soumettre la totalité des ménages qui se chauffent et se transportent, ni toute l'activité agricole et industrielle d'entreprises petites ou moyennes, à un système formalisé d'évaluation ?

La seule solution possible est la taxation.

Trois pays scandinaves l'ont fait et la Suède atteint aujourd'hui 109 euros pour une tonne de CO_2 non émis, ce qui est, de l'aveu général, un niveau pertinent pour une efficacité satisfaisante. La France vient de tenter la même expérience mais bute en ce moment sur un obstacle de constitutionnalité, tant il est difficile de respecter complètement l'égalité devant l'impôt entre deux systèmes aussi différents que les quotas et les taxes.

Des quotas insatisfaisants

Cet épisode a permis de découvrir que le système de quotas est tout à fait insatisfaisant. Et ce pour deux raisons. D'abord parce que le prix des quotas CO_2 est, par nature, profondément lié au prix du pétrole. Or ce dernier a baissé de moitié pour cause de récession depuis deux ans. Le prix de la tonne de CO_2 en quotas a, de ce fait, été très volatil, puis a beaucoup chuté. Parti à 25 euros la tonne en 2005, on l'a vu à 0 en 2007, remonter un peu vers les 18 à 20 euros, et valoir présentement une dizaine d'euros. Voilà qui est redoutable. À ce niveau, le prix du quota n'a plus rien de dissuasif. Et cela d'autant moins que, pour faire avaler la pilule et faciliter la mise en place du système, la première génération de quotas a été distribuée gratuitement. À l'heure actuelle, nos électriciens et fabricants de matériaux achètent des quotas pour 7 à 8 % en moyenne du volume de leurs émissions… Que le quota soit, en plus, à un prix dérisoire signifie que le mécanisme n'a plus rien d'incitatif. En outre, l'extrême volatilité du prix rend impossible l'établissement de prévisions comptables sérieuses pour l'avenir, ce qui est infernal aux yeux des opérateurs économiques.

Il existe une seconde raison : c'est un marché. De janvier à avril 2009 compris, on a échangé dans l'Union européenne pour 120 fois le volume de ce CO_2 dont le système entendait empêcher l'émission… L'écrasante majorité des opérateurs sont donc venus sur ce marché pour y gagner de l'argent plus que pour réguler à la baisse les émissions de CO_2. Une véritable perversion du système devenue une autre cause d'inefficacité.

Rien n'est fait contre l'effet de serre

Pendant que fonctionne cahin-caha le seul système inspiré du protocole de Kyoto se prépare la quinzième Convention des parties à la CCNUCC, dite COP15, plus connue comme le Sommet de Copenhague. Malgré la bonne intention initiale du président Barack Obama, à cause des réticences du Sénat, les États-Unis s'y montrent culturellement réticents à tout système mondial, même marchand, dont le commandement ou la régulation leur échappe. Un conflit véhément, non résolu, oppose en outre les pays riches aux pays émergents comme aux moins développés sur le partage du coût des efforts à entreprendre afin d'intensifier la lutte contre le changement climatique. L'Arabie saoudite dénonce même les conclusions du Giec tandis que la Chine rejette tout processus conduisant à la mesure et à l'analyse par le reste du monde de ce qu'elle fait chez elle. Hors une déclaration de principes, à la fois générale et non quantifiée, Copenhague s'impose comme… un vaste échec. Le système des quotas n'est même pas reconduit comme outil souhaité par la Communauté internationale ! Un fiasco !

Pourquoi cette longue démonstration sans doute un peu technique, cher lecteur ? Pour vous apprendre que le monde, actuellement, ne fait à peu près rien de substantiel afin de limiter l'émission de gaz carbonique, principal agent du réchauffement climatique. Or il s'agit d'un mal hyperdangereux.

Deux mesures urgentes pour un monde en péril

À mon sens, deux mesures seraient nécessaires, mais je crains d'être peu suivi. D'abord, à l'intérieur de l'Union européenne, abandonner le système inefficace du marché de quotas pour le remplacer par une taxation générale. Soit la position de la Suède pendant sa présidence au second semestre 2009. L'Espagne, en présidence pour six mois depuis le 1er janvier, ne l'a pas suivie. Jusqu'à présent, le nouveau président du Conseil européen, Herman Van Rompuy, n'a pas dit un mot du sujet et le Premier ministre espagnol, José Luis Zapatero, non plus. Au moment où sort ce livre, rien n'a donc encore bougé. L'autre idée consiste à suggérer à toutes les nations désireuses d'avancer, et à l'Union européenne, de saisir de ce problème l'assemblée générale des Nations unies. Là, au moins, on vote à la majorité. Comme la recherche d'un consensus mondial sur un problème de cette taille est décidément illusoire, que les vraies structures des Nations unies n'ont encore jamais servi, saisissons cette chance. Car, pendant ce temps des inactions et des atermoiements, le réchauffement climatique ne cesse de progresser.

Des vérités bonnes à entendre

De fait, rappeler ce que l'on sait, autrement dit les éléments de savoir collectif à peu près unanimement reconnus et acceptés par une forte majorité des gouvernements, n'est pas inutile sur un sujet finalement polémique.

Premièrement, il existe bel et bien un réchauffement climatique actuellement.

Deuxièmement, en moyenne générale (Nord et Sud, étés et hivers), il a été de l'ordre d'un demi-degré centigrade au cours du XXe siècle.

Troisièmement, ce réchauffement n'est pas homogène, puisque beaucoup plus intense aux pôles qu'à l'équateur. La zone arctique aurait ainsi vu sa température moyenne augmenter d'un peu plus de 2 degrés durant le siècle précédent.

Quatrièmement, il semble dépasser en rythme et ampleur ceux de l'histoire climatique déjà mesurés sur quelques centaines de milliers d'années. D'après des travaux réalisés à partir de l'analyse des glaces, et notamment des bulles d'air qu'elles contiennent, on observe des cycles à peu près réguliers d'une centaine de milliers d'années avec pointes plus chaudes de quelques centaines d'années et retours pour une longue durée à une température générale assez constante et plus fraîche.

Cinquièmement, les scientifiques sont maintenant convaincus que le facteur majeur de ces variations est le changement de densité des gaz à effet de serre dans l'atmosphère, et notamment du plus important d'entre eux après la vapeur d'eau, le gaz carbonique.

Sixièmement, il n'y a guère de certitude quant à l'intensité de l'actuelle phase de réchauffement ou le niveau auquel elle s'arrêtera.

Mais demeure une certitude absolue : la densité actuelle de gaz carbonique dans l'atmosphère dépasse de très loin – on approcherait 60 % de plus – le niveau maximal observé dans les cycles précédents. C'est d'ailleurs cet indice qui conduit le Giec à déclarer cet élément d'origine humaine, car largement produit par nos activités industrielles et domestiques découlant de la consommation d'énergies fossiles, la combustion des charbon, gaz ou pétrole dégageant massivement du gaz carbonique. Une certitude qui devrait suffire à conduire l'humanité à diminuer très massivement ses consommations d'énergies fossiles.

Quant aux conséquences, elles deviennent graves et considérables.

Il y a d'abord l'élévation du niveau des océans, principalement mais pas exclusivement produite par la fonte des glaces reposant sur de la terre ferme, à savoir l'Antarctique, le Groenland et la plupart des grands glaciers d'Europe, d'Asie et d'Amérique. Dans de récents travaux, le Giec évoque entre 15 et 80 centimètres au minimum d'augmentation du niveau des eaux durant le XXIe siècle. Autre implication, il semble qu'on en constate déjà les premières conséquences avec l'augmentation du nombre et de la violence des accidents atmosphériques, sécheresses locales, inondations puissantes, tornades, cyclones et ouragans. Troisième niveau de répercussions, l'annonce de modifications climatiques touchant de vastes régions, avec assèchement – sinon désertification progressive – de régions telles que les centres de la Chine, des États-Unis, la zone méditerranéenne, et, en même temps, amélioration de la température et de la pluviosité dans des zones beaucoup plus nordiques comme la Sibérie, le Nord Canada ou le Groenland. Quatrième élément dans cet effet domino, la fonte massive des glaces polaires, et notamment de la banquise flottante, ne sera pas sans risque. L'océan Arctique, où le phénomène est le plus marqué, voit aujourd'hui sa glace flottante d'été amputée de près de la moitié de sa surface. Ce qui menace la survie des ours blancs, mais aussi les conditions de vie des peuples arctiques, le plus nombreux étant les Inuits avec quelque deux cent mille personnes. Enfin, cinquième conséquence – moins connue mais pas moins dangereuse –, le dégel du pergélisol, nom français du permafrost, c'est-à-dire le sol gelé des étendues terrestres proches de la zone arctique : Sibérie, Alaska,

grand archipel du Nord Canada, Norvège, Groenland. Or, en dége-
lant, le pergélisol dégage d'énormes quantités de méthane, lesquelles aggravent l'effet de serre, et se transforme en terre souvent
argileuse dans laquelle toutes les constructions s'enfoncent, détrui-
sant les habitats et les conditions de vie de bien des espèces vivantes
et notamment de plusieurs dizaines de milliers d'hommes !

Problèmes majeurs dans l'océan Arctique

On le constate, une conférence ratée – Copenhague – et c'est tout
un édifice qui chancelle et une planète entière qui tourne vers sa
perte. D'autant que les répercussions de cette inertie sont de toutes
sortes et touchent même à une sorte de géostratégie des mers.

Ainsi, une des conséquences de ces mutations climatiques est le
changement de nature de l'océan Arctique. Je m'explique.

La géographie veut que si l'on est russe et que l'on entend tirer sur
les États-Unis – et réciproquement –, le faire depuis cet océan Arctique est le plus simple. Or, si depuis la fin de la Seconde Guerre mondiale sa glaciation permanente n'autorisait aucune activité maritime
ni côtière autre que des patrouilles de sous-marins nucléaires lanceurs
d'engins dans l'eau liquide profonde, la surface d'eau libre de glace
augmente chaque année, isolant peu à peu la banquise proche du
pôle Nord géographique lui-même, la navigation militaire devient
plus aisée, même en surface, pour de longs mois. Les annexes à cette
navigation – sécurité, ravitaillement, multiplication des instruments
militaires d'identification et de mesure – sont en outre largement
facilitées. D'où l'urgence de prendre des « mesures de confiance » et
d'aboutir à un désarmement mutuellement contrôlé.

La sécurité civile dans ce même océan est en jeu elle aussi. Déjà, la
navigation touristique s'intensifie dans la zone pour atteindre plus de
100 000 visiteurs par an, la quasi-totalité en paquebots. Et, bien qu'il
n'y ait pas encore de pêche dans l'océan Arctique au-delà de l'archipel
du Svalbard – improprement appelé en français Spitzberg du nom
d'une seule de ses îles –, tout le monde s'attend à voir remonter vers
le nord de gigantesques migrations de poissons fuyant l'Atlantique et
le Pacifique devenant trop tièdes. Or, il n'existe aucune Organisation
régionale de pêche pour l'Arctique alors que bien des éléments de

cette ressource majeure sont menacés. Faut-il en créer une nouvelle – ce qui impliquerait une dizaine d'années de négociations – ou étendre la compétence territoriale de celles qui existent pour l'Atlantique du Nord-Est, l'Atlantique du Nord-Ouest, voire les deux, J'incline pour la seconde solution, un peu plus rapide tant il faut s'attendre à voir les flottes de pêche arriver dans les zones libres de glace d'ici quatre ou cinq ans. Sur mon initiative, la diplomatie française a d'ailleurs suggéré à l'Union européenne, compétente pour nous en matière de pêche et qui l'a accepté, de proposer en décembre 2009 à l'assemblée générale des Nations unies, qui vote chaque année une résolution générale sur cette activité, de décider un moratoire de toute pêche en Arctique dans les eaux libérées aussi longtemps qu'une étude scientifique n'aura pas été menée sur les espèces menacées dans la zone. L'idée n'a pas été retenue, ce qui souligne le vif intérêt des États pêcheurs et, surtout, des riverains pour cette affaire. Mais, selon moi, ce n'est que reporté.

Au-delà de la pêche, toute la navigation commerciale mondiale est évidemment concernée. Pour aller de l'Europe au Japon, à la Chine ou en Californie, on économise entre 4 000 et 5 000 kilomètres en utilisant les voies polaires plutôt qu'en passant par Suez ou Panama. Or, en 2008, pour la première fois dans l'histoire, les deux « chenaux » du Nord-Est longeant la Sibérie et du Nord-Ouest serpentant entre les îles du Grand Nord canadien se sont trouvés ouverts ensemble durant plusieurs semaines. Réchauffement aidant, ils le sont et le seront tous les ans, qui plus est pour des durées croissantes. Certes, personne ne s'attend à ce que ces voies soient abondamment pratiquées avant une dizaine d'années puisqu'il faut des navires renforcés à cause du risque de collision avec les icebergs, des équipages spécialement entraînés et qu'il n'y a sur 10 000 kilomètres pas un phare, une balise, une station de secours, un remorqueur – sans compter les cartes, bien insuffisantes. Mais, déjà, quelques navires circulent et le risque d'accidents croît.

Qu'il s'agisse de pêche, de tourisme ou de commerce, définir les standards et les règles de navigation, surveiller leur respect, prévoir un financement mutualisé pour la mise en place des services de sécurité et de secours, assurer la police de tout l'océan Arctique contre la piraterie et la fraude commerciale exigeront des efforts de la communauté internationale.

Des revendications territoriales en Arctique

D'autant que les revendications territoriales ne manquent pas. Les États-Unis, à peu près suivis là par le monde entier, considèrent le passage du Nord-Ouest comme un chenal international ouvert à tous, donc à la navigation libre, alors que le Canada estime qu'il s'agit d'eaux intérieures canadiennes et entend y faire régner ses règles, y décider des interdictions d'accès (navires en infraction commerciale, militaires…) et imposer la surveillance de sa propre police. Le statut du sous-sol n'est pas indifférent à cette revendication. Un problème identique se pose pour le passage du Nord-Est.

Et quand on songe que la convention sur le droit de la mer[1] autorise tout État riverain – titulaire d'une zone économique exclusive de 200 milles nautiques au large de ses côtes (370 kilomètres) lui assurant la responsabilité de la sécurité en surface et la propriété du sous-sol marin – capable de prouver que le plateau sous-marin, au-delà de cette limite, est la continuité géologique absolue de sa propre zone peut en demander l'extension jusqu'à 350 milles (648 kilomètres), on prend conscience des stratégies en jeu. Bien sûr, le comité compétent accorde cette extension uniquement sur des critères géologiques. Mais la Norvège et la Russie ont déjà présenté leurs requêtes, la seconde pour un tiers de la surface de l'océan, y compris le pôle Nord. Le Groenland et le Canada se préparent. Les États-Unis s'apprêtent de leur côté à ratifier cette convention de 1982 pour agir de même. Lorsque cette « privatisation » ou « nationalisation » sera achevée, dans dix à quinze ans, il restera en eaux libres internationales à peine 8 à 9 % de la surface de l'océan Arctique ! Et il n'est vraiment pas sûr que cela facilite le règlement des problèmes, notamment de sécurité.

D'autres dangers

Les problèmes engendrés par le réchauffement climatique ne se limitent pas, malheureusement, aux zones polaires.

---

1. ONU Montego Bay, 1982. United Nations Convention on the Law of the Sea (Unclos).

Ainsi, a-t-on conscience qu'une vingtaine d'États insulaires sans montagnes ni collines sont menacés de disparition si le niveau des océans augmente au minimum d'un mètre ? Les Maldives et les Seychelles sont du lot. Le petit Tuvalu – 11 000 habitants –, pays indépendant membre de l'ONU malgré sa taille, a même commencé le premier – un symbole – à rechercher un lieu d'évacuation pour tous ses habitants. Or tout le monde lui refuse l'accès. Seule la Nouvelle-Zélande entrebâille des portes en leur proposant un statut de travailleur immigré... La question concerne aussi la moitié du Bangladesh (130 millions d'habitants) et le quart des Pays-Bas (16 millions). N'oublions jamais qu'au total 320 millions d'hommes habitent à moins de 5 mètres au-dessus du niveau de la mer, dont 17 métropoles de plus de 8 millions d'habitants !

En dehors des zones maritimes, bien des régions de pleine terre sont en danger. Si les zones nordiques sont assurées de voir les températures se modérer et leur agriculture favorisée par de meilleures précipitations, une menace inverse – sécheresse relative et désertification – paraît peser sur d'immenses espaces de l'hémisphère Nord. Centre de la Chine, des États-Unis, zone méditerranéenne et moyen-orientale tout entière risquent de connaître de telles évolutions. Qui se traduiront vraisemblablement par une aggravation des problèmes d'eau. A-t-on en tête que le Pakistan risque la scission à cause d'un grave différend sur le partage de l'eau entre le Nord et le Sud ? A-t-on réalisé que le Grand Moyen-Orient voit les stratégies liées à l'eau mêlées à tous ses conflits, quand elles ne sont pas la cause de quelques-uns d'entre eux ? La Chine ne connaît-elle pas déjà de lourdes querelles internes à ce propos ?

La communauté internationale devrait travailler à un statut des fleuves plurinationaux, à des codes de bonne conduite et, sans doute, à des procédures de médiation.

Plus troublant encore apparaît une nouvelle catégorie, inconnue jusqu'alors, de citoyens · les réfugiés climatiques. Ce sont ceux qui quittent ou seront contraints de quitter les régions nordiques où le pergélisol fond. Ce sont, en Afrique, les habitants du Sahel qui cherchent refuge dans l'Afrique humide, plus près de l'océan. Certaines estimations évaluent à une centaine de millions de personnes ces migrants d'un genre nouveau au milieu du présent siècle, sinon à 150 millions. Dès lors, une foule de questions survient : comment et avec quels moyens protéger par des digues ou élever les habitations des populations menacées mais encore chez elles ? Comment nourrir, même, celles dont les ressources, l'alimentation, sont sous le coup de ce péril ?

Et la communauté internationale est-elle capable d'entreprendre la rédaction d'un statut acceptable des réfugiés climatiques ? Ne faut-il pas craindre, dans les zones les plus peuplées, l'apparition de graves et longues violences ?

L'humanité découvre, là, des problèmes et enjeux considérables, inconnus jusqu'alors, qui vont l'accompagner longtemps.

Comment économiser l'énergie ?

Il est un dernier sujet qu'il faut mentionner car relevant de ce propos général : l'économie d'énergie.

L'approche du « pic pétrolier » – ce moment après lequel la production ne pourra que décroître, rendant la ressource plus rare et plus chère, et que l'on attend pour dans moins de vingt ans – se conjugue avec la menace du réchauffement climatique par surdensité en gaz carbonique afin de nous pousser massivement à envisager des pistes nouvelles, qu'il s'agisse des énergies renouvelables ou du nucléaire. Or, ce dernier porte en lui le problème en partie résolu – mais toujours inquiètant aux yeux de l'opinion – de ses déchets tandis que les premières n'ont pas encore trouvé les formes et techniques leur permettant d'être à la hauteur du problème.

Or, il existe un deuxième Moyen-Orient. Situé sous l'Arctique, avec 30 % des réserves de gaz et 17 % de pétrole liquide mondiales. Les schistes bitumineux du Canada, d'un immense volume, équivalent même au manque de ressources de la planète. Hélas, il s'agit de la pire des formes d'hydrocarbures qui soit pour les pollutions et le gaz à effet de serre.

Serons-nous, dès lors, capables d'éviter de les utiliser sous peine d'aggraver le réchauffement ? Les batailles politiques et stratégiques seront majeures et lourdes. Nommé ambassadeur de France en charge de suivre la partie proprement polaire de ces négociations, je constate combien le travail est énorme. Mais si mon enthousiasme demeure, mon optimiste, lui, décline.

Comme un poisson dans l'eau

Sans doute certains trouveront que le terme revient souvent sous ma plume, mais l'eau – j'insiste – constitue réellement un enjeu fondateur pour notre planète et nos civilisations. Dans l'ordre écologique, et indépendamment du réchauffement climatique même si celui-ci peut aggraver la situation, les problèmes qu'elle rencontre – sa rareté, son insalubrité... – deviennent chaque jour plus alarmants.

Or, il se trouve que je me suis occupé de cette question, au point même d'avoir été un délégué attentif de trois forums mondiaux de l'eau et de rester un membre actif d'un club de travail intitulé « Ressource » mis sur pied avec le soutien du groupe Veolia.

Ma première rencontre avec l'eau – si je puis dire – survient en 1973. Alors que je viens d'être battu aux législatives de mars, je retourne dans mon corps d'origine, l'Inspection des finances. Et voilà que, à la fin du printemps, la Cour des comptes adopte un référé demandant la suppression des agences de bassin – je dirai plus loin de quoi il s'agit. La mission qui nous échoit : préparer cette dissolution, proposer la répartition de leurs moyens devenus caducs, gérer les attributions administratives... On me demande de diriger une brigade de six inspecteurs, moi compris, pour ce travail. Débutant par un examen approfondi de ce que sont et font ces agences, je découvre avec stupeur – et réussis à convaincre mes collaborateurs – que ces structures administratives sont bien conçues, bien gérées, performantes, et surtout parfaitement indispensables pour lutter contre la pollution croissante de nombre de nos cours d'eau. Nous recommandons dès lors non de les dissoudre mais de les renforcer. À tout le moins une sorte d'insubordination administrative, sinon pire. Mais nous gagnons dans le grand débat qui suit et, à l'époque, je me sens fier d'avoir sauvé ces agences de bassin que d'aucuns voulaient, à tort, couler.

Comme Premier ministre, je les rencontre à nouveau. À l'époque, j'ai obtenu du président de la République que soit nommé ministre de l'Environnement un vrai spécialiste de l'écologie, qui plus est ingénieur, Brice Lalonde. Autant il se montre un homme politique volatil et incertain, autant il se révèle un excellent ministre technicien. Constatant que la politique de l'eau s'essouffle, que les directeurs des agences sont peu soutenus et pas surveillés, prenant même de la distance avec le cœur de leur mission, que la préparation du prochain programme quinquennal de travaux sur l'eau accumule les retards, il m'alerte. De fait, il me faut intervenir personnellement assez lourdement et pendant près de deux mois pour obtenir la nomination d'un ingénieur compétent, issu du privé, à la tête de la plus grosse, celle de Paris, nommée Agence de bassin Seine-Normandie. Objectif : faire achever, puis adopter le programme quinquennal de travaux primordiaux, et prendre, hélas, la décision inéluctable qu'il implique, à savoir un doublement du prix de l'eau sur cinq ans.

On le voit : bien avant que tout le monde se rallie à la certitude qu'il s'agissait d'un sujet majeur, la question me taraudait. Des états de service qui m'ont valu une certaine reconnaissance des « milieux de l'eau » et une relative intégration à leurs travaux. D'où l'utilité, à mes yeux, de vous condenser et récapituler les différents défis posés à l'homme du XXIe siècle en puisant – si j'ose dire – dans un de mes textes précédents :

« En dehors de l'air, il n'y a pas de produit plus nécessaire à la vie que l'eau, écrivais-je plein d'un certain bon sens. La préhistoire et toute l'histoire portent trace des efforts inlassables, continus et parfois titanesques, que les humains ont accomplis pour s'assurer la disponibilité de l'eau, tant pour boire que pour cultiver la terre, c'est-à-dire élever des animaux qui boivent, et faire pousser des plantes qui ont besoin d'eau pour croître. »

Cela commence il y a plus de cinq mille ans. La première confrontation est bien connue et la manière dont elle se passe produit une civilisation. C'est celle du peuple égyptien avec le Nil. Les techniques balbutiantes de l'époque ne permettent pas encore de manipuler ou de détourner l'eau, mais la découverte de l'absolue dépendance vis-à-vis d'elle commence par solliciter les esprits, et la réponse égyptienne aux crues du Nil est l'invention de la géométrie, pour pouvoir reconstituer, après le retrait de la crue, le tracé des parcelles et des propriétés. L'humanité se développe, et l'on recopie les techniques. De la plus grande réalisation suivante on ne sait apparemment pas grand-chose. Les ruines existantes n'ont pas suffi aux scientifiques pour reconstituer une image complète du système. Il s'agit bien sûr des jardins suspendus de Babylone. Mais l'image qu'ils ont laissée dans l'histoire suffit à nous faire penser que l'empire assyrien avait réussi là un immense chef-d'œuvre d'aménagement et de pilotage de l'eau. Et tout touriste curieux en Europe se sera extasié devant la puissance et la beauté des aqueducs romains.

De ces quelques références traditionnelles découlent déjà quelques conclusions. La première est qu'à l'évidence, et hors les cas des pays très humides où l'eau jaillit partout, l'approvisionnement en eau est un problème qui concerne chaque collectivité tout entière. La seconde, qui découle de la première, est que le traitement de l'eau, lorsque sa rareté le rend nécessaire, est sans doute l'activité collective qui crée le lien le plus fort et le plus permanent entre l'autorité centrale de toute collectivité et chacun de ses membres distinctement à la base. Lorsque, en effet, il manque de l'eau dans certaines zones, il faut une autorité forte pour concevoir les moyens de répondre à ce manque, pour diriger les travaux publics nécessaires qui sont souvent énormes, pour affecter à tout cela les ressources indispensables, et enfin pour faire respecter lorsqu'il y a lieu certaines disciplines d'usage. Mais il est clair, en outre, que chaque membre de la même collectivité voudra avoir un accès à la ressource en eau individuel, aussi peu limité que possible et aussi fréquent que possible. Le XXᵉ siècle a vu émerger partout des exigences fortes mais légitimes en ce qui concerne l'innocuité de l'eau et, de façon plus générale, sa qualité. C'est aussi une responsabilité dont le principe pèse sur l'autorité centrale, compétente pour déterminer des normes, mais dont la mise en œuvre relève de tous les acteurs intervenant dans le système, y compris les consommateurs finals. Ces deux observations, cependant, sont compatibles avec ce constat que partout où l'eau n'a pas manqué au long de l'histoire, elle était modestement traitée par des services locaux, sans interférence avec la structure nationale du pouvoir. [...]

Les découvertes du XXᵉ siècle en matière de santé, d'hygiène publique, de pollution chimique ou microbienne, et de qualité de l'eau obligent aujourd'hui toutes les autorités publiques, surtout nationales mais aussi internationales, à élargir leur vision et à considérer explicitement que le problème à traiter en matière d'eau ne consiste pas seulement à assurer à tous l'accès à cette ressource, mais aussi et simultanément à traiter, c'est-à-dire à dépolluer les eaux usées avant de les renvoyer dans la nature, donc principalement dans les océans. On ne saurait dissocier l'accès à l'eau de l'assainissement.

Il s'agit donc d'un champ tout à fait considérable, avec la triple caractéristique d'un coût financier significatif, qu'il s'agisse d'assainir ou d'acheminer la ressource vers de multiples points du territoire, les travaux sont toujours énormes, d'une complexité technique (chimique et industrielle) non négligeable, et d'une complexité sociologique et institutionnelle inhabituelle et rare.

Le nombre et la multiplicité des agents individuels ou collectifs en cause sont en effet tels qu'une politique adéquate de traitement de l'eau ne peut éviter de rechercher la conciliation entre des niveaux d'organisation sociale, des entités ou des intérêts qui normalement, dans la quotidienneté de la vie en société, cherchent à s'exclure l'un l'autre, ou à tout le moins à ne pas dépendre l'un de l'autre et surtout à gratter constamment l'un aux dépens de l'autre des marges d'influence ou de compétences.

On l'aura deviné, il s'agit de faire interférer et coopérer : le niveau national et le niveau local, le secteur public et le secteur privé, les institutions et structures à but non lucratif avec les entreprises.

Depuis toujours, les politiques et les services des eaux de toutes les nations constituées se sont attachés, avec plus ou moins de bonheur, à concilier ces inconciliables et à faire fonctionner des instruments capables d'assurer cette conciliation dans la pratique quotidienne.

Mais, depuis moins d'un demi-siècle, la découverte que l'eau était en train de devenir un bien rare et, surtout, la prise de conscience générale par l'opinion publique mondiale de cette évidence ont ajouté deux autres dimensions à ce champ de complexités redoutables. La première est internationale. Parmi les 192 nations membres des Nations unies, il en est probablement près de la moitié qui soit partagent avec des voisins la gestion de cours d'eau importants, soit, surtout, sont pour des raisons naturelles incapables d'assurer seules leur indépendance hydrique dans l'avenir. La seconde est interne à nos nations. La découverte progressive que le volume d'eau disponible est limité ouvre évidemment matière à de profonds conflits d'intérêts autour de l'allocation de cette ressource.

La légitimité nécessaire pour faire accepter les éventuels critères de répartition, fussent-ils temporaires comme l'interdiction d'arroser les cultures ou de laver les voitures parfois édictées dans certains pays en période sèche, et l'autorité nécessaire pour les faire en permanence respecter sont autant de demandes d'accès du système de l'eau au système politique général et d'exigences de publicité et de contraintes dans l'exercice de la politique de l'eau. Tout cela en change la nature.

Pour être clair, il me suffit d'évoquer un seul des conflits qui se font ainsi jour. Il est latent, mais d'intensité croissante. En moyenne, à travers le monde, c'est 70 % de l'eau potable disponible qui est consommée par l'agriculture pour l'irrigation et l'arrosage. On va vers une très lourde confrontation autour de ce partage. Il est clair qu'il sera difficile de faire baisser la consommation d'eau des agriculteurs, où que ce soit. Il y faudra une information massive et omniprésente sur l'ampleur quantitative du problème, une intense recherche scientifique en agronomie autour des solutions alternatives, mais surtout, par voie fiscale ou par voie d'interdiction, l'exercice vigoureux par les pouvoirs publics de toute l'autorité dont leur degré de légitimité les rend capables. La politique de l'eau, longtemps discrètement confinée chez des services anonymes et obscurs, devient sous un nombre croissant de ses aspects une grande politique d'État. Et les conflits qu'elle a à gérer ont de fortes chances d'être d'intensité croissante. [...]

L'eau en conseil

La prise de conscience que l'eau pure est fragile et rare, qu'elle est inégalement répartie, qu'il y faut des personnels spécialisés a conduit les services et les personnes chargés de ce secteur à chercher l'occasion de se rencontrer au niveau international. C'est ainsi qu'a été fondé en 1996 le Conseil mondial de l'eau ou World Water Council. Un organisme plus officieux et moins puissant, mais déjà international, l'avait précédé de deux décennies. Le Conseil mondial de l'eau est une collaboration internationale d'ONG, de gouvernements et d'organisations internationales qui vise le triple but d'encourager et de systématiser les échanges de bonnes pratiques, de sensibiliser l'opinion mondiale aux problèmes de l'eau, et de faire pression sur ou de négocier avec les organisations internationales, et notamment l'ONU, pour pousser à l'adoption d'incitations, de recommandations, voire de règles, visant à améliorer les politiques de l'eau partout dans le monde. Ce Conseil mondial de l'eau organise tous les trois ans un Forum mondial de l'eau[1] : à Marrakech en mars 1997, à La Haye en mars 2000, au Japon (Kyoto, Osaka et Shiga) en mars 2003, le quatrième à Mexico en mars 2006, puis le cinquième et dernier à Istanbul en 2009. Le sixième aura lieu à Marseille en 2012.

On s'y confronte surtout sur les "actions locales pour relever un défi global", on y formule aussi la recommandation que l'eau soit déclarée par les Nations unies "bien public universel" et que soit reconnu le "droit à l'eau potable" comme un des droits fondamentaux de la personne humaine. Le Conseil mondial de l'eau est en train d'acquérir le statut d'organisation consultative auprès des Nations unies.

Vitale !

L'eau est maintenant reconnue comme vitale, fragile, et limitée en quantité. L'insistance politique se pérennise sur la planète pour élargir le plus possible l'accès à l'eau potable. On commence aussi, et c'est peut-être le plus important, à tirer des conclusions tout à fait pratiques de toutes ces réflexions pour améliorer fortement partout les conditions de disponibilité de l'eau potable pour les habitants de la planète.

Dans un premier domaine, le changement s'est fait spectaculaire pendant le dernier quart du XXe siècle : c'est celui de l'interdiction de certains produits ou de certaines pratiques aux fins de préserver la qualité de l'eau dans les nappes phréatiques, cela a concerné le DDT, certains engrais et certains pesticides. Il était important également, deuxième domaine, que l'assainissement soit mondialement reconnu aussi nécessaire que l'adduction elle-même, et que

---

1. Organisme composé de représentants des gouvernements, des organisations internationales et d'acteurs de la société civile (entreprises ou ONG). C'est la plus grande manifestation internationale sur la question de l'eau.

tous les pouvoirs publics soient incités à traduire cette reconnaissance dans les faits. Mais plus important peut-être est le dernier domaine ; celui des services des eaux proprement dits.

Le plus souvent locaux, c'est-à-dire rattachés chacun à une collectivité territoriale, ces services ont hérité de l'histoire une très grande diversité. Certains sont intégralement publics et fonctionnent en administration directe ou en régie. D'autres, au contraire, sont privés, une entreprise sélectionnée en principe par concours se chargeant complètement du captage et du transport de la ressource, de son traitement industriel et de sa distribution chez tous les usagers. D'autres, enfin, sont d'une mixité plus équilibrée, une entreprise privée se chargeant de la gestion technique, mais dans le cadre de consignes plus strictes de l'autorité publique, celle-ci déterminant les exigences d'entretien et de renouvellement de la ressource, les normes d'entretien du réseau, et décidant surtout de la tarification.

L'entretien satisfaisant des réseaux est l'une des plus grandes affaires de la gestion de l'eau dans le monde. Ils sont souvent très vieux. Les conditions financières d'une maintenance suffisante ne sont que très rarement assurées. En moyenne, on estime que les fuites des réseaux approchent à peu près 50 % du volume de la ressource dans le monde, et de l'ordre de 40 % en Europe. Mettre un terme à ces pertes massives est à peu près partout l'enjeu le plus immédiat.

La rénovation, l'extension, la modernisation des politiques de l'eau partout dans le monde sont une des conditions majeures de réalisation des objectifs du millénaire. Cela n'est évidemment possible qu'autour de solutions administratives financières et techniques efficaces. Il a donc fallu, dans cette première phase mondiale d'ouverture du débat, aborder quelques sujets difficiles, pour limiter les obstacles à la diffusion de meilleures pratiques.

Le premier, et de loin le plus important, est celui de "la gratuité de l'eau". Initiée dans quelques pays où l'eau n'a encore jamais été rare, cette vision des choses traduit une attitude mentale des pouvoirs publics acceptant que, l'eau ne posant que quelques problèmes limités d'acheminement, ce soit un de leurs devoirs que d'en assurer l'accès à tous les citoyens. Elle implique une philosophie d'ensemble des pouvoirs publics aux termes de laquelle la marche générale des services publics est une responsabilité d'État. D'une présentation sympathique, qui en a très longtemps justifié la défense, cet argument présente des inconvénients devenus rédhibitoires pour deux raisons principales. La première vient du coût. Aussi longtemps que l'eau paraît disponible partout en quantités illimitées, la construction de quelques fontaines locales ne coûtait pas grand-chose. Mais ce n'est à peu près plus le cas nulle part. En pays développés, où la consommation quotidienne d'eau par habitant s'étage de 200 ou 300 à 1 000 litres par jour, les besoins de stockage massif et d'épuration en même temps que la construction et l'entretien des réseaux de desserte deviennent une lourde charge, que toutes les autorités publiques ont moins de difficulté à prélever directement qu'à inclure dans l'impôt. La deuxième raison est plus forte encore : c'est que la gratuité de l'eau pour l'utilisateur final le dissuade totalement d'adopter des comportements responsables d'économie de consommation comme de limitation de la pollution.

Le combat contre l'idée de la gratuité fut donc longtemps le thème majeur des débats organisés dans les rencontres de tous types, nationales ou internationales, autour de l'eau. Ce combat n'est aujourd'hui pas loin d'être gagné. Il n'est pratiquement plus une autorité locale ou nationale qui exprime encore publiquement le vœu de la gratuité pour l'usager. L'eau potable a un coût, dans lequel le gaspillage de la ressource par l'usager final compte pour beaucoup. Il est essentiel de l'associer à ce coût. La tarification par unité de volume consommé est le premier et le plus évident des moyens de réaliser cette association. L'accord conceptuel à ce sujet est maintenant réalisé dans les enceintes mondiales.

Le deuxième sujet de débat vise les moyens d'associer les usagers à la préservation de la ressource et notamment de sa qualité. Il est apparu nécessaire d'intégrer à la politique d'adduction d'eau celle qui vise à préserver la ressource, c'est-à-dire à traiter les eaux usées pour les rendre de nouveau utilisables, à dissuader les pollutions, à préserver les nappes phréatiques, etc. C'est un combat long et difficile. Sur le principe d'abord. Que pour avoir de l'eau il faille capter des sources et construire des tuyaux est une évidence, qu'il faille s'occuper aussi des stocks d'eau dont dispose la planète n'en est pas une, loin de là. Quelques décennies plus tard, on peut aussi considérer ce combat "intellectuel" comme gagné. Mais un autre débat s'ouvre, sur les modalités. Quel type d'instrument économique ou administratif faut-il créer ? Quelle nature de ressources lui affecter ?

L'ouverture de ce débat au niveau mondial va favoriser assez vite la victoire des meilleurs expérimentateurs. L'histoire vaut d'être vite contée.

Avant et pendant la Première Guerre mondiale, les usines Krupp, sidérurgistes allemands fabriquant notamment des canons, se trouvent confrontées – c'est une première historique – à un grave problème de pollution : beaucoup de leurs ouvriers meurent par l'effet des produits qu'ils travaillent ou que leurs usines rejettent. La cause est claire et indéniable. Krupp se fait du souci. La compagnie décide de consacrer l'une des deux rivières qui traversent la région, la Ruhr, dans sa fonction d'égout, et de sauver l'autre, l'Emsche. Krupp crée une fondation, la "Ruhr Gebiet Emsche Genossenschaft". Genossenschaft veut dire communauté. C'est le premier service officiellement créé pour s'occuper de l'eau dans un espace géographique indifférent à l'administration, et délimité par les contours du bassin de l'Emsche. C'est donc la première agence de bassin jamais créée. Et le rejet des déchets industriels ou de pollution liquide dans l'Emsche est interdit, sauf, pour ceux qui ne peuvent physiquement pas l'éviter, à payer une taxe destinée à financer les travaux d'entretien et de restauration de la rivière. Peu à peu, l'idée fait des émules, notamment aux Pays-Bas et aux États-Unis. [...]

Vers la fin des années 1960 et la décennie 1970, c'est à l'OCDE que la réflexion va faire un pas en avant considérable. Cette organisation est un respectable lieu de confrontation des bonnes pratiques économiques entre pays développés à économie de marché. Elle est aussi quelque peu un lieu de défoulement de bons économistes frustrés des insuffisances de leurs gouvernements… cela aide. Ainsi est progressivement formulé puis détaillé le principe "pollueur payant". La langue scientifique française l'a intégré en le rebaptisant "principe pollueur payeur". Mais la première référence publique internationale est une note de l'OCDE de 1974 baptisée "Note sur la mise en œuvre du principe pollueur payant". Cette note insiste naturellement sur la proportionnalité nécessaire entre le paiement et le volume de la pollution déversée, et elle en conclut tout naturellement à la nécessité de faire dépendre la fixation du montant du paiement d'un organisme assez proche du terrain pour faire des mesures indiscutées et ayant la liberté de fixer le paiement dû à un niveau correspondant approximativement au coût de dépollution induit par ce déversement. Cela plaide pour l'institution d'agences de bassin. Or il n'en existe encore a peu près nulle part au monde. L'Allemagne n'a pas étendu le système de la "Ruhr Gebiet Emsche Genossenschaft". Les Néerlandais ont préservé leur organisation préexistante. Seule l'Espagne de Franco avait créé un système par bassins, mais le financement ignorait le principe pollueur payeur.

C'est de France que vient l'innovation majeure, dix ans avant la note de l'OCDE. Un grand ingénieur, Yvan Chéret, s'était spécialisé dans l'eau pendant toute sa carrière en Afrique. Dans la carrière coloniale, on prend sa retraite tôt. Il rentre en France à cinquante-cinq ans, retraité. Il consacre alors son temps à l'examen de la ressource en eau en France, chose que personne n'avait faite avant lui. Il est effrayé de ses propres observations, touchant notamment la pollution des cours d'eau mais aussi les menaces sur les nappes phréatiques. Il en conclut à l'urgente nécessité de changer tout le système et rédige un projet de loi global et complexe. Puis, miracle, il obtient du gouvernement et de la majorité parlementaire de l'époque un soutien total à son projet, qui est voté pratiquement sans amendement majeur. Il y a là un miracle politique presque sans exemple en France.

C'est la grande loi sur l'eau de 1964. Le principe pollueur payeur, presque inconnu à l'époque, est adopté, avec toutefois, condition politique nécessaire à l'époque mais dramatique aujourd'hui, une exception presque totale pour l'agriculture. La France hydrographique est divisée en six bassins aux limites fixées par les lignes de partage des eaux. Dans chaque bassin, une agence de bassin est créée, dirigée par un ingénieur en chef venu d'un grand corps technique de l'État, à raison de deux pour chacun des trois grands corps techniques afin qu'ils ne se battent pas entre eux... Pour chaque agence, un Conseil de bassin est formé qui comprend des fonctionnaires de l'État, des élus locaux parmi lesquels on choisira le président, des industriels pollueurs, des usagers de toutes natures y compris les associations de pêcheurs à la ligne, et des personnes qualifiées. Ce conseil fixe le montant des redevances exigées pour consommation d'eau et pour pollution. L'agence est chargée des mesures nécessaires au calcul des redevances mais aussi de préparer et d'effectuer des travaux de captage, de dépollution, d'acheminement des eaux potables comme usées.

Pour des raisons touchant principalement la redevance, son mode de calcul et la nature de l'organisme qui la détermine, cette loi est franchement anticonstitutionnelle. C'est même l'une des raisons, l'autre touchant la trésorerie, pour lesquelles la Cour des comptes avait tout bonnement demandé leur suppression. Mais, à l'époque, le Conseil constitutionnel ne peut être saisi que par l'une des trois plus hautes autorités de l'État. Personne ne le saisit. La loi passe, est promulguée, appliquée. C'est rapidement un gros succès. Dix ans après, les poissons sont remontés dans beaucoup de nos rivières, et globalement l'eau est infiniment mieux traitée.

Ce succès va servir de modèle. Les trois idées clés – les instruments administratifs gérant l'eau doivent être délimités par bassins hydrographiques, le principe pollueur payeur doit être appliqué, et pour ce faire toutes les catégories d'acteurs et d'usagers doivent être associées aussi bien à la politique de l'eau qu'à la détermination de la redevance – sont maintenant reconnues comme d'intérêt général.

Des problèmes récurrents

Les forums mondiaux de l'eau passent aujourd'hui beaucoup de temps à discuter de manière précise des modalités d'application locale de la politique de l'eau. Il existe en outre aujourd'hui un Riob, Réseau international des organismes de bassin, qui en regroupe plus de cent cinquante à travers le monde. Mais les problèmes les plus graves sont toujours présents. Dans les régimes totalitaires ou même simplement autoritaires, il reste toujours aussi difficile au "centre" d'admettre l'association de toutes les catégories d'usagers à la définition, même seulement locale, des orientations de la politique de l'eau. Il y a là une amorce de démocratie qui n'a pas encore fait son chemin dans toutes les nations.

De la même façon, plus la rareté de l'eau se fait sensible, et plus les enjeux marchands de sa collecte, de son traitement et de sa distribution se renforcent. L'équilibre entre l'autorité publique, responsable des normes et des règles du jeu, et le secteur privé, exclusif industriel de l'eau, n'est pas encore trouvé ni stabilisé partout.

La fin du XXe siècle et le début du XXIe ont cependant permis une grande clarification des concepts, une confrontation croissante des meilleures pratiques et l'émergence d'un consensus mondial sur le diagnostic. L'humanité peut, dans l'avenir, maîtriser le défi de l'eau [1]. »

Un défi parmi beaucoup d'autres, tant notre monde ne manque pas de thèmes de réflexion majeurs, essentiels à sa sauvegarde, voire à sa survie.

---

1. Texte pour le livre *L'Eau pour la paix – La paix pour l'eau*, Green Cross International.

Chapitre XXIX

Nucléaire(s), sujets explosifs

Il est des sujets, des thèmes, qui concernent et rassemblent les hommes de bonne volonté, hors même des camps et clivages politiques français traditionnels, dès lors que ceux-ci ont conscience qu'il convient d'intervenir de concert au nom de la sauvegarde de notre sécurité, de notre indépendance et de l'avenir de la planète. Le nucléaire, que dis-je *les* nucléaires, civil et militaire en est un, trop souvent source de querelles et de batailles aussi épidermiques que partisanes, voire irrationnelles et même déraisonnables. Aussi, pour en parler, il me paraît évident d'entamer ce chapitre en reproduisant un article, cosigné avec Alain Juppé[1], Bernard Norlain[2] et Alain Richard[3], relatif aux dangers liés à la multiplication potentielle des détenteurs de l'arme nucléaire.

Du nucléaire militaire avec Alain Juppé,
Bernard Norlain et Alain Richard

« Les échecs de la non-prolifération, que confirment et accentuent les actions de l'Iran et de la Corée du Nord, ont des conséquences cumulatives : la légitimité des accords actuels est affaiblie par les proliférations déjà admises, l'efficacité d'un système fondé

---

1. Ancien Premier ministre.
2. Général de l'armée de l'air, cadre de réserve, ancien commandant de la force aérienne tactique.
3. Ancien ministre de la Défense.

sur un petit nombre d'acteurs connaissant la cohérence stratégique de l'adversaire est minée par l'arrivée de nouveaux venus. Le phénomène contient des risques d'emballement à terme par la multiplication des protagonistes et par l'instabilité institutionnelle pouvant affecter l'un d'eux. La sécurité internationale est donc gravement en cause. Ajoutons que les succès relatifs obtenus contre la prolifération d'autres types d'armes peuvent être fragilisés par la propagation de la plus puissante des armes de destruction massive qu'est l'arme nucléaire.

La réussite de la non-prolifération est une nécessité première pour la paix, et elle repose sur des initiatives urgentes et beaucoup plus radicales des cinq puissances nucléaires reconnues par le traité de non-prolifération nucléaire de 1968 [1]. Elles doivent engager un processus conduisant de manière planifiée au désarmement complet, y associer pleinement les trois puissances nucléaires de fait, écarter tout projet de développement d'armes nouvelles, prendre plus d'initiative et de risques politiques pour surmonter les crises régionales majeures.

Le président Barack Obama a pris des positions très prometteuses en ce sens à partir de son discours de Prague, le 6 avril 2009, puis de ses rencontres avec le président Medvedev. Un mouvement stratégique majeur peut être en train de s'engager. Les obstacles prévisibles sont cependant massifs : l'attachement aux acquis de puissance de l'establishment politique et militaire aux États-Unis, la méfiance devant le changement des dirigeants russes et chinois, les stratégies régionales de l'Inde, du Pakistan et d'Israël, la difficulté d'obtenir la renonciation de la Corée du Nord et de l'Iran.

La France a une place spéciale dans ce débat par sa tradition d'indépendance, le sens des responsabilités que démontre la stricte suffisance de son arsenal et la solidité de ses dispositifs de sécurité, sa participation persévérante et constructive à toutes les initiatives de limitation et de contrôle efficace des armements. Elle est tout aussi intéressée que les autres puissances nucléaires au rétablissement d'une non-prolifération crédible. Le message politique de paix et de justice qu'elle entend adresser au monde lui impose d'être un acteur dynamique et créatif du processus de désarmement effectif

---

1. Les États-Unis, la Russie, la France, la République populaire de Chine, le Royaume-Uni.

équilibré qui peut s'amorcer et qu'espère la très vaste majorité des peuples de la planète et tous nos partenaires européens.

Au nom de leur expérience sur ce sujet, les signataires de la présente déclaration expriment le vœu que la France affirme résolument son engagement pour le succès de ce processus de désarmement et sa résolution d'en tirer les conséquences le moment venu quant à ses propres capacités, en ouvrant les débats nécessaires dans ses institutions démocratiques et en préparant activement les échéances prochaines de négociations.

Il nous faut faire pression, par les moyens dont nous disposons, pour que celles-ci ne soient un danger pour quiconque.

Il n'y a de légitimité internationale à empêcher, au besoin militairement, la prolifération qu'à la condition que les détenteurs officiels de l'arme nucléaire l'abandonnent, ce qu'ils ne peuvent faire qu'ensemble, et par la négociation [1]. »

Le coup de tonnerre d'Hiroshima

De cet appel je ne retire évidemment pas un mot ni une virgule. D'autant moins que mon entrée dans l'âge adulte comme ma vie d'homme politique ont été placées sous le sceau de cette menace nucléaire, nouvelle et massivement destructrice comme les bombardements atomiques d'Hiroshima et de Nagasaki, les 6 et 9 août 1945 à l'initiative des États-Unis après que les dirigeants japonais eurent décidé d'ignorer l'ultimatum de Potsdam, l'ont prouvé. Si la cessation des hostilités fut effective six jours après, si la Seconde Guerre mondiale se conclut officiellement moins d'un mois plus tard par la signature de l'acte de capitulation du Japon le 2 septembre 1945, le monde entier a découvert alors – et moi comme les autres – toute l'horreur, pour les populations civiles, de l'utilisation de l'arme nucléaire.

À l'époque, les États-Unis sont seuls détenteurs de la bombe. Mais, déjà, une première réplique soviétique explose en 1949.

---

1. Déclaration du 12 octobre 2009 d'Alain Juppé, ancien Premier ministre, Bernard Norlain, général (2S) ancien commandant de la Force aérienne de combat, Alain Richard, ancien ministre de la Défense, et moi-même.

Lorsque, en 1957, les Soviétiques mettent sur orbite Spoutnik [1], le premier satellite artificiel de l'histoire. Les Américains sont catastrophés. Sur le plan militaire, le Spoutnik signifie que l'Union soviétique sait fabriquer des vecteurs de longue portée et, pour la première fois, le territoire des États-Unis ne sera plus invulnérable. La peur gagne le monde, la construction de missiles intercontinentaux occupe les grandes puissances enferrées dans une surproduction de matériel nucléaire militaire sans commune mesure avec les risques réellement encourus.

La construction de l'énorme arsenal américain, essentiellement décidé après la crise de Cuba, n'a pas pour but, en effet, de faire face à la menace soviétique, mais de rassurer l'opinion américaine, de lui rendre confiance dans son pays, de montrer que les États-Unis sont les plus forts et que, malgré Spoutnik, les Soviétiques n'ont aucune chance de les concurrencer.

Mon père et la bombe A

À la même période, en secret, la France, opposée à l'Angleterre et aux États-Unis, construit son arme nucléaire. Mon père, avec d'autres ingénieurs physiciens, participe à l'élaboration de cette bombe A. Pour des figures comme Charles de Gaulle, Pierre Mendès France ou Guy Mollet, il est légitime que notre pays, meurtri durant les années d'Occupation, n'ait plus d'oppression à subir. La première bombe est expérimentée en 1960. L'arme est opérationnelle dans nos armées en 1964, une composante air, une composante marine, tandis que l'armée de terre refuse d'y être associée !

Il faut aussi se défaire, pour maintenir la liberté totale de décision de la France, de la discipline imposée dès le temps de paix par le commandement intégré de notre alliance qu'est l'Otan. De Gaulle s'y résout en 1966. Pour lui, il est impensable qu'un président des États-Unis prenne la décision d'utiliser l'arme nucléaire pour autre chose que la défense de son propre peuple ou de son propre territoire. Cela restera à son crédit. La dissuasion nucléaire française

---

1. On retrouvera ici et dans les pages suivantes des éléments et passages contenus dans ma préface au livre de Georges Le Guelte, *Les Armes nucléaires mythes et réalités*, Actes Sud, 2008.

devient dès lors un rempart dans les tensions Est-Ouest, et la France y joue un rôle déterminant. Notamment pour essayer de contenir la rivalité entre les deux superpuissances, l'objectif de l'Union soviétique devenant, avec Leonid Brejnev au pouvoir, d'atteindre la parité avec l'arsenal américain. Car les deux pays admettent désormais que le nombre de missiles et d'ogives représente l'instrument de mesure de leur puissance et de la valeur de leur régime politique ! De fait, dans les différents traités destinés à limiter la course aux armements, SALT[1] – I en 1972, II en 1979 –, puis START[2] – I en 1991, II en 1993 –, ainsi que dans celui qui est signé en 2002, leurs préoccupations essentielles sont qu'aucun des deux États n'ait plus de missiles ou d'ogives que l'autre ! Une obsession de la parité qui se révélera l'un des facteurs majeurs de l'effondrement du régime communiste mais qui subsiste aujourd'hui, les Russes considérant toujours que l'égalité des arsenaux atteste leur statut de superpuissance. Quant aux Américains, il n'est pas question pour eux que le vainqueur de la guerre froide ait moins d'armes que le vaincu, même si les militaires assurent que certaines d'entre elles ne sont plus utiles. Résultat, même si une « détente » s'amorce à la fin des années 1960, sous la pression des lobbies militaires aux États-Unis comme des responsables de haut rang en Union soviétique, en 1980, après vingt ans de dégel, aucun des deux pays ne devance l'autre, les deux arsenaux sont équivalents, mais chacun dispose de cent fois plus d'engins explosifs qu'au moment de la crise de Cuba, tous capables d'anéantir plusieurs fois la planète. Une situation ubuesque et effrayante.

La dissuasion n'est pas infaillible

« On pourrait multiplier les exemples de ce décalage entre la réalité et le discours officiel, écrivais-je en 2008 à ce propos[3]. » Le plus important concerne évidemment la dissuasion nucléaire présentée, particulièrement en France, comme le moyen infaillible d'éviter les guerres sans avoir à courir le moindre risque. Certes,

---

1. Abréviation de l'anglais *Strategic Armaments Limitation Talks*.
2. Abréviation de l'anglais *Strategic Armaments Reduction Talks*.
3. Voir toujours ma préface au livre de Georges Le Guelt, *op. cit.*

aucun décideur raisonnable ne peut déclencher un conflit susceptible de conduire à la destruction de son pays et à sa propre disparition, mais il n'est pas vrai que la dissuasion soit un remède
infaillible. Même si tous les chefs d'État agissaient toujours de
façon parfaitement rationnelle, les exemples ont été nombreux,
durant la guerre froide, où une méprise, la défaillance d'un équipement, voire un accident matériel, ont failli avoir des conséquences irréversibles. L'un des plus graves est ainsi survenu en
1983, quand un officier soviétique a vu à trois reprises sur son
écran de contrôle le lancement de missiles américains. Le colonel
Stanislav Petrov aurait dû donner l'alerte, et la riposte aurait été
immédiate. Heureusement, il a eu le sang-froid de penser qu'une
attaque surprise américaine impliquerait un grand nombre de missiles et pas seulement les cinq qu'ils pouvaient voir. L'incident
était effectivement dû à une défaillance du système de détection
soviétique. Ironie surprenante de l'histoire, en récompense d'avoir
sauvé la vie de ses concitoyens, le colonel Petrov a dû prendre une
retraite anticipée. »

Je précisais aussi que les gouvernements ont toujours eu la han-
tise d'une attaque préventive, et que le rôle des états-majors est de
se préparer à cette éventualité. « Tous les chefs d'État, dans les pays
possesseurs d'armes, sont informés, dès leur entrée en fonction, des
procédures qu'ils auraient à suivre en cas de conflit nucléaire. C'est
Ronald Reagan qui a le mieux traduit ses réactions après cette expérience lorsqu'il a écrit : "Vous êtes informé que les missiles soviétiques ont été lancés. Et vous êtes assis là, sachant qu'il n'y a
maintenant aucun moyen de les arrêter… Et vous n'avez pas d'autre
réponse possible que d'appuyer sur le bouton avant qu'ils arrivent,
pour que les Soviétiques meurent aussi, pendant que nous, Américains, sommes tous condamnés à mourir." »

La prudence des politiques

Dans ma longue réflexion sur les mythes et réalités relatifs aux
armes nucléaires, un point important m'a frappé : au final, les
plus déraisonnables ne furent pas forcément ceux que l'on croit,
à savoir les hommes politiques. « Les limitations d'arsenaux, les

réductions de volume, les dénucléarisations de certains espaces (Amérique latine, Afrique, Pacifique Sud, fonds sous-marins, espace extra-atmosphérique), l'arrêt des essais, l'ouverture de négociations visant à interdire la fabrication de matières radio-actives à usage militaire furent des idées de politiques qu'il fallut imposer à des industriels et généraux réticents…, ai-je déjà expliqué ailleurs. Et les élus se sont efforcés, au moins, de réduire les risques. Dès 1958, l'Irlande déposa devant l'ONU un projet de traité pour interdire l'acquisition d'armes par les pays n'en possédant pas. Une initiative relayée par le discours resté célèbre de J. F. Kennedy en 1963 où il déclarait notamment : "Nous sommes actuellement quatre puissances détentrices de l'arme nucléaire. Si nous ne faisons rien, nous serons 20 ou 25 dans vingt ans." Après sa mort, l'idée est reprise et les négociations du traité de non-prolifération nucléaire dit TNP sont réellement lancées. Dans l'intervalle, l'explosion de la première bombe chinoise en août 1964 fait prendre conscience aux États-Unis et à l'Union soviétique qu'ils ne se seraient sans doute pas sortis si bien de la crise de Cuba si les fusées SS-4, au lieu de rester à la disposition de Khrouchtchev, avaient été placées sous le commandement de Fidel Castro ou les Jupiter devenus propriété turque. La négociation fut menée tambour battant à Genève, et le traité mis à la signature le 1er juillet 1968. Les 40 signatures nécessaires à son entrée en vigueur sont atteintes le 5 mars 1970, la France et la Chine refusant toutes deux de le parapher avant… 1992. Je pense, pour ma part, avoir puissamment contribué à cette décision heureuse de François Mitterrand pour le lui avoir demandé avec insistance pendant plusieurs mois. C'est ainsi que la France est devenue "observatrice" du traité en 1990, stage nécessaire avant d'obtenir le statut de membre à part entière en 1992. Et, petit à petit, la plupart des États membres des Nations unies le valident. Font toutefois toujours exception l'Inde, Israël et le Pakistan. »

Une précision s'impose à ce stade : ce traité ne concerne en rien la quantité d'armes détenues par chacune des cinq nations reconnues détentrices d'armes pour avoir pratiqué leurs premiers essais avant 1967 : les États-Unis, l'Union soviétique – devenue la Russie –, le Royaume-Uni, la France et la Chine. Mais il tente d'empêcher tous les autres pays d'y accéder. À tout pays qui adhère et valide les inspections de ses installations nucléaires civiles le texte propose une aide technique et financière internationale afin de construire, chez lui, les équipements nécessaires à la production d'électricité nucléaire. Ce succès explique d'ailleurs pourquoi presque tous les États s'y sont ralliés, la France et la Chine incluses, et pourquoi il fut, en 1995, renouvelé sans contrainte de durée et à l'unanimité.

La renaissance de la déraison

Pour autant, la déraison paraît avoir de nouveau atteint les grandes puissances. Malgré l'article 6 – qui comporte un engagement formel de rechercher par la négociation le désarmement nucléaire et le désarmement complet –, aucun des cinq membres permanents n'a manifesté son désir de respecter un tel engagement. Chacun a même plus ou moins explicitement admis que l'armement nucléaire reste la clef de sa sécurité, et ce bien que la guerre froide ait pris fin et qu'il n'existe plus d'antagonisme absolu entre puissances majeures sur les formes de l'organisation sociale. C'est même avant le renouvellement que la méfiance a repris ses droits et que la course aux armements, d'abord nucléaires, s'est rouverte.

En 1990, le pacte de Varsovie étant dissous, la question aurait pu être évoquée de supprimer le Pacte atlantique, puisque s'était volatilisée la menace. La réponse américaine fut à l'opposé : la Russie devenant un objet de méfiance, les États-Unis ont choisi de maintenir l'Otan en vie, décidé de lui donner une nature un peu moins exclusivement stratégique, donc un peu plus politique, et ouvert la porte à toutes les Républiques issues de la domination soviétique, ce que Moscou considère bien évidemment comme un acte d'hostilité. Au lieu d'offrir à la balbutiante Fédération de Russie la perspective d'un partenariat et d'une alliance ou d'une garantie stratégique lui permettant de consolider sa démocratie et de reprendre son développement en paix, nous lui confirmons par cette attitude notre méfiance tenace. Résultat, la Russie réactive son armement nucléaire et redevient, aujourd'hui, aussi autoritaire qu'agressive.

« Les Européens membres de l'Otan ont laissé faire sans même poser de questions, expliquais-je en 2008 [1]. Vers 1993 ou 1994, le

---

1. Préface au livre de Georges Le Guelt, *op. cit.*

vieux diplomate américain George Kennan, l'un des grands organisateurs des équilibres diplomatiques de la guerre froide, alors âgé de plus de quatre-vingt-cinq ans, sortit d'une longue retraite silencieuse pour écrire dans la presse que l'Occident venait, à ses yeux, de commettre sa plus grave erreur diplomatique depuis un demi-siècle. »

Quant à François Mitterrand, il a poursuivi les essais nucléaires puis, face à la protestation des écologistes et dans la perspective des accords des élections législatives de 1993, ordonné l'arrêt brutal, sans concertation, de tout essai français. Alors que j'étais Premier ministre, j'avais, avant cette décision brutale, proposé une interruption en douceur, avec diminution du nombre d'essais de un par an, tombant ainsi dans une première phase de 8 à 6, afin de permettre au personnel affecté à ces tâches de s'organiser pour éviter la mise en jachère de nos installations. Même si cette décision a été douloureusement ressentie par tous ceux œuvrant pour le nucléaire militaire, la France a, par là, donné l'exemple en arrêtant sa course à l'armement.

J'interpelle Jacques Chirac

C'est pourquoi il me paraît indispensable, en 1995, dans un article publié par *Le Monde*[1], de mettre en garde Jacques Chirac, le nouveau chef de l'État, des dangers que représenterait la reprise des essais nucléaires pour la crédibilité et le rayonnement de la France. Chaque mot, chaque geste d'un chef de l'État tout récemment installé est un signe à la France et au monde, annonçant les choix qui seront ensuite les siens dans la durée, écrivais-je. [...] Ce n'est donc pas sans y avoir réfléchi mûrement que je ressens l'impérieux devoir d'attirer l'attention de Jacques Chirac sur le danger de pratiquer à nouveau des essais nucléaires.

Je sais qu'ils ne sont certes pas au premier rang des préoccupations des Français. Mais je ne doute pas qu'il soit au premier rang des préoccupations du chef de l'État. Je ne doute pas de la compétence des experts qui, au nom de cette compétence même, sauront démontrer qu'une série d'essais est encore nécessaire, une dernière,

---

1. *Le Monde*, 26 mai 1995.

pour qu'on puisse ensuite se contenter de simulations. Mais cette décision relève avant tout de la politique, de l'expertise, et le successeur de François Mitterrand s'est dit très concerné par cette différence. Alors, parlons politique, géopolitique.

La menace principale face à laquelle est organisée notre défense encore aujourd'hui était celle d'une attaque massive, conventionnelle et nucléaire venant de l'Union soviétique. Sur l'initiative du général de Gaulle, la dissuasion du faible au fort, par armes nucléaires stratégiques, s'est rapidement imposée à nos responsables et à notre opinion publique comme étant la seule réponse pertinente. Cette menace a aujourd'hui disparu. Et l'état présent de la Russie ne laisse guère craindre, même si elle retombait entre les mains d'une autorité dictatoriale et agressive, qu'elle soit de nouveau capable de faire bénéficier ses armes stratégiques de perfectionnements essentiels, susceptibles de modifier les données de la confrontation. Je parle ici, bien sûr, de la Russie en tant qu'État. Les risques mafieux ou terroristes qu'engendre son délabrement appellent une tout autre réponse qui devrait tendre notamment à y dissuader toute production nouvelle de plutonium.

S'il subsiste une menace nucléaire quelque part, elle est plutôt le fait d'États terroristes, aux dimensions plus modestes et aux technologies beaucoup plus rudimentaires.

Mais, surtout, le monde est aujourd'hui en proie à une inquiétude d'une autre nature : la conjonction entre les dangers très réels de prolifération nucléaire, l'incertitude majeure qui persiste sur le traitement des déchets toxiques issus de l'activité nucléaire, notamment militaire, et l'émergence reconnue d'un trafic clandestin de matières nucléaires à usage militaire possible engendrent une crainte générale et légitime. Cette situation fait peser une charge très lourde sur les responsables politiques de grandes puissances. Le président de la République est de ceux-là.

C'est au nom de cette crainte par exemple que, à la surprise générale, une forte majorité de nations ont décidé très vite la reconduction pour une durée indéterminée du traité de non-prolifération nucléaire (TNP) signé initialement pour vingt-cinq ans en 1970. D'un même mouvement, les nations adjurent les puissances nucléaires de proscrire définitivement tout essai.

Si, dans une telle situation, la France rompait le moratoire des essais qu'elle continue à s'imposer aujourd'hui, en même temps que les États-Unis, la Grande-Bretagne et la Russie, ce serait une insulte à la communauté des nations. L'argument de la compétition technologique avec la Russie ne serait même pas entendu : il serait jugé dérisoire. Il faut même s'attendre à ce que les chancelleries et les gouvernements soient relativement plus discrets dans leur dénonciation que la presse et l'opinion publique mondiale. Nos concitoyens en voyage, nos négociations commerciales à l'exportation souffriraient gravement d'une mise à l'index généralisée. [...]

Je ne peux imaginer l'avenir qui serait le leur si la reprise des essais était décidée. Une colère généralisée et immédiate provoquerait à coup sûr le rejet de notre présence et de nos intérêts, et s'accompagnerait, sans doute possible, de la reprise des offensives diplomatiques visant à chasser la France de cette région où elle joue aujourd'hui un rôle apprécié.

Entre l'avantage, médiocre, qui consisterait à sophistiquer encore un armement déjà terrifiant, et l'inconvénient, majeur, qu'il y aurait pour notre pays à se montrer égoïste et méprisant, aucun expert ne pourra faire hésiter aucun homme d'État. Le nucléaire militaire, les proliférations et les trafics qui l'accompagnent soulèvent aujourd'hui une inquiétude planétaire justifiée dont tous les gens responsables doivent combattre les causes. Plus tôt le président de la République confirmera que notre renonciation est définitive, plus tôt il récoltera les bénéfices en termes de respect et de confiance en la France qui ne manqueront pas d'accompagner une décision que le monde attend. »

Comme, malheureusement, Jacques Chirac annonce que la France rompt le moratoire et reprend ses essais, la réaction internationale est vive. L'Australie et la Nouvelle-Zélande sont furieuses, mais nos partenaires européens ne sont pas plus réjouis.

La voie de la raison

Finalement, alors qu'ont été évoqués huit essais, l'arrêt de la campagne de tirs est décidé après le sixième. Est-il dû à l'importance de « cette protestation internationale ou au fait que les objectifs poursuivis par les techniciens militaires français ont été atteints dès le sixième[1] ? demandais-je un jour. Toujours est-il que le président a su mettre du panache dans la conclusion de cet épisode puisqu'il a, du même coup, annoncé la fin de la campagne de tirs, le caractère définitif de cet arrêt, le retour de la France dans les négociations du Traité d'arrêt complet de tout essai, même de faible puissance. En outre, la France a annoncé en même temps sa décision de démanteler la base de Mururoa, demandé le contrôle de l'Agence internationale de l'énergie atomique de Vienne sur la radioactivité du site, et signé trois traités prévoyant la dénucléarisation complète de certaines régions du monde ». La diplomatie française a pu réintégrer le concert des nations.

Peu après, le 10 septembre 1996 – grâce à une initiative audacieuse de l'Australie qui débloque les réticences indiennes –, dans l'enthousiasme, les Nations unies adoptent un traité de cessation totale de tout essai nucléaire CTBT[2]. Aux États membres de le valider. L'Inde a hésité et le Bhoutan et la Libye ont dit non, tandis que Cuba, la Syrie, le Liban et Maurice se sont abstenus.

Des situations périlleuses

Aujourd'hui, si le nombre de pays voulant se doter d'une capacité nucléaire, même minimale, demeure faible, il n'est pas nul. Le cas de la Libye semble réglé positivement. Seuls la Corée du Nord[3] et l'Iran constituent l'une des préoccupations majeures actuelles. Des soupçons pèsent certes aussi sur la Syrie. Quant au Pakistan, il vit une crise interne telle que ses installations militaires peuvent tomber sous le contrôle de forces religieuses fanatiques, lesquelles seraient alors à même d'exercer cette menace par le canal de groupes non étatiques.

---

1. *Rapport de la Commission de Canberra*, Édition Odile Jacob, février 1997. Cette commission sur les armes nucléaires a été lancée par le Premier ministre australien Paul Keating. J'ai eu le plaisir de participer à ses travaux, présentés aux Nations unies le 30 septembre 1996, et à la Conférence sur le désarmement, le 30 janvier 1997.
2. En anglais *Comprehensive Test Ban Treaty.* Il a été ouvert à la signature le 24 septembre 1996 à New York, mais il n'est toujours pas entré en vigueur.
3. La Corée du Nord a effectué deux essais en 2006 et en 2009.

« Dans de telles conditions, il est logique et légitime que la lutte contre la prolifération soit devenue une préoccupation internationale de premier plan », écrivais-je en 2008. Pour autant, les dangers et risques ne manquent pas. « Qu'il s'agisse de contrôler toutes les installations nucléaires existantes, qu'il s'agisse, à la face du monde, d'interdire tout transport d'objets ou de matières liées à l'usage explosif de la radioactivité ou de contrôler rigoureusement toute manutention ou tout commerce de choses de ce genre, il est clair qu'une lutte efficace contre la prolifération ne peut être que mondiale. » Et d'ajouter : « C'est d'abord vrai des systèmes de contrôle et de vérifications nécessaires. Il faut la coopération du plus grand nombre possible de nations, ce à quoi l'engagement formel du Conseil de sécurité des Nations unies peut aider. Mais c'est plus vrai encore de l'attitude à avoir devant les proliférants. Toute sanction, a fortiori toute frappe, mise en œuvre par une puissance détentrice officielle de l'arme nucléaire à l'encontre d'un État ou d'un groupe d'hommes suspectés de se l'être appropriée ou de chercher à le faire, risque d'être contestée, considérée comme élément d'un règlement de comptes politiques. Une telle dispute ouvrirait la voie à un conflit encore plus large et serait en tout cas très préjudiciable à l'effet de la sanction. De sorte que la clé de la lutte contre la prolifération est, de toute évidence, la légitimité internationale au nom de laquelle elle est poursuivie. Sans l'aval du Conseil de sécurité, il n'est pas de système de contrôle possible, et toute pression contre une entité proliférante sera un acte de conflit et non une sanction légitime [1]. »

Corée et Iran, deux menaces sérieuses

La recherche de solutions aux deux crises actuellement les plus graves – la Corée du Nord et l'Iran – passe par un rapprochement entre les États-Unis et la Russie. Au-delà de ces cas spécifiques, le renforcement du régime de non-prolifération exige que les cinq États dotés d'armes respectent eux-mêmes leurs engagements et commencent les opérations d'élimination de leurs propres arsenaux.

---

[1] Extrait de ma préface au livre, *Les Armes nucléaires, mythes et réalités, op. cit.*

Quelle force de conviction et quel crédit avoir, quand on vilipende des pays bafouant les règles, si un premier pas n'est pas entrepris dans le bon sens ?

Mais les politiques se trouvent confrontés, aux États-Unis, à l'opposition du complexe militaro-industriel dont les méthodes furent récemment dénoncées par le secrétaire américain à la Défense, Robert Gates, qui connaît bien la question pour avoir exercé ses fonctions sous la mandature Bush comme l'actuelle présidence Obama. Selon lui, elles consistent à diviser la fabrication d'un engin en un grand nombre d'opérations, réalisées dans différents États du pays. Forts de cette dispersion, pour faire adopter leurs produits, ou empêcher qu'ils soient éliminés, les industriels envoient habilement à chaque membre du Congrès un dossier détaillant le montant des taxes ou le nombre d'emplois gagnés ou perdus dans sa circonscription selon que l'appareil sera construit ou non. Le secrétaire à la Défense constatait que, grâce à cette technique, le F-22, fabriqué dans 48 États, se voyait encore soutenu par 96 sénateurs, alors que cet appareil conçu dans les années 1980 pour triompher des avions soviétiques n'a plus aucune utilité.

Le décryptage de Robert Gates pose la question de savoir si, dans un régime démocratique, les membres du Parlement ont uniquement pour tâche de défendre les intérêts matériels de leurs électeurs, ou s'ils doivent avoir le souci de l'intérêt général du pays. Mais, plus largement, il soulève la question de leur responsabilité dans les abus de confiance commis par l'appareil de propagande des États. Il est évident que les politiques ne peuvent être naïfs, que la vie internationale est composée de conflits au milieu desquels leur premier devoir consiste à assurer la sécurité de leur population. Pour autant, leur mission est de maintenir un équilibre raisonnable entre une conception angélique des rapports entre États et la vision caricaturale d'un monde peuplé uniquement d'ennemis combattants, les fameux « représentants du Mal », qu'il faut exterminer jusqu'à ce qu'il ne reste plus que « deux Américains et un Soviétique », comme le proclamait le général Thomas Power, commandant de l'aviation stratégique entre 1963 et 1967.

D'autres facteurs renforcent la mainmise des industries de l'armement. Condoleezza Rice affirmait, en 2002, que l'objectif de Washington était de dissuader tout État de rivaliser un jour avec les puissances des États-Unis et de leurs alliés. Et d'avancer que les armes nucléaires visent surtout à traduire la volonté de domination et de suprématie de son pays. Si, par ces propos, elle traduit le sentiment d'une vaste proportion de l'opinion américaine – qui ne votera jamais pour un candidat considéré comme mou sur les questions militaires –, opinion qui veut se sentir supérieure et ne connaît aucun autre moyen d'exprimer cette supériorité que la possession d'armes capables d'anéantir en un instant des dizaines de millions d'êtres humains, elle oubliait que les mêmes aspirations se manifestent en Inde, au Pakistan, en Iran, en Russie... et que, fatalement, les désirs d'hégémonie respectifs sont inconciliables.

Redisons-le : les armes nucléaires ne sont un moyen de défense contre aucune menace prévisible. Ce qui n'empêche pas les cinq États les détenant de se préparer à les conserver pour une période indéfinie, soit en l'absence même du moindre danger susceptible de leur fournir ne serait-ce qu'un semblant de justification. Il est inacceptable que, pour une période infinie, l'avenir de l'humanité reste tributaire, à chaque instant, d'une défaillance technique ou d'une erreur humaine, à la seule fin de satisfaire la vanité ou l'amour-propre de quelques grandes nations. Il n'est donc pas de tâche plus pressante que d'essayer d'empêcher cette évolution contraire à toute espèce de rationalité.

Quid de la menace terroriste ?

Reste la menace terroriste. Tout militaire sait, le général Valentin (ancien gouverneur militaire de Paris) l'a écrit, que « le nucléaire n'est pas pertinent en matière de terrorisme ». Au sens où il ne parvient ni à les dissuader ni à les traquer.

Et ce, aussi, parce que la destruction de leurs repaires et de leurs instruments, donc d'eux-mêmes, sera d'autant plus considérée comme légitime qu'elle fera peu de dégâts collatéraux. Elle appelle en revanche un effort considérable d'amélioration de nos forces de renseignement, de frappe ponctuelle à longue distance, fût cette dernière classique, et de l'efficacité des services spéciaux catégorie action. En même temps, l'aide à un vrai décollage économique local qui éloigne la population des pays concernés de la désespérance constitue une arme tout aussi efficace.

La posture nucléaire dans les pays sous-développés « à risque », et notamment musulmans, ne peut-être interprétée par les populations que comme une menace générale à l'endroit de leurs sociétés dès l'instant que quelques terroristes s'y nichent. Elle n'est donc absolument d'aucune utilité dans ce combat-là. De fait, les actuels dirigeants des pays les plus infestés de terroristes, le Pakistan et l'Arabie saoudite, se disent et se veulent des amis de l'Occident.

Il convient donc de rester vigilant, de ne jamais oublier que des pays émergents se sont dotés de l'arme nucléaire, certains l'ayant déclarée et d'autres la cachant. Dès lors, faire pression, par les moyens dont nous disposons, afin que celles-ci ne soient un danger pour quiconque est obligatoire. Mais il n'y a de légitimité internationale à empêcher – au besoin militairement – la prolifération de telles armes de destruction massive qu'à condition de voir les détenteurs officiels de celles-ci les abandonner, ce qu'ils ne peuvent faire qu'ensemble, et par la négociation.

Il y a un dernier argument. C'est sans doute celui auquel les gouvernements des pays nucléairement armés seront le moins sensibles. Ce pourrait pourtant bien être le plus important. L'augmentation de nos émissions de gaz carbonique menace gravement d'amplifier l'effet de serre et par là le réchauffement climatique, avec à la clé de multiples et immenses catastrophes. Il y a urgence à développer au maximum les énergies renouvelables. Mais il est malheureusement hors de question que cela suffise. Il est donc tout aussi urgent, corollairement, de développer l'énergie nucléaire civile, au maximum aussi et sans que cet effort soit un prétexte à ralentir celui qui concerne les énergies renouvelables.

Or le nucléaire suscite toujours une inquiétude psychologique. Son seul nom évoque toujours à la fois le cancer et la bombe, et le traitement des déchets, pour sécurisé qu'il soit aujourd'hui ne l'est pas encore d'une manière qui soit devenue complètement convaincante. La relance du nucléaire, devant l'effet de serre, est pourtant un enjeu de survie de l'humanité. Que les puissances nucléaires militaires décident de s'engager dans un processus d'éradication de toutes armes nucléaires serait une contribution puissante à une meilleure acceptabilité du nucléaire civil.

Et le nucléaire civil ?

Et le nucléaire civil, se demanderont peut-être certains au fil de ce long développement sur l'armement atomique. Évidemment, j'y demeure grandement favorable.

Depuis les années 1970, la France s'est résolument tournée vers la production électrique issue de cette technologie. Notre pays compte à ce jour 58 réacteurs répartis dans 19 centrales fournissant près de 80 % de l'énergie électrique. Hormis celle qui vient de l'hydraulique, elle est la moins chère de toutes, en coût de production au kilowattheure. Par ailleurs, nous n'avons jamais rencontré, chez nous, en un demi-siècle, un seul accident nucléaire humain mortel. À coup sûr parce que nous payons, pour la sécurité nucléaire de chaque kilowattheure, le double de ce qu'ont jamais accepté les Américains, le quadruple de ce qu'ont accepté les Russes.

Il y eut, certes, dans les premiers temps, certaines craintes. Mais nous savons, grâce à l'expérience et à l'histoire, qu'au long des siècles toute nouveauté technologique fait initialement peur. Quand sont survenus des incidents dans l'Hexagone, les procédures d'alertes ont toujours fonctionné. Ce ne fut pas malheureusement le cas ni à Tchernobyl ni à Three Mile Island aux États-Unis. Enfin, à l'exception notable des Verts qui n'ont pas encore compris le bien-fondé de cette politique, toutes les formations politiques, de gauche comme de droite, ont soutenu ce programme. Dès lors, difficile de revenir en arrière.

Deux problèmes sont toutefois à résoudre : le remplacement des centrales en fin de vie et le traitement des déchets.

Le principal fournisseur d'énergie, EDF, a pris conscience de l'investissement colossal que ces sujets représentent, mais se voit actuellement soumis à la volonté politique de ne pas augmenter le prix du kilowattheure ; la Commission de régulation de l'énergie veille. Or, si ses réserves financières sont actuellement suffisantes pour faire face, il faudra bien, dans les deux ans, réajuster les prix sous peine de voir le programme de nouvelles centrales mis à mal. Ajoutons que, dans cette entreprise de 130 000 personnes, la scission entre services commerciaux et services techniques, deux entités juridiques maintenant différentes, a créé des dysfonctionnements que les employés ont beaucoup de difficultés à gérer, la lisibilité du fournisseur pour le client n'existant plus.

Le sort des déchets préoccupe évidemment, certains isotopes restant actifs des siècles. Les enfouir dans des caissons inviolables et sécurisés était une des solutions. Malheureusement la méfiance rémanente des populations locales et l'agitation politique des Verts en ont décidé autrement, les préférant retenus en surface, à la merci de quiconque dont d'éventuels groupes terroristes. L'état actuel de la science et des techniques permet d'imaginer pour un avenir assez proche, moins d'une dizaine d'années peut-être, une autre solution, radicalement différente. On se souvient des alchimistes du Moyen Âge qui voulaient transformer le plomb en or et cherchaient donc en fait à provoquer la transmutation de la matière. La physique des particules a permis de résoudre ce problème. On sait maintenant, la théorie le décrit et la vérification expérimentale en a été faite voici une dizaine d'années au CERN (Centre Européen de Recherches Nucléaires) de Genève sous la direction de Carlo Rubbia, que des atomes d'une matière quelconque bombardés par des neutrons rapides se trouvent cassés ; et les électrons et neutrons qui les composent se dispersent et se recomposent autrement. De nouveaux atomes apparaissent. C'est une transmutation qui peut notamment transformer des matières radioactives en d'autres atomes ou molécules non radioactifs.

Mais la production de flux de neutrons rapides est une affaire de haute technicité. Il y faut des réacteurs spéciaux. Ni les Américains, ni les Anglais, ni les Japonais, ni semble-t-il les Chinois, n'ont osé ou voulu se lancer sur cette piste. Seuls les Français et les Russes l'ont fait. En France, après quelques déboires bien normaux, le succès final du réacteur expérimental Phénix a permis de construire un premier réacteur commercial produisant de l'électricité et connecté au réseau : Superphénix. Malheureusement les « Verts », membres du gouvernement Jospin et clés de sa majorité parlementaire, ont exigé la fermeture de Superphénix, bien avant que l'on ait commencé à tester l'usage de cette technique pour détruire la radioactivité des déchets. Jospin n'a pas eu le choix. On a fermé et démantelé Superphénix et, pire, laissé dissocier les équipes scientifiques. La France a perdu là un savoir majeur. Une partie des fonds de l'emprunt national pour l'avenir est affectée à la reconstitution de cette connaissance, qui prendra du temps.

Reste la Russie qui a maîtrisé la technique des réacteurs à neutrons rapides vers la fin du XXe siècle. Elle en a confié l'usage à ses militaires qui, dans l'atmosphère de réduction négociée des armements qu'avait suscitée Gorbatchev, n'en ont fait que des moteurs de propulsion pour sous-marins lanceurs d'engins. Ce fut la classe « Oscar 2 ». Il y en avait neuf, dont le Koursk. Après l'accident de ce dernier, les huit autres, bloqués, rouillent doucement dans le port de Mourmansk. Allons-nous demander à Poutine de lui louer un ou deux sous-marins, pour y mettre en place une technologie de dérivation des neutrons rapides vers le compartiment missile et vider celui-ci de ses fusées pour le remplir de déchets radioactifs, puis envoyer le tout en plongée automatique le temps nécessaire pour remonter tous ces déchets transformés en sable ? Ne serait-il pas préférable de remettre la technique au point nous-mêmes ? Mais cela risque d'être beaucoup plus long. Que faut-il condamner le plus : les Verts, ou l'ignorance technique ? Je me fais une autre idée de la France et de ses capacités à résoudre les problèmes. D'autant que les pays amis et limitrophes ayant abandonné le nucléaire pour des raisons politiques y reviennent, comme l'Italie, l'Allemagne.

Certes il convient de favoriser les énergies nouvelles – éolienne, solaire, hydraulique, géothermique – mais, même développées au maximum, elles ne suffiront jamais à fournir l'énergie dont le pays a besoin. Même dans l'utopie du rêve de croissance zéro. Elles représentent bien sûr mieux que de belles idées et il faut leur laisser le droit de vivre mais sans occulter cette réalité : elles ne résoudront pas tout.

Chapitre XXX

ÉCONOMIE ET CRISE FINANCIÈRE :
UN COMBAT PERMANENT

L'action d'un politique ne peut se résumer à une suite de décisions ponctuelles traitant chacune un problème délimité. Il est de grandes questions permanentes, dans la vie d'une société organisée, qui reçoivent forcément des réponses rendues temporaires et fragiles par le déroulement du temps, l'évolution des techniques et des mœurs, et par l'évolution législative elle-même. Il en va ainsi des droits de l'homme, de la réalité des pratiques démocratiques, comme de l'équilibre macroéconomique et de son contenu social.

Sur de tels sujets, la nécessité du pilotage public du rééquilibrage, en tout cas de la surveillance, est absolument permanente. Plus tôt que des références ponctuelles indiscutables parce que mesurables, ce sont des points de doctrine qui contribuent à fixer des bornes repérables dans la réalité et conduisent à entreprendre publiquement analyses, mises en garde, critiques et propositions.

Je ne suis pas un économiste professionnel. Mais mon détachement de l'Inspection des finances au Service des études économiques et financières (Seef) de la direction du Trésor, service qui fut séparé de cette direction pour devenir direction de la Prévision, m'a valu six ans de travail dans la seule partie du service public français qui fasse de l'analyse macroéconomique en permanence, avec une formation initiale d'un an au Centre d'études des programmes économiques (Cepe). J'y ai découvert, en accéléré, les éléments essentiels de la macroéconomie mathématique contemporaine. Si je ne prétends naturellement pas en avoir assez appris là pour être devenu un « professionnel », j'y ai tout de même acquis le maniement des outils statistiques, les contraintes de l'équilibre, et une attention discrète – et permanente – aux variations lentes et sourdes, mais décisives, des grands agrégats des économies contemporaines.

Ces grands agrégats – le produit brut, la masse des salaires, la somme des recettes et dépenses de la protection sociale, le profit, la consommation, l'investissement – varient lentement, un peu comme des plaques tectoniques. Chaque année, la publication des comptes de la nation ne donne lieu à commentaires que sur le rythme de la croissance globale et la comparaison entre son chiffre final et les différentes prévisions successives qui en avaient été faites dans le passé récent. Et sur les variations de la composition du produit brut, la grande presse ne dit en général rien, ne fournit ni analyses ni commentaires, et le plus souvent même pas l'information brute. Or, naturellement, c'est cela qui est décisif.

Pourquoi le chômage ne baisse-t-il pas ?

De mon choix initial d'être socialiste découlait naturellement une attention particulière au monde salarial, au chômage et à ses variations, à l'évolution du marché du travail. J'ai vécu mes premières décennies et mes débuts professionnels en période de plein-emploi durablement stable. Puis quelque chose se casse dans le système, entre 1972 et 1975. Le chômage de masse progresse lentement, mais de manière régulière et irrépressible. On a l'impression que la société est rongée d'une sorte de cancer. Tandis que les économistes sont silencieux et impuissants, les États s'acharnent à soulager la souffrance sociale ; on pratique ainsi en France le traitement social du chômage, mais aucune mesure gouvernementale ne semble produire de résultats significatifs.

Lorsque, en mai 1988, je suis nommé Premier ministre, le chômage a dépassé en France 2 millions de personnes. J'ai le projet de compléter le traitement social du chômage par son traitement économique, notamment à travers l'allégement du coût du travail par les premières diminutions de cotisations sociales. La chance veut qu'en outre la conjoncture économique mondiale soit excellente au début de mon mandat. Je suis donc l'un des rares Premiers ministres de France qui ait quitté ses fonctions avec un peu moins de chômeurs qu'il n'y en avait au début du mandat… Mais moins 200 000 était bien insuffisant, et il a suffi du ralentissement économique, puis de la récession mondiale de 1993 pour que la grande broyeuse se remette en marche et que le chômage reprenne sa progression, qui ne s'est ralentie en France que lorsqu'il eut largement dépassé 3 millions.

À cela s'ajoutait un autre phénomène surprenant : l'émergence dans la décennie 1980, puis la progression ininterrompue, du travail précaire, concept inconnu du temps des Trente Glorieuses. S'il fait, aux États-Unis et en Grande-Bretagne, une percée fulgurante, il n'épargne pour autant ni l'Allemagne, ni la France, pays affectés pourtant d'un chômage structurel bien plus important. Apparaît en même temps, en cette fin de siècle, une troisième catégorie sociale, celle des pauvres, c'est-à-dire celle des adultes valides exclus du marché du travail, catégorie qui avait disparu pendant la grande croissance.

La pression des fonds de pension

Toutes ces évolutions semblent le résultat d'une aggravation de la pression actionnariale à l'intérieur des entreprises. C'est en effet dans les décennies 1980 et 1990 que sont nés, et se sont rapidement développés, les fonds de pension, les fonds d'investissement et les fonds d'arbitrage – ou *hedge funds* – qui ont pénétré la quasi-totalité des entreprises multinationales et exigé une augmentation sérieuse des dividendes en exerçant, pour ce faire, une énorme pression afin de limiter les coûts de main-d'œuvre. Un premier signe en fut « la valse des PDG », largement repérée dans les années 1990, suivi d'une multiplication des OPA (offres publiques d'achat), de l'externalisation systématique de toutes les tâches non liées au cœur de métier et de l'intensité des « restructurations » souvent accompagnées de délocalisations.

Nous vivons maintenant dans la totalité des pays développés avec une population dont un quart au moins est soit en situation précaire, soit au chômage, soit pauvre. Ce qui entraîne des conséquences majeures. La première est que cela traduit une insuffisance des revenus, laquelle implique évidemment un ralentissement de la croissance de la consommation. Depuis les années 1990, notre capitalisme contemporain est incapable de retrouver la moitié du rythme de la croissance rapide et régulière des Trente Glorieuses, ce qui, d'ailleurs, rend compte du sous-emploi.

La deuxième conséquence est l'exaspération croissante des peuples des pays concernés, qu'expriment à la fois la baisse de la participation électorale, la montée du populisme dans beaucoup de pays, l'indifférence, voire le rejet de l'intégration européenne, considérée comme l'une des causes de ce drame. Les réponses négatives des Français et des Néerlandais au référendum constitutionnel viennent de là, et personne ne doute que si les Allemands avaient dû ratifier par référendum, ils l'eussent aussi rejeté !

Quinze ans à observer et expliquer

De tout mon temps de député européen – quatorze ans et demi –, je n'ai cessé d'observer cette situation, de tenter de l'analyser et de la comprendre, et de faire partager mes analyses au travers de différents articles comme de nombreuses émissions de radio et de télévision. Je n'ai certes pas arraché de décision, mais ce fut tout de même une action vigoureuse. Il est même probable que la plupart des lecteurs de ce livre n'auront retenu que cela de mon action publique des quinze dernières années. Aussi je crois nécessaire d'inclure dans ces « Transversales » relatant mes interventions continues par-delà les années, les fonctions et les domaines, les quelques éléments de réflexion économique qui constituent le fond de mes prises de positions réitérées sur cet immense sujet.

Un capitalisme mortellement instable

En avril 2010, dans le cadre des débats du *Nouvel Observateur*, j'ai souhaité participer à la réflexion sur le thème : « Quelles sont les urgences de la gauche face à la crise mondiale ». Voici quelques extraits de mon intervention sur les dérives du capitalisme contemporain et les digues à édifier pour retrouver la raison… Si cela est encore possible.

« Il est urgent qu'on se décide enfin à prendre en compte la gravité et la profondeur de la crise, de souligner le phénomène de financiarisation comme une des causes majeures des événements récents, de rappeler le durcissement de tous les rapports sociaux, de dénoncer la folie et le scandale des méga-rémunérations dans la banque aujourd'hui, disais-je. [...] Encore faut-il bien se comprendre. Par exemple je n'apprécie guère la formule : refuser la "soumission aux lois du marché". Une grande partie du monde vit en économie de marché et nous, sociaux-démocrates, avons choisi depuis 1947 d'y rester parce qu'elle est garante de la liberté de base des citoyens consommateurs. Lorsque, comme c'est à l'évidence le cas actuellement, les lois du marché produisent et amplifient des dérives insoutenables, le problème n'est pas de s'y soustraire mais de les modifier, de savoir comment et avec qui, pour être ensuite soumis à des lois moins injustes mais toujours marchandes. Trois remarques encore avant d'en arriver à la crise elle-même. La dénonciation de la mondialisation a quelque chose, elle aussi, d'incantatoire. La mondialisation est une tendance lourde de l'humanité. [...] Cette propension de l'humanité a été puissamment encouragée par des révolutions techniques dans le transport des biens et des personnes, et plus encore dans le transport de l'information qui, lui, est devenu instantané, et aussi par les décisions des États, ouvrant de manière croissante leur commerce et leurs mouvements de capitaux. Le problème est que cette mondialisation n'a absolument pas été régulée. C'est donc à l'absence de régulation qu'il faut s'en prendre et non pas à ce fait incontournable qu'est la mondialisation elle-même.

Le fait de passer de l'analyse de la crise dans sa dimension mondiale à une réponse politique à usage de la France seule amène à de grosses erreurs. Comme celle-ci de l'ami Julliard[1] : "À l'échelon politique national, la deuxième gauche [...] représente une voie désormais dépassée." La phrase est étrange en cette période historique où nous commençons à peine à enregistrer les résultats de la victoire intellectuelle complète de ladite deuxième gauche sur la gauche jacobine au patois marxiste et éprise d'économie administrée. [...] Je ne crois pas bon d'appeler la phase actuelle "néocapitalisme". La démolition systématique des mécanismes

---

1. Jacques Julliard, journaliste, intellectuel et écrivain, éditorialiste du *Nouvel Observateur*.

régulateurs pendant des Trente Glorieuses, les privatisations et de déréglementation qui l'ont accompagnée constituent une régression, un retour à une plus grande brutalité sociale du capitalisme qui est franchement beaucoup plus archéo que néo. Puisqu'il faut bien nommer, le mot de capitalisme, tout seul, suffirait, [...] ou encore d'ultralibéralisme, ou hyperlibéralisme pour bien souligner que la caractéristique actuelle du capitalisme est qu'il ne connaît plus ni normes, ni limites puisqu'il s'affranchit de l'idée que c'est à la loi de définir ses limites. Il s'apparente plus, de ce fait, à la loi de la jungle qu'à la liberté. Au sens strict, il n'est pas libéral et il est essentiel de ne pas faire de confusion là-dessus.

[...] Sur le cœur du problème, chômage et précarité, Michel Aglietta[1] a dit à plusieurs reprises qu'il faudrait en revenir à l'indexation des salaires sur la productivité. Je crois qu'il a raison, mais la tâche est difficile pour des forces syndicales tétanisées par le chômage. Il y a, me semble-t-il, un angle d'attaque supplémentaire où le législateur (l'Europe aurait ici, si elle le voulait, le poids nécessaire) pourrait apporter une contribution importante à cette lutte : c'est le statut de l'entreprise. Car l'entreprise n'existe pas dans le droit contemporain qui ne connaît que la société de capitaux. Or celle-ci, comme communauté d'hommes et de femmes vivant du même projet économique, est la grande victime de l'évolution en cours. Les actionnaires sont étrangers à l'entreprise qu'ils ne cherchent qu'à pressurer. Ils ne sont, pour elle, que des apporteurs de capitaux et doivent le rester, leur rémunération n'a nul besoin de s'accommoder d'un pouvoir de décision qui doit au contraire appartenir à ceux dont le destin dépend de l'entreprise. Les salariés dans les conseils, c'était, en d'autres temps, un rêve révolutionnaire. C'est devenu une condition de survie du système. Naturellement, on y mettra du temps ; c'est même la condition de tout projet de quelque ampleur. Mais je ne vois plus d'échappatoire. Il y a plus : derrière ce comportement contemporain des actionnaires, derrière les dérives professionnelles et morales de la finance, derrière les sur-rémunérations inadmissibles et sans plus de liens avec le travail, le risque ou la responsabilité de nombre de grands patrons, se cache à peine un déferlement de la cupidité. Les vertus puritaines des

---

1. Professeur de sciences économiques, cofondateur de l'école de la régulation, spécialiste d'économie monétaire internationale.

capitalistes décrits par Max Weber ont disparu. Calvin, qui prônait la frugalité mais légitima le prêt à intérêt et encouragea l'accès à la richesse, sous condition qu'elle soit réinvestie et redistribuée est bien oublié. J'ai cru longtemps, je l'ai dit, comme tous vrais sociaux-démocrates, au capitalisme régulé. Le capitalisme mondial s'est aujourd'hui débarrassé de toute régulation. Il est devenu mortellement instable. Je crois non pertinent tout diagnostic à mi-chemin.

Tout cela est mondial. Il est urgent d'en convaincre Chinois et Indiens avant qu'ils ne sombrent dans les délices et les brutalités du capitalisme pur et dur. Il est intéressant de noter que les pays de finances islamiques n'ont pas sombré dans les folies des produits dérivés parce que leur religion les interdit. Mais ça commence chez nous, les développés. Or il y a inanité du projet révolutionnaire pour des raisons aussi bien de culture que de rapports de force. Il n'y a pas d'autres voies qu'un long chemin de réformes pas à pas internationalement convergentes. L'essentiel est donc d'abord la communauté du diagnostic, puis la convergence, et la précision des programmes politiques partout. [...]

C'est une affaire de survie de l'humanité que de reprendre le contrôle du politique sur la finance et de ramener celle-ci au rôle qu'elle n'aurait jamais dû quitter, celui de fournisseur du service financier à l'économie. La lutte des classes (il y a des terminologies dont la pertinence est éternelle) passe, aujourd'hui, entre les spéculateurs et les régulateurs, le marqueur des vrais conflits est là.

Au final, il faudra bien aller jusqu'au fond du sujet. L'écologie, aujourd'hui, nous dit déjà de manière claire qu'il est insensé, et surtout dangereux, de chercher les sources et les formes d'une nouvelle croissance si elles ne sont faites de produits durables, biodégradables partout où c'est possible, recyclables en tout cas, et produits grâce à de l'énergie décarbonée. C'est déjà essentiel, critère majeur pour les choix d'aujourd'hui. Mais l'écologie dit beaucoup plus encore : elle incrimine le volume de notre consommation, qui est consommation de ressources, elle incrimine notre frénésie concurrentielle, notre oubli du sens du temps long.

Les émergents d'aujourd'hui n'ont pas de place dans notre avidité consommatrice. Il va falloir savoir mettre des limites à la concurrence, lui fixer des zones interdites. Après tout, le bonheur des hommes est fait d'art, de culture, de sport, de fêtes, d'amitié, de relations interpersonnelles, d'épanouissement familial, toutes choses dont la pratique réelle consomme peu de ressources et guère d'énergie. La bataille planétaire d'aujourd'hui consiste à redonner de l'espace à tout cela dans nos vies, aux dépens de ce qui est quantifiable et qu'il faut limiter. Magnifiquement symbolique de cet enjeu est la bataille pour le temps libre. C'est un contresens de civilisation, lorsque par une conjoncture locale un plus de travail apparaît possible, que de vouloir le confier à ceux qui en ont déjà, plutôt que de participer à la diminution moyenne régulière de la peine humaine comme l'entrevoyait Keynes.

Il n'y a de projet de société que mondiale, et la crise mondiale d'aujourd'hui a la vertu de nous en rendre lisibles les linéaments. Le réveil politique de la France dépend du ralliement de la gauche à cette cause-là. La partie franco-française du programme d'une civilisation rassérénée harmonieuse et équitable n'est pas alors difficile à écrire. »

Quel libéralisme veut-on ?

Cette réflexion majeure sur un sujet étant récurrente chez moi, deux ans plus tôt, en 2008, j'avais traité du libéralisme économique pour la revue *Foi et Vie*. Ce texte, à forte connotation et explications historiques et théoriques, me paraît toujours d'actualité, même si j'y fais quelques ajouts pour ce présent livre. Il mérite en tout cas toujours son titre : « Pour un libéralisme authentique ».

« Le libéralisme est une création philosophique issue des Lumières qui tend à organiser la collectivité autour de la reconnaissance et du respect de la liberté humaine, rappelais-je alors[1]. Au moment où elle émerge, la pensée libérale ne se limite pas à l'économie : c'est la liberté de l'individu en général qui fonde toute l'affaire, la liberté, concept central, qui consiste à pouvoir faire tout ce qu'on a envie de faire à l'exception de ce qui peut être nuisible à autrui. C'est ce qu'énonce la Déclaration des droits de l'homme et du citoyen de 1789 : "La liberté consiste à pouvoir faire tout ce qui ne nuit pas à autrui : ainsi l'exercice des droits naturels de

---

1. Article de *Foi et Vie*, propos recueillis en juillet 2008 par Olivier Abel, texte établi par Pierre-Olivier Monteil.

chaque homme n'a de bornes que celles qui assurent aux autres membres de la société la jouissance de ces mêmes droits. Ces bornes ne peuvent être déterminées que par la loi." Le libéralisme a toujours admis l'idée que ce qui nuit à autrui doit être interdit et spécifié, reconnu à l'avance par la loi et poursuivi par la police et la justice. Ce modèle a servi d'environnement philosophique et de système de garantie à un certain nombre de pays, qui ont construit chez eux la démocratie : mot qui traduit le libéralisme en politique et en économie. Le marché implique que chacun soit libre d'acheter ce qu'il veut, à qui il veut, quand il veut, éventuellement en négociant le prix. Pour les vrais libéraux, la liberté n'est pas la loi du plus fort. Quel que soit le domaine, le fait que des règles délimitent la liberté est considéré comme nécessaire à son exercice.

En 1945, après la fin de la guerre, le monde entier aspire à reconstruire un univers de paix. On pense que Hitler avait été élu à cause de la crise économique et que c'est l'instabilité du capitalisme qui a causé sa perte. Il y a même un tropisme, une façon de penser, qui inclinerait alors pour une organisation plus rigide, plus sérieuse, empêchant les instabilités. Il y a eu une proposition en ce sens à ce moment-là, celle du monde communiste, système évidemment attentatoire au principe même de la liberté – ce que le tiersmonde a mis du temps à admettre, sans doute parce que le décollage économique était pour lui une priorité absolue, et les libertés une sorte de luxe comparées à la famine et la pauvreté, urgences autrement plus prégnantes.

La plupart des pays développés ont reconstitué un capitalisme régulé, et l'aventure du capitalisme des années 1945-1975 est une aventure extraordinaire. On est en économie de marché, la liberté des consommateurs et des travailleurs est totale. L'on dispose de trois régulations principales : d'abord la Sécurité sociale, bien sûr, qui non seulement humanise le système mais contribue grandement à le stabiliser ; puis les politiques monétaires et budgétaires, au service d'une intervention contra-cyclique, anti-oscillation – tel était le message de Keynes –, qui permettra de vivre pendant trente à quarante ans sans une seule crise économique ni financière. Enfin, troisième régulateur : l'acceptation générale d'une politique de hauts salaires – c'était là le message d'Henry Ford, qui disait " Je paie mes salariés pour qu'ils m'achètent des voitures ". Qui dit hauts salaires dit en effet haute consommation, croissance rapide. [...] Il en est résulté une période de croissance inédite dans l'histoire humaine : 5 % de croissance annuelle, en moyenne, sur trente ans. C'est dire que nos revenus par habitant ont dû quintupler ou sextupler, alors que la croissance entre les deux guerres était en moyenne de l'ordre de 2 %. Et, pendant cette période, aucune crise financière ou économique globale ni même régionale, et plein-emploi partout en pays développé. C'est à ce moment-là qu'une nouvelle doctrine de politique économique apparaît. Son nom technique est monétarisme, bien qu'elle concerne plus encore l'économie réelle que l'économie financière. Son porte-parole, Milton Friedman, va décrocher le prix Nobel d'économie en 1976 pour une thèse qui dit : Sous certaines conditions, l'équilibre des marchés est optimal ; si l'équilibre obtenu sur un marché ne vous convient pas pour des raisons sociales (salaires insuffisants, conditions de travail trop dures...), et que vous prétendez le modifier, le fait qu'il soit optimal induit que vous ne pouvez que le détériorer ; il y aurait plus de perdants que de gagnants à toute subvention, réglementation ou mesure fiscale. Cette thèse revient à dépouiller de toute pertinence l'intervention de la puissance publique dans les affaires économiques. Elle affirme que l'on n'a pas besoin de règles, puisque l'équilibre du marché correspond à un optimum que des règles seraient incapables de définir aussi bien. Optimal ne veut pas dire parfait : il s'agit d'une optimalité à un moment donné de la technique. Bien entendu, il y a des scories sociales, mais c'est là qu'il y en a le moins.

Le phénomène majeur, philosophiquement, est que cette doctrine abandonne l'idée qu'il faille des règles pour fixer les bornes. Elle affirme que toute règle est par nature préjudiciable puisqu'elle crée davantage de victimes que de bénéficiaires. C'est là que l'on quitte le libéralisme traditionnel, qui a toujours affirmé la nécessité de règles permettant d'éviter le règne du plus fort, y compris justement en économie. Ce passage marque le franchissement de la ligne jaune et un changement d'univers : le mot de libéralisme va devenir un contresens si l'on continue de l'appliquer à l'économie dans une telle optique.

Une fortune singulière

Par la suite, une petite quinzaine de Prix Nobel d'économie monétaristes s'efforceront d'améliorer l'approche mathématique des conditions dans lesquelles l'équilibre des marchés est réputé optimal. Plusieurs questions se posent. "Est-ce que c'est vrai?" J'y répondrai dans un second temps. Parce qu'en premier lieu il faut répondre à celle-ci : "Comment se fait-il qu'une thèse aussi bizarre et aussi innovante ait connu un tel accueil dans l'opinion, un tel succès politique?" S'y sont en effet immédiatement ralliés les populations et, du coup, les gouvernements des États-Unis, de la Grande Bretagne, du Japon, des Pays-Bas, partiellement de la Scandinavie, de certains États du tiers-monde, avant que la thèse ne gagne la Banque mondiale, le Fonds monétaire international, et influence même les travaux de l'Organisation mondiale du commerce. Il me semble qu'il y a à cela une raison : nous vivons 150 fois mieux que nos arrière-arrière-grands-parents, nous explique Milton Friedman, et c'est grâce au capitalisme ; il faut donc le laisser jouer à plein. Si l'on parcourt les grandes étapes de l'histoire humaine depuis la Haute-Égypte, la Chine, la civilisation crétoise, la Grèce, les Hittites, en quelque six mille ans, l'économie ne change pas. La production agricole suffit, en gros, à nourrir les gens. Pendant cinq mille huit cents ans, il y a un peu d'artisanat et de commerce, mais on échange, pour l'essentiel, des produits rares. On fait des voyages au long cours pour la soie et les épices, pas beaucoup plus. Les Français du temps de la Révolution vivaient à peu près comme sous le règne de Louis XIV, qui vivaient eux-mêmes comme les citoyens de l'Empire romain. L'amélioration du pouvoir d'achat résulte de temps calmes, d'une paix civile installée durablement, d'une amélioration de l'hygiène permettant l'allongement de la durée de vie, et d'une extension des zones de commerce. Quand les artisans de Bruges et des Flandres inventent le drap, c'est le transport, les bateaux qui permettent de le vendre partout. Mais, en gros, jusqu'à l'invention du capitalisme, le marché est une confrontation d'individus. Les artisans d'un côté, les consommateurs de l'autre et les commerçants entre les deux : uniquement des individus. Certains parviennent à faire fortune au prix de grandes expéditions, mais assez peu.

Les penseurs qui inventent l'économie politique – Adam Smith, Ricardo, Quesnay, Vauban… – sont tous des moralistes. C'est à travers deux techniques que le capitalisme va introduire un changement majeur. L'une est financière, la société anonyme, qui procure le moyen de rassembler beaucoup de capitaux, beaucoup d'épargnants individuels, en une seule unité de production. L'autre, c'est la machine à vapeur, avant l'électricité, qui permet de faire travailler ensemble beaucoup de bras avec une source unique d'énergie. Avec ce qu'on appelle le capitalisme, on passe à un marché de grandes unités. C'est là que le système se révèle absolument génial. En rupture avec tous les pouvoirs précédents, il apporte la liberté d'entreprendre et le droit d'échapper à toutes les contraintes d'État. En Égypte ancienne, sous l'Empire romain, avec les corporations du Moyen Âge et jusqu'à la Révolution française, l'activité économique était étroitement surveillée par l'État, qui l'autorisait ou pas, lui fixait des règles extrêmement étroites, jusqu'aux prix. La bonne économie, chère à l'Église catholique apostolique et romaine, était administrée par les évêques, qui définissaient les bonnes ou mauvaises pratiques des artisans et bien souvent les prix. Avec le capitalisme émergent des entreprises qui échappent à la loi du système, bousculant corporations, administration d'État, bureaucratie religieuse et tout le reste. C'est ce qui fait que, si nos arrière-arrière-grands-parents vivaient comme leurs propres arrière-arrière-grands-parents ou à peu près, nous, nous vivons 120-150 fois mieux – l'unique instrument de mesure possible, c'est le prix du quintal de blé, le seul qu'on suive sur toute la période – que nos arrière-arrière-grands-parents, qui étaient tous des laboureurs. Grâce au capitalisme. Mais il était plus que jamais nécessaire d'encadrer ce dernier par des règles, par une sévère discipline de l'offre contre la fraude, contre les malversations de toutes natures, et même par une organisation de la concurrence : les lois anti-trust, dont Friedman pense qu'elles sont de trop. Ces lois, cependant, sont une expression remarquable du libéralisme dans l'économie capitaliste.

Milton Friedman dit à peu près la chose suivante : "L'histoire humaine est formidable : nous vivons 150 fois mieux que nos arrière-arrière-grands-parents, grâce au capitalisme, ce moteur inouï, doté d'un carburant inouï : le profit. Vous vivriez tous du profit que vous vivriez tous beaucoup mieux. Qu'est-ce qui vous en empêche ? Les impôts, les règles. Débarrassons-nous-en – puisqu'il est rarissime que l'on puisse démontrer que ces impôts et ces règles sont utiles. L'équilibre du marché doit suffire." L'on va privatiser, déréglementer, élargir autant que possible le champ ouvert à la création de profit, puisque c'est le moteur du système. Au fond, pour le dire autrement, Friedman affirme que l'idée selon laquelle le salaire est le moteur du système parce qu'il permet la consommation est une idée fausse issue des systèmes réglementaires d'autrefois. Le véritable moteur du système, c'est le profit – le salaire n'étant qu'une modalité de redistribution parmi d'autres, un moyen parmi d'autres de gagner sa vie.

Une doctrine qui vous dit qu'il y a trop d'impôts et qu'il y a trop de règles est évidemment attrayante en soi. Je suis persuadé que ce moment historique – la décennie 1970 – est parfaitement décisif. C'est la période où l'on sort de la longue misère moyen-âgeuse. Pour des dizaines, des centaines de millions d'individus vivant dans les sociétés avancées, le travail ne permet plus seulement de se chauffer, se nourrir, se vêtir et transporter sa famille : la machine a permis un décollage qui dégage dans tout budget familial une réserve pour des loisirs et des soins médicaux. Cela est radicalement nouveau. C'est au moment où l'on entrevoit cette liberté que Milton Friedman nous dit : "Vous pourriez faire bien plus, il suffirait que vous ne payiez plus d'impôts." On objecte : "Mais si je ne paye plus d'impôts, qui va payer le professeur de mes enfants ?" Et la réponse tombe : "Si vous viviez tous de profits, vous vivriez autrement mieux, et vous seriez même prêts à payer l'école." Il y a eu cette coïncidence factuelle dans le temps entre l'avènement de la consommation de masse permise par le capitalisme débutant et l'idée qu'on n'a plus besoin de ces règles d'État vues comme une entrave à la bonne marche du système – idée qui devient, du coup, électorale. Ce fut un succès de presse et d'opinion bien supérieur à celui du marxisme, un cas unique dans toutes les théories économiques.

Les effets ravageurs de la liberté pronée par Milton Friedman

Parmi les conséquences qui s'ensuivent, la plus visible est que le refus de se donner des règles permet maintenant aux épargnants qui le souhaitent de mettre leurs disponibilités dans des paradis fiscaux, lesquels détiennent aujourd'hui pas loin de la moitié des liquidités mondiales. Tous ne sont pas frauduleux, il y en a même de plutôt convenables ; mais ils échappent à toute règle fiscale, à toute mesure prise pour policer les mouvements de capitaux et éviter les crises. La déréglementation a permis ainsi le retour de la loi de la jungle sur le marché : les forts retrouvent une possibilité d'opprimer les faibles. D'autant qu'en bonne logique « friedmanienne » on diminue parallèlement la part relative de la Sécurité sociale et des services publics. Il y a service public lorsque l'on veut, par exemple, fournir un accès aux soins médicaux à ceux qui n'en ont pas les moyens. Bien sûr, il faut que l'impôt compense. Il n'y a donc pas de profit : l'activité correspondante se trouve soustraite à l'appétit de ce moteur formidable. La nouvelle politique en vient à restreindre le champ des services publics pour ne plus les destiner qu'aux véritables pauvres pour lesquels un peu de charité suffit.

L'absence de règles a entraîné des effets absolument ravageurs, dont le premier n'est autre que l'aggravation généralisée de toutes les inégalités, internes et internationales. Citons quelques chiffres. Le rapport des niveaux de vie entre un Européen et un Africain était, en moyenne, dans les années 1880-1900 de 1 à 5 ou 6 ; dans les années 1970, il était de 1 à 30 ; il est aujourd'hui de 1 à 100-120. En interne, en pays développé, on a même vu réapparaître la pauvreté de masse (il s'agit des adultes valides écartés du marché du travail : même plus chômeurs, même plus précaires) qui, dans les années 1970, avait quasiment disparu. Il y a donc manifestement de quoi s'interroger, mais je suis de ceux qui ne se satisfont pas de la seule interpellation éthique des consciences. Je voudrais que s'affirme une véritable critique économique, parce que – c'est aussi l'un des résultats à déplorer – la pression sur les salaires s'étant aggravée, la consommation se réduit en part relative dans le PIB Nous ne parvenons plus à retrouver les 5 % de croissance que nos pays connaissaient dans les années 1945 à 1975. Ce ralentissement est dû au tassement de la masse salariale et des montants consacrés à la Sécurité sociale dans le partage du revenu brut. Il faudrait s'atteler à ce problème, mais on commence à peine à initier des recherches, le politiquement correct dans l'organisation des carrières économiques et les nominations universitaires étant lié au respect du dogme.

Je crois, cependant, que le débat est maintenant ouvert sur le plan de l'intelligence des esprits informés. Il ne l'est pas encore véritablement sur le plan du rapport de forces, parce que tout le monde a peur de la bureaucratie et que toutes les droites du monde crient au retour du communisme dès l'instant qu'on prend des mesures un tant soit peu régulatrices. Surmonter ces dogmes nécessitera une très, très longue évolution, mais il faut bien commencer. Notons cependant que Joseph Stiglitz a reçu, en 2001, le prix Nobel d'économie pour des travaux d'inspiration néo-keynésienne qui constituent une critique de ceux de Milton Friedman. Comment cela s'explique-t-il ? Étudiant à Harvard, Stiglitz était un "énarque" américain promis à une grande carrière de par sa formation en économie classique. Comme il était plutôt conforme, il a tracé une superbe trajectoire qui culmine à la vice-présidence de la Banque mondiale. Cela ne l'a pas empêché de montrer le bout de l'oreille dans sa thèse universitaire, qui porte sur les conditions de l'optimalité des marchés : l'équilibre des marchés est optimal si la totalité des opérateurs, à l'achat ou à la vente, jouissent d'une absolue égalité d'accès à l'information ; bref : s'ils savent tout sur l'état du marché. Stiglitz établit la démonstration que cette condition n'est pas réaliste, qu'elle est même structurellement impossible, de par le système. Le système marche sur la tête à partir d'*a priori* faux, mais, comme il sert puissamment les intérêts des gros, il est solide.

Au moment où Stiglitz recevait le prix Nobel d'économie, il y avait dans ses œuvres complètes un ouvrage récent intitulé : *Quand le capitalisme perd la tête...* Dans la même période, le Français Patrick Artus publiait deux livres successifs. Le choix des titres retenus par ce brillant esprit, universitaire français mais également directeur des études économiques d'un groupe bancaire, donne à penser, l'un d'eux martèle : *Le capitalisme est en train de s'autodétruire*, ce qui est quand même éloquent, un autre pointe du doigt *Les Incendiaires*, la catégorie sociale visée étant les gouverneurs de banques centrales.

En quête de solutions

Le problème général consisterait à identifier les causes de la surcroissance des inégalités et de la réapparition de la pauvreté, mais, surtout, de la précarisation générale du travail et de la réapparition des grandes crises financières, une tous les cinq ans en moyenne depuis 1990. On a maintenant 15 % de travailleurs précaires dans toutes les économies développées, soit quelques centaines de millions de salariés, en regroupant l'Amérique du Nord, l'Europe et le Japon. Cela sans compter les chômeurs et les pauvres, exclus du marché du travail. Mais le monétarisme issu de la thèse de Friedman (et appelé par certains néo ou ultralibéralisme, au risque de gommer la différence avec le libéralisme classique) continue sur sa lancée.

Le premier enjeu est avant tout intellectuel : il est de diagnostiquer la crise – terme médical qui fait référence à la santé comme état normal, auquel je préfère substituer celui de mutation, puisque nous sommes dans des changements lents, mais terribles – et de fournir une thérapeutique en retrouvant un système de régulation capitaliste, fût-il celui qui a réussi entre 1945 et 1975 mais qui a été cassé. Dans ce débat, le mot libéralisme est l'objet d'une captation sémantique qui induit en erreur, spécialement en langue française. En anglais, les "liberals", c'est la gauche, parce qu'elle est réglementariste. Les libéraux ont toujours pensé qu'il fallait des lois pour combattre le crime, fût-il économique. Le retour de ce principe est une nécessité absolue. Il n'y a qu'en France où, par une dérive de vocabulaire, on a gommé la différence entre le libéralisme demandeur de règles et l'ultralibéralisme négateur de règles, qui est à peu près son contraire. Si bien qu'en France on ne peut même plus parler de ce sujet, les mots sont vicieux parce que viciés. Un Jean Jaurès, un Pierre Mendès France sont de vrais libéraux. D'abord, parce qu'ils n'ont jamais renoncé à un engagement total pour la liberté politique, physique, intellectuelle, de pensée, d'expression, y compris syndicale. À ce titre, ils sont constructeurs de démocratie, et donc libéraux. Mendès était très soucieux de l'économie de marché, mais il la voulait réglementarisée de près. Il était encore plus réglementateur que moi.

Je crois que le combat principal, maintenant, nous oppose au monétarisme, à l'ultralibéralisme. Parce que cette philosophie de l'absence de règles nous empêche de traiter correctement les problèmes nouveaux : le climat, la dépollution en général… Le marché ne peut pas s'en charger. On a absolument besoin de règles, dans le respect du fondement de toute l'affaire, qui est la liberté. Il faut consentir à une petite limitation si l'on veut préserver la liberté. Je me déclare, moi aussi, fondamentalement, comme un socialiste libéral. Mon pessimisme tient à ce que, aussi longtemps que l'opinion française, l'école, la télévision, la presse et les livres n'auront pas dénoncé l'escroquerie intellectuelle qui consiste à appeler libéral un système négateur de la liberté, on ne pourra pas parler politique – c'est-à-dire aussi parler technique.

Le système est porteur de trop d'intérêts consolidés pour être susceptible de s'écrouler politiquement sous le poids de sa propre escroquerie. Il peut néanmoins s'effondrer sous l'effet de deux types de chocs. Le premier résulte des enjeux écologiques et de l'évolution climatique. L'appel à la survie de l'humanité va exiger des règles, des impôts, des interventions et des régulations publiques extrêmement fortes. L'autre menace, c'est la crise. Le monétarisme a réintroduit dans le capitalisme les crises financières qui avaient disparu depuis plus de trente ans. Depuis maintenant 1990, à peu près, il y a une grande crise tous les cinq ans. Pendant la période 1945-1975/1980, les faillites qu'ont connues certains États (Turquie, Brésil, Mexique) ont été cautérisées localement, sans jamais affecter l'essor des économies voisines. On appliquait des règles fortes. Entre-temps, le capitalisme est devenu mondial. Mais le droit de réglementer est demeuré national. L'ONU n'a jamais reçu mandat pour intervenir à ce niveau-là, comme elle le fait – il est vrai à grand-peine – pour la paix ou la guerre. Trois fois dans les derniers vingt ans, l'Amérique latine tout entière a été affectée par des crises nationales non cautérisées, du fait de l'absence de règles.

La crise de 1992, déclenchée par une spéculation animée notamment par George Soros, a fait sauter des parités irréalistes qui étaient maintenues dans le système monétaire européen. Il y avait clairement une intervention des fonds anglo-saxons dans le but de tuer la perspective de l'euro. Ils n'y sont pas parvenus. La résistance du franc, soutenu par le deutsche mark, a joué un rôle géostratégique mondial absolument décisif. Grâce à quoi le projet de l'euro a pu aboutir, concrétisant un dispositif protecteur de crise par mise à l'abri, pour une zone immense composée de treize pays, aujourd'hui de seize.

Ensuite, il y a eu une crise financière russe en 1991-1993. La jeune Russie, libéralisée trop vite sur la suggestion de conseillers américains excessifs qui ne se rendaient pas compte de ce qu'ils faisaient, a mis à mal tous les voisins : Baltes, Polonais, Tchèques..

Puis il y eut la spectaculaire crise financière asiatique de 1997 qui a mis le Japon à genoux pour dix ans – pas de croissance pendant cette décennie –, a touché l'Indonésie, la Malaisie, Singapour, Hong Kong, et n'a épargné que la Chine continentale, encore trop autarcique. Ensuite vient la crise de la « e » économie, et actuellement celle des *subprimes*.

La crise des subprimes

La crise des *subprimes* est, au début, une crise purement bancaire et de liquidité par absence de règles, par disparition des contrôles. Elle a plusieurs caractéristiques, la première étant que son émergence ne doit rien à un effet de cycle ou à un accident de marché, mais doit tout à une généralisation de l'escroquerie à l'immoralité croissante de la profession bancaire, c'est aussi clair que cela. L'origine ? Un logement coûte à peu près quatre à cinq années de salaire. C'est cher. Au XIXᵉ siècle, les banques avaient inventé le crédit hypothécaire : on prête aux gens, moyennant une hypothèque sur leur maison, ce qui leur fournit de quoi l'acheter, après quoi ils remboursent petit à petit. S'est développée ainsi toute une industrie, qui est mondiale. Elle repose sur un examen attentif du niveau de revenu des emprunteurs, de leurs possibilités de remboursement, et sur un système de prêt compatible avec ces capacités. Dans un souci de prudence vis-à-vis d'un système instable, on ne prête que 60, 70 ou 80 % de la valeur des logements achetés, ce qui exige un effort personnel de la part des emprunteurs.

Mais, vers la fin de la décennie 1990, des banquiers américains s'aperçoivent que leur profit ne tient pas à la ponctualité des remboursements des intérêts et du capital du prêt, mais à la valeur de la maison. Si quelqu'un ne rembourse pas, on peut saisir la maison et la revendre – et il arrive qu'on y gagne. "Qu'est-ce qui nous empêche de prêter sans limites à n'importe qui ? se disent-ils. Nous pourrions prêter à des gens qui, manifestement, ne peuvent pas rembourser. Qu'importe : nous saisirons la maison, et la revendrons." Le candidat Geroge W. Bush dans sa campagne disait d'ailleurs à peu près « Débarassons-nous de ces conflits d'autrefois entre salariés et capitalistes. Tous propriétaires et la nation sera réconciliée. » Les banques ont vu là un énorme encouragement. En conséquence, le prêt hypothécaire s'est mis à couvrir 100, 110, 120 % de la valeur de la maison (travaux, embellissements) ; il a été consenti à n'importe qui, sans examen des conditions de revenus. En éthique capitaliste, c'est simple et légal : la valeur de la maison est là, on consent un prêt, on saisit, on revend. En éthique humaine, c'est honteux. Car le mécanisme ne pouvait fonctionner qu'à condition de pouvoir exproprier beaucoup : en 2007, 1 300 000 familles furent expropriées aux États-Unis pour cause de non-paiement de leurs dettes. Pour équilibrer les comptes bancaires en 2008, il aurait fallu 3 millions d'expropriations. La situation prenait une dimension extra-économique. Les tribunaux encombrés, les policiers conduits à réprimer à tour de bras, et le refusant de plus en plus, les pouvoirs politiques et surtout les élus locaux finirent par ordonner : "Ralentissez, on va vers un drame." L'expropriation de tant de familles est un problème politique. Les gens râlent, exigent des règles, des protections. Moyennant quoi, le système a pris du retard dans les remboursements, et les banquiers n'ont pu se payer. C'est le début de la crise des *subprimes*. Elle est due exclusivement à l'immoralité nouvelle d'une profession bancaire s'affranchissant de ses règles de contrôle habituelles. Sur ce point, les systèmes de surveillance interbancaire n'ont rien vu venir, parce qu'il ne s'agit pas de vol délibéré, mais d'un comportement ignorant de l'espèce humaine : je le redis, c'est honteux.

L'étape suivante est encore plus révoltante. Une cinquantaine de banques américaines sont concernées par des menaces de non-rentrées, de déséquilibres et de faillite, leurs créances devenant douteuses. On aurait pu imaginer une saisie immédiate des autorités de sûreté bancaires, une évaluation, une provision de ces risques, une aide publique pour la constituer. Pas du tout. Cela aurait été un appel à la puissance publique. Or, l'équilibre des marchés est optimal, il faut trouver autre chose. Quoi donc ? Ces banques ont mélangé les créances douteuses des *subprimes* (c'est-à-dire des "surprimes", car il y avait surprime, dans la mesure où, les taux de revenu ne permettant pas d'espérer un remboursement normal, le risque augmente : il fallait payer les frais d'expropriation et de justice, ce qui engendre la surprime) avec d'autres créances moins douteuses. Ils en ont fait des paquets de créances, qui ont été vendus dans le monde entier… On a appelé titrisation la nouvelle technique juridico-financière qui consiste à transformer un prêt (créance personnelle irrévocablement inscrite au bilan de la banque prêteuse jusqu'à son remboursement) en un actif financier cessible sur le marché. Une technique connexe a permis le regroupement de créances multiples en un seul titre financier. On ne dispose pas, à ce jour, d'évaluation précise. On situe leur montant entre une quarantaine et une centaine de milliards de dollars, ce qui représente peu, mais qui a suffi à créer un déséquilibre. Courant 2007, un nombre important de grandes banques se sont aperçues que leurs paquets de créances comportaient des titres pourris qui ne valaient rien. Sans pouvoir établir dans quel pourcentage, puisque cela dépendait de chaque paquet et de la banque initiale. La crise s'est répandue dès lors que les banques ont commencé à se méfier les unes des autres au point de cesser de se prêter mutuellement. On ne pouvait plus faire d'échéance de fin de mois pour le petit fournisseur du coin de la rue, dont les ventes sont régulières dans le mois mais dont les achats se payent en fin de mois. Et voilà comment la récession a commencé. »

L'immoralité gagne quand les règles ont perdu

Il me faut ajouter que, à la différence des précédentes, cette crise n'est pas un effet de système, c'est une confirmation de l'immoralité d'un marché sans règles. Les banques centrales ont mis des dizaines de milliards de dollars sur la table pour empêcher les banques de faire faillite, mais cela peut très bien ne pas suffire. Au-delà de la seule évaluation des titres pourris, il est possible qu'à terme naisse une suspicion susceptible de porter préjudice à des titres parfaitement sains. Or le volume de titres faisant l'objet d'une telle méfiance se révèle cent fois plus important que celui des titres pour lesquels elle est légitime.

Comment, dès lors, gérer ce grave problème ? Comment aujourd'hui, en 2010, diminuer, voire éliminer ces risques ? Par un traitement simple. Lequel implique d'abord le retour à la séparation des activités bancaires, les banques de dépôt ayant interdiction de prendre des risques avec l'argent de leurs déposants, et celles d'investissement faisant le métier de la prise de risques avec leurs fonds propres ou une épargne dédiée. Ensuite, en interdisant les produits dérivés non reliés à des opérations d'économie réelle, en isolant et stérilisant les paradis fiscaux, en plaçant les fameuses agences de notation sous contrôle ou sous statut public et, enfin, en augmentant les pouvoirs des régulateurs et leurs moyens d'investigation.

C'est d'autant plus urgent que l'effort de régulation, engagé dans ces directions depuis le premier G20 de 2008, semble aujourd'hui entravé. Tout se passe, en 2010, comme si le pouvoir du système bancaire se reconstituait sans avoir tiré aucune leçon de rien, y compris dans sa capacité à produire et multiplier les bulles financières !

Un enjeu mondial

« Un autre danger est à craindre, expliquais-je encore à la revue *Foi et Vie*[1], la contamination, avec un équilibre général dans lequel la part des salaires a été trop mal servie dans la distribution des bénéfices. Nous passons ici de la finance à la macroéconomie, à la constitution du pouvoir d'achat, qui m'inspire une inquiétude énorme. Les salariés vont gagner de moins en moins et la pénalisation financière liée à ces crises cumulées va entamer leur pouvoir d'achat. [...] Dans *Le Monde*, le président de Renault, Carlos Ghosn, déclarait : "La fin de l'année 2008 va être très dure pour l'automobile." Ce qui signifie : "Mes clients sont touchés par une crise économique dans laquelle ils ne sont pour rien."

L'enjeu est forcément mondial. L'Europe n'est pas isolée du reste du monde, puisqu'il y a liberté absolue des mouvements de capitaux et des échanges. L'avantage potentiel de l'Europe, c'est qu'elle constitue la plus grosse puissance économique, mais il faut qu'elle se dote d'une volonté politique. Lorsqu'elle le voudra, elle sera alors la plus forte et pourra l'imposer. Pour l'heure, je tire cette conclusion que jamais la mise à l'ordre du jour du véritable libéralisme n'a été aussi nécessaire. Il faut que les libéraux authentiques réaffirment la nécessité des règles, et que l'on se débarrasse du système

---

1. Suite des propos recueillis en juillet 2008 par Olivier Abel, texte établi par Pierre-Olivier Monteil.

de pensée qui prétend le contraire. Une dernière remarque. De Gaulle a dit un jour : "Il n'y a pas de grand chef d'État dont le destin n'ait été quelque part mêlé au problème de la défense." D'une certaine façon, c'était vrai dans l'univers dont nous sortions. Plus maintenant. Mon sentiment est qu'il faut remanier le constat en ce sens : "Il n'y a pas de grand chef d'État dont le destin n'ait été quelque part mêlé à l'économie." L'un des drames des grands détenteurs du savoir d'aujourd'hui, c'est que nombre d'entre eux sont passés à côté de l'économie. »

Une sentence hélas encore cruellement vraie, deux ans plus tard.

Chapitre XXXI

La fin du travail

Dans l'évocation de mon parcours, on a déjà rencontré, à deux ou trois reprises, les problèmes de l'emploi, du combat contre le chômage, et de la durée du travail. Mais je les ai abordés de manière ponctuelle, à l'occasion de situations ou de décisions données. Il me semble donc utile de proposer désormais une réflexion plus globale, celle qui sous-tend ma proposition fréquemment renouvelée – et toujours actuelle – d'inciter de manière constante, notamment par voie fiscale et parafiscale, à la baisse lente et progressive de la durée du travail.

Or il ne s'agit pas seulement, ici, de mettre un terme à l'effrayant malaise social qui veut qu'en pays développés plus du quart de nos populations, qu'elles soient au chômage, ou en situation de précarité, ou même exclues du marché du travail, c'est-à-dire simplement pauvres, soient désormais dépourvues à la fois d'un statut social décent et de tout espoir en l'avenir. Rien que cela est déjà terrible, car c'est la cause amont de la violence civile, de l'apathie politique du populisme, du repli identitaire qui produit la xénophobie comme le refus des immigrés.

Une société moins matérialiste

Mais il s'agit en outre d'aider à l'émergence progressive d'une société moins matérialiste, moins acharnée à la croissance quantitative, capable de nous faire passer de la compétition tournant à la guerre économique à la coopération réconciliante, de la dominance de la transaction à celle de la relation, bref à plus de civilisation.

L'écologie dans toutes ses dimensions, de l'économie nécessaire des ressources naturelles à l'urgence vitale de produire et consommer moins d'énergie, exige à l'évidence un ralentissement de la frénésie de la croissance. Que l'humanité soit poussée à chercher de moins en moins son épanouissement et sa dignité dans les quantités de biens qu'elle consomme et de plus en plus dans les valeurs immatérielles – la création artistique, la fête, la chanson, la joie du sport pratiqué, la densité restaurée des relations interpersonnelles, la philosophie, comme le disaient les anciens grecs pour qui le travail était non compatible avec la condition d'homme libre –, voilà qui est le contraire d'une catastrophe. Mais cette longue évolution commence par la redécouverte de la capacité collective à donner à tout citoyen un statut social décent. Le nôtre dépend encore de la relation au travail.

Je suis un optimiste de la volonté

J'ai évoqué assez longuement ce thème, en réaction aux démagogies souvent entendues à ce sujet, dans une tribune publiée dans *Le Nouvel Observateur*. Elle a aujourd'hui seize ans, mais son diagnostic demeure valable. « Puisqu'il est possible à l'humanité de renouveler la vie de génération en génération, rien ne doit lui interdire de renouveler aussi les formes d'organisation sociale, les traditions et les cultures qui fondent et façonnent la vie en société[1]. Je demeure donc indéfectiblement un optimiste, optimisme de la volonté contre pessimisme de l'intelligence, pour reprendre l'expression de Romain Rolland dont Gramsci avait fait sa devise.

Encore faudrait-il, pour que l'humanité maîtrise son destin, que la perspective tracée soit claire, et que tous les instruments d'action collective demeurent agiles, rapides et efficaces.

Les civilisations occidentales ne vont pas bien. La réalité sociale y échappe de plus en plus au contrôle des hommes, et le spectacle du politique aujourd'hui n'est pas rassurant. Peu de nations donnent l'impression de pouvoir assurer chez elle un bien-être

1. *Le Nouvel Observateur*, 10 novembre 1994.

minimal, une sécurité croissante et une insertion réelle de tous dans la vie sociale. Rien ne paraît pouvoir remédier à un chômage massif, et à ses corollaires que sont la désagrégation sociale, la perte d'identité, la drogue, la délinquance, l'angoisse. Plus une famille ne peut être certaine de l'avenir de ses enfants. Et quand s'estompe la certitude que les retraites sont garanties, que les hôpitaux fonctionnent bien, que l'on peut déambuler dans sa ville en toute sécurité, ou qu'écoles, collèges et lycées ou universités sont en mesure d'accueillir tous les jeunes, alors on est fondé à se demander pourquoi, et comment, ces tendances à la dégradation pourraient bien un jour reprendre une direction favorable. De là ces relents délétères qui, devant l'impuissance des politiques traditionnelles, alimentent les démagogues.

Or une part tout à fait notable des difficultés du monde actuel (c'est visible partout, mais tout spécialement en France) tient à la désuétude de nos instruments. Nos grands systèmes, éducation, justice, Sécurité sociale, donnent depuis longtemps des signes de faiblesse, ou d'insuffisance, largement liés à ce que leur taille, leur rigidité, leurs archaïsmes les rendent peu flexibles et largement incapables de s'adapter aux évolutions de la nécessité sociale.

Dans de nombreux pays, les forces politiques organisées apparaissent souvent comme des obstacles plus que comme des moteurs aux changements nécessaires. Seuls bougent finalement les dossiers ou les conflits sur lesquels l'intuition et la ferme volonté d'un individu en responsabilité rencontrent l'accord de quelques protagonistes importants. Ainsi sont nées la démocratie en Afrique du Sud, les travaux de paix au Moyen-Orient comme en Irlande, la paix en Nouvelle-Calédonie.

Encore faut-il que le problème soit de nature à appeler une décision majeure et unique plutôt qu'un processus continu fait de décisions multiples appelant toutes du courage mais dont aucune ne suffit à régler le problème. Ce n'est pas ainsi qu'on pourra, en France, réformer la fiscalité, réduire le chômage et préserver la protection sociale.

Le déclin des grands appareils verticaux s'est accéléré, les structures que les hommes se sont données évoluent beaucoup moins vite que les problèmes, les situations, les techniques et les mentalités. D'où la tragique impression d'impuissance du politique.

Je crois que cette évolution est redoutable car dommageable à la confiance que réclame le fonctionnement de nos démocraties. J'ai mis beaucoup d'énergie à tenter de réhabiliter les partis politiques sans y parvenir. »

Gouverner pour entraîner

Le constat avait de quoi troubler, voire inquiéter, mais sa sévérité servait à dire la vérité et réveiller les consciences. Il se poursuivait – j'emploie le passé mais on aura compris que les recommandations valent toujours – par des conseils de bonne gouvernance.

« Gouverner, c'est choisir et aussi entraîner, disais-je. On ne saurait le faire sans confiance collective. Mais la confiance défaillante devant les institutions et les règles semble ne plus pouvoir aller qu'à de grands responsables insoupçonnables, quant à l'argent évidemment, mais insoupçonnables aussi quant au poids relatif des convictions et des calculs politiciens dans leurs décisions. Ce sont là les conditions majeures du retour à la conscience civique telle que l'incarnaient Charles de Gaulle et, à gauche, Léon Blum ou Pierre Mendès France, et de la fin du discrédit de la politique. De ce point de vue, le bilan moral de ces dernières années est désastreux. »

Une parenthèse à ce stade : pour rappel, nous étions en 1994 lors de la rédaction de ce texte, en plein inventaire du second septennat de François Mitterrand écorné par les affaires, affaires qui ébranlaient aussi la droite. Mon jugement était donc global. Mais revenons à l'article.

« Le chômage ébranle le sol même de notre civilisation, poursuivais-je. On ne peut accepter l'impuissance grotesque maquillée en espoir de retour à la croissance : celle-ci ferait au mieux baisser le chômage de cinquante mille à cent mille personnes au cours d'une bonne année. Qui peut croire que les Français supporteraient les quarante à cinquante ans qu'il faudrait, à ce rythme, pour résorber le chômage ?

La mise en place de la retraite progressive (mesures très peu coûteuses qui évitent le passage brutal et traumatisant de l'hyperactivité au sentiment de désœuvrement), la promotion du temps partiel choisi (il n'est pas une amélioration quand il est imposé), la suppression négociée et compensée des heures supplémentaires (qu'on pourrait avantageusement remplacer par des emplois nouveaux) sont autant de mesures nécessaires.

Je crois aussi indispensable que les avantages fiscaux donnés à la machine contre l'homme soient progressivement remplacés par l'inverse : instaurer la déductibilité des charges sociales plutôt que de ceux des investissements qui suppriment des emplois, et d'abord indexer à la baisse les charges sociales sur la durée du travail.

Deux évolutions atteignent directement et complètement la place du travail productif dans notre société. La première, c'est évidemment la disparition des périodes longues de forte croissance qui avaient financé les dépenses de l'après-guerre. Mais la seconde, plus profondément et plus durablement encore, vient des effets de la révolution informationnelle : l'homme a mis trois millénaires pour remplacer peu à peu son énergie par celle des outils, puis des machines ; il ne s'affaire que depuis quarante ans à remplacer les fonctions déductives et logiques de son intelligence par de nouvelles machines, et les premiers effets en sont déjà ravageurs et le seront de plus en plus. Dès lors, toute perspective de retour à ce que, naguère encore, nous appelions le plein-emploi est à l'évidence définitivement interdite. C'est la forme classique du salariat qui est en cause. »

La sauvagerie sociale est de retour

Pardon de paraître quelque peu présomptueux, mais force m'est de constater – hélas – que j'étais visionnaire sur ce point, les années suivantes mettant en pratique ce que je prédisais en le dénonçant.

« Le patronat des pays développés le sait fort bien, expliquais-je ainsi, dont une partie cherche à profiter de la situation pour briser, tant en matière de garanties sociales que de droit du travail, tout ce que les salariés ont patiemment arraché et construit durant le XXᵉ siècle. Il y a quelque chose d'indécent dans cette régression patronale à la lutte des classes sous les plus archaïques de ses formes. » N'est-on pas encore en plein dans cette sorte de régression ? « Si l'on veut éviter le désastre humain que serait le retour à cette sauvagerie sociale, poursuivais-je, il est grand temps d'esquisser les formes de cette société où le "travail productif" occupera sensiblement moins de la moitié du temps actif de chacun, et où, par conséquent, les revenus, les garanties sociales, mais aussi les capacités créatrices, les responsabilités prises, les prestiges sociaux, les satisfactions tirées des accomplissements personnels devront dépendre de moins en moins du seul travail salarié

Dans la société d'aujourd'hui ne sont réputés nobles que le travail intellectuel ou le travail consistant à utiliser des machines. Pourtant, par exemple, il est à peu près aussi rémunérateur, et beaucoup plus gratifiant, de participer à l'éducation de jeunes enfants, de venir en aide à des handicapés ou des personnes âgées dépendantes, que d'être confiné huit heures par jour à des tâches pure ment répétitives. Le travail qui vise simplement des rapports entre les personnes n'est pas jugé noble. Or c'est celui-ci, et celui-ci seulement, qui sous des formes très diverses, sera de plus en requis dans l'avenir.

On sait en outre aujourd'hui que nous n'utilisons, ne fertilisons et ne développons donc qu'environ 20 % des capacités du cerveau humain. L'avenir est au plein-emploi de l'intelligence, et notamment de l'intelligence appliquée aux relations entre les hommes. L'état actuel de la planète laisse deviner que le champ est gigantesque.

Combien de millions de talents créateurs, quel que soit le champ de la création, n'ont pas éclos parce que les systèmes, éducatif puis productif et commercial négligent cette capacité créatrice, majeure ou mineure que chacun porte en soi ? L'ennui profond que dégage une société de consommation ne peut être combattu que par la participation créatrice.

Keynes sentait parfaitement cela, qui écrivait dès 1930 que, sans une mutation culturelle fondamentale, les sociétés d'abondance, saturées de biens matériels, et n'ayant pas inventé l'appétence à autre chose, risquaient de sombrer dans une dépression nerveuse collective. Nous y sommes. Même Adam Smith, concluant son traité sur la *Richesse des nations* (1776), évoque le problème du lien social au-delà de l'économie, dès lors que l'abondance des richesses permettrait de dépasser l'organisation de la lutte pour la survie. Il parlait de la "république philosophique".

Tous deux retrouvent d'ailleurs ainsi l'intuition de la Grèce antique, berceau de la démocratie, pour qui le travail productif ne comportait aucune vertu éthique civique ou sociale. C'était l'affaire des esclaves. L'homme libre, en tout cas, ne vivait que par et pour son épanouissement personnel, celui de sa famille, celui de la cité. Ce qui était alors le privilège de quelques-uns, qui profitait de l'asservissement des esclaves, peut-être demain le lot de tous, grâce à l'asservissement des machines.

Il convient donc d'aider par tous les moyens à valoriser des talents, notamment créatifs, de toutes natures, à estimer à leur juste valeur, élevée, toutes les tâches d'aide entre les personnes, à stimuler la vie collective, à multiplier les prises de responsabilités associatives, coopératives, mutualistes, syndicales et politiques.

Il s'agit à la fois de créer la démocratie participative et de permettre à la société civile de prendre enfin sa véritable place. »

Déjà la démocratie participative

En 1994, l'enjeu était identique à celui d'aujourd'hui : « La recherche collective des moyens d'un accomplissement personnel des individus, au-delà du lien social du travail, pour être, agir et faire ensemble. » Et je précisais : « Une des conditions majeures pour faire accepter cette perspective est une lutte renforcée contre les inégalités. La sociologie contemporaine a établi que le sentiment d'impuissance et de colère devant les inégalités est un facteur de désagrégation sociale, de violence et de déviance beaucoup plus fort que le niveau absolu de la richesse collective, quel qu'il soit. En fait, c'est le primat exclusif de l'argent comme régulateur unique de nos sociétés qu'il faut, pour des raisons de survie, remettre en question aujourd'hui pour faire émerger d'autres références collectives.

L'économie de marché ne saurait fonctionner sans bornes. Or, qu'il s'agisse justement des inégalités ou de l'environnement, des dérèglements ou des excès de la sphère financière, qu'il s'agisse encore des secteurs non marchands de notre activité, dans des domaines comme l'éducation, la santé et la culture ou le développement du territoire, toutes nos sociétés ont un urgent besoin de voir l'économie de marché enfin soumise en ce qui concerne ses limites par rapport au non-marchand comme en ce qui concerne son équilibre, à l'arbitrage des pouvoirs publics fermes et respectés parce qu'intégrant une participation citoyenne élargie. L'État ne se limitera pas à cela, mais la fermeté qu'il montrera et le respect qu'il saura inspirer lui permettront de jouer, dans tous les domaines où c'est indispensable, son rôle d'arbitre de l'intérêt général.

Le marché est mondial, l'acharnement à la surcompétitivité aussi, et la pollution plus encore, sans parler de la révolte universelle de la conscience devant les horreurs ou les carnages, où qu'ils aient lieu. Les efforts pour mettre un peu d'ordre dans ce système passent par la recherche inlassable de pacte d'accords et de contrats politiques sociaux et écologiques entre grandes zones mondiales.

Cette bataille pour l'organisation de la planète exige une réforme de l'ONU et des grandes institutions mondiales, en même temps que l'émergence (les ONG en montrent la voie) d'une démocratie participative internationale.

La France a une grande histoire. Elle est respectée dans le monde, quand elle parle de l'universel. Rédactrice de la Déclaration des droits de l'homme, créatrice de ce concept de laïcité sans lequel ni l'Irlande, ni la Bosnie, ni le Proche-Orient, ni l'Algérie... ne connaîtront vraiment la paix. Motrice aujourd'hui de l'action humanitaire, la France a encore beaucoup à dire à l'Europe et au monde à la seule condition de se reprendre en main elle-même. Charles de Gaulle a dit un jour à André Malraux : "J'ai rétabli la France parce que j'ai rétabli l'espoir du monde en la France." Cela reste à notre portée si nous le voulons assez pour en prendre les moyens.

Ne nous berçons pas d'illusions : la productivité technique augmentant sans limites, la quantité de travail disponible ira au mieux en stagnant, et plus vraisemblablement en diminuant encore, peu à peu mais, au total beaucoup. Souvenons-nous de Keynes, qui écrivait en 1930 : "Avant la fin du siècle, il suffira de trois heures par jour ou de quinze heures par semaine de travail salarié productif pour que l'humanité subvienne à ses besoins." Ou bien, donc, chacun travaille progressivement un peu moins, pour vivre mieux, et pour travailler tous, ou bien l'emploi est appelé à devenir une sorte de privilège. Alors, Lévi-Strauss le prévoyait avec inquiétude, nous évoluerons vers la société constituée non plus en classes mais en castes : une caste d'élite intellectuelle, une classe d'élite de la richesse, la caste de ceux qui ont un emploi qui, minoritaires, voisineront avec d'autres castes, nombreuses, écartées de tout. En plus, il est de la nature des castes de se reproduire à l'identique de génération en génération, car s'il est difficile de sortir de sa classe, il est impossible de sortir de sa caste. Ce ne serait pas la société duale. Ce serait pire encore, la société explosée, explosive. »

L'auto-organisation pour tous

N'y sommes-nous pas – et je le déplore – un peu, en 2010 ?

Que faire ? « L'auto-organisation pour tous », préconisais-je, arguant qu'Henri Atlan et d'autres avaient montré la « pertinence et la fécondité de ce concept pour toutes les formes du vivant, du biologique au politique ». Et j'ajoutais : « Je crois à l'ambition du politique. Mais il lui faut savoir que les réponses les meilleures sont souvent celles que la société, les individus inventent eux-mêmes. Le rôle du politique est de les suggérer, de les encourager, les faciliter. Il n'est pas de prétendre avoir réponse à tout et pour tout le monde, moins encore de vouloir l'imposer à toute force. Qu'il s'agisse de certains quartiers, de certains ateliers, de certaines administrations, ce sont les solutions que les gens ont eux-mêmes imaginées et prises en charge qui sont presque toujours les plus fécondes. Ceux qui les imaginent, les défendent, les mettent en œuvre font de la politique, au sens le plus élevé du terme. Sur cette conception-là de la politique, chacun doit s'en sentir partie prenante tandis que ceux qui en font métier ne sauraient prétendre à aucun monopole, et justifier leurs choix par le dévouement qu'ils mettront au service des idées les meilleures, alors même qu'ils n'en seraient pas les inventeurs, concepteurs le plus souvent possible, mais accoucheurs toujours. L'auto-organisation pour tous, c'est donc aussi la politique pour tous.

Enfin, la société pour tous, cela implique naturellement la lutte de chaque instant contre toutes les formes d'exclusion, contre toutes les inégalités abusives. Cela signifie aussi une France citoyenne, active, où chacun à sa manière prend sa part à l'aventure commune et retire d'elle une partie de son épanouissement, où les difficultés des uns deviennent forcément l'affaire des autres, où chacun a sa place, où tous ont leur protection, chacun ses responsabilités, et personne d'impunité.

Il est des contraintes qui pèsent sur tous, dont tous doivent tenir compte. Mais il existe aussi des choix et c'est bien un choix politique que celui qui consiste à se tourner résolument vers le social, avec ce qu'il porte de profitable à l'économique, plutôt que de se tourner vers le tout économique, en espérant que le social suivra. Le premier choix est évidemment le mien, celui naturel à la gauche. »

Rien de plus à ajouter ; tout est, pour moi, dit.

Chapitre XXXII

L'ART DE LA PAIX

Mes études m'ont fait fonctionnaire. La fonction publique m'a fait contrôleur de l'emploi des deniers publics puis statisticien. Mais j'étais militant politique... La politique, comme elle le permet souvent, m'a fait rencontrer bien d'autres fronts.

J'ai eu plus que ma part de rencontre avec la violence collective. Enfant de la guerre ayant connu l'occupation étrangère, j'ai vécu ma première grande colère civique contre la guerre d'Indochine, combattu politiquement de manière précise et continue la guerre d'Algérie, eu le bonheur de permettre un cessez-le-feu et une réconciliation en Nouvelle-Calédonie, effectué au Togo et aux Comores des tentatives de médiation qui, sans succès immédiat, ont pourtant contribué à une amélioration finale...

Tout cela, évidemment, donne à penser. Même si l'on n'intervient pas, le fait d'avoir quelques notions de méthodologie de la paix – il est tellement plus difficile de faire la paix que la guerre – éclaire utilement les conflits contemporains : Israël/Palestine, le Rwanda, la Corse, le conflit basque. Voici donc, pour alimenter cette partie de « Transversales » au long cours, quelques traces de ces réflexions pragmatiques sur le sujet issues de différentes publications fondatrices. Enfin, fondatrices de ma propre pensée, il va sans dire... même si j'ose espérer qu'elles pourraient aider bien des responsables ici et là.

Puiser dans l'expérience de l'édit de Nantes

Le premier texte que j'ai envie de reproduire est une préface à une publication de *L'Édit de Nantes* établie, présentée et annotée par Janine Garrisson[1]. Selon moi, Henri IV a été un négociateur hors pair. Si je ne reviendrai pas sur le détail de l'histoire, en revanche il me tient à cœur d'en conserver, ici, tout ce qui me paraît fondamental à ceux qui souhaitent la paix aussi bien dans le domaine privé qu'entrepreneurial, public, politique, étatique...

« Contrairement à l'apparence, vouloir la paix n'a rien d'évident, écrivais-je en préambule. Dans toute situation de tension, il y a plus de confort et de facilité intellectuelle à cultiver le conflit qu'à rechercher un accord. C'est déjà vrai de tous les conflits sociaux, ça l'est encore davantage des conflits armés. Intellectuellement, la guerre est toujours, partout, plus facile que la paix.

Aucun conflit ne commence sans que ceux qui le conduisent en jugent la cause bonne et méritant qu'on se batte pour elle. Le déroulement même du conflit suppose qu'aux yeux des combattants le prix à payer pour le conduire (coût d'une grève, salaires perdus, risques de licenciements, et si la violence parle : destructions, souffrances, blessures, morts violentes) soit moins élevé que le maintien de la situation préexistante avec ce qu'elle implique d'oppression. Le conflit naît de ce que, devant un ordre social injuste et répressif, l'idée s'impose que seul le recours à la force apportera un soulagement, un changement positif. On trouvera cette présentation un peu trop rationnelle. Mais, après tout, l'explosion de colère irraisonnée relève de la même analyse, à ceci près seulement qu'elle est alors inconsciente chez ceux qui engagent l'action de force. Les révolutions commencent autant par des émeutes que par des délibérations d'assemblées subversives.

De fait, de nombreux conflits vont à leur terme, c'est-à-dire une victoire, la création par le vainqueur d'une situation qui enlève au vaincu toute possibilité physique d'un nouveau recours à la force. Le vainqueur est ainsi capable d'imposer l'organisation sociale de son choix.

---

1. Éditions Atlantica, Biarritz, 1997.

Vouloir la paix

L'improbable, c'est le compromis C'est la paix acquise sans victoire complète, et afin d'économiser une partie du prix du conflit. Les mots "vouloir la paix" doivent se lire "vouloir la paix de compromis". Vouloir la victoire n'est pas vouloir la paix. C'est vouloir réduire l'autre par la force, quel qu'en soit le prix Ce peut être un choix stratégique nécessaire. La substance du pouvoir nazi pendant la dernière guerre mondiale était telle que les alliés n'avaient guère le choix et eurent l'intelligence et le courage – il fallait les deux – d'en décider très tôt de manière parfaitement formelle : la destruction complète de ce pouvoir était la seule issue. On s'est battu pour la victoire et pas pour la paix, qu'au demeurant on a mis une quarantaine d'années à signer vraiment après la cessation du feu. Mais tout conflit ne porte pas fatalement à de telles extrémités, loin s'en faut.

Dès lors, quel type de démarche peut conduire à l'idée que, tout bien considéré, un compromis vaut mieux que la poursuite de combats ? Le premier élément est que la guerre fatigue. Les pertes s'accumulent, les troupes s'amenuisent, l'économie se dégrade, les populations souffrent, l'argent manque, on s'essouffle. La victoire apparaît de plus en plus coûteuse et de moins en moins probable. Cette condition ne joue pas lorsque le déséquilibre est trop fort entre les deux camps. Au cas d'équilibre relatif, il arrive qu'elle ne suffise pas : la motivation du plus faible peut aller jusqu'au suicide, individuel (cas des kamikazes et de leurs émules terroristes) ou collectif (Massada [1] ne s'est pas rendue).

Et l'équilibre des forces doit être analysé compte tenu des techniques militaires de chacun : une guérilla populaire a moins besoin d'hommes et de moyens qu'une armée régulière. C'était le cas des guerres de religion.

Mais il faut plus. La recherche d'un compromis sera bien héroïque, et aura peu de chances de réussir si les chefs en présence, au-delà de la fatigue de leurs populations et de leurs troupes, n'arrivent pas à la conclusion que la victoire complète est hors de

---

1. Massada était une garnison fortifiée située en Israël dont les occupants se sont suicidés lors de l'attaque des légions romaines en 73.

portée. L'évaluation des chances de victoire complète et la découverte qu'il n'en est guère sont donc une condition majeure de l'ouverture de la démarche de compromis. »

Le compromis, la mesure, l'acceptation de ne pas humilier l'autre sont, je le pense aujourd'hui encore, plus difficiles à accepter et à mettre en pratique que le non-choix de poursuivre un combat jusqu'à la victoire.

« Être moins ou n'être plus capable de se battre, comprendre que la victoire est hors de portée, quelque difficile que cela soit, ne sont que des préalables. Pour faire quoi que ce soit au monde, il n'a jamais suffi de vouloir, il faut aussi savoir. On entre ici dans le difficile. Et curieusement ce que le sens commun, l'opinion générale, admet bien volontiers dans les matières techniques, il ne l'admet pas dans les affaires publiques, celles que l'on pollue dès qu'on les appelle politiques. Dans ces matières, la trop célèbre "volonté politique" doit suffire à tout. Il n'en est hélas rien. Si, bien entendu, l'absence de volonté comme partout interdit tout résultat, la volonté sans savoir-faire n'est pas davantage efficiente.

Pour vouloir vraiment le compromis, il est donc essentiel de le penser, de le penser en détail, tant par rapport à l'autre, celui que l'on combat, que par rapport aux siens, ceux à qui il va falloir l'imposer.

C'est naturellement par rapport à l'autre que tout commence. Or, dans tout conflit les victimes ne sont pas seulement humaines. L'intelligence en fait partie. L'autre est diabolisé, l'information à son sujet devient d'une totale partialité. Au sens strict on ne le connaît plus. Comment alors se faire un avis pertinent – opérationnel comme l'on dit aujourd'hui – sur ce qui pour lui est négociable et ce qui ne l'est pas, sur ses ordres de priorités, sur le prix qu'il est prêt à payer pour les concessions que l'on estime les plus indispensables à son propre camp ?

Répondre à ces questions avec suffisamment de précision pour ensuite agir, en l'espèce, négocier, exige – en plein conflit – de découvrir l'autre ou de le redécouvrir. Là est à coup sûr la difficulté majeure de la recherche du compromis, sinon de son élaboration. »

La recherche du compromis, une obligation préalable

Mais ce fameux compromis – qu'en politique, par parenthèse, certains m'ont régulièrement reproché de chercher –, comment y parvenir ? «Deux conditions cumulatives y sont indispensables, expliquais-je. L'une tient à l'état d'esprit des chefs. À supposer leur conviction établie, que le compromis est souhaitable, il leur faut alors imaginer l'autre, ses certitudes, ses angoisses, ses forces, ses faiblesses, ses points d'irréductibilité et ses marges de manœuvre. C'est une disposition d'esprit, principalement faite d'intelligence et de culture, qui seule peut y pourvoir.

L'autre condition est l'information. En français usuel et s'agissant de faits de guerre, cela s'appelle le renseignement ou l'espionnage. Il faut bien sûr interroger et en prendre les moyens. Passons sur les difficultés de la chose, la fiabilité douteuse des premiers interlocuteurs qui se laisseront interroger, le tri des informations, pour ne retenir que le premier obstacle, qui peut faire échouer la négociation en cours : tout chef qui demande à ses services de sonder l'adversaire sur une éventuelle disponibilité à un compromis est déjà en train de trahir la cause.

Le crime est plus grave encore dans le cas d'agents subordonnés et non mandatés, qui par conviction s'attachent à nouer les contacts et jeter les passerelles nécessaires à la préparation d'un compromis. Or nulle paix n'est jamais intervenue nulle part sans que de tels actes soient commis.

Les premiers Israéliens qui ont amorcé les pourparlers destinés à se terminer à Oslo ont ouvertement violé l'esprit (sinon rigoureusement la lettre : ils étaient malins) d'une loi de l'État d'Israël qui interdisait tout contact avec l'OLP. Mais Rabin et Peres choisirent de les couvrir, et l'on signa l'accord. À l'inverse, Georges Clemenceau tenta de faire, en 1917, comparaître Aristide Briand, le ministre puis président du Conseil qui poussa à la résistance sur la Marne, puis, près de deux ans durant, organisa solidement l'offensive victorieuse, en Haute Cour, pour l'avoir soupçonné de pareilles intentions... et la boucherie continua jusqu'à une paix si injuste et déséquilibrée qu'elle ne fut pas pour rien dans la prise de pouvoir du nazisme et le déclenchement de la guerre suivante.

L'axiome essentiel demeure : en temps de guerre qui cherche une paix de compromis est d'abord traître à son camp. Or un camp ne se limite pas à son chef.

Il faut aussi penser le compromis par rapport aux siens : l'exercice du commandement est infiniment plus difficile pour aboutir au compromis qu'à la victoire. La clé de légitimité n'est pas la même : dans un cas c'est la raison avec ce qu'a de frustrant la modération qu'elle appelle, dans l'autre c'est le fanatisme avec tous les excès qu'il encourage. Les désaccords et les désobéissances n'ont pas le même poids. Dans la guerre, les pacifistes disparaissent ou au pire, et rarement, désertent. Dans la recherche de la paix, les irréductibles peuvent toujours provoquer l'incident grave, souvent irréparable. »

Israël/Palestine : *qui veut vraiment la paix ?*

Pourrait-on faire, nous, chrétiens, la théologie du compromis ? J'en rêverais, en tout cas. Cette question invite forcément – et mon texte de 1997 s'y résolvait – à se pencher sur le conflit israélo-palestinien et les conditions de la volonté de paix. Et si le conflit entre Israël et le peuple palestinien est trop grave, trop ancien, trop complexe, trop chargé d'intérêts économiques et d'interférences étatiques extérieures, de niveau régional ou mondial, pour que je l'évoque ici, il me donne toutefois à penser que je n'avais pas forcément tort en écrivant que « l'actuel gouvernement d'Israël dit qu'il veut la paix mais à ses conditions, territoriales et de sécurité ». Et j'ajoutais : « Pour l'observateur compétent et informé, ce langage ne laisse déjà pas place au doute : c'est celui de la guerre. On fait la victoire à ses propres conditions, quand on peut. Mais la paix de compromis, on la fait toujours et partout à conditions partagées. Toutefois, ce même langage peut abuser une opinion inexperte, voire ceux qui le tiennent, s'ils n'ont su aller jusqu'au bout des conséquences qu'implique leur "désir de paix". » Prudemment, j'écrivais aussi : « C'est cet état d'esprit qui va me faire immanquablement accuser de procès d'intention. Abandonnons alors une formulation aussi sèche et venons-en à ce qui explique l'attitude publique actuelle du gouvernement d'Israël, de la majorité qui l'a élu et de la partie de l'establishment intellectuel du pays qui le soutient[1] : c'est une abyssale méconnaissance de l'autre. Ce qu'est le peuple de Palestine, son histoire, sa culture, ce que sont les structures qu'il s'est données, les contraintes économiques dans lesquelles il vit, les raisons pour lesquelles tant de fanatiques extérieurs, intégristes musulmans notamment mais pas seulement, veulent absolument l'empêcher de mettre en place ce dont il a jeté l'embryon encore mal formé : une démocratie élective pluraliste. Tout cela est totalement ignoré non seulement de qui gouverne aujourd'hui à Jérusalem, mais de trop de membres des communautés juives de par le monde. La démarche vers l'autre, Rabin, Peres et leurs conseillers avaient su l'accomplir. La même obligation vaut pour les Palestiniens, naturellement, et notamment en ce qui concerne l'angoisse d'Israël au sujet de sa sécurité. Reste à espérer que cette compréhension continue à se diffuser, et que les angoisses d'aujourd'hui aident les peuples à mieux comprendre les exigences d'une paix qu'ils désirent et dont nous avons tous besoin comme le monde entier. Parce qu'hélas, dans la situation présente, aucun facteur objectif ne laisse espérer, si une explosion doit se produire, qu'elle sera régionalement circonscrite. Le garde-fou soviétique notamment a disparu. Bref, lorsque la guerre menace il est impératif d'être totalement conséquent dans la formulation de la volonté de paix. »

Briser le tabou majeur

Dans le même texte – pardon de le citer aussi longuement, mais son actualité et sa pertinence ne cessent de raisonner étrangement à l'aune de cette année 2010 où j'écris ce long livre de forme aussi différente, inhabituelle qu'originale –, je cherchais aussi dans d'autres conflits ayant effrayé le monde et défrayé la chronique à donner corps, précision, et faisabilité à la volonté de paix.

---

1. À l'époque, Benyamin Netanyahou, chef de la droite nationaliste, oppose aux accords d'Oslo signés le 13 septembre 1993 entre Israël et l'OLP validant une autonomie palestinienne transitoire, remettant en cause le principe de l'échange des Territoires occupés contre la paix, est Premier ministre. Comme en cet automne 2010.

« Rares sont les conflits dont l'enjeu n'est que le pouvoir à l'état brut, entre factions ou clientèles que rien ne distingue d'autre que le choix de leurs chefs, arguais-je, précisant qu'il en existe cependant en Afrique. Plus fréquents déjà sont les conflits par refus de cohabitation entre populations voisines. Catholiques, orthodoxes et musulmans en ex-Yougoslavie, Hutu et Tutsi au Rwanda et au Burundi en sont des exemples tragiques. Douze siècles de relations judéo-musulmanes n'autorisent pas à classer le conflit du Moyen-Orient dans cette catégorie. » C'est donc de tous les autres conflits, les plus nombreux, que je tenais à parler ici.

« Au-delà de tout ce sur quoi on peut transiger – partages des forces, de territoires, d'argent, procédures d'organisation sociale locale, etc. –, il y a souvent un fait dominant, un élément symbolique a priori non partageable, autour duquel s'organise le conflit. Ce peut être le rattachement à une puissance dominante, coloniale notamment, l'unité d'un État, le choix d'une langue ou d'une religion officielle, l'exigence d'un changement de Constitution ou de nouvelles règles sociales, dans l'ordre des libertés publiques par exemple, ou tout autre. En Irlande du Nord, ce nœud du problème est le rattachement à la Grande-Bretagne. Au Canada comme au Sri Lanka, quelle que soit l'énorme différence des niveaux de civilisation, c'est la langue qui cristallise le conflit. Au Moyen-Orient, c'est aujourd'hui l'émergence symbolique d'un nouvel État souverain qui est l'enjeu emblématique avant même que Jérusalem ne devienne à elle seule ce symbole.

Lorsqu'il existe un élément aussi central, toutes les autres composantes du conflit s'organisent par rapport à lui. Et la paix de compromis n'est possible que si cet élément est clairement identifié, puis réduit. Il en est notamment ainsi parce que, dans tout conflit, les camps en présence font d'énormes efforts pour dynamiser leurs troupes, susciter les enthousiasmes et raffermir les convictions. Les éléments symboliques y sont autrement plus efficaces que les seuls éléments matériels. Tout conflit culmine en ses symboles. Or on ne transige pas sur les symboles. On les garde ou on en change On ne transige que sur des intérêts. Les puissances coloniales ont finalement toutes amené le drapeau.

Briser le tabou majeur incombe donc à la puissance dominante dans le conflit, et c'est bien sûr la tâche politique la plus lourde qui puisse lui être impartie. Elle peut mettre en cause sa cohésion et empêcher le processus de paix de s'enclencher, car on ne négociera le détail que si l'on sait l'enjeu symbolique en voie de règlement. Dans cet effort, il convient donc, d'abord, d'identifier le symbole ou le tabou majeur. Car le dominant dans le conflit s'acharne souvent à symboliser des éléments seconds, pour protéger le tabou majeur de toute atteinte. [...]

Ainsi la France, dans la première guerre d'Indochine (avec Bao Dai), puis dans la guerre d'Algérie, et Israël avec l'OLP ont-ils perdu un temps précieux et un grand nombre de vies humaines avant d'en venir nécessairement à discuter du vrai symbole avec le vrai partenaire.

Il arrive qu'il faille une défaite pour y parvenir. La France n'a su l'éviter ni en Indochine pendant beaucoup trop longtemps, ni tout à fait en Algérie. Accepter de renoncer au symbole dominant, pour transiger intelligemment, et sans faiblesse, sur le reste, sans être contraint par la force, telle est la marque des grands faiseurs de paix.

C'est toujours dans le camp du dominant que c'est le plus difficile. Frederick De Klerk l'a vécu en Afrique du Sud quand il a passé accord avec Nelson Mandela pour abattre l'apartheid. Anouar el-Sadate et Yitzhak Rabin l'ont payé de leur vie, Jean-Marie Tjibaou aussi, et Shimon Peres de l'échec. »

Négocier

Alors, réussir la paix c'est aussi – et d'abord – savoir négocier. Ce qui est « plus qu'une technique, un art véritable. Le cœur en est l'aptitude à maîtriser intellectuellement chaque détail, aussi infime qu'il puisse être, sans jamais perdre de vue l'essentiel, c'est-à-dire tout à la fois les éléments majeurs du dossier et l'équilibre d'ensemble. Au vrai, une négociation ne s'engage réellement que si les parties pressentent l'accord possible sur les points fondamentaux. C'est donc le traitement des détails qui va rythmer la négociation, la faire avancer, piétiner, voire échouer.

Les ingrédients en sont multiples : le temps, je l'ai dit déjà, l'information, et la discrétion sont parmi les plus évidents. Il en est deux autres dont le degré de disponibilité pèse d'un grand poids pour faciliter ou entraver la négociation. Le premier est naturellement un minimum de confiance mutuelle – sans quoi rien ne peut vraiment commencer. Le second renvoie au degré de latitude juridique et politique que laisse à chacun des négociateurs le système de droit dans lequel il est enserré.

Enfin un élément plus technique, parce que plus lié aux circonstances, joue toujours un très grand rôle. Est-il possible ou non de tout négocier en une seule fois, l'ensemble des détails, les principes et les modalités ultimes d'application ? Peut-on arriver à un document dont la seule signature par les parties vaille adoption, passage à la mise en œuvre et clôture du dossier ? La réponse est rarement positive. Mais les choses sont plus faciles si elle l'est.

Lorsqu'elle ne l'est pas, beaucoup dépend de la nature des étapes ultérieures. L'accord peut d'abord être complet et n'appeler qu'une ratification. C'est alors sur les conditions de ladite que peut buter la négociation elle-même. Charles de Gaulle ne dut avoir aucun doute sur la ratification future des accords d'Évian en 1962 par le peuple français pour mettre fin à la guerre d'Algérie. Et moi-même, signant en 1988 ceux de Matignon pour la Nouvelle-Calédonie, n'eus de crainte qu'en ce qui concerne l'acceptation du principe de référendum par le président de la République française, mais aucune, bien sûr, pas plus que MM. Lafleur et Tjibaou, sur la ratification elle-même.

Beaucoup plus grave est le cas où la nature même du conflit emporte l'impossibilité de tout régler d'un coup. Les institutions à mettre en place, les contrôles à effectuer, les procédures à définir peuvent appeler impérieusement des étapes successives, des vérifications mutuelles et des réexamens, voire de nouvelles négociations pour définir les phases suivantes. Cela peut relever de la nature des choses plus que de la faiblesse ou du manque de courage des négociateurs.

Notons pour l'histoire que ce même aléa de la négociation par étapes, je n'ai pour ma part pas voulu le prendre à propos de la Nouvelle-Calédonie. Il y avait des extrémistes irréductibles dans les assemblées dirigeantes aussi bien du RPCR (principalement caldoches ou blancs) que du FLNKS (principalement kanaks) et le sang coulé était encore tout frais.

Le choix du moment et la durée nécessaire impliquent donc, chez tout responsable d'une négociation importante, une grande attention aux mesures transitoires, aux dispositions créatrices de confiance, comme l'on dit aujourd'hui dans le langage de l'ONU, aux moyens multiples de protéger le temps, dont beaucoup relèvent de la sagacité du commandement militaire. »

Confiance et discrétion

Je pourrais poursuivre encore la citation quasi intégrale de ce texte, mais je préfère en extraire quelques traits dominants. D'abord la nécessité, quand on entre dans une négociation de paix, d'avoir tout mis en œuvre pour connaitre l'autre. Et de recommander, « lorsque l'on siège en conférence plénière de négociation, que chaque délégation comporte un membre exclusivement chargé d'observer le camp d'en face, de relever et d'interpréter hésitation, froncement de sourcil et apartés comme de décoder la langue de bois toujours prudente des discours ». De souligner qu'il « n'est de confiance que de personne à personne », la confiance en une institution n'étant guère un ingrédient diplomatique, en prenant un exemple personnel : « Si dans la négociation calédonienne, une relative confiance me venait des Caldoches pour des raisons de légitimité et parce que dépendait de moi la décision d'augmenter ou non nos efforts effectifs militaires ou policiers, j'ai compris plus tard que mon passé de militant anticolonialiste combatif avait créé chez les Kanaks une estime qui améliorait leur écoute à mon endroit. J'ajoute, au risque de surprendre, que Tjibaou et Lafleur n'étaient pas sans se vouer une certaine confiance personnelle, au moins dans le respect de leur parole si elle devait être donnée. » Tout en prenant soin de préciser combien ces circonstances sont rares. Dès lors, « lorsque de telles affinités personnelles n'existent pas et ne peuvent être créées, il est nécessaire que la fonction en soit remplie par d'autres, les médiateurs. Les meilleurs sont ceux dont le profil, l'histoire, la langue, la culture, leur permettent d'entrer en profondeur dans la légitimité d'un des camps en présence, voire des deux ».

Enfin s'impose une exigence de discrétion dans toute négociation. « Négocier, pour chaque partie, consiste à obtenir de l'autre des concessions qu'elle juge indispensables moyennant un prix qu'elle peut accepter de payer, expliquais-je. L'opération consiste donc, pour chacune des matières devenues objets de concessions demandées, à évaluer successivement différentes natures ou niveaux de prix. Et il ne s'agit bien sûr pas que d'argent. Dès lors, pour chaque camp, le prix à payer va devoir l'être par une fraction significative sinon la totalité de la population concernée. Si de ce fait, dans un camp déterminé, l'information circule sur le prix qu'« en haut », chez les négociateurs, on envisage de payer avant de savoir de quelle ampleur et quelle nature sera la concession obtenue – ce qu'on ne saura qu'en fin de processus – les populations, corporations ou forces concernées vont naturellement organiser la protestation. Ils se constitueront en groupes de pression et chercheront à bloquer la concession en cause avant même que l'autorité concernée dispose de l'argument décisif : "Voyez, ce que j'ai obtenu pour ce prix." Le processus est alors autobloquant. Donc, il n'est pas de négociation sans secret. On le sait depuis longtemps. [...] Or il est nécessaire aujourd'hui de protéger toute négociation contre deux tendances actuelles de notre évolution sociale. La première est l'omniprésence d'un système d'information à diffusion mondiale instantanée. La seconde est la propension dangereuse à penser que la nécessaire moralisation de la vie publique exige la transparence absolue, la publicité totale à tout moment de tout acte d'agent public responsable en fonction. C'est avec une telle procédure que dans le cadre du Gatt (initiales anglaises : secrétariat de l'accord général sur les tarifs douaniers et le commerce), à propos de libéralisation des échanges et sous le nom d'Uruguay Round, on a pendant huit ans baptisé négociations une foire d'empoigne où tout était public et où tout ce qui se décidait ne passait qu'en force. Avant l'ouverture de chaque séance (il a dû y en avoir plus d'une centaine), chaque ministre – ils étaient cent cinquante – était sommé par la presse de son pays de s'expliquer sur les éventuelles concessions lourdes qu'il s'apprêtait à faire, et promettait naturellement de n'en faire aucune. Le monde paiera longtemps, et le tiers-monde notamment, le caractère incohérent et injuste du résultat. Si le traité de Maastricht doit beaucoup de ses malformations à ce genre de pratiques, celui de Rome, fondateur vrai de l'Union européenne, fut rédigé au secret par des délégués enfermés plusieurs semaines sur une île en Méditerranée. C'est dire l'importance décisive des procédures retenues, notamment pour les négociations où des vies humaines sont en jeu. L'art de la paix est sans doute aujourd'hui devenu encore plus difficile. »

Accepter de lourdes concessions

Autre nécessité de tout négociateur – et j'en sais quelque chose –, inclure dans la négociation les changements de règles de droit nécessaires pour que l'équilibre prévu par l'accord ne puisse être mis en cause dans l'avenir. Une prudence plus que de bon aloi ; essentielle.

Et puis, lorsqu'on arrive au but, une ultime condition s'impose. Celle qui établit qu'il n'existe pas de paix de compromis réelle sans des concessions lourdes. « Pour chaque partie, il aura fallu sacrifier des symboles, des éléments de prestige, des positions ou des forces dont la préservation eût mérité aux yeux de certains – il y a absolument toujours de ces certains-là – la poursuite du conflit », confiais-je en 1997, constat forcément encore valable de nos jours. Et je précisais qu'il « n'est pas d'accord ou de traité qui ne comporte un préambule explicatif ou justificatif. Son texte même devra parler également aux deux parties, et expliquer à chacune les raisons spécifiques qu'il y avait pour elle de concéder à l'autre tout en la rassurant sur son identité profonde et le surcroît de grandeur qu'elle peut trouver à traiter avec générosité. Le traitement de chaque détail comme de leur somme doit respecter aussi strictement que possible l'équilibre tant des forces que des prestiges entre les parties. Et surtout, car c'est la faute la plus fréquente et très souvent fatale, on ne saurait espérer compenser par une accumulation de concessions de détails un refus de transiger sur l'essentiel, les symboles et le partage ou l'organisation du pouvoir ». Je concluais cette préface fleuve à la publication de *L'Édit de Nantes* par ce conseil : « Enfin on ne saurait faire un bon accord si l'on prétend pousser trop loin le souci de logique ou de cohérence. Dans leur esprit, l'une et l'autre ont quelque chose de totalitaire. Les ambitions des hommes et leurs fantasmes ne sont pas rationnels. Il est prudent de ne point trop chercher de rationalité à leur convergence. »

Penser à la réconciliation… En Corse aussi !

Tout est-il dit ? Apparemment oui. On a choisi, on s'est découvert, on s'est parlé, on a négocié, on a conclu, selon des règles qui, étonnamment, sont grosso modo de tous les temps, à la médiatisation près. Tous les bons accords – ils sont nombreux – répondent à peu près aux critères que j'ai tenté de formaliser. Tous, pourtant, ne sont ni aussi durables ni aussi fondateurs.

La paix est si difficile à faire, à préserver, à construire, que je crois d'abord très nécessaire une vraie solidarité de tous les artisans, dans l'espace comme dans le temps. Sur ce front-là, il y a toujours urgence. Mais, surtout dans l'urgence, la paix se pense avant de se faire.

Dans le même esprit, celui de penser la réconciliation, je reproduis ici un point de vue donné au *Monde*, titré « Corse : Jacobins, ne tuez pas la paix [1] », à nouveau fort valable sur un thème on ne peut plus d'actualité puisque récurrent.

« Les principes fondamentaux de la République française se veulent libérateurs, et non oppressifs, disais-je. Le droit à la résistance à l'oppression est même un des droits fondamentaux de l'homme et du citoyen. Car il y a eu oppression, et il en reste de fortes traces. Je suis pour l'application des principes, mais pas au prix de l'oubli total du passé.

Il faudrait tout de même se rappeler :

que lorsque Louis XV acheta les droits de suzeraineté sur la Corse à la République de Gênes, il fallut une guerre pour prendre possession de notre nouveau domaine. La France, en quatre expéditions, y perdit presque autant d'hommes que pendant la guerre d'Algérie ;

– que la Corse est restée "gouvernement militaire" jusque tard dans le XIXe siècle, avec tout ce que cela implique en termes de légalité républicaine ;

– que, pendant la guerre de 1914-1918, on a mobilisé en Corse, ce qu'on n'a jamais osé faire sur le continent, jusqu'aux pères de six enfants ;

– que, de ce fait, encore en 1919, il n'y avait pratiquement en Corse presque plus d'hommes valides pour reprendre les exploitations agricoles. Les tout jeunes n'ont pas eu le temps de recevoir la transmission des savoir-faire. C'est ainsi qu'ils sont devenus postiers et douaniers ;

---

1. Point de vue paru dans les pages Horizons du quotidien *Le Monde* daté du jeudi 31 août 2000.

– que c'est donc à ce moment que la Corse devient une économie assistée, ce qu'elle n'était pas auparavant. L'apparition de la "paresse corse" dans les blagues, les chansons et le folklore date de là. On n'en trouve pas trace avant ;

– que, d'autre part, le droit successoral traditionnel corse était fort différent du Code civil. C'est ainsi que les "métropolitanisés", si j'ose dire, Corses ou non-Corses, se sont injustement approprié bien des terres ancestrales. C'est aussi la raison principale pour laquelle beaucoup d'agriculteurs corses traditionnels n'ont pas de titres de propriété leur permettant d'obtenir du crédit ;

– que, de la même façon, le Code civil ne prévoit pas, et interdit même, la propriété collective. Or tout l'élevage corse, et notamment celui des porcs – la charcuterie corse est justement célèbre –, se faisait sur terres de pacage collectives ;

– que la tuerie d'Aléria[1], les 21 et 22 août 1975, a été ressentie comme la fin de tout espoir d'une amélioration consécutive à des discussions avec le gouvernement de la République et a donné le signal du recours à la violence, parce que tous les Corses, je crois sans exception, ont très bien compris que jamais une riposte pareille à une occupation de ferme n'aurait pu avoir lieu dans l'Hexagone ;

– que, d'ailleurs, treize ans auparavant, la Corse avait reçu du gouvernement français un autre signal dangereux. Suite à des incidents survenus, déjà, à la fin des années 1950, le gouvernement créa la Société de mise en valeur de la Corse, Somivac. Elle avait charge de racheter des terres disponibles, en déshérence ou non, de les remembrer, d'y tracer voies et chemins, d'y amener l'irrigation dans certains cas, puis de les revendre à des paysans corses. Les quatre cents premiers lots furent prêts à la vente au tout début 1962. De Paris vint l'ordre d'en réserver 90 % pour les pieds-noirs rentrant d'Algérie. 90 %, pas 15 % ou même 50 % ! Ce pourcentage est une incitation à la guerre civile ;

– que l'on fit, en 1984, une découverte étrange. Le président Giscard d'Estaing, vers 1976 ou 1977, avait pris la sage décision d'assurer à la Corse la "continuité territoriale", c'est-à-dire la prise

---

1. Pour protester contre le scandale de la chaptalisation des vins, des militants nationalistes occupent, en août 1975, les caves d'une société vinicole de la ville d'Aléria. Les forces de l'ordre donnent l'assaut, deux gendarmes sont tués. Le drame d'Aléria marque la naissance du nationalisme insulaire.

en charge par l'État de tout surcoût de transport lié à son insularité. Sept ou huit ans après — est-ce stupidité, manque de courage ou concussion ? –, l'administration avait assuré la continuité territoriale pour les transports de personnes et pour les transports de marchandises de l'Hexagone vers la Corse, mais pas dans le sens inverse ! Les oranges corses continuaient d'arriver à Marseille avec des frais de transport plus élevés que celles qui venaient d'Israël. Pour les vins et la charcuterie, ce fut la mort économique.

Enfin la Corse, comme la Martinique et la Guadeloupe, a subi pendant bien des décennies un monopole de pavillon maritime imposé par l'État, avec les conséquences asphyxiantes que l'on devine. »

Le bilan, digne d'un plaidoyer montrant – à l'inverse d'un discours dominant anti-Corse répandu – combien Paris portait une lourde responsabilité dans le déclenchement du sentiment anti-France, sans légitimer pour autant la violence, il va de soi, visait à prouver que rien n'était jamais unilatéralement noir ou blanc et qu'ouvrir nos yeux s'imposait si l'on voulait avancer vers la paix.

J'ajoutais : « Certains ont voulu résumer tout cet ensemble de faits économiques par le concept de colonialisme. Le débat sémantique est sans intérêt, car il est sans conclusion. L'imbrication profonde de la population corse dans la population française et le très grand nombre de Corses qui ont magnifiquement servi la France comme hauts fonctionnaires, officiers ou ministres, dénient un tel concept. Il suffit de savoir qu'une oppression particulière a gravement affaibli l'économie corse. Lorsque l'Histoire a un tel visage, il faut soit beaucoup d'inconscience, soit beaucoup d'indécence pour dire seulement aux Corses : "Assez erré maintenant. Soyez calmes et respectez les lois de la République. Vous bénéficierez alors pleinement de leur générosité." De cette application uniforme et loyale les Corses n'ont guère vu trace dans leur longue histoire. »

Je traçais ensuite des perspectives : « Certes, il y a la part corse dans ce gâchis. Elle n'est pas mince : violence, clanisme, corruption. Naturellement, il faut sanctionner, et on ne l'a pas assez fait. Mais il faut tout autant comprendre comment le système se pérennise. Ici, l'histoire débouche sur la sociologie. C'est une évidence mondiale que toute société autosuffisante est beaucoup plus résistante à la corruption que toute société assistée. Or la Corse l'est, largement par le fait de la France, depuis bien des décennies. Tout commence bien sûr par la terre. En l'absence d'une véritable justice foncière, c'est la violence qui est devenue l'instrument de défense des droits personnels, et la loi du silence, l'omerta, la traduction inévitable de la solidarité familiale devenue clanique. On est vite passé de la terre à l'ensemble des activités sociales. De plus, là comme ailleurs en France, l'État distribue des subventions, puisque chez nous, au lieu d'être pour l'essentiel utilisés sur place comme dans les États fédéraux, les produits de notre fiscalité remontent au centre avant d'en retomber pour attester la générosité de la République. Dans un univers culturel où la légalité et l'équité étaient aussi peu apparentes, il n'est guère surprenant que les clans se soient organisés, violence et loi du silence comprises, pour contrôler à tout prix les processus électoraux et les flux financiers qu'ils induisent.

Voilà le gâchis dont il faut maintenant sortir. Les trois quarts des Corses, qui n'en peuvent plus de la violence, s'appuient désespérément sur l'État central malgré sa longue impéritie. Un dernier quart, qui s'est décrit comme autonomiste il n'y a pas si longtemps – comme nationaliste aujourd'hui –, n'a pas renoncé à voir enfin traitées correctement les lourdes spécificités de la situation corse. Ils sont prêts à chercher des solutions négociées et le disent, comme à renoncer à la violence. De ce fait, quelques centaines de desperados les ont quittés pour sombrer dans la violence pure. Ils n'obéissent plus à leur commandement. Comment en vouloir aux représentants élus de ces mouvements ? C'est au contraire leur honneur, et la garantie de sérieux de leur choix. »

Pour finir, à une époque où le gouvernement de cohabitation mené par Lionel Jospin, arrivé à Matignon à la suite de la dissolution ratée de Jacques Chirac, tentait de résoudre cette question avec une approche ne manquant pas de panache, je concluais : « Reste alors la troisième question. Si vraiment l'on croit, comme l'affectent nos jacobins, et comme je le crois moi-même, aux vertus exclusives de l'action politique et de la démocratie pour assurer à la Corse un avenir de calme et d'expansion, alors pourquoi vouloir en exclure les Corses eux-mêmes ? Le pari qui s'esquisse consiste à penser que les Corses fiers de l'être et qui revendiquent leur identité, une fois devenus plus nettement responsables, sauront traiter des difficultés d'existence de cette identité mieux qu'il n'a été fait par le passé. Refuser ce pari, c'est refuser la démocratie dans son principe. Refuser de donner une large autonomie à l'Assemblée de Corse, c'est d'abord faire le calcul surprenant que les nationalistes pourraient y être bientôt majoritaires, ce que tout dément, mais surtout afficher clairement que l'on se méfie d'eux, que l'on ne croit ni à l'apprentissage de la responsabilité ni aux vertus des réconciliations négociées.

Lionel Jospin a eu un grand courage dans cette affaire. Il serait dommage et dangereux qu'une frilosité républicaine bornée l'empêche d'établir entre la France et la Corse de nouvelles relations fondées sur la confiance réciproque. La République en sortirait à coup sûr renforcée, alors que la persistance de la crise l'affaiblit gravement. »

Un autre conflit en débat : celui du Pays basque

À la suite à la publication de ma préface intitulée « L'Art de la paix » dans l'ouvrage sur *L'Édit de Nantes* que j'ai évoqué plus haut, mais aussi grâce à l'épisode calédonien, un groupe de Basques pacifiques m'a, un jour, demandé d'aller faire une conférence chez eux. Je ne connaissais rien du conflit basque. Il m'a donc fallu beaucoup travailler pour rédiger ce discours prononcé à Saint-Jean-de-Luz, le 9 février 2007, et que voici, lui aussi axé sur une approche différente, réfléchie je pense, des conflits qui agitent les hommes.

« Il n'y a pas de "conflit type", ai-je expliqué. Tout conflit est à lui-même sa propre monographie. Les dimensions historiques, culturelles, politiques et de techniques de combat ne sont jamais les mêmes, pas plus que l'identité et la structure des parties en présence. Il ne m'a jamais été donné d'étudier en détail le problème basque, à la différence de l'Algérie, de la Nouvelle-Calédonie, de la Corse, du Congo ou même du Moyen Orient et du Sri Lanka. Mais j'ai la conviction que bien des négociations échouent, bien des conflits perdurent pour des raisons où le choix de la violence, l'idée qu'un peu plus de sang améliorera le rapport de force ou le respect dû à la loi ne sont pas seuls en cause, et où la fausse manœuvre, l'erreur de procédure, l'oubli de principes de pilotage évidents jouent aussi un grand rôle [1]. »

---

1. Extrait du discours prononcé à Saint-Jean-de-Luz, le 9 février 2007

Alors, je me suis lancé dans une explication de mes analyses relatives à la paix de compromis, afin de préciser où nous en étions et pourquoi sur ce sujet ; les conditions de la paix dans un conflit asymétrique comme celui-là ; l'explication que la paix n'est pas la réconciliation et les attitudes à adopter afin de conduire la négociation. Et ce, sans circonvolutions ni précautions oratoires trop prudentes qui n'auraient pas été dignes de l'assistance ni de ce que l'on attendait de moi. J'ai parlé avec sincérité et franchise.

Où en sommes-nous et pourquoi ?

« Tout commence avec la densité peu commune de l'identité culturelle basque, ai-je raconté à cette assemblée. Une langue étonnante, venue d'on ne sait où, sans parenté avec aucune langue voisine, est associée à un ensemble de coutumes aussi bien foncières et successorales que matrimoniales et festives tout à fait spécifiques. C'est dès le Moyen Âge que le Pays basque arrache la reconnaissance de sa différence par les "fueros". Ces chartes octroyant quelques privilèges fiscaux et un certain degré d'autonomie ont concerné l'Espagne du Nord et se sont succédé du XIᵉ au XIIIᵉ siècle. Le Pays basque y eut sa place.

Sur six siècles, la royauté espagnole respecte les fueros. C'est au XIXᵉ siècle après la première guerre carliste que la royauté libérale, victorieuse (sous la régence de Marie-Christine, veuve de Ferdinand VII) des carlistes et de leurs alliés basques, supprime en 1839 les privilèges de la Navarre. Ceux des trois autres provinces basques furent abrogés en 1876 après la seconde guerre carliste.

C'est dans cette situation et cette atmosphère que le nationalisme basque réprimé se cristallise. Sabino Arana [1], un intellectuel important, l'exprime dans une belle forme littéraire, mais le relie à la race. C'est dans cette période aussi que naît le Parti nationaliste basque PNV, sursaut de défense identitaire alors qu'en cette fin de XIXᵉ siècle les Basques fuient en masse, surtout vers l'Amérique latine, le terroir où leur identité est persécutée. Ce réveil basque, culturel et organique permettra de regagner un peu de terrain et

---

1. Sabino Arana Goiri (26 janvier 1865 – 25 novembre 1903), considéré comme le fondateur du nationalisme basque.

surtout lorsque la République est proclamée en 1933 de conférer aux provinces basques une très large autonomie.

Mais Franco, vainqueur, témoigne vite de sa brutalité centralisatrice et totalitaire : toute autonomie régionale est supprimée, la répression est terrible, le PNV est en fait anesthésié. Ce n'est qu'en 1959 que des jeunes du PNV créent "Pays basque et liberté" c'est-à-dire ETA. Indépendantiste dès son origine, l'organisation se démarque immédiatement des thèses racistes d'Arana et définit le nationalisme basque comme d'abord culturel. Clandestine, l'ETA passe à la lutte armée dès 1964. L'ETA, à ses débuts, pratique une rhétorique anticolonialiste et marxiste. Elle n'en dispose pas moins, grâce au courage de son opposition à Franco, d'une considérable légitimité internationale.

Mais, naturellement, le problème ne put trouver sa solution sous Franco. Le rapport de force était désastreux, la répression terrible : le soutien large et courageux de la population basque aux militants engagés dans ce combat meurtrier suffit à peine à les protéger et aucunement à assurer des victoires. J'entends ne porter sur tout cela aucun jugement de valeur.

Et puis Franco meurt. Mon impression est qu'à ce moment les dirigeants de l'ETA ont commis une énorme erreur intellectuelle. Apparemment, ils ont choisi une ligne du type "rien de changé, le combat continue". De fait, les aspirations du peuple basque à la reconnaissance de sa dignité et aux traductions institutionnelles qui s'en déduisent restaient bien sûr constantes. Mais, sauf à raisonner en termes de baguette magique et de miracle politique instantané, on est tout de même fondé à penser que les dirigeants de l'ETA sentaient bien que ce que voulait engager leur combat était un processus, qui ne pouvait être que long et lent. Et c'est là, devant la donnée nouvelle d'une monarchie constitutionnelle en Espagne. qu'ils commettent une gigantesque et tragique sous-estimation de ce que représentait et promettait la démocratie et la prise en charge par cette démocratie toute neuve des très anciennes tendances régionalisantes qui ont toujours marqué l'Espagne au long de son histoire. De nombreux Basques soulèvent la question suivante : en aurait-il été ainsi sans les effets de dix ans de lutte armée ? Quel niveau d'autonomie aurait été obtenu s'il n'y avait pas eu cette force de pression clandestine ? D'ailleurs le régime franquiste aurait continué au moins un temps si ETA n'avait pas, avec l'attentat contre Carrero Blanco, précipité la fin de la dictature ? Il y a, dans ces remarques, une grande part de vérité, même si les autres régions espagnoles ont à peu près toutes des identités culturelles très marquées et activement défendues depuis longtemps.

L'émergence du concept d'autonomie, la définition institutionnelle d'une région basque baptisée de ce nom, et dotée de compétences et de pouvoirs dépassant largement ceux des régions françaises ou italiennes, et même en partie ceux des Länder allemands, n'atteignaient certes pas le haut niveau des espérances de l'ETA, qui restait inchangé. Mais, naturellement, cette émergence provoquait une diminution énorme, pour la population basque de base, de la distance entre le niveau de l'espérance et la mesure de la réalité pratique. Or c'est l'ampleur de cette distance qui fonde la volonté de combat et en détermine l'intensité. Les raisons de se battre faiblissaient, même si symboliquement un niveau même élevé d'autonomie ne saurait répondre à une aspiration qui le dépasse. On pourrait le comparer au "droit à la différence" : ils ne veulent pas autre chose ou plus que les autres, autant ou plus que les Länder, mais le droit à disposer d'eux-mêmes.

Une autre évolution se faisait jour dans le monde en cette fin de XXᵉ siècle. Or le Pays basque, pour vivre des problèmes d'une nature et d'une gravité tout à fait spécifiques, n'en est pas pour autant coupé du monde. Qu'est-ce que l'indépendance ? Historiquement, elle se reconnaît à la détention par une communauté donnée de sa propre monnaie et de sa propre armée. Ces deux gros voisins encombrants que sont pour le Pays basque l'Espagne et la France ont toutes deux découvert que, dans l'état actuel du monde, le poids minimal nécessaire à toute action pour être efficace exigeait qu'elles joignent en partie leurs forces armées dans le corps européen projetable, et qu'elles abandonnent leurs monnaies nationales, et par là leur indépendance monétaire, au profit de l'euro. Qu'est-ce que l'indépendance ? De plus en plus, et avec l'approbation des peuples comme des gouvernements, une cause judiciaire non reconnue dans un de nos pays peut faire l'objet d'une saisine de la Cour européenne des Droits de l'homme à Strasbourg, ou de la Cour de justice de l'Union européenne à Luxembourg. Le fait de ne pas dépendre, qui définit l'indépendance, n'a plus aujourd'hui, à peu près partout dans le monde qu'une définition et des applications sectorielles. Tous les Basques ont compris cela. Symboliquement c'est un affaiblissement de l'appel à se faire tuer pour l'indépendance. En fait, le soutien populaire basque à la lutte armée s'amenuise grandement à partir des années 1980.

Lorsqu'il est arrivé à l'ETA de passer d'actions ciblées – meurtres d'agents civils ou militaires de l'État espagnol – à des actions non ciblées tuant de manière aveugle des personnes totalement étrangères à toute responsabilité dans le conflit, l'organisation ne s'est pas rendu compte qu'elle a brisé d'un coup, profondément et peut-être définitivement, sa légitimité dans le peuple basque qui avait déjà commencé à douter. Ce changement de "méthode militaire" exigeait une légitimité beaucoup plus intense alors qu'il survenait dans la période où, justement, se faisait sentir l'érosion du concept d'indépendance.

La répression restant rude, ce que chacun comprend bien sûr, une vraie fatigue s'est fait sentir chez le peuple basque qui ne voit plus guère à tout cela aucune issue positive.

Et puis tout s'y mêle : littérature, cinéma, musique, les moyens de communication du monde d'aujourd'hui soulignent plus que jamais que, si les valeurs du sol et du sang sont porteuses, et très fortement, d'identité, elles ne le sont pas de culture. Par définition, par nature, la culture est cosmopolite.

Plus spécifiquement, il apparaît aussi de plus en plus que si les fueros il y a sept siècles ont été la condition d'un certain décollage agricole et commercial, cela ne vaut plus aujourd'hui. Autonomie ou indépendance ne sont plus en rien garantes d'un meilleur développement économique, les variables sont autres. Et la question basque n'est pas d'abord un problème "économique" mais identitaire.

Enfin, un épisode anecdotique a fait s'effondrer chez bien des observateurs non basques l'attention intellectuelle qu'ils concédaient à cette identité collective. Ce fut la "guerre des pêches" quelque part au tournant des décennies 80 et 90 Intimidation, grèves, blocages de ports, confrontation avec les forces de l'ordre, tout y était. Ce fut une vraie belle bagarre, un puissant conflit d'intérêts entre pêcheurs français et espagnols dans le golfe de Gascogne. Mais quand on s'aperçut que ces deux populations, française et espagnole, qui entreprenaient d'en découdre très sérieusement, étaient toutes les deux basques, et en quasi-totalité, la conclusion s'imposa que "la basquitude", la solidarité d'intérêts des Basques, était peut-être moins profonde qu'on ne le croyait.

N'oublions pas, enfin, le dernier élément du bilan : dans cette confrontation de légitimités antagoniques, celle du royaume d'Espagne devenu démocratie régionalisée a gagné en trente ans un crédit international extraordinaire. Faire passer l'Espagne d'aujourd'hui pour un État centralisé, autoritaire, à peine débarrassé de ses tares fascistes n'est plus possible. Même au Pays basque, cela ne passe plus malgré le fait que le traitement du problème basque par l'autorité centrale et par la police espagnole a toujours comporté de très graves bavures.

Pire encore, si c'est possible, l'accès du Pays basque au très large niveau d'autonomie déjà concédé à la Catalogne et à l'Andalousie, donc sans mettre en cause l'identité collective de l'Espagne, est maintenant conditionné par l'arrêt de toute violence.

C'est ainsi que, progressivement et pour des raisons multiples, l'enjeu de l'identité basque en quête de reconnaissance et d'indépendance a perdu d'abord de sa force, puis de sa noblesse, et en partie de sa pertinence. Il est grand temps d'utiliser ce qui reste de grandeur à cette espérance pour améliorer quelque peu et s'il le faut un statut d'autonomie que le Pays basque a déjà reçu sans vraiment le devoir à l'ETA.

Et il est de la même façon grand temps de trouver à tout cela une issue par le haut, qui ne saurait naturellement en aucun cas préserver l'impunité de ceux qui ont tué, mais qui traduise ce qu'il y a de grandeur dans l'affirmation identitaire basque par la manière de mettre en son nom fin à toute violence. »

Avec le recul, je dois – petite fierté que l'on me pardonnera – reconnaître n'avoir pas manqué d'honnêteté, dans ce tableau brossé à grandes enjambées. Une sincérité nécessaire pour expliquer pourquoi et comment les conditions d'une sortie du conflit commençaient selon moi à être réunies. Mais, afin d'aboutir, quelles conditions devait-on remplir pour que s'ouvrent des négociations dans un conflit « asymétrique » de ce type ?

On ne négocie jamais seul

« La première, expliquais-je à ces Basques pacifistes fort attentifs je dois l'admettre, est que l'usure des forces et l'absence de perspective de victoire complète et rapide – pour le Pays basque l'obtention de cette indépendance à redéfinir, pour l'État espagnol, l'espoir d'arrêter définitivement toute violence grâce uniquement à la répression – aient complètement convaincu les commandements des deux côtés. Cette condition paraît aujourd'hui remplie. Elle est à l'évidence nécessaire mais insuffisante : il ne suffit pas de constater que l'on ne peut pas gagner.

La deuxième condition est que ce constat des limites ou de l'insuffisance de la force se traduise au sommet des deux commandements par l'idée que la paix est devenue nécessaire. Nécessaire ne veut pas dire possible. Mais la reconnaissance de cette nécessité est la condition sans laquelle ne peuvent être instruites, puis remplies les conditions suivantes qui seules permettent l'ouverture de négociations.

La troisième condition est en effet la reconnaissance mutuelle – fût-elle implicite – de la gravité et de l'importance pour ses défenseurs de la cause de l'autre, et d'une certaine manière de sa dignité. Il s'agit ici de la dignité de la cause elle-même et jamais du choix des moyens.

En effet, dans toute guerre asymétrique, le dominé n'a jamais le choix de moyens autres que la guérilla. Il est dès lors toujours et partout baptisé terroriste. Ce fut le cas de la Résistance française devant les Allemands, du FLN algérien devant les autorités et l'opinion françaises pendant bien des années, du Viêt-minh au début de chacune des deux guerres d'Indochine, et naturellement aujourd'hui de la résistance palestinienne.

Donc, un des premiers devoirs du dominant sur le chemin de la paix de compromis est de reconnaître la dignité de son interlocuteur.

Henri IV de France devenu roi catholique et négociant le futur édit de Nantes n'hésita pas un instant à reconnaître cette dignité aux protestants. La France l'a fait en Algérie comme en Indochine en reconnaissant l'interlocuteur comme partenaire de négociation, et les Américains aussi, ensuite. Au Moyen-Orient, l'OLP a déjà cette reconnaissance, tout aussi nécessaire qu'insuffisante pour faire la paix.

C'est pour le Pays basque une condition vitale. […] Car cette reconnaissance de la validité de la cause de l'autre est la clé de toute négociation, et elle n'est pas fatale. L'exemple le plus considérable qu'en donne l'histoire est celui de la déclaration interalliée écrite par Roosevelt et Churchill dès l'entrée en guerre des États-Unis, au tout début 1942 si je me souviens bien, et qui dit clairement que vu la nature du pouvoir nazi aucune négociation ne sera possible avec lui, et que le but de guerre est son éradication. À dire cela à ce moment il y a un énorme courage intellectuel et politique. Le coût sera de quelques millions de morts, mais ces hommes ont compris très tôt qu'il n'y avait pas de choix.

La cause basque est, dieu merci, d'une tout autre nature, et sa respectabilité historique fut longtemps établie. Elle demeure même le seul élément de capital politique entre les mains de l'ETA, mais les dernières années l'ont grandement fragilisée, et l'attentat du 30 décembre 2006 lui a porté un coup qui s'avérera peut-être fatal.

Quoi qu'il en soit, et si le coup ne s'avère pas fatal, la volonté de paix, pour déboucher sur une négociation, doit remplir encore d'autres conditions. La quatrième peut surprendre, mais elle est importante : il faut se connaître bien l'un l'autre. La négociation sera grandement facilitée si chacun des négociateurs, chacune des parties à la négociation connaît profondément les forces et les faiblesses de l'autre, ses symboles irréductibles, ses espoirs, ses contraintes et ses divisions. Car les situations de violence ne font pas que des victimes humaines : l'intelligence en est aussi. Toujours et partout, l'autre est diabolisé. On ne le connaît plus, on le décrit de manière fantasmatique. Dans tout conflit en voie de solution, des intermédiaires mandatés remplissent cette indispensable fonction d'éclairage sur les dispositions de l'autre, ses limites de concession possibles, ses blocages absolus. Mais avant que de tels intermédiaires soient mandatés, il faut bien créer le contact. Il est constant que ce premier travail d'approche commence toujours sans mandat, par un engagement de conviction, à grands risques physiques pour ceux qui s'y livrent, et le plus souvent au risque d'accusation de trahison par leurs chefs hiérarchiques si un incident ou une maladresse les rendent visibles avant que les choses ne soient mûres et le processus enclenché. En Nouvelle-Calédonie, c'est pour établir cette connaissance mutuelle qui n'existait pas que j'ai envoyé pour cinq semaines là-bas une "mission du dialogue" avant toute négociation formelle. J'espère qu'on n'en est plus là au Pays basque et que cette phase est derrière nous. [...]

Ensuite, quand s'ouvre la perspective encore secrète d'une négociation, il faut encore se souvenir de quelques principes fondamentaux : toute impatience est dangereuse car toujours contre-performante ; personne ne peut remplacer les responsables en fonction. On dépend d'eux, ils n'ont pas de substitut. »

La médiation ne s'invente pas

« L'idée de médiation ne prend de sens que si elle est demandée par les deux parties, précisais-je encore. C'est rare, et quand les conditions en sont réunies, mieux vaut la négociation directe. Et puis, surtout, la paix n'est pas la réconciliation. On l'a vu, la paix n'est pas non plus la victoire, en ce sens qu'elle n'est pas la destruction physique de l'autre. Elle est donc un compromis, et ce que les deux parties comme les tiers, les observateurs et les commentateurs y cherchent d'abord, c'est l'arrêt du feu. De ce seul fait, la vie quotidienne reprend son cours, et l'espoir d'améliorer à terme l'existant se refait jour. Un cessez-le-feu, un armistice, y suffit, et c'est souvent cela qui s'appelle la paix. Mais l'histoire est pleine de cessez-le-feu non respectés et de combats qui reprennent après un arrêt cosigné. On a même vu parfois – je me souviens du Congo Brazzaville à la fin des années 1990 – des cessez-le-feu explicitement signés dans le dessein de refaire ses forces et de mieux préparer l'affrontement suivant. Les ratages avec moins de cynismes sont, eux, très fréquents : Irlande, Sri Lanka, Moyen-Orient, Côte d'Ivoire, etc. Les cas les plus fréquents de tels cessez-le-feu précaires sont ceux où l'accord n'a pas comporté le dépôt, la restitution ou la destruction des armes. La situation en Pays basque est telle qu'au contraire une disposition de ce genre sera une partie essentielle sinon la condition de l'accord.

Mais si cela consolide l'arrêt des hostilités, cela ne suffit pas à transformer l'armistice en véritable paix, et donc à entamer un processus de réconciliation. La condition de ce dernier, c'est que la méfiance tombe. Et elle ne peut tomber que si les enjeux du conflit sont traités. Il y faut une reconnaissance symbolique mutuelle, en l'espèce la renonciation à la violence, et la confirmation du suffrage universel et de la démocratie pluraliste comme seuls processus de gestion et de transformation des sociétés, et de l'autre côté la reconnaissance de la dignité de l'identité basque et l'utilité collective qu'il y a à en améliorer le contenu.

Ensuite doivent prendre place toutes les dispositions de nature institutionnelle visant les compétences, l'organisation sociale, le fonctionnement des services publics des écoles et des institutions culturelles, voire de la justice sur lesquelles on pourra se mettre d'accord. Cela peut aller – on l'a vu en Nouvelle-Calédonie – jusqu'aux délimitations territoriales et à la définition du corps électoral.

Il est essentiel aussi à la réconciliation que soient réglés les pro blèmes de destin personnel des acteurs. Des mesures d'allégement du traitement carcéral, d'amnistie éventuellement, de reclassement de certaines personnes y sont nécessaires.

L'accord ne pourra donc se faire que s'il a été tout à fait soigneusement préparé. Les risques de ratage, toujours énormes dans toute négociation, seront limités si chacune des deux parties a mis beaucoup de soin à sonder, puis à évaluer la réceptivité de l'autre à ses demandes. Toute demande irrecevable sera jugée provocatrice et ramènera de la méfiance sur les points qui semblaient acquis. Nul ici ne peut remplacer ni les commandements en cause ni le difficile travail des intermédiaires.

De plus, l'histoire montre avec une absolue clarté qu'il vaut mieux ne rien renvoyer à l'avenir et tout traiter d'un coup. L'échec des accords d'Oslo est largement dû au fait que l'on n'avait pu signer, si je puis dire, qu'un principe de paix par étapes. La situation de méfiance ne pouvait que renaître après la courte période d'état de grâce créée par la seule signature. En revanche, les deux plus beaux monuments parmi les paix négociées ayant créé un nouvel équilibre social stable sont tous les deux des documents volumineux, où tout a été traité dans le détail et en une seule fois : l'édit de Nantes de France en 1598 et la Constitution post-apartheid de l'Afrique du Sud en 1994. C'est heureusement beaucoup moins compliqué en Pays basque, et faire tout en une fois n'est pas là un obstacle. Raison de plus pour ne pas oublier, des deux côtés, qu'il n'y aura plus de recours ensuite, et qu'on joue le destin sur une seule négociation. Reste à la conduire. »

Convaincre l'opinion

Dans tout conflit asymétrique, ai-je ensuite expliqué en substance comme je le dis régulièrement lorsqu'on m'interroge sur ce thème, la conduite de la négociation est une affaire difficile et dangereuse. Pendant toute la phase préparatoire et parfois, aussi, pendant le début des négociations formelles, il n'y a pas nécessairement de consensus explicite et public à ce qu'elles aient lieu. De grandes précautions de discrétions sont donc nécessaires, mais elles sont antagoniques avec le souci principal qui doit normalement être celui des deux chefs négociateurs : maintenir, et si possible élargir, le consentement à ces négociations chacun dans son camp. Chacun des chefs négociateurs doit comprendre qu'il faudra, à l'occasion, aider l'autre à éviter bavures, excès, incidents et provocations. Pourquoi ? Parce que chacun est seul dans son camp, englobé dans une culture collective composée de rejet de l'autre, de respect exacerbé des symboles non partageables et, souvent, de règles juridiques incompatibles avec les enjeux mêmes de la négociation.

« C'est du côté basque, disais-je, que les choses sont à l'évidence les plus difficiles politiquement – le courage collectif d'assumer le coût de la paix – mais les plus simples conceptuellement. Il est d'abord essentiel d'assurer l'unité du commandement. Si l'on veut vraiment la paix, il faut savoir et pouvoir condamner absolument la violence et ceux qui y ont recours. Faute de quoi, le partenaire ne pourra pas négocier. Il faut ensuite gagner la cause du compromis dans l'opinion publique basque. Les Églises, et bien sûr l'Église catholique, ont leur mot à dire ici. Le compromis n'est pas la défaite, il est la reconnaissance qu'une valeur supérieure – le respect de la vie – a imposé l'acceptation du compromis. Il manque une théologie du compromis. Plus largement, l'appel au compromis est un appel à la raison. Il n'y a pas lieu de laisser la raison dévalorisée par rapport à l'intransigeance. La grande question est alors de mesurer ce qu'on veut à l'aune de ce qui est possible et acceptable chez l'autre.

Du côté espagnol, du côté du dominant, il me semble que, hélas pour la cause de la paix, la variable centrale est l'opinion publique espagnole dans les régions non basques. Apparemment la droite espagnole est incapable de comprendre – donc de rallier et d'accompagner mais d'abord de comprendre – un processus sociologique et politique progressif de transformation d'une guérilla clandestine en parti politique démocratique ou simplement en force pacifique. De Gaulle avait compris cela en Algérie, c'était le sens de son appel à la "paix des braves". Mon sentiment, hélas à nouveau, est qu'après l'attentat du 30 décembre 2006 le gouvernement espagnol a manqué de confiance en lui [1].

En interrompant les pourparlers. il a, sous une énorme pression parlementaire, sinon même une contrainte parlementaire, rallié implicitement la thèse selon laquelle la paix ne sera négociable que si l'unanimité de l'ETA la veut et prouve cette volonté. Or cette thèse ne tient pas la route. C'est très exactement la faute majeure et permanente que l'État d'Israël commet depuis quarante ans, celle de faire semblant de croire que l'Organisation de libération de la Palestine pouvait, avant d'être reconnue capable de négocier, imposer sa discipline dans la totalité des rangs palestiniens.

Cette thèse est à la fois stupide et dangereuse puisqu'elle revient à donner un veto sur l'ouverture de tout processus de paix aux extrémistes tueurs indisciplinés à leur propre organisation quand elle commence à chercher la paix. Or c'est exactement ce que les terroristes veulent.

Pour sortir d'un tel blocage, trois conditions majeures doivent être cumulativement remplies. Elles sont difficiles, mais impérieuses chacune.

La première est d'admettre, collectivement et explicitement, que là est bien le blocage principal.

La deuxième concerne la partie dominée dans le conflit. Il me faut ici me répéter, mais c'est pour lecture côté espagnol. La partie dominée doit donner une absolue clarté à sa volonté de négocier, ce qui revient à dire qu'elle doit condamner clairement et explicitement, désavouer et exclure de ses rangs publiquement quiconque poursuit contre son ordre la stratégie terroriste. Des mesures pratiques y sont utiles. L'ETA passe pour une organisation sérieuse. Il doit donc y avoir chez elle un contrôle des caches d'armes. À elle de l'exercer pour éviter leur usage. Faute de cette condition, jamais le dominant ne sera en situation d'ouvrir et de poursuivre de vraies négociations.

Les extrémistes les moins déraisonnables emploient souvent à ce sujet l'argument selon lequel, s'ils sont bien d'accord sur la perspective d'ouvrir à terme des négociations, il leur semble pourtant nécessaire de maintenir encore la pression dite "militaire" pour

---

1. Il s'agit du gouvernement socialiste de José Luis Rodriguez Zapatero.

améliorer le rapport de force et obliger plus encore le dominant à négocier. De fait, il est des situations où cet argument n'est pas sans valeur, par exemple au Sri Lanka où le blocage principal paraît bien être le refus du gouvernement de comprendre qu'il n'y a pas pour lui d'issue possible par la force. Mais déjà au Moyen-Orient le rapport de force entre Israël et la Palestine est tellement défavorable que l'argument ne joue plus, il est devenu contre-performant. A fortiori au Pays basque où le rapport des force est tel qu'il n'y a aucune probabilité de faire bouger de manière importante l'État espagnol et où le seul résultat des attentats est d'empêcher les négociations sans aucun bénéfice politique, et au prix de nouvelles victimes, principalement chez le dominé.

On n'y échappe pas, cette deuxième condition est essentielle.

La troisième concerne le dominant. Il ne faut pas seulement qu'il veuille la paix de compromis, il faut qu'il en comprenne et assume les exigences. L'une d'entre elles relève des enjeux symboliques. On peut transiger sur des intérêts, jamais sur des symboles. Lorsque, chez le dominé, des hommes sont prêts à mourir pour un symbole il n'y a que deux options, maîtriser de tels hommes ou les tuer d'une part, ce qui peut réussir mais appelle à la vengeance et à d'interminables violences – voir l'Irlande –, ou d'autre part permettre le compromis en abandonnant le symbole ; ainsi la Belgique unitaire a éclaté en fédérations, ainsi toutes les puissances coloniales ont amené le drapeau. Dans l'affaire basque, le symbole n'est même pas le caractère centralisé de l'État mais quelques amodiations des compétences régionales et surtout la volonté de punir le recours à la violence ; l'abandon partiel de ce symbole n'est donc pas d'un coût insupportable pour le peuple espagnol. Plus coûteuse pour lui est la demande basque visant la procédure – un référendum sur l'autodétermination –, donc une mesure anticonstitutionnelle. Ce sera un point très chaud. Je peux seulement remarquer qu'il est plus facile d'abandonner un symbole touchant la procédure qu'un symbole touchant le fond. Le partage de la souveraineté sur Jérusalem a une tout autre gravité symbolique. Encore faut-il que cet abandon éventuel de symbole soit consciemment accepté et – en démocratie, mais l'Espagne est une vraie démocratie – vigoureusement expliqué à l'opinion publique. »

Parler à chacun

Une autre exigence de la recherche du compromis que j'évoquais durant cette conférence tient à l'explication claire à l'opinion de l'objectif et de ses limites. Il ne peut hélas s'agir nulle part en aucun cas – c'est le drame d'Israël, ce fut longtemps celui de l'Irlande, c'est toujours hélas celui de la Corse – d'éradiquer complètement et définitivement toute violence par un acte politique unique. Cela n'est donné à personne, il y a toujours des irréductibles partout. Il s'agit seulement – mais c'est déjà énorme et cela s'appelle la paix – de conduire un processus tel que s'évanouissent à la fois les formes pratiques de l'oppression d'une communauté et cette humiliation apprise dès l'école et transmise entre générations qui fonde le recours à la violence. Se trouvait là, à mes yeux, la clé de ce que l'Espagne devait être capable d'entreprendre si elle voulait vraiment aboutir à une paix de compromis.

« L'autre branche de l'alternative est la répression permanente, expliquais-je encore. Le rapport de force est tel que cela peut réussir. Mais d'ici à la renonciation du dernier terroriste isolé, cela risque d'impliquer encore beaucoup de morts. Le succès possible du choix stratégique de la négociation dépend donc principalement de la clarté et de la fermeté avec lesquelles il sera expliqué à l'opinion espagnole tout entière et dès que le commencement du processus aura vocation à devenir public. La différence éthique énorme entre la victoire, c'est-à-dire la destruction physique de toute possibilité pour le dominé de poser à nouveau son problème et de conduire des actions de force, et le compromis, qui est seul porteur d'une possibilité de réconciliation, doit être clairement présentée, et la signification morale de l'un et de l'autre soulignée. Si même le dominé arrive de manière crédible à rendre public son désir de négocier, la poursuite par le dominant d'une politique exclusivement répressive confine au crime. On n'est pas loin de cela en Irlande. Mais dans l'Espagne d'aujourd'hui on n'est pas loin de la situation inverse. »

Ensuite, devant l'assistance, je revenais sur les obligations conduisant à la réussite d'un processus aussi incertain. Primo, la nécessité d'étapes préparatoires et même de premières phases d'une vraie négociation absolument secrètes, sous peine d'entendre se lever des deux côtés des accusations de trahison. Secundo, que tout traitement inhumain ou torture dans les prisons soit banni, que les représentants ou négociateurs du dominé soient protégés par le dominant. Un sujet qui m'avait beaucoup préoccupé en Nouvelle-Calédonie, certains de mes interlocuteurs étant l'objet de mandats d'amener pour cause d'actes de violence ou de complicité d'actes de violence ; dès lors ils risquaient d'être arrêtés par n'importe quel officier de police judiciaire exécutant ce mandat. Je m'étais donc appuyé sur la police de la sécurité du territoire pour les éloigner de la police judiciaire.

Et j'enchaînais, quasiment pour conclure : « Cette dernière remarque conduit à poser un ultime problème, mais beaucoup plus général : celui du système légal qui nous régit, dans ses principes comme dans ses procédures.

Dans tout État de droit, la délimitation et la définition des compétences des collectivités territoriales ou des unités administratives décentralisées relèvent d'un corps de principes et de règles réputés permanents et dont la modification éventuelle appelle des procédures spéciales complexes, qui ne relèvent pas du seul pouvoir de l'exécutif. Or ce sont bien souvent ces règles qui sont au cœur des conflits comme on l'a vu aussi en Irlande et en Corse. Même le roi Henri IV, négociant en France l'édit de Nantes (1598), bien que roi absolu, c'est-à-dire législateur, eut les plus grandes peines du monde à faire enregistrer son édit par les Parlements provinciaux. C'est dire le point d'honneur que, partout, les juges mettront à défendre des principes constitutionnels et législatifs dont ils sont quelque peu cogarants avec l'exécutif puisque ce dernier ne peut pas les modifier seul. Et, naturellement, juges et police judiciaire ont pour charge d'arrêter les auteurs d'actes de violence, au besoin sans qu'à proprement parler l'exécutif s'en mêle.

On ne saurait à l'évidence négocier pendant que des actes de violence sont commis. Mais la négociation ne sera guère possible non plus si, pendant que l'on négocie, la recherche des auteurs d'actes de violence passés continue même s'ils ont solennellement déclaré y renoncer. Il peut donc suffire de l'action déterminée de quelques juges pour rendre impossible l'ouverture ou la poursuite de négociations.

J'ai connu, brièvement certes, mais tout de même gravement, ce problème de tentative du corps judiciaire de peser sur une négociation qui ne lui agréait pas pour en revenir à la répression pure et simple, plus conforme non seulement à ce qu'il savait faire, mais aussi aux règles et principes qu'il avait pour charge d'appliquer. Dans le cas d'espèce, elles ne firent pas long feu, l'un des plus hauts magistrats de France faisant partie de la "mission du dialogue" et incarnant en quelque sorte une conscience judiciaire supérieure qui s'imposa. Mais la tentation de l'appareil judiciaire d'empêcher par l'usage abusif de ses propres prérogatives un changement de politique qu'il n'approuve pas est très générale.

Des enquêtes inattendues, des arrestations dans les moments sensibles, des refus opposés aux demandes non contraignantes mais légitimes de l'exécutif, par exemple en matière de traitement des prisonniers ou d'enquêtes inopportunes, tout est possible et il est assez facile de paralyser une négociation ; et cela d'autant plus aisément que, dans ce genre de situation, les médias sont toujours complices de celui qui veut le drame ou le conflit contre celui qui veut le calme et la négociation.

On n'y peut pas grand-chose. Évidemment, le Parlement peut toujours voter une loi qui, à titre temporaire et à raison de la gravité de la situation, dessaisisse pour une courte période la justice. Mais c'est le plus souvent, et cela paraît indiscutablement, aujourd'hui en Espagne, hors de portée politique.

Et puis, au total, un jugement n'est pas un pardon. La justice n'est pas la paix. Elle est la protection de l'ordre établi, elle ne peut accepter ni favoriser une procédure qui vise à changer l'ordre établi. Henri IV de France le savait si bien que l'édit de Nantes commence en ses articles 1 et 2 par organiser le devoir d'oubli, et l'interdiction de saisir les cours des dommages commis dans la guerre qui s'éteint.

Dans ces conditions il ne reste plus qu'à faire avec. L'essentiel est alors de le savoir, et d'oser l'expliquer clairement et fermement à l'opinion publique. Lorsque quelques juges espagnols se sont publiquement interrogés sur une éventuelle mise en examen du Premier ministre Zapatero, pour cause d'intention de négocier avec l'ETA, en droit pur ils étaient légitimes, en éthique ils étaient criminels. De cette bataille-là, seule l'opinion peut être juge, encore faut-il la saisir. Seule l'éventuelle caution de quelque haute personnalité extérieure à la politique, et respectée pour sa rigueur éthique, peut appuyer la recherche de la négociation par le gouvernement et donner par là à cette cause une autorité morale qui en impose même aux juges.

On a vu de telles personnalités intervenir comme médiateurs en Irlande. C'est pour cette même raison que Pierre Mendès France, président du Conseil des ministres de France en 1954, lorsqu'il voulut changer la politique purement répressive mais bien sûr fondée en droit, que poursuivait la France en Tunisie, fit un voyage éclair à Carthage pour présenter son offre d'autonomie interne, et se fit accompagner du maréchal Juin, lui-même né en Tunisie, considérable autorité militaire et morale. Sa seule présence empêchait que le changement de politique proposé par Mendès France soit purement et simplement considéré comme l'abandon, comme la trahison qu'il eût été du devoir des juges d'empêcher.

Il n'y a pas de recette magique pour traiter ce problème, mais on ne peut en aucun cas faire comme s'il n'existait pas. C'est donc l'opinion publique qui doit en être saisie pour en être finalement juge. La magistrature ne peut jouer la carte de la répression contre la paix sans en payer le prix. »

Évidemment, je ne pouvais échapper à une ultime remarque sur l'aspect français du problème. Que, pour moi, il était rigoureusement impossible, vu la situation, et même non souhaitable, de joindre à l'aspect espagnol. Pourquoi ? Parce que, pour que le nationalisme basque soit écouté sur ce point, la condition première est qu'il trouve un soutien électoral majoritaire dans la population basque française pour le poser. Or cette relation est loin d'être perçue comme évidente, ni même comme pertinente, de notre côté des Pyrénées.

Enfin, je concluais en ces termes : « Je veux d'abord rappeler la clé de tous ces propos, et que j'ai déjà dite plus haut : partout et toujours, il est plus facile de faire la guerre que la paix. L'Espagne en est à ce point ultime d'un conflit qui a déjà fait plus de 800 morts, que chacun sent aujourd'hui l'impossibilité d'une totale victoire de l'un sur l'autre. De ce fait, la volonté d'en sortir par un compromis négocié émerge de plus en plus. On n'est pas sûr qu'elle soit déjà majoritaire au sein de l'ETA, puisque cette dernière a couvert sinon commis le crime du 30 décembre 2006. Et il est hélas vraisemblable que cette volonté n'est pas encore tout à fait majoritaire dans le peuple espagnol. C'est le type de situation où l'avenir dépend d'un combiné très exigeant de courage et d'intelligence.

La paix exige que, des deux côtés, on n'oublie rien de la dureté de ses multiples exigences. On ne fait pas la paix dans l'enthousiasme vague. Mais c'est ensuite le courage qui permet seul de mettre l'opinion, les opinions des deux parties, en mesure de comprendre et d'assumer que rien n'est jamais parfait, qu'il subsistera des violences résiduelles, mais que tout vaut mieux que la persistance de haines qui poussent au crime.

La répression exclusive, c'est à la fois le mépris de l'autre et la bêtise. La recherche du compromis, c'est à la fois la morale, l'honneur et l'intelligence. »

Un espoir au cœur

On le voit précisément dans ce long chapitre sur l'art de la paix, au cœur de ma vie d'homme, citoyen et homme politique, je n'ai eu de cesse d'appeler, pour quelque conflit qui trouble le monde – la Corse, les Basques, mais cela vaut aussi pour la Nouvelle-Calédonie, le conflit israélo-palestinien –, à conseiller (à défaut d'édicter) des règles de réussite intangibles. Connaître l'Histoire, ne pas mépriser l'adversaire, reconnaître sa validité, avoir de véritables informations, vouloir profondément avancer vers la résolution du conflit... sont essentiels. Et peuvent aider à aboutir. J'aimerais – folle espérance – que cet enseignement forgé par l'expérience autant que la réflexion serve à d'autres. Que l'on m'ait écouté, et qui sait ? entendu.

Chapitre XXXIII

Des médias

J'ai pendant toute ma longue carrière été confronté aux médias. Lorsqu'on exerce le métier de politique, il convient de comprendre leur fonctionnement et leurs attentes. C'est pourquoi il me semble intéressant de retracer rapidement l'histoire des liens entre eux et nous, les hommes politiques. Et de mettre en garde ceux qui, de nos jours, aspirent à entrer dans l'arène politique afin qu'ils évitent, dans la mesure du possible, de se laisser… piéger. Car pièges, parfois, il y a !

Media Story

La transmission de l'information dans nos sociétés a changé de mains. Au XIXe siècle et au cours des deux premiers tiers du XXe siècle, elle reposait essentiellement sur l'école et s'appuyait sur une presse principalement écrite qui se faisait un devoir de publier du document, qu'il s'agisse des textes de traités, des écrits publics d'analyses de crises, etc. Depuis cette époque, on a assisté à l'émergence de la transmission télévisée de l'information, devenue dominante sur tout autre système. À ce point que l'école est remplacée dans sa fonction de transmission du savoir, ou plutôt que le peu qu'elle en transmet est marginalisé par rapport au brouhaha médiatique. La presse écrite n'a pas voulu (dans quelques cas), ou n'a pas pu (dans la plupart des cas) rester fidèle à sa tâche de transmission et moins encore tenté de faire contrepoids au son et à l'image pour préserver l'intelligence du complexe.

503

De Gaulle est parvenu à préserver, de son vivant, l'ORTF de la pression de l'argent mais, pour ce faire, il a soumis cet organisme d'autant plus fortement à la pression politique. Mais c'est bien avant lui, en 1945, que le monopole est confirmé et qu'en 1949 l'on décide de taxer les récepteurs, ce qui crée la redevance.

De Gaulle à peine disparu, son successeur, Georges Pompidou, se révèle immédiatement sensible à l'énorme pression des annonceurs désireux de disposer de ce formidable moyen d'accès au domicile des familles françaises que constitue le petit écran. Au lieu de créer une ou deux chaînes privées – ce qui aurait été un bon moyen de canaliser cette pression afin d'en protéger le secteur public (la BBC britannique n'a jamais connu la publicité) –, il décide, au contraire, en 1970, l'ouverture du secteur public à la publicité. Une importante grève des réalisateurs s'ensuit, qui dénonce déjà la dérive « américaine ». Le chef de l'État ne revient pas sur la mesure. Et nous ne nous sommes jamais remis de ce choix initial désastreux.

Nombre d'observateurs du système pensent ainsi toujours qu'il eût fallu créer des chaînes privées beaucoup plus tôt que cela n'a été fait, histoire d'offrir un inévitable exutoire à cette énorme pression et préserver une partie du système. Pour servir la logique et l'impartialité dans ce rappel, il me faut évoquer la longue et puissante grève de l'ORTF de mai 1968. Mais cette grève-là était avant tout une protestation contre les pressions politiques que supportait l'organisme.

C'est à François Mitterrand qu'il appartient d'avoir, d'une part, « libéré » les ondes radio – en d'autres termes permis la création de stations de radio privées en dehors des trois qui, par tolérance et depuis longtemps, irriguaient la France depuis le Luxembourg (RTL), la Sarre (Europe 1) ou Monaco (Radio-Monte-Carlo) – et, d'autre part, d'avoir mis fin au monopole public en matière de télévision. Cette dernière opération se fait en deux temps en 1985 : d'abord par la création de Canal +, première chaîne cryptée, puis par celle de la 5 et de la 6. Cette dernière décision, résultant du fait du prince et sans appel d'offres pour choisir le titulaire, donnera matière à d'innombrables et violentes controverses. Elle consista, en effet, à offrir purement et simplement une chaîne privée de l'ensemble francophone au bateleur italien Silvio Berlusconi, déjà célèbre pour son total manque de scrupule aussi bien en ce qui concerne la morale sociale que la rigueur de l'information diffusée par ses réseaux. Pour être plus discrète, la naissance de la 6 n'arrangeait que modérément les choses.

L'ouverture gratuite de ces deux canaux à la voracité des publicitaires ne suffit pourtant pas à les rassasier. À peine la chose est-elle faite par la gauche que, l'année suivante, les électeurs ayant décidé de changer la majorité au pouvoir, la privatisation d'une nouvelle chaîne devient une des priorités de la droite réélue. Après une valse-hésitation qui ne fit sourire qu'un bref moment – privatisera-t-on la 2 ou la 3 ? –, ce fut la Une qui fut choisie.

TF1 a donc reçu, pour bien peu cher – trois milliards de francs, à peine 460 millions d'euros d'aujourd'hui –, le fruit magnifique des efforts du contribuable français durant quarante ans, efforts relayés par le beau travail d'innombrables spécialistes, techniciens, journalistes, réalisateurs, etc. Et le vaisseau amiral de la télévision française fut bradé à un entrepreneur de travaux publics. Messieurs Bouygues père et fils n'y ont bien sûr rien perdu : le chiffre d'affaires – même pas celui du Groupe TF1, mais de la seule chaîne TF1 – est globalement de l'ordre de 20 milliards de francs, soit un peu plus de trois milliards d'euros, même si 2009 a vu une baisse avec 2,3 milliards. La valeur de ce capital a donc largement plus que décuplé. La gestion en a, au demeurant, été assurée de manière magistrale par Patrick Le Lay[1] et son adjoint Étienne Mougeotte[2], mais au prix de sacrifices éthiques considérables. La « téléréalité » occupe en effet une place majeure sur les écrans de TF1. Et son groupe, aujourd'hui le plus puissant d'Europe, ne répugne à aucun racolage.

Dans ces conditions, la compétition n'est pas égale et le secteur public est gravement fragilisé. Déjà, en 1974, le président Giscard d'Estaing avait fait éclater l'ORTF en sept sociétés pour affaiblir la

---

1. Président-directeur général de la chaîne de télévision française TF1 depuis le 23 février 1988, il est, à compter du 22 mai 2007, président du conseil d'administration de la chaîne, laissant la direction générale à Nonce Paolini. Le 31 juillet 2008, il démissionne de son poste de président du conseil d'administration de TF1. Patrick Le Lay préside désormais le fonds d'investissement Serendipity dont les actionnaires principaux sont Artemis, holding de la famille Pinault, et Bouygues (propriétaire de TF1).

2. En 1987, Étienne Mougeotte entre à TF1. Il devient rapidement le vice-président du groupe TF1 et le directeur d'antenne de la chaîne TF1. Fin 2007, il quitte la chaîne et, en novembre de la même année, devient directeur des rédactions du groupe *Le Figaro*.

puissance syndicale représentée dans cette forteresse de la télévision publique. Bien sûr, des sociétés plus petites et plus faibles seront plus sensibles aux pressions commerciales, surtout si elles sont dirigées par des hommes partageant cette vision. L'opération TF1 a naturellement aggravé la situation et de beaucoup.

Aujourd'hui, TF1 a quatre fois plus de moyens que n'en a le secteur public. Et naturellement, avec une telle disproportion de ressources, elle s'est trouvée en situation de rafler sur sa seule antenne toutes les grandes opérations fédératrices jusqu'à 2012 pour le rugby et 2014 pour le football.

Le déséquilibre est donc installé, il est profond, et ne peut guère aller que croissant. Car l'État, en outre, est pusillanime. La « Redevance Télévision » est, en France, de 121 euros par an pour 2010, alors qu'elle se monte à 266 euros au Danemark, à 204 en Allemagne, 200 en Grande Bretagne, 189 en Belgique et 221 en Autriche.

Dans l'état actuel des finances publiques françaises, ce n'est guère rattrapable avant longtemps. La publicité ne saurait pourtant combler l'écart. Le secteur public impose heureusement encore quelques contraintes au point que, sur tout le chiffre d'affaires de la publicité télévisée, pas loin de 60 % va vers la seule TF1, un autre 10 % vers M6. Le public se partage le reste. Une soumission de la télévision à la pub et une privatisation dominante qui ne sont pas sans conséquences culturelles, loin s'en faut.

L'image refoule l'écrit

Ma conviction, c'est que les hommes de pensée n'ont pas assez travaillé. Je suis un enfant des grandes écoles, du savoir expéditif et bâclé. Mais je ne me pose pas moins la question : l'écrit fait-il travailler les mêmes neurones que l'image ? Je n'ai rien lu de convaincant sur le sujet, mais mon hypothèse est que ce n'est pas le cas. Quand nous sommes aux prises avec un texte écrit, la première démarche est de prendre du temps, la deuxième est de relire quand on ne comprend pas, de se lever pour aller chercher un atlas ou un dictionnaire, bref de tenter de maîtriser le texte. Mais, avec l'image, la réception va si vite qu'on n'a pas le temps de faire toutes ces démarches de maîtrise. Et puis l'image parle autrement, elle est plus agressive, elle occulte beaucoup. C'est un constat expérimental aisé à faire : l'image est tellement prégnante pour notre cerveau que, afin de continuer à lui rester fidèle, il faut qu'elle nous apporte de l'émotif ou de l'affectif de manière permanente. Il ne semble pas qu'elle soit compatible avec des analyses de concepts, de contextes, des statistiques, une histoire, une prospective, des essais... A-t-elle un effet narcotique ? Il faudrait que l'université fasse des recherches sur ce point et conclue. Je constate simplement qu'il existe une différence entre l'écrit et l'image, et que cette différence joue aux dépens du factuel, du contextuel, de l'historique, du sociologique, et au profit de l'affectif, du dramatique. Avec, comme conséquence, une disparition de la durée longue dans le message de l'image. En dehors de l'horizon d'une campagne électorale nationale, notre monde n'est plus gérable ; dans le cas de l'action internationale, l'horizon se réduit à une ou deux semaines. Le long terme a disparu de nos façons de penser, l'image ayant pris le pas sur l'école, sur l'éducation parentale et sur l'écrit. Ces trois choses ne sont pas sur le même plan, mais de toute façon toutes les trois sont débordées. Je l'écris avec beaucoup d'inquiétude parce que je suis quinze fois grand-père : mon interrogation permanente est de me demander quel monde je vais leur laisser, à ces petits.

Des infos à la vitesse de la lumière

Qu'il soit bien clair que je questionne un système, bien plus que des personnes. Et c'est précisément cet effet de système qui me paraît redoutable. Il y a un deuxième aspect de la vie médiatique. Le premier portait sur la différence entre l'image et l'imprimé, le son n'étant qu'un intermédiaire : la radio n'a pas eu le temps de créer une culture et de transformer les mentalités, elle n'a dominé que pendant trente ans ; elle est un relais, elle a un peu de pouvoir explicatif, mais elle ne fait pas une sensibilité collective. Le deuxième aspect, c'est la vitesse. On a désormais les moyens de transmettre les images et les informations à la vitesse de la lumière. Un événement politique majeur se produit : trente mille micros se tendent à trente mille museaux de personnalités, hommes ou femmes politiques, dans les cinq minutes.

Un jour, à la descente d'une tribune après une conférence (qui devait porter sur l'Europe), je suis abordé par une jeune journaliste talentueuse de RTL qui me dit :

— Monsieur Yitzhak Rabin vient d'être assassiné, qu'est-ce que vous en pensez ?

Elle disposait de la nouvelle depuis cinq minutes, et, moi, je la découvrais. Tout individu en politique éprouve un besoin vital de survie qui se traduit par la nécessité que son nom sorte et que l'on parle de lui. Il se trouve qu'il n'y a plus de moyens de communication propres au monde politique en interne (l'information interne au PS et à ses membres, ce sont les médias qui la donnent .). Donc tout homme politique qui a l'aubaine d'avoir un micro sous le nez aura la chance que son nom soit prononcé. Aussi il faut avoir derrière soi une autorité bien établie (c'était mon cas), pour mettre la main sur son micro, tancer la journaliste et lui dire :

— De qui vous moquez-vous ? Vous me donnez une nouvelle, mais vous n'êtes pas capable de me dire si c'est un juif ou un Arabe qui a assassiné Yitzhak Rabin. Ce n'est tout de même pas pareil ! Comme il s'agit en outre d'un de mes amis, j'ai besoin de réfléchir aux mots... On ne travaille pas comme ça.

J'ai écarté la journaliste d'un geste. Elle a eu du mal à s'en remettre... Les journalistes en ont vu d'autres... C'est leur travail. Mais, bien entendu, tout le monde politique s'empresse de répondre à ce genre de questions.

La malédiction des sondages

Avec la technique nouvelle des sondages, nous sommes toujours dans le même aspect : les dégâts de la vitesse, qui font que tout le monde parle avant d'avoir pris le temps de réfléchir. Ce cas est un peu plus spécifique car il s'accompagne d'une escroquerie intellectuelle qui porte sur le mot d'« opinion ». L'opinion qualifie quelque chose de délibéré, de discuté en commun, fût-ce au café du commerce, car le substantif vient d'un verbe beaucoup plus ancien, « opiner », qui signifie « donner accord à ». Au XIXᵉ siècle, quand cinq pour cent des gens pouvaient acheter des journaux, on se les faisait prêter par ceux qui fréquentaient le Café du Commerce, d'où l'expression de « café du commerce » pour qualifier un certain type de discussion et une certaine forme populaire d'opinion. Il est vrai qu'en de tels lieux on discutait, et qu'il se formait un consensus sur la réaction à tel événement, et que ce consensus avait quelque chose qu'on peut qualifier de délibéré, sans pour autant donner trop de poids ou de gravité aux mots. Ce que nous appelons désormais « opinion », ce sont les fantasmes, les perceptions, les hantises, les craintes, les espérances de gens isolés, de gens qui regardent la télévision et ne se réunissent nullement pour discuter de ce qu'ils voient. Par ailleurs, l'image est ainsi faite qu'on ne se souvient que de la mauvaise mine de la personne qui parlait, de sa voix enrouée, de son aspect fatigué ; on commente la forme, jamais les contenus, qui passent au second plan.

Les réactions fantasmatiques de tout ce monde de téléspectateurs isolés font l'objet de sondages. Il n'y a pas que les intentions de vote qui sont sondées, les sondages thématiques sont aussi importants pour les décideurs. En tout cas, on continue d'appeler opinion cette collecte arithmétique des fantasmes, des hantises, des craintes, des espérances qui n'ont rien à voir avec ce qu'était autrefois l'opinion. Tous les sondeurs savent que tout sondage sur la peine de mort, le lendemain de l'assassinat d'un enfant, fait monter le pourcentage des partisans de cette peine de vingt points ; il faut quinze jours pour que cela se calme et que l'on retombe à un étiage normal. Tous les sondeurs savent que la formulation de la question induit beaucoup la réponse. Tous les sondeurs savent que leur marge d'erreur, qui est d'au moins 3 % pour les sondages faits dans des conditions sérieuses, 7 ou 8 % dans d'autres conditions, est telle qu'elle ne permet pas les jugements qu'on en tire en général. Tous le savent, y compris les utilisateurs des sondages, mais ils n'en vendent pas moins leurs papiers avec cette marge d'erreur en omettant de la souligner. Une loi les y oblige pourtant ; du coup, la marge d'erreur figure en tout petits caractères dans la fiche d'identité du sondage, elle-même placée dans le journal de manière à passer totalement inaperçue. Ce qu'un utilisateur compétent doit savoir, c'est qu'un sondage n'a aucun sens, il est une somme algébrique d'erreurs ; la seule chose qui ait du sens c'est, à taux d'erreurs à peu près constant, la tendance, c'est-à-dire le suivi des sondages, mais cela peu de gens le comprennent puisqu'ils l'ignorent. Voilà un deuxième facteur d'aggravation de la sensibilité à l'événementiel ou au très court terme, qui n'est pas compatible avec la froideur nécessaire aux observations pertinentes.

Le bruit et le spectacle

Un troisième élément est l'hyper-concurrence que se font les médias. La théorie des jeux a intégré la notion de « bruit ». Cette notion de bruit qualifie assez bien l'ambiance qui est la nôtre, ambiance des écrits, et naturellement aussi sonore et visuelle. Chacun des médias a un problème de survie pour maintenir son audience. Et dans cette ambiance où l'intelligence longue a disparu, où la vitesse exige de répondre à l'instant, et où l'image exige de répondre en termes affectifs et dramatisants, la propension est immédiate à courir après le scoop, quitte à ne pas prendre le temps de vérifier l'information.

Tous ces facteurs produisent, en se conjuguant, la désuétude, sinon la disparition de l'information et son remplacement par le spectacle. Parce qu'au fond l'information n'est pas sexy, et ne répond pas aux exigences de dramatisation. Le fondateur du *Temps* disait à ses journalistes : « Faites emmerdant. » Pendant trois quarts de siècle, la page une du *Times* était les petites annonces. C'était le refus du sensationnalisme, comme éthique journalistique. Éthique battue en brèche par William Randolph Hearst [1], le Citizen Kane du film bien connu, qui avait eu une bagarre télégraphique avec un de ses correspondants aux Antilles parce que celui-ci écrivait : « Rien à signaler, tout est calme. Il n'y aura pas de guerre. Voudrais rentrer. » La réponse de ce dernier fut : « Vous prie de rester. Fournissez des illustrations, je fournirai la guerre. »

L'effet pervers de la finance

Dès le début, la presse a eu besoin d'argent, et dès le début les financiers importants s'y sont intéressés. Au XIXᵉ siècle, *Le Temps*,

---

1. Fils d'un industriel multi-millionnaire, William Randolph Hearst est propriétaire, dans les années 1920, de quelque vingt-huit journaux importants et de dix-huit magazines, ainsi que de services de presse, stations radio et compagnies de cinéma.

et la première presse écrite en général, expliquait, publiait des documents. Les financiers ont financé une presse où les débats parlementaires étaient publiés textuellement ! Leur raisonnement sur l'art de faire des profits était conforme à l'éthique du *Temps*, éthique qu'ils ont, au fond, acceptée. Comme d'honnêtes capitalistes, ils cherchaient à gagner loyalement de l'argent, sans remettre en question cette éthique. Le révolutionnaire, dans ce domaine, c'est le même Randolph Hearst. On observe une deuxième étape dans l'histoire des rapports de la presse et de la finance. Il s'agit d'un phénomène d'inégale importance, il a donné lieu à de grands abus en France, un peu moins dans d'autres pays d'Europe et pas du tout aux États-Unis. Les financiers ont rêvé de maîtriser la presse pour façonner l'opinion à leurs intérêts. C'est le cas de Marcel Dassault ou de Philippe Hersant, qui ont cherché à financer la presse avec comme seul biais rédactionnel de servir leurs propres intérêts et d'interdire les vocations de nouveaux concurrents. On n'en est globalement plus là. La plupart des grands financiers, notamment américains, anglo-saxons en général, sont arrivés à la conclusion qu'il est assez illusoire de chercher dans la presse un outil d'orientation de l'opinion. Cela ne fonctionne pas vraiment, d'autant plus qu'il y a de moins en moins d'information.

En revanche, la presse peut, à des conditions scandaleuses et draconiennes, rapporter beaucoup d'argent. On tombe alors dans la dérive qui donne la presse caniveau en Grande-Bretagne, qui donne la presse dite à sensation partout ailleurs. La presse à sensation entend dévorer le marché. Elle y est arrivée en Grande-Bretagne, où elle imprime à trois millions, trois millions et demi d'exemplaires, tous les jours.

Maxwell, jusqu'à sa mort en 1991, et Murdoch[1] ont tiré toute la presse britannique par le bas.

Maxwell, originaire de Slovaquie, et Murdoch, né à Melbourne en Australie, n'ont rien à voir avec les intérêts stratégiques à long terme de la Grande-Bretagne, qui sont de se découvrir européenne et d'assurer globalement sa sécurité sur le continent, ayant tout à

---

1. Keith Rupert Murdoch est un homme d'affaires anglo-australo-américain, actionnaire majoritaire de News Corporation, l'un des plus grands groupes médiatiques du monde.

perdre dans l'aventure de l'isolement. Pour tirer la presse britannique vers le bas, Murdoch et Maxwell développèrent une europhobie qui vira à la xénophobie. La Grande-Bretagne n'était pas xénophobe jusqu'aux années 1970. La toute-puissance de ces magnats de la presse, et de quelques autres puissants, notamment Margaret Thatcher, a fait changer le royaume. Une destruction assez terrifiante de l'esprit public.

La finance est devenue, par voracité capitaliste, un instrument de dégradation pour jouer le bas de gamme : la téléréalité est typiquement une invention destinée à capter l'attention du public de base, au plus près possible de son insensibilité ou de son inculture, le tout pour faire de l'espace et de la pub. Je suis immensément reconnaissant à Patrick Le Lay d'avoir osé dire que son métier consistait à « vendre des temps de cerveau disponible ». Cela renvoie à la pression constante et clandestine (mais bien connue et victorieuse) des annonceurs pour éviter qu'au voisinage d'une émission phare, comme est toujours le journal de vingt heures, il y ait des choses encombrantes qui restent dans l'esprit des auditeurs : l'étranger, les crises, les guerres, des explications lourdes des phénomènes contemporains, dont le souvenir occulterait le message publicitaire.

Le déséquilibre est installé, il est profond, il ne peut guère aller que croissant.

L'omniprésence des médias détruit un ressort démocratique important : l'effet de surprise. Celui-ci n'est plus à la portée des gouvernants, car toute intention est connue avant d'être transformée en mesure, ce qui se traduit par une perte d'efficacité. Toute annonce de réformes suscite la crainte. Sans aller jusqu'à annoncer quatre réformes à la fois dans un même discours [1] – ce qui fait peur à huit ou neuf millions de personnes d'un coup –, il suffit d'une seule réforme pour que le système s'enraye. Les médias avertissent, c'est leur devoir, ceux qui seront concernés par la réforme, permettant ainsi à tous les corps et groupements de se placer en position défensive avant même que le gouvernement ne puisse indiquer et

---

1. Je fais là une allusion au tragique mais vigoureux discours d'Alain Juppé en septembre 1999, dans lequel il annonçait quatre grandes intentions de réforme, trois dans le champ social et une concernant la SNCF, et par lequel il a mis le feu à quatre mèches concernant quatre des plus belles bombes à retardement que recèle l'espace français. Le suite, on s'en souvient, fut dramatique.

mesurer les effets positifs attendus, lesquels n'apparaissent qu'à la conclusion du processus.

Depuis toujours, on sait qu'il n'y a pas de diplomatie sans secret : ce principe vaut également pour n'importe quel type de réforme. Voici quelques exemples qui illustrent mon propos, en particulier dans le secteur industriel public français. Je suis fier d'avoir sauvé de leur statut d'arsenal deux maisons que menaçait la faillite et deux maisons en danger. Les deux premières sont Air France et Renault : c'est seulement parce que je n'ai pas eu à annoncer ces réformes que j'ai pu réformer leurs statuts. La loi a été proposée au législateur lorsque la situation était mûre et les accords acquis. Pire encore : j'ai démoli le ministère des Postes et Télécommunications et donné à La Poste et à France Télécom la chance de devenir des établissements publics industriels et commerciaux. Grâce à une consultation sans fracas des salariés (plus de sept mille mini-réunions, par groupes d'une dizaine…), on a pu désamorcer les éventuels blocages : lorsque la CGT a lancé son mot d'ordre de grève générale l'année suivante, il n'y a eu que 2,5 % de grévistes. La clé de ce succès a résidé dans sa « non-annonce ». Ceci dit, jai déjà conté ces histoires plus haut dans le livre.

L'art de gouverner ressemble au métier de chef d'orchestre dont le talent tient dans sa capacité à susciter une harmonie et une coopération entre l'ensemble des musiciens.

Or, j'ai l'impression que l'évolution des médias est quasiment inverse. À l'origine, la presse avait un formidable respect des faits et s'adressait aux 5 % du public lettré et exigeant. Cela nécessitait une qualité de contenu. Par la suite, et après un combat difficile pour la liberté de la presse, les journaux ont pu élargir leur champ. La presse s'est alors construite contre le pouvoir, contre le gouvernement, et enfin sur un principe de suspicion automatique. La presse s'érige désormais à la fois en juge, voire en policier pour traquer les erreurs, se focaliser sur les personnes. Mais, surtout, elle traite le chef du gouvernement comme un trapéziste solitaire et pas du tout comme un chef d'orchestre.

Je crois que la presse écrite a fait fausse route, mais qu'elle n'a pas su trouver sa place ni dans le système médiatique, ni dans le jeu démocratique.

Les médias sont dans une course à l'information sans recul. Ils privilégient la petite phrase, le scoop, la réaction rapide. Leur temps n'est pas en adéquation avec celui de la société. Les décisions politiques essentielles peuvent mettre des années, parfois des dizaines d'années, avant de produire leurs effets, j'en ai fait régulièrement l'expérience. C'est un délai qui ne correspond pas à celui des médias, ni d'ailleurs à celui des échéances électorales. À trop vouloir du sensationnel, ils passent à côté de l'information proprement dite, se contentent de reproduire des réactions sans les resituer et sans les confronter à la réalité.

Pour confirmer cette accusation lourde, il faut des exemples. Je rappellerai d'abord celui que je viens de donner plus haut concernant l'assassinat d'Yitzhak Rabin.

En voici un deuxième tout aussi révélateur. Six mois après mon départ de Matignon, Jacques Chirac, alors chef de l'opposition, m'accuse, avec son culot habituel, d'avoir vidé les caisses de l'État. Dans la demi-journée, je reçois de cinquante à soixante demandes de réaction de la part de journalistes de l'écrit, de la TV ou de la radio. Je réponds que j'irai partout où le média, quel qu'il soit, aura pris la responsabilité de donner la vérité des chiffres. C'est d'autant plus simple qu'ils sont accessibles au *Journal officiel*. Or, aucun média n'a accepté de faire ce travail minimal consistant à aller voir l'évolution du déficit budgétaire sur les années correspondant à mes responsabilités. Chacun aurait pu constater que j'avais réduit le déficit de 45 milliards de francs par rapport au dernier budget préparé par Jacques Chirac lorsqu'il était Premier ministre. *Le Monde* m'a proposé un débat avec Jacques Chirac : ainsi était-ce à moi de défendre mon bilan et d'assumer les chiffres ! Ce qui, bien sûr, leur eût conféré un aspect partisan qu'il n'avait pas à avoir. Bref, aucun journal ou média n'a voulu faire l'effort de regarder, de comparer, de mettre en perspective. Il est clair que la publication des vrais chiffres éteignait le débat en mettant en évidence le procès d'intention mensonger de Jacques Chirac. Chacun préférait une longue suite d'engueulades entre lui et moi, chacun partial derrière ses chiffres sans qu'on pût savoir quels étaient les vrais… même *Le Monde*. Du coup, je n'ai répondu nulle part, et ce mensonge calomnieux est resté sans démenti !

Un débat de société sur le caractère nuisible des médias sur la politique doit être ouvert. Mais un gouvernement ne peut courir le risque de lancer une telle étude, il y aurait immédiatement les médias contre lui. C'est à l'université de prendre cette initiative. Il faudrait chercher les instruments permettant de mesurer les effets de l'image et de l'écrit, de comprendre la prééminence de l'émotion et du drame à laquelle l'image donne lieu par rapport à l'explication. Les blocages de société auxquels nous devons faire face durent depuis trop longtemps pour que nous ne voulions pas cette piste. Cette prédominance de l'émotion se traduit notamment en France par le fait que, depuis vingt-cinq ans, toutes les majorités sortantes ne sont pas reconduites.

Vers une perspective de solution

Au point où l'on en est, il n'y a plus de décision possible que chirurgicale. Le corps politique – président, gouvernement, Parlement – doit se persuader qu'il s'agit de rien moins que de la survie de la nation. La poursuite du décervelage et la fragilisation croissante de la démocratie commencent à produire leurs conséquences de manière visible, et la pente est clairement à l'aggravation. Il ne saurait y avoir de solution pertinente sans assurer correctement le financement du secteur public de manière publique, indépendante et pérenne. La mesure décidée par le président Sarkozy de supprimer la publicité sur le secteur public de la télévision à partir de 20 heures va donc dans ce sens. De fait, la BBC ne connaît toujours pas la publicité. Ses 3,8 milliards d'euros de ressources viennent d'une redevance plus forte que la nôtre et de la commercialisation de ses programmes dans le monde. Elles lui assurent une absolue liberté de programmation que le pouvoir politique respecte. De même, les chaînes privées américaines sans publicité et financées par abonnement sont en progrès significatif. Enfin, Arte a prouvé que, sans publicité, on pouvait obtenir mieux qu'un succès d'estime et devenir une référence.

L'idée s'impose – il n'y a pas de choix alternatif –, la suppression de la publicité sur les chaînes publiques et la réforme totale de leur financement sont essentiels. C'est même une question d'urgence.

Pour moi, le système idéal consisterait en ceci que la société française dans son ensemble reconnaisse la nécessité d'une télévision publique non financée par la publicité pour assurer dans des conditions répondant à des critères éthiques définis par la loi des missions consistant à éduquer, informer, cultiver et distraire. Pour ce faire, elle appellerait, afin de financer le système, les citoyens par le paiement de la redevance augmentée, et les bénéficiaires de l'infrastructure et de l'espace public hertzien pour leur publicité par le paiement d'une Contribution culture communication. Un tel système aurait en outre deux grands avantages, celui d'être indexé sur le chiffre d'affaires de la publicité, donc d'évoluer, le plus souvent à la hausse en fonction de l'activité générale de communication, et deuxièmement celui d'être pérenne, condition absolument nécessaire de sa viabilité pour les chaînes.

Enfin, il faut concevoir ce système de manière à faire face non seulement aux besoins d'aujourd'hui, mais également à ceux demain. Car un tsunami menace le service public : l'émergence rapide de multiples moyens nouveaux de diffuser des images : Internet, télévisions sur téléphones portables et autres systèmes se développent à toute allure. Le secteur privé se prépare intensément à collecter et traiter les conséquences de tout cela aux dépens du secteur public qui n'a, lui, actuellement, ni les moyens, ni les hommes pour y faire face. Ce danger pourrait bien être, à terme, beaucoup plus grave que tous ceux que nous avons évoqués jusqu'ici.

Si les conditions financières et législatives sont réunies, il restera alors à reconstruire la télévision publique française autour de ces missions en utilisant pleinement le fait de n'avoir plus d'obligation de racolage en prime time.

Car, enfin, il n'y a pas de raisons que l'intelligence et le talent, souvent perceptibles quoique dévoyés dans les émissions racoleuses, ne se trouvent soulagés et dynamisés dans cette nouvelle tâche.

La dérive actuelle est la perte du sens, et la mobilisation du talent presque exclusivement sur la forme. Donner de la forme au fond est, à l'évidence, le nouveau défi dont je ne doute pas un instant que les hommes et les femmes de l'actuelle télévision ne soient capables de relever. Mais l'immense effort qui serait ainsi demandé à la télévision publique aura grand besoin d'être soutenu par l'approfondissement du diagnostic, l'inlassable recherche d'une meilleure déontologie et le grand labeur que doit entreprendre l'Éducation nationale sur ce sujet et, naturellement, l'élévation sérieuse de la redevance, car ce service est coûteux et il ne saurait être rendu au rabais.

Malheureusement, dans la période actuelle, l'insuffisance du financement accordé au secteur public laisse peu d'espoir que la suppression de la publicité après 20 heures produise les effets que l'on est fondé d'en attendre.

Chapitre XXXIV

L'ART DE GOUVERNER

« Tous les arts ont produit des merveilles. Seul l'art de gouverner n'a produit que des monstres[1] », disait Saint-Just. Cette sentence, je l'ai placée un jour en exergue d'un texte concernant l'art de gouverner. Un texte, publié dans une revue de qualité mais hélas – pour eux – un peu confidentielle, on ne peut plus pertinent et adapté dès lors qu'il s'agit de clore logiquement cette grande partie intitulée Transversales et même cette « chronique de mes faits et méfaits » – faits, gestes et textes, plutôt –, ouvrage, on l'avouera, pas comme les autres.

Est-ce à dire que la sortie de Saint-Just, je la fais mienne ? Pas totalement et un peu quand même. Car s'il a proféré cette horreur dans un discours sur « la Constitution à donner à la France », prononcé devant la Convention nationale le 24 avril 1793, je ne suis pas persuadé que son diagnostic soit, malheureusement, faux.

J'ai eu la chance, et je l'ai toujours, de conduire une carrière assez secouée mais dont le déroulement a le double avantage de me laisser la conscience en paix et de m'avoir fait bénéficier d'une expérience étonnamment riche et diverse. Les matériaux sur le bizarre métier que j'ai fait sont là, et puisque la revue *Comprendre* a voulu mettre son nez chez les « Hommes politiques » – notre grammaire est ainsi faite que les femmes sont ici comprises dans les hommes –, j'ai essayé de réfléchir au système de contraintes et de paramètres dans lequel j'ai tenté de naviguer, et retrouvé d'autres

---

1. *Comprendre, Revue de philosophie et sciences sociales*, n° 3, 2002.

textes où j'avais déjà étudié cette question majeure, afin d'en élaborer une sorte de « philosophie » du pouvoir personnelle.

« Avant de pouvoir aborder le cœur du sujet, il faut se souvenir de la situation très particulière du gouvernant, expliquais-je.

On décrit sous le nom de "politique" deux activités en fait liées l'une à l'autre, mais fondamentalement différentes.

L'une est la gestion de la cité. Elle s'intéresse à la façon dont les détenteurs de mandats ou de fonctions publics les exercent, aux décisions qu'ils prennent et à l'influence qu'ils exercent sur la partie du corps social placé sous leur autorité. L'art de gouverner définit le talent plus ou moins grand qu'ils mettent à l'exercice de leurs responsabilités.

L'autre activité recensée sous le nom de politique est la compétition ouverte en permanence dans le corps social pour accéder ou se maintenir aux responsabilités publiques, par l'élection, la nomination ou la force. Même en situation de dictature, un autocrate doit garder le constant souci d'observer les concurrents possibles, de s'assurer de la fidélité de sa police et de son armée, et d'essayer d'obtenir l'acquiescement de son opinion publique. Mais cela nous entraînerait trop loin, et je ne m'occuperai [ici] que des situations de démocratie : les procédures d'accès aux responsabilités par la force sont donc exclues de ces réflexions. Reste que la fréquence des élections, la possibilité pour la plupart des assemblées locales ou nationales de refuser leur confiance et donc de démettre de ses fonctions l'exécutif qu'elles ont élu ou confirmé, et l'importance, qui s'attache à la publication plus qu'hebdomadaire à travers les sondages, des pulsions instantanées de l'opinion sur la plupart des problèmes, que l'on ressent toujours comme plus ou moins annonciatrices de votes futurs, tout cela oblige tout gouvernant à être de manière absolument permanente attentif au confortement de sa légitimité, de la majorité dont il dispose à l'assemblée représentative dont il dépend.

Autrement dit, tout corps social démocratique produit un système de pouvoir qui se résume à une connaissance et à une canalisation des influences réciproques utiles : exprimer sa confiance, c'est faire jouer une influence, tout comme obéir aux lois, c'est en accepter une autre.

Tout se passe alors comme si les influences nécessaires à la vie et à la cohésion du corps social s'organisaient en deux pyramides. La première, ascendante, va des citoyens aux gouvernants et exprime par le vote soit des préférences en matière de solutions, soit la désignation d'assemblées représentatives, chargées de produire les normes juridiques, et de désigner les gouvernants, soit même le choix du dirigeant suprême.

La seconde pyramide d'influences est, elle, descendante, et englobe tous les mécanismes et les processus par lesquels une société assure quotidiennement sa survie et son évolution : changement des structures et des procédures publiques, production législative et réglementaire et obéissance aux lois.

Toute société comporte une multiplicité de décideurs, publics ou privés. Mais aucun, chef d'entreprise, juge, enseignant ou commissaire de police, ne connaît cette situation de voir la population sur laquelle il a autorité être identique à celle qui le désigne. Seul le gouvernant doit sa désignation à l'intégralité de ceux qu'il commande ou aspire à commander. Le résultat est que, pour tout gouvernant, à chaque moment, la pyramide ascendante qui lui a confié sa légitimité et la lui confirme chaque jour a une importance strictement égale à celle de la pyramide descendante qui enregistre et qualifie l'efficacité de sa gestion.

La sagesse populaire, dans la conscience imprécise qu'elle a de tout cela, va même jusqu'à désigner du nom superbe de courage politique l'attitude du gouvernant qui consiste à donner une priorité forte aux impératifs de sa gestion, la pyramide descendante, sur les contraintes qui lui viennent du besoin de préserver sa légitimité, pyramide ascendante : "Réformez donc sans vous soucier de savoir si cela déplaît." Cette référence collective largement acceptée fait beaucoup trop bon marché, à mes yeux, de ce qu'une telle attitude a en général de suicidaire, et de ce qu'il n'est aucun gouvernant – compétent ou incompétent, intègre ou corrompu – qui n'ait besoin de beaucoup de temps pour accomplir ce qu'il croit être sa mission, et donc de donner une priorité nette à la pyramide ascendante sur la pyramide descendante.

"L'art de gouverner" décrit à l'évidence les qualifications et les talents que tout gouvernant met au service de ses responsabilités dans l'exercice du mandat qu'il a reçu, et donc dans le maniement de la pyramide descendante qui dépend de lui. Que l'on n'oublie jamais, au long des réflexions qui suivent, qu'à tout instant et sur tout problème les exigences de la pyramide ascendante – soutien ou désaccord de l'opinion, compréhension ou réticence de la majorité de l'Assemblée en cause, orientation des sondages – viennent influer sur la décision et la colorer puissamment.

L'une des difficultés majeures de l'art de gouverner apparaît dès que l'on a pris conscience de cette confrontation entre le jeu des influences ascendantes et descendantes.

Les gouvernants n'ont aucun accès direct à l'opinion. Il y faut toujours le support des médias, écrits, parlés, audiovisuels. Il fut un temps, celui de la conquête de la liberté de la presse, où le support médiatique intervenait dans l'art de gouverner en assurant la diffusion d'à peu près toute l'information nécessaire à la compréhension[1]. Ce temps s'éloigne, la pente est au spectacle. Les médias vendent mieux de l'émotion et du drame que de l'information pure, et le journalisme d'investigation mange l'espace de l'information.

Cette dernière, enfin, est de plus en plus difficile à dégager de sa gangue de commentaire, toujours ramenée à la pyramide ascendante et jamais respectueuse de ce qu'a de spécifique la pyramide descendante. L'impôt, la Sécurité sociale, le prix des denrées, les variations du chômage, tout cela est austère et ennuyeux. Le résultat est bien connu. Pour le système médiatique contemporain, le mot de politique ne décrit plus que le combat permanent pour l'accession aux responsabilités, ce que j'appelle le jeu de la pyramide ascendante, et ignore à peu près les exigences et les résultats de la gestion. Le plus souvent les activités des gouvernants dans l'ordre de la gestion sont traitées par des services spécialisés des médias – services économique, financier, social, international, culturel, des collectivités locales, voire des faits divers, car la sécurité fait vendre – qui ont rarement les honneurs de la mise en scène, la une, et qui jamais ne sont en situation de faire une synthèse équilibrée du champ politique global. C'est cet ensemble d'attitudes qui explique que les bilans de gestion ne jouent jamais aucun rôle dans les campagnes électorales. Qu'une équipe sortante soit spécialement bonne n'empêchera jamais que l'on vote toujours soit pour punir des gouvernants d'avoir touché à quelques symboles, soit en fonction de l'idée plus ou moins fantasmée qu'on se fait de l'avenir.

La France est ainsi traitée comme étant en campagne électorale permanente, ce qui est parfaitement contradictoire avec la sérénité

---

1. Voir chapitre précédent.

largement nécessaire à l'art de gouverner, et un acte aussi important que le budget est présenté à travers les groupes sociaux qu'il avantage ou désavantage, très rarement sous l'angle des impulsions macro-économiques qu'il entend donner à l'ensemble national.

Dans de telles conditions, l'art de gouverner a comme première exigence un combat constant pour décrire les enjeux, faire connaître les contextes, et tenter d'expliquer les raisons, les dispositions et les effets attendus de chaque mesure importante qui vient à être décidée. La politique de communication du gouvernant comporte dans ses objectifs principaux celui d'obtenir du temps ou de l'espace pour ces messages avec l'espoir qu'ils soient traités en tant que tels et non immédiatement répertoriés comme éléments constitutifs de la prochaine campagne électorale, quel que soit son éloignement.

C'est avec tout cela en tête qu'il convient de gouverner. »

Un engagement de surmenés

« On a trop tendance à oublier que, bien avant toute décision proprement dite, le premier acte de l'art de gouverner est de décider chaque matin de ce que l'on va faire », expliquais-je pour aider à comprendre la difficulté qui est celle des personnes ayant décidé de se dévouer à la chose publique à travers l'onction des suffrages, activité – le mot métier ne va pas – dévoreuse de temps, ce dont l'opinion ne se rend pas compte forcément. « Un Premier ministre, un ministre, un président de région, un maire de grande ville ont tous un champ d'actions possibles pratiquement illimité. Ils sont, en fait, soumis à un harassement constant, et, de manière permanente, sont fatigués. Dans ces fonctions, les journées sont de douze à quatorze heures et il n'est guère de soirées libres, de vacances ou de week-ends. J'ai souvent rêvé que la loi punisse tout responsable d'un exécutif important coupable de s'être montré en public un dimanche : qu'il dorme, fasse du sport, s'occupe de sa famille ou approfondisse ses dossiers, il y aurait de toute façon un gain de qualité dans l'art de gouverner. Mais la colère des associations d'anciens combattants, pour ne citer qu'elles, serait électoralement dévastatrice. Et, bien sûr, la presse ne saurait interrompre son questionnement inquisitorial à tout moment et à tout propos... Il faut faire avec ce qu'on a, des gouvernants en permanence surmenés.

L'emploi du temps d'un gouvernant se partage, au milieu de batailles feutrées mais rudes autour de lui, en trois parties inégales : la recherche de l'information nécessaire à son activité, les audiences, et la préparation des décisions proprement dites. C'est très généralement la recherche de l'information qui est la victime de ces affrontements. On ne lit la presse que pour être à jour dans le déroulement permanent de la compétition : agressions et petites phrases, si elles appellent des réponses, les veulent immédiates ; les événements dont il faut se saisir aussi. Mais la presse permet rarement d'approfondir les sujets en débats. Quant aux articles de revues et aux livres – les vrais outils de stockage du savoir –, il n'en est pas question. Les décisions se prennent dès lors sur la base de ces fameuses "notes pour le Ministre" qui ne doivent jamais dépasser deux pages et sont marquées de ce biais technocratique que chacun connaît. Le seul moyen, à un gouvernant, de dégager du temps pour lire et penser est de déléguer massivement. Cela ne se réglemente guère, et peu de gouvernants le font volontiers.

Les audiences sont une des croix du métier. 10 % sont utiles, en y comprenant certains étrangers. La moitié est inévitable et inutile. Arriver à se passer de toutes les autres serait du temps et de la fatigue gagnés pour traiter le courrier et faire avancer des décisions. Mais le coût politique serait grand. Tout responsable politique, et a fortiori un Premier ministre, fourmille d'amis, ou de partenaires, très épris de faire valoir leur influence, et qui la mesurent en capacité à arracher des audiences. Se mettre à dos toutes ces relations a un prix excessif. J'ai connu des journées de douze audiences. On en sort lessivé. Et il est rare que l'on y apprenne grand-chose ; quand les affaires sont sérieuses, on écrit.

Il faut ici diagnostiquer une tendance en voie d'aggravation. Tout le monde veut voir le Premier ministre, se sent méprisé et le fait savoir s'il n'y parvient pas. Par tradition, par la prégnance de souvenirs monarchiques, par effet de la protection constitutionnelle dont il jouit, et surtout parce qu'il ne se saisit personnellement que de quelques rares dossiers mais ne fait pas partie de la machinerie gouvernementale, le président de la République est bien abrité de ce mouvement. En revanche, le Premier ministre est le responsable administratif suprême de tout ce qui se passe et de tout ce qui se décide. On ne se contentera de voir un ministre que si l'on sait qu'il a large délégation et qu'il peut décider, sinon on cherche à le court-circuiter. La fonction ministérielle est en voie de minoration. Cela est particulièrement net quand il y a une crise quelque part. Dès qu'il y a crise, les médias entrent en jeu. Même honnête, leur intervention multiple et redondante jette de l'huile sur le feu. Or on vend du drame, c'est bien connu. Rares sont les cas où la présence d'un simple ministre suffit à rassasier cet appétit d'implication de l'autorité. Cette pression chronophage donne aussi des armes au Premier ministre : c'est une des raisons pour lesquelles elle me semble en voie d'aggravation. »

Labourer le champ des décisions

« Vient le temps consacré à ce qui doit faire objet de décision, poursuivais-je après avoir détaillé les offres des visites et rendez-vous aussi inutiles que chronophages. Le choix est toujours surabondant. La nature des problèmes qui appellent décision politique suffit largement à évoquer les perplexités du décideur. Vient en fait dans le champ politique toute décision que la science, le droit ou la tradition n'ont pas suffi à rendre évidente. Dans tous ces cas, des décisions importantes peuvent se prendre sans avoir recours à la légitimité de l'autorité politique.

Le politique intervient, lui, lorsque la solution n'est pas évidente et qu'il y a doute. Là encore, deux cas peuvent se présenter. Dans le premier, l'incertitude est technique, c'est-à-dire délimitée dans le champ du sujet, et les différentes catégories d'intéressés sont relativement prêtes à l'accepter. Les décisions de ce type, innombrables, peuvent être prises par les collaborateurs spécialisés du patron, adjoints au maire, vice-présidents de départements ou de régions, et naturellement ministres. Mais les décisions d'importance échappent souvent à ce cadre et mettent en jeu des intérêts, des forces, des tabous tel celui des droits acquis, à partir desquels les composantes proprement techniques de la décision, son coût, les acteurs qu'elle concerne, ses effets escomptés ne suffisent en rien à inventorier complètement les éléments à prendre en compte. Des intérêts puissants, des a priori intellectuels dépassés ou la crainte de violer une coutume ou un principe conduisent souvent à des décisions répondant fort mal aux exigences techniques du problème que l'on traite.

L'opinion comme la presse savent ressentir et identifier ces problèmes dont les enjeux prennent une importance et une conflictualité croissante. On dit alors : "Ce problème est devenu politique." Quand j'entendais cette expression, je me disais en moi-même que, sur ce sujet, le temps des symboles était venu, qui n'est jamais loin du temps de la sottise. Un patron politique polyvalent n'est jamais saisi que des problèmes au sujet desquels le champ des interférences manifestes occulte largement, sinon complètement, les seules exigences de la technique et de la raison.

Cela dit, le champ des décisions en attente appelle immédiatement une première différenciation, entre ce qui est urgent et ce qui ne l'est pas. La sagesse populaire fait déjà dire au lecteur de cette phrase que le bon gouvernant est celui qui sait contingenter les urgences et préserver le temps nécessaire aux décisions de long terme. Malheureusement, une seconde différenciation vient immédiatement occulter la clarté de la première : elle oppose ce qui est visible et ce qui ne l'est pas.

Il faut s'appesantir sur cette dernière distinction, elle le mérite, et concerne des cas bien différents. Il y a d'abord ce qui n'a aucune vocation à être visible en aucun cas. J'ai passé beaucoup de temps à Matignon [1] à réformer les procédures de travail de nos services spéciaux. L'expression de "guerre des polices" est bien connue, et contrairement à une opinion trop répandue ne concerne pas que les rapports entre police et gendarmerie. Il m'a fallu, dans ce dernier cas, sept ou huit mois pour négocier ce que j'appelais le traité de paix entre la police et la gendarmerie, à savoir une circulaire qui établissait un parallélisme des carrières et des primes, une procédure acceptée pour que les communes puissent passer d'un régime à l'autre, l'interopérabilité des fréquences radio et de certains matériels, etc.

Mais les rapports entre la Sûreté militaire, la Direction de la surveillance du territoire, la Direction générale de la sécurité extérieure et le Secrétariat général de la Défense nationale étaient autrement détériorés. Il a fallu refondre le Comité interministériel du renseignement, élaborer un plan de renseignement de la République, créer pour chacune des huit priorités retenues, quatre géographiques et quatre thématiques, un comité interservices spécialisé. Le fait de faire présider et animer chacun de ces comités par

---

1. Voir chapitre XXII, plus haut.

le ministère le plus intéressé à ces objectifs au lieu de laisser les services spéciaux définir tout seuls les objectifs à poursuivre pour l'ensemble du gouvernement a été une grande innovation et un incontestable facteur du succès de cette réforme. L'un des comités ainsi créés est aujourd'hui bien connu de l'opinion et adopté par elle, c'est Tracfin, celui qui est chargé de la lutte contre la délinquance financière et qui est dirigé par le ministère des Finances et pas par la seule police. »

Des bénéfices politiques différés

« Bien que tous les textes édictant tout cela aient paru au *Journal officiel*, il était logique que ni la presse ni l'opinion ne relèvent rien pendant que cela se faisait. Le seul ennui de ce type de travail est que le temps passé et le bonheur du résultat ne s'accompagnent d'aucun gain électoral. Or la fragilité évoquée ci-dessus de la position du gouvernant est très dissuasive de l'idée de consacrer du temps à ce qui ne se voit pas.

Loin de ne concerner que la partie non visible par nature des activités d'une puissance publique, cette distinction entre ce qui se voit et ce qui ne se voit pas affecte hélas beaucoup plus gravement l'essentiel de l'action publique. En quoi une baisse du taux d'échec scolaire de 0,5 % ou même 1 % est-elle susceptible de permettre à la presse de faire un scoop ? En rien. Il n'en sera donc guère question que dans les périodiques spécialisés. Le taux d'échec scolaire, pourtant, a baissé d'une vingtaine de pour cent depuis trente ans. La France va donc un peu mieux de ce point de vue. En outre, aucune des différentes réformes qui ont permis cela n'a eu d'effet immédiat. À l'occasion de toute mesure, la presse et l'opinion à travers elle attendent du spectaculaire, et le spectaculaire disconvient à la vie sociale.

Quand un gouvernement obtient de son Parlement la création d'un nouveau droit, d'une nouvelle institution, d'une nouvelle procédure, chacun devine qu'il faudra bien des années avant que l'opinion nationale tout entière connaisse ce droit, utilise la procédure, fréquente l'institution. Après leur création, ces éléments nouveaux vont passer un temps d'ignorance et d'oubli. Gouvernement et législateur auront seulement pour tâche, au début, de s'acharner à ne pas laisser dépérir ce ferment d'innovation, à lui apporter les modifications légères et perfectionnements qu'il appelle. Il s'agit d'arboriculture. La véhémence, les réformes amples et soudaines sont inopérantes. Malheureusement, elles sont seules à se voir ou s'entendre. La demande sociale ne va pas dans le sens de la bonne gestion. Il a fallu largement plus de vingt ans au Conseil constitutionnel pour prendre toute sa place dans notre vie publique, heureusement, personne n'avait pensé à le supprimer entre-temps. Plus modestement, la contribution sociale généralisée – la CSG – n'a été consolidée que lorsque, cinq ans après sa naissance, la droite qui avait juré sa suppression l'a au contraire confirmée. Nos remarquables outils de lutte contre la pollution des eaux, les agences de bassin, créées en 1964, sont toujours menacés du fait de leur fragilité constitutionnelle : il a fallu les sauver deux fois, par une bataille administrative violente mais discrète en 1973, par des décisions politiques vigoureuses en 1989. Quant à l'Éducation nationale, on oublie trop cette évidence que, pour mesurer l'effet d'une réforme, il faut que passent les quinze ans qui séparent l'âge où une génération d'enfants l'a subie de celui auquel s'apprécie l'amélioration de savoir, de savoir faire ou de culture que cette génération apporte à la vie sociale. À vouloir réformer tous les deux ans, on tue le système qui n'évolue qu'au rythme lent des changements de comportements de 900 000 enseignants. »

Le bonheur de la longévité

Qu'on me permette un intermède personnel et éclairant, attestant combien, dans le choix de ce qu'un gouvernement décide de faire ou de laisser entreprendre par ses successeurs, interviennent d'autres facteurs. Dont la longévité. Personnellement, je suis entré à Matignon en 1988, après le premier septennat de François Mitterrand, période très dure pour les entreprises publiques puisque c'était celle où l'on croyait, fort naïvement, que la nationalisation d'une entreprise pouvait changer quelque chose à son destin technique ou commercial, certitude erronée qui avait déclenché une immense valse-hésitation entre propriété publique et propriété privée – avec à droite comme à gauche un souci excessif et dangereux du spectaculaire et de la visibilité. Conséquence de cette période, durant sept ans rien de significatif n'avait été entrepris pour accompagner l'évolution des éléments du secteur public non inclus dans ce remue-ménage. Je me suis donc attelé, ainsi que je l'ai déjà raconté dans la partie de cet ouvrage consacrée à Matignon, à remettre à flot et d'aplomb Air France, Renault et le ministère des Postes et Télécommunications. Ces réussites, je n'y reviens pas – bien que j'en sois fier – pour sculpter mon mausolée, mais parce qu'elles comportent un enseignement absolu, déjà exprimé dans la revue *Foi et Vie* : « Aucun gouvernement restant au pouvoir plus de quelques semaines n'échappe à la découverte, dans son champ de compétences, de quelques situations de crise appelant des réformes qu'a priori l'opinion ne souhaite pas Au-delà du courage minimal sans lequel rien ne se fait, l'art de gouverner exige une vraie sûreté de diagnostic, une forte capacité à préserver aussi longtemps que nécessaire le secret de l'intention, et un grand savoir-faire dans la négociation avec les personnels et les partenaires. Or même la notion de courage est ici ambiguë Car, en toute sincérité, j'ai agi aussi parce que j'ai eu la terreur – et donc pas le courage – de devoir affronter un jour des faillites certaines sans ces réformes. Dès lors, la longévité modifie les paramètres de la réflexion. Le courage a moins à y voir qu'on ne croit ; l'intelligence et le sens du bien public davantage. »

La malédiction des promesses électorales

Mais reprenons ma citation clarifiante : « Puisque j'ai engagé ces réflexions sous le fil conducteur de ce qu'un gouvernant choisit de faire ou de ne pas faire, il me faut ajouter une autre rubrique à ce sujet. Elle concerne le "programme".

Ce que l'on appelle les promesses électorales souffre d'une double malédiction. La première est la plus bénigne. Elle consiste en ceci que les promesses sont rédigées et présentées comme si elles devaient être l'objet quasi exclusif, en tout cas principal, des travaux du futur gouvernement.

La réalité n'est pas du tout celle-là : l'agenda de tout gouvernement, et plus encore s'il se peut sa popularité au jour le jour dans l'opinion, dépend très peu des intentions du gouvernement en fonction, infiniment plus d'une imprévisible météorologie politique faite d'événements internationaux, de conjoncture économique et financière extérieure, d'accidents et de faits divers, voire de résultats sportifs ainsi bien sûr que des situations léguées par les prédécesseurs et leurs réformes commencées, et enfin bien sûr par l'explosion des "affaires" c'est-à-dire l'incrimination de personnalités politiques pour des raisons de moralité ou de délinquance.

La seconde malédiction est beaucoup plus grave. Même si elles sont produites dans un grand confinement, comme les découvertes scientifiques ou les œuvres d'art, toutes les productions sociales ont pour consommateur ou utilisateur final la société tout entière. Les performances sportives et la production politique ont même en commun que la préparation de la prestation ou de la décision se fait sous le regard universel, sauf le cas où la nature de la décision qui se prépare exige de s'en protéger autant que faire se peut. Un discours aux assemblées représentatives, une émission de télévision, un projet de loi s'adressent ainsi à tout le monde à la fois et subissent l'épreuve de la contradiction. Ce n'est pas le cas de la promesse électorale. Elle a ceci de particulier qu'elle est écrite par des affidés aux convictions militantes plus établies que les compétences, non soumise à critique, et que son objectif majeur est bien davantage d'éveiller des enthousiasmes et de provoquer des applaudissements dans les congrès que de régler effectivement des problèmes pendants grâce à l'exhaustivité de l'information et à l'usage des savoirs les plus récents. Le nombre excessif de symboles qui expriment les sensibilités d'un auditoire partisan interdit absolument que l'écriture programmatique se fasse principalement sous l'empire de la raison. Aussi bien, et chacun le sait, le bêtisier des promesses électorales intenables, ridicules ou dangereuses est abondamment fourni. Le vrai problème, il est que ces caractéristiques propres de la promesse électorale ne sont ni suffisamment claires ni suffisamment avérées pour que l'on soit débarrassé de l'idée qu'on doit la tenir. Lors de chaque campagne ressortent ces vieux commentaires ressassés – "il faut demander plus à l'impôt et moins au contribuable", "demain on rasera gratis", "les promesses n'engagent que ceux qui les reçoivent", etc. et néanmoins tout candidat capable, grâce à ses actes dans le passé, à sa réputation de sérieux ou à la modération de ses engagements, de donner de la crédibilité à la formule "moi, je tiens mes promesses" enregistre de ce fait un "plus" repérable. Dans ces conditions, rares sont les gouvernements qui n'ont jamais rencontré l'horrible dilemme : faut-il tenir une promesse à l'évidence aventurée au prix d'une non moins évidente détérioration de performance, ou ne pas la tenir au prix d'une tout aussi évidente perte de légitimité ? Faut-il placer cet inévitable élément défavorable dans la pyramide ascendante ou dans la pyramide descendante ? J'ai vu bien des gouvernements, de droite comme de gauche, commettre des erreurs économiques graves au nom de l'impératif de tenir leurs promesses alors que tout le monde savait sur quels coins de table et dans quelles conditions de précipitation lesdites promesses avaient été écrites. En outre, même raisonnable, un engagement électoral est toujours pris dans une certaine conjoncture et dans un certain état d'esprit de l'opinion. Le moment de le tenir peut ne venir que quelques années après, et les circonstances peuvent avoir profondément changé.

La moins mauvaise conduite est de promettre peu, et de relativiser les engagements. Désacraliser, désacraliser... »

Consulter, négocier bis

Soit, le principe d'une décision est arrêté ; mais demeure le plus complexe : la mettre en forme et la faire juridiquement arrêter par l'organe compétent, Parlement ou gouvernement, après recueil des avis nécessaires et épuisement des voies de recours. Dès lors, comme lorsque j'évoquais l'art de la paix et tant d'autres thèmes et textes, s'impose de consulter et négocier. Cependant, là encore consultation n'est pas négociation.

« Le dogme de l'intangibilité de la souveraineté populaire pèse toujours beaucoup sur notre droit et interdit en fait de conduire des consultations qui aboutissent à des négociations réelles, écrivais-je. Il y faut donc des procédures distinctes, les premières formelles et officialisées, les secondes généralement ad hoc et le plus souvent informelles.

Il faut mener les procédures de consultation en sachant qu'elles se heurtent à deux limites. La première est largement psychologique. Les participants à une consultation formelle qui n'ont pas vu la puissance publique se rallier à leur position ont toujours l'impression de n'avoir pas, ou pas assez, été consultés. Innombrables sont les procès d'intention sur l'existence ou non de consultations réelles. Quand de telles accusations se font jour, que la consultation ait eu lieu ou non, les bénéfices que l'on en attendait sont nuls et tout se passe comme si elle n'avait pas eu lieu. Le plus souvent, cela veut dire qu'il aurait mieux valu aller jusqu'à tenter la négociation.

L'autre difficulté des consultations est que, formalisées, elles sont à peu près toutes publiques. Du coup la presse les guette, et les consultés tiennent beaucoup à communiquer à leurs mandants, et donc au grand public, l'intégralité de leurs déclarations. De ce fait, la consultation elle-même, quand la presse a quitté la salle, devient une suite de monologues lus, écrits en langue de bois, et dans lesquels on chercherait en vain les failles ou les flexibilités annonciatrices d'évolutions possibles.

Le pire, dans le genre, est ce qu'il faut bien appeler les grands-messes Il s'agit de consultations solennelles, dans certains cas annuelles, concernant l'ensemble des organisations représentatives d'un vaste secteur : agriculture, professions médicales et paramédicales, éducation, ou ensemble des confédérations syndicales représentatives. Les divisions entre organisations sont telles qu'aucune ne prend le risque d'associer ses revendications à l'énoncé des champs de concessions possibles, devant les organisations concurrentes. L'exercice est donc absolument dépourvu de tout intérêt. Mais comme ce qui pourrait en avoir le devrait à la discrétion de la procédure, c'est la presse, frustrée, qui rappelle à l'ordre l'autorité publique pour manque de considération de la société civile et mépris du dialogue social. Il faut donc bien y passer, quitte à tripler ou quadrupler le temps consacré pour conduire les conversations sérieuses, donc discrètes, où l'on n'est engagé que lorsque la négociation est à son terme mais où l'on a pris beaucoup de risques tout le long de la période. La prise de risques, inhérente à toute négociation, ne supporte la publicité qu'à la fin.

Deux exemples, l'un positif et l'autre négatif. Le ministère de l'Agriculture étant tuteur de l'enseignement agricole, je me suis trouvé en charge, pour ce qui le concernait, de la négociation sur l'enseignement privé en même temps que mes collègues de l'Éducation nationale, successivement Alain Savary puis Jean-Pierre Chevènement. Mon domaine étant un peu plus modeste et un peu moins visible, j'ai pu assumer le risque d'une négociation pleine de dangers. Mes collègues l'auraient-ils pu aussi, je n'oserai l'affirmer. En tout cas, avec mes quatorze partenaires syndicaux (toutes organisations syndicales ouvrières et agricoles, plus quelques syndicats propres, plus l'épiscopat) j'ai posé le principe d'une négociation par écrit, chacun recevant une version complète des projets de loi en préparation après chaque modification acceptée d'un commun accord avec fût-ce un seul de mes partenaires. Cela a duré quatorze mois. Il y a eu douze versions des textes, et pas une fuite. Une seule aurait tout détruit. La négociation a réussi, celle, purement orale jusqu'à finalisation globale du texte, de l'Éducation nationale, a échoué. Les problèmes étaient pratiquement les mêmes.

L'autre exemple est celui de la Sécurité sociale, et notamment de l'assurance-maladie. Son irréformabilité profonde vient de ce que jamais les professions médicales et paramédicales, ni à travers la Confédération des syndicats médicaux ni à travers l'Ordre, n'ont su se donner une structure commune respectée et obéie capable à la fois d'imposer ses vues, de trancher les conflits d'intérêts internes, et de faire des concessions. Il y a près de soixante-dix professions médicales et paramédicales. On n'échappe pas à la négociation séparée avec chacune d'elles. Je l'avais instaurée et commencée. Ni Mme Cresson ni M. Balladur ni M. Juppé ne m'ont suivi. [...] La réforme de l'assurance-maladie reste toujours à faire.

Le résumé de tout cela, c'est l'importance des procédures. Plus on fait confiance à ses partenaires et moins on les expose à la concurrence entre eux, ce qui exige la discrétion jusqu'au résultat final, et plus on peut faire avancer négociations et décisions. Mais cela revient aussi à dire que pratiquement toutes les procédures formalisées sont trop rigides pour être efficaces. Mon interprétation, par exemple, du dommageable échec de la réforme des services fiscaux est que les ministres successifs n'ont pas doublé les consultations officielles par des négociations discrètes suffisantes. »

La nécessité de l'évaluation

Trois notations supplémentaires, touchant le contrôle de la machine, l'évaluation et les nominations, sont à mes yeux importantes, aussi.

« Toute grande décision en implique une quantité de petites ainsi que des démarches annexes telles les évaluations budgétaires ou la vérification de validité juridique, expliquais-je. Des services en désaccord avec l'intention annoncée peuvent donc pratiquement toujours retarder beaucoup et parfois rendre impossible une décision, surtout s'il est pour cette dernière des dates butoirs, nationales ou internationales. Un gouvernant doit donc prévoir un temps considérable pour suivre jusque chez des agents subalternes l'avancement des procédures qui constituent son grand projet.

L'un des outils les plus importants de toute politique publique est l'évaluation. C'est par elle que l'on découvre qu'une politique sectorielle perd de sa force lorsqu'elle manque ses objectifs. Or la France est très en retard à cet égard. On s'est longtemps contenté du contrôle comptable, ce qui n'a rien à voir. J'ai donc établi, en 1990, le principe que toute politique publique doit être soumise à évaluation, que celle-ci doit répondre à des critères rigoureux arrêtés par un comité scientifique, et que c'est un comité de ministres qui doit décider de ce qu'il faut évaluer, et arrêter les réformes appelées par les résultats de l'évaluation. Or, notre culture administrative y est toujours rétive. Les grands corps de l'État, qui ne savent faire que du contrôle comptable, veulent retrouver leur influence érodée et, pour ce faire, ramener ce champ à des procédures qu'ils maîtrisent. Le Parlement pourrait ici utilement pousser à une évolution positive.

Enfin, les nominations. Robert McNamara a dit un jour : "Il n'y a que deux moyens de gouverner, nommer des gens et leur donner des budgets, le reste est insignifiant [1]." Il oubliait un peu les négociations et le contrôle, mais il n'avait pas tort. Les nominations prennent un temps considérable dans l'activité de tout gouvernant. À très court terme, ce sont évidemment les nominations correspondant au confortement de la pyramide ascendante qui assurent le mieux la paix du gouvernant, la tranquillité de son entourage politique et même technique. Nommer les amis, les amis des amis, les gens sur qui on a une créance, les clients de partenaires importants, tout cela cimente l'édifice et améliore la cohésion de la coalition

---

1. Robert McNamara (1916-2009) a été secrétaire à la Défense de 1961 à 1968 sous les présidents Kennedy et Johnson, puis président de la Banque mondiale entre 1968 et 1981.

gouvernante. Or, on a besoin de cette cohésion, on ne saurait même gouverner sans elle. À plus long terme pourtant, l'efficacité finit par primer. Or elle est liée, elle, à de tout autres qualités, intelligence, compétence, esprit de service public et neutralité politique dans l'action. Les hommes et les femmes qui se savent porteurs ou potentiellement porteurs de ces vertus choisissent le plus souvent de les valoriser en ne les compromettant point dans des stratégies, des alliances, voire des engagements partisans. Une de mes surprises fut de découvrir à quel point la différence entre ces typologies était claire. Le dosage est affaire de ténacité, de persuasion aussi, et surtout de sagacité dans l'art de découvrir les talents. Les nominations furent de loin le problème le plus lourd et le plus permanent que j'ai eu à gérer pendant trois ans. Je laisse à d'autres le soin de juger comment je m'en suis tiré... »

« Et même, pour aller plus loin, comment me suis-je moi-même sorti de cette tâche complexe qui consiste à gouverner ? Chacun l'évaluera en son âme et conscience. Mais une chose demeure sûre : la plus vraie des difficultés de l'art de gouverner est qu'on ne lui connaît pas d'école. L'un des plus grands enjeux du monde actuel revient donc à s'assurer, par les Constitutions, les procédures et les commentaires, que, comme je le disais déjà en 2002, la sélection du personnel politique cesse de prioriser des critères antagoniques avec les exigences d'une bonne gestion, et que le temps d'apprentissage soit si possible un peu inférieur à la durée moyenne des mandats. »

La complexité du métier de politique

J'ai retrouvé un autre texte traitant de la même question. En juin 2004, participant à un séminaire de Cerisy consacré aux responsabilités de l'homme politique face aux complexités, j'avais préparé une intervention allant dans le même sens que mon précédent récit, mais prenant soin d'en approfondir d'autres aspects.

Notamment celui de la complexité.

« La complexité met le politique dans la situation d'une poule qui vient de trouver un couteau, professais-je non sans ironie [1]. La

---

1. « Responsabilités du politique face aux complexités », séminaire de Cerisy, du 25 au 28 juin 2004.

politique fut, dans des temps qui commencent à être anciens, un art au fond assez simple. Il convient dès l'abord de percevoir avec finesse ce que le peuple du territoire concerné veut entendre, de le lui dire avec emphase et un peu d'émotion et, s'étant ainsi rendu titulaire d'un mandat exécutif, de savoir s'entourer des experts qualifiés nécessaires pour traiter et résoudre les problèmes de la vie en société. Le politique, lui, n'a point pour tâche d'investiguer sur ces problèmes, mais seulement d'en rendre la solution possible. Mon honorable profession est encore riche de praticiens qui n'affectent pas de donner du métier qu'ils font une définition beaucoup plus sophistiquée. Trois fois hélas, les choses ont bien changé. La complexité est apparue, sournoisement, bouleversant au passage, comme avec une prédilection particulière, les conditions d'exercice de ce dangereux mais beau métier. […]

Il faut commencer ici, en bonne logique, par rappeler deux évidences parfaitement banales, mais néanmoins majeures puisque ce sont elles qui sont sources de l'essentiel des complexités que connaît aujourd'hui notre planète.

La première est l'accélération vertigineuse du progrès technique et des changements qu'il apporte.

Le plus immédiatement perturbant, pour l'activité des politiques, est le changement radical dans les techniques de l'information, de la communication et du traitement des données. Nous sommes clairement en train de passer de l'ère énergétique à l'ère informationnelle. Les nouvelles manières qu'ont aujourd'hui les hommes de communiquer entre eux, e-mail, Internet, portables, télévision interactive, ont naturellement totalement transformé les conditions d'émission et de réception du message politique. De plus en plus, l'information est productrice de richesse et créatrice de valeur. De la même façon, l'évolution des sciences du vivant transforme fondamentalement l'activité agricole tout comme les conditions philosophiques et légales dans lesquelles se fait la transmission de la vie humaine, sa protection et éventuellement son interruption. Je n'évoquerai que pour mémoire les bouleversements tout aussi complets qui affectent le transport des personnes et des biens, tout comme la très dangereuse mais croissante maîtrise de l'homme sur la nature, la terre, la mer et l'espace.

La seconde source évidente de complexité est l'accompagnement de la première, le progrès technique, par un très stupéfiant amoncellement, en une trentaine d'années, de mesures administratives tendant presque partout sur la planète à éroder les frontières politiques pour assurer de manière croissante la liberté de circulation des biens, puis celle des services et enfin celle, décisive, des mouvements de capitaux. La liberté de circulation des personnes est moins bien assurée, mais elle progresse aussi, sauf en ce qui concerne l'établissement définitif.

Quant à la liberté de circulation des idées, elle est quasi complète car même là où elle n'existe pas, les nouvelles techniques en permettent la diffusion par effraction.

Tout cela constitue, si j'ose dire, les données de départ. [...] Première conséquence, les États ne commandent plus chez eux. [Ils] subissent, sans y pouvoir grand-chose, et en tout cas de moins en moins, les fluctuations économiques et monétaires, les migrations de leurs élites, la contamination de la drogue et de la grande criminalité, les contraintes uniformisantes des modes de gestion, la réduction progressive de leurs activités culturelles, sportives et non marchandes en général au profit d'une commercialisation croissante de toute activité humaine, et l'affaissement de leurs langues, cultures et traditions devant une sous-culture mondiale consommatrice et anti-intellectuelle que Benjamin Barber appelle Mac World. Devant toutes les évolutions dangereuses, les interventions des États sont en outre de moins en moins efficaces. Ne maîtrisant plus guère les paramètres de leurs évolutions économiques, ils maîtrisent évidemment encore moins les situations sociales. La crise de confiance générale que connaissent les politiques dans le monde est évidemment liée à leur manque d'efficacité de plus en plus évident.

Une autre conséquence se fait jour : les instruments des politiques publiques sont de plus en plus inadaptés. De très haute tradition, la France ayant servi de modèle à beaucoup d'autres, nos instruments, principalement nos administrations, sont définis de manière verticale, par compétences. Nous avons ainsi des ministères de l'Éducation, du Logement, de l'Équipement, des Finances, de l'Agriculture, etc. Or les problèmes graves et urgents d'aujourd'hui ne se définissent plus ainsi. Les difficultés actuelles de la jeunesse

interpellent simultanément l'éducation, la formation professionnelle, le sport, la police, la justice, les finances pour les prêts spécialisés, l'administration tutrice de la vie associative et quelques autres.
Le traitement des banlieues déshéritées exige d'ajouter à cette liste
le logement, l'équipement et tous les services publics pour leur
localisation. La lutte contre la drogue est presque aussi interministérielle avec un pilotage au nom de la santé. Et la revitalisation de
nos terroirs ruraux désertifiés est au moins aussi complexe. Or nos
bastilles verticales ne savent pas se coordonner. Plus personne n'a
autorité pour traiter l'ensemble d'un problème. Seuls les maires de
grandes villes ont des compétences vraiment polyvalentes : mais
eux ne commandent pas à l'État et à ses services.

Troisième conséquence : il n'y a plus guère – s'il n'y a jamais eu –
de pertinence dans la définition des zones de décision administrative
et politique par rapport à la dimension géographique des problèmes.
Nos 25 000 communes rurales de moins de 500 habitants n'ont
aucun moyen d'aucune sorte de maîtriser ou même seulement
d'infléchir leur destin. En zone urbaine, le pouvoir est municipal,
donc parcellisé, alors que les problèmes de transports, d'adduction
d'eau et d'électricité, de traitement des déchets et des eaux usées tout
comme d'éducation et de santé se posent au niveau de l'agglomération. Les départements sont trop petits pour qu'y soit drainée une
épargne suffisante pour financer des projets importants, et la moitié
d'entre eux manquent de l'armature urbaine nécessaire pour exercer
la fonction de pilotage du développement territorial. Mais la région,
dont la pertinence économique est beaucoup plus évidente, reste largement entravée par les craintes de l'État central. […]

Quatrième conséquence : confrontés à tous ces problèmes difficiles, dont l'ampleur et la nature sont en changement permanent
et rapide, les responsables politiques les plus clairvoyants constatent
avec effarement que les outils intellectuels dont ils se sont dotés
pour assumer leurs fonctions sont loin, désormais, de suffire à
l'accomplissement de leur tâche. Le droit, de manière massive,
l'économie assez largement, sont les éléments majeurs de la formation de la plupart des personnes qui choisissent la vocation politique. L'exhaustivité de l'observation exige évidemment d'y ajouter
l'art militaire. Mais tout homme ou femme politique soucieux de
comprendre ses experts et de ne pas se laisser guider par eux, de
maîtriser complètement les choix qu'il fait et les décisions qu'il

prend, n'échappe plus à la nécessité de se confronter à l'histoire, à la sociologie, à la culture informatique, à l'écologie et aux techniques du management, et de pousser parfois jusqu'à l'agronomie, aux sciences du vivant et à celles de l'éducation.

Je veux citer une cinquième conséquence, un peu différente de tous ces changements intervenus depuis moins d'un tiers de siècle. […] Dans l'état actuel des choses, c'est la télévision qui sélectionne les sujets dont on parle et ceux dont on ne parle pas, l'importance relative à leur donner, et l'intensité dramatique dont ils sont ou dont on les rend porteurs. Or l'image ne s'adresse pas aux mêmes neurones que le texte. Elle ne peut transmettre que de l'émotif, de l'affectif, du dramatique ou du violent. Elle n'est pas propice à la mise en contexte, à l'analyse statistique, à la comparaison internationale ou à la réflexion prospective sur les conséquences d'un fait annoncé. Ce qui disparaît le plus dans cette affaire, et que la presse écrite ne peut pas ou ne cherche pas à compenser, est le sens de la durée. Tout est événementiel, tout acte ou décision politique se suffit à lui-même. L'instant est tout, la réflexion longue a disparu.

Ce que cela entraîne est immense. Les bilans de gestion des responsables publics ne sont pratiquement pas discutés dans les campagnes électorales, on vote sur des charismes, des espoirs ou des peurs fantasmés pour l'avenir. Rarissimes sont les déclarations et commentaires politiques traitant d'un avenir à plus de six mois, au maximum à l'horizon de la prochaine campagne électorale. Personne nulle part – sauf les démographes – ne réfléchit plus en termes de demi-siècles ou seulement de décennies, qui sont pourtant les durées pertinentes pour les grandes affaires, telles la remise sur pied du système scolaire ou de la Sécurité sociale, ou la réconciliation profonde entre pays musulmans et pays chrétiens, ou encore le sauvetage de l'Afrique. Les gouvernements apeurés exercent le pouvoir exécutif par la communication et l'effet d'annonce. Et le fait que l'annonce en cause n'ait pas été suivie d'effet n'est ni perçu ni commenté. Chacun comprend que tout cela n'est guère propice à la perception de la complexité. »

Le politique est forcément tiraillé

À Cerisy, il m'avait paru important d'expliquer comment être un politique se révèle un métier à double face. Parce qu'il gère la société mais que c'est elle qui le nomme. Parce que c'est même le cas unique d'une profession où il existe une coïncidence absolue entre la collectivité désignant une autorité et la même collectivité soumise à cette autorité.

« Cela entraîne, disais-je, pour le responsable politique en situation, l'obligation de mener une activité à double objet : d'une part, gérer la société dont il a été fait responsable, y maintenir l'ordre, y assurer les fonctions quotidiennes de vie, y préparer l'avenir, et d'autre part conquérir la sympathie, la confiance ou le respect, ou les trois, des membres de cette société pour tendre à ce que la responsabilité de gestion lui en soit confiée et à ce que cette confiance soit suffisamment continue pour que soit renouvelée la charge de responsabilité. [...]

Un responsable politique est toujours capable, devant une proposition ou une idée nouvelle, de dire intuitivement et rapidement "je peux faire cela", ou "je ne peux pas faire cela". C'est la perception qu'il a des limites que comporte le pacte passé avec ses électeurs qui fonde cette connaissance. Ainsi la IVe République est morte de la guerre d'Algérie parce que la quasi-totalité des parlementaires, même si beaucoup savaient la cause perdue, ne pensait pas pouvoir rompre le pacte électoral dans lequel l'Algérie française jouait un rôle majeur.

Nul ne doit oublier notamment que les élus politiques sont d'abord des représentants. Modifier unilatéralement le pacte politique avec les électeurs pose des problèmes éthiques difficiles, quelle que soit la valeur de la cause : il n'y a pas de politique sans la confiance collective.

Cette situation du politique emporte une autre conséquence. Travaillant en liaison permanente et sous le regard constant de l'opinion, le responsable politique n'a ni le temps ni la culture nécessaires pour inventer les solutions aux problèmes qu'il rencontre dans l'exercice de ses fonctions. Réduire la violence urbaine, assurer la libre circulation des personnes et des biens en univers urbain encombré, diminuer le chômage, garantir le fonctionnement du système hospitalier sont des problèmes difficiles dont les solutions impliquent naturellement des choix de société, mais exigent toutes une maîtrise technique complète. Le métier politique ne consiste pas à inventer les solutions. C'est l'affaire d'experts, de chercheurs, de spécialistes en sciences exactes et plus encore en

sciences humaines. Le métier politique, explicitement et limitativement, consiste, devant un problème repéré, à faire l'inventaire des
solutions proposées par la science ou la technique, puis à choisir
celle qu'il pense pouvoir faire accepter à l'opinion et grâce à cela la
traduire dans les décisions législatives ou réglementaires.

C'est ici que commencent à apparaître les conséquences de
l'immense complexité du monde moderne. En effet l'expertise, telle
qu'elle est sociologiquement construite aujourd'hui, est largement
sectorielle. Ainsi la lutte contre le chômage est le plus souvent
considérée comme appelant une expertise de type social, partagée
entre les administrations sociales, les juristes de droit social, les
experts en reconversions et en formation et naturellement les
experts syndicaux. Une telle expertise ne peut produire que de
l'amélioration de procédures, des garanties juridiques contre les
décisions unilatérales, des exigences de compensation et des efforts
de formation ou d'initiation à de nouveaux métiers, toutes choses
au demeurant fort importantes mais non suffisantes. Élargir la
réflexion, et donc l'appel à expertise, à la gestion macroéconomique
globale exigerait de surmonter bien des obstacles. Le premier est
d'ouvrir la réflexion et par là l'espoir de décisions utiles auxquelles
elle appellerait, à un espace beaucoup plus large que celui sur lequel
le responsable politique est clairement légitime à décider et à légiférer. Le second est de lever le tabou selon lequel les paramètres
essentiels de cette gestion macroéconomique sont bons, en tout cas
inévitables, et que le chômage n'est qu'une forme d'accident de
parcours lié à la mauvaise gestion sociale d'un système économiquement sain. Dans cette hypothèse, au-delà du combat politique
droite gauche qu'ouvrirait inévitablement une telle intention, il resterait en outre à trouver dans le monde de l'expertise économique
les qualifications nécessaires pour conduire une telle analyse
jusqu'au bout. Or ce monde-là, lui aussi, est soumis aux modes
intellectuelles, au "politiquement correct", et à la sélection hiérarchique des talents sur des critères de conformité doctrinale. L'aventure n'aurait donc rien de simple. D'une manière un peu analogue,
on peut soutenir que la politique irakienne de l'administration
Bush s'explique largement par le refus d'incorporer au processus de
préparation des décisions toute expertise historique, sociologique et
socioculturelle portant sur le Moyen-Orient en général et sur l'Irak
en particulier.

Autrement dit, non seulement le caractère sectoriel de l'expertise emporte un affaiblissement grave de la qualité des décisions, mais il faut ajouter que, le plus souvent, la décision d'élargir largement le champ de l'expertise suppose un combat politique contre les tenants de la pertinence de l'expertise actuellement organisée, que ce soit par dogmatisme ou par défense d'intérêts établis en termes de distribution du pouvoir. […]

Je vois en fait dans la peur et dans le refus de la complexité l'une des raisons les plus fortes – l'autre étant le poids des intérêts financiers privés des dominants – de la pérennisation du système qui prétend, par exemple, que toute intervention dans le marché économique est préjudiciable. L'expertise nécessaire à l'évaluation globale de ce système et à la recherche des moyens de l'infléchir n'est même pas pleinement constituée, l'un des objectifs du système étant précisément d'en empêcher l'émergence. Tout responsable politique soucieux de contribuer à corriger la situation ne dispose que d'expertises pointillistes et partielles, ne pouvant servir de support qu'à des contestations marginales. L'histoire récente ayant par ailleurs réglé son compte au mythe révolutionnaire, la définition d'une perspective globale cohérente au sein de laquelle pourrait se définir et se mettre en œuvre une modification progressive et pacifique du système n'existe pas. Le politique ne dispose pas des instruments nécessaires à son travail réformateur. »

D'où viennent les politiques ?

À Cerisy, il m'avait paru important de souligner un étrange paradoxe. « Gérer une collectivité suppose une gamme élargie de compétences, une grande froideur dans l'analyse et dans la décision, la reconnaissance acceptée de la complexité des problèmes, expliquais-je. Conquérir une responsabilité élective, c'est-à-dire faire campagne électorale, exige une grande simplicité de discours, une prestance physique indéniable, une grande capacité à vivre, incarner, exprimer et faire partager l'émotion collective devant toute souffrance ou tout scandale. Ces deux activités font appel à des tempéraments relativement opposés. La disparition progressive, et aujourd'hui à peu près complète, dans les médias, de l'analyse des situations, de l'évaluation des politiques conduites, de l'examen attentif des bilans de gestion entraîne ce résultat que la compétition se centre de plus en plus sur les charismes, les conduites privées, les actions d'éclat des candidats et que disparaît des éléments de choix tout ce qui concerne l'aptitude réellement gestionnaire. De ce fait, les activités exercées par les candidats, ce qu'ils apprennent et les éléments de leurs savoirs sont de moins en moins centrés sur la nature des responsabilités auxquelles ils aspirent et de plus en plus sur les talents de communicateur, les études d'opinion et les pratiques électorales. La collecte des voix est aussi un métier.

Il faut ensuite évoquer la population qui fait le choix du métier politique. Par-delà les diversités d'opinion et les traverses que le conformisme conservateur dominant a longtemps mises à la liberté d'opinion, à la liberté d'association et à la libre constitution de partis politiques, les candidats à l'exercice du pouvoir politique en situation élective ont longtemps été originaires, presque exclusivement, des élites cultivées. À la minceur de la rémunération publique, et à la violence du métier dans lequel l'insulte est une forme quotidienne d'expression – ce qui ne saurait affecter quiconque a choisi ce métier en connaissance de cause, mais affecte toujours conjoints et enfants – répondait une relative aisance assurée par le cumul des mandats et une relative respectabilité. La crise contemporaine d'efficacité du politique dans des sociétés en changement trop rapide a provoqué une défiance, dont la baisse de la participation électorale est la marque, et qui appelle en contrepartie une exigence croissante des électeurs à mettre leurs élus à leur exclusive disposition. On a de la sorte supprimé – heureusement, c'était objectivement nécessaire – le cumul des mandats, mais en oubliant que ce cumul était un moyen parmi d'autres de découvrir la complexité et en oubliant, surtout, les effets de cette suppression sur les rémunérations. Une pression de même nature joue contre le renouvellement excessif des mandats. Elle a aussi ses vertus, mais elle oublie la longueur de l'apprentissage des multiples techniques de gestion nécessaire, comme elle oublie le besoin de sécurité élémentaire de tout être humain dans sa fonction. Le métier politique ne peut plus être aujourd'hui exercé que par intermittence, ce qui diminue la qualité de la formation reçue par ceux qui arrivent au sommet de cette hiérarchie, et oblige surtout les entrants dans cette étrange corporation à organiser leur vie autour de deux groupes de qualifications et savoir-faire producteurs du nécessaire revenu familial, l'un pour les temps de mandats, et l'autre pour les temps sans mandats.

La vocation politique passe donc de moins en moins par l'adhésion directe et l'animation des forces politiques et du débat national ou européen, et de plus en plus par l'élévation progressive à travers les mandats de gestion locale gérés en alternance avec une carrière professionnelle. Cela paraît modérément compatible avec l'espoir de voir se développer dans ce milieu la culture et les capacités intellectuelles nécessaires à la découverte, à l'acceptation, et à la maîtrise de la complexité. [...]

Pour une population ainsi sélectionnée, et formée à trouver que, tout bien pensé, les attentes des électeurs à court terme sont assez simples, la découverte de la complexité, largement synonyme de la découverte de l'impuissance, est une manière de catastrophe.

Les réactions peuvent être, et sont effectivement diverses.

Il y a d'abord le déni. À la vérité, cette attitude étrange n'est pas propre aux situations dans lesquelles la découverte de la complexité engendre la perplexité. Elle lui est largement antérieure et se déploie souvent devant l'expertise élémentaire, fût-elle sectoriellement rassurante et techniquement convaincante. Elle dit en gros ceci : "Ce que vous dites est intéressant, et peut-être vrai techniquement. Mais les électeurs n'y comprendront rien. Or les électeurs, ce n'est pas vous qui les connaissez, c'est moi. Je tranche, donc différemment." C'est nier la réalité technique des faits au nom de la réalité politique de la confiance, au risque fréquent de voir des décisions aux résultats désastreux se retourner contre leurs auteurs. Le risque est tellement évident, le déni de la réalité tellement clair, que j'ai mis longtemps à comprendre la rationalité de tels comportements. J'en suis arrivé à proposer l'hypothèse suivante. Le vrai problème du politique est moins la décision elle-même que la façon dont il va l'expliquer. Il lui faut donc non seulement l'avoir prise, mais maîtriser l'argumentation intellectuelle qui l'a conduit à la prendre. C'est là que la digestion d'une argumentation nouvelle, inconnue, et probablement difficile, fait problème. J'ai appelé cette attitude : "la suffisance du politique".

Si, au nom de la complexité tout juste découverte, l'argumentation experte ouvre sur le doute et l'incertitude, ou sur l'élargissement du champ de préoccupations, la tentation s'aggrave pour lui de récuser tout cet appareil de réflexion et de décider au plus simple, au plus vite, et au plus connu.

La deuxième attitude consiste à construire l'expertise en alibi, aussi bien pour décider que pour ne pas décider. Présentée alors comme décision d'experts en l'absence de raisons politiques suffisantes, la décision sera bel et bien prise, mais dépourvue de la légitimité démocratique. Elle n'en sera que plus difficile à appliquer et plus facile à mettre en cause, voire à faire annuler.

La troisième attitude est la fuite devant la décision elle-même et le refuge dans la politique spectacle. Le regard des médias ne se porte guère sur ce que les politiques font mais presque exclusivement sur ce qu'ils disent. Nombreux sont les ministres qui se font bons commentateurs de la vie de leur département, énonciateurs pertinents de vœux de réforme largement consensuels aussi longtemps que l'on n'entre pas dans le détail, et dont le legs réglementaire et réformateur est faible ou nul.

Ce qu'il y a de commun dans toutes ces attitudes est que, pour l'essentiel des politiques, la référence à la pensée complexe est dans une large mesure un handicap.

Et je ne pense pas que la classe politique, très improprement nommée ainsi, puisse en sortir seule. Les paradigmes centraux de la pensée scientifique moderne, les théories du chaos déterministe et de la complexité doivent maintenant être enseignés dans les lycées et les universités, ainsi que dans les centres de formation de journalistes, pour que les politiques puissent s'y référer et s'en servir sans risquer l'ironie, la marginalisation ou l'incompréhension. »

Que faire, alors ?

Une évidence s'impose : les politiques doivent assumer la mutation se déroulant sous leurs yeux. Et changer bien des habitudes et attitudes.

« D'abord, expliquais-je, modifier profondément la nature et les modes de consultation de l'expertise nécessaire aux décisions et aux débats publics. Incidemment, ce changement-là doit concerner non seulement l'appareil de l'État et des collectivités territoriales – et leurs innombrables décideurs publics –, mais aussi les forces politiques d'opposition. Le Parlement doit donc avoir là un rôle majeur.

Ensuite, il faut, de manière constante, accepter de décrire comme complexes les systèmes sociaux que l'on entend faire évoluer.

Enfin, et ce n'est pas le plus simple, il convient petit à petit de renoncer au commandement hiérarchique et de le remplacer par une organisation en réseaux. »

Et je concluais en invitant à explorer six autres pistes.

« Il faut rechercher les zones de pertinence économique ou sociale du point de vue de leur cohésion et du traitement de leurs problèmes de vie collective, et pousser à l'émergence de pouvoirs de décision légitimes correspondants. Cette démarche est amorcée, mais elle est beaucoup trop lente. Cela vaut pour l'agglomération à la place de la commune urbaine, pour le terroir rural ou le "pays" plutôt que nos communes anémiées, pour la région ou même le regroupement de régions ayant de réels pouvoirs d'animation et de gestion au lieu du département, cela vaut bien sûr pour l'Europe, objet principal de ce combat. Et cela vaut largement aussi pour la planète entière et les organes capables d'assumer une régulation mondiale.

Il faut ensuite accélérer le développement de la culture informatique.

Il faut développer beaucoup plus qu'ils ne le sont nos moyens d'information, d'analyse et de connaissance, notamment statistique, de nous-mêmes. Tout le problème des indicateurs qualitatifs, des baromètres sociaux, des instruments de mesure de la richesse mais aussi du développement humain dans ses dimensions non monétaires se trouve posé ici.

Il faut, bien sûr – c'est explicitement une tâche académique –, approfondir le concept de régulation, seule solution alternative au concept de commandement.

Et, plus généralement, la société publique ou l'establishment politique doit avoir le souci constant d'intégrer de plus en plus la société civile, sa diversité et sa complexité dans les processus de préparation des décisions puis dans les processus de décision eux-mêmes.

Tout cela doit nous permettre à la fois de maîtriser mieux la complexité et d'assurer à terme la victoire du *soft power* sur le *hard power*. »

Là encore, je ne retire rien à ce diagnostic. L'art de gouverner traverse une crise qui, pour moi, ancien ministre et Premier ministre, homme de son temps non resté figé dans le passé, est particulièrement grave. Je ne peux donc qu'espérer un réveil, un sursaut, une sorte d'apprentissage de ces conseils et recommandations pour que notre monde s'en trouve mieux demain. Car, voilà qui m'importe avant tout : l'avenir. Un avenir serein où, qui sait, pour paraphraser avec humour le titre de cet ouvrage, chacun aura à cœur d'agir parce qu'on lui aura juste dit : « Si ça vous amuse. . »

Épilogue

Le collegium

Puisque le combat continue et que seul l'avenir importe et m'importe, comment conclure cette chronique de mes « faits et méfaits » – il s'agit d'humour, évidemment –, cette trajectoire personnelle mariant récit et textes, souvenirs et propos, autrement que par la présentation du Collegium international éthique, politique et scientifique ?

La vertu des expériences

Aujourd'hui, n'importe quel chef d'État ou de gouvernement doit être persuadé de l'interdépendance de son activité avec celle de tous ses collègues non seulement pour les besoins du cadre national mais à l'échelle de la planète tout entière.

Mon expérience personnelle comme l'analyse que j'ai pu faire en de multiples occasions m'ont prouvé que, pour le métier de chef d'État, de ministre, de Premier ministre, il n'existe pas d'apprentissage préalable. Celui qui accède à l'un de ces postes est, avec un peu de chance, compétent sur 5 % de son champ de travail, alors que pour le reste il a tout à apprendre. C'est une constante sous toutes les latitudes. De plus, les temps sont courts, il faut être immédiatement opérationnel. Or, tous les hauts responsables d'États démocratiques sont de futurs ex, pour ne pas dire des ex en puissance. C'est quand leurs fonctions officielles se terminent qu'ils sont devenus les plus compétents, cessation d'activité en rien concomitante avec la perte des capacités intellectuelles.

Pourtant, souvent, la fin de vie des ex protocolairement magnifiée est ennuyeusement oisive, même si elle est agrémentée de prestations ou de mémoires agréablement rémunérés. Au fond, c'est un gaspillage, et cela d'autant plus que l'insuffisance la plus dommageable en matière de gouvernance mondiale est, justement, celle de la coopération interétatique, seul substitut possible à l'absence d'institutions mondiales dotées de quelque autorité. Ce champ, dont dépend l'avenir de la planète, est assurément celui auquel aucun candidat aux fonctions suprêmes, chez lui, n'a jamais été confronté. L'expérience est une acquisition lente. Peu importe la frustration, en chaque individu concerné, de découvrir qu'il maîtrise enfin l'indispensable savoir-faire au moment précis où il n'en a plus l'usage : ce qui importe, c'est la perte de performance collective.

Les grands de la planète ne le disent jamais en public, mais ils s'amusent parfois, avec leurs proches, à évoquer le temps passé – perdu ? – et les prévenances nécessaires, voire les gestes de profonde courtoisie, utiles pour apprendre le métier et les usages à tel président ou Premier ministre nouvellement investi. C'est, tout de même, chaque fois un retardement. J'ai, par exemple, entendu conter le silence poignant de George W. Bush lors des grandes réunions internationales dans ses premières années de présidence.

Peut-on économiser en partie ce temps perdu ? Il y a beau temps que, dans l'entreprise privée, la bonne transmission des savoirs et de l'expérience des seniors aux juniors est traitée comme un problème majeur et dotée de procédures, voire d'institutions ad hoc.

Je n'ai donc pas résisté à l'envie de voir si l'on pouvait « faire quelque chose ».

« *Une association d'ex* »

Depuis la fin des années 1960, un travail intellectuel significatif s'était fait dans le cadre du Groupe des Dix, animé par Jacques Robin et réunissant la fine fleur des penseurs de la science, de l'économie – tels qu'Henri Atlan, René Passet, Edgar Morin, Joël de Rosnay ou Henri Laborit –, ainsi qu'un certain nombre de personnalités du monde politique comme Robert Buron, Jacques Delors ou moi-même. À nos échanges, qui ont continué après l'arrêt du Groupe en 1976, s'était ajoutée, depuis longtemps, la volonté d'une action. Ce sujet tenait une grande place dans des conversations avec mon ami Stéphane Hessel, ancien ambassadeur de France auprès des Nations unies, ancien collaborateur des Nations unies ayant notamment participé à la rédaction de la « Déclaration universelle des droits de l'homme » et aussi ancien collaborateur et ami de Pierre Mendès France. La réflexion sur la gouvernance mondiale devint alors dominante dans ma perplexité.

Puis, en 2002, j'ai rencontré, grâce à mon ami Sacha Goldman, producteur de cinéma et compagnon des anciens du Groupe des Dix, Milan Kučan, alors président de la Slovénie très impliqué dans la gouvernance internationale. Il avait guidé son pays vers l'indépendance et une sortie indemne du bourbier yougoslave, sans effusion de sang. Cet ancien secrétaire général du Parti communiste de Slovénie s'est, à l'usage du pouvoir, lentement transformé en social-démocrate, a modifié la Constitution de son pays et introduit le multipartisme.

C'est donc avec Milan Kučan et Sacha Goldman que s'élargirent nos réflexions. Nous découvrons que des « associations d'ex », il en existe près d'une demi-douzaine. Certaines ont mimé les Académies. On s'y retrouve une fois l'an, délibère autour d'un ou deux repas fort délectables et produit une résolution qu'hélas personne ne lit. D'autres, comme celle qui est animée par Frederick De Klerk, ont choisi un champ beaucoup plus limité, la médiation dans les conflits. C'est essentiel, fort utile, mais ne couvre pas tout le problème. D'autres, tel le Club de Madrid, se donnent pour tâche de faire un rapport sur un sujet majeur, le soutien des démocraties des pays en transition.

Nos réflexions nous ont conduits à souhaiter, pour l'outil à créer, une pérennité de la fonction de conseil et donc une polyvalence large du champ de ces conseils avec l'espoir d'illustrer un jour cette fonction auprès des Nations unies elles-mêmes, qui ne disposent de rien de tel.

Un collegium ouvert

Cette vision longue fit émerger une deuxième idée. Pourquoi l'organe producteur de tels avis limiterait-il sa composition aux chefs politiques retraités, même s'il arrive à ne sélectionner que les plus notoires et les plus respectés ? La pensée a, beaucoup, à voir là. Nous décidâmes de chercher à étendre le groupe à des philosophes, des économistes, des biologistes, bref des penseurs, du calibre Prix Nobel ou pas loin. Et avons créé le Collegium [1].

Lors de la célébration du 60e anniversaire de la Charte des Nations unies, en juin 2005 à San Francisco, ont été réunis tous les organismes rassemblant d'anciens chefs d'État et de gouvernement dans le cadre d'une « réunion des leaders planétaires ». Il s'est avéré depuis qu'aucun organisme n'associait les hommes et femmes d'État avec les autorités intellectuelles du plus haut niveau dans le but de travailler ensemble, sur un pied d'égalité, comme nous le faisons au sein du Collegium international. Je ne serais pas loin de la vérité en disant que ce rapprochement du savant et du politique, impossible selon Max Weber, dû à une situation de crise extrême, est la préfiguration d'un « salut planétaire ».

Dans l'attente de davantage de soutien financier, l'instrument de travail de notre Collegium est, avant tout, une réunion plénière que nous tenons, bon an, mal an, régulièrement depuis 2002.

Mais quelle que soit l'insuffisance des moyens de travail, nous fûmes rapides à tomber d'accord qu'aucune des grandes crises de la planète – dérèglement financier général, chômage et précarité massifs même en pays développés, terrorisme, réchauffement climatique, croissance ininterrompue de la violence civile, pollution chimique omniprésente, permanence des conflits identitaires – n'a de solution purement nationale.

Il nous est apparu aussi, c'est moins fréquemment relevé, qu'il existe une interconnexion entre toutes ces menaces. Pour le dire d'une seule phrase, entre le non-respect de la nature et le non-respect de l'autre comme personne humaine se trouve une profonde parenté. Tous ces dangers relèvent, finalement, d'abord d'une approche éthique.

Edgar Morin nous éclaire tout au long de ce chemin par son approche stipulant qu'il y a une seule crise, la polycrise, nous menaçant d'une polycatastrophe.

---

1. On trouvera en annexe la liste prestigieuse et actuelle des membres de ce « Collegium international, éthique, politique et scientifique », accompagnant notre démarche. On y verra le poids de sa composante politique, venue de tous les continents, et la qualité de sa composante intellectuelle

Mais, pour la traiter mondialement, il faut un corps de doctrine éthiquement validé et appuyé sur tous les savoirs disponibles, mais aussi, hélas, une capacité du monde à décider. Celle-ci n'existe pas. L'opposant irréductible à l'émergence d'une telle capacité est tout bonnement la reconnaissance mondiale de la souveraineté nationale comme fondement exclusif du droit d'édicter des mesures contraignantes pour la population concernée. C'est à l'absolutisme des souverainetés nationales que nous devons, dans cette séquence récente et tragique, l'échec de Copenhague sur l'effet de serre, celui de Washington à la conférence du traité de non-prolifération nucléaire sur la perspective d'une éradication de ces armes, celui du dernier G20 sur la nécessaire régulation financière mondiale, et le cinquième échec de l'Organisation mondiale du commerce, dans l'effort d'améliorer les conditions mondiales des échanges.

Devant cette situation, nous sommes convenus que la première chose à faire, même si c'est dans une perspective décennale ou plus, était de proposer au monde – en l'espèce à l'assemblée générale des Nations unies – un projet de Déclaration universelle d'interdépendance, qui soit le fondement politique de cette reconnaissance en même temps que le fondement juridique de l'émergence progressive d'une autorité mondiale à pouvoirs décisionnels.

Par un long labeur et avec le conseil de beaucoup de plumes autorisées, en partant d'une esquisse de Mireille Delmas-Marty, nous avons établi un projet de Déclaration d'interdépendance qui pourrait être le cadre de référence de tous ces travaux de réforme. Son éventuelle adoption par l'assemblée générale de l'ONU marquerait l'ouverture d'une ère nouvelle dans les relations internationales, celle de la responsabilité collective partagée.

Déclaration universelle d'interdépendance

« "La Terre, foyer de l'humanité, constitue un tout marqué par l'interdépendance" (Préambule de la Déclaration de Rio, Sommet de la Terre, 1992)

Nous, les peuples des Nations unies, rappelons .
Notre attachement aux valeurs de la Charte des Nations unies du 26 juin 1945 et de la Déclaration universelle des droits de

l'homme du 10 décembre 1948, réaffirmées lors de la Conférence internationale de Vienne et intégrées dans la Déclaration du Millénaire.

Nous constatons que :

Devenue un fait lié à la globalisation, l'interdépendance est à la fois une chance et un risque : une chance, car la globalisation des flux (flux migratoires, flux d'informations scientifiques et culturelles, flux financiers et de marchandises) témoigne d'une communauté en formation qui conditionne l'avenir de la planète et celui de l'humanité ; un risque, car ce phénomène entraîne une globalisation des menaces écologiques et biotechnologiques, ainsi que des facteurs d'exclusion sociale et de marginalisation (non seulement économique mais aussi sociale, scientifique et culturelle) et une globalisation des crimes (du terrorisme international aux trafics de personnes et de biens), menaçant tout à la fois la sécurité des personnes, des biens et plus largement de la planète.

Nous considérons que :

La globalisation des flux favorise des pratiques débordant les territoires nationaux au profit de réseaux transnationaux qui s'organisent selon leurs intérêts spécifiques à l'exclusion de toute vocation à défendre les valeurs et les intérêts communs. La globalisation des risques et celle des crimes démontrent les limites des souverainetés nationales et appellent des mesures de prévention, de régulation et de répression selon une politique commune et avec des moyens juridiques communs.

Le moment est venu de transformer cette communauté involontaire de risques en une communauté volontaire de destin. Autrement dit, le moment est venu de construire l'interdépendance comme un projet en nous engageant – à la fois comme individus, comme membres de communautés et de nations distinctes et comme citoyens du monde – à reconnaître notre responsabilité et à agir, directement et par l'intermédiaire des États et des communautés (infra et supranationales), pour identifier, défendre et promouvoir les valeurs et intérêts communs de l'humanité.

Nous déclarons que :

La communauté de destin appelle la proclamation du principe de l'intersolidarité planétaire. Ce principe implique, d'une part, de reconnaître une diversité fondée sur un esprit de tolérance et de pluralisme ; d'autre part, d'organiser, dans cet esprit, les processus d'intégration associant à la fois les individus, les organisations détentrices de pouvoirs, les États et la communauté internationale.

La mise en œuvre de ce principe suppose : de réaffirmer l'ensemble des droits fondamentaux des individus présents, de les étendre aux générations futures et d'en renforcer l'application dans les limites nécessaires, dans une société démocratique mondiale, au respect de l'ordre public national et supranational ; de reconnaître que la détention d'un pouvoir d'échelle globale, qu'il soit économique, scientifique, médiatique, religieux ou culturel, implique le corollaire d'une responsabilité globale, c'est-à-dire étendue à tous les effets de ce pouvoir ; d'inciter les États souverains à reconnaître la nécessité d'intégrer l'ordre public supranational à la défense des valeurs et intérêts communs dont ils sont l'indispensable support ; de favoriser le développement des institutions représentatives des communautés internationales régionales, en même temps que de renforcer la communauté mondiale et l'émergence d'une citoyenneté globale afin d'élaborer une politique commune pour la régulation des flux ainsi que la prévention des risques et la répression des crimes. »

Œuvrer en commun

Cette Déclaration a été présentée et reçue avec attention par le secrétaire général de l'ONU, Kofi Annan, et le président de l'Assemblée générale des Nations unies, Jan Eliasson, le 24 octobre 2005, jour du 60ᵉ anniversaire des Nations unies. Les 192 nations de l'Organisation ont reçu ce texte. Quelques initiatives d'en faire le relais devant l'assemblée générale n'ont pas abouti. Ne nous laissant pas décourager, nous comptons entreprendre les démarches nécessaires pour y parvenir.

Lors d'une longue réunion de travail avec Kofi Annan en 2004, le secrétaire général a bien compris l'apport que pouvaient représenter les anciens chefs d'État et de gouvernement grâce à leur expérience. Il l'a d'ailleurs exprimée en une phrase courte mais pleine de sens : « You have to be former to be wise » (« Il faut être un ex pour être un sage »). Cela n'est pas du tout un jeu de mots, mais explique au contraire le champ de liberté acquis lorsque la haute fonction arrive au terme du « devoir de réserve » d'homme ou de femme d'État. D'ailleurs, lors de cette réunion, le secrétaire général a exprimé sa décision de créer une Haute Autorité constituée des anciens dirigeants de diverses nations, pour réfléchir sur la réforme de l'Organisation.

Malgré les efforts fournis, le besoin grandit pourtant. Après l'échec de Copenhague, ma conviction se renforce qu'une lutte mondiale efficace conte l'effet de serre ne pourra être décidée pour le monde entier et par lui, que là où on vote : Conseil de sécurité des Nations unies ou assemblée générale.

Notre corpus commun

Dans cet esprit, il est essentiel de pousser devant l'opinion le débat sur la réalité de l'interdépendance et ses contenus multiples. À ce titre et, pour terminer ce livre, me vient l'envie de tenter un pari un peu fou, celui de résumer ici, sous ma seule plume et ma seule responsabilité, donc pas encore celle du Collegium comme corps collectif, le corpus de réflexion qui me semble commun à ce docte collège, même si la manière dont je le perçois et le réfléchis comporte des biais ou des faiblesses qui me sont propres.

Comme il est habituel dans l'histoire humaine, une foule immense d'individus vivent dans la pauvreté et la crainte. L'augmentation vertigineuse de la population humaine, l'accélération stupéfiante des vitesses de transport des produits, des services, des personnes, des informations et des idées, et l'ouverture croissante, aux seules exceptions près de la Corée du Nord et de Cuba, de toutes nos nations à toutes les autres, donnent en ce début du XXIe siècle à nos angoisses et à nos souffrances une dimension inconnue jusqu'ici, et qui fait peur.

Pourtant, le monde n'a jamais été aussi riche. Il n'a jamais non plus détenu autant de capacité, par les outils comme par la puissance, de produire de l'alimentation et du bien-être, de guérir malades et handicapés, et de préserver ses ressources comme son environnement.

D'où vient alors cette impression de « fin du monde », qui nous laisse croire que la montée de la violence est irrépressible, que nous allons tout droit vers le choc des civilisations avec le terrorisme comme forme dominante de cette guerre, que le tiers de l'humanité – deux milliards d'hommes – vit sans espoir de s'en sortir, dans la malnutrition, l'absence d'accès à l'eau potable comme à l'éducation, et la pauvreté, et qu'enfin les arrière-petits-enfants de nos arrière-petits-enfants disparaîtront comme toute autre forme de vie quand l'effet de serre aura transformé la planète en poêle à frire ?

Je le répète car il faut le marteler : tout cela représente une aggravation des souffrances multimillénaires de l'humanité, mais tout cela est dorénavant, et c'est nouveau, à la portée des formidables moyens intellectuels et techniques dont l'humanité dispose enfin, pour la première fois, dans son histoire.

Il faut être plus précis car il faudra convaincre. L'entreprise inouïe qui consiste, en ce début du XXIᵉ siècle, à préserver l'humanité de ses penchants dominateurs, guerriers et suicidaires, à préserver par là la planète et la vie, cette entreprise dont l'instrument majeur est la refonte de l'organisation sociopolitique du monde à partir de ce premier élément prometteur que sont les Nations unies, cette entreprise prométhéenne voulue par Kofi Annan – quel symbole que de voir le plus pauvre, le plus martyrisé et le plus oublié de nos continents fournir aux Nations unies l'un des plus respectés et des plus créatifs de leurs secrétaires généraux – bref, cette entreprise essentielle, parce que clé de notre avenir, s'appuie sur des chances réelles. Ces chances tiennent aux moyens que l'humanité a su se donner. C'est là qu'il est nécessaire de détailler quelque peu. Dans son art de survivre et de se perpétuer, l'humanité aura successivement utilisé les trois composants de l'univers, la matière, l'énergie puis l'information.

De l'origine des temps jusqu'à l'invention de la machine à vapeur, nos ancêtres ont vécu de la matière et par la matière. Ce sont naturellement les extraordinaires vertus proliférantes et reproductives de la matière vivante que, très tôt, nos ancêtres ont appris à encourager, donc à cultiver. Dans cet univers-là, la vie pouvait perdurer sous la condition que les équilibres ne changent que très, très lentement. Et partout où les conditions naturelles étaient relativement favorables, l'inventivité naturelle des hommes leur permit d'imaginer des techniques qui, dans l'ordre de l'irrigation, de l'agriculture de l'élevage, du transport maritime ou de l'habillement, assurent un bien-être primitif suffisant à dégager, dans le constant combat pour la survie, du temps libre en quantité significative.

Telle est la condition de l'émergence de l'art, de la pensée et de la culture. La Chine, l'Égypte ancienne, Aztèques et Incas, hindous et Khmers, et bien d'autres ont parcouru ce chemin. C'est en Europe de l'Ouest que la pensée humaine a accompli les découvertes les plus marquantes sur la nature et les forces qui l'animent.

Avec la machine à vapeur puis l'électricité, l'humanité est entrée dans l'ère de l'énergie. Le résultat fut foudroyant. En deux siècles et demi, les habitants d'Amérique du Nord, de l'Europe de l'Ouest et du Japon ont vu multiplier leur niveau de vie par un facteur cent ou à peu près. Torrentielle, sur une longue période, cette croissance assura le développement de notre civilisation, mais se fit dans des conditions dangereusement inégalitaires, en prélevant sans mesure dans les ressources pourtant limitées de la planète, et en prenant le risque de polluer chimiquement notre milieu naturel. Cette phase de croissance, à l'apogée de laquelle nous sommes aujourd'hui, a produit les plus fabuleux résultats dans les domaines de l'art, de la culture, de la pensée, et aussi de la technique. Le nombre de chercheurs scientifiques vivant aujourd'hui dépasse de très loin le nombre de tous ceux qui ont vécu dans toutes les générations précédentes cumulées. Ce constant approfondissement de la pensée des hommes sur leur univers, accompagné d'un foisonnement technologique inouï, nous fait pressentir que nous sommes à l'aube d'une ère nouvelle.

Déjà l'énergie nucléaire, sous sa forme pacifique comme guerrière, nous avait fait découvrir que la maîtrise de certains secrets de la nature pouvait décupler, voire centupler, la puissance des hommes aussi bien pour dominer et s'entretuer que pour proliférer et vivre mieux. Des évolutions de cette magnitude sont en cours dans les sciences et les techniques du vivant, dans celles de l'ultra-miniaturisation – on parle des nano-sciences, dont les risques sont largement aussi forts que les chances qu'elles recèlent – et dans celles de l'information.

La découverte que l'information est une des composantes de l'univers, qu'elle est au cœur de la relation entre la matière et l'énergie, qu'elle est sans doute l'origine de ce tropisme auto-organisateur de la matière, tant inerte que vivante, sans lequel l'univers ne serait pas ce qu'il est, ouvre aujourd'hui devant l'humanité les perspectives les plus innovantes, au sens originel du mot les plus révolutionnaires qu'elle ait jamais connues. Non seulement l'usage intensif de l'information et son traitement améliorent intensément l'économie de matières et d'énergie et la productivité dans l'art de tirer des ressources de la nature de quoi assurer l'existence humaine, mais encore l'information est elle-même la source de toute création d'art et de valeur dans l'immense domaine de l'immatériel que le génie des hommes a récemment ouvert à leur activité, tant esthétique ou ludique que marchande. Un bien vendu ou donné à autrui est un bien que l'on a perdu. Une information donnée ou vendue n'est pas pour autant perdue par son détenteur. L'univers de l'information comme agent économique ne connaît pas la rareté. Peut-il y avoir perspective plus inouïe dans l'aventure de l'humanité que celle de la disparition de la rareté ?

C'est au moment de son histoire, un gros demi-siècle après Hiroshima et en plein déferlement terroriste, où l'humanité a le plus profondément conscience de sa fragilité et de la menace vitale que sa barbarie interne fait peser sur elle, qu'elle se découvre porteuse de ces virtualités insoupçonnées. Répétons-le – nous ne le ferons jamais assez –, les mesures à prendre pour porter remède aux souffrances et aux maux actuels de la planète sont à la portée des moyens dont les hommes ont su se doter. Encore faut-il les mettre en œuvre. C'est ce à quoi la créature humaine s'échine avec bien des difficultés.

Jean-Jacques Rousseau a tort. L'homme n'est pas bon par nature. Livré à lui-même il est cupide, violent, dominateur. L'immense patrimoine de l'histoire humaine démontre partout, sans aucune exception, que les hommes n'ont trouvé de protection contre la violence qui leur est naturelle, et de la limitation des inégalités qui aggravent dans la distribution des revenus et des chances celles de leurs talents, que dans des institutions vigoureuses. On sait depuis Hammourabi que la civilisation c'est le droit, et on sait depuis aussi longtemps que le droit n'est rien sans la force à son service pour le faire respecter.

Cette cristallisation quelque peu miraculeuse entre une population, une façon d'être ou un art de vivre, un pouvoir reconnu légitime et une force collective organisée, n'a évidemment pas pu commencer à la face de la planète tout entière. La proximité était nécessaire à l'émergence : cela a commencé par la ville. Il y eut d'autres formes : ethnies nomades transportant leurs coutumes et leurs règles, ou empires. Mais c'est, tardivement, l'État-nation qui fournit la plus forte expression de cette rencontre nécessaire entre le droit, la force organisée qui le garantit, l'identité, qui tous les deux les encadre, les détermine et les fonde, et la légitimité qui enracine le tout dans la conscience et la volonté d'un peuple.

Depuis l'invention du capitalisme, c'est-à-dire depuis notre entrée dans l'ère de l'énergie, c'est clairement l'État-nation, plus dense et plus homogène que tous les empires connus, qui a assuré la paix civile interne, le règne du droit et dans une certaine mesure l'épanouissement des forces productives. Cela s'est fait de manière très inégale, une intense compétition s'est créée entre États-nations, vers plus de richesses, vers plus de puissance, et aussi vers plus de droit et de respect du droit. Nous avons appris aujourd'hui que là où l'État disparaît, la violence devient innommable, la Somalie, la Sierra Leone ou Haïti sont là pour nous le rappeler.

Surtout l'État-nation est la forme d'organisation sociale qui a su montrer assez de densité et d'homogénéité pour, non seulement, faire face à la rapidité du changement technique et social, mais justement faire de cette maîtrise du changement l'un des fondements de sa puissance comme de sa légitimité.

Une question peut se poser, d'un intérêt pratique nul aujourd'hui, mais d'un intérêt conceptuel immense dans ce moment d'interrogation sur l'organisation publique du monde. Avant d'entrer vers la fin du XVIIIe siècle dans l'ère de l'énergie, l'humanité avait déjà quelques centaines de milliers d'années derrière elle. C'est seulement dans les six mille dernières de ces années qu'émergent la sédentarisation, l'agriculture, les concepts de règle et de droit, ainsi que des formes d'organisation sociale élaborées. Mais on guerroie beaucoup. Tout chef, prince ou roi est facteur d'ordre sur son domaine, mais il a une propension irrépressible à agresser le voisin.

La réponse positive de l'humanité à cette pulsion belliqueuse qui l'anime toujours et partout a pris la forme de grands empires – Cyrus, Darius, Alexandre, la Chine, la Haute-Égypte, les Aztèques, les Incas, les empires zoulous, du Bénin ou du Ghana sont autant d'exemples de cette consolidation (hélas temporaire mais parfois sur bien des siècles) de la paix par l'acceptation d'un ordre collectif peu dense où un empereur et une aristocratie tiraient le caractère somptuaire de leur existence et leur seule légitimité de leur rôle dans l'empêchement de la guerre. Dans les meilleurs de ces cas, Cyrus de Perse par exemple, l'empereur respectait non seulement les langues mais les religions de ses sujets. Cela s'est fait partout dans le monde, partout sauf en Europe.

Sur ce continent une petite dizaine de communautés linguistiques ont en fait réussi, sur deux millénaires, à empêcher la pérennisation de grands empires et à organiser leur confrontation de manière à interdire la domination de l'une d'entre elles. Les empires de Charlemagne, de Charles Quint, de Napoléon sont morts. En revanche l'Espagne, le Portugal, la Hongrie, l'Autriche, la France, l'Angleterre, la Russie se sont formés en États-nations comme l'ont fait plus tard, et plus difficilement, l'Italie, l'Allemagne et la Pologne. Sur vingt siècles, l'Europe fut un fabuleux pourvoyeur de guerres. Semble-t-il beaucoup plus qu'ailleurs. Or c'est là, dans ce cadre institutionnel et historique précis, que l'on a inventé et mis en œuvre les techniques qui allaient permettre à l'humanité d'entrer dans l'ère de l'énergie. Guerres intra-européennes et compétition de toutes nos nations en matière d'esclavage et de colonialisme viennent de là.

Que se serait-il passé si ce formidable saut technique avait pu se produire dans un empire pacifié et pacifique ? La Haute-Égypte, la Chine impériale ou l'Empire romain auraient pu poursuivre jusque-là leur évolution intellectuelle et technologique. La paix comme l'Organisation des Nations unies nous auraient été données par l'héritage de l'histoire. Bref, la guerre n'est pas fatale, et il y a une malédiction belliqueuse de l'Europe qui a largement contribué à donner à nos États-nations et à répandre sur les autres continents ces caractères de l'État-nation d'aujourd'hui, la dominante territoriale et militaire, le caractère absolu de la souveraineté, la revendication du prestige au point de disqualifier dans la relation avec les voisins le concept même de compromis, et de manière permanente la défense prioritaire des intérêts économiques financiers ou territoriaux de l'État par rapport à tout principe ou règle d'intérêt général et même souvent par rapport à tout traité international précédemment signé.

Nous en sommes là au début du XXIe siècle : l'État-nation est le fondement indiscuté de l'organisation de la planète. C'est dans son cadre et par son ouvrage qu'ont été effectués les fantastiques progrès de développement économique et de civilisation que nous avons connus depuis deux siècles.

C'est dans son cadre encore que s'expriment la souveraineté des peuples démocratiques comme l'autonomie de l'action internationale de toutes nos nations. Et lui seul est porteur de la légitimité de représentation de chaque peuple auprès de tous les autres comme de celle d'exercer chez lui la fonction de gouvernement. Mais cette confrontation de souverainetés égales en droit ne permet pas de mettre en place une régulation mondiale, et moins encore une police mondiale de prévention des guerres et du crime dont le besoin est aujourd'hui évident.

Ainsi la Société des Nations, créée en 1919, qui fut le premier consortium international de nations en vue de préserver la paix, affaiblie par l'absence des États-Unis et par la force des conflits de souveraineté, fut impuissante à empêcher la Seconde Guerre mondiale. Ainsi l'Organisation des Nation unies, bien que capable de voter à la majorité en assemblée générale certaines résolutions contraignantes, demeure largement paralysée par les contradictions d'intérêt et de vision entre les cinq puissances actuellement membres permanents du Conseil de sécurité et détentrices à ce titre du droit de veto sur toute décision collective.

Les Nations unies sont paralysées aussi par la faiblesse insigne de leurs moyens. Ainsi piétinent dans l'impuissance de grands programmes mondiaux nécessaires, souvent réalistes et à coût raisonnable, pour contrôler les armements et éradiquer les armes de destruction massive, éliminer les mines terrestres, prévenir les risques de changement climatique, assurer l'accès de tous les hommes à l'eau potable, diminuer la pauvreté, préserver l'environnement et la diversité biologique, assurer la paix dans les régions en crise, promouvoir le développement des pays du Sud, assurer la stabilité des cours des monnaies et des prix des matières premières.

C'est cette impuissance à légiférer en commun qui empêche l'humanité de profiter des chances que lui donnent les fabuleux nouveaux outils dont elle s'est dotée, et qui ouvre la voie à cette inquiétude générale à ces peurs, et à l'aggravation de ces menaces que j'évoquais à l'instant.

Le fait que les aléas militaires et économiques de la deuxième moitié du XXe siècle n'aient laissé subsister qu'une seule grande puissance à l'échelle mondiale, les États-Unis, confère à ceux-ci d'immenses responsabilités mais ne suffit pas à remplir cette indispensable fonction de régulation mondiale.

Les difficultés rencontrées en Irak, largement prévisibles, montrent bien les limites de l'intervention d'une seule nation. Le problème que pose l'Iran au monde parce qu'il veut s'armer nucléairement est encore plus clair : il n'est pas soluble par la force d'une seule nation, il ne peut l'être que par la pression organisée de toutes les nations du monde entier. Et aucun des grands programmes cités à l'instant ne peut être mis en œuvre par une seule nation, fût-elle de très loin la plus forte.

C'est pour résoudre ce problème et traiter cette contradiction que le secrétaire général des Nations unies a proposé, dans son discours du millénaire, d'entreprendre la réforme de l'organisation. Il faut le soutenir, nous sommes là pour cela et entendons le faire vigoureusement.

Le Collegium international éthique, politique et scientifique, que je copréside avec mon ami Milan Kučan, ancien président de Slovénie, voudrait apporter une pierre de plus à cet édifice. Réformer les Nations unies est nécessaire, mais restera insuffisant aussi longtemps que seront considérés comme légitimes le respect absolu des souverainetés nationales et le droit de chaque nation de refuser les exigences de l'évidente solidarité mondiale.

Par l'ouverture générale de la terre entière au commerce et aux mouvements de capitaux, par l'omniprésence d'un immense système interconnecté d'information et de communication, par l'absence de toute frontière canalisant la pollution, le terrorisme ou le crime, nous sommes tous interdépendants. Seule la prise de conscience, culturelle et profonde, de cette interdépendance peut amener les peuples du monde à la lucidité indispensable pour faire accepter à leurs gouvernants les restrictions de souveraineté nécessaires à une meilleure régulation de la planète et par là à une lutte efficace contre les multiples menaces qui la frappent. Lors d'une réunion plénière récente du Collegium international à São Paulo, nous nous sommes attelés à la rédaction d'un projet de Charte pour une gouvernance mondiale.

Une charte de gouvernance mondiale

Ce texte bref ne manque pas de panache. Je le reproduis ci-dessous dans sa totalité car il illustre parfaitement la nature de notre approche et les buts de notre action actuelle.

« Projet de Charte
pour une gouvernance mondiale

1. Nous sommes entrés dans une nouvelle ère – une ère de l'angoisse et du souci global, pressés par la brutale urgence du maintenant, et la nécessité d'agir sans délai. L'espoir d'inverser le cours des choses ne peut s'enraciner dans les réflexes traditionnels. L'heure est aux provocations constructives et aux volte-face les plus audacieuses contre l'ordre habituel des choses. Cet impératif absolu appelle à changer radicalement – et tout de suite.

Cette logique de commencement aurait pu prendre corps dès 2009. Hélas, de G8 en G20, de sommets bavards en indécision collective, s'éloigne peu à peu la perspective de tirer vraiment les enseignements des crises majeures que nous traversons. Les menaces qui pèsent sur l'existence de la planète ne semblent pas prises au sérieux par l'ensemble des responsables politiques et économiques dont l'humanité dépend. Il y a un réchauffement climatique inexorable et indiscutable, mais toujours aucun accord à l'échelle planétaire pour lutter réellement contre cette menace vitale pour la Terre des hommes. Il y a aujourd'hui tous les signes de la persistance d'une économie ultra-spéculative, ultra-financiarisée et aveugle à l'humain, mais toujours aucune mesure sérieuse de régulation mondiale contre ce fléau destructeur des équilibres sociaux, facteur de misère sociale croissante et de souffrance humaine. Il y a, enfin, suffisamment de charges nucléaires disséminées de par le monde pour le faire exploser mais aucune action d'envergure encore pour éradiquer ce danger existentiel.

Si rien n'est fait aujourd'hui, et s'il reste quelques curieux pour écrire demain l'histoire de notre temps, ils n'auront pas d'autre choix que d'accuser les responsables de cette inaction de crime pour non-assistance à une humanité en danger.

2. Nous devons faire face à une incroyable conjonction de crises d'envergure mondiale : épuisement des ressources naturelles, destruction irréversible de la biodiversité, dérèglements du système financier mondial, déshumanisation du système économique international, famines et pénuries, pandémies virales, désagrégations politiques… Quoi qu'en diront les technocrates et les sceptiques professionnels, aucun de ces phénomènes ne peut être considéré isolément. Ils sont tous fortement interconnectés, interdépendants et forment une seule "polycrise" menaçant ce monde d'une "polycatastrophe". Il est temps de prendre la mesure systémique du problème, pour lui apporter enfin des solutions intégrées – premiers jalons pour redéfinir les principes qui devront inspirer à l'avenir la conduite globale des affaires humaines.

3. Parce que ces grandes crises du XXIe siècle sont planétaires, les hommes et femmes du monde entier doivent absolument mesurer leur interdépendance. Catastrophes survenues et catastrophes imminentes dressées au carrefour des urgences, il est temps pour l'humanité de prendre conscience de sa communauté de destin. Point d'effet papillon ici, mais la réalité, grave et forte, que c'est notre maison commune à tous qui menace de s'effondrer – et qu'il ne peut y avoir de salut que collectif.

Leçon de la mondialisation par excellence, aucun de nos États n'est plus aujourd'hui en mesure de faire respecter un ordre mondial et d'imposer les indispensables régulations globales. La fin des tentations impériales, la fin de la seule domination occidentale et l'intervention croissante d'acteurs non gouvernementaux marquent aujourd'hui les limites de la notion de souveraineté étatique et l'échec de son expression internationale : l'intergouvernementalisme.

Trop souvent, les intérêts nationaux, autant dire les "égoïsmes locaux" prévalent encore, transformant la scène internationale en forum de marchandages souvent sordides. Que ce soit en matière de lutte contre le réchauffement climatique, sur les questions énergétiques, la sécurité collective, le commerce mondial, et ailleurs encore, l'incapacité à s'élever au niveau des enjeux démontre la myopie congénitale des intérêts nationaux. Car dans ce genre de jeu à somme nulle, chaque concession est toujours vécue comme une défaite.

En outre, derrière la promotion de la multipolarité ne se trouve souvent que l'équilibre des influences et des aspirations nationales à la domination. Il faut donc travailler avec des modèles d'organisation alternatifs à l'hégémonie.

4. L'avènement de cette "communauté mondiale de destin" appelle la proclamation du principe de l'inter-solidarité planétaire, une véritable "Déclaration d'interdépendance". C'est-à-dire l'instauration d'une gouvernance mondiale digne de ce nom. Car il n'en existe à l'heure actuelle aucune. Certes, des éléments de régulation internationale et quelques institutions agissent efficacement à l'échelle globale. Mais il faut repenser, pour les dépasser, les limites du droit international et de son principe fondateur, la souveraineté nationale – au nom d'un principe supérieur, au nom de la Justice. Car la gouvernance mondiale, c'est la capacité de s'élever au-delà des marchandages entre intérêts particuliers pour prendre des décisions politiques planétaires – au nom de l'humanité.

La "communauté internationale" ne peut plus demeurer une entité vague, dénuée d'incarnation politique et soupçonnée de biais pro-occidentaux. Voilà trop longtemps que l'indispensable réforme des Nations unies se heurte à la Realpolitik dominant la scène internationale. L'incapacité à prendre en compte l'aspect systémique des problèmes, l'incapacité à faire évoluer le Conseil de sécurité et l'incapacité à avancer sur des chantiers comme la création d'un Conseil de sécurité économique, social, et culturel illustrent les échecs de l'inter-gouvernementalisme. L'heure n'est plus à la stricte souveraineté nationale – mais à la solidarité mondiale.

5. Le premier pas vers la définition de cette solidarité mondiale passe par la reconnaissance universelle du concept d'interdépendance. Ainsi appelons-nous solennellement les pays qui se sentent les plus menacés par le réchauffement climatique à joindre leurs voix lors des négociations sur le climat, et à proclamer leur volonté de mettre en commun une partie de leur souveraineté, pour provoquer enfin l'adoption de mesures efficaces. Dans le même esprit, il sera nécessaire que de multiples nations se joignent pour faire pression sur l'assemblée générale de l'ONU, afin d'aboutir à l'adoption formelle d'une Déclaration universelle d'interdépendance. Car il faut donner force de droit

à ce principe juste, et par nature supérieur au strict respect des souverainetés nationales.

Nous appelons ensuite à la création d'un creuset politique où puissent se définir concrètement les intérêts supérieurs de l'humanité, un lieu où puissent s'exprimer la diversité et la sagesse des cultures, à travers des représentants de la société civile et des autorités morales, intellectuelles et scientifiques. Nous en appelons enfin à retrouver l'esprit pionnier de la Charte des Nations unies qui proclamait : "Nous les peuples."

6. Fidèle aux valeurs qu'il incarne, le Collegium international déclare sa volonté de contribuer activement à l'indispensable avènement d'une gouvernance mondiale. Premièrement, en réunissant une Convention mondiale, composée de représentants issus du monde politique et de la société civile, chargée de repenser le droit des peuples à l'âge planétaire. Car une fois l'interdépendance élevée au rang de norme universelle, il faudra inévitablement en tirer les conséquences les plus concrètes pour l'environnement, le commerce, les conflits, etc. Deuxièmement, le Collegium international se propose de mettre en place une plateforme virtuelle de la société civile, espace de dialogue et de partage pour toutes les expériences et bonnes pratiques développées de par le monde pour répondre aux défis contemporains. Enfin, le Collegium fait vœu d'exercer la vigilance la plus intransigeante quant à la marche du monde. Et entend dénoncer publiquement, sans la moindre hésitation, les décisions qu'il estime prises en fonction non de l'intérêt supérieur de l'humanité mais des arbitrages entre intérêts nationaux illégitimes.

Le XIXe fut le siècle des nations industrielles et de leurs guerres, le XXe fut celui du règne des masses et des guerres totales. Mettons-nous à l'écoute des courants souterrains de l'histoire : le XXIe sera le siècle de la gouvernance mondiale – ou bien nous ne serons plus.

S'il est urgent d'alerter, il est encore plus urgent de commencer Commençons [1] ! »

---

1. São Paulo, novembre 2009. Fernando Henrique Cardoso, Michel Rocard, Milan Kucan, Stéphane Hessel, Edgar Morin, René Passet, Michael W. Doyle.

Le Collegium recherche donc des solutions originales, capables de faire face à la crise qui menace la planète et les sociétés humaines, en interdépendance sans cesse croissante, avec pour exigence l'intégrité éthique et la viabilité politique.

Afin de poursuivre ma trajectoire, je mets donc actuellement mon énergie et mon endurance à le promouvoir pour qu'une gouvernance mondiale puisse émerger et préserver les générations futures. Être un « ancien » – ministre, Premier ministre, député européen –, ce livre l'atteste je crois, ne signifie donc absolument pas que le présent ne me concerne plus. Au contraire Apprendre d'hier, c'est tenter d'améliorer aujourd'hui pour sauver demain.

Annexe

Liste des membres du Collegium international éthique, politique et scientifique

ARIAS SANCHEZ Oscar, Prix Nobel de la paix, ancien président du Costa Rica – ATLAN Henri, biophysicien et philosophe, France – AXWORTHY Lloyd, président de l'université de Winnipeg, ancien ministre des Affaires étrangères du Canada – BOLGER James, ancien Premier ministre de Nouvelle-Zélande – CARDOSO Fernando Henrique, ancien président du Brésil – CASTELLS Manuel, sociologue, Espagne et USA – DE LA MADRID Miguel, ancien président du Mexique – DELMAS-MARTY Mireille, professeur de droit, Collège de France – DOYLE Michael W., professeur de relations internationales, Columbia University, USA – DREIFUSS Ruth, ancienne présidente de la Confédération suisse – DUPUY Jean-Pierre, professeur, science politique et sociale, Stanford US & Polytechnique, France – EVANS Gareth, ancien ministre des Affaires étrangères, Australie – FRASER Malcolm, ancien Premier ministre, Australie – GEREMEK Bronislaw (regretté membre fondateur, ancien ministre des Affaires étrangères, Pologne) – GOLDMAN Sacha, secrétaire général, Collegium international, France – GUTERRES Antonio, ancien Premier ministre du Portugal – HABERMAS Jürgen, philosophe, Allemagne – HABIBIE Bacharuddin Jusuf, ancien président d'Indonésie – HALPERIN Morton, directeur de U.S. Advocacy, Open Society Institute, USA – HAVEL Vaclav, ancien président de la République tchèque – H.R.H. HASSAN BIN TALAL, président du Club de Rome, Jordanie – HESSEL Stéphane, ambassadeur de France – HORN Gyula, ancien Premier ministre de Hongrie – HRIBAR Tine, philosophe, Slovénie – KONARÉ Alpha Oumar, président de la commission de l'Union africaine, ancien président du Mali – KOUCHNER Bernard, cofondateur de Médecins sans Frontières, France –

KUČAN Milan, ancien président de la Slovénie, coprésident du Collegium – LAGOS Ricardo, ancien président du Chili – LE CARRÉ John, écrivain, Grande-Bretagne LEVITTE Jean-David, ambassadeur de France – LIFTON Robert J., professeur, université de Cambridge, Massachusetts, USA – LINDH Anna (regrettée membre fondatrice, ministre des Affaires étrangères, Suède) – MAGRIS Claudio, écrivain, Italie – MAJALI Dr Abdel Salam, ancien Premier ministre, Jordanie – MERI Lennart (regretté membre fondateur, ancien président d'Estonie) – MESIC Stjepan, ancien président de la Croatie – MIYET Bernard, ambassadeur, ancien sous-secrétaire général des Nations unies, France – MORIN Edgar, philosophe, France – MULADI, S.H., ancien ministre de la Justice, Indonésie – NORDMANN François, diplomate, Confédération suisse – OGATA Sadako, haut commissaire pour le UN-HCR, Japon – OULD ABDALLAH Ahmedou, ancien ministre des Affaires étrangères, Mauritanie – PASSET René, économiste, France – PINTASILGO Maria de Lourdes (regrettée membre fondatrice, ancien Premier ministre du Portugal) – PRIMAKOV Evgeny, ancien Premier ministre, Fédération de Russie – RAMOS Fidel, ancien président des Philippines – ROBIN Jacques (regretté membre fondateur, président de « Transversales », France) – ROBINSON Mary, ancien haut commissaire pour les Droits de l'homme aux Nations unies, ancienne présidente d'Irlande – ROCARD Michel, ancien Premier ministre, coprésident du Collegium, France – ROOSEVELT Anna Eleanor, coprésident, Institut F. & E. Roosevelt, USA – SACHS Wolfgang, économiste, Allemagne – SAHNOUN Mohamed, ambassadeur d'Algérie – SCHMIDT Helmut, ancien chancelier de la République fédérale d'Allemagne – SEN Amartya, économiste, Prix Nobel, Inde – SLOTERDIJK Peter, philosophe, Allemagne – STIGLITZ Joseph, professeur d'économie, Columbia University, Prix Nobel, USA – THAROOR Shashi, diplomate et écrivain, Inde – VAN AGT Andreas, ancien Premier ministre des Pays-Bas – VANDEN HEUVEL William, ambassadeur, coprésident, Institut Franklin and Eleanor Roosevelt, USA – VASILIOU George, ancien président de la République de Chypre – VIRILIO Paul, philosophe, France – VIVERET Patrick, économiste et philosophe, France – VON WEIZSÄCKER Richard, ancien président de la République fédérale d'Allemagne – YANG Huanming, directeur et professeur, Institut du génome humain, Pékin, Chine.

Remerciements

On l'a vu – ou on le verra –, ce livre est d'une nature et d'une structure un peu inhabituelles. Ce n'est pas moi qui l'ai pensé comme il est. L'idée, l'énorme compilation de tout ce que j'ai pu écrire – livres, préfaces, articles, discours, rapports… –, la mise en forme et la structuration de l'ensemble viennent de Danielle Blanc. Je l'en remercie très vivement, car je me suis rallié avec enthousiasme à son projet, me contentant d'additions, rectifications et de commentaires nécessaires. Grand merci aussi à Teresa Cremisi qui a accueilli chaleureusement cet ovni, tandis que notre éditeur, Thierry Billard, a surveillé de très près, la main à la plume, la mise au point finale – qu'il en soit lui aussi remercié.

Je veux aussi saluer d'un remerciement chaleureux trois personnes pour le titre : François Mitterrand pour la formule, Catherine Simon et Gonzague Saint Bris pour l'idée d'en faire précisément un titre.

Enfin, naturellement, tout cela n'aurait guère vu le jour sans l'aide constante et efficace de Catherine Mignon.

Table

Première partie
ENTRE FAMILLE DE SANG
ET FAMILLE DE CŒUR

Deuxième partie
AU CŒUR DU POUVOIR : AGIR AUTREMENT

Quatrième partie

TRANSVERSALES

Imprimé en France par CPI Firmin Didot
N° d'édition : L.01ELJN000312.N001 – N° d'impression : 102691
Dépôt légal : novembre 2010